理解をもたらす
カリキュラム設計
―――「逆向き設計」の理論と方法
UNDERSTANDING by DESIGN

G.ウィギンズ／J.マクタイ 著
Grant Wiggins and Jay McTighe

西岡加名恵 訳
Nishioka Kanae

日本標準

UNDERSTANDING by DESIGN, Expanded 2nd Edition by Grant Wiggins and Jay McTighe.
Copyright ©2005 by the Association for Supervision and Curriculum Development(ASCD)
All right reserved.

Japanese translation rights arranged with the Association for Supervision and
Curriculum Development through Japan UNI Agency, Inc., Tokyo.

The quality of the Japanese translation and its coherence with the original text is
the responsibility of Nipponhyojun Co., Ltd.

日本の読者へのメッセージ

　『理解をもたらすカリキュラム設計（以下，UbD）』の優れた翻訳が，ついに日本で教育に携わる人々の手に届くことを喜び，また光栄に思っています。訳者は，UbDの言葉だけでなく，その教育学の機微を捉える素晴らしい仕事をしてくれました。とても感謝しています。

　国際的な比較で明らかに好成績をあげている日本の学校制度に対し，米国の教育者が何を提供できるのか，と疑問に思う読者もおられるかもしれません。その答えは，本書の題名に示唆されています。UbDにおいて私たちが強調しているのは，深い理解，学習していることについての批判的な思考，現実世界の設定への学習の転移です。米国同様，日本においても，あらゆる学校階梯の生徒たちが，学校教育に十分な適切性（レリバンス）がなく，役に立つように思えない，と際限なく嘆いていることを私たちは知っています。UbDは，意味と転移という目的に焦点を合わせるプロセスを厳格に計画することを通してそれらの目的を達成するように，「意図的設計によって」開発されました。学校教育は，あらゆる国で見られるように退屈であったり現実世界での要求から乖離したりしている必要はない，と私たちは強く信じています。UbDは，カリキュラムと授業の開発における基本的な設計上の問題を解決するために，編み出されました。

　深い理解に焦点を合わせることは，本質主義者と進歩主義者の間で長らく続いてきた，あまり役に立たないカリキュラム論争を乗り越える助けにもなります。本質主義者は学問の中核にある内容を系統的に教授することを強調するのに対し，進歩主義者は子どもの探究を重視します。昔デューイが述べたとおり，これは誤ったジレンマです。UbDは，どのようにすれば両方の目的を効果的に組み合わせ，人々の参加のあり方，学習の仕方，内容［知識やスキルなど］を活用するパフォーマンスのあり方を反映した，一貫性のある焦点の合ったカリキュラムへとまとめることができるのかを示しています。

　そのような果てしない論争が何の役にも立たないもう一つの理由は，「私たちは何を，どのように評価すべきなのか？　効果的な深い学習の証拠と見なされるのは，何なのか？」といった実践的で必要不可欠な問いを，自分勝手にも見過ごしているからです。したがって，評価——そしてほとんどの教師が知っているとおり，評価の改革——は，UbDの中心的な要素です。ゴールに含意されている証拠を考え抜く（それも終わりにではなく早めに考え抜く）ことがなければ，ゴールは不明瞭なままになってしまう，と私たちは主張しています。

そして，だからこそ，私たちはパフォーマンス評価を推奨しています——つまり，それが流行だからとか簡単だからとかではなく，生徒たちが本当に学業の意味を捉え，学習を応用することができるようになっているかどうか（これが，私たちが「理解」と定義しているものです）を見いだすためには，必要不可欠だからなのです。幸いなことに，今では多くの学校や学区，教育省が私たちの仕事を採用しています。ルーブリックは，わずか15年前には目にすることも少なく，この言葉自体，難解な用語でしたが，今ではいたるところで用いられています。残念ながら，外部機関によるテストについて心配をしなくてはならないという圧力のために，「真正の評価」は今でも稀にしか見られません。しかし，外部機関のテストでさえ，今では多くのものが以前よりずっと多くの自由記述問題や「パフォーマンスの項目」を取り入れるようになっています。趨勢は，肯定的なものです。

　私たちが，日本で生み出された有効なアイデアである「授業研究」を取り入れ，UbDの実施における中心的な特徴としていることにも，読者は気づかれることでしょう。UbDを支えるものとして，自己評価と相互批評の資料があります。これらのツールは，「授業研究」の実践や理想と一致するものだと発見されることと，確信しています。結局，他の強力なアイデアと同様，UbDによる設計の仕事の価値が見いだされ認められるためには，実践され，絶えず改善されなくてはならないのです。

　世界の反対側から来たものではありますが，UbDは興味深く役に立つと思っていただけることを期待しています。**あなた自身**の経験についてのフィードバックも，ぜひ，お寄せください。それにより，日本や世界中の教育者のニーズに合うように，私たちの仕事をよりよく調整することができるでしょう。

　幸運を祈ります！　Ganbarimashou！　がんばりましょう！

グラント・ウィギンズ ＆ ジェイ・マクタイ

訳者まえがき

　子どもたちの人生において生きて働く学力を保障したい——これは，すべての教師の願いでしょう。しかし，学校現場において私たちは，様々な困難に直面します。大切な内容を深く扱いたいが時間が足りない，あるいは楽しく活動をしているもののどんな力が子どもたちの身についているのかよくわからない，といった悩みを抱えている先生方は少なくないことと思います。さらに，「何でこんなことを勉強しなくちゃいけないのか」という子どもたちからの問いかけにどう答えることができるのか，自問している先生もおられることでしょう。

　こういった困難を克服し，学力保障の展望を拓く上で一つの鍵となるのが，学力評価の改革です。従来の学校で評価といえば，特別な時間と空間で行われるテストをイメージされることが一般的でした。しかし，テストで測る学力は，知識の暗記・再生を中心とする限定的なものになりがちです。現実世界において大人たちは，職場で仕事をする中で，また市民として政治に参加する中で，あるいは家族や友人たちと暮らす中で，思考力・判断力・表現力といった様々な力を試されています。そこで，学校で行われる評価もそのようにリアルな文脈で行うほうがより妥当な力が評価できる，また生きて働く学力を身につけさせる上でも効果的である，と考える「真正の評価」論が登場しました。本書『理解をもたらすカリキュラム設計 (*Understanding by Design*)』の著者であるウィギンズ氏とマクタイ氏は，米国を代表する「真正の評価」論者です。

　さて，「真正の評価」を実践しようとすると，実はカリキュラムの改善が必要となります。そこで本書では，端的に整理すれば次の4点が提案されています。

- 単元設計にあたり「求められている結果」（目標）を設定する（第1段階）。特に，重点的に扱う目標として，単元を通して探究する「本質的な問い」と，対応して身につけさせたい「永続的理解」を明確にする（ここで言う「理解」は，日本のいわゆる「思考力・判断力・表現力」や「関心・意欲・態度」に対応しています）。
- 「求められている結果」が達成できているかどうかを確かめる上で「承認できる証拠」（評価方法）を決定する（第2段階）。その際，パフォーマンス課題を含め，様々な評価方法を組み合わせて用いる（パフォーマンス課題とは，複数の知識や技能を総合して使いこなすことを求めるような複雑な課題を指しています。たとえばレポートやプレゼンテーションは，典型的なパフォーマンス課題です）。

- 「求められている結果」「承認できる証拠」に対応できる学習経験と指導を計画する（第3段階）。その際，子どもたちが見通しを持って学習に取り組み，自己評価を踏まえて効果的に改善を図ることができるように，指導を工夫する。
- 単元設計（ミクロな設計）と長期的な指導計画（マクロな設計）を往復させながら，カリキュラム全体の改善を図る。

　このような提案は，指導を行った後で考えられがちな評価を先に計画する点，また単元末・学年末・卒業時といった最終的な結果から遡って教育を設計する点から，「逆向き設計」論とも呼ばれています。

　本書を一読していただければ，本書の提案がこれまでのカリキュラム論の粋を集めたものであり，哲学的な深い思索と最新の学習研究に裏づけられたきわめて実践的なものであることがおわかりいただけるでしょう。とりわけ，目標として「本質的な問い」を位置づけ，個々の教師でも取り組める単元設計に焦点を合わせつつ，カリキュラム全体のマクロな設計をも視野に入れている点は，大きな魅力です。

　本書はすでに，米国内外で高い評価を得てきました。1998年に刊行された第1版は，これまでに約23万部が販売され，イスラエル・イタリア・中国で翻訳されました。また本書の原典である増補第2版（2005年発行）は約25万部が販売され，韓国・サウジアラビア・台湾で翻訳されています（2011年末現在）。

　訳者自身，これまで日本の学校の先生方にご協力いただいて，本書の提案を踏まえたパフォーマンス課題やルーブリックの研究開発に取り組んできました。その中で，評価の改善が授業の改善につながる，子どもたちに知識や技能を活用する力を身につけさせることができる，子どもたちの学習意欲も高まる，といった確かな手応えを感じています。その成果の一端は，西岡加名恵編著『「逆向き設計」で確かな学力を保障する』（明治図書，2008年）や，西岡加名恵・田中耕治編著『「活用する力」を育てる授業と評価　中学校』（学事出版，2009年），堀哲夫・西岡加名恵『授業と評価をデザインする　理科』，三藤あさみ・西岡加名恵『パフォーマンス評価にどう取り組むか』（以上，日本標準，2010年）などで報告していますので，本書とあわせてご覧いただければ幸いです。

　なお，本書の訳出にあたっては，たくさんの方々に助けていただきました。特に恩師である田中耕治先生には一貫して，多くの励ましと専門的見地からのご指導をいただきました。深く感謝申し上げます。また，本書に挙げられている多彩な例に対応して適切な訳語を選定するにあたっては，友人や後輩・教え子，家族にもたくさんのアドバイスをもらいました。本当にありがとうございました。

　最後になりましたが，厳しい出版事情の中で本書を出版してくださった日本標準，とりわけ全訳の総点検や索引の作成など多大なご支援をくださった蟻本昌司氏・郷田栄樹氏をはじめとする編集スタッフの方々に，心より感謝申し上げます。

　本書が，学校におけるカリキュラムの改善の一助となることを祈っています。

　　　2012年4月

　　　　　　　　　　　　　　　　　　　　　　　　　　　　　　　　西岡加名恵

はじめに

『理解をもたらすカリキュラム設計 (*Understanding by Design*)』（UbD[i]）を初めて読む方々，あなたが教育者として信じ，実践していることを確認するものとなるような，一連のアイデアと実践へ，ようこそ。私たちが努力したことのすべては，ある意味で，学習の設計 (design) における最良の実践が常にどのように見えてきたのかについて，まとめることである。しかしながら，少なくともいくつかのアイデアは，計画や指導[ii]，評価 (assessment) に関連するあなた自身の習慣（や仕事仲間の習慣）についての省察 (reflection [振り返り]) や，おそらくは再考を促すことだろう。読者の中には，以下のページの素材によって「自分の世界が揺り動かされ」，心地よい習慣を精力的に再考するように求められる方もおられるだろう。あなたにとっての入り口や，読み進める際に感じる快適さの度合いにかかわらず，『理解をもたらすカリキュラム設計』の諸観念は，より魅力的で効果的[iii]な学習を創造する能力を高めるものだと確信している。学び手が，小学校3年生であれ，大学の新入生であれ，学校の教職員であれ，である。

『理解をもたらすカリキュラム設計』の第1版［Wiggins & McTighe, 1998］に慣れ親しんだ読者は，この第2版の目次にざっと目を通したときに困惑や不安を感じるかもしれないが，それは無理もないことである。筆者である私たち自身や同僚の職員，ASCD［教育管理・カリキュラム開発協会：Association for Supervision and Curriculum Development］に支援された研修の幹部である10名余りのメンバーや，世界中の数えきれない教育者によって行われた，6年間にわたる絶え間ない研究や開発にもとづいて，私たちは第1版の本文を最初から最後まで精査した。その結果の改良点は，6年間にわたって私たちと緊密に仕事をしてきた実践者の方々には，何の驚きもなく迎え入れられるだろう。その方々は，いつも（笑いと心配の入

---

i) UbDは，「理解をもたらすカリキュラム設計 (*Understanding by Design*)」の略記。本書全体を通して推奨されているカリキュラム設計論のことである。

ii) 指導にあたる用語として，本書ではteachingとinstructionが用いられている。著者に問い合わせたところ，両者は基本的には同義であるとの回答を得た（マクタイ氏から訳者への電子メールより）。したがって本書では，両方に「指導」の訳語をあてている。ただし，direct instructionについては，「直接的な教授」と訳す。

iii) 本書（特に第9章）では，学習者の参加 (engagement) と学習者にとっての効果 (effect) を最大にするような学習活動を設計するための方策が論じられている。そのためには，魅力的 (engaging) で効果的 (effective) な学習活動を計画する必要がある。なお，ここでいう「参加」とは，単にその場にいるという意味ではなく，熱心に取り組むことを意味している。

り交じった様子で)「それで，**今度**はどんな変更をしたのですか？」と尋ねる。その答えは，端的に言えば，「UbDテンプレートと，UbDの鍵となる用語と，何十枚かのワークシートと，いくつかの重大な観念 (big ideas) を，利用者のフィードバックや，私たち自身の観察や，常に改善したいという強い要求にもとづいて改訂しました──何度も何度も」というものである。

私たちは第1版を書いてから，米国50州すべてと海外の8ヵ国において，幼稚園から第16学年［大学］まで，何千人もの教育者と仕事をしてきた。そして，そのたびに私たちは新しいアイデアを得た──ああ！　もう少し安定していることを切望する読者には，専門性の危機と思われることだろう。実際，それが私たちである。そして，もっと重要なことに，これが理解のための指導という仕事のすべてなのだ。すなわち，より深く掘り起こし，常に本質的な問い (essential questions) を問い続け，再考することである。したがって，私たちは，私たちの方針に従うのを時には難しくしてしまっていることについて詫びることはあっても，私たちが説き勧めていることを実践することについて詫びることはない。私たちは，設計と理解についてよりよく理解しようとし続けているのである。

この第2版において鍵となる変更点に関する具体的なリストと説明として，次に要点を示しておこう。

- 単元設計のためのUbDテンプレートは，今では，この改訂版の構造的な基盤となっている。この目立った特徴は，テンプレートが理解のための設計用ツール (tool [道具，手段]) として実践上の利便性を持っていることが証明されたという事実だけでなく，計画することについてのより良い習慣を身につける上で包括的な価値を持っている，と私たちが信じていることをも反映している。

- UbDテンプレートは，より明快に，より使いやすいものに改訂された，と私たちは考えている。その改訂は，形式と内容の統合だけでなく，全体的な外観と感触にもいたっている。改良点は，次のような本質的な問いを繰り返し問い続けた結果，得られたものである。この提案された要素は，**最終的な完成作品** (final product) が含むべきものにかかわっているのか，それとも，より良い設計へ導く**プロセスの手立て** (process move) にすぎないのか？　テンプレートのすべての変更と改良は，この問いの最初の部分に対する肯定的な答えに由来している。テンプレートは，最終的な設計の形式に要素を並べたものを表現している。(設計プロセスの鍵となる手立てのすべては，設計者が設計の要素をより明瞭に，注意深く考えるのに役立つ。その手立ては，『理解をもたらすカリキュラム設計──専門的力量向上ワークブック (*Understanding by Design Professional Development Workbook*)』〔McTighe & Wiggins, 2004〕) の中のワークシートと設計用ツールに見いだせる。)

- 私たちは，**理解** (understanding) という用語の意味を，概念的な用語としても実践的な用語としても，非常に厳密なものにした──これは皮肉なことに，理解のための仕事が一体どのようなものかをうまく説明している。つまり，重大な観念について継続的に再考するということである。私たちは，求められている理解の組み立て方について，より

明確な指針を提示した（すなわち，完全な文での一般化〔generalizations〕とすることである）。また，転移（transfer）というゴール[iv]に，より大きな強調点を置くことにした（なぜなら，理解の本質的な指標は，学習を，単に再生することではなく，新しい設定や挑戦に転移させる能力だからである）。

- 私たちは，本質的な問いが何であり，何ではないかについて，より注意深い議論を展開することとなった。このことによって，第5章「本質的な問い――理解への門戸」の原稿については，他の章の改訂作業よりも，ずっと骨の折れる推敲が必要となった。なぜか？　それは，当初の説明と，広く普及した実践との間に，不一致があったからである。この議論については，次に示すような一連の本質的な問いによって組み立てることができるだろう。本質的な問いは時間を超越しており，包括的（overarching）なものでなければならないのか？　それとも，単元のゴールを達成するために用いられる，より具体的な本質的な問いもありうるのか？　本質的な問いは，哲学的でオープンエンドなものでなければならないのか？　それとも，特定の理解を指し示すものでありうるのか――指し示すものであるべきなのか？　要するに，**本質的**とはどういう意味なのか（どういう意味であるべきなのか）？　私たちの人生全体において，生活したり考えたりすることにおいて本質的なのか，熟達者の物の見方において本質的なのか，あるいは指導の成功において本質的なのか？　人文科学者は第1の見解を，自然科学者は第2の見解を，小学校や基礎的スキルの科目[v]を教える人々は第3の見解を好む傾向がある。私たちの究極的な答えは，「そのとおり――それら3つのすべてなのだ！」である。したがって新しい第5章では，本来，雑然とした内容をなるべく整理することを試みる。

- 私たちは，UbDテンプレートの第3段階[vi]において，当初，WHERE[vii]としていた略記にTOを加えて，WHERETOという略記を創出した。これは，指導を計画する上で重要だと知られている，次の2つの観念を尊重するためである。すなわち，個に応じたものにすること（differentiation）（必要に応じて，学業〔work〕を「調整すること〔Tailor〕」），およびシーケンス[viii]（影響力を最大にするため，活動〔activities〕を「組織すること〔Organization〕」）である。Tを加えたことは，指導計画における鍵となる挑戦――効果を最大にするため学業を個性化すること（personalizing）――についての常識だけでなく，2年間の研究プロジェクトから生まれた修正点を反映している。そのプロジェクトでは，

[iv] 原著では全体を通して，目標にあたる語としては，主にゴール（goal）が用いられている。ゴールは，目的（aim）よりは具体的，目標（objective）や達成目標（target）よりは抽象的な目標を指す用語として採用されている（訳者によるウィギンズ氏へのインタビューより）。

[v] 教科課程（program）の中に科目（course）が位置づいている。なお，course of studyは，本書では多くの場合，科目と同義であるので学習科目と訳す（学習の行程という意味で用いられている場合は，そう訳している）。単元（unit）と学習単元（unit of study）も，同義である。

[vi] UbDテンプレートは，「第1段階――求められている結果（desired results）」，「第2段階――承認できる証拠（acceptable evidence）」，「第3段階――学習経験と指導（learning experiences and instruction）」という3つの部分で構成されている。詳細については，第1章や付録を参照。

[vii] WHERE，WHERETOとは，第3段階において考慮すべき重要な要素を覚えやすいように略記したものである。詳細については，第9章参照。

[viii] シーケンス（sequence）とは，発達の系列，またはカリキュラムにおける単元や授業の配列を意味する。

設計の具体的な模範例（exemplars）をあげ，それらの模範例のすべてが共通に持っている特徴を明らかにするように，何千人もの教育者に求めた。（この練習問題と結果については，第9章で述べている。）

　Oについては，2つの理由から加えた。この第2版では，「理解をもたらすカリキュラム設計」の用語で表現される，設計の全体的展望（big picture）── カリキュラムの枠組み ── についての議論を導入した。第1版では，「螺旋型カリキュラム（spiral curriculum）」という観念の歴史という点から，組織について一般的に論じた。また，物語としての単元という点からも論じていた。しかし，単元設計についての部分，そして単元がどのように科目や教科課程を組み立てるのか，また単元がどのように科目や教科課程から組み立てられるのかについて，より明瞭に捉えられるようになるにつれ，単元の流れと，科目や教科課程の流れとを区別することが必要であるように思われてきた。したがって，Oは，単元を**越える**シーケンスについては別に熟慮しつつ，単元の**中の**シーケンスについて有効に論じることを可能にしてくれる。それに正直に言えば2つめの理由として，私たちは，略記を覚えやすい文字で終わらせたかったのだ。その点で，Oはぴったりに思われた ── 設計は，私たちの計画が「何のためなのか？（Whereto?）」を示すものだからである。

- 理解のための指導（と求められる知性の習慣[ix]）についての節は削除したり縮小したりした。このトピックは，本書の範囲を超えると判断したからである。私たちの目的は，常に，理解というゴールの鍵となる要素と，そのための設計の仕方を論じることであった。理解のための指導（[理解へと]強調点を変更することについて生徒[x]や保護者，教職員に準備させることを含む）は，それ自体，別に綿密に扱われる必要がある。私たちの見解では，このように目的をはっきりさせると，第1版の後ろのほうの章のいくつかは，もはやそぐわないように思われたのである。

- 私たちは，学年レベルと教科を横断して，より多くの例を含めることにした。それは，本書が小学校の教職員から大学の教授まで幅広く用いられるようになったという幸せな事実を反映させるためである。これら2つのグループは，当初は，読者として想定されていなかった。本書の第1版は，事例と本文が示唆していたとおり，第一には，小学校上級学年から高校まで（第4学年から第12学年まで）で働いている読者のために書かれていた。（振り返ってみると，読者を限定する注意書きは愚かに思われる。私たちは，「理解のための設計」に焦点を合わせることは，幼稚園から第12学年までの制度のうち，より上級の学年においてのみ重要性を持っていると考えていたし，まだ大学の教員とは良い例をあげることができるほど一緒に仕事をしていなかった。）だがしかし，第1版

---

ix）「知性の習慣（habits of mind）」とは，答えが即座にはわからないような問題に直面した際に，聡明に行動できるような態度の傾向性（disposition［性向］）を意味している。「心の習慣」，「精神の習慣」と訳される場合もある。コスタ（Costa, A. L.）らにより，粘り強さ，衝動の処理，他者への傾聴，柔軟な思考，メタ認知など，16の習慣が提唱されている。

x）英語のstudentは，児童・生徒・学生のすべてを指す用語である。本書では，小学校（elementary school；第1～4学年）については児童，中学校（middle school；第5～8学年／junior secondary school；第7～9学年）と高校（high school；第9～12学年／senior secondary school；第10～12学年）については生徒，大学（college, university；第13～16学年）については学生の訳語を用いる。なお，学校階梯が限定されていない場合は，生徒と訳す。

では事例が限定されていたにもかかわらず，嬉しいことに，私たちの主張はあらゆる階梯の教育者の興味を惹いたようであった。

　幼稚園から第 16 学年［大学］までの範囲の両端におられる読者は，自分たちの関心が素材によりよく反映されていると気づかれることだろう。それらには，学校教育のあらゆる階梯の教職員に対して行った多くのワークショップから得られた実例が含まれている。だが残念なことに，一つ一つの観念すべてに，特定の学年や教科の例を含むことは，どうしても不可能であった。そんなことをしたら，本文は読めないものとなってしまったことだろう。そこで，事例を随分増やしはしたものの，事例がややかけ離れて見えた際には，読者に心を開き，想像力を働かせるようにお願いしたい。特定の学年や教科についてのさらに多くの例は，仕事を支援するためのウェブサイト（http://ubdexchange.org）を購読していただくことで得られる。

謝 辞

　多くの人々が，私たちが『理解をもたらすカリキュラム設計』のアイデアや素材を開発し，洗練させるのを助けてくださった。あまりに多くて，全員にふれることができない。それでもなお，わずかな人々には特別な謝辞をささげたい。第一に，UbD研修の幹部のメンバーにお礼を言わなくてはならない――ジョン・ブラウン (Brown, J.)，アン・カニンガム-モリス (Cunningham-Morris, A.)，マーセラ・エンバーガー (Emberger, M.)，ジュディス・ヒルトン (Hilton, J.)，キャサリン・ジョーンズ (Jones, C.)，エバレット・クライン (Kline, E.)，ケン・オコナー (O'Connor, K.)，ジム・リードル (Riedl, J.)，エリザベス・ラザフォード (Rutherford, E.)，ジャニー・スミス (Smith, J.)，エリオット・セイフ (Seif, E.)，マイケル・ショート (Short, M.)，ジョイス・テイタム (Tatum, J.)，アリソン・ズムダ (Zmuda, A.) である。彼らが「理解をもたらすカリキュラム設計 (UbD)」について行った専門的力量開発のための多くの研修の経験にもとづいてフィードバックと支援を与えてくれた結果，専門用語が正確になり，例が明瞭になり，支えとなる足場づくり (scaffolding) が可能となった。本書を完成させる際に，エリオットとアリソンに何時間も再検討と会話につきあってもらい，その過程で役立つアドバイスをもらったことは，特にありがたかった。

　次の人々には，特別な感謝を送りたい。リン・エリクソン (Erickson, L.) の「概念にもとづく教育 (concept-based education)」に関する研究は，私たち自身が理解について考える際に不可欠なものであった。「真正の教育 (Authentic Education)」におけるグラント［ウィギンズ］の共同代表者であるデニース・ウィルバー (Wilbur, D.) は，計り知れぬほど貴重な共同設計者であり，批評家であり，本書をまとめる際の編集者であった。20年近くの仕事仲間であるエバレット・クラインは，筆者たちに必ず熱心で役立つ質問や批評を与えてくれた。UbDワークショップや研究会に参加してくださった何万人もの教育者にも，心からの感謝を送りたい。彼らからの有益なフィードバックや鋭い質問，また設計に取り組む彼らの苦闘は，私たちが素材と議論を形づくり，磨きをかけるのを助けてくれた。

　ASCDのサリー・チャップマン (Chapman, S.) が与えてくれた限りない支援と熱意がなければ，『理解をもたらすカリキュラム設計』は生まれなかったことだろう。サリーは，筆者たちの間の連携を最初に構想し，私たちがこの道程を引き受け，進み続けると信頼してくれた（本書が締め切りを1年過ぎてしまったときさえである）。本当に感謝している。彼女は，

謝　辞

ヨブ［旧約聖書において描かれている苦難に耐えて信仰を守った人物］のような忍耐力をもっていてくれた（ほとんどの場合）。

　ASCDの出版担当のスタッフにも感謝している。彼らは，扱いにくい原稿を上手にデザインされた完成作品として仕上げてくれ，執筆の遅れにもかかわらず，本書を喜んで受け入れてくれた。この原稿は，彼らの柔軟さと才能によって，より良いものとなった。

　最後に私たちは，際限のない電話，メリーランドとニュー・ジャージーの間を行き来する旅行，これらの素材を活用し洗練させる行程に費やされた時間に我慢してくれた家族に，もう一度，感謝したい。彼らは——この場合もまた——理解してくれていると確信している。

■ 目 次

日本の読者へのメッセージ…i

訳者まえがき …iii

はじめに…v

謝辞…x

序　章 ··· 1
設計における双子の過ち…4　　本書に書かれていること…4　　本書の読者…6
鍵となる用語…6　　本書が扱わないこと…9　　いくつかの役立つ注意事項とコメント…12

第 1 章　「逆向き設計」·· 15
なぜ,「逆向き」が最良なのか？…16　　伝統的な設計における双子の過ち…19
「逆向き設計」の 3 段階…21　　「逆向き設計」のテンプレート…25
設計スタンダード…31　　設計用ツール…34
ボブ・ジェームズに見る「逆向き設計」の実際…35　　設計プロセスに関する注釈…38
予告…39

第 2 章　理解を理解する ·· 41
有意義な推論としての理解…44　　転移可能性としての理解…46　　名詞としての理解…51
専門家の盲点…53　　理解の証拠…55
生徒の誤解とそこから学べること…60

第 3 章　ゴールを明瞭にする ··· 67
スタンダード運動…72　　スタンダードを解きほぐす…74
重大な観念と核となる課題とは正確なところ何なのか？…78
優先事項を決める枠組み…84　　重大な観念を見つけるためのさらなるヒント…86
教師の「新しい服」…89　　転移の課題という観点からゴールを組み立てる…93
ボブ・ジェームズに見る「逆向き設計」の実際…97　　まとめ…98

第 4 章　理解の 6 側面 ·· 99
側面 1：説明…103　　側面 2：解釈…106　　側面 3：応用…111
側面 4：パースペクティブ…114　　側面 5：共感…118　　側面 6：自己認識…121

理解の6側面が指導と学習に対して持っている，鍵となる含意…124

第5章　本質的な問い──理解への門戸 …………………………………… **127**
問い──重大な観念への道しるべ…129　　問いを本質的なものとする条件は何か？…130
スキル領域における本質的な問い…135
トピックごとの本質的な問いと，包括的な本質的な問いとの対比…137
本質的な問いについての，さらに詳細な検討…139
本質的な問い──複数であることを強調する…141
本質的な問いを生み出すためのヒント…142
本質的な問いを用いるためのヒント…146
解決しきれない問いを中心に学業を組み立てる重要性…147
ボブ・ジェームズに見る「逆向き設計」の実際…150　　次章の内容…151

第6章　理解を形づくる ………………………………………………………… **153**
理解の際立った特徴…154　　理解の定義…155
トピックごとの理解と包括的な理解…157　　理解と事実的知識との対比…159
スキルについての理解…160　　内容スタンダードと理解…161
理解を明確にし，組み立てるためのヒント…162　　理解と，発達に関する論点…165
ピタゴラスの定理に戻る…168　　ゴールとしての理解…169
予想可能な誤解についての自覚…170
理解は単一ではないかもしれないことを理解する…171
理解の誤りやすさと複数性…172　　ボブ・ジェームズに見る「逆向き設計」の実際…173
まとめ…174

第7章　評価者のように考える ………………………………………………… **177**
3つの基本的な問い…181　　不自然なプロセス…182
スナップ写真からスクラップ帳へ…183
真正のパフォーマンス──飾りではなく，必要不可欠なもの…184
単なる練習だけでなく問題を中心に設計する…187
GRASPSを用いてパフォーマンス課題を組み立てる…190
パフォーマンス課題のエピソード…191
評価方法の青写真として，理解の6側面を用いる…193
評価のために本質的な問いを用いる…200　　証拠を仕上げる…201
ボブ・ジェームズに見る「逆向き設計」の実際…203　　次章の内容…204

第8章　規準と妥当性 …………………………………………………………… **205**
規準の必要性…205　　規準からルーブリックへ…206

理解を評価するルーブリック…208　規準とルーブリックから逆向きに設計する…210
理解の6側面と規準…210
生徒の作品にもとづいてルーブリックを設計し洗練させる…215
妥当性についての挑戦…216　救いの「逆向き設計」…220
信頼性——パターンについての自信…223　一般的な指針…224
締めくくりの但し書き…225

第9章　学習のための計画 …………………………………………… 227
最良の設計——魅力的かつ効果的…231　最良の設計の特徴…233
指導計画におけるWHERETOの要素…234
W：どこへ（Where），そしてなぜ（Why）…234
H：関心をつかみ（Hook），維持する（Hold）…239
E：探究（Explore）・経験（Experience）し，可能にし（Enable），用意させる（Equip）…246
R：振り返り（Reflect），再考し（Rethink），修正する（Revise）…251
E：作品と進歩を評価する（Evaluate）…254
T：学習活動を調整し（Tailor），個性化する…257
O：最善の効果をもたらすために組織する（Organize）…259
設計の各要素を有効な全体にまとめるためのヒント…261
ボブ・ジェームズに見る「逆向き設計」の実際…263　次の問い…265

第10章　理解のための指導 …………………………………………… 267
網羅と看破の対比…268　教科書と理解のための指導…270
教師の決定的に重要な役割——正しい経験を設計する…273
看破——教科のプロセスと論争へ入り込む…277
過度の単純化を乗り越える——過去と現在の理解を問う…281
いつ，どのように教えるかについて，目的をよりはっきりさせて考える…282
再び栄養の単元へ…284　習慣と快適さにもとづく自己欺瞞に用心する…285
指導のタイプを内容のタイプに関連させる…287　タイミングがすべて…288
より多くの形成的評価の必要性…290　理解，および知識とスキルの活用…294
ボブ・ジェームズに見る「逆向き設計」の実際…297　次章の内容…298

第11章　設計プロセス …………………………………………………… 299
設計への入口…301　既存の設計を修正する…304
スタンダードであって，レシピではない…313　設計において避けられないジレンマ…314
これらのジレンマに取り組むことについての控えめなアドバイス…317　調整を行う…321

第 12 章　全体的展望──カリキュラムの枠組みとしての UbD　323

どれぐらい大きければ大きいのか？…324
科目と教科課程の基礎としての本質的な問い…324　　学問横断の問い…329
パフォーマンス課題によってカリキュラムを組み立てる…332
課題からルーブリックへ…335
理解のためのカリキュラムに「スコープとシーケンス」を応用する…340
「内容の論理」と「内容を理解するようになる論理」の対比…342
スコープとシーケンスを再考する…344　　惹きつけ，再考することを再検討する…345
螺旋型カリキュラム…347　　より良いシラバスへ…351

第 13 章　「なるほど，しかし……」　355

誤解 1：「なるほど，しかし……私たちはテストに向けて教えなくてはならない。」…356
誤解 2：「なるほど，しかし……私たちには網羅しなくてはならない内容が多すぎる。」…363
誤解 3：「なるほど，しかし……この仕事はあまりに大変で，私にはとてもそんな時間はない。」…371　　結論…376

おわりに──さあ始めよう　379

共同を通した努力を促進する…380　　言行を一致させる…382

付録：6 ページ版テンプレートのサンプル…383
用語解説…389
参考文献…411
索引…423
著者紹介…433

■ 図表一覧

第1章 「逆向き設計」
- 図表1.1　UbD：「逆向き設計」の3段階 …………………………………… 22
- 図表1.2　教師のための設計の問いを記入した1ページ版のテンプレート ……… 27
- 図表1.3　3ページにわたる栄養の単元の例 ………………………………… 28
- 図表1.4　UbD設計スタンダード …………………………………………… 32
- 図表1.5　UbD設計マトリックス …………………………………………… 40

第2章 理解を理解する
- 図表2.1　知識と理解の対比 ………………………………………………… 44

第3章 ゴールを明瞭にする
- 図表3.1　第1段階──鍵となる設計の要素とプロンプト ………………… 69
- 図表3.2　スタンダードを解きほぐす ……………………………………… 76
- 図表3.3　内容上の優先事項を明確にする ………………………………… 85

第5章 本質的な問い──理解への門戸
- 図表5.1　包括的な本質的な問いと，トピックごとの本質的な問い ……… 138
- 図表5.2　本質的な問いの表 ………………………………………………… 140
- 図表5.3　理解の6側面にもとづいて問いを引き出す言葉 ………………… 145

第6章 理解を形づくる
- 図表6.1　理解の例と，理解ではない例 …………………………………… 154
- 図表6.2　包括的な理解とトピックごとの理解の例 ……………………… 158
- 図表6.3　本質的な問いと理解を明確にする ……………………………… 164

第7章 評価者のように考える
- 図表7.1　UbD設計マトリックス──第2段階に焦点を合わせて ………… 178
- 図表7.2　「逆向き設計」の論理 …………………………………………… 180
- 図表7.3　評価について考える2つのアプローチ ………………………… 183
- 図表7.4　一連の評価方法 …………………………………………………… 184
- 図表7.5　証拠の種類 ………………………………………………………… 185
- 図表7.6　問題と練習の対比 ………………………………………………… 189
- 図表7.7　GRASPSの課題設計プロンプト ………………………………… 191
- 図表7.8　理解の6側面と「逆向き設計」の論理 ………………………… 194
- 図表7.9　理解のための評価方法を組み立てるために6側面を用いる …… 196
- 図表7.10　パフォーマンス課題へと導く本質的な問い …………………… 200
- 図表7.11　カリキュラム上の優先事項と評価の方法 ……………………… 202

第8章 規準と妥当性
- 図表8.1　書き方に関するNWRELのルーブリックより，最高レベルの記述語 …… 207

xvii

図表 8.2	6側面に関わる規準	211
図表 8.3	理解の6側面に関するルーブリック	212
図表 8.4	評価者のように考えるために「逆向き設計」を用いる	221
図表 8.5	評価のアイデアの自己検査	222

第9章　学習のための計画

図表 9.1	UbD設計マトリックス ―― 第3段階に焦点を合わせて	229
図表 9.2	第3段階を含む「逆向き設計」の論理	230
図表 9.3	事実を積み重ねる	249
図表 9.4	問いを探究するための手引き	251

第10章　理解のための指導

図表 10.1	教科書の使用における看破と網羅の対比	273
図表 10.2	指導のタイプ	283
図表 10.3	指導の内容	287
図表 10.4	概念を発達させるトピックと，概念が述べられるだけのトピックが占める，平均的な割合	290
図表 10.5	理解を点検するための技法	292

第11章　設計プロセス

図表 11.1	設計プロセスの入り口	302
図表 11.2	社会科の単元のもともとの形	306
図表 11.3	UbDテンプレートにおける社会科の単元	307
図表 11.4	「逆向き設計」後の社会科の単元	308
図表 11.5	社会科の単元に対する追加の修正	309
図表 11.6	「逆向き設計」前の幾何学の単元	310
図表 11.7	「逆向き設計」後の幾何学の単元	311
図表 11.8	週ごとのフィードバックの書式	319
図表 11.9	単元設計のサイクル	320
図表 11.10	設計とフィードバックの図	322

第12章　全体的展望 ―― カリキュラムの枠組みとしてのUbD

図表 12.1	UbDカリキュラムの枠組み ―― マクロとミクロ	325
図表 12.2	UbDカリキュラム計画の実例 ―― 第1段階	326
図表 12.3	UbDを中心に組み立てられた体育のカリキュラム	331
図表 12.4	書き方に関する学区全体の評価計画	333

第13章　「なるほど，しかし……」

| 図表 13.1 | 教科書とスタンダードの相関関係 | 364 |

付録：6ページ版テンプレートのサンプル

単元のカバーページ	383
第1段階 ―― 求められている結果を明確にする	384
第2段階 ―― 承認できる証拠を決定する	385
第3段階 ―― 学習経験を計画する	387

凡例

1. 本書は，Wiggins, G., & McTighe, J., *Understanding by Design,* Expanded 2nd Edition, ASCD, 2005 の全訳である。タイトルにある by design という表現には，「設計によって」と「意図的に」という2つの意味がかけてある。なお，本文中で by design が単独で用いられている場合は，「意図的設計によって」という訳語を採用している。
2. 文中の〔　〕は，原著では［　］であり，すべて著者によるものである。また，アラビア数字 (1, 2, 3…) で章末に示した注も，著者によるものである。
3. 文中の［　］，ならびにローマ数字（ⅰ, ⅱ, ⅲ…）で示した脚注は，訳者が補ったものである。
4. 本文中の引用については，［　］に示した邦訳を参照しつつ，訳し直した。また，引用部分に不正確な箇所があった場合は，著者の了解を得て修正した。
5. 原著においてイタリック体で強調されている部分は，ゴシック体で表記した。ただし，見出しにおけるイタリック体については，傍点で示した。
6. 本文中に登場する略語に対応する訳語と原語は，次のとおりである。
    - AAAS：米国科学振興協会（American Association for the Advancement of Science）
    - ACTFL：全米外国語教育協会（American Council on the Teaching of Foreign Languages）
    - ASCD：教育管理・カリキュラム開発協会（Association for Supervision and Curriculum Development）
    - NAEP：全米教育進度評価（National Assessment of Educational Progress）
    - NWREL：北西地区教育実験所（Northwest Regional Educational Laboratory）
    - USDA：米国農務省（United States Department of Agriculture）
7. 注や参考文献に示されているウェブページのアドレス（URL）のうち，2012年4月1日現在，確認できないものについては，著者の了承を得て削除した。
8. 本書所収の著者紹介については，最新のものを著者からいただいた。

序章

> 究極目的（end）を持って始めるということは，目的地をはっきりさせてから
> 旅立つことである。目的地を知ることで，現在地もさらによくわかるようになるし，
> いつも正しい方向に向かって歩み続けることができるようになる。
> ——スティーブン・R・コヴィー『七つの習慣——成功には原則があった！』
> （Covey, 1989, p. 98［邦訳：2005 年，pp. 127-128］）

> 私は，UbD のプロセスを知って，とても興奮しました。なぜなら UbD を
> 実践することは，私にとっても生徒にとっても本当に素晴らしいからです。
> 何事もリラックスしたものになりますし，私自身，もっと自信が持てるようになりました。
> 生徒もとてもわくわくしています。生徒は，取り組んでいることの核となる部分を，
> 以前より明瞭に感じ取っているように思います。
> 彼らはゴールが何かを感じているのです。
> 以前は，ゴールが今ほどはっきりと，完全には明らかにされていないことが
> 普通でした。でも，今では私は，生徒が何を知っていて何を知らないかを知っていますし，
> 私が何をしなくてはならないか，わかっています。なんて解放的なんでしょう。
> ——UbD の使用について振り返っている教師の言葉

次の 4 つのエピソードを検討し，それらが理解について，またカリキュラムと評価の設計について何を提起しているのかを考えてみよう。2 つのエピソードは事実である。2 つはおなじみの実践をフィクションとして示したものである。

1. 「理解」についてのワークショップにおいて，ある高校のベテラン英語教師は，自分が高校生だったころの経験について，次のように振り返り，学習日誌に記入した。
   「当時の私は，自分の脳みそは通過駅のようだと感じていました。教材は，一方の耳から入り，（テストが終わると）もう一方の耳から出て行くのです。記憶することはとても得意だったので，卒業生総代にもなりました。しかし，その時でも私は，成績にあまり関心を持たない他の生徒たちの何人かと比べて，自分がはるかに少ししか理解していないことが恥ずかしいと感じていました。」
2. 秋になると毎年 2 週間，第 3 学年の児童全員が，リンゴについての単元に参加する。3 年生は，このトピックに関連する様々な活動に取り組む。言語科[i]では，ジョニー・アップルシード[ii]について読み，その話を描いた短編映画を見る。彼らはそれぞれリンゴに

関わる創作物語を書き，テンペラ絵の具を使って挿絵を入れる。美術では，児童は近くの野生リンゴの木から葉っぱを集めてきて，巨大な葉っぱ模様のコラージュを作り，3年生の教室に隣接する廊下の掲示板に掛ける。音楽の教師は，子どもたちにリンゴについての歌を教える。科学では，違うタイプのリンゴの特徴を，五感を使って注意深く観察して描く。数学の時間，教師は3年生全員に十分な量のリンゴソースをつくるために，レシピの材料を定率で倍にする方法を説明する。

この単元のハイライトは，近所のリンゴ農園への見学旅行である。そこで児童は，リンゴジュースが作られるのを見てから，荷馬車での遠乗りに出かける。単元における山場の活動は，3年生リンゴ祭りという祝典である。そこでは，保護者はリンゴの衣装を着て，子どもたちはそれぞれのステーション[iii]を順に回って，様々な活動を行う──リンゴソースを作り，リンゴの言葉探しコンテストで競い合い，リンゴ採り競争をし，リンゴに関連する文章題を内容とする数学のスキル・シートを完成させる。その祝典の締めくくりには，カフェテリアの職員が準備したリンゴあめをみんなが楽しんでいるところで，選ばれた児童が自分の書いたリンゴの物語を読む。

3. 全米教育進度評価 (National Assessment of Educational Progress: NAEP) における数学の評価項目の一つに，第8学年［中学校2年生にあたる］の生徒に対する次のような問題があった。この問題は，筆記によって答えを記述することを求めるオープンエンドのプロンプト[iv]である。「どのバスにも36人の兵士が乗ることができます。軍隊が1128人の兵士を運ぶのにバスは何台必要でしょうか？」およそ3分の1の8年生が，「31余り12」と答えた (Schoenfeld, 1988, p. 84)。

4. 4月の下旬［学年末にさしかかる頃］になり，パニックが始まる。世界史の教師は，簡単な計算をしてみて，学年が終わるまでに1日平均40ページ進まないと教科書を終えられないと気づくのである。いささか後悔しつつも，その教師はラテン・アメリカに関する小単元を省き，他にも時間のかかる活動のいくつかをやめることを決心する。たとえば，学習した世界史のトピックに関わる現代の国際的な出来事について扱うような，模擬国連でのディベート，投票，話し合いなどである。教科部会の最終試験に向けて生徒に準備をさせるため，早送りの講義モードに切り替えなければならないだろう。

これらのエピソードはそれぞれ，**理解**と**設計**に関する厄介な側面を明らかにしている（ちなみに，奇数番号のエピソードが事実である。よくある実践を考えると，偶数番号のエピソードも十分に起こりうるだろう）。

---

i) 言語科 (language arts) とは，日本における国語科のような教科。読み方 (reading)，書き方 (writing)，話し方 (speaking)，聞き方 (listening) の指導が行われる。

ii) 本名はジョン・チャップマン (Chapman, J.; 1774-1845)。リンゴの種子や苗木を米国の各地に配って歩いたという伝説が残っている開拓者。

iii) 米国では，教室にいくつかの活動コーナーを作り，子どもたちが順に回って活動をこなしていく形態の授業が見られる。ここでは，そのような活動コーナーが「ステーション (station)」と呼ばれている。

iv) プロンプト (prompt) とは，何らかの行動を促す刺激のこと。評価方法としてのプロンプトとは，比較的長い答えを筆記させる，オープンエンドの問題を指している。巻末「用語解説」における「アカデミック・プロンプト」の項を参照。

高校の英語教師の思い出話は，ありふれた真実を示している —— 伝統的な測定法（たとえば，科目の成績や累積的な学業平均値〔GPA: grade point average〕）によって認定された「よくできる」生徒たちでさえ，教えられたことについて深く理解しているとは限らないのである。彼女が受けたテストは，圧倒的に，教科書や授業で説明された情報の再生に焦点が合わせられていた。より深い理解を表現するように求める評価方法はほとんど与えられなかった，と彼女は報告している。

　フィクションとして示したリンゴの単元は，おなじみの場面を示している —— これは，**活動志向のカリキュラム**である。そこでは児童が，様々なハンズ・オンの活動[v]に参加する。このような単元は，しばしば児童にとって魅力的なものである。この事例にあるように，そういった単元は，おそらくは，あるテーマを中心に構成され，学際的な関連性を提供するものだろう。しかし，このような学業の価値はどうなのかという問題が残っている。指導は，どんな究極目的に向かって行われているのか？　単元の中で発達させるべき重大な観念や重要なスキルは何か？　児童は，学習の達成目標が何かを理解しているのか？　単元における**学習**の**証拠**（たとえば，葉っぱ模様のコラージュ，創作物語，言葉探しを完成させたもの）には，どの程度，価値のある内容スタンダード[vi]が反映されているのか？　これらすべてによって，どのような理解が生まれ，永続するのか？

　NAEPの数学テストの項目は，理解やその欠如のもう一つの様相を明らかにしている。生徒たちは正確に計算してはいるのだが，問題の意味を把握してはいない。また，「32台のバス」という正しい答えに到達するために自分が知っていることをどう活用すべきかについても，どうやら理解していないらしいのである。これらの生徒は，数学の教科書やワークシートにある脱文脈化されたドリル問題には熟達しているだろう。だが，現実世界の文脈で数学を応用する機会は，ほとんど与えられなかったのではないだろうか？　私たちは，「余り12」と答えた生徒たちが，**本当に**わり算とその活用の仕方を理解していると結論づけられるのだろうか？

　教科書にある教材を「網羅[vii]」しなくてはならないというプレッシャーがあることから，ほとんどすべての教師が世界史の教師の苦悩に共感するだろう。科学や歴史の分野で知識が自然に増加したこと，また言うまでもなく外部機関によるテストが義務づけられていること，さらに近年カリキュラムに新たな内容（例：コンピュータ学習やドラッグ教育）が追加されていることによって，網羅するという挑戦はより困難なものとなっている。しかし，**網羅**するという志向性は，最悪の場合，そもそもの目的自体を失敗させてしまうかもしれない。網羅するという志向性は，優先事項や求められている結果，学習者のニーズや関心，あるいは適切な評価の証拠とは関係なく，教科書を進むことを意味している。鍵となる観念や関連す

---

v) ハンズ・オン（hands-on）の活動とは，教室において生徒が何らかの素材を触ったり，動かしたり，実験したりといったような，手を使う活動のことを意味している。ハンズ・オンという用語は，しばしば，「頭を使う」という意味のマインド・オン（mind-on）とセットで用いられる。
vi) スタンダード（standard）とは，社会的に共通理解された目標＝評価基準である。成文化された文書を指す場合もある。内容スタンダード（content standard）とは，教えられるべき内容を定めたものである。
vii) 本書では，「網羅（coverage）」と「看破（uncoverage）」という2つの指導―学習スタイルが対照的に論じられている。

る要点を**学習する**ためには，それらを用いて作業し，それらであれこれ試し，探究して，活用するという本当の学習をする機会が必要である。それらがただ**教えられている**だけで真に**学習されてはいない**とすれば，何のために生徒たちは記憶し，いわんや理解をするのだろうか？　そのようなアプローチには，「教えて，テストして，後はうまくいくように祈るだけ」というレッテルを貼ってよいだろう。

■ 設計における双子の過ち

　興味深いことに，教室で起こっていることはとても違って見えるにもかかわらず，リンゴの単元と世界史の授業はどちらも同じ一般的な問題を抱えている，と私たちは考えている。小学校の教室で児童はたくさんのハンズ・オンの活動を行い，歴史の教室で教師は生徒に講義をしている。だがどちらの場合も，明確な知的ゴール(intellectual goals)は何ら明らかになっていないのである。私たちは，これら2つのバージョンの問題——活動に焦点を合わせた指導と網羅に焦点を合わせた指導——を，学校における典型的な指導に見られる「双子の過ち」と呼んでいる。効果的な**学習**の中心には，「ここで何が重要なのか？」「要点は何か？」「この経験によって，学習者としての私はどのように自分の責務を果たすことができるようになるのか？」といった鍵となる問いがある。だが，どちらの事例でも，これらの鍵となる問いに対する適切な答えは提供されていない。単純に言えば，本書全体を通して考えていく言い回しにあるように，両方の事例における問題は，指導を導く重大な観念が明らかになっていないこと，および学習を保障する計画が何もないことなのである。

■ 本書に書かれていること

　書名が示しているとおり，本書は，重要な観念についての理解を発達させ，深めることに焦点を合わせた良い設計の仕方——カリキュラム，評価，そして指導の設計をどのようにしてうまく行うのか——について書いているものである。本書全体を通して様々な観点から熟考したい要点を問いとして示すとすれば，「どうすれば私たちは，より多くの生徒が学習するように求められていることを真に理解する可能性を——私たちの意図的設計によって(by design)——高めることができるのだろうか？」である。対照的なことに，教室で「わかった」と言う生徒たちは，私たちのもとにやってくる前に，すでに有能かつ明晰であった生徒であるということがあまりにしばしばである——すなわち，彼らの理解は幸運によってもたらされているのだ。すべての者——経験の乏しい者，よくできるけれども動機づけの弱い者，あまりできない者，そして様々な関心やスタイルの者たち——に知的な影響を与えるためには，どのように計画する必要があるのだろうか？

　そのような問いを探究するためには，もちろん設計の目的を研究しなくてはならない——

設計の目的とは，私たちの場合，「理解」である。私たちは，単に取り入れ再生することとは対照的な意味で，**理解**することを生徒に求めている —— ここで私たちは，何を意味しようとしているのか？　たくさんの重要なことを知っている生徒がその意味を理解していないことがあると，私たち教師は皆知っている —— どうしてそんなことが起こりうるのだろうか？

また逆に，事実についてはたくさんの間違いをおかす生徒が —— そして与えられた課題ですら全部はしてこないような生徒が —— それでいて鍵となる観念に達することができる場合があるのは，なぜなのか？　したがって本書は，生徒に重大な観念を探究させるようなカリキュラムの設計を扱うものではあるものの，**理解**をよりよく理解することをもめざしている —— これは，とりわけ評価の目的のためにである。

後に述べるように，理解とは何か，どのようにして理解をもたらす設計を行うか，生徒の作品の中にどのように理解の証拠を見いだすかについて考える上で，理解には様々な側面(facets)があると認識することが役立つ，と私たちは提案する。日常的な言葉遣いを見ると，理解には多様な含意があることは明らかなので，それらを明確にする必要がある。たとえば，「彼は，その人が話しているフランス語を理解できなかった」という場合と，「彼女はその一次資料が何を意味しているのかを理解していなかった」という場合の違いを考えてほしい。異なる種類の理解が存在しており，私たちはどの理解を求めているのかについてはっきりさせておかなくてはならないのだ。理解とは，単一のゴールでは**なく**，相互に関連する能力のひとまとまり —— 転移の6つの異なる側面 —— である，と私たちは主張する。そして理解のための教育は，より慎重にそれらの側面すべてを発達させるものとなることだろう。

もちろん現実の指導の場面においては，これらの二重の目的 ——「生徒の理解」と呼ばれるゴールを明らかにしつつ，「良い設計」という方法を探究すること —— を求めることから，たくさんのきわめて重要な問いが投げかけられる。内容の習得(mastery)と理解をともにめざすとすれば，どのような設計の仕方が最良なのだろうか？　使っている教科書が大量の脱文脈化された知識を与えるものだとすれば，どのようにして理解というゴールを達成することができるのか？　内容スタンダードやハイ・ステイクスなテスト[viii]がある現状において，理解のための指導はどれほど現実的なものなのか？　したがって，本書では，これらの問いや他の問いに答えるために，次のことを行う。

- 生徒を探究へと参加させ，学習の転移を推進し，バラバラな知識とスキルの意味を生徒が捉えるのを助けるような概念的な枠組みを提供し，内容に含まれる重大な観念を看破させるように設計されたカリキュラムと指導のアプローチを提案する。
- 生徒の理解の程度，知識，スキルを適切に評価するための一連の方法を検討する。
- カリキュラム，評価方法，指導を設計する上で，生徒の誤解を予想することがどのような役割を果たすべきかについて考える。
- 生徒の理解の育成を妨げるような，よくあるカリキュラム，評価，指導の実践を調べる。

[viii] ハイ・ステイクスなテスト(high-stakes test)とは，被評価者にとって利害の大きいテストのことである。具体的には，入試など選抜に関わるテスト，予算配分などリソースに関わるテストなど。なお，狭義のテストは筆記テストや実技テストを指すが，広義のテストは広く学力の検査を意味している。

そして，理解に関わるゴールを犠牲にすることなくスタンダードを満たすことを助けるような計画の立て方として，「**逆向き設計 (backward design)**」を提案する。
- **理解の6側面** (six facets of understanding) の理論を提示し，それがカリキュラム，評価，指導に対し，どのような理論的・実践的な含意を持っているかを探究する。
- 生徒の理解に焦点を合わせたカリキュラムと評価の設計に役立つ，単元のテンプレートを提示する。
- そのような個々の単元が，どのようにより大きく，より一貫性の高い科目や教科課程の枠組みの中に入れ子状に位置づけられるかを示す。ここでいう科目や教科課程もまた，重大な観念，本質的な問い，核となる評価課題 (core assessment tasks) を中心に組み立てられる。
- カリキュラムと評価の設計において品質管理を実現するための設計スタンダードを一式，提案する。
- 設計者は，検索できるインターネットのデータベースを用いて世界的にカリキュラム設計を共有することによって，労少なく，より賢明に働く必要がある，と主張する。

■ 本書の読者

　本書は，新米であろうとベテランであろうと，生徒の理解を高めること，そして理解という究極目的を達成するために，より効果的なカリキュラムと評価を設計することに興味を持っている教育者のために書かれたものである。読者には，あらゆる階梯（小学校から大学まで）の教師，教科内容と評価の専門家，カリキュラム監督者 (curriculum directors)，教員養成・現職教育の指導者，学校や中央政府の管理者[ix]や指導主事が含まれている。私たちは，本書全体を通して，あらゆる学校階梯からたくさんの例を提供するが，残念ながら，それでも決してある時点でどんな読者にとっても十分ということはないのだ。すべての教科と階梯における例については，『理解をもたらすカリキュラム設計──専門的力量向上ワークブック』(McTighe & Wiggins, 2004) と UbD ウェブサイト (http://ubdexchange.org) において，もっとたくさん紹介している。

■ 鍵となる用語

　専門用語について少し述べておくことが適切であろう。本書では，理解のための教育の焦点となるべき**重大な観念**についてたくさんのことを述べる。重大な観念とは，バラバラな事実とスキルに意味を与え関連づけるような概念やテーマ，論点である。いくつか例を挙げて

[ix] 管理者 (administrator) には，校長などの管理職や，教育委員会などの行政官が含まれる。

みよう。適応，つまりあるシステムにおいて形態と機能はいかに関係しているか。数学における分配法則（「同じ」数を生み出すために，どんな数のグループ分けであれ下位グループ分けであれ用いることができる）。役立つモデルの発見としての問題解決。**正義**を定義するという難題。書き手・話し手として，相手（audience）と目的に焦点を合わせることの必要性。理解のための教育において必要不可欠な挑戦は，重大な観念を強調し，それらがどのように学習に優先順位をつけるかを示し，かつ内容に含まれるすべての「あれやこれや」の意味を捉える上で重大な観念がどのような価値を持つかを生徒が理解できるよう助けることにある。

　改革の仕事に関わる教育者は，**カリキュラム**（curriculum）と**評価**（assessment）という言葉が，その用語を用いる人の数と同じぐらい多くの意味を持っていることを知っている。本書でいうところの**カリキュラム**とは，**求められている結果**——つまり（州が定めたものであれ地方で開発されたものであれ）内容スタンダードとパフォーマンス・スタンダード[x]——から導き出された学習のための特定の青写真を指す。カリキュラムは，（外部のスタンダードや地域［学校や学区］のゴールから）内容を選び取り，それを効果的で魅力的な指導と学習を行うための計画へと形づくる。したがってカリキュラムは，トピックのリストや鍵となる知識とスキル（「インプット」）のリスト以上のものである。それは，生徒に求められているパフォーマンスという「アウトプット」を獲得する方法を示した地図なのである。そこでは，生徒が求められている結果を達成しやすくするような，適切な学習活動と評価方法が提案される。

　語源が示唆するとおり，**カリキュラム**は，望ましい終点を与えられた特定の「走路」である。したがってカリキュラムは，伝統的な教科課程の手引き以上のものである。それは，トピックや題材を精密に計画することにとどまらず，ゴールを達成するために用いられうる最も適切な経験，学習課題（assignments），評価方法を特定するものなのである。換言すれば，最良のカリキュラム（とシラバス）は，単に何が網羅されるかという観点からではなく，求められている学習の観点から書かれている。それらは，学習者が教室を去るときに何を獲得しているべきか，学習者が獲得するために何をしなくてはならないか，また教師は求める結果を達成するために何をすべきかを特定する。要するにカリキュラムは，内容と活動の単なるリストではなく，求められているアウトプットとそれを達成するための方法を特定するものなのである。

　評価（assessment）とは，私たちの意味するところでは，求められている結果がどの程度達成される途上にあるのか，また，どの程度達成されたのかを決定する行為である。評価は，州の内容スタンダードであれ地域のカリキュラム目標であれ，求められている結果が達成されたことを示す証拠を集めるために，**多くの方法を意図的に用いること**を意味する包括的な用語である。私たちが集めようとする証拠には，観察や対話，伝統的な小テスト（quiz）や

---

[x] 内容スタンダードが教えられるべき内容を定めたスタンダードであるのに対し，パフォーマンス・スタンダード（performance standard）は教えられた結果として学習者がどのように成果を表現するかを定めたスタンダードを指す。つまり，パフォーマンス・スタンダードにいう「パフォーマンス」とは，学業・試験などの出来映えを意味している。

テスト，パフォーマンス課題（performance tasks）とプロジェクトだけでなく，長期的に集められた生徒の自己評価も含まれることだろう。このように，**評価**は，**評 価**(evaluation)〔エバリュエーション〕xi)よりも学習に焦点を合わせた用語である。両者を同義語だと見なしてはならないのだ。評価とは，質を改善しゴールを達成できるようにするために，スタンダードと照らし合わせてフィードバックを与えたり用いたりすることである。対照的に，**評 価**〔エバリュエーション〕はより総括的で，資格認定に関わるものである。換言すれば，私たちは，フィードバックを与えるすべてのことについて，成績——**評 価**〔エバリュエーション〕——を与える必要はないのである。事実，理解は，形成的評価（およびパフォーマンス評価〔performance assessment〕）に対して通常よりもずっと多くの注意を払いつつ，継続的な評価を複合的な方法で行うことによってのみ発達し，引き起こされうる，という前提が私たちの主張の中心にはある。

　求められている結果は，**意図された成果**(intended outcomes)，**学力目標**(achievement targets)，あるいは**パフォーマンス・スタンダード**という用語でしばしば語られてきたものを意味している。これら4つの用語はどれも，インプットからアウトプットへと焦点を移すことを意味している。アウトプットとは，生徒が教室を去るときに，知り，行い，理解できているべきことであり，実演や完成作品の形で表現されるものである。また，私たちがめざした成功を収められないかもしれない危険性があることをフィードバックによって知った場合には，**求められている結果**からいって，私たちは「コーチ」として途中で**自分の設計**とパフォーマンスを調整しなくてはならなそうだと気づくことになる。

　私たちが常に理解をめざしてきたにもかかわらず，**理解**という言葉は，結局，複雑で混乱を招くような達成目標であることが判明する。この言葉は，本来，意味を明確化して精緻化する価値のあるものであり，それが本書の残りの部分での挑戦となる。だが当面は，この用語について作業上の初めの定義を考えておこう。**理解する**とは，物事の意味を捉えられるように，私たちの知識を関連づけ，ひとまとまりにつなぎ合わせることである（一方，理解がなければ，私たちは，複数の事実を不明瞭で分離されたもの，役に立たないものとしてしか見ることができないだろう）。しかしこの用語は，単なる知的な働きだけでなく「すること(doing)」をも意味している。ブルーム（Bloom, B. S.）が『教育目標の**分類学**〔タキソノミー〕』（1956年）において応用（application）と総合（synthesis）について語る際に述べているとおり，理解の中心にはパフォーマンスの能力が存在しているのである。理解するとは，知っていることを文脈の中で賢明にかつ効果的に**活用する**——転移させる——ことができる，現実的な課題や設定において知識とスキルを効果的に**応用**できる，ということである。理解したということは，知っていることを転移させることができるという証拠を示すという意味である。私たちは理解するとき，単に再生して「あてはめる」といった硬直した型にはまった把握ではなく，流暢で滑らかな把握を獲得しているのである。

　この達成の所産——名詞としての**一つの理解**——について語るとき，私たちは特定の（し

---

xi) 米国においてassessmentとevaluationは同義語として用いられることも少なくないが，本書の著者の一人であるウィギンズ氏は，「assessmentは必ずしもevaluationを必要としない。……assessmentにおいて私は記述するのに対し，evaluationにおいて私は価値判断を行う」(Wiggins, 1998, p. 192)と述べている。本書では，assessmentとevaluationにともに「評価」の訳語をあて，evaluationにはエバリュエーションと振り仮名をふることにした。

ばしば苦労して獲得された）洞察（insights）について述べている。私たちはたとえば，宇宙は拡大しているという現在の科学者たちの理解や，本の著者たちはその本の意味についての特権的なコメンテーターではないというポストモダンの理解について語る。指導における大きな挑戦は，どのようにして生徒がそのように微妙な大人の理解を理解できるようにするかである——それも，理解を，単純な叙述を単に再生することへと矮小化することなしにである。生徒が正真正銘の理解を獲得したとき，私たちは通常，彼らは「**本当にわかった**」と言う。設計者とコーチとしての私たちの助けを借りて，彼らは「理解に至る」のである。

　だが，長年，カリキュラムの指導者たちは，理解の観点から目標を組み立てることに反対してきた。ブルーム（Bloom, 1956）は，この用語［理解］は指導上のゴールと評価方法の基礎として用いるにはあまりに漠然としているため，分類学を書く際には用いられない，と論じた。しかし，**知ること**と**理解すること**の違いという重要な概念的区別は残っており，思案が必要である。理論と実践においてこの区別を見定めるのは，容易なことではない。本書において私たちが提唱するのは，**異なる種類の理解**があることに十分な注意が払われてこなかったこと，知識とスキルが自動的に理解を**もたらすわけではない**こと，生徒の**誤解**（misunderstanding）は私たちがおそらく実感しているよりもずっと大きな問題であること，したがって理解の評価には事実に焦点を合わせる伝統的なテストだけでは**得られない**ような証拠が必要だということである。

◼ 本書が扱わないこと

1. 「**理解をもたらすカリキュラム設計**」は，規範的なプログラムではない。それは，どんな設計についてであれ，理解をゴールとする設計の本質について，より意図的にかつ注意深く配慮する考え方である。本書は，一歩ずつ従わなくてはならないような手引きではなく，概念的な枠組みと，たくさんの入り口と，設計テンプレート，様々なツールと方法，そして付随する一組の設計スタンダードを提供する——一歩ずつ従うべき手引きなどは，教育においてであれ建築においてであれ，良い設計と正反対のものである。私たちは，カリキュラムの内容が何であるべきかについての明確な指示は行わない——ただカリキュラムの優先事項は，選ばれたトピックにおける重大な観念と重要なパフォーマンス課題に集中させるべきだというだけである。私たちが提供するのは，むしろ，**どんな**カリキュラムであれ，生徒の理解（と一般に求められている結果）をもたらす可能性を高めるようなカリキュラムを設計したり再設計したりする仕方である。
2. 「**理解をもたらすカリキュラム設計**」は教育の哲学ではなく，また，単一の教育学的方式や教育的アプローチを信じることも求めない。私たちは，生徒の理解というゴールに関連する，あらゆる教育的設計の問題への立ち向かい方について案内する。どの「重大な観念」をあなたが採用すべきかについては，一切特定しない。代わりに私たちは，あなたの設計の仕事が，あなた自身のめざす（または設定されたスタンダードがめざす）

重要な観念についての理解を達成する方法に焦点を合わせることを助ける。(ただし私たちは,様々な学問分野の重大な観念の例をたくさん提供する。)したがって,本書は,他のプログラムやアプローチと競合するものとして捉えられるべきではない。事実,提案する理解の見方や「逆向き設計」のプロセスは,教育に関する卓越した幅広い先導的試みのすべてと両立するものである。その中には,『カリキュラム横断の問題基盤型学習』[xii] (Stepien & Gallagher, 1997),ソクラテス式セミナー[xiii],『4MATシステム』[xiv] (McCarthy, 1981),『学習の次元』[xv] (Marzano & Pickering, 1997),州の内容スタンダードに向けた指導,「核となる知識」[xvi],『熟練した教師』[xvii] (Saphier & Gower, 1997),そしてハーバード大学大学院教育学研究科のプロジェクト・ゼロのチームによる『理解のための指導』[xviii] と表題のついた資料(Wiske, 1998; Blythe & Associates, 1998)などが含まれる。実際のところ,過去5年間にわたって,講義形式を用いる大学の教授陣,モンテッソーリ[xix]法の教師たち,そして国際バカロレア[xx],『すべての者の成功』[xxi],アドバンスト・プレースメント[xxii]のプログラム,エッセンシャル・スクール連盟[xxiii]の哲学を用いつつ学校で働いている教育者たちは皆,自分たちの設計を改善するために私たちの仕事を用いてきた。

3. 本書は,**計画すること**への確固としたアプローチを提示する。私たちは,様々な指導アプローチが生徒の理解を発達させ,深めうることを信じてはいるが,**指導方略**そのものについてはほとんど語らない。はっきりとした目的を持ち,効果的に考えることので

[xii] 問題基盤型学習(problem-based learning: PBL)とは,現実に直面する問題を最初に提示した後,その解決について検討するプロセスで必要な知識やスキルを身につけさせるという教育方法である。

[xiii] ソクラテス式セミナー(Socratic Seminar)においては,生徒が共通するテキストを読んだ後,オープンエンドの問いが投げかけられ,対話を行う中で思考が深められる。

[xiv] マッカーシー(McCarthy, B.)は,学習を,「直接経験→省察的な観察→概念化→積極的な試行→直接経験(統合)→……」というサイクル(4MATサイクル)を繰り返しつつ進むものとして捉え,その発想を指導や評価の改善に活かすことを主張している。

[xv] 「学習の次元(Dimensions of Learning)」とは,学習プロセスについての研究をまとめたモデルであり,①態度と知覚,②知識の獲得と統合,③知識の拡張と洗練,④知識の有意味な活用,⑤生産的な知性の習慣,という5つの次元で学習を捉えるものである。

[xvi] 『文化的リテラシー』(1988)の著者であるハーシュ(Hirsch, E. D.)は,英語,歴史と地理,視覚芸術,音楽,数学,科学について,各学年で学ぶべきそれぞれの知識を整理した「核となる知識(Core Knowledge)」シリーズを編集している。

[xvii] 『熟練した教師』(Saphier & Gower, 1997)では,生徒の注意の引き付け方,教室での出来事のスムーズで素早い流れの作り方など,様々な指導上のスキルが論じられている。

[xviii] 『理解のための指導』(Wiske, 1998),および『理解のための指導の手引き』(Blythe & Associates, 1998)は,ガードナー(Gardner, H.),パーキンズ(Perkins, D.),ペローネ(Perrone, V.)の呼びかけにより,1988年から1995年にかけて行われた共同研究プロジェクトの成果をまとめたものである。

[xix] モンテッソーリ(Montessori, M.)はイタリアの教育家であり,独自の教具によって子どもの自発的活動を促す幼児教育の方法を編み出した。

[xx] 国際バカロレア(International Baccalaureate)は,大学など高等教育への修学資格試験であり,合格者には加盟国の大学入学資格が与えられる。

[xxi] 『すべての者の成功(*Success for All*)』(LEA, 2001)とは,スレイヴン(Slavin, R. E.)とマデン(Madden, N. A.)によって開発された,幼稚園・小学校・中学校の学校改革アプローチである。

[xxii] アドバンスト・プレースメント(advanced placement)とは,大学入学許可を得る前に,大学でのアカデミックな単位や資格を獲得する科目のことである。

[xxiii] エッセンシャル・スクール連盟(Coalition of Essential Schools)は,サイザー(Sizer, T.)が著書『ホレスの妥協』(1984)において構想した中等学校改革の実現をめざして結成された。

きる教師は皆，個々の技法がどうであれ，当然，何度も計画－修正－指導－評価－省察－調整のサイクルを繰り返すものだ，と私たちは考える。このことは，注目に値する忠告であろう。なぜなら，**再設計**のためのきわめて重要な情報は，必然的に生徒の作品の分析と予備評価から導き出されるからである。(設計プロセスについては，第11章を参照のこと。)

4. 本書は，第一に，(個々の授業やより大きな教科課程ではなく)カリキュラムにおける単元の設計に焦点を合わせる。私たちは，(第12章で論じるとおり)個々の単元が教科課程や科目といったより大きな文脈の中に位置づけられるべきだと推奨している。しかしながら，本書では意図的に，より核心にある，教師にとって親しみやすい単元設計の仕事に注意を払うことにした。何年間にもわたって何千もの教師と一緒に働く中で，私たちは単元が，この設計プロセスの快適で実際的な入り口となることを見いだした。UbDのアプローチについては，日々の授業の計画のシステムに応用したほうが自然に見えるかもしれないが，私たちはそれについては勧めない。重大な観念を徹底的に発達させ，本質的な問いを探究させ，真正の応用 (authentic applications) をさせるのには，個々の授業ではとにかくあまりに短すぎるのである。換言すれば，単一の授業では，複雑なゴールを達成するには時間の枠組みとして短すぎるのである。もちろん，論理的に言って，授業計画は単元計画から導き出されるだろう。授業は通常，より大きな単元や科目の設計によって特徴づけられたときに，より目的のはっきりした関連性の高いものになる。

5. 徹底的な理解をもたらすように指導することは，学校教育にとってきわめて重要な目的ではあるものの，もちろんそれはたくさんある目的のうちの一つにすぎない。したがって私たちは，**あらゆる**指導と評価が，**常に**洗練された深い理解をめざしていなくてはならないと主張しているのではない。明らかに，理解をめざすことが可能でもなければ望ましくもない状況もある。たとえば，アルファベットの学習，タイピングといった技術的スキルの習得，外国語の基礎の発達に，徹底的な理解は必要ではない。生徒の発達のレベルによって，どの程度の概念化が適切かが決まる場合もある。また，科目や教科課程のゴールからいって，徹底的な理解は，つまらない脱線的なゴールだという場合もある。時には，あるトピックをちょうどよい時点で「知っておくこと」が適切で十分なゴールとなる。すべてのことを詳細に扱う時間もなければ必要性もない。より大きな全体の意味を伝えることがゴールである場合，そんなことをすれば逆効果であろう。したがって本書は，**もしあなたが，自分の生徒により幅広く徹底的な理解を発達させたいと望むならば**，『理解をもたらすカリキュラム設計』のアイデアとプロセスが適用される，という暫定的な前提のもとに成り立っている。

■ いくつかの役立つ注意事項とコメント

　しかしながら，理解のために進んで計画し教えようとし，その準備ができている読者には，3つの注意事項を提供したい。第一に，教育者は，しばしば生徒が学んだことを確実に本当に理解するよう，単に内容を網羅する以上のことをしたいと話す。しかし彼らは，以前は理解のために効果的な指導だと思っていたことが，実はそうではなかったということに気づくかもしれない。また，生徒が特定の何を理解すべきなのかについて，自分が思っていたほど明確ではなかったことを発見するかもしれない。事実，理解を特定すること，評価において理解がどのように見えるのかを特定することがどんなに難しいかを知って，読者はいくらか当惑するかもしれない，と私たちは予想している。また読者は，計画し，指導し，生徒の作品を評価する途中で，理解に関わるゴールをどんなに見失いやすいかを知って，困惑することだろう。

　第二に，多くの学習科目は，適切なことに，スキルに焦点を合わせている（たとえば読み方，代数，体育教育，スペイン語入門など）。しかしながら本書を読んだ後，教師-設計者は，実は，鍵となるスキルをすらすらと学習するために──すなわち，スキルをいかに**賢く活用する**かについて理解するために──必須の重大な観念があることに，おそらく気づくだろう。これは，計画する際にもっと注意を払う必要のあることである。たとえば，リテラシーの発達における重大な観念は，テキストの意味はテキストの中にではなく行間にある，つまり能動的な読者とテキストとの間の相互作用にあるということである。生徒にこのことを理解させることは，難しいだけでなく，今までとはかなり異なる設計を必要とする。そして，バラバラの読みの方略にのみ焦点を合わせたものとは全く異なる指導上の問題を投げかける。この挑戦の中核にあるのは，生徒が，読むこととは単に解読（decoding）することであるという誤解を克服できるよう助けること，そして解読だけでは意味を捉えられないときに何をすべきかを知るよう助けることである。

　第三に，理解のための設計は，設定された内容スタンダードや州のテストとは両立しない，と多くの教師が信じている。しかし，本書全体を読み終わる頃には，これは間違いだった，とあなたは気づくと思う。大多数の州のスタンダードは，単に網羅されるだけでなく理解されるように意図された重大な観念を特定している──あるいは少なくとも暗示している。次に示す第11学年の社会科に関するオハイオ州のスタンダードと，カリフォルニア州の物理学のスタンダードの例を見てほしい。

　　憲法の条項に関わる，最高裁判所の重要な決定の由来を明らかにする（例：立法区の再配分，言論の自由，または教会と国家の分離などに関する事例）。

　　多くのプロセスにおいて，エネルギーは周囲に熱として伝導されるものの，エネルギーは創出もされなければ消失もされない［エネルギー保存の法則］。この概念を理解するための基礎として：

a.　生徒は，熱の移動と仕事とは，エネルギーが系の間を動く2つの形式であることを知る。……

　より一般的に言って，良い設計の中心にある要素として私たちが提案するものを，あなたがいったん理解すれば，設計の責務すべてに対するやり方が変わるだろうと期待している。

　読み進めるにつれて，あなたは2つのとても異なる感情を経験するだろう，と私たちは予想している。時には，「これはまあ，もちろん，単なる常識だな！　これは，計画するのが上手な人ならいつだってしてきたことを単に明示したにすぎない」と独り言を言うだろう。また別の時には，私たちが指導，学習，評価，計画について刺激的で，直観に反するアイデアを提案しているように感じるだろう。後者の場合の助けとして，予想される誤解についての補足情報──「こんな誤解に注意！」というコラム──を提供したい。これは，提案している一連の議論やアイデアについて読者が持つ混乱に先手を打とうとする試みである。

　これらの特別な補足情報が存在していることは，きわめて重要なメッセージを伝えるものでもある。それは，理解のための指導を効果的に行うためには，学習において誤解される可能性のある箇所と雑になりそうな箇所とをうまく予測しなくてはならない，というメッセージである。**実際のところ，私たちが提案する設計アプローチの中心にあるのは，最もありそうな生徒の誤解に対して，先手を打ち，注意を喚起し，克服するような授業と評価方法を設計しなくてはならないということなのである。**1つめの補足情報を，次ページに掲載する。

　また読者は，「設計のヒント」と名づけられた補足情報もいくつか見つけることだろう。それらは，UbDの理論を，実際の計画，指導，評価の作業にどう翻案し始めればよいのかを教えてくれるだろう。さらに，本書全体を通して使っている言葉の意味がわかるように，用語解説も収録した。設計者の思考プロセスがどう働くのかについて感触をつかんでもらうために，架空の教師ボブ・ジェームズが，栄養の単元を設計（再設計）する様子をたどっていく。（本書の副読本である『理解をもたらすカリキュラム設計──専門的力量向上ワークブック』[McTighe & Wiggins, 2004] は，設計者の助けとなるよう，設計のツール，練習問題，事例を広範囲に紹介している。）

　さあ，読者の皆さんの健闘を祈ろう！　私たちは，あなたに，鍵となる観念を探究すること，そしてカリキュラム，評価，指導に関するたくさんの伝統的な習慣を再考することを求めていく。そのような再考こそが，私たちが提唱することの実践である。なぜなら，後にわかるように，理解のための指導においては，確立されていたり明白だったりするように見えることを，学習者が再考することが**必要**だからである──この**学習者**が幼い児童であれベテランの教育者であれ，再考が必要なのだ。生徒の理解を意図的設計によって保障するための多くの実践的ヒントはもちろんのこと，たくさんの思考の糧をも，あなたが見いだすことを信じている。

■ **こんな誤解に注意！**
1. **革新的または進歩的な指導と評価の方法だけが理解をもたらす。内容ではなくて，要はプロセスなのだ。**この考え以上に真実から遠く隔たるものはありえない。教科内容の知識なしに理解することなど不可能なのである。たとえば，大学レベルにおける学習へのいわゆる伝統的アプローチはすべて，徹底的な理解をめざし，しばしばそれをもたらすことに成功している。挑戦すべきは，この方策かあの方策かを二律背反的に選ぶことではなく，私たちの学習ゴールが示唆していることをもっと注意深く熟慮して，指導のレパートリーを**拡大し**，より上手に**ねらいを定める**ことである。実際には，教育的な哲学が何であれ，すべての教師は通常，あまりにも限られた設計の選択肢の中に閉じ込められている。挑戦すべきは，哲学が何であれ，現在，通常に用いられているよりもずっと多様で適切な指導方法を，教師が確実に用いるようにすることである。（第9章・第10章を参照。）

2. **ウィギンズとマクタイは，伝統的なテストに反対している。**そんなことはない。私たちはここでもまた，通常見られるような評価のレパートリーを広げようとしているのである。大多数の教科課程において通常見られるようなゴールの多様性にもとづけば，教室での評価において，より**適切な多様性**と妥当性が確実に保証されるようにしなくてはならない。挑戦すべきは，どの評価方法をどのようなときになぜ使うのかを知り，**それぞれの評価形式の長所と短所**をよりよく理解することである。（第7章・第8章を参照。）

3. **ウィギンズとマクタイは，評語による成績に反対している。**もし成績が理解に関する妥当な評価に対応しているのであれば，なぜ反対などするだろうか？　全般的に言って，評語による成績は続行すべきである。本書の中に，評点や成績証明書，通知表，大学入学スタンダードと相容れないものなど何もない。それとは対照的に，きっと本書は，（とりわけ中等教育段階や大学教育段階の）教師が，成績づけのシステムをより明確にし，正当化する[xxiv]のを助けるだろう。そして，生徒により公正な評価方法とより質の高いフィードバックを提供し，成績が何を表しているのかをより明瞭にすることだろう。

---

xxiv) 本書で「正当化する (justify)」と言う際には，なぜその成績づけの仕方が正当なものであるのかを社会的に明らかにすることを意味している。

第1章

「逆向き設計」

設計する（動詞）：目的と意図を持つこと。
計画し，実行すること。
──『オックスフォード英語辞典』

設計の仕事の複雑さは，しばしば実際より小さく見積もられる。
多くの人々は，自分が設計についてよく知っていると信じている。
彼らが実感していないのは，非凡で洗練された優雅な設計を上手に行うために，
どれだけたくさんのことをもっと知らなければならないかである。
──ジョン・マクリーン「プロジェクトを円滑に進めるために配慮すべき20のポイント」
(McClean, 2003)

　教師は，設計者である。私たちの職業において本質的な行為となるのは，特定の目的にかなったカリキュラムと学習経験を巧みに形づくることである。私たちはまた，生徒のニーズを診断するための評価も設計する。これは，自分たちの指導を方向づけるためであり，また私たちのゴールが達成されたかどうかを，私たちや生徒，あるいは他の人々（保護者や管理者）が判断できるようにするためである。
　建築家，技師，グラフィック・アートのような他の設計の専門家と同様，教育の設計者は自分の相手に気を配らなくてはならない。これらの分野の専門家は，非常に顧客中心である。設計が有効かどうかは，特定の最終使用者にとっての明確なゴールを達成しているかどうかに対応している。カリキュラム，評価，指導の設計の有効性が，究極的には，求められている学習が達成されているかどうかによって決定されるということを考慮すると，私たちの第一の顧客が生徒だということは明らかである。そこで私たちは，自分たちの設計をソフトウェアとして考えることができる。コンピュータのソフトウェアが意図しているのは，利用者がより生産的になれるようにすることである。それとちょうど同様に，私たちは教育用ソフトウェアを，より効果的な学習が行われるようにするために設計するのである。
　設計に関わるあらゆる専門的職業に見られるように，スタンダードが私たちの仕事に情報を与え，それを形づくる。ソフトウェアの開発者は，利用者にとっての使いやすさを最大化し，結果を妨げる欠陥を減らそうと，努力する。建築家の仕事は，建築基準法や顧客の予算，近隣の美的景観によって方向づけられる。設計者としての教師も，同じように制約を受けている。私たちは，選んだトピックが何であれ，決して自由に教えられるわけではない。むし

ろ私たちの仕事は，生徒が何を知り，できるようになるべきかを指定する国家や州，学区や教育機関のスタンダードによって方向づけられる。これらのスタンダードは，私たちが指導と学習の優先事項を明確にするのを助ける便利な枠組みとなり，カリキュラムと評価の設計を方向づけてくれる。学習経験を設計するときには，外在的なスタンダードに加え，たくさんの多様な生徒のニーズも要因として考慮しなくてはならない。私たちが学習活動や学習課題，評価方法について考える際には，常に，たとえば生徒たちの多様な関心や発達のレベル，クラスの大きさ，これまでの学力に影響されるに違いない。

　だが，古い格言にあるように，最良の設計において形態は機能に従う。換言すれば，私たちがどんな方法や題材を用いるかはすべて，求められている結果についての明瞭なビジョンによって決定されるのである。すなわち，どんな制約に直面していようと，私たちは，自分の計画の結果として生徒が何を理解し何ができるようになるべきかについて，明瞭に述べることができなければならない。

　おそらくあなたは，「どこへ行きたいかわからなければ，どの道を行ったって大した違いはないさ」[i]という言いならわしをご存じだろう。ああ，この点は，教育では深刻なものである。私たちはすぐに，**私たちが教えたいこと**，**私たちがする活動**，**私たちが使うリソース**[ii]の種類について述べる。しかし，求められている結果を明らかにすることなしに指導するとすれば，いったいどうして私たちの設計が効果的なのか，恣意的なのかを知ることができるだろうか？　単に興味深い学習と**効果的な**学習とを，どうやって区別できるだろうか？　もっと辛らつに言えば，内容スタンダードを満たすというゴールや，獲得しにくい理解へと生徒を至らせるというゴールが，学習者が活動したり学力をつけたりする上で何を含意しているのかを考え抜くことなしに，いったいどうやってそれらのゴールを達成できるだろうか？

　したがって，良い設計は，単にいくつかの新しい技術的スキルを獲得することにはとどまらない。私たちの目的とその含意についてもっと思慮深く明確にするような学習が設計されなくてはならない。

◾ なぜ，「逆向き」が最良なのか？

　設計に関わって考慮すべきこういった一般的な事柄は，カリキュラムを計画する際に，どのように応用されるのだろうか？　教師であり，カリキュラムの執筆者でもある私たちは，熟考され焦点が合わせられた指導を設計するために，自分の職務の本質についての考え方を大きく転換しなくてはならない。すなわち，教師としてどんな指導を行い，どんな学習活動を提供するかについて考える前に，まずは求められている学習を特定し，そのような学習が

---

[i] ルイス・キャロル『ふしぎの国のアリス』（Carroll, L., *Alice's Adventures in Wonderland,* 1865）より。
[ii] 教科書やビデオ，パンフレット，インタビューの相手など各種の資料。

行われたかどうかを示す証拠について，最初からしっかり考えなくてはならないのである。習慣からいえば，私たちの考えの大半を占めているのは，何をどう教えるのかについての考慮だろう。しかし，ここでの挑戦は，求められている学習に最初から焦点を合わせることである。適切な指導は，そこから論理的に導き出されるだろう。

　授業や単元，科目を，今まで快適に使ってきた方法や教科書，活動から導き出してはならない。むしろ，求められている結果から論理的に推論すべきなのである。カリキュラムは，特定の結果を達成するために最も効果的な方法を配置するものでなければならない。それは，旅行計画と似ている。私たちの［カリキュラムの］枠組みは，文化的なゴールを達成できるよう入念に設計された旅程を提供すべきである。外国の主な名所すべてを目的もなく巡るツアーであってはならない。要するに，最良の設計とは，求められている学習から逆向きに遡って導き出されたものなのである。

　このアプローチがなぜ適切なのかは，本書が焦点を合わせる教育目的である「理解」について考察すれば，いっそう明瞭になるだろう。どのような特定の理解を追求しているのか，そのような理解が実際にはどんな形で見えるのかについてかなり明瞭にしなければ，理解のためにどのように教えるのか，**どんな題材や活動を用いるべきか**については述べられないのである。私たちはガイドとして，「旅行者」である生徒に文化についてどんな理解をして帰宅してほしいか明確にする必要がある。そうした時のみ，短い時間の中で，「旅行者」としての生徒に，どの「名所」を訪ねさせ，どんな特定の「文化」を経験させるべきかについて，最善の決断を下すことができる。求められている結果とは何かを特定することによってのみ，それらの結果を最も達成しやすい内容，方法，活動に焦点を合わせることができるのである。

　しかし，多くの教師は，求められている結果——アウトプット——に含意されていることから授業や活動を導き出してはいない。むしろ，教科書や好みの授業や昔からの活動——インプット——に焦点を合わせて設計し始め，その後もそれらに焦点を合わせ続ける。奇妙に聞こえるかもしれないが，あまりにも多くの教師が，**学習**にではなく**指導**に焦点を合わせているのである。教師は，学習者が学習ゴールを達成するために何をしなくてはならないかについて，最初に考慮してはいない。むしろ，自分が何をするか，どんな題材を使うか，何を生徒に尋ねるかを第一に考えて，ほとんどの時間を使ってしまう。

　いわゆる「**結果**ではなく**内容**に焦点を合わせた設計」とはどんなものなのかについて，典型的なエピソードを検討してみよう。ある特定のトピック（例：人種に関わる偏見）を教えようと思っている教師は，まずあるリソース（例：『アラバマ物語』[iii]）を選ぶ。次に，トピックとリソースにふさわしい，特定の指導方法（例：この小説について議論するソクラテス式セミナーや，映画やテレビに見られるステレオタイプのイメージを分析する協同グループ）を選ぶ。それにより，学習がなされること（そしていくつかの英語/言語科のスタンダードを満たすこと）を期待する。最後にその教師は，この小説についての生徒の理解を評価する

---

iii) ハーパー・リー著（菊池重三郎訳）『アラバマ物語』暮らしの手帖社，1964 年（Lee, H., *To Kill a Mockingbird*, 1960）。1930 年代，黒人差別が根強いアラバマ州の小さな町で，弁護士アティカス・フィンチが無実の罪を着せられた黒人トムの弁護にあたる姿を，フィンチの娘スカウトの視点から描いた小説。1961 年にピュリッツァー賞を受賞した。

■ **設計のヒント**

すべての読者の心に想起されるであろう次のような問いについて，熟考してみよう——これらの問いへの答えによって，コーチされた学習の優先事項が組み立てられることとなる。私はどのようにこの本を読むべきなのか？ 私は何を探しているのか？ 何を話し合うことになるのか？ 私はどのようにして，その話し合いに向けた準備をすべきか？ 私の読み方と話し合いが効果的かどうかを，どうやって知ることができるのか？ この読書や話し合いはどのようなパフォーマンス・ゴールに向けて行われ，それによって私の勉強内容やノートの取り方は焦点が合わせられ，優先づけられるのか？ 他の読書に結びついているような，どんな重大な観念が，ここに影響を及ぼしているのか？ これらは，指導ではなく学習に関して生徒が持つべき適切な問いである。良い教育的設計であればどれでも，学習科目の初めから一貫して，これらの問いへの答えを示していることだろう。その際には，グラフィック・オーガナイザー[iv]や文書化された指針といったツールや方略が使用される。

ために，小論文の問題と小テストをいくつか考え出すかもしれない。

このアプローチはとても一般的なので，「このアプローチのどこが悪いのか？」と応じたくなるかもしれない。端的な答えは，目的に関する基本的な問いの中にある。つまり，「なぜ私たちは，生徒にこの特定の小説〔『アラバマ物語』〕を読むように求めているのか？」という問いである——換言すれば，「私たちは，生徒にそれを読ませることによって，どのような**学習**を追求しようとしているのか？」という問いだ。生徒は，その目的が自分たちの勉強に対して，なぜ，どのように影響するのかについて把握しているだろうか？ この小説を乗り越えたところにある私たちのゴールからいって，生徒はこの小説を読んでいる際に，何を理解し，何をすることを期待されるべきなのか？ 私たちがより大きな目的を明瞭に洞察しつつ設計の仕事を始めない限り——すなわち，小説はそれ自体が究極目的なのではなく，教育的な究極目的のための手段なのだと考えない限り——すべての生徒がその小説（と自分のパフォーマンスの責務）を**理解**することはなさそうである。私たちは，偏見について，どのような理解をさせたいのかを特定しなくてはならない。また，そのような洞察を発達させるために，この小説を読んで話し合うことがどのように役立つのかについて，自覚的でなければならない。さもなければ，ゴールはあまりにも漠然としすぎている。このアプローチは，「意図的設計」というより「希望的観測 (by hope)」である。そのようなアプローチでは，図らずも結局のところは，「いくらかの内容と活動を壁に投げつけて，そのうちいくらかがくっつくことを望む」ようなものになってしまうことだろう。

年長の生徒はいつも，「なぜか？」「だから何なのか？」という問いを投げかけている（あるいは投げかけたいと思っている）。したがって，カリキュラムを計画する際の焦点として，

---

iv) グラフィック・オーガナイザー (graphic organizer) とは，思考を整理するような図解のこと。概念マップ，フィッシュボーン図など。

それらの問いに答えること,しかも具体的な言葉で答えることは,「理解をもたらすカリキュラム設計」の本質である。そのように優先事項が明示的でわかりやすいものでなければ,多くの生徒にとって,日々の学業は混乱したストレスのたまるものとなってしまう。このことは,多くの教師にとってはわかりにくいことのようである(しかし,生徒の多くは,そのように感じている!)。

■ 伝統的な設計における双子の過ち

　より一般的に言うと,不十分な教育的設計は,2種類の無目的さに関係している。序章でも示したとおり,これは,幼稚園から大学院まで教育界に一貫して見られる問題である。私たちはこれらを,伝統的な設計における「双子の過ち」と呼ぶ。[無目的さの第1の形式である]活動志向の設計の間違いは,「ハンズ・オンであってもマインド・オンではない[手を使ってはいても頭は使っていない]」と呼べるかもしれない――魅力的な経験ではあるが,洞察や学力はせいぜい偶発的にもたらされるにすぎない。楽しくて興味深い活動でも,知的には何も得られていない。序章におけるリンゴのエピソードが典型的に示していたとおり,学習者の頭の中で起こっていることからみれば,活動志向のカリキュラムは,重要な観念について明示的に焦点を合わせていない。そこで学習が行われているという適切な証拠もない。児童は,自分たちは活動に参加してさえいればよいと思ってしまう。学習は,活動の**意味**を熟考するように求められるところから起こるものであるが,児童は,学習とは活動**そのもの**だと考えるように導かれているのである。

　無目的さの第2の形式は,「網羅」という名で呼ばれるものである。その根底にあるのは,(序章における世界史のエピソードに見られたように)規定された時間内ですべての事実的な題材を通り抜けていくという勇壮な企てである。このアプローチでは,生徒は教科書を1ページずつ進行していく(あるいは教師が講義ノートを1ページずつ進行していく)。したがって網羅というアプローチは,「火曜日ならベルギーよ(*If It's Tuesday, This Must Be Belgium*)[v]」という古い映画のタイトルにあるように,慌しいヨーロッパ・ツアーのようなものだ。このタイトルが適切にも示唆しているとおり,そのツアーを特徴づけるような包括的ゴールは何もない。

　大雑把に一般化すると,活動に焦点を合わせた形は小学校と中学校[vi]低学年においてより典型的であり,網羅は中等学校と大学においてよく見られる問題である。前者のリンゴの教室では体を動かす活動とおしゃべりが行われているのに対し,後者の世界史の教室では講義と静かにノートをとる作業が行われており,見た目は大変異なっている。しかしどちらの事例でも,設計の結果は同じである。学習経験を組み立て導いてくれるような知的な目的や

---

[v] 1969年,米国で公開されたコメディ映画。ロンドンからベルギーまで,ヨーロッパをバスで巡る18日間の観光ツアーを描いている。
[vi] 通常,米国の中学校(middle school)には第5〜8学年,中等学校には第7〜12学年の生徒が通っている。

> ■ **こんな誤解に注意！**
> 　**網羅**することは，意図的に概観すること(purposeful survey)と同じではない。学問なり研究分野なりの概観を生徒に与えることは，本来，違ったことではない。問題は，目的がわかりやすいかどうかなのである。**網羅**は否定的な用語である（一方，**導入**〔introduction〕や**概観**は否定的な用語ではない）。なぜならば，内容が「網羅」される場合には，生徒は勉強に生気を吹き込むような包括的な観念や論点，学習ゴールをほとんど，または全く感じることができないまま，際限のない事実と観念と読書が続いてしまうからである。（網羅と看破の比較について，より詳しくは，第10章を参照のこと。）

明瞭な優先事項が，そこには一切ないのである。どちらの事例においても，生徒は次のような問いを見いだしたり答えたりすることができないだろう。何が要点なのか？　ここでの重大な観念は何か？　このことは何を理解するのに役立ち，何ができるようになるのを助けてくれるのか？　これは何に関係しているのか？　なぜ私たちはこれを学習すべきなのか？　したがって生徒は，やがては意味が立ち現れてくるのだろうという希望を抱きつつ，できるだけ一生懸命に参加し，ついていこうとするのである。

　学業の全体を通して強調されるべき明瞭な目的と明示的なパフォーマンス・ゴールを提示する設計でなければ，生徒は満足な応答をすることができないだろう。同様に，活動志向や網羅志向の教師は，設計の鍵となる次のような問いに対し，容認できる答えを持っていないものと思われる。活動や内容を網羅することの結果として，生徒は何を理解すべきなのか？　経験や講義によって，何をするのに必要な用意をさせているのか？　では，求められている結果を達成するために，どのような活動やクラスでの話し合いが行われるべきなのか？　求められている能力や洞察を学習者が得つつあるかどうかは，どのような証拠によって示されるだろうか？　さらに，学習ゴールが確実に達成され，最も適切な証拠が生み出されるようにするためには，どのような活動とリソースを選んで用いるべきなのか？　換言すれば，生徒が活動やリソースの目的を見いだし，それらが特定のパフォーマンス・ゴールを達成す

> ■ **設計のヒント**
> 　私たちが無目的さについて主張していることにどんな価値があるのかを試すためには，何らかの授業の真っ最中に，生徒の一人ににじり寄って，次のような問いをぶつけてみるとよいだろう。
> 　今，あなたは何をしているのか？
> 　あなたは，なぜそれをするように求められているのか？
> 　それは，どんなことをするのに役立つのか？
> 　それは，あなたが以前したことと，どのように適合するのか？
> 　あなたはどのようにして，それを学習したことを示すのか？

る上で役立つことを見いだせるようにするためには,どのような**意図的設計**が必要なのか?

そういうわけで,私たちは,一般的な実践の反対を推奨している。私たちは,設計を始める際に,求められている結果——優先される**学習**——をよりいっそう注意深く言明することを求めている。また,ゴールによって要請または暗示されているパフォーマンスから,カリキュラムを導き出すことを求めている。こうして,多くの一般的な実践とは対照的に,私たちは設計者に,ゴールを明確にした後で次のような問いを熟考するように求める。そのような学力の証拠と見なせるのは,何だろうか? これらのゴールを達成すれば,どのように見えるだろうか? そのための評価方法として,どのような**パフォーマンス**——このパフォーマンスに向けて,すべての指導と学習が行われるべきである——が暗示されているのだろうか? これらの問いに答えた後でのみ,適切な指導と学習経験を論理的に導き出すことができ,ひいては生徒もスタンダードを満たすようなパフォーマンスを成功させることができる。したがってここでの変化は,「どの本を読むか?」「どんな活動をするか?」「何を話し合うか?」といった問いから設計し始めるのをやめることである。代わりに,「どんな活動やテキストを使うにせよ,教室を出ていくときに彼らは何を理解しているべきなのか?」,そして「そのような能力を示す証拠は何か?」,さらに,したがって「そのような結果がもたらされる可能性を最大にするには,どんなテキスト,活動,方法を用いるべきなのか?」といった問いから始めることとなる。生徒の理解をめざして指導する際に,私たちは次のような鍵となる観念を把握しておかなくてはならない。すなわち,**生徒は理解を用いてパフォーマンスを行うという「試合」をしている**。したがって私たちの役目は,観客席から自分たちの理解を彼らに伝えることではなく,「試合」をする生徒の能力を育てるコーチとなることなのである。

■ 「逆向き設計」の3段階

私たちは,このような3段階で計画するアプローチを,「逆向き設計」と呼んでいる。図表1.1は,この3段階を最も単純な用語で描いたものである。

第1段階:求められている結果を明確にする

生徒は何を知り,理解し,できるようにならなければならないのか? 理解するに値するのは,どんな内容か? どのような**永続的理解**(enduring understanding)が求められているのか? 第1段階において,私たちはゴールについて熟考し,確立されている内容スタンダード(全国,州,学区のもの)を検討し,カリキュラムで期待されているものを再検討する。通常は,利用可能な時間内で適度に扱うことができる量よりも多くの内容が存在しているので,選択することが必要である。設計プロセスにおける第1段階では,優先事項を明瞭にすることが求められている。

図表 1.1　UbD：「逆向き設計」の 3 段階

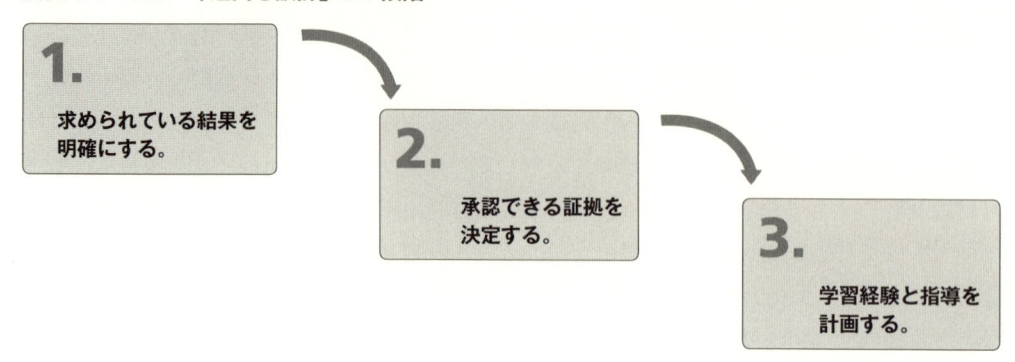

1. 求められている結果を明確にする。 → **2.** 承認できる証拠を決定する。 → **3.** 学習経験と指導を計画する。

第 2 段階：承認できる証拠を決定する

　生徒が求められている結果を達成したかどうかについて，どうやって知ることができるだろうか？　どんな証拠が，生徒の理解や習熟を示すものとして承認されるだろうか？　「逆向き設計」志向では，単に内容が網羅されたかどうか，あるいは一連の学習活動が行われたかどうかという観点をとらない。そうではなくて，求められている学習が達成されたことを記録し，確証するのに必要な評価の証拠を収集するという観点から，単元や科目について考えることを提案するものである。このアプローチは，教師やカリキュラムの計画者に，特定の単元や授業を設計する前にまず「評価者のように考える」ことを勧める。したがって，このアプローチが推奨しているのは，求められている理解を生徒が獲得したかどうかをどうやって判断することになるのかについて，前もって熟考しておくことである。

第 3 段階：学習経験と指導を計画する

　結果を明瞭に特定し，理解を示すような適切な証拠を念頭におくことができれば，その時こそ，どんな指導的活動が最も適切なのかをたっぷり考え抜くべき時である。「逆向き設計」のこの段階では，次のようないくつかの鍵となる問いを考慮する必要がある。生徒が効果的にパフォーマンスを行い，求められている結果を達成できるようにするためには，どのような知識（事実，概念，原理）とスキル（プロセス，手続き，方略）が必要なのか？　必要な知識とスキルを，生徒は，どのような活動によって身につけるだろうか？　パフォーマンス・ゴールと照らし合わせると，何が教えられコーチされる必要があるのだろうか？　また，どのようにすれば一番うまく教えられるだろうか？　これらのゴールを達成するのに最適なのは，どんな題材やリソースなのか？

　指導計画の詳細——指導方法，授業のシーケンス，リソースとなる題材の選択——をうまく決定できるのは，求められている結果と評価方法を特定し，それらが含意するものを熟考した後でのみである，という点に留意してほしい。指導は，究極目的に向けた手段である。ゴールを明瞭にしておくことは，計画の焦点を合わせ，志向した結果に向けての意図的な行為を方向づけるのに役立つ。

> ■ こんな誤解に注意！
> 　求められている結果の証拠とは，学習単元や科目の間に行われる様々なフォーマル，インフォーマルな評価方法を通して集められる証拠を指している。指導の最後に行うテストや，山場の課題だけをほのめかしているわけではない。むしろ私たちが集めようとする証拠には，伝統的な小テストやテスト，パフォーマンス課題やプロジェクト，観察や対話，および長期的に集められた生徒の自己評価も含まれるだろう。

　換言すれば，「逆向き設計」は，意図的な課題分析だと見なされるかもしれない。達成すべき価値ある課題に向けて，最もうまく皆に用意をさせるには，どうすればいいのか？　あるいは，地図を使って賢明な旅程をつくることだと考えることもできるかもしれない。目的地からいうと，最も効果的で効率的な道筋はどれか？　さらにまた，先にふれたとおり，コーチするための計画と見なすこともできるかもしれない。効果的にパフォーマンスをするために，学習者はどんなことを習得しなくてはならないのか？　生徒が確かにわかり，自分で**理解，知識，スキルを用いてパフォーマンスを行う準備ができていることを示すような証拠**——しかも単なる反復練習ではなく**現場における証拠**——となるのは何か？　活用とフィードバックによって学習者の能力を発達させるために，学習はどのように設計されるのだろうか？

　このことは，いったん理解されれば，まったくもって論理的なことである。しかし，私たちの領域における多くの習慣や伝統から見れば，「逆向き」である。設計者が何をどのように教えるのかを決める**前に**評価について考え始めれば，一般的な実践は大きく変化する。「逆向き設計」において，評価方法は，学習単元の結末近くになって創出されるものではない（また，教科書会社の提供するテストに頼るのでもない。それらは，必ずしも私たちのスタンダードやゴールを完全には，または適切には評価していないかもしれない）。代わりに「逆向き設計」は，単元や科目を計画し始める際に，証拠となる評価方法の観点からゴールやスタンダードを特定し，具体的なものにすることを求めるのである。

　「逆向き設計」の論理は，学習ゴールが何であれ適用される。たとえば，州の内容スタンダードにもとづいてカリキュラムを設計し始める際には，スタンダードにおいてどんな評価の証拠が適切だと述べられているのか，または含意されているのかを決定する必要がある。同様に教職員研修においても，様々なワークショップの活動を計画する前に，教職員が意図された知識やスキルを学んだことを示すような証拠は何かを決定すべきである。

　真価が問われる場は，評価の場面である。3人の教師が同じ内容スタンダードに向けて働いていたとしても，彼らの評価方法がかなり違っているとすれば，どの生徒が何を達成したのかについて，どうやって知ることができようか？　どんな学習の証拠が必要なのかについて合意することによって，カリキュラムの一貫性が増し，また教師による評　価（エバリュエーション）もより信頼できるものとなる。長期的には，教師，生徒，保護者が，複雑なスタンダードを達成したことの証拠として見なされるのは何か，あるいは見なされないのは何かについて洞察できるよ

うになることも，同様に重要である。

　求められている学習に熱心に焦点を合わせるという見解は，ほとんど革新的でもなければ新しいものでもない。タイラー（Tyler, R. W.）は50年以上も前に，「逆向き設計」の論理を明瞭かつ簡潔に述べている。

> 教育目標は，題材を選択し，内容の概要を明らかにし，指導の手順を開発し，テストや試験を用意する際の規準（criteria）となる。……
> 目標を記述する目的は，これらの目標を達成できる可能性が高くなるような方法で教育活動が計画され開発されるように，生徒にどのような種類の変化が引き起こされるべきかを指し示すことにある。（Tyler, 1949, pp. 1, 45 [邦訳：1978年, pp. 1-2, 58]）

また，ポリア（Polya, G.）は，もともとは1945年に出版された有名な著書『いかにして問題をとくか』において，ギリシャ時代に遡る問題解決の方略として，「逆向きに思考すること」を明確に論じている。

> 向きを変えて，ゴールから遠ざかり，……逆向きに作業を進めることには，心理的な抵抗を感ずることであろう。……だがしかし，具体的な問題を逆向きに解いていくことは，何も天才でなくてもわずかな常識があれば誰にでもできる。私たちは，求められている究極目的に集中し，最終的に自分がいたい位置を思い浮かべる。そこにたどりつくためには，その前にどこにいればいいのか？（Polya, 1945, p. 230 [邦訳：1986年, p. 64]）

　こういった見解は，古くからあるものである。本書において新しいものがあるとすれば，おそらく，私たちがプロセス，テンプレート，一組のツール，設計スタンダードを提供していることだろう。それらは，計画とその結果として得られる生徒のパフォーマンスが，幸運によってではなく意図的設計によって成功する可能性をより高くするために役立つものである。カナダのアルバータから来た第4学年担当の教師が述べたとおり，「究極目的を明瞭に定義して念頭におく方法をいったん獲得したら，単元の残りは『ぴったりと収まりがつく』」のである。

　「活動にもとづく設計」と「網羅にもとづく設計」という双子の過ちは，「逆向き設計」のやり方で目的を考え抜くのに失敗していることの現れである。このことを念頭において，序章で扱った2つのフィクションのエピソードを，もう一度検討してみよう。リンゴのエピソードにおいて，単元は，親しみのある具体的なもの（リンゴ）を通して，特定のテーマ（収穫期）に焦点を合わせているように見える。しかし，その描写が明らかにしているとおり，この単元には，児童が引き出すべき永続的な学習が全くない。したがって，本当の深まりも何らない。児童は，洗練された観念や関連性を抽出する必要がないため（実際のところ，そうするように迫られてもいないため），**ハンズ・オン**であっても**マインド・オン**ではない作業となっている。彼らは，理解しようと努力する必要がない。活動に参加してさえいればいいのであ

る。(理解していなくても単に参加してさえいれば褒められる、という例がよくある。何たることか。もちろん参加は必要であるが、それだけでは最終的な結果としては不十分なのである。)

さらに、リンゴの単元を検討すると、そこには表立った優先事項が何もないことが明らかになる——つまり、諸々の活動が同じ価値を持っているように見えてしまうのだ。児童の役割は、おおよそのところ、楽しい活動に単に参加することだけである。彼らは、「物事の核」（駄洒落をお許しあれ[vii]）にある重大な観念を理解したことを、証明する必要もない。「結果にもとづく指導」とは対極にある「活動にもとづく指導」ならどれでも、リンゴの単元が持つ弱点を共有している。そのような設計においては、児童に単元から知的な果実を引き出すよう求めるものがほとんどない（失礼！）。このような活動志向アプローチは、「浸透による学習を信仰するもの」として特徴づけられるかもしれない。個々の児童はリンゴについていくらか興味深いことを学ぶのではないか？　もちろんそうだ。しかし、明瞭なゴールのある学習計画なくして、将来の授業の基礎となるような共通理解が発達する可能性はどれほどのものだろうか？　あまりあるとは言えない。

世界史のエピソードにおいて、教師は学年の最後の四半期で、膨大な量の内容を網羅する。しかしながら、教科書を急いで横断するやり方では、題材から生徒が何を理解し応用することになるのかが、見たところ考慮されてはいない。生徒を重要な観念へと案内するために、どのような種類の知的な足場が提供されているだろうか？　たくさんの事実の意味を捉えるために、どのようにそれらの観念を活用することが生徒には期待されているのか？　科目が終わるまでに、生徒が最も効果的にノートをとる方法を知るためには、どんなパフォーマンス・ゴールが助けとなるだろうか？　「網羅にもとづく指導」は、実質的には、生徒が理解していようが混乱していようが、教師が単に話し、終わったトピックに印をつけ、前進するものである。このアプローチは、「ちょっとふれることによる指導」とでも言えるだろう。網羅志向の指導は、典型的には教科書をあてにするものであり、教科書によって内容と指導のシーケンスを決めるものである。対照的に、結果志向の指導においては、教科書をシラバスとしてではなくリソースとして用いることを提案している。

■「逆向き設計」のテンプレート

これまで、「逆向き設計」のプロセスを描写してきた。今度はそれを便利な書式にまとめてみよう——それは、理解に焦点を合わせる単元を設計する際に、教師が用いることのできるテンプレートである。

多くの教育者は、「逆向き設計」を常識だと認める。ところがそれを適用し始めると、最初は不自然に感じられることを発見する。このような仕事の仕方は、コツをつかむまでは、

[vii]「物事の核 (the core of the subject)」には、「教科の中核」と「リンゴの芯」という2つの意味がかけてある。

いささかやりにくくて時間のかかるもののように思われるかもしれない。しかし，その努力は，する価値のあるものだ――ちょうど，良いソフトウェアの学習曲線[viii]に価値があるのと同様である。実際，私たちは，「理解をもたらすカリキュラム設計」はソフトウェアだと思っている。つまり究極的には，あなたがより生産的になれるようにするための，一組のツールなのだ。したがって，「理解をもたらすカリキュラム設計」の実践的な基礎となるのは，設計テンプレートなのである。このテンプレートによって，生徒の理解を促すような設計を完成するのに必要となるような，適切な知性の習慣が強化される。また，「活動にもとづく設計」と「網羅にもとづく設計」という双子の過ちの核心にある習慣を避けることもできる。

　図表1.2は，1ページ版のUbDテンプレートを概観したものである。様々な欄には，計画する際の鍵となる問いが記入されている。この書式は，「逆向き設計」のアイデアを視覚的に伝えつつ，UbDの様々な要素へと教師を案内するものである。この後の章では，テンプレートとそれぞれの欄について，より完全な説明を示す。

　この1ページ版のテンプレートは，多くの詳細を伝えることはできないものの，いくつかの長所がある。第一にそれは，「逆向き設計」の**ゲシュタルト**，つまり全体構造を提示しているが，全く手が出ないようには見えない。第二に，評価方法（第2段階）と学習活動（第3段階）が，明確にされたゴール（第1段階）とどの程度一致しているかという整合性を，素早く点検できる。第三に，テンプレートは，教師や学区が開発した既存の単元を再検討するのにも用いることができる。最後に，1ページ版のテンプレートは，最初に設計を始める際の枠組みを提供する。私たちはまた，より詳細な計画を可能にするよう，複数ページのテンプレートも用意している。そこには，たとえば「パフォーマンス課題の詳細な計画」や，鍵となる学習の出来事をリストにして並べるための日々のカレンダーが掲載されている。『理解をもたらすカリキュラム設計――専門的力量向上ワークブック』（McTighe & Wiggins, 2004, pp. 46-51）には，より詳細な計画を可能にする6ページ版のテンプレートを掲載している。

　私たちが観察するところ，教師はUbDテンプレートを用いて作業をするにつれて必ず「逆向き設計」を内面化し始める。第1段階で設計者は，生徒に何を理解してほしいかを熟考し，それらの理解を問いの形にすることを求められる。テンプレートの第1段階には，真ん中に2つの欄がある。使用者は，そこに永続的理解と本質的な問いを特定して書き込むよう促される。それらによって，特定の単元はより大きな文脈の中に位置づけられる。その文脈の中で，それぞれの単元は入れ子状に収まっているのである。

　第2段階で設計者は，求められている理解の証拠を集めるために，様々な評価方法について熟考するよう促される。その際，グラフィック・オーガナイザーの2つの欄は，単元において用いられるべき具体的な評価方法を特定するためのスペースとなる。設計者は，単一のテストやパフォーマンス課題ではなく，様々な証拠を集めるという点について考える必要がある。

---

viii) 経過時間や試行数を横軸に，学習した量（正答数など）を縦軸にとって，学習の進行するプロセスをグラフに示したもの。

図表1.2　教師のための設計の問いを記入した1ページ版のテンプレート

第1段階──求められている結果

設定されているゴール： Ⓖ
- この設計は，関連するどのようなゴール（例：内容スタンダード，科目や教科課程の目標，学習の成果）を扱うのか？

理解： Ⓤ
生徒は，～は……だと理解する。
- 重大な観念は何か？
- それらについて，どのような特定の理解が求められているのか？
- どのような誤解が予想されるのか？

本質的な問い： Ⓠ
- どのような刺激的な問いが，探究，理解，学習の転移を促進するのか？

生徒は，次のことを知る。 Ⓚ
- この単元の結果として生徒が獲得するのは，どのような鍵となる知識とスキルなのか？
- そのような知識とスキルの結果として，ゆくゆくはどのようなことができるようになるべきか？

生徒は，次のことができるようになる。 Ⓢ

第2段階──評価のための証拠

パフォーマンス課題： Ⓣ
- どのような真正のパフォーマンス課題によって，生徒は，求められている理解を実地で示すだろうか？
- どんな規準によって，理解のパフォーマンスは審査されるのか？

他の証拠： ⓄⒺ
- 他にどのような証拠（例：小テスト，テスト，アカデミック・プロンプト，観察，宿題，日誌）によって，求められている結果を生徒が達成したことが示されるだろうか？
- 生徒はどのように自分の学習を振り返り，自己評価するだろうか？

第3段階──学習計画

学習活動： Ⓛ
どのような学習経験と指導によって，求められている結果を生徒が達成することが可能となるのか？
この設計ではどのようにして
W ＝ この単元がどこへ（Where）向かっており，何が（What）期待されているかを，生徒が知るのか？
　　　生徒がどこ（Where）から来たのか（既有知識や関心）を，教師が知ることができるのか？
H ＝ すべての生徒を惹きつけ（Hook），関心を維持する（Hold）のか？
E ＝ 生徒を用意させ（Equip），鍵となる観念を経験させ（Experience），論点を探究させ（Explore）のか？
R ＝ 理解と作品を再考し（Rethink），修正する（Revise）機会を提供するのか？
E ＝ 生徒に，自分の作品とその含意を評価（Evaluate）させるのか？
T ＝ 学習者の異なるニーズ，関心，能力に合わせて調整する（Tailor）（個性化する）のか？
O ＝ 最初から最大限の参加を喚起し，それを維持するとともに，効果的な学習が最大限に行われるように，組織する（Organize）のか？

[Ⓖ=goals　Ⓤ=enduring understandings　Ⓠ=essential questions　Ⓚ=knowledge　Ⓢ=skills
Ⓣ=performance tasks　ⓄⒺ=other evidence　Ⓛ=learning plan]

図表 1.3　3 ページにわたる栄養の単元の例

第 1 段階——求められている結果を明確にする

設定されているゴール：

> スタンダード 6 ——生徒は，栄養と食事に関する本質的な概念を理解する。　　Ⓖ
> 　6a ——生徒は，自分と他者にとって適切な食事を計画するために，栄養に関する理解を活用する。
> 　6c ——生徒はそれぞれ，自分自身の食事のパターンを理解し，そのパターンをどう改善しうるかについて理解する。　　［6a・6c は，スタンダードで示されている目標の番号である。］

どのような本質的な問いが検討されるのか？

> ● 健康的な食事とは何か？　　Ⓠ
> ● あなたは健康的に食べているか？　どのようにして，それがわかるのか？
> ● ある人にとって健康的な食事が，他の人にとって不健康でありうるのはどうしてか？
> ● あらゆる情報が入手できるにもかかわらず，なぜ米国では，栄養不足によってもたらされた健康上の問題がこんなにもたくさんあるのか？

どのような理解が求められているのか？

> 生徒は，~は……だと理解する。　　Ⓤ
> ● バランスのとれた食事は，身体的・精神的な健康の一因となる。
> ● USDA［米国農務省］食品ピラミッド［2011 年に「私のお皿（My plate）」という指針に改訂された］は，栄養に関する**相対的**な指針を示すものである。
> ● 食事の必要条件は，年齢，活動レベル，体重，全体的な健康状態によって，一人ひとり異なる。
> ● 健康的な生活を送るためには，快適な習慣を壊すことになったとしても，個々人が十分な栄養について入手可能な情報にもとづいて行動することが必要である。

この単元の結果，生徒はどのような鍵となる知識とスキルを身につけるのか？

> 生徒は，次のことを知る。　　Ⓚ
> ● 鍵となる用語——たんぱく質，脂質，カロリー，炭水化物，コレステロール。
> ● それぞれの食品群の食品の種類と栄養価。
> ● USDA 食品ピラミッドの指針。
> ● 栄養上のニーズに影響する条件。
> ● 栄養不足によってもたらされる，一般的な健康上の問題。

> 生徒は，次のことができるようになる。　　Ⓢ
> ● 食品ラベルの栄養に関する情報を読んで解釈する。
> ● 栄養価について，食事を分析する。
> ● 自分や他の人にとってバランスのとれた食事を計画する。

［Ⓖ＝goals　Ⓠ＝essential questions　Ⓤ＝enduring understandings　Ⓚ＝knowledge　Ⓢ＝skills］

第1章 「逆向き設計」

図表1.3　3ページにわたる栄養の単元の例（つづき）

第2段階——承認できる証拠を決定する

生徒が理解したことは，どのような証拠によって示されるのか？

> **パフォーマンス課題：** **T**
>
> 「食があなたをつくる」——生徒は，健康的な生活を送るためには十分栄養が重要だということを，年下の子どもたちに教えるイラスト入りのパンフレットを作成する。生徒は，年下の子どもたちに悪い食習慣をやめるためのアイデアを与える。
>
> 「食卓につこう」——生徒はもうすぐ行われる野外教育キャンプ体験のために，3日間の食事と間食のメニューを作る。彼らはキャンプ監督者に宛てて，なぜ自分たちのメニューが選ばれるべきなのかについて説明する手紙を書く（その際，そのメニューがUSDA食品ピラミッドの勧告を満たしつつ，生徒にとって十分においしいものだということを示す）。食事に関する特定の条件（糖尿病患者やベジタリアン），あるいは宗教上の配慮のために，少なくとも1つは変更点を含むこと。

第1段階で求められている結果と照らし合わせて，どのような他の証拠を集める必要があるのか？

> **他の証拠：** **OE**
> （例：テスト，小テスト，プロンプト，作品例，観察）
>
> ・小テスト——食品群とUSDA食品ピラミッド
>
> プロンプト——栄養不足の結果として起こりうる健康上の問題を2つ記述し，どうすればそれらが避けられるかについて説明する。
>
> スキルの点検——食品ラベルの栄養に関する情報を解釈する。

生徒の自己評価と振り返り：

> 1. パンフレット「食があなたをつくる」を自己評価する。 **SA**
> 2. キャンプのメニュー「食卓につこう」を自己評価する。
> 3. 単元の終わりに（最初と比較して）どの程度，健康的に食べているかについて振り返る。

[**T**=performance tasks　**OE**=other evidence　**SA**=self-assessment]

図表 1.3　3ページにわたる栄養の単元の例（つづき）

第3段階——学習経験を計画する

どのような指導と学習経験のシーケンスによって，生徒は，求められている理解に向けて取り組み，それを発達させて実地で示すことができるようになるのか？　次の用紙を用いて，鍵となる指導と学習活動を順番にリストにしなさい。それぞれの項目に，WHERETOの要素に対応する適切なイニシャルを記号としてつけなさい。

 ᴸ

1. 栄養が自分の生活に与える影響について生徒が熟考するよう惹きつけるため，導入の問い（entry question／あなたが食べる物は，にきびの原因となりうるか？）で始める。**H**
2. 本質的な問いを紹介し，単元の山場のパフォーマンス課題（「食卓につこう」と「食事の行動計画」）について話し合う。**W**
3. 注：様々な学習活動とパフォーマンス課題で必要になったら，鍵となる用語を導入する。生徒は，学習活動と課題の助けとなるよう，保健の教科書から関連する部分を読んで話し合う。後の再検討と評価のために，継続的な活動として，生徒は日々食べているものと飲んでいるものを図表に記録する。**E**
4. 食品群についての概念を身につけさせる授業を行う。それから，生徒に食品の写真を食品群に応じて分類する練習をさせる。**E**
5. 食品ピラミッドを紹介し，それぞれの群の食品を明確にする。生徒はグループで，それぞれの群の食品の切り抜いた写真を載せた食品ピラミッドのポスターをつくる活動をする。教室か廊下にポスターを掲示する。**E**
6. 食品群と食品ピラミッドに関する小テスト（組み合わせ問題）を与える。**E**
7. USDAの栄養パンフレットを批評し，話し合う。話し合うための問い：「健康的になるためには，全員が同じ食事をすべきなのか？」**R**
8. 生徒は，協同グループで活動し，仮想の家族の食事（意図的にバランスを崩してあるもの）を分析して，栄養の改善のため提言をする。活動中，教師は生徒を観察しコーチする。**E-2**
9. グループで，自分たちの食事についての分析を共有し，クラスで話し合う。**E, E-2**　（注：教師は，指導上注意が必要な誤解がないかを探すため，食事についての分析を集めて検討する。）
10. それぞれの生徒は，健康的な生活を送るために十分な栄養をとることの重要性と不十分な食事が結びつく問題について，年下の子どもに教える挿絵入りの栄養パンフレットを考案する。この活動は，授業外の時間に完成させる。**E, T**
11. 生徒は，グループのメンバーとパンフレットを交換し，評価規準のリストにもとづいて相互評価をする。生徒に，フィードバックにもとづいた修正を許す。**R, E-2**
12. 「栄養とあなた」というビデオを見て，話し合う。不十分な食事に関連した健康上の問題について話し合う。**E**
13. 生徒は，栄養不足に起因する健康上の問題について，ゲスト・スピーカー（地域の病院の栄養士）の話を聞き，質問する。**E**
14. 生徒は，次の筆記プロンプトに応答する。「栄養不足の結果として起こりうる健康上の問題を2つ述べ，それらを避けるためにどのように食事を変化させるとよいのかを説明しなさい。」（これらは教師が集めて採点する。）**E-2**
15. 教師は，食品ラベルの栄養価に関する情報を読んで解釈する方法のモデルを示す。それから，寄付された［食品の］箱，缶，ボトル（空のもの！）を用いて，生徒に練習させる。**E**
16. 生徒は，1人で，3日間のキャンプのメニューを開発する。キャンプ・メニューのプロジェクトを評価（エバリュエーション）し，フィードバックを与える。生徒は，ルーブリックを用いて，自分のプロジェクトを自己評価し，相互評価する。**E-2, T**
17. 単元の締めくくりに，生徒は日々の食事図の完成したものを再検討し，自分の食べ方が健康的かどうかを自己評価する。彼らは変化に気づいたか？　改善点は？　彼らは自分の気分や姿の変化に気づくか？　**E-2**
18. 生徒は，健康的な食事のために，自分の「食事の行動計画」を立てる。これらはとっておいて，近く予定されている三者面談で提示される。**E-2, T**
19. 生徒が自分の食事の習慣を自己評価して，単元を締めくくる。それぞれの生徒に，自分の「健康的に食べる」というゴールのための行動計画を立てさせる。**E-2, T**

ᴸ [=learning plan]

第3段階では，主要な学習活動や授業のリストをつくることが求められる。設計者（や他の人）は，欄を埋める際に，私たちが「WHERETO」と呼んでいる要素を見分けることができなくてはならない。

このテンプレートの**形式**は，設計された単元を簡潔に提示する手段となる。また，設計プロセスを導く**機能**も持っている。仕上がったテンプレートは，自己評価や相互批評に用いたり，完成した単元設計を他の人と共有するために用いたりすることもできる。

設計者である教師にとってテンプレートがどんな利点を持つかについてよりよく理解するために，完成したテンプレートを見てみよう。図表1.3は，栄養に関する単元について仕上がった，3ページ版のテンプレートを示している。

図表1.3のテンプレートは，長期的なゴールを，典型的な授業計画に見られるよりもずっと明らかに示すことによって，「逆向き設計」の思考を助けていることに気づいてほしい。設計が確実に一貫したものとなるように，私たちは第2段階・第3段階を通して，それらのゴールを追求することができる。第1段階においては，重大な観念に焦点を合わせることが明白となっている。しかも，より個別的な知識とスキルの要素も犠牲にしてはいない。最後に，適切な種々の評価方法を求めることによって，このテンプレートは，もし私たちが理解を目的とするならば，転移を示すようなパフォーマンスに根ざした様々な証拠と評価方法が，通常，必要であることを思い出させてくれる。

■ 設計スタンダード

UbDテンプレートとともに，「逆向き設計」の各段階に対応する，一組の設計スタンダードがある。このスタンダードは単元設計の開発途中で用いられる規準，また完成した設計の品質管理のための規準を提供している。それは問いの形で作られており，採点用ルーブリック[ix]が生徒に役立つのと同様に，UbD設計スタンダードはカリキュラム設計者の役に立つ。作業を始める前にルーブリックが提示されると，どんな質が重要であり，それに向かって奮闘すべきだということが明確になるため，生徒はパフォーマンスの達成目標を知ることができる。同様に，設計スタンダードは，「理解をもたらすカリキュラム設計」の枠組みと照らし合わせて，効果的な単元の質を特定する。図表1.4は，4つのUbD設計スタンダードを，随伴する指標（indicators）とともに示している。

設計の仕事をする際，このスタンダードは次の3通りに役立つ。

- **設計途中で参照すべきポイントとして役立つ**——教師は，たとえば，特定された理解は真に重大で永続的か，あるいは評価のための証拠は十分なものかについて，定期的に点検することができる。これらの問いは，ルーブリックと同様に，設計において含まれる

[ix] ルーブリック（rubric：評価指標）とは，パフォーマンスの成功の度合いを示す数レベル程度の尺度と，それぞれのレベルに対応するパフォーマンスの特徴を記した記述語から成る評価基準表である。具体例については，本書209ページ，212〜213ページなどを参照。

図表1.4　UbD設計スタンダード

第1段階 **どの程度，この設計は，めざしている内容の重大な観念に焦点を合わせているか？**

次の点を熟考してほしい。
- ❏ めざしている理解は学問の中心にあり，看破を必要とするような，転移可能な重大な観念にもとづく永続的なものか？
- ❏ めざしている理解は，有意義な関連づけを誘発し，正真正銘の探究と深い思考を引き起こし，転移を促進するような問いによって組み立てられているか？
- ❏ 本質的な問いは刺激的で論争的であり，（「紋切り型の」答えよりむしろ）中心的な観念を中心に探究を生み出す可能性の高いものか？
- ❏ 適切なゴール（例：内容スタンダード，ベンチマーク^{x)}，カリキュラムの目標）は明確にされているか？
- ❏ 妥当で，単元に関連のある知識とスキルが明確にされているか？

第2段階 **評価方法はどの程度，求められている結果について公正で妥当で信頼できる十分な測定を提供するか？**

次の点を熟考してほしい。
- ❏ 生徒は，真正のパフォーマンス課題によって理解を表すよう求められているか？
- ❏ 生徒の完成作品と実演を評価するための，適切な規準にもとづく採点用ツールはあるか？
- ❏ 学習に関する付加的な証拠を提供するために，多様で適切な評価の形式が使われているか？
- ❏ 評価方法は，評価のためだけでなく，生徒や教師のためのフィードバックとして用いられているか？
- ❏ 生徒は，自己評価をするよう勧められているか？

第3段階 **どの程度，学習計画は効果的で魅力的か？**

次の点を熟考してほしい。生徒は……
- ❏ どこへ向かっているか（学習ゴール），なぜその題材が重要か（その内容を学習する理由），何が彼らに要求されているのか（単元のゴール，パフォーマンスの要求，評価の規準）を知ることになるのか？
- ❏ 惹きつけられるか——重大な観念を掘り下げることに参加するか（例：探究，研究，問題解決，実験を通して）？
- ❏ 要求されているパフォーマンスに用意するために，重大な観念を調査し経験する機会を適切に持つことができ，指導を受けることができるか？
- ❏ 時宜を得たフィードバックにもとづいて作品を再考し，予行練習をし，修正し，洗練する十分な機会があるか？
- ❏ 自分の作品を評価し，自分の学習を振り返り，ゴールを設定する機会があるか？

次の点を熟考してほしい。学習計画は……
- ❏ すべての生徒の関心と学習スタイルに対応するよう調整された，柔軟なものか？
- ❏ 参加と効果を最大限にするよう組織され，配列されているか？

設計全体 3段階すべての要素が調整されることにより，単元全体はどの程度，首尾一貫したものとなっているか？

べき重要な要素（たとえば本質的な問いに焦点を合わせること）を思い出させるものとして役立つ。

- **設計の草案を自己評価したり相互批評したりする際に用いることができる**——教師や仕事仲間は，どんな改善が必要かを明確にするため，草案段階の単元を検討する規準として設計スタンダードを用いることができる。たとえば，抽象的な観念をより深く掘り下げるために理解の6側面を用いる必要がある，といったことが明確になるだろう。
- **完成した設計の品質管理のために役立つ**——それから設計スタンダードは，独立した検査者（例：カリキュラム委員会）が，単元設計を承認するために適用できる。その後，その設計は他の教師に配付されることとなる。

私たちの職業において，教師が設計した単元や評価方法が，このレベルの批判的再検討を受けることはめったにない。それにもかかわらず，設計スタンダードにもとづく構造化された相互批評が非常に有益であることを，私たちは見いだしてきた——教師にとっても，その設計にとってもである（Wiggins, 1996, 1997）。相互批評会の参加者は常に，カリキュラムや評価の設計を仕事仲間と共有し話し合うことには価値があると論評する。私たちは，そのような会合が専門的力量向上に有効なアプローチだと信じている。なぜなら，そこでの会話は指導と学習の中心に焦点を合わせるものだからである。

カリキュラム——開発されつつある新しい単元や科目だけでなく，すでに存在している単元や科目——を定期的に再検討するために設計スタンダードを用いることの重要性は，いくら強調してもしすぎることはない。初心者であれベテランであれ，教育者にとって，適切な規準と照らし合わせて設計を自己評価する習慣を身につけるのは，しばしば難しいことである。私たちの職業においては，「計画を立てるのに懸命に力を注げば，いいものができるに違いない」という規範がはびこっているように思われる。UbD設計スタンダードは，品質管理の方法を提供することによって，その規範を打ち破るのを助けてくれる。私たちのカリキュラムの長所を確認するのを助けてくれつつ，改善が必要な点を明らかにしてくれるのである。

UbD設計スタンダードを自己評価に用いるだけでなく，教師が互いに単元設計を検討し改善するためのフィードバックと提案を共有するような，構造化された相互批評に参加すれば，カリキュラムの完成作品（単元計画，パフォーマンス評価，科目の設計）の質は必ず高まる。そのような「批判的な友人」による再検討は，設計者にフィードバックを提供し，教師が優れた設計の特質を内面化するのを助け，設計の新しいモデルにふれる機会を与えてくれる。（「おおっ，単元を問題で始めるなんて，考えたこともなかった。次の単元でやってみよう。」）

---

x）ベンチマーク（benchmark）とは，ある発達段階において適切とされているスタンダードを意味している。「里程標（milepost）」スタンダードと呼ばれる場合もある。学区においては，第4・8・10・12学年のベンチマークが設定されていることが多い。州の内容スタンダードにおいては，ベンチマークが，スタンダードの具体的な指標を示している場合が多い。詳細については，巻末「用語解説」の「ベンチマーク」の項を参照。

■ 設計用ツール

　私たちは，設計スタンダードに加えて，教師やカリキュラム開発者を支援するような，総合的な設計用ツールを開発し洗練させてきた。これは大変な作業である！　教育者が高品質な設計を生み出すためには，たくさんの足場——プロンプト，オーガナイザー，アイデア用紙，事例——が役立つことがわかった。これらの資料はすべて，『理解をもたらすカリキュラム設計——専門的力量向上ワークブック』[McTighe & Wiggins, 2004] で入手できる。

　良いテンプレートは，知的なツールとして役立つと考えられる。それは，アイデアを書き込む場所を提供するにとどまらない。それにより，設計プロセス全体を通して設計者の思考は焦点が合わせられ導かれるため，良質の仕事がもっと行われることとなる。実際には，カリキュラム設計者は，まずテンプレートのコピーから始める。その際，特定の設計用ツールを用いたり，完成した単元設計の良い例を数多く参照したりする。このように私たちは，生徒について勧めているのと同じことを実践している。つまり，最初から設計者のパフォーマンスの焦点を合わせるために，モデルと設計スタンダードが，あらかじめ提供されているのである[1]。

　しかし，私たちはなぜテンプレートや設計スタンダード，および対応する設計用ツールを「知的」なツールと呼ぶのであろうか？　それは，物理的なツール（例：望遠鏡，自動車，補聴器）によって人間の能力が拡大するのとちょうど同じように，知的なツールによって，学習単元を設計するといった認知的課題のパフォーマンスの質が向上するからである。たとえば，物語マップのような効果的なグラフィック・オーガナイザーは，生徒が物語の要素を内面化するのを助け，物語の読み書き能力を向上させる。同様に，テンプレートや設計用ツールを日常的に用いることによって，使用者は，本書で示されている鍵となる観念——つまり「逆向き設計」の論理，評価者のように考えること，理解の6側面，WHERETO，設計スタンダード——についての知的テンプレートを発達させることが見込まれる。

　「理解をもたらすカリキュラム設計」の要素を具体的な形式（すなわち，テンプレートと設計用ツール）で表現することによって，私たちは，教育者がそれらの観念を学習し応用するのを支援しようとしている。したがって設計用ツールは，補助輪のようなものなのだ。新しい観念は確立された心地よい習慣に挑戦するものであるため，教育者は不安定に感じる時期を過ごすだろうが，その期間に設計用ツールは安定させるよう影響してくれる。しかしながら，いったん「理解をもたらすカリキュラム設計」の鍵となる観念が内面化され，常に応用されるようになれば，これらのツールを明示的に用いる必要はなくなるだろう。ちょうど，自転車に乗り始めた幼い子どもが，バランスと自信を身につければ補助輪を外すのと同様である。

■ こんな誤解に注意！

3段階は設計の論理を示すものであるけれども，現実には，これが段階的なプロセスになるというわけではない。第11章で論じるとおり，設計の仕事の最終的な完成作品の論理をその複雑なプロセスと混同しないでほしい。**結果的に**，3段階の論理を反映した首尾一貫した設計を作り上げる限りは，正確にどこから始めるかとか，どのように作業を進めるかとかは，重要ではない。滑らかに進む大学の講義の最終的な骨子は，その創造に至る行ったり来たりの（繰り返す [iterative]）思考プロセスを滅多に反映していないものである。

ボブ・ジェームズに見る「逆向き設計」の実際

設定：私たちは，ニュータウン中学校の第6学年の教師，ボブ・ジェームズの頭の中にいる。彼は，栄養に関する3週間の単元を設計し始めているところである。最終的に彼は，先の図表1.3に示された単元を設計することとなる。しかしボブはUbDに不慣れであるため，長期にわたって自分の設計を展開し修正していく。本書を通して，彼がテンプレートの諸要素の完全な意味を検討する際にどのように考えるのか──また考えなおしていくのか──を示していく。

第1段階：求められている結果を明確にする

　テンプレートによると，まず単元のゴールを強調しなくちゃならない。僕にとっては，州のスタンダードを参照するってことだな。保健についての州のスタンダードを改めて見てみると，栄養に関する内容スタンダードについては，次の3つがこの年齢レベル［第6学年］でベンチマークとされていることがわかった。
- 生徒は，栄養についての本質的な概念を理解する。
- 生徒は，バランスのとれた食事の諸要素を理解する。
- 生徒は，自分の食事のパターンと，そのパターンを改善する仕方を理解する。

　これらのスタンダードを出発点として用いつつ，僕は，単元を学び終わった生徒に何を身につけてほしいのかを決めなくてはならない。知識とスキルには，いつだって焦点を合わせてきた。食品ピラミッドの知識や，店や家で食品ラベルを読む能力などだ。**理解**そのものについては，今までじっくり考えてみたことがないな。でも僕としては，理解という概念が気に入っている。この概念を意識することで，指導と限られた授業時間を，この単元での真に重要な側面に集中させることができるだろう。

　考えてみると僕が本当に追い求めてきたものは，生徒が自分や他の人のためにバランスのとれた食事を計画できるように，十分な栄養にはどんな要素が含まれるかを理解するということと何かしら関係があると思う。重大な観念は，栄養と，実行できる方法で食事を計画す

ることに関わっている。だとすれば,重要な問いは,「では,あなたにとって良いものは何か？ そうでないのは何か？ どのようにして,それらを見分けるか？ どうして,良いものと良くないものを見分けたり,正しく食べたりすることが難しいのか？」だな（ジャンク・フードがおいしいから,難しいんだよな！）。

　この観念は,明らかに重要だ。なぜなら,栄養になるメニューを計画することは真正に一生必要なことで,しかも知識を応用するものだからな。だけど,この文脈において「理解」が何を意味しているのかは,まだちょっとよくわからないな。理解とは何か,また理解がどのようにして特定の知識を知ったり活用したりすること以上のものとなるのか,さらに考えてみる必要がありそうだ。栄養に関する基礎的な概念は,結局はかなり単純明快なものだ。メニューを計画するスキルもそうだ。だとすれば,この単元で徹底的にかつ意図的に**看破**することが必要なことは,何かあるのだろうか？　たとえば,僕がもっと入念に焦点を合わせなくてはならないような,典型的な誤解はあるだろうか？

　さて,考えを巡らせてみると,多くの生徒が次の2つの誤概念を持っていることに気づく。一つは,もし食べ物が体にとって良いものであるならば,その味はまずいに違いないというもの。もう一つは,有名で人気のある場所で売られているなら,大丈夫に違いないというものだ。この単元での僕のゴールの一つは,これらの神話を拭い去ることだな。そうすれば生徒は,健康的な食べ物について反射的に嫌悪感を抱いたり,知らず知らずのうちに不健康なものを食べすぎたりしないようになるだろう。熱心に取り組んでくれそうかどうかという点から言えば――問題なしだ。食べ物に関係のあることなら何だって,10歳,11歳の子どもたちを虜にできる。それに,メニューの計画について全く明白ではない点がいくつかある（たとえば,費用の帳尻,多様性,味,治療食のニーズなど）。単元についてこういうふうに考えることで,これらの要点により上手に焦点を合わせることができるようになりそうだ。

第2段階：承認できる証拠を決定する

　ここは,ちょっと頑張らないといけないところだな。このような3,4週間の単元において,僕は通常1つか2つの小テストを与え,プロジェクトをさせて評点をつけ,単元末テスト（一般的には多肢選択問題や組み合わせ問題）で締めくくる。こういう評価の仕方をすれば,成績をつけたり,それを正当化したりすることはかなり容易になる。けれど,僕はいつも少し落ち着かない感じがしていた。なぜって,こういう評価では,単元の要点が反映されていなかったからだ。それにプロジェクトの評点は時に,鍵となる概念よりも努力を評価するものになってしまっていたしなぁ。僕は,テストしやすいものをテストしがちだったんだ。栄養についての諸事実を超えたところにあるような,深いゴールを評価する代わりにね。事実,子どもたちが自分の学習についてよりも成績に注意を集中させがちだということには,いつも困惑させられる。ひょっとしたら僕の評価方法の用い方――学習を具現化し記録するのを助けるためというより,成績をつけるという目的のために行うというやり方――が,彼らの態度に影響していたのかもしれない。

　そこで,僕が焦点を合わせている観念の証拠となるものは何かを考える必要がある。パ

フォーマンス課題の例をいくつか再検討したり,「応用」という観念について仕事仲間と話し合ったりして,仮に,次のような課題を決定してみた。

> 今年度,私たちは,野外教育センターで3日間のキャンプをします。私たちは栄養について学んできたので,野外教育センターのキャンプ監督者から,その旅行のために栄養バランスのとれたメニューを提案するように頼まれました。食品ピラミッドの指針や,食品ラベルの栄養に関する事実を用いて,食事3食と間食3回(午前,午後,キャンプファイヤー時)から成る3日間の計画を立ててください。あなたのゴールは,おいしくて栄養バランスのとれたメニューです。

この課題のアイデアにはわくわくするな。この課題は,僕が生徒にこの単元から本当に学びとってほしいことを実地で示すよう求めるものだからだ。この課題はまた,単元のプロジェクトの一つともよく関連している。それは,仮想上の家族の1週間の食事を分析し,栄養を改善するための方法を提案するというものだ。これで,この課題とプロジェクトのことを念頭におきながら,小テストと大テストを用いることができる。小テストは食品群や食品ピラミッドの勧告に関する生徒の知識を点検するためのもの,大テストは栄養不足の食事がどのように健康の問題を引き起こすのかに関する理解を点検するためのものだ。やった！　これで,今まで設計してきた単元評価計画より良いものができた。この課題なら,生徒が理解していることの証拠を提供してくれるし,生徒を動機づけることもできるだろう。

第3段階:学習経験と指導を計画する

　ここは,計画の中でも僕が好きな部分だ——この単元の中で生徒がどんな活動をするか,それらの活動のためにどのようなリソースや題材が必要なのかを決める。しかし,「逆向き設計」について学んできたことからいうと,まず,自分が求めている理解を生徒がパフォーマンスで示すことができるようになるためには,どのような本質的な知識とスキルが必要になるかを考えなければならないだろう。

　ええっと,生徒は,異なる食品群と,それぞれの群に見られる食品のタイプについて知る必要があるだろう。これらは,USDA［米国農務省］の食品ピラミッドの勧告を理解するのに必要だ。彼らはまた,人間が栄養上,炭水化物,たんぱく質,糖質,脂質,塩分,ビタミン,ミネラルを必要としていることや,それらを供給する様々な食品について知る必要がある。これらの栄養素の1日あたりの最低限必要な量や,栄養不足から引き起こされる様々な健康上の問題について学ばなくてはならない。スキルという点からすると,食品の栄養表示ラベルを読んで解釈する方法や,レシピを人数に合わせて増減する方法について学ばなくてはならないだろう。なぜなら,これらのスキルは,山場のプロジェクト——キャンプのための健康的なメニューを計画すること——に必要になってくるからだ。

　次は,学習経験だ。ここ数年間で集めてきたリソースを使おう——食品群と食品ピラミッドの勧告に関するUSDAのパンフレット,そして素晴らしいビデオ「栄養とあなた」,それ

からもちろん保健の教科書（これについては，今では精選して使おうと計画している）。この3年間してきたように，地元の病院から栄養士を招いて，食事と健康，そして健康的なメニューの作り方について話してもらおう。子どもたちは，自分が習っている情報を現実の生活で用いている人については本当に興味を持つからな。

　基本的にはいつものパターンで教えることになるだろう —— 直接的な教授や帰納的な方法，協同学習グループの作業や個人の活動を織りまぜる形だ。

　この新しい草案を作り出すために，逆向きに計画することは役に立った。今では，単元でのゴールを考慮に入れると，どんな知識とスキルが本質的なのかを，よりはっきりと見てとることや述べることができる。僕は，このトピックについての最も大切な側面に集中することができるだろう（すべてを網羅することはできないという罪悪感もいくらか和らぐ）。教科書の栄養学に関する章で，節のいくつか（たとえば栄養不足の状態から生じる健康問題の説明）は特に有用だ。だが他の節は，今使おうとしているリソース（パンフレットやビデオ）ほど有益でないとわかったのも興味深い。評価という点では，伝統的な小テストやテストで何を評価する必要があるのか，またどうしてパフォーマンス課題やプロジェクトが必要なのかを，今でははっきりと知っている —— パフォーマンス課題やプロジェクトは，生徒に理解を実地で示させるために必要なのだ。「逆向き設計」の感じがわかってきたぞ。

▣ 設計プロセスに関する注釈

　この栄養に関する単元の草案を開発するプロセスは，「逆向き設計」の鍵となる4つの側面を明らかにしていることに注意してほしい。

1. 評価方法 —— パフォーマンス課題と関連する証拠の情報源 —— は，授業を完全に開発するのに先立って，考え抜かれる。これらの評価方法は，指導の焦点を絞り，過去の授業案に手を入れるための，指導の達成目標として役立つ。なぜならそれらは，私たちが生徒に理解してもらいたいこと，できるようになってほしいことを，とても明確な用語で定義するものだからである。こうして指導とは，パフォーマンスを**可能にさせること**だと見なされるようになる。またこれらの評価方法によって，どんな内容が強調すべきものであり，何が本当のところは本質的ではないのかについて，判断できるようになる。

2. 馴染みがあって人気のある活動やプロジェクトは，めざされたスタンダードを評価するのに必要な証拠に照らし合わせて，さらに修正されなくてはならないだろう。たとえば序章に示したリンゴの単元が「逆向き設計」のプロセスを使って計画されたとしたら，いくつかの活動は求められている結果をより上手にもたらすために修正されると予想される。

3. 指導方法やリソースとなる題材は，生徒がスタンダードを満たすために生み出さなければならない作品を念頭におきつつ，最後に選ばれる。「逆向き設計」の観点からいえば，たとえば協同学習が人気のある方略だからといってそれに重点的に取り組むのではな

く,「私たちの達成目標に最も効果的に到達することができるのは,どんな指導方略によってであろうか?」と問われることとなる。協同学習は,特定の生徒やスタンダードを鑑みれば,最良のアプローチかもしれないし,そうではないかもしれない。
4. 教科書の役割は,主要なリソースから補助的なものへと移行するかもしれない。実際,栄養の単元を計画していた第6学年の教師は,ゴールを達成しようとした際に,教科書に頼ることの限界を実感した。他の価値あるリソース(USDAの資料,ビデオ,そして栄養士)を考慮すれば,もはや無理して教科書を逐語的に網羅しなくてはならないとは感じなくなったのである。

このように入門的に見てみたのは,設計アプローチの全体像を概観することを意図したためである。ボブ・ジェームズは,理解,本質的な問い,妥当な評価,関連する学習活動についてより深い洞察を得るにしたがって,自分の単元計画を洗練させていくことだろう(そして,何度か自分の考えを変えていくことだろう)。

■ 予告

図表1.5は,UbDアプローチの鍵となる要素を示したものである。そこでは,本書の中で述べていく要点の概略を提示している。続く章の中では,この設計プロセスが評価方法の開発と活用,カリキュラムの計画と組織化,有効な指導方法の選択に対してどのような関連を持つものなのかを検討しつつ,「看破」していく。しかし,図表1.5のそれぞれの欄で説明しているいくつかの要点は,本書を通して何が扱われていくのかについて知るのに適しているだろう。

設計の3段階が実際にどのようなものとなるのかを見るためには,この表を一度に1列ずつ左から右へと読むのが一番よい。3つの基礎的な要素(求められている結果,評価の証拠,学習計画)のそれぞれに対応する3段階の設計プロセスの骨子は,縦列の見出しで強調されている。鍵となる設計の問いで始め,知的な優先事項(設計上の検討事項)によって可能性の絞り込み方を熟考し,設計のそれぞれの要素を適切な規準(フィルター)と照らし合わせて自己評価・自己調整,ついには批評し,最後に学力目標(最終的な設計の成果)という観点から適切な設計スタンダードを満たす完成作品を得る。

要するに「逆向き設計」は,求められている結果,鍵となるパフォーマンス,指導と学習の経験の間によりいっそう一貫性をもたらし,その結果,より良い生徒のパフォーマンス——これこそが設計の目的である——を生み出すのである。

---

1) 認知的なツールに関するさらなる情報や事例については,マクタイとライマン(McTighe & Lyman, 1988)を参照してほしい。

図表 1.5 UbD 設計マトリックス

	鍵となる設計の問い	本書における章	設計上の検討事項	フィルター（設計の規準）	最終的な設計の成果
第1段階	●価値のある適切な結果とは何か？ ●鍵となる、求められている学習は何か？ ●生徒はどんな理解をし、何をを知り、できるようになって学習を終えるべきか？ ●どんな重大な観念によって、これらの目標すべてが組み立てられうるのか？	●第3章：ゴールを明瞭にする ●第4章：理解の6側面 ●第5章：本質的な問い——理解への門戸 ●第6章：理解を形づくる	●全国スタンダード ●州のスタンダード ●地域のスタンダード ●地方のトピックを学ぶ機会 ●教師の専門的知識・技能や関心	●重大な観念と、核となる挑戦に焦点を合わせる	●明瞭なゴールとスタンダードに関連して、永続的な理解と本質的な問いを中心に組み立てられた単元
第2段階	●求められている結果に対応する証拠は何か？ ●特に、求められている理解に対応する適切な証拠は何か？	●第7章：評価者のように考える ●第8章：規準と妥当性	●理解の6側面 ●一連の評価方法のタイプ	●妥当性がある ●信頼性がある ●十分である	●求められている結果の、信用できる有用な証拠に根ざした単元
第3段階	●どんな学習活動と指導によって、理解、知識、スキル、生徒の関心、卓越性が促進されるのか？	●第9章：学習のための計画 ●第10章：理解のための指導	●学習と指導の方略の、研究にもとづくレパートリー ●適切で可能性を広げる(enabling)知識とスキル	WHERETOの要素を用いており、魅力的かつ効果的である： どこへ (Where) 向かっているのか？ ●生徒を惹きつける (Hook) ●探究し (Explore), 用意させる ●再考し (Rethink), 修正する ●発表し (Exhibit), 評価する ●生徒のニーズ、関心、スタイルに合わせて調整する (Tailor) ●参加して効果を最大限にするよう組織する (Organize)	●求められている理解、知識、スキルを喚起し、発達させ、興味を促進し、素晴らしいパフォーマンスが行われる可能性を高めるような、一貫性のある学習活動と指導

第2章

理解を理解する

知的生活について最も特徴的なことは，
人が自分の周りの世界での出来事を感知するという事実以上にまたは以外に，
人はたえず与えられる情報をのりこえて進むということである。
——ジェローム・ブルーナー『認識の心理学——与えられる情報をのりこえる』
（Bruner, 1957, p. 218［邦訳：1978 年（中），p. 143]）

教育：それぞれ理解に欠けていることを，賢者に対しては明らかにしてみせ，
愚者に対しては隠して見せないようにするもの
——アンブローズ・ビアス『悪魔の辞典』[i]（Bierce, 1881-1906［邦訳：1964 年，p. 35]）

　本書は，2つの異なってはいるが関連する観念——設計と理解——について探究するものである。前章では，良い設計一般について，またとりわけテンプレートが要求するものについて調べた。しかし，テンプレートについての詳細に進む前に，いったん立ち返って，本書のもう一つの筋——理解——について考察する必要がある。ボブ・ジェームズは，「理解」についていささか混乱していた。彼の混乱は，かなり一般的に見られる問題である。私たちがワークショップで設計者に，求められている理解を明確にし，求められている「知識」と「理解」を区別するよう求めると，彼らはしばしば困惑するのである。何が違うのか？　理解とは何であるのか？　そこで，私たちは改めて本質的だと明らかになった問い，「どれぐらい私たちは理解を理解しているのか？」を考察したい。私たちが生徒にあれやこれやを理解してほしいというとき，私たちは何を求めているのか？　今まで私たちは，あたかも求めているのが何かについて完全に理解しているかのように，理解について書いてきた。しかし以下で見るように，皮肉なことだが，教師として私たちは皆，生徒に内容を理解させることを主張しているにもかかわらず，**私たちはこのゴールを適切に理解してはいないかもしれない**のである。これは，奇妙な主張のように思われるかもしれない。教師は，日々抜け目なく，理解をめざしているではないか？　どうして私たちが自分のめざしているものを知らないなどということがあろうか？　だが，「理解する」「理解のために指導する」という用語は曖昧でつかみどころのないということを示唆する証拠はたくさんある。

　この概念が判然としないということは，『教育目標の分類学——認知的領域』にも見いだ

---

i) A・ビアス著（西川正身選訳）『悪魔の辞典』岩波書店，1964 年（Bierce, A., *The Devil's Dictionary*, 1881-1906）。

すことができる。この本は，1956年，ベンジャミン・ブルームらによって執筆されたものであり，可能性のある一連の知的な目標を認知的に簡単なものから難しいものまで分類し，明らかにしようとするものだった。この本は事実上，理解の程度を分類しようとしたものであった。著者たちがしばしば述べているとおり，この本は，テストを行う際に常に起こる問題に駆り立てられて執筆された。「～に関する批判的な把握」「～に関する綿密な知識」といった語句は，テストの開発者が用いなくてはならないものである。しかし，こういった目標の明瞭な意味がなかった——あるいはそれらの意味に関する合意がなかった（そして今もない）——という事実と照らすと，いったい，どうやって教育目標や教師のゴールを測定すべきだろうか？

『教育目標の分類学』の序章においてブルームらは，一般的に求められてはいるがうまく定義されていない目標として，**理解**にふれている。

> たとえば，生徒は「真に理解する」べきだと信じる教師もいれば，生徒に「知識を内面化する」ことを求める教師もおり，さらには「核心や本質を把握する」ことを生徒に望む教師もいる。彼らは皆，同じことを意味しているのだろうか？　とりわけ，「真に理解する」生徒がすることで，理解していなければしないようなこととは，何だろうか？　分類学を参照することによって，……教師は，そのように漠然とした用語を定義することができるようになるはずである。(Bloom, 1956, p. 1)

保健の教師ボブ・ジェームズが，栄養の単元について考えていたとき（第1章参照），**理解**とは何であり，どう**知識**と違うのかがよくわからなかったことを思い出してほしい。実際，分類学が警告した結果として，2世代にわたるカリキュラムの執筆者は，自分たちの枠組みにおいて**理解**という用語を避けるようにしてきた。たとえば，米国科学振興協会（American Association for the Advancement of Science: AAAS）発行の『科学的リテラシーのベンチマーク』において，著者たちは，科学の指導と評価のためのベンチマークをつくる際に直面した問題について，簡明に述べている。

> **ベンチマーク**では，各組のベンチマークの冒頭で「知っている」と「方法を知っている」という表現を用いている。「感知する，知っておく，認識する，把握する，知る，悟る，理解する」などの精細に等級分けされた一連の動詞を用いるという代替案もあっただろう。これらの動詞は，それぞれ，その1つ前の動詞よりも，いくらかより洗練された，より完全なものであることを暗示している。等級分けされた一連の言葉を用いることの問題点は，読者によって，適切な順序についての意見が異なることである。(AAAS, 1993, p. 312)

だが，**理解**という観念は，何かを**知っている**という観念とは確かに別のものである。私たちは頻繁に，「ふーむ，彼は数学についてたくさんのことを知ってはいるが，その基礎を本

当には理解していないね」，あるいは「彼女はそれらの単語の意味を知っているが，その文の意味が理解できない」といったことを言う。[理解と知識が別ものだと示す] さらなる徴候として，ブルームから50年たって，今や多くの州のスタンダードが，知識とは区別して理解を特定している。次に示したカリフォルニア州の科学スタンダードからの例は，この区別を明示している。そこでは，より幅広い**理解**のもとに**知識**が組み込まれている。

ニュートンの法則は，ほとんどの物体の動きを予測する。この概念を理解するための基礎として：
 a. 生徒は，一定の速度と平均の速度に関わる問題を解く方法を知っている。
 b. 生徒は，力がつり合っているときは加速しないこと，したがって物体は一定速度で動き続けるか，静止し続けることを知っている（ニュートンの第1法則）。
 c. 生徒は，一定の力が加わっているときの1次元の動きの問題を解くために，どのように $F = ma$ [ii] という法則を適用するのかを知っている（ニュートンの第2法則）。
 d. 生徒は，1つの物体が第2の物体に力を働かせるとき，第2の物体は常に同じ大きさの力を反対の方向に働かせることを知っている（ニュートンの第3法則）。
 ……

科学的な進歩は，有意義な問いを投げかけ，注意深い調査を実施することによってもたらされる。この概念を理解し，他の4つの要素の内容を扱うための基礎として，生徒は自分の問いを発展させ，調査を実行する。生徒は：
 a. 検査を実施し，データを収集し，関連を分析し，データを表示するために，適切なツールと技術（たとえば，コンピュータにつながっている計測用探針，表計算，グラフをつくる計算機）を選んで用いる。
 b. 避けられない実験上の誤差の原因を突き止め，伝える。
 c. 一貫性のない結果について可能性のある理由（たとえば誤差の原因や制御されていない条件など）を突き止める。……

「科学的な進歩は，有意義な問いを投げかけ，注意深い調査を実施することによってもたらされる」という記述が**概念**であるかどうかについては難癖をつけられるかもしれない。しかしながら，このスタンダードが何を含意しているかは十分に明瞭である。理解とは，心的な構成概念であり，たくさんの個別的な知識の断片の意味を捉えるために，人の知性が行う抽象化なのである。さらにこのスタンダードは，もし生徒が**理解している**のであれば，何らかの特定のことを知っていたりできたりすることを示すことによって，その理解の証拠を提供できると示唆している。

---

ii) $F = ma$ とは，「力＝質量×加速度」のことである。

■ 有意義な推論としての理解

　しかし，理解と知識はどのように関連しているのだろうか？　このスタンダードでもなお，「この概念を理解するための基礎として……」という語句によって，関連を曖昧なままにしている。理解は，単に知識のより複雑な形式なのか，それとも内容の知識と関連してはいても別の何物かなのか？

　物事を悪化させることに，日常的な会話では，**知っている**，**方法を知っている**，**理解している**という用語が置き替え可能なものとして用いられる傾向がある。私たちの多くは，ニュートンの法則は物体の動きを予測するものだと「知っている」と言うことだろう。そして，車を直す「方法を知っている」とも，車の直し方を「理解している」とも言うかもしれない。あたかも，2つの言明が同じ観念を表現するものであるかのようにである。私たちの用法には，発達的な側面もある。かつて「理解」に苦しんでいたことを，今では「知っている」と言うようにである。ここで含意されているのは，かつては手がかりを得るために一連の推論を必要としていた何かが，もはやそうではなく，ただ「それとわかる」ということである。

　理解すると**知る**という用語を置き替え可能なものとして用いる傾向に留意すると，知識と理解の違いについて話す際には，どのような概念的区別に値するものを守るべきだろうか？　図表2.1は，これらの用語についての役立つ区別のいくつかを示している。

図表2.1　知識と理解の対比

知識	理解
●諸事実	●諸事実の意味
●一貫性のある事実のかたまり	●それらの事実に一貫性と意味を与える「理論」
●実証できる主張	●誤りに陥りがちな，進行中の理論
●正しいか，誤りか	●程度や洗練さに関わること
●あることが本当だと，知っている	●それがなぜか，それが何によって知識となっているかを，理解している
●自分が知っていることを手がかりに応答する	●自分が知っていることを活用すべきときと活用してはいけないときとを判断する

　ジョン・デューイ（Dewey, J.）は，この考えを，『思考の方法——いかに我々は思考するか』の中で最も明瞭にまとめている。理解は，学習者が自分にとって諸事実がどういう意味を持っているかを把握する結果として得られるものなのである。

　　物や出来事，または状況の意味を把握するとは，それを他の物事との関係の中において見るということである。つまり，どのようにそれが作用したり機能したりするか，そこからどのような帰結がもたらされるか，何がその原因なのか，それはどのように活用されうるのかといったことがわかることである。対照的に，私たちがやみくもなもの，私たちにとって意味をなさないものと呼んできたのは，それが持つ関係が把握されていないことである。……**手段—帰結**という関係は，すべての理解の中心であり，核心である。

(Dewey, 1933, pp. 137, 146 [邦訳：1950 年, pp. 142, 151-152])

　これらの類似点と相違点を強調するアナロジー［類比］を熟考してみよう。黒と白のタイルだけを用いて，タイル貼りをするとしよう。私たちが持つすべての事実的知識は，これらのタイルの中にある。それぞれのタイルは，比較的正確で，たいした議論もなく特定されうるような明確な特徴を持っている。それぞれのタイルは，一つの事実である。理解は，たくさんのタイルに見られるパターンである。たくさんの異なるパターンが存在している。たくさんのタイルに見られるパターンもあれば，わずかなタイルにしか見られないパターンもある。ははーん！　突然私たちは，小さなパターンが何組かのより大きなパターンに集められることに気づく──これは，最初は明白ではなかったことである。あなたは，私たちが気づいたのとは違うパターンに気づくかもしれない。そこで，どちらが見ているものを描写するのに「最良」の方法かを論争するのである。そうしてみるとパターンは，ある重要な意味では，実際に「そこ」にあるわけではない。私たちがそれを推論し，タイルの上に投影するのである。タイルを置いた人は，単に白いタイルの隣に黒いタイルを置いたにすぎず，パターンを何ら念頭においていなかったかもしれない。私たちが，それを見いだす最初の者となるかもしれないのである。

　このアナロジーを知的な生活により近づけてみよう。ページに書かれた言葉は，物語の「諸事実」である。私たちは，それぞれの単語を辞書で調べて，それらを知っていると言うかもしれない。しかし物語の意味は，話し合いと論争に開かれたままである。どんな物語でも，「諸事実」は，合意された詳細である。物語の理解とは，私たちが，「行間を読む」という成句で意味するものである。（私たちが洞察に満ちた「推論」で読み取ったことを，その物語の著者は意味していなかったかもしれない──ちょうどタイルの例がそうであったように。もし何らかの見解が特権的なものだとすれば，それはどの見解なのか──これは，現代文学批評における論争の一つである。）この点は，次の文学研究におけるよく知られた例によって，あざやかに示されている。

　　第一に，あなたは物をグループに整理する。もちろん，扱っている量によっては一山で十分かもしれない。しかし，いくつかの物は，絶対に他の物と区別する必要がある。ここで間違うと，手痛いことにもなりうる。一度に扱う物が多くなりすぎるよりは，扱う物が少なすぎるほうがよい。この手続きに時間はかからない。それが終わったら，それぞれの物があるべき場所に片づくように，それらの物を再び異なるグループへと分ける。
　　(Bransford & Johnson, 1972, in Chapman, 1993, p. 6)

同じ書物の中で，著者は，この一節に言及して批判的に読むスキルについて次のように述べている。

　個々の読者によって異なるような地点がある。その地点というのは，自分の理解をモニ

ターしている読者が，すべての単語を知っていて，個々の文は意味をなし，出来事に一貫した筋道があるにもかかわらず，「わからない」ということを実感する地点である。……その地点にくると，理解したいと思っている批判的な読者であれば，通常，読む速度を落とし，注意を研ぎすまし，異なる読みの方略を試す。(Chapman, 1993, p. 7)

　最初に示した一節[iii]は，洗濯をすることについての不明瞭な説明である。より一般的に言えば，理解におけるゴールは，与えられたものが何であれ，そこから何らかの意義を生み出すこと，あるいは見いだすことである――記憶の中にあるものを活用しつつ，しかし，それらを**知力を尽くして**（mindfully）活用することによって，事実やアプローチを乗り越えていくことである。対照的に，私たちが生徒に中世の歴史の鍵となる出来事を「知って」ほしい，ブラインドタッチでタイプできる有能なタイピストになってほしい，あるいは特定の楽曲をうまく弾きこなせるようになってほしいといったことを望むとき，焦点は「そらで覚える」(learned by heart) べき一組の事実，スキル，手続きにある――「そらで覚える」とは，なんと啓発的な語句であろうか！

　このように，理解は思考すべき挑戦に直面することに関わっている。私たちは，知的な問題，つまり困惑するような経験や意味をなさない経験に出合う。それを解決するために，持っているスキルと知識のレパートリーを利用できるよう，判断力を用いる。ブルーム (Bloom, 1956) が述べているとおり，理解は，効果的な応用・分析・総合・評価（エバリュエーション）を通してスキルと事実を賢明かつ適切に整理する能力なのである。したがって，「何かを正確にすること」は，それ自体では理解の証拠とはならない。それは偶然であったのかもしれないし，機械的になされたのかもしれない。理解することとは，「それを適切にしたということ」である。そして理解はしばしば，**なぜ**特定のスキルやアプローチやひとかたまりの知識が特定の状況において適切なのか，または適切でないのかを説明できることに反映されている。

■ 転移可能性としての理解

> 概念へと至ることの教育的な重要性を過大評価することは不可能だろう。
> 概念とはすなわち，非常に多様な異なる事例において，
> その違いにもかかわらず応用できるがゆえに一般的である意味である。……
> それらは，私たちが奇妙で未知のことに投げ込まれたときに，
> 自分の立場がわかるようにしてくれるような参照点として知られている。……
> この概念化なしには，新しい経験をよりよく理解できるように
> 持ち越されるものは何も得られない。
> ――ジョン・デューイ『思考の方法――いかに我々は思考するか』

---

iii)「第一に，あなたは物をグループに整理する」で始まる一節を指す。この一節において，「物」とは，汚れた衣服のことだったのである。

(Dewey, 1933, p. 153［邦訳：1950 年，pp. 158-159］)

材料とそれらがどう作用するかを理解することなくケーキを焼くことは，目隠しされてケーキを焼くようなものです。……時にはすべてうまくいきます。しかし，うまくいかなかったときには，それをどう変えればよいかを推測しなくてはなりません。……この理解によってこそ，私は創造的になりうるのですし，成功することもできるのです。
——ローズ・レヴィ・ベレンバウム『ケーキのバイブル』（Berenbaum, 1988, p. 469)

　どの事実をいつ活用するのかを知るには，もう一つの事実を知る以上のことが必要である。それには，理解——つまり本質的なもの，目的，相手，方略や方策についての洞察——が必要なのである。反復練習や直接的な教授は，バラバラのスキルと事実を自動化する（「そらで」知っている）状態を発達させることができる。しかし，私たちを真に有能にすることはできない。
　換言すれば，理解とは**転移**に関することである。真に有能であるためには，学んだことを新しい設定，時には困惑させられるような設定に転移させる能力が必要である。知識とスキルを効果的に転移させる能力は，知っていることを取り出し，それを自力で創造的に柔軟に円滑に活用する能力に関わっている。転移可能性は，あらかじめ学んだ知識を単にあてはめることではない。ブルーナーの有名な一節にあるように，理解とは，「与えられる情報をのりこえる」ことである。いくつかの鍵となる観念と方略を理解しつつ学べば，新しい知識を創造し，さらなる理解へと至ることができる。
　転移とは何であり，なぜそれが重要なのか？　私たちには，一つの授業で学んだことを取り出し，他の状況，関連はしていても異なる状況へと応用できることが期待されている。学習したことを転移させる能力を発達させることは，良い教育の鍵となるのである（『授業を変える』(Bransford, Brown, & Cocking, 2000, pp. 51ff［邦訳：2002 年，pp. 51 以降］を参照)。それは，本質的な能力である。なぜなら教師は，生徒が研究領域全体の中から比較的少数の観念，事例，事実，スキルを学ぶのを手伝えるにすぎないからである。そこで私たちは，生徒が，本来限定的な学習を他の多くの設定，論点，問題に転移させるのを助ける必要がある。
　スポーツからの単純な例を検討してみよう。単なる 3 対 3 の反復練習では，1 つか 2 つの配置しか教えられない。しかし，守備側にいるときは攻撃に使えるスペースを塞ぐ必要があるという観念を把握すれば，対戦相手のチームのメンバーが行う動きのほとんどすべてに対して，その理解を活用することができる。私たちは，よく知られている事例だけでなく，すべての種類の攻撃の問題を扱うことができる。この観念を文脈で把握し応用することに失敗すれば，次のように手痛いこととなる。

　〔NCAA 男子サッカーの〕選手権大会トーナメントで卓越した攻撃力を発揮した選手ラヴリネンコは，「私が，フィールド中央でボールを取ってドリブルし始めたときには，

すぐにもパスをしようと気をつけていました。しかし，チームメートたちがスペースを空けてくれたので，私は走り続けました。アレクセイにボールを渡すと，2人の選手が彼の方に向かったので，さらに私のためのスペースが広がりました」[iv]と語った。(*New York Times,* December 13, 1999, sec. D, p. 2)

そして，「攻撃スペースを狭くする」という重大な観念は，すべてのスポーツにわたって**転移**するため，サッカー，バスケットボール，ホッケー，水球，フットボール，ラクロスに等しく応用できる。同じことは，数学や読み方においても真実である。単なる丸暗記の学習や再生を乗り越えるためには，パターンを見る能力について教えられ，評価されなくてはならない。その結果，私たちはたくさんの「新しい」問題に出合ったときに，それらをお馴染みの問題や技術の変形として見るようになる。そのためには，単に特定の事実や公式をあてはめる方法ではなく，重大な観念と転移可能な方略を用いて問題解決する方法についての教育が必要なのである。

重大な観念は，転移の基礎を提供することから，本質的である。たとえば，あなたは，1つの方略が特定の動きや設定のありうる組み合わせすべての基底にある，ということを学ばなくてはならない。その方略とは，様々な動きやフェイントを用いて，あなたのチームの誰かを自由な状態にすることである——これは，もう一方のチームが何をするのであれ，または，あなたが練習でやったことと全く同じように見えるかどうかにかかわらず，である。学究においては，知的な知識とスキルを転移させることを学ばなくてはならない。

> 転移は，単に諸事実を記憶したり，固定的な手続きに従ったりすることよりも，むしろ理解しながら学習している程度によって影響される。……あまりにたくさんのトピックをあまりに速く網羅しようと試みれば，学習と，その結果として起こる転移を妨げるだろう。(Bransford, Brown, & Cocking, 2000, pp. 55, 58 [邦訳：2002年，pp. 55, 57])

これは，古くからある考えである。この考えを言葉にした有名なものとして，およそ100年前にホワイトヘッド (Whitehead, A. N.) が教育における「生気のない諸観念 (inert ideas)」について述べた不平がある。

> 子どもに思考の活動を訓練しているときに，何より気をつけなければならないのは，私が「生気のない諸観念」と呼ぶものである——すなわち，頭につめこまれただけで，現実には使われもせず，テストもされず，新鮮な様々の関連性に結びつけられることがないような，ただの諸観念である。……生気のない観念で教育を行うのは無益であるにとどまらず，何にもまして有害である。……[子どもの教育に] 導入される主要な観念を思いきってわずかにし，大切なものだけに限定しよう。そうして厳選されたこれらの諸観

---

iv) この例は，ラヴリネンコの相手チームが，「守備のためには攻撃スペースを狭くする」という観念を応用できなかったという例である。

念が，考え得るあらゆる結合可能性を持つ仕方で頭に入るように努めよう。(Whitehead, 1929, pp. 1-2［邦訳：1986 年，pp. 1-3；1972 年，pp. 2-3］)

　読み方において，私たちはそれ以前にこの作者が書いたこの本を読んだことはないかもしれない。しかし，もし「読み方」と「ロマン派の詩」を理解していれば，既有の知識とスキルを大した困難もなく転移させることができる。もし読むことを単なる解読と見なし，反復練習と暗記の繰り返しだけによって学ぶとしたら，新しい本の意味を読み取ることは途方もない難題となるだろう。ちなみに同様のことは，大学レベルの上級の読み手でもあてはまる。哲学のテキストの「読み方」を学ぶときに，教授が語ったことで補足しながら文字どおりに読むことを学んだだけで，読みながら活発に自問自答することを学んでいなかったとしたら，新しい本を読むことは全く容易にはなっていかないだろう。(このトピックについてより詳しくは，『本を読む本』〔Adler and Van Doren, 1940［邦訳：1997 年］〕を参照のこと。)

　転移は，ブルームらが応用と呼んだものの本質である。そこでの挑戦は，学んだことを記憶から引き出して「あてはめる」ことではなく，（本来，一般的な）観念をある状況の詳細に合わせて修正し，調整し，適合させることである。

　　生徒が新しい問題と状況を解決する際，授業で学んだ類題の解決策や正確な解決方法を単に思い出すことによって解決するのではいけない。新しい量や記号が使われているだけで，後は授業で他の人が解決した問題や状況とそっくりだとすれば，それは新しい問題や状況だとは言えないのである。……新しい問題や状況とは，生徒が指導や助けのない状態で，次のようなことのいくつかをしなくてはならない場合である。…… 1. 問題に着手する前に，問題の記述をいくらか変更しなくてはならない。…… 2. その問題に使えるような既習の一般化をする前に，問題の記述を何らかのモデルの形に整えなくてはならない。…… 3. 問題の記述から，生徒は関連する一般化の記憶を探さなくてはならない。(Bloom, Madaus, & Hastings, 1981, p. 233)

　したがって，知識とスキルは理解に必要な要素ではあるが，それだけでは十分ではない。理解にはそれ以上のもの，つまり眼識を持って学業を思慮深く積極的に「する」能力，さらにはそのように「すること」を自己評価し正当化し批評する能力が必要である。転移は，ここではどの知識とスキルが重大なのかを見つけ出すこと，そしてしばしば目下の挑戦に取り組むのに私たちが知っていることを適応させることに関わっている。

　ここに，この点をいま一度例証するような，愉快な転移の課題がある。フランス語の発音と英語のリズムの知識を活用して，次の歌を「翻訳する」ことができるかどうか試してみていただきたい。大きな声で，普通に話す速度で口に出してほしい[v]。

　　Oh, Anne, doux
　　But. Cueilles ma chou.

Trille fort,
Chatte dort.

Faveux Sikhs,
Pie coupe Styx.

Sève nette,
Les dèmes se traitent.

N'a ne d'haine,
Écoute, fée daine.[1]

　これまで私たちが論じてきたすべての事例が示しているように，理解を求め喚起するためには，思考すべき本物の問題に生徒を直面させることが重要である。大いに手がかりを与えられた練習問題では，求められているのが明らかなことを，学習者が単純にあてはめる。そうした練習問題にもとづいて記憶の出し入れを求めるだけの授業やテストを生徒に対して与えることと，本物の問題に直面させることとは，大違いである。（理解を形づくり，意義深い評価方法を巧みにつくることについては，第6章から第8章でさらに詳しく述べる。）

　たくさんの分野で，一番よくできる生徒でさえ学習を転移させるのに失敗していることが明白になっている。このことは，数学において最も顕著である。次のテスト項目の例を検討してほしい。これらはすべて同じ観念をテストするものである（それぞれの事例において，テストを受けた生徒のおよそ**3分の2**が問いに正しく答えることができなかった）。

ニューヨーク州学校理事会学力試験 (Regents Exam) より：
高校から家に着くのに，ジャマールは，東へ5.0マイル，それから北へ4.0マイル移動します。シーラが同じ高校から自分の家に行くには，東へ8.0マイル，南へ2.0マイル移動します。ジャマールの家からシーラの家まで，最短距離は何マイルでしょうか？10分の1マイルの単位で答えなさい。（添付の方眼を利用してもよい。）

NAEP 第12学年の数学テストより：
xy平面上の点 (2, 10) と点 (−4, 2) の間の距離はいくらか？
　　　☐　6　　　　☐　10　　　　☐　18
　　　☐　8　　　　☐　14

---

v) この詩は，英語の音をフランス語ふうに綴ってある「だまし絵」ならぬ「だまし詩」である。フランス語としては意味をなさない詩であるが，発音すると「マザー・グース」の数え歌（「1，2，お靴はきましょ／3，4，ドアをしめましょ／5，6，棒ひろいましょ／7，8，まっすぐおきましょ／9，10，まるまるめんどりさん」）のように聞こえる（この解説については，伊藤玄吾氏にご協力いただいた）。

マサチューセッツ州MCASテスト[vi]第10学年数学の得点に関する『ボストン・グローブ』の記事より：

数学分野において最も難しかった問題には，33パーセントの者しか正答を書けなかった。それは，生徒に2点間の距離を計算することを求めるものだった。朝飯前の問題であるはずだった——生徒が，座標に点を記入し，ピタゴラスの定理，つまり直角三角形の2辺の長さが与えられている場合に斜辺を計算するための有名な公式を用いることができると知っていたならば，である。6番目に難しかった数学の問題もまたピタゴラスの定理を用いるものだった。その問題にも，たった41パーセントの生徒しか正答できなかった。「ピタゴラスの定理を応用することが，子どもたちの弱点であるように思われます」と，ブレインツリー公立学校の数学主任であるウィリアム・ケンダルは語った。「これらの問題は，単純にピタゴラスの定理を用いる問題ではありませんでした。それよりももう少し込み入っていたのです。」（Vaishnav, 2003）

これらの3つの問題はすべて，生徒に，ピタゴラスの定理の理解を新しい状況に転移させるよう求めるものであった。**どんな州のスタンダードでもピタゴラスの定理は，鍵となるような，求められている結果として確認されているにもかかわらず，米国の多くの生徒がそれを把握できてはいないようである。**

これまで述べてきたことにもとづくと，大した困難もなく**私たちの理解をこのニュースに応用することができる**。$A^2 + B^2 = C^2$という定理は，既知の直角三角形と単純な課題に直面したときに特定の計算を行うための規則，事実として教えられているのだろう。しかしながら少しばかりのあからさまなヒントを取り除くと，生徒は学習したことを転移させることができず，理解を用いてパフォーマンスをすることができないのだ。そうだとすれば，生徒が**知っている**はずのことを**理解していない**としても，何の不思議があるだろうか？ したがって，州のテストに向けて生徒に反復練習させることは方略として失敗するのだが，このことをほとんどの教育者はわかっていないようである。

■ 名詞としての理解

理解（する）という単語には動詞の意味と名詞の意味があることに，いま一度注意してほしい。トピックや教科を**理解する**とは，知識とスキルを賢明かつ効果的に**活用する**こと（つまりブルームの言うところの「応用する」こと）ができるということである。［名詞の］**理解**とは，理解しようとすることが成功した結果である——つまり，結果として明白ではない観念を把握すること，多くのバラバラな（そしておそらく見たところ無意味な）知識の要素の意味を捉えるようになされた推論である。

---

vi) MCASとは，「マサチューセッツ州総合評価システム（Massachusetts Comprehensive Assessment System）」を指す。ハイ・ステイクスな州の統一テストである。

真の理解は，別の種類の転移にも関わっている。先に引用した『思考の方法』でデューイが述べているとおり，見ているものの意味を捉えるためには，重大な観念を活用して実際に見ているものを乗り越えていく必要がある。20世紀の移民について考察していた時のこと，ある生徒は「ああ，これはちょうど開拓者たちが西に向かっていた時とそっくりだ！」と実感して興奮していた。これこそが私たちが求めている種類の転移である！　そのような転移が起こるかどうかを幸運や天性の気質まかせにしてはいけない。意図的設計によって転移が起こりやすくなるように挑戦すべきなのである。転移の仕方について慎重で明確に指導することによって（そしてそのような転移を常に要求する評価方法を用いることによって），学習者は，はじめは明白な構造や力がないと思われていたいくつかの知識を自分のものとし，より大きくて意味深い有益なシステムの部分として見るようになるに違いない。授業が諸観念を活気づけるように設計されていなければ，名誉，マニフェスト・デスティニー[vii]，水の循環といった概念は暗記されるべき空虚な語句にとどまり，学習者はそれらの観念が持つ力を認識することはできない。

　したがって，第1章において論じた，設計における優先事項と生徒の理解という明確なゴールとの関連性がここにある。重大な観念を中心に設計すれば，学習はより効果的・効率的になる。『教育の過程』[viii]の著者は，次のように述べている。

　　基本的な原理と観念の理解が，適切な「訓練の転移」に通ずる王道であるように思われる。あるものが，より一般的な事例の特殊な例であると理解することは ── より基本的な原理または構造の理解とは，このことを意味しているのであるが ── ある特定のことだけではなく，その後に出合うかもしれない，それに似た他のことをも理解させてくれるモデルを学習したことになるのである。……特定のトピックやスキルを，ある知識の領域のより幅広い基本構造においてそれらが占める文脈上の位置を明確にすることなしに教えるのは，不経済である。(Bruner, 1960, pp. 25, 31 [邦訳：1963年, pp. 31-32, 40])

　転移は，学校におけるすべての指導の目的でなければならない ── それは単なる1つの選択肢ではない。なぜなら，私たちは教科内容全体の中の相対的に小さい部分しか教えられないからである。すべての教師が授業の後で，「ああ，もっと時間がありさえすればなぁ！これではバケツの中の1滴でしかない」と独り言を言ってきた。十分な時間があるなどということは決してない。転移は，私たちの偉大かつ困難な使命である。なぜなら私たちは，生徒が私たちから学ぶよりもずっと多くのことを自力で学ぶことができるように育てる必要があるからである。

　逆説的なことに，転移は「新しい」知識とは逆の方向へと向かうものである。理解のため

---

vii) マニフェスト・デスティニー (manifest destiny) とは，「明白な運命」という意味。北米全土を米国が開発・支配することは正当化される避けられない運命だ，とするスローガンを指す。19世紀に米国が西方へ領土を拡張する際に使用された。

viii) 原著では，『授業を変える』(Bransford, Brown, & Cocking, 2000) からの引用となっているが，正しくは『教育の過程』(Bruner, 1960) からの引用である（ウィギンズ氏から訳者への電子メールより）。

に教育するには，先行する知識と，何かを知識だと主張する際に用いる仮定とを，より念入りに検討しなくてはならない。ソクラテスは，ここでのモデルである。彼はずっと多くを理解し学ぶために，知識の主張に対して疑問を投げかけた。なぜそうなのか？　なぜ私たちはそう考えるのか？　そのような見解を正当化するものは何か？　証拠は何か？　主張は何か？　何が仮定されているのか？──こういった一定の問いを投げかけられるようになったとき，私たちは別の種類の有効な転移を学んでいるのである。それは，知識を単なる信念ではなく**知識**たらしめるものを把握する能力である。それによって私たちは，自分の知識と理解を増やすのにずっと良い位置に立つことができる。

■ 専門家の盲点

> 特定のトピックやスキルを，ある知識の領域のより幅広い基本構造において
> それが占める文脈上の位置を明確にすることなしに教えるのは，不経済である。
> ──ジェローム・ブルーナー『教育の過程』(Bruner, 1960, p. 31 [邦訳：1963 年，p. 40])

こうして転移の重要性を理解すると，典型的な網羅の授業では「不経済だ」と主張したブルーナーのような教育者のことがわかるようになる。なぜ，彼はこう言えたのだろうか？　それは，あまりにもはっきりと間違った主張に思われる。理解のための指導はおそらく**効果的**だろう。しかし一体なぜ，より**効率的**であるなどということがありうるのだろうか？　生徒が自分で題材をより深く理解できるようになるような探究にもとづく学業を設定するより，講義形式で指導し教科書を網羅することのほうがずっと多くの内容を扱うことができるではないか？

しかしこれは，**指導**と**学習**の混同である。伝統的な網羅アプローチがなぜ長期的には不経済なのかについて，ブルーナーが述べた 3 つの理由を検討してみよう。

> そのように教えれば，生徒が今までに学んだことから後に出合うことへ通ずる一般化をすることが非常に困難になる。第二に〔そのような〕学習は，……知的興奮という見返りを得ることがほとんどない。……第三に，知識を獲得しても，それを相互に結合するだけの十分な構造を伴っていなければ，その知識は忘れられる可能性が高い。関連づけられていない一組の諸事実は，記憶の中であわれにも短命に終わる。(Bruner, 1960, p. 31 [邦訳：1963 年，p. 40])

換言すれば，網羅すればうまくいくと考えている時点で，私たちは教育者として，理解を理解することに失敗している。ここには，私たちが専門家の盲点 (Expert Blind Spot) と言っているところのものが強く作用している。つまり，教師 (ないし教科書の著者) が語ることと，学習者が意味を把握し活用するために必要としている能動的な意味づくりとを混同している

のである。こうした，あまりにも多くの教師からいつも聞かれる反応は，要するに「もし明瞭に網羅すれば，学習者は『それをわかり』，将来用いることができるだろう。したがって，より多く網羅すればするほど，彼らはより多くを学ぶのであり，テストの成績も良くなるだろう」と言っているに等しい。

しかしながら本書が終わるまでに，あなた方はこの広く共有されている想定が間違っていると気づくだろう。網羅することから「得られるもの」は，ほとんどの生徒にとってかなり少ないものである。

> 30年以上前，医学教育者たちは，医学部の1年生が，第1学年の解剖学概論科目で記憶した何千もの新しい用語のうち何を覚えているかについての調査を行った。彼らは長期的に度々テストされた。**学生たちが解剖学概論を忘れていく様子を示した曲線に最も近接していたのは，1世紀前にエビングハウスが無意味な音節の記憶について行った古典的な調査で発見した曲線であった。**このデータの公表は，医学教育の世界で注目された。それ以来，医学部における解剖学の指導は革新的に変化した。(Shulman, 1999, p. 13〔強調は引用者による〕)

すべてを網羅することは，点つなぎパズルを使ってざっと話すようなものである。このとき教師は，理解することとは単にページに点を増やすことだと考えさせて，生徒をさらに混乱させる。その結果，全体像は以前よりもさらに不明瞭でわかりにくいものになってしまう。専門家にとってはあまりにも明らかに見える全体像であっても，網羅することでは生徒はそれを捉えることが全くできないのである——ごく少数の最も有能な生徒以外は皆，途方に暮れ，おそらく疎外されてしまうことだろう。

教師がすべてを表面的に網羅したのでは，外部テストにおいてさえ，最も良いパフォーマンスはもたらされない。結局生徒は，**必要以上にずっと多くを忘れたり誤解したりしてしまい**，学校生活を通して再指導が必要になってしまう。（どれほどしばしばあなたは生徒に「おやまあ，○年生で教えてもらわなかったの？」と言ったことだろうか。）そして結局私たちは，(NAEPテストの結果が実証したとおり) あまりに多くの学校で見られた事態に陥る。すなわち，生徒は一般的に低次の課題をすることはできるものの，転移を必要とする高次の学業には例外なく弱いのである。

(第13章でより詳細に検討するとおり) 学習についての研究は，理にかなった真実である常識を単に支持しているにすぎない。将来活用できるよう柔軟で適応できるような仕方で学習を持続させるためには，網羅ではうまくいかないのである。網羅では，簡単に混乱するような，または簡単に忘れてしまうような事実や定義，公式しか覚えられない。そして，網羅したときとそっくり同じに見える型にはまった問いに，それらをあてはめることしかできないのである。さらにこの結果として，生徒が後により洗練された滑らかなやり方で「同じ」ことを学ぶこともずっと難しくなってしまう。生徒は完全に混乱し，より早くに得た知識を再考する必要があってもしばしば抵抗するだろう。要するに，カーネギー教育振興財団

(Carnegie Foundation for the Advancement of Teaching)代表であるリー・ショーマン(Shulman, L.)がとても上手に述べたとおり，慣習的な指導は3つの「学習できない病理」をもたらしてしまう。つまり「私たちは忘れ，誤解していることを理解せず，学習したことを活用することができない。私はこれらの状態を健忘症 (amnesia)，幻想症 (fantasia [訳語は訳者による造語])，無力症 (inertia) というあだ名で呼ぶ」(Shulman, 1999, p. 12)。

そういうわけで，忘却，誤概念，転移の欠如を避けるために，理解のための設計と指導には3種類の「看破」が必要であることが，これまでの分析から示唆されている。

- 生徒が誤解する可能性について（焦点を合わせた問い，フィードバック，診断的評価によって）看破する。
- 白黒はっきりした表面的な記述のもとに潜んでいる問い，論点，想定，曖昧な部分を看破する。
- 教科の理解の中心にある核となる観念を看破する。そのような観念は，初心者にとって明白ではない――そしておそらく直観に反していたり不可解だったりする。

理解の証拠

> 革命的な思考をする人と非革命的な思考をする人との違いが，
> 事実についての知識の違いであることはほとんどない。
> ダーウィンは，ビーグル号での旅で集めた様々な種について，
> 英国で彼のためにそれらの生物を分類した専門家たちよりも
> ずっとわずかなことしか知らなかった。だが，どの専門家もことごとく，
> ダーウィンが集めたものの革命的な意味を見落とした。知っていることのより少なかった
> ダーウィンが，どういうわけかより多くを理解したのである。
> ――フランク・J・サロウェイ『生まれつきの反逆者』(Sulloway, 1996, p. 20)

理解が諸事実の意味を捉え，知識を別の問題や課題や領域に転移させることに関わるのだとすれば，そのような理解（ないし理解の欠如）はどのように見えるのだろうか？　生徒が学習していることをもっと上手に理解できるようになっているとすれば，私たちは何を目にすることになるのだろうか？　この問いを投げかけることによって，目的について語ることから，目的が達成されたかどうかを示す証拠について語ることへと移ろう。

ダーウィンについてのサロウェイのコメントは，探究のための一つの道筋を示唆している。最も高次の研究における理解を記述する際に用いられる言葉について，考えてみよう。私たちはしばしば理解を，表面的な知識と対比して「深い」とか「徹底的な」ものとして描く。明白ではない「核となる」洞察を「看破する (uncover)」ためには，「表面」（つまり「覆い (cover)」）の下を「掘り下げ」なくてはならない。理解するには「時間がかかり，実践が必要」なのだ。理解は即席のものではなく，「大変な努力をしてやっと得られる」ものである――サロウェ

イが述べたとおり,たくさんの知識を持った人々でさえおそらく見過ごしたり気づかなかったりするのである。これらの記述のすべてが言外に強調しているのは,表面より下へと進み,隠されている洞察の宝石を得ることである。**網羅**することによって概念が理解されると期待することはできない。私たちは,それらの概念が持つ価値――諸概念は探究や論争の成果だという事実――を**看破**する必要がある。

そういうわけで,「逆向き設計」によってもたらされる理解に関連するゴール(そしてより一般的には教育的なゴールのすべて)に取り組む際の中心にある2つの問いの違いに気づいてほしい――3つの段階の最初の2つのための問いである。

　第1段階:生徒は何を理解するようになるべきか?
　第2段階:何がそのような理解の証拠と見なされるだろうか?

第1の問いは,内容と学ぶべきことについての重要な観念に関わっている。それは,出合った観念,事実,スキルから生徒が何を得るべきかについて,設計者が特定するよう求めている。(第6章で論じるとおり,追求している理解を特定することは驚くほど難しい。)第2の問いは,それとは異なるものである。この問いは,何が学ばれるべきかについては言及していない。それは,ゴールの具体化として承認できるものに関わっている。つまり,生徒の学習から生み出される適切な実演や完成作品――アウトプット――に相当するものは何かに関わっており,それらは評価によって決定される。

実際のところ第2の問いには,「逆向き設計」の第2段階を形づくる明瞭な問いが含まれている。すなわち,

- どこで私たちは証拠を探すべきなのか? 述べられているスタンダードからいって,よくできていると見なされるべき**種類**の生徒の作品とは,どのようなものか?
- どんなアプローチであれ,生徒がどの程度理解しているのかを審査するために,生徒のパフォーマンスにおいて特に探すべきなのは何か?

大雑把に言って,証拠についての第1の問いは作品の評価のための設計スタンダード(すなわち,妥当な課題,テスト,観察とは何か?)に関わっている。また,証拠についての第2の問いは,ルーブリックや規準に関連するその他の指針にもとづいて,生み出された作品を実際に評 価することに関わっている。
<small>エバリュエーション</small>

「逆向き設計」を支持する主張は,理解という達成目標は――この用語をどう定義するにせよ――何がその理解の**証拠**と見なされるのかを明らかにしない限り達成することはできなさそうだという見解にもとづいている。そして私たちが肝心の評価についての問いを投げかけると,ますます多くの教師が,自分たちは適切に理解を理解していなかったかもしれない,と理解するようになるのである。

理解の確かな証拠が何なのかがはっきりしないのは,なぜだろうか? これは,注意深くしていないと,焦点を合わせがちな証拠やより目立つ証拠に簡単に惑わされてしまうからである。生徒が記憶を再生することによって私たちが求めているような答えを言ったとき,それを理解と混同してしまうのは簡単である。ブルームらは,ジョン・デューイにまつわる有名な話について詳述することで,その区別に気づかせてくれている。

■ こんな誤解に注意！

スタンダードは，パフォーマンスの指標とは異なっている。スタンダードはゴールを表すものであり，第1段階に属している。パフォーマンスの指標は評価の証拠と考えられうるものを表しており，しばしば州の内容スタンダードにおいて箇条書きのリストにされている。さらにややこしいことに，スタンダードは時に，第3章で示すように，第3段階に位置づけられる学習活動に言及していることもある（「用語解説」の中の「スタンダード」の項を参照のこと）。

再生を求める問いが，一つの形式で述べられたときには答えることができず，次に……別の形式で述べられたときには……ほとんど困難を覚えないという経験を，たいていの人が持っている。このことをよく例証しているのが，ジョン・デューイがあるクラスの生徒たちに対し「地球に穴を掘っていくと何が見つかるだろうか？」と質問したという話である。答えが無いので彼は問いを繰り返したが，沈黙が続いた。担任の教師は，「あなたは問いの投げかけ方が間違っていますよ」とデューイ博士をたしなめた。彼女は生徒たちに向かって「地球の真ん中の状態は，どのようなものですか？」と尋ねた。生徒たちは一斉に「火成の融解物です」と答えた。(Bloom, 1956, p. 29)

この話は，内容のゴールと証拠とを区別する必要があるということだけでなく，証拠を求める際に転移可能性を強調する必要があることを見事に明示している。もしちょうど同じように述べられた問いにしか答えることができないとすれば，子どもたちは正しく答えたとしても自分自身の答えを理解しているとは言えないのだ。その上，先に述べた州テストにおいて明らかに起こっていたように，自分が「知っている」ことを，同じ問いを異なる形にしたテストや挑戦において活用することは一切できないだろう。

理解についての証拠を得ようと思えば，転移可能性を喚起するような評価を形づくらなければならない。生徒が学習したことを引き出し，賢明に柔軟に創造的にそれを活用することができるかどうかを見つけ出さなければならない。たとえば『教育目標の分類学』の著者たちは，「本当の」知識は学習したことを新しい方法で活用することに関わっていると述べている。彼らはこれを「知的能力 (intellectual ability)」と呼び，再生することや筋書どおりに使用することにもとづく知識とは区別している。同様に，デイヴィッド・パーキンズは『理解のための指導』という著書の中で，機械的な再生や答えの「あてはめ」とは対照的なものとして理解を捉え，理解を「知っていることを用いて柔軟に考え行動する能力……柔軟なパフォーマンスの手腕」と定義している (Wiske, 1998, p. 40)。理解している人は，理解していない人よりもずっと上手に曖昧な挑戦——つまり現実世界における挑戦——に対処することができる。現実世界の挑戦では，何が求められているのかについて単一の応答を引き出すような単刀直入なヒントなどないものである。（序章のエピソードで，卒業生総代が，再生を

求めるテストで高得点を得ていても理解はしていなかったと認めていたことを思い出してほしい。)

　転移可能な理解の証拠は，知識を思慮深く活用し，多様な設定で効果的に応用する生徒の能力——つまり教科「する」能力——を評価することに関わっている。『授業を変える』の著者たちは，次のように述べている。

　　学習したことを新しい状況に転移させる生徒の能力は，適応性のある柔軟な学習が行われたことを示す重要な指標となる。……学習を測定する唯一の尺度が記憶だけだとすれば，多くの指導アプローチは同等のものに見える。……指導の違いは，学習したことが新しい問題や設定にどれぐらいうまく転移するかという観点から評価(エバリュエーション)されたときに，より明らかになる。(Bransford, Brown, & Cocking, 2000, p. 235 [邦訳：2002年, p. 247])

　　生徒が学習用練習問題から**基底にある主題と原理を抽出する方法**を学んだならば，新しい問題を解決するために，自分の知識をいつ，どこで，なぜ，どのようにして活用すべきかについて，柔軟に理解できるようになる。(Ibid., p. 224 [強調は引用者による] [同上書, p. 248])

　この指摘は，何ら新しいものではない。ブルームらは，50年前に『教育目標の分類学』の中で「応用」について同じ点を指摘していた。応用を評価するには，転移を必要とするような新奇な課題がなければならない。そして，諸観念を文脈化された状況で実践的に活用することに関わっていると理想的である。

　　ここで状況が……私たちが定義したような応用に関わるようになるならば，それは生徒にとって新しい状況であるか，あるいは新しい要素を含んだ状況でなくてはならない。……理想的には，ある個人が抽象概念を実践的な方法で応用する仕方をどの程度学んでいるかを検査するような問題が求められている。(Bloom, 1956, p. 125)

　こうして，理解の証拠を得るには，かなり異なるやり方での検査が求められている。理解を「抽出」し，状況に位置づけられた問題，つまりパフォーマンスにおいて理解を応用するという，生徒の能力を示す証拠を見いだす必要がある——これは，教師や教科書によって与えられた，基底にある原理を再生してあてはめることができるかを単に見るだけのテストとは，かなり異なっている。

　したがって私たちは，それぞれの領域における典型的なパフォーマンス，つまり理解に成功していることを示すパフォーマンスに，評価方法をしっかり固定する (anchor) 必要がある。たとえば，ある物質が化学的に見て何の混合物であるかを決定するために科学実験を計画し，欠陥を取り除いて修正するような能力，あるいは，ある期間の地域史について確かな語りを書くために，歴史で学んだ事実やスキルを活用する能力である。(これら2つの例は，研究

領域においてたくさん存在している「核となる課題」のうちの2つである。私たちは，カリキュラムの枠組みと教科課程を，重大な観念，およびこのような核となる課題を中心に設計すべきだと提案する。核となる課題についてのさらに詳細な議論は，第7章と第12章を参照のこと。）無理もないことだが，生徒の能力は限定的なものである。それにもかかわらず彼らが理解を転移させることができるかについて，私たちは見る必要がある——つまり，彼らの能力のレパートリーの中から，新しい状況であるここで何が役立つかもしれないかを認識し，それを効果的に活用することができるかどうかを見なくてはならない。範囲の限られたプロンプトは，馴染みのある問いに対する「答え」を引き出すことしか意図していない。したがって私たちは，そのような範囲の限られたプロンプトについてははるかにわずかしか使わないこととなる。

「火成の融解物」の例は極端であるが，私たちのほとんどが自覚したり認めたりしたいと思うよりも，問題はもっと深刻である。私たちは自分たちのテストに正しく知的に見えるような答えが書かれているとき，しばしばあまりにも安易に理解されたと考えがちである。換言すれば，私たちは実感している以上に**見せかけ**の理解に騙されてしまっている。ハイ・ステイクスなテストと成績づけの世界では，さらにこの困難が増す可能性が高い。教育が追いつ追われつのゲームを推進している状況において，生徒は，私たちを喜ばそうとする動機を持っており，また（実際のところどうであろうと）学習しているはずのことを理解していると見せようとする動機を持っている。そのような状況がある限り，本当の理解を評価するという挑戦は，いっそう困難なものとなる。

要するに，私たちは注意深くなければならない。知っていることと理解していることの本当の違いを区別している限り，その違いをどう呼ぼうと問題ではない。私たちが**理解**と呼ぶものは，単なる意味論の事柄ではない。それは概念的な明瞭さに関わる事柄であり，それによって私たちは専門家からの借り物の意見と内面化された柔軟な観念とを区別するのである。もし評価方法があまりに表面的で事実中心であれば，私たちが集める証拠におけるこの区別は見落とされるかもしれない。結局のところ，理解に関わる達成目標を何と呼ぶかは問題ではないが，「理解する」ことと「与えられたプロンプトに対する正答を知っている」こととを区別しているかどうかは大いに問題である。重要なのは，私たちが転移を実現するために評価するという挑戦を把握していることである。

生徒が本当に理解しているという判断を下そうとするならば，どのような**種類**の生徒の作品と評価の証拠が求められるのかを特定するにあたって，すきのないようにしなくてはならない。先に引用したAAAS『科学的リテラシーのベンチマーク』（1993年）の著者たちは，理解を明らかにするのにどのような証拠が求められているのかを明確にするために行為の動詞や観察できる行動を特定することには，反対することを決めたという。なぜなら，「それらの中から選択することは恣意的」であり，特定の動詞を用いることは「意図されていなかったユニークなパフォーマンスを制限し，また暗示してしまうかもしれない」からである（AAAS, 1993, pp. 312-313）。

私たちは，理解という達成目標について唯一無二の，または本来的に完全な評価課題など

ないことを認める。しかしながら，ある種の挑戦は他のものよりも適切である。どのような種類の評価方法がスタンダードを具体化するのかを知ることは，多くの教師にとってまさに必要なことである。これが，ブルームの分類学がそもそも書かれた理由だったことを思い出してほしい。スタンダードを満たしたことを示す適切な証拠として見なされるのは何なのかに関して明確でない限り，おそらく教師は事実的知識のテストで満足してしまうだろう。けれども，複雑な探究を行って方法と結果を擁護することだけが，スタンダードを真に正当に扱うことなのである。

　もし「正しい」答えが理解の証拠として不適切でありうるのだとすれば，本当の理解と見せかけの理解をよりよく区別する評価方法を用いるために，私たちは何をすべきだろうか？　この問いに答える前に，あらかじめもう一つの問題を扱わなくてはならない。正しい答えは，時に**誤解**していることを隠す。なぜそんなことがありうるのか？　そしてこのことは，理解の評価について何を含意しているのか？　皮肉なことに私たちは，誤解という現象を熟考することによって，理解のための設計，評価，指導についての意義深い洞察を得ることができるのである。

■ 生徒の誤解とそこから学べること

　どういうわけか善意の有能で熱心な生徒が，私たちが決して意図していなかった教訓を身につけてしまうことがある。私たちが生徒について「事実については全部知っているのに，まるっきり間違ったまとめ方をしてしまう」とか，「言っていることについて，全く考えていない」とか言うとき，何についての不満を訴えているのだろうか？　たとえば『ライ麦畑でつかまえて』[Salinger, 1951]は，米国における高校の英語科の定番である。だが多くの生徒は，この本は，(最近の映画のタイトルの表現を借りれば) ホールデンの「素晴らしい冒険」を描いたものであり，大学進学校で学校サボリをしている生徒の愉快な日々についてのものだと信じてしまう。ホールデンが感情的にひどく苦しんでいること ── そして精神科の病院のベッドから物語を語っていること ── に，どういうわけか多くの生徒は気づかない。同様に，数学において多くの小学生は，分数のかけ算で答えが奇妙にも最初の数よりも小さくなってしまうことに非常に苦労する。あるいは，読み方における大きな難問について考えてみよう。単純な解読でさえ，それほど単純ではない。「lose (ルーズ)」を「loze (ロウズ)」と発音すると，教師から間違っていると言われる。しかし，私たちは法則を理解したと思っていたのだ！　なぜ「lose」の発音は，子音とeで終わる単語 (例：close, doze, home) についての長母音の法則と一致していないのか？

　したがって，誤解は無知とは異なるものである。誤解とは，作用している観念を，もっともらしいが不正確なやり方で新しい状況に位置づけることである。ここにいくつかの例がある。

- 筆者の子どもの一人が，「お父さん，スペイン語と英語は同じ単語を使って，発音が違

うだけなの？」と尋ねた。
- 数年後，同じ子どもが「どうして 4.28 + 2.72 = 7 になるの？ 7 は小数じゃないのに！」と文句を言った。
- 高校で歴史を学んでいたある生徒は，単元の終わりになって静かな口調で「それで結局ルイジアナ買収[ix]って，何をしたことなのですか？」と教師に尋ねた。
- 4年生の児童の一人は家族と全国を横断していても経線も緯線も全く見たことがないと苛立っていた，とある小学校教師が報告した。
- 科学科のアドバンスト・プレースメントを受けたことのある非常に聡明で学究的な少年が，科学における「誤差」とは，帰納という操作に内在する原理というよりも，むしろ避けられる間違いの作用だと考えていた。

逆説的なことに，物事を誤解するためには，知識と転移の能力を持っていなくてはならないのである。

このように誤解の証拠は，単に直されるべき間違いではなく，教師にとって信じられないほどに価値のあるものなのである。それは試みられたもっともらしい転移，しかし成功しなかった転移を意味している。挑戦すべきは，間違いを強化することなく，また将来転移しようと試みることをくじくことなく，その試みに報酬を与えることである。実際には多くの教師が，生徒の誤解に対しフィードバックを行うことに価値を見いだし損ねているだけでなく，幾分恐れを抱いたり苛立ったりする。授業を「わからない」生徒に我慢できない教師は，皮肉なことに理解に失敗しているのだ——またしても専門家の盲点である。**熱心**なのに「わからない」生徒は，私たちが明瞭だと思っていたことが本当はそう明瞭ではないということを示している。もっともなことに教師の中には，生徒のひっきりなしの誤解によって脅威をつきつけられるように感じる者がいる。なぜならそれは，私たちの方法や含意しているゴールに疑問を投げかけることのように思われるからである。素朴[x]な教師が見過ごしているかもしれないことは，もちろん，重大な観念はめったに明白ではないということである。実際，第1章で述べたとおり，重大な観念はしばしば直観に反するものである。そこで，賢者への言葉は次のようになるだろう。もしクラスの生徒に「だけど，こんなにも明らかじゃないか！」と言っていたら，あなたは専門家の盲点の餌食になっている可能性が非常に高い！ 時間をとって次の点をじっくり考えてみてほしい。ふ〜む，ここでは何が初心者にとって明らかでないのか？ 私が当たり前だと考えていたことで，誤解されやすいのは何か？ なぜ彼らはあのような結論を導き出したのか？

このことをより緊急の問題にしているのは，過去20年間にわたる研究がこの現象の驚くべき深さと広がりを裏づけている，という事実である。多くの生徒が，（テストや授業での

---

ix) ルイジアナ買収とは，1803 年に米国がフランスから，ミシシッピ川流域の 210 万 km² を超える広大な領地を買収したという出来事である。

x) 構成主義的学習観において，学習者は，教えられる前から日常経験を通して自然発生的に「素朴概念（naïve conception）」を身につけていることが指摘されている。本書において，「理解」は素朴な（naïve）ものから洗練した（sophisticated）ものまで存在している，と考えられている。素朴な理解とは，必ずしも誤ってはいないものの，単純であったり表面的であったりするような理解のことである。

話し合いで明らかにされたところでは）学業を理解している**ように**思われる。ところが，理解をさぐる追跡調査で質問されたり，学習したことを応用するよう求められたりすると，最も有能で最も進んだ生徒たちでさえ，結局「学習した」ことに重要な誤解があったと明らかになってしまう。学習を設計する際に生徒の概念と誤概念を探し出して留意することがより良い結果をもたらす鍵となることは，実際のところ私たちの見解であるだけでなく一流の認知研究者の見解でもある。（理解のための学習と指導についての研究の要約は，第13章に示している。）誤概念の研究は，1970年代に科学教育においてなされた仕事に遡るものの，ここ10年間の発見についてはハーバード大学のプロジェクト・ゼロにおけるハワード・ガードナーやデヴィッド・パーキンズらが雄弁かつ綿密に総括している。ガードナーは，研究のまとめで次のように説明している。

> いまや広範囲にわたる研究文献が証明している〔こと〕は，多くの生徒，おそらくはほとんどの生徒に，普通程度の理解は通常見られないということである。授業でたった今，物理学の法則や幾何学の証明や歴史の概念を十分に習得していることを示した大学生に対し，それらを新しい文脈で応用できると期待するのは道理に合っている。もしテストの状況がわずかに変えられただけで，求められているコンピテンス (competence)〔有能性，有能な人が持つ行動特性〕がもはや示されないのだとすれば，理解は ── その用語のいかなる合理的な意味においてであれ ── まったく獲得されてはいなかったのである。
> （Gardner, 1991, p. 6）

　誤解を念頭において設計されたテストであれば，型にはまった種類のテストでさえ，このように理解に失敗している証拠を提供することができる。序章において私たちは，少なくない〔およそ3分の1の〕生徒たちが「31余り12」のバスと答えたNAEPの数学の例について述べた。米国のほとんどのティーンエージャーが代数Ⅰを学び，合格点を得ている。だがしかしNAEP (1988) の結果によると，米国の若者の5パーセントしか代数Ⅰの知識の高次の活用を求める課題においてうまくパフォーマンスすることができないということが示されている。第3回国際数学・理科教育調査 (TIMSS, 1998) では，現在までに行われた最も徹底的な調査の一つにおいて，科学について類似の結論に達している (*Trenton Times*, 1997)。NAEPの最近のテストでも同様であり，「基礎的な原理を学習する一般的な生徒たちの能力と，知識を応用したり学習したことを説明したりする能力との間に，正真正銘のずれがあること」が示された (*New York Times*, 1997)。（このテストでは，多肢選択問題，自由記述〔constructed response〕問題，パフォーマンス課題の問題が混ざっている。）

　物理学では10年以上もの間，鍵となる誤概念にねらいを定めた評価方法として，明細なテストが開発され用いられてきた。最も広く用いられているテストである「力学概念調査 (Force Concept Inventory)」では，最も一般的な（そして驚くほどしつこい）誤概念が克服されているかを測定するための予備テストと事後テストの方法が提供されている。

　AAASは，その『科学的リテラシーのベンチマーク』(1993年) と『科学的リテラシーの図解』

(2001年)の中で，科学において求められている理解について，関連する鍵となる誤概念とともに豊かに説明している。

> 関係が記号で示されているとき，1つの記号以外のすべての記号を数で置き換えることができ，残されている記号の値の可能性も計算することができる。その関係において，1つの値があてはまる場合もあれば2つ以上の値があてはまる場合もあり，さらに時にはあてはまる値が全くないこともある。
> - 生徒にとって，代数において記号がどのように使われているかを理解することは難しい。彼らは選ばれている文字が恣意的なものであることにしばしば気づいていない。この困難は，代数の指導を受けた後や大学で指導を受けた後でさえも続くものである。すべての年齢の生徒が，しばしば等式の等号について等価を表す記号としては見ておらず，むしろ計算を始める合図だと解釈してしまう——右側には「答え」を表すべきだと解釈するのである。
>
> 2グループのデータを比較するときは，中央と中央からの分布との両方を比較しなくてはならない。
> データの分布の中央は，誤解を招きうる——データが対称的に分布していない場合や極端に高い値や低い値がある場合，あるいは程よく均質に分布していない場合である。
> - あらゆる年齢の生徒にとって平均の概念は，何年間も正式に指導された後でさえ理解するのがかなり難しい。……平均値，中央値，最頻値の定義を把握するには，「典型性」の概念をよく理解しておくことが先行条件であろうということが，研究によって示唆されている。……平均値を計算するアルゴリズムを意味のある文脈から切り離して早まって導入してしまうと，平均とは何かについて生徒が理解することを妨げるだろう。(AAAS, 2001, pp. 122-123)

皆が知っていると思っている物事を誤解するのがどんなに簡単かを見るために，次のようなより基礎的な科学の問いを考えてみよう。なぜ冬は寒く，夏は暑いのか？　米国のまさにほとんどすべての生徒が，基礎的な天文学を教えられてきた。私たちは，地球が太陽のまわりを回り，その軌道は楕円であり，地球は南北の軸がおよそ20度傾いていることを「知っている」。しかし，ハーバード大学を卒業しようとする4年生が上記の質問をされたときには，(ハーバード・スミソニアン天体物理学センターが制作した誤解の現象に関するビデオに記録されているとおり)なぜなのかを正しく説明できた者はほとんどいなかった(Schneps, 1994)[2]。彼らは，知っていると主張していることについて適切に説明できないか，またはもっともらしいが誤った見解しか提供できなかった(たとえば，天気は地球が太陽に近づいたり太陽から遠ざかったりすることによって変わる，という見解である)。

類似した発見は，私たちが大人に月の満ち欠けを説明するように求めるときにも起こる。高学歴の人々の多くが，月の満ち欠けを月食として説明するのである。ハーバードの天体物

理学グループが科学における誤概念の追跡調査を行った『私たち自身の知性（*Minds of Our Own*)』という題のビデオ・シリーズでは，ある生徒が4年生に与えられる電気回路の問題を解き，何が起こっているかを説明できるのに，その生徒の物理学についての理解は目新しい方法（電池と針金だけで電球を灯すことはできるのか？）で問いを投げかけられると台無しになる[xi]ことが詳細に記録されている。

　科学と数学のように単純明快で論理的に思われる学問においても，最も優れた知性を持っている学習者でさえ誤解してしまうことが避けがたいという認識は，実際のところかなり古いものである。プラトンの対話は，理解の追求と，潜在意識で思考を鋭くしたり妨げたりしているかもしれない知性の習慣や誤概念との間の相互作用を鮮やかに描いている。400年前に『ノヴム・オルガヌム』の中でフランシス・ベーコン（Bacon, F.）は，何気ない知的な傾向によって無意識のうちに誤解がもたらされることを説明しており，はっとさせられる。私たちはカテゴリーや想定，法則，優先事項，態度，流儀の問題を「現実」に投影し，直感的な考えが本当だと「証明する」無数の方法を開発するのだ，と彼は指摘した。「人間が理解する際には，……いったんある意見を採用すると，その意見を支持し合意するためのものとして，その他のすべての物事を引き合いに出してしまうものである」（Bacon, 1620/1960, p. 50 [邦訳：1978年, p. 87]）。カント（Kant, I.），ヴィトゲンシュタイン（Wittgenstein, L.）からピアジェ（Piaget, J.）に至る哲学者や心理学者，およびその他の現代の認知研究者は，頑固な誤解と，それが通常伴っている素朴な信念の謎を解こうと試みてきた――そして，両者を乗り越えるには自己評価と自己訓練が必要である。

　実際には，評価方法を設計し始めるときには，単なるパフォーマンスの能力ではなく概念的なベンチマークの必要性をも認めておかなくてはならない。私たちは重大な観念に留意するだけでなく，それらの観念がどのように思い違いされる**可能性があるか**にも留意して評価方法を設計する必要がある――思い違いがいかに克服されにくいかは，ショーマンが次の生物学の例で述べているとおりである。

> 生物学の教師は，生徒が進化と自然淘汰に関してしつこく誤概念を持ち続けることと格闘しなければならない。ほとんどの生徒は，進化と自然淘汰を強調する科目に直観的なラマルク[xii]学徒としてやってくる。彼らは，一つの世代で獲得されたどんな特徴も次の世代に伝達されると信じている。その立場はダーウィン説信奉者たちによって論破されたことが，正式な指導において強調される。生徒たちはその科目において，今ではダーウィン説の見解を理解するようになったと示して，AやBを獲得するかもしれない。しかし3ヵ月後に小テストを行うと，またしても彼らは熱心な直観的ラマルク学徒に戻っているのである――実際，私たちの多くは彼らと同様である。その形態の幻想症は，高

---

xi）ビデオの中では，普段の実験でソケットを使っているため，電球を灯すにはそれらが必要だと考えてしまう生徒の例や，針金1本で回路を作るように求められて戸惑う学生の例が示されている。

xii）ラマルク（Lamarck, J. B.; 1744-1829）は，フランスの博物学者・進化学者である。獲得形質の遺伝が進化の要因だと考えた。

等教育の学生や院生に蔓延している。多くの幻想症は決定的な瞬間に顕在化するまで何年もの間，待ち伏せしているのではないか，と私は思う。(Shulman, 1999, p. 12)

ここに，いくつかの重要な観念についての一般的な誤解と，それらを克服したことを示す理解の例がある。
- **印象派は，画家が主観的な印象や情景によって触発された感情を示した芸術である。**事実は逆である。印象派は，情景を抽象的に描いたり感情によって描いたりするのではなく，写実的に描こうとする試みであった。印象派は，哲学における専門的な用語を指すものである。哲学では，直接的な知覚的印象と，知性がそのような印象を観念に位置づけることとが区別されている。
- **月が見えないときは，毎月，月食が起こっている。**月の満ち欠けは，地球，太陽と月の相対的な位置関係によるものであり，私たちは太陽によって照らされた月の部分を見ている。月食の進行は，満ち欠けの原因では**ない**。
- **科学とは，原因を見つけることに関するものである。**科学者は，相関関係を見つける。「原因」について語ることはあまりに哲学的であり，非科学的だと見なされる。現代の科学，経済学，医学は，統計的なパターンを探す。したがって「何が原因なのか？」という問いは，効果的な薬を処方する医者でも答えられるとは限らない。
- **2つの数をかけると，答えは大きくなる。**かけ算は，たし算の繰り返しでは**ない**。分数の場合，かけ算ではより小さな答えが出るし，わり算だと大きな答えが出る。なぜそんなことがありうるのか？　生徒は，しばしば分数と小数を別の数のシステムだと捉える。それらを入れ替え可能な，「同じ」量を示す方法として見られるようになることが，あるべき理解である。
- **歴史は事実，つまり何が起こったのかに関するものである。**歴史家は，事実の単なる収集家や提供者ではなく，物語の語り手である[xiii]。では，同じ重要な歴史についてとても異なる物語がありうるのであり，実際あるのだということを実感する生徒が，なぜこんなにも少ないのか？
- **より速く泳ぐには，「水をつかむ」ために手をカップ状にすべきである。**表面積が大きければ大きいほど，力も大きくなる。したがって引っ張って押し出す水の量を最大にするために，手のひらは平らにして泳ぐべきである。
- **光は光であり，闇は闇である。**そうではない。山と谷で交差する2つの光線は，互いに打ち消し合い，闇の原因となりうる！　雑音防止ヘッドホンは，静寂を作り出すために音を用いる。同様に，正反対の光や音の波は互いに打ち消し合うのである。
- **負の数や虚数は，実在しない。**負の数と虚数が実在していることは，普通の数以上でも以下でもない。それらは，算術上・代数上の本質的な原則に必要な対称性と連続性を提供するために存在している。

---

xiii) ウィギンズ氏は，ここで，相対主義の立場に立っているわけではない。理解は，「その証拠と論証の質」により評価されると考えている (訳者によるウィギンズ氏へのインタビューより)。

- **進化は,論争的な観念である。**いや,進化の原動力としての自然淘汰の理論が論争的なのである。進化論はダーウィンの何世紀も前から存在しており,また宗教的な教義と対立するものとは見られていなかった。
- **私たちの創設者たちは,自由主義者であった。**米国の革命家たちは,(財産についてのジョン・ロックの見解にもとづいて)政府ではなく個人が,労働によって適用される自然権を持つと考えた。したがってある意味,彼らは「保守主義者」(つまり,個人の所有権が基本的であるとする立場)だった。
- **アイロニーは,偶然の一致である。**ほとんどすべてのスポーツキャスターがこの言葉を間違って用いているが,アイロニーは単なる偶然の一致ではない! アイロニーとは,賢こそうなだけの人には見えないのに,より賢い人には見えるものである。観客は,エディプスには見えないことを見る。エディプスの自尊心と,私たちが真実だと知っていることとの間にあるテンション[緊張]が,劇の活力の源である。

深く根づいた誤概念の起こりやすさと誤解の可能性からいって,先を見越して評価を設計するアプローチが必要である。これは,私たちのほとんどにとって馴染みのないものである。理解を巧みに計画するために,私たちは逆向きに考えなくてはならない。理解しているとき,あるいは理解していないとき,どのように見えるだろうか? 理解はどのように見えるのか,どのように顕在化するのか,見せかけの理解(あるいは誤解)はどのように真の理解と異なるのか,どの誤解が最も起こりやすいのか(ひいては私たちのゴールを妨げるのか),さらに理解を進める上での深刻な障害を探し出し,根こそぎにすることが進んでいるのかどうかについて,私たちは述べることができなくてはならない。換言すれば,指導と学習について考える前に評価方法について考え抜く必要がある。

すでに述べたとおり,どんな設計であれ明瞭な目的に依拠している。だがしかし,外部から課された多くのゴール(例:州の内容スタンダード)と自分で選んだゴールが混ざることによって物事は複雑になっている。私たちは,どのように優先順位をつけるべきなのか? 効果的で一貫性のある設計を確保するために,こんなにも多くの責務の中からどのように賢く選択するのか? たくさんの重複する科目と教科課程のゴールに常に留意しつつ,どのように一貫した単元を設計することができるのか? 次にこれらの問いについて考えよう。

---

1) これは,数についてのよく知られている押韻詩——なまりのある英語——を作り上げるためにフランス語の単語を用いた,模造の詩である。ヒント:この本は,『時祷の言葉——さやと枝／マザーグース童謡』(*Mots d'Heures: Gousses, Rames*)と呼ばれている (*Mots d'Heures: Gousses Rames*, by Luis d'Antin Van Rooten 〔Penguin Books, 1980; first published by Grossman Publishers, 1967〕)。

2) 科学教育プロジェクトについての情報は,ハーバード・スミソニアン天体物理学センターから入手可能である (60 Garden Street, Cambridge, MA02138, http://cfa-www.harvard.edu/)。

第3章

ゴールを明瞭にする

アリスは、チェシャー猫に向かって言った。
「あたし、どっちへ行ったらいいのか、教えてくれない？」
猫は言った。「そりゃあ、おまえさんが、どっちに行きたいかによるなぁ。」
「どっちでもいいのよ、ただ──」とアリス。
「それじゃぁ、どっちへ行こうと関係ないなぁ。」と猫。
「──どこかへ着きさえすればね。」と、アリスは言葉をつけ加えた。
「そりゃあ、きっとどこかに辿り着きはするよ。」と猫は言った。
「ずーっと歩き続けて行けばなぁ。」
── ルイス・キャロル『ふしぎの国のアリス』（Carroll, 1865 [邦訳：1996年, p. 98]）[i]

人生は遡ってのみ理解されうるものである。
しかし、前に向かって生きていかなくてはならないものである。
── セーレン・キルケゴール『日誌』（Kierkegaard, 1843）[ii]

「逆向き設計」は、ゴールに規定される。私たちは特定の結果をめざし、それらに応じて逆向きに設計する。第1段階の「求められている結果」にもとづいて、第2段階でどんな性質の「評価の証拠」が必要かが決定される。また、第3段階でどのような種類の「指導と学習経験」が計画されるべきかも示唆される。特定の目的に向けて指導と評価を方向づけることは論理的であるが、すべての学習の達成目標は同等ではないことを認めることも重要である。それぞれの達成目標は、どのような性質のものか、どれぐらい記述が明確か、指導と評価に対してどんな意味を持っているかという点から見て異なっている。

「理解をもたらすカリキュラム設計」で私たちが取り組んでいるのは、設計において繰り返し起こる2つの問題、双子の過ちであることを思い出してほしい。双子の過ちとは、目的なく内容を網羅すること、および学習者の心の中の知的なゴールとは切り離された、（せいぜい）楽しいだけのバラバラの活動を行うことである。「逆向き設計」のプロセスは、設計者がこれらのあまりにも一般的な間違いを避けられるように助けることを意図するアプローチである。教育者は、この究極目的に向けて、「求められている結果」についてもっと用意周

---

i) ルイス・キャロル著（北村太郎訳）『ふしぎの国のアリス』王国社, 1996年（Carroll, L., *Alice's Adventures in Wonderland*, 1865）。
ii) Kierkegaard, S., *Journals*, 1843.

到で分析的にならなくてはならない。UbDテンプレートは，その助けとなるように設計されている。なぜか？　それは，私たちのゴールがしばしば思われているほどに明瞭ではなく，どんな教室でも異なる種類のゴールが同時に作用しているからである。したがってテンプレートは，私たちが「設定されているゴール」「理解」「本質的な問い」「知識」「スキル」と呼ぶものについて別々の場所を用意している（図表3.1）。これらは皆，第1段階で明確にされるべき「求められている結果」である。本章では，これらがそれぞれ何を意味しているのか，また，なぜ私たちがそれらを必要だと考えているかについてまとめる。

　設定されているゴール（テンプレートでは，略してゴールという用語でも示される）とは，正式な長期的ゴール，たとえば州の内容スタンダード，学区の教科課程ゴール，教科部会の目標，離学時の成果といったものを意味している――つまり，指導と評価の優先事項を設定するような「求められている結果」である。これらは本来持続的な目的であり，授業や単元に特有な短期的ゴールに理論的根拠を与える。それらは典型的には，アカデミックな諸目的――すなわち事実的，概念的，手続き的なもの，態度の傾向性に関するもの，そして熟達者のパフォーマンスにもとづくもの――の複雑な混合物を指している。（したがって，よりアカデミックでトピックごとのゴールだけでなく，「曖昧さに対する寛容性」や「骨の折れる挑戦をする際の忍耐強さ」といった知性の習慣，自分で熱心に読むとか運動場での言い争いを仲介するために介入するといった価値や態度が含まれる。）

　計画する際に長期的な優先事項を設定することの重要性は，いくら強調しても十分ではない。何を教え，何を除外し，何を強調し，何を最小限度にするかは，学校を終えるときの目標について何を優先するかが合意されているときにのみ，正当に判断することができる。長期的なゴールがなければ，見通しは立たない――そうすると，単に内容に関連した短期的な目標について教えるという教師の習慣に対する点検も行われない。実のところ全般的に見ると，教師の授業計画やシラバスの最大の欠陥は次のようなものである。鍵となる知的な優先事項――転移する重大な観念の深い理解，核となるパフォーマンス課題に取り組むコンピテンス――が授業，単元，科目から見過ごされてしまい，何千ものバラバラな知識とスキルの要素を優先順位や関連づけのないまま発達させることに力が注がれているのである。だからこそ，（特定のスタンダードの質はどうであれ）内容スタンダードが存在している。すなわち内容スタンダードは，私たちが仕事の優先事項を定め，目的物に注目し続けることができるように，また知的な不毛さと一貫性のなさを避けることができるように存在している。知的な不毛さと一貫性のなさは，目的を何百もの見たところ同等でバラバラな目標として定義し，それらを文脈から切り離して「教え」てテストすることによってもたらされるものである。

　第1段階において私たちは設計者に，ゴールだけでなく**本質的な問い**を特定するように求める。これは，確かに典型的な「目標」ではない。問いを投げかけることは本当のところ，学習の結果を明確にすることに密接な関連などない，と難癖をつける人もいるかもしれない。それとは対照的に私たちは，本質的な問いは設計の中心にある重大な観念，すなわち学業において生徒が扱うべき観念を強調するものだと主張する。真に本質的な問いの多くは繰り返す（recur）ものであり，最終的な解答はない。したがって，その問いに「答える」ことでは

図表 3.1　第1段階──鍵となる設計の要素とプロンプト

第1段階── 求められている結果を明確にする

設定されているゴール：

> **G**の欄では，設計がめざす1つ以上のゴール（例：内容スタンダード，科目や教科課程の目標，学習の成果）を明確にする。　**G**

どのような理解が求められているのか？

> 生徒は，〜は……だと理解する。
> **U**の欄では，内容に意味を与え，事実とスキルを結びつけるような，転移する重大な観念にもとづき，永続的理解を明確にする。　**U**

どのような本質的な問いが検討されるのか？

> **Q**の欄では，内容についての重要な観念を看破するよう，生徒の探究を導き，指導の焦点を合わせるために，本質的な問いを組み立てる。　**Q**

この単元の結果として，生徒はどのような鍵となる知識とスキルを身につけるのか？

> 生徒は，次のことを知る。　**K**　　　　　生徒は，次のことができるようになる。　**S**
> **K**と**S**で示されたこの欄では，生徒に知ってほしい，またできるようになってほしい鍵となる知識**K**とスキル**S**を明確にする。めざしている知識**K**とスキル**S**は，3種類のものがありうる。(1)求められている理解**U**の構成要素を指す場合。(2)ゴール**G**に述べられた，または含意された知識とスキルを指す場合。(3)第2段階で特定された複雑な評価課題を成し遂げるために必要となる，「可能性を広げる（enabling）」知識とスキルを指す場合。

[**G**＝goals　**U**＝enduring understandings　**Q**＝essential questions　**K**＝knowledge　**S**＝skills]

なく「真剣にその問いを追跡すること」こそが，求められている結果**である**というのが適切なのである。設計者は本質的な問いを発することによって網羅することを避け，真の探究――本質的な観念についての深い理解を発達させるのに必要となる話し合い，振り返り，問題解決，研究，論争――に献身すべきだ，と私たちは勧める。

　私たちが設計者として巧みに進めようとしている活動に関わるどんな探究や振り返りにおいても，**理解**は求められている結果だと見なされるだろう。換言すれば，理解は，生徒が探究，パフォーマンス，振り返りによって学業と授業の意味を捉えようとする試みの構成主義的な結果なのである。一方，**知識**は，学習と指導の活動から得られる，相対的に単刀直入な事実と概念を要約するものである。デューイは，理解は「把握され（comprehended）」なくてはならないが，知識は「感知され（apprehended）」さえすればよいという所見を述べた。（第5章と第6章ではそれぞれ，本質的な問いと理解について詳細に論じている。）

　スキルは，個別の技法だけでなく，複雑な手続きと方法をも指す。ここで設計者は，単元の終わりまでに生徒ができるようになること――「長除法によって問題を解く」，または「書かれた作品を，読者や目的と照らし合わせて批評する」といったこと――をはっきりと述べ，指導下の実践とコーチングを必要とするような結果が得られるよう献身する。スキルに関連する目的は，技法とアプローチ（例：透視図，長除法，なわとび），およびプロセス（例：読み方，研究，問題解決）に焦点を合わせるものである。それに対し，「説得力のある小論文を書く」といったパフォーマンス・ゴールは複雑で長期的な成果であり，多様なスキルだけでなくたくさんの学習単元と学習科目がパフォーマンスに統合される必要がある。

　一般的な法則として私たちが気づいたところでは，多くの教師が，長期的なパフォーマンスの成功の中心には「可能性を広げるスキル」があることを見過ごしている。たとえば大学教授対象のワークショップにおいて参加者が一番頻繁に苦情を言うのは，学生が講義や読書で学んだ教訓を新しい論点や事例に転移させることができないという点である。私たちが「あなたのシラバスでは，彼らに観念の応用の仕方についての練習，コーチング，フィードバックをどの程度与えているのですか？」と尋ねると，多くの教授が自分たちの手抜かりに気づく――つまり，単にパフォーマンスの必要条件を特定するだけでは，学生が成功できるよう準備させたことにはならないのである。

　しかしスキルの欄は，単なる長期的なプロセスの目標以上のものを含むことを意図している。ここでは設計者は，単元のパフォーマンス・ゴール，理解と問い（したがってまた第2

■ **こんな誤解に注意！**

　UbDの設計テンプレートは，学業を学習者の視点からではなく教師の視点から組み立てていることに注意してほしい。学習者は，少なくとも最初は，ゴール，理解，本質的な問いを，テンプレートに示されたとおりに理解するとは限らないだろう。第3段階の作業は，第1段階において教師が求めている結果を学習者が理解できるよう，効果的で魅力ある学習へと置き換えることである。

段階で明確にされた複雑なパフォーマンス課題）に対して必要な，可能性を広げるスキルを**推論**することも求められている。教師がこの分析を見落とすのも，よくあることである。たとえば，たくさんの中学校と高校の科目で，ディベートに参加することやパワーポイントでプレゼンテーションをすることが生徒に求められている。しかし典型的な学習計画を見ると，最終的にまずまずの結果が得られるようにするためにそれらの能力をどのように発達させ維持するのかについては，ほとんど注意が払われていない。生徒はどういうわけか鍵となる，可能性を広げるスキル（例：学習スキル，演説スキル，グラフィック・デザインのスキル，グループ運営のスキル）をすでに身につけていると**想定される**ことが，あまりにも多すぎる──その不幸な結果として，多くの教育者は，計画する際にそれらのスキルを達成目標とするよりもむしろ，それらのスキルの不在について苦情を言うこととなる。生徒が「学び方を学ぶ」こと，そして「パフォーマンスの仕方を学ぶ」ことを助けることは，必要不可欠な任務であると同時に，一般的に見落とされがちなものでもある。「逆向き設計」は第1段階において諸要素を具体化し，3つの段階をすべて調整することを求めているため，これらの鍵となる能力が見すごされない確率を大きく向上させる。

　要するに「内容の習得」は，指導の**目的**ではなく**手段**なのである。内容の知識は，知的コンピテンスのためのツールや素材と見なすのが最も適切であり，第1段階のすべての側面によって役立つものとなる。

　第1段階での様々なカテゴリーは概念的には別個のものであるが，実際にはしばしば一部重なり合うものでもある。たとえば美術の授業で，生徒は透視図法の概念を学び，透視図法のスキルを練習し，そして（望むらくは）スキルを習得しようとする間，忍耐強さを示し始める。したがって，実際には見失われてしまうかもしれないような区別を思い出させてくれるテンプレートが必要なのである。

　学習ゴールをこの形式で分類することは，単なる学術的な行為以上のことだと認識することが重要である。これらの区別には，より良い指導と評価のための直接的で実践的な含意がある。異なるタイプの目的には，異なる指導と評価のアプローチが必要である。人々が抽象的な概念についての理解を発達させ深める方法は，スキルに熟達する方法とは根本的に違っている。同様に生徒は，長期にわたって知性の習慣を獲得し，重大な観念を制御できるようになるのと同じ方法で，事実的な情報を学習するわけではない。理解はよく設計され上手に促進される経験から推論されなくてはならないものであるのに対し，かなりの量の知識は読書や講義から学習されうる。テンプレートにおける区別は，「良い指導」がイデオロギー的に想定されるからではなく，目的の論理的な帰結として，異なる指導法が求められていることを設計者に思い出させるものである。（指導上の判断については，第9章・第10章でより詳しく論じる。）

　書き方について考えてみよう。生徒が文法規則（知識）を学習し覚えるのを助けるためには，記憶を助ける装置を使うことができるし，著者が言ったことについて指導下で話し合わせることもできる。しかし書く**プロセス**を教えるためには，モデリング，指導下での実践，フィードバックといった別の技法を使わなくてはならない（スキルの発達）。評価については，文

法の知識をテストするのには多肢選択の形式を用いることができるが，書くプロセスの全体的な有効性を適切に審査するにはパフォーマンス評価――実際に書かれたサンプル――が必要となるだろう。生徒が文法と綴りの規則を知っていても，書くことでのコミュニケーションは不得手かもしれないし，逆もまたありうる。私たちが用いる評価方法は，これらの区別に敏感なものでなければならない。

■ スタンダード運動

　私たちが『理解をもたらすカリキュラム設計』の第1版を執筆していた頃，スタンダード運動はまだあまりに新しいものだったので，本の中でほとんどふれなかった。今ではもちろん，北米のほとんどすべての州で，さらにそれを越えたほとんどの国が，明示的な学習ゴールを明確にしている。典型的には内容スタンダードや学習の成果として知られるこれらのゴールは，様々な学問において生徒が何を知り，何ができるようになるべきかを特定するものである。

　明瞭に書かれたスタンダードによって，理論上は，カリキュラムと評価と指導の焦点が提供される。しかしながら実際に教育計画にスタンダードを用いようとしたときに，北米中の教育者は共通して3つの問題に直面してきた。1つめは，「過剰負担の問題」と呼べるだろう。すなわち，列挙された内容スタンダードの数自体が，それらを学ぶのに必要な時間として利用できる時間をしばしば上回っているという問題である。この問題を定量化したものとして，マルザーノとケンダル（Marzano, R. & Kendall, J., 1996）の研究を見いだすことができるだろう。彼らは，様々な教科領域における全国レベル，州レベルのスタンダードの文書160個を検討し，重複を避けるために資料を総合してもなお，生徒が知り，できるようになるべきこととできるべきことを詳述する255の内容スタンダードと3968個の別々のベンチマークを識別した。2人の研究者は，教師がそれぞれのベンチマークを教えるのに指導時間を30分間かけるとすれば（それらの多くは学ぶのに30分間以上必要となるのだが），生徒がそれらすべてを学ぶのに，15465時間余分に（つまり，あともう9年間の学校教育が）必要となるだろうと推測した！　この研究は，多くの教師が言ってきたこと――内容があまりにも多く，時間は十分にない――を裏づけるものである。とりわけ，スタンダードに明確にされている知識とスキルがバラバラで関連のないものと見なされた場合，内容は過剰で時間は不十分である。

　これは新しい問題ではない。次の所見を検討してみよう。

　　一般的な目的はそれぞれ，ほとんど無限の数の特定の目的に分析されうるように思われた。その手続きを進展させる推進力によって，すべての望ましい特定の目的を盛り込んで，それらをできるだけ明確なものにしようと努力する中で，さらに分析を重ねることへとつながった。ペンドルトンは，英語のために1581の社会性の目標を列挙する。ガ

イラーは，第1学年から第6学年までの算数のために，300以上の目的を記載する。ビリングスは，社会科において重要な888の一般化を見つけた。……第7学年の社会科の学習科目の1つに，135の目標が列挙されている。別の教科の科目には，85の目標がある。中学校の1つの科目には，47ページ……の目標が含まれている。

その結果，教師は諸目的に圧倒されてしまう。あまりに広範囲で複雑なリストなので，それらにもとづく合理的な指導のための教科課程は何も開発されえない。それらは不当に学業を制限し，個々の生徒のニーズや関心を適切に考慮することを不可能にしてしまう，と教師たちは気づいている。

これらの論評は，最も広く用いられたカリキュラムに関する本——1935年の本——に現れたものである（Caswell & Campbell, 1935, p. 118）[1]。

2つめの共通する問題は，やや微妙なものではあるが，1つめの問題に劣らず悩まされるものである。私たちは，それを「ゴルディロックス[iii]問題」と名づけた。このおとぎ話の状況のように，いくつかのスタンダードはあまりに大きすぎる。たとえば，地理における次の例を考えてみよう。「生徒は，アジア，アフリカ，中東，ラテン・アメリカ，カリブ海の地域の発展について，地勢上の特徴や経済的，文化的特徴の観点，および西暦1000年から現在に至るまでの歴史的展開の観点から分析する」。このスタンダードは，正確には何を教えることを私たちに期待しているのだろうか？　何を評価すべきなのだろうか？　この単一のゴールに，アカデミックな経歴のすべてを注ぐこともありうる。教師やカリキュラムの執筆者の助けになるには，明らかに広範囲すぎるのである。

逆に，小さすぎるスタンダードもある。たとえば，次の第7学年の歴史のスタンダードである。「パキスタンのインダス川流域の初期の文明を，中国の黄河流域のものと比較する」。このようなスタンダードやベンチマークは「小事典」に執着させるものであり，何が重要かについての誰かの感覚には合っているとしても，州のすべての生徒に求められるとすれば，少々難解で恣意的に思われる。このタイプのスタンダードは明確で簡単に測定可能なものではあるが，一般的には学問における重大な観念を見落としてしまうものである。また，生徒に（そして教師にも），学校での学習は事実を暗記し，再生と再認を求めるようなテストを通過する以上のものではない，というメッセージを伝えてしまう危険を冒すものである。

3つめの問題は，次の芸術のスタンダードの例に明白である。生徒は，「芸術作品によって観念，情動，全体的な影響力を伝達することに，技術的・組織的・審美的な要素がどのように貢献するのかを認識する」。この記述はあまりにぼんやりしているので，実質的には芸術科の教師はそれぞれ異なる解釈をすることとなり，ひいてはスタンダード運動の意図の一つ——明瞭で堅実な一貫性のあるゴールを持つこと——を打ち砕いてしまう。

---

iii) 英国の童話『3びきのくま（*The Three Bears*）』に登場する熊の家に迷い込んだ女の子の名前。熊たちの留守宅で女の子が椅子に座ろうとすると，1つめと2つめの椅子は大きすぎ，3つめはちょうどいい，といった場面がある。

■ スタンダードを解きほぐす

　何年もの間，私たちは，教師である計画者，カリキュラム開発者，評価の設計者が与えられた内容スタンダードを用いて働いているとき，これらの問題（多すぎる，大きすぎる，小さすぎる，または漠然としすぎているという問題）と苦闘しているのを目のあたりにしてきた。1つの対処法としては，内容スタンダードを，そこに含まれる重大な観念と核となる課題を明確にするために「解きほぐす（unpack）」べきだと提案したい。たとえば，世界地理のスタンダード（「生徒は，アジア，アフリカ，中東，ラテン・アメリカ，カリブ海の地域の発展について，地勢上の特徴や経済的，文化的特徴の観点，および西暦1000年から現在に至るまでの歴史的展開の観点から分析する」）は，次のような，より大きな観念を中心に組み立てなおされうるだろう。「ある地域の地勢，気候，天然資源は，住人の生活様式，文化，経済に影響する」。これに伴う本質的な問いは，「あなたが住んでいる**場所**は，あなたの生活と仕事の**仕方**に対し，どのように影響するだろうか？」となるだろう。スタンダードをこのような方法で解きほぐすことによって，今や私たちはより大きな概念的レンズを手に入れる。それによって，**どんな**地理的な地域も長期にわたって探究することができ，複数の地域を比較することもできる。同時に，同じ重大な観念と本質的な問いを用いることにより，私たちは狭いスタンダード（「パキスタンのインダス川流域の初期の文明を，中国の黄河流域のものと比較する」）にも対応することができる。インダス川流域と中国の黄河流域は，大きな転移する観念の1つを探究する2つの特殊な事例として役立つこととなる。

　核となる課題について，ほとんどのスタンダード文書は，その一部である鍵スキルと並列して明らかにしている。次の例で，鍵となる観念は番号（1～3）で，パフォーマンスの指標は箇条書き（•）で，課題例は三角（△）で示されている。これらの例は，社会科と科学の例であり，それぞれカリフォルニア州とニューヨーク州のものである。

　　年代順の思考と空間的な思考
　　　1. 生徒は，現代を過去と比較し，過去の出来事と意思決定の帰結を評価し，学ばれた教訓を判断する。
　　　2. 生徒は，異なる時代に異なる速度で変化がどのように起こるのかを分析する。いくつかの側面が変化する一方で，別の側面はそのままであり続けうることを理解する。変化は複雑であり，技術や政治だけでなく価値と信念にも影響することを理解する。
　　　3. 生徒は，様々な地図と文書を活用して，人々の移動を解釈する。そこには，国内の移住と国際的な移住の主要なパターン，環境についての好みの変化と定住のパターン，住民グループ間で進展する摩擦，観念・技術革新・物品の普及も含まれる。

　　歴史的な研究，証拠，視点
　　　1. 生徒は，歴史的な解釈において，妥当な主張とあてにならない主張とを区別する。

2. 生徒は，歴史的な解釈におけるバイアスや偏見を確認する。
3. 生徒は，過去に関する異なる解釈についての歴史家たちの主要な論争を評価(エバリュエーション)する。その際，著者の証拠の使い方や，健全な一般化と誤解を招く過度の単純化との区別に関する分析を行う。

科学
1. 科学的な探究の中心にある目的は，継続する創造的な過程で，自然現象についての説明を発展させることである。
生徒は：
- 毎日観察していることについての説明を探す上で，手引きとなるような適切な参考文献の助けを得て，自立的に問いを立てる。
- 特に，現象に関する仮の視覚的モデルを提案することにより，自然現象の説明を自立的に組み立てる。
- 他者から理解され評価されるように，毎日観察したことについて提案する説明を表現し，提示し，擁護する。

このことは，たとえば，生徒が次のようなことを行うときに明白である。
△リサイクルされているごみの量とリサイクルされうるごみの量との差を示された後で，生徒は，なぜそのような差が存在しているのかを説明するよう求められる。彼らは，可能性のある一組の説明を展開し，集中的な調査をするためにその中の1つを選ぶ。自分たちの説明について他のグループに批評してもらった後で，説明を洗練させ，評価してもらうために提出する。説明は，調査方法を活用した集中的な研究の明瞭さ，もっともらしさ，適切性にもとづき，評定される。

複雑なプロセスや複雑なパフォーマンス課題の習得が，これらのスタンダードやその他多くのスタンダードの中心にあることに注意してほしい。だがしかし，教育者はこれらの必要条件をより親しみやすい教科課程や科目の目標へと翻訳することに手間どり，生徒のパフォーマンスは損なわれてきた。そして，それぞれのスタンダードは，それぞれの学問の中心にある重大な観念──成功するパフォーマンスの基底にある鍵となる概念──を要約している。

実際には，教師-設計者として私たちが優先事項の意味をよりよく捉えるためには，これらの文書に**繰り返し登場するような鍵となる名詞，形容詞，動詞**をより注意深く見さえすればよい。（数学の一例として，図表3.2を参照のこと。）この方法で内容スタンダードを解きほぐすことには，2つの長所がある。第一に，掛け値なしに実用的である。私たちは重大な観念と核となる課題という2つのより幅広い概念的な傘のもとに詳細を集中させることによって，大量の内容，特に個別的な事実的知識と基礎的スキルを扱うことができる。時間が制限されており，内容を過剰に負担していることからいって，教師が与えられたトピックについてすべての事実とスキルを網羅することは決してできない。しかしながら，学業を本質

図表3.2 スタンダードを解きほぐす

設定されているゴール： **Ⓖ**

すべての生徒は，数学的な諸観念と，数学と (数学的モデル化) が (他の学問や生活) において果たす役割との相互関連を理解することによって，数学と他の学習とを [関連づける]。

——ニュージャージー州数学スタンダード 4.3

名詞と形容詞に述べられた，または含意された重大な観念

- 様々な学問や生活における数学的モデル化

動詞に述べられた，または含意された現実世界のパフォーマンス

- 現実世界のデータや現象に関して，効果的な数学的モデル化の例を示す。
- ある数学的モデルについて，与えられた現実生活の状況における適切性を批判的に検討する。

本質的な問いのアイデア **Ⓠ**

- パターンは何か？
- 自分のモデルが（特定の状況において）良いものかどうかを，どのように見分けるのか？

理解のアイデア **Ⓤ**
生徒は，〜は……だと理解する。

- 数学的モデルは，私たちがデータを用いて経験を単純化し，抽象化し，分析するのを助ける。それにより私たちはデータ間の関係をよりよく理解するだろう。
- 数学的モデルは，誤解を導き出さないように批判的に検討されなくてはならない。

パフォーマンス課題のアイデア **Ⓣ**

- 生徒に，混乱したデータを含み様々なもっともらしい関連性のモデルを含むような，選ばれた現実世界の状況（例：季節による温度）を与え，数学的モデルを作らせる。
- 生徒に，ある数学的モデルが，与えられた状況において適切かどうか（例：地球を2次元で表すためのメルカトル図法）を批判的に検討させる。

[Ⓖ=goals　Ⓠ=essential questions　Ⓤ=enduring understandings　Ⓣ=performance tasks]

■ こんな誤解に注意！

　本書において私たちは，スタンダードという用語を教科領域において正式に特定された学習ゴールを集合的に指すものとして用いている。いくつかの場所では，**スタンダード**は内容のみを指すが，他の場所では「パフォーマンスの指標」やそれに類するものをも指している（先に引用したニューヨーク州の科学の例では，この区別が明瞭になされている）。ここでは私たちの目的と照らして，「インプット」──内容──のみを指すのか，求められている「アウトプット」──証拠──まで指すのかを問わず，すべて**スタンダード**という用語のもとでひとまとめに述べている。しかしながら，もしある地域の設計者がスタンダードをUbDテンプレートに位置づけようとするならば，いわゆる指標，ベンチマーク，パフォーマンス・ゴールは第2段階に位置づけることが必要だろう。なぜならそれらは，スタンダードそのものよりも，スタンダードが達成されたかどうかの証拠について語るものだからである。事実，多くの州や全国の文書はこの重要な区別について明瞭でないため，地域レベルでの分析において注意が払われなくてはならない。

的な問いと適切なパフォーマンス評価を中心に組み立てることによって，学問におけるより少数の重大な観念と核となる課題の組み合わせに焦点を合わせることができる。こうして，内容スタンダードによって特定される（そして，しばしば標準テストで評価される）より明細な事実，概念，スキルは，これらのより大きな観念と能力を探究する文脈の中で教えられうるものとなるのである。

　重大な観念は本来的に転移可能なものであるから，個別的なトピックやスキルを関連づけるのを助けてくれる。たとえば「効果的に書く人は，どのように読者を惹きつけ興味を持続させるのか？」という本質的な問いは，英語科や言語科のスタンダードにおいて要求されている多くの重要なスキルと知識（例：異なる作家のスタイル，文学のジャンル，文学の様々な技法）の学習を総括するものとなる。同様に数学において，「すべての形式の測定には誤差が含まれる」という重大な観念は，物差しで測るという基礎の学習を導くだけでなく，より洗練された統計学の概念の学習を導くためにも活用されうる。

　このようなやり方で内容スタンダードを解きほぐすことを正当化する第2の理由は，認知心理学における学習に関する研究によるものである。『授業を変える』という著書に示された，次の調査結果を検討してみよう。

　　学習と転移の研究で得られた鍵となる知見は，概念的枠組みにもとづいて情報を構造化すれば「転移」が促進されるということである。（Bransford, Brown, & Cocking, 2000, p.7 ［邦訳：2002年, p.17］）

　　理解を伴う学習は，教科書や講義から得た情報を暗記するだけの学習よりも，転移を促進する可能性が高い。（*Ibid.*, p.236 ［同上書, pp.247-248］）。〔関連する研究上の発見につ

いてより詳細な論考は，第13章で示されている。〕

　熟達者は最初に問題についての理解を発達させようとする。そしてこのとき，しばしば核となる概念や重大な観念の観点を取り入れて考える。初心者の知識は，重大な観念を中心に体系化されたものではない場合が多い。彼らは，適当な公式を探すことによって問題に取り組み，日常的な直観に合う型どおりの答えを選びがちである。(*Ibid.*, p. 49〔同上書，p. 47〕)

■ 重大な観念と核となる課題とは正確なところ何なのか？

　ここで，私たちがある学習単元を計画するために「逆向き設計」のプロセスを用いると想定してみよう。私たちは，その単元が生徒の理解をもたらすと確信できるだろうか？　必ずしもそうではない。洗練され有効なものとなるには，設計が首尾一貫したものでなければならず，また明瞭で価値のある知的な優先事項――私たちが呼ぶところの「重大な観念」と「核となる課題」――に焦点を合わせたものでなければならない。これらを順に扱ってみよう。
　すべてのトピックには通常無理なく扱うことができるよりも多くの内容が含まれていることからいって，私たちは慎重な選択をして**優先事項を明示的に設定**せざるをえない。何を教えるか（何を教えないか）を選んだら，学んでほしいことの中の優先事項が学習者自身にもわかるように支援しなくてはならない。私たちの設計は優先事項を明瞭に表示することによって，すべての学習者が次のような問いに答えることができるようにすべきである。ここで最も重要なのは何か？　諸断片はどのようにつながっているのか？　私は何に最も注意を払うべきなのか？　（少数の）肝心な優先事項は何か？
　重大な観念は，学習の優先事項を確立することによって，学習者にとっての点をつなぐものである。教師である友人が述べたとおり，それらは「概念的なセロハンテープ」として役立つ――それらは事実とスキルが互いにつながり，私たちの心に貼りつくのを助けるのである！　そこで挑戦すべきことは，それぞれのトピックについて価値があるかもしれないことのすべてを教えたい誘惑に抗し，**少数の重大な観念を明確にし，それらを中心に注意深く設計する**ことである。何年も前にブルーナーが述べたとおり，

　　小学校で教えられるどんな教科についてであれ，私たちは，〔それが〕大人が知っておく価値のあるものなのかどうか，また子どものとき，それを知っていることによってより良い大人になれるのかどうかと尋ねるだろう。その答えが否定的，または曖昧であるならば，その教材はカリキュラムを混乱させていることになる。(Bruner, 1960, p. 52〔邦訳：1963年, p. 66〕)

　重大な観念は，**輪止め楔**(くさび)(linchpin)だと考えられるかもしれない。輪止め楔とは，車輪を

車軸に固定する仕掛けである。したがって輪止め楔とは，理解にとって本質的なものである。ある観念を把握し，関連する内容知識を「互いにつなげる」ためにそれを活用することがなければ，生気のない諸事実のごちゃごちゃした断片しか残らず，私たちはどこへも行くことはできない。

たとえば，法の文言と精神との間の区別を把握することがなければ，生徒が米国の立憲制度と法律上の制度を理解したとは言えない——その生徒が，立憲の歴史に関するたくさんの事実について高度な知識を持ち，表現できたとしてもである。持続する価値を持つ重大な観念に焦点を合わせることがなければ，生徒は忘れてしまうような知識の断片しか身につけられない，ということがあまりにも簡単に起こりうる。したがって，ある生徒が憲法のすべての修正事項を暗記し，鍵となるような最高裁判所の決定の名前をすらすらと言えたとしても，その生徒が法的な原則と民主主義の原則が変わらないのになぜ法が変わりうるのかを説明できなければ，その理解は不十分だと判断されるだろう。

もう一つの例として，「科学における5つの最も重大な観念」について，同じタイトルの本［邦題は『科学がわかる5つのアイディア』］に描かれたことを検討してみよう。著者たちは，科学における5つの根本的な観念を具体化する一連の問いを提案している。

　　問い：物質の基本的構成単位は存在するんですか？　もしあるなら，どんなふうに見えますか？
　　答え：「物理学の原子モデル」こそが，1番目の重大な観念ということになるね。
　　問い：それじゃ，宇宙を構成しているいろんな原子の間には，どんな相互関係がありますか？
　　答え：「化学の元素の周期律」が，2番目の重大な観念となるな。
　　問い：宇宙の原子はどこからきて，最終的にはどうなってしまうんでしょう？
　　答え：「天文学のビッグバン理論」こそ，重大な観念の3番目ということになる。
　　問い：地球という惑星では，この宇宙における物質がどのように配合されているんですか？
　　答え：「地球科学のプレートテクトニクス・モデル」が，4番目の重大な観念だね。
　　問い：地球上の生物はどのように誕生して，進化してきたんでしょう？
　　答え：「生物学の進化論」だな。これこそまさに重大な観念の5番目にあたるよ。
　　　　　　　　　　　　　　（Wynn & Wiggins, 1997, pp. v-vi［邦訳：1997年，p. viii］）

何によってこれらは重大な観念とされるのだろうか？　ウィン（Wynn, C. M.）とウィギンズ（Wiggins, A. W.）によると，重大な観念は，「自然界の現象を解明するのに貢献した力をもとに選定したものであり，まさに自然科学のきわめて広い範囲の概観を可能としてくれるものである」（*Ibid.*, p. v［同上書，p. vii］）。あなたが彼らの選択そのものに賛同するかどうかはともかく，この著者たちのアプローチは，少数の優先させるべき観念に焦点を合わせて，それらを指導と評価を組み立てるために用いる必要性があることを反映したものである。

(「基礎」と対比されるものとしての)「中核」にある重大な観念

　ある観点から言えば,「重大な観念」という語句はちょうどぴったりのものである。なぜなら私たちは,いくつかの観念が包括的な概念として役立つことを表示したいからである。しかし別の観点から見れば,「重大な」という用語は誤解を招きうるものである。「重大な観念」は,必ずしもたくさんの内容を網羅する曖昧な語句という意味で巨大ではない。また,重大な観念は「基礎的な」観念でもない。むしろ重大な観念は,教科の「中核」にある。それらは看破される必要のあるものである。私たちはその中核にたどりつくまでに,深く掘り下げなくてはならない。対照的に,基礎的な観念とは,その用語が暗示するとおりのもの——さらなる学業の基礎,たとえば定義,基礎単位のスキルや経験則——である。しかしながら教科の中核にある観念は,探究の結果やっと手に入れた観念,熟達者の本分である思考法や知覚法である。それらは,明らかでは**ない**。事実,ほとんどの熟達者の重大な観念は抽象的で,初心者にとって**直観に反する**ものであり,誤解されがちな傾向がある。

　この点をより明瞭に見るために,様々な分野の中核にあるいくつかの観念を「基礎的な用語」と対照させて検討してみよう。

基礎的な用語	核となる観念
・エコシステム	・自然淘汰
・グラフ	・データに「最も適合する」曲線
・四則計算	・結合法則と推移律 (0 では割ることができない)
・物語	・物語に投影された意味
・絵の構成	・ネガティブ・スペース[iv]
・攻撃と守備	・守備を広げ,それにより攻撃スペースを広げる
・実験	・実験的な方法と結果に内在する誤差と不正確さ
・事実と意見との対比	・信用できる主張

　教科の中核にある重大な観念には,教師の指導のもとでの探究と生徒の省察的な学業によって,時に驚くほどゆっくりとたどりつくものである。(本書の後のほうで私たちは,「理解」と「本質的な問い」は常に基礎的な知識とスキルを超えた教科の中核を指し示すべきだと提案する。)

　筆者の1人は,かつて特別支援教育の生徒のグループが『マクベス』の中核にある重大な観念——名誉と忠誠——を看破しようとしている学業を観察した。2人の教師は,脚本を手際よく扱って(リテラシー[読み書き能力]の問題が理解の妨げとならぬよう音読して),名誉という論点についての生徒の経験を尋ねていた。彼らが尋ねた問いの中には,次のようなものがあった。私たちに起こる物事と私たちが起こす物事との間の違いは何か? 名誉とは何か? 名誉に対価や犠牲はあるのか? その価値はあるのか? 忠誠とは何か? 『マクベス』において,名誉と忠誠の間にテンションはあるのか? 私たち自身の人生においては

---

iv) 美術用語で,何かが描かれている空間をポジティブ・スペースといい,描かれていないほうの空間をネガティブ・スペースという。

どうか？

　生徒たちは，それぞれの問いに対する答えを，脚本と自分たちの生活から見つけるよう求められた。「なぜあなたは，名誉をそんなに一生懸命に守るのですか？」と，教師の一人が尋ねた。すると，ほっそりした背の高い男の子が，座っていた背筋をぴんと伸ばし，それまではなかったようなしっかりとした目つきになって，道徳的見地からある友人を弁護したら，他の友人を失ってしまったことを痛切な様子で答えた。『マクベス』で起こったことは，突然もっと重要で，しかも複雑である —— 人間的である —— ように思われるようになった。その生徒は転移を行い，洞察を得たのである。忠誠は常に衝突するものであるため，忠誠という観念の中核には避けがたいジレンマがある。ある観念についてきわめて重要なことの中核に入り込まないような学習では，抽象的で遊離した興味の持てない授業になってしまう。私たちが生徒に学習している知識を理解してほしいというとき，持っている時間と責務からいって，その価値について余分な労力をかけているわけでもなければ素朴な考えをもっているわけでもない。

　数学の中核にある重大な観念は，「単位化すること」—— 様々な数を数詞で示す能力 —— である。位の値は，学習者が次のことを把握するまでは理解できないものである。「単位化するためには，子どもたちが物だけでなくグループを数えることが必要である —— そしてそれら両方を同時に数えることが必要である。こうして全体は，数のグループとして見られる。……学習者にとって，単位化することは見方を変えることである」（Fosnot & Dolk, 2001b, p. 11）。

　したがって重大な観念は，学習領域における一貫した関連づけの中心にあり，**かつ**，諸事実をより理解できる有益なものにする概念的な錨（いかり）でもある。ここでもまた，私たちは，古くからある概念を引き合いに出すことになる。ブルーナーは，そのような概念作用を「構造」として描いたことで有名である。

> 教科の構造を把握することは，他の多くの事柄が意味深い関係を持ちうるような方法で，教科の構造を理解することである。構造を学習するということは，要するに，どのように物事が関連しているのかを学習することである。……数学から1つの例を取り上げてみると，代数とは，既知数と未知数を方程式に並べる方法であり，そのことによって未知数がわかるようになる方法なのである。ここに関わっている3つの原理は……交換，分配，結合である。ひとたび生徒がこれら3つの原理に具体化されている観念を把握すれば，解かねばならない「新しい」方程式は，全く新しいものではないことが認識できるようになる。（Bruner, 1960, pp. 7-8 [邦訳：1963年, p. 9]）

　その後まもなく，フィリップ・フェニックス（Phenix, P.）は『意味の領域』（1964年）の中で，「代表的観念（representative ideas）」が学習を効果的にも効率的にもするものであるため，それらを中心に設計することの重要性について書いた。

代表的観念は明らかに，学習する際の労力を節約する上で大いに重要なものである。もし，学問を代表するその特徴的な諸概念があれば，それらの観念の綿密な理解はその学問全体の知識に相当する。もしある学問内の知識が，何らかのパターンに即して体系化されているとすれば，それらのパターンの十分な把握は，その教科の構成に調和する個々の要素の多数を，はるかにわかりやすくする。(Phenix, 1964, p. 323 [邦訳：1980 年，p. 344])

そして彼は，そのような「重大な観念」が次のような珍しい特徴を持っていると述べた。すなわち，それらは，その分野で新しい知識を生み出すだけでなく，初心者の学習者にとっても役立つものなのである。

教育評価の科目について考えてみよう。そこでの重大な観念の一つは，「信用できる証拠」である。より専門的な特定の概念（たとえば妥当性と信頼性）や，より専門的なスキル（たとえば標準偏差を計算すること）は，この観念のもとに適切に包摂される。なぜならこの観念は，類似した問い（例：「結果はどれぐらい信用できるか？ 私たちは調査結果についてどれぐらいの自信があるか？」）に関わるであろう他の領域に対しても，転移可能性を持っているからである。関連する重大な観念として，あらゆる教育評価は民法のようなものであるべきだというものがある。つまり，規定されたゴールを生徒が達成していると「判決する」ためには，「優位な証拠」が必要である。なぜ優位なのか？ なぜなら，それぞれの尺度は内在する誤差（もう一つの重大な観念である）を持つものであり，どんな単一のテスト結果も「判決」には不十分だからである。このように，**一般的な誤差について知的に話し合うことができなければ**，教育評価という科目にいる学生が「信頼性」という用語を正確に定義することができたり係数を用いてそれを計算できたりしたとしても，「信頼性」とその重要性を理解したとは言えない。

私たちの仕事仲間であるリン・エリクソンは，「重大な観念」の有用で役立つ定義を提供している。それらは，

- 幅広く，抽象的である
- 1つか2つの用語で表される
- 普遍的に応用される
- 不朽である──時代を超えて持続する
- 共通の属性を有する様々な例によって表される (Erickson, 2001, p. 30)

そしてより一般的には，私たちが見てきたとおり，重大な観念は次のようなものとして考えることができる。

- あらゆる研究において，焦点を合わせるような概念的「レンズ」を提供する。
- たくさんの事実とスキル，経験を関連づけて体系化することによって意味の広がりを提供し，理解の輪止め楔として役立つ。
- その教科についての熟達者の理解の中心にある観念を指し示す。

- その意味や価値は学習者にとってめったに明らかではなく，直観に反していたり，誤解されやすいものであったりするため，「看破」が必要である。
- 転移する価値が大きく，他の多くの探究や長期的な論点に応用される――カリキュラムの中において，また学校の外において，「水平的」(教科横断)にも「垂直的」(その後の長年の科目)にも応用される。

私たちの最後の規準，転移は，ブルームらが重大な観念の本質と価値について述べた際に示唆しているとおり，きわめて重要なものであると判明する。

> それぞれの教科領域で，学者たちが学んだことの多くを要約するいくつかの基礎的な観念がある。……これらの観念は学んだことの多くに意味を与え，たくさんの新しい問題を扱うための基礎的な観念を提供する。……私たちは，学者〔と〕教師の主たる責務は，常にこれらの抽象概念を探し，学生と生徒がそれらを学ぶのを助ける方法を見つけ，そして特に，非常に多様な問題状況において，それらをいかに活用するのかを学生と生徒が学ぶのを助けることにあると信じる。……そのような原理を活用することは，世界に対処する有効な方法を手に入れることである。(Bloom, 1981, p. 235)

換言すれば，重大な観念は，単に知的な領域の理由によってのみ「重大」なのではない。それには，指導法上の効力がなければならない。すなわち，それは，学習者がその前に来たものの意味を捉えることを可能にし，また最も顕著なことには新しく馴染みのない観念をより馴染みのあるものにするために役立たなければならない。かくして重大な観念は，単なるもう一つの事実や曖昧な抽象概念ではなく，思考を研ぎすまし，食い違う知識の断片を関連づけ，学習者に転移可能な応用ができるよう用意させるための概念的なツールなのである。

教育実践において，重大な観念は典型的には次のような役立つものとして顕在化する。

- 概念（例：適応，機能，量，パースペクティブ）
- テーマ（例：「勧善懲悪」「成年に達すること」「西部へ行く」）
- 進行中の論争と視点（例：生得的なのか環境によるのか，保守主義者か自由主義者か，誤差の許容可能な範囲）
- パラドックス［逆説］（例：自由には限界がなければならない，自分自身を発見するために家を去る，虚数）
- 理論（例：進化か自然淘汰か，マニフェスト・デスティニー，見かけのランダムさを説明するためのフラクタル[v]）
- 基底にある想定（例：テキストには意味がある，市場は合理的である，科学における説明の節減）
- 繰り返す問い（recurring question）（例：「それは公正か？」「どのようにして知ることができるか？」「それを証明できるか？」）

---

[v] フラクタルとは，どんな細部を見ても全体と同じ構造が現れる図形のことである。

- 理解や原理（例：形態は機能に従う，テキストを理解するために読者は問わなければならない，相関関係は因果関係を保証しない）

このように重大な観念は，様々な形式――単語，句，文や問い――で顕在化することに注意してほしい。逆に言えば，核となる概念，本質的な問い，公式な理論はすべて様々な方法で表現された重大な観念に関するものである。しかしながら後の章で探究するように，重大な観念の組み立て方は重要であり，単なる好みやスタイルの問題ではない。私たちが学習者に理解するようになってほしいことという観点から重大な観念を組み立てることは，優れた設計の仕事にとって決定的であると判明している。

■ 優先事項を決める枠組み

　通常，私たちは合理的に扱えるよりもずっと多くの内容に直面するため，またしばしばすべてのことが生徒にとって等しく重要であるかのように提示されてしまうため，私たちは選択をして優先事項を組み立てなくてはならない。重大な観念を中心に優先事項を確立するために役立つ枠組みは，図表3.3に示した3つの入れ子状の楕円形を用いた図で描かれるだろう。一番大きな円の外側の空白は，単元や科目において検討される可能性のあるすべての内容（例：トピック，スキル，リソース）の広がりを表していると考えてほしい。明らかに，私たちはそれらすべてを扱うことはできないため，生徒が**知っておくべき**であるような知識を明確にするため，外側の楕円の内側へと進む。単元や科目において，私たちは生徒に，聞き，読み，見て，研究するなどの方法で何に出合ってほしいだろうか？　たとえば統計に関する導入の単元で，私たちは生徒にベル曲線の歴史とともにブレーズ・パスカル（Pascal, B.）とルイス・ターマン（Terman, L.）といった鍵となる歴史的人物を知っておいてほしいと思うかもしれない。その単元が導入という性質のものであることからいって，伝統的な小テストやテストの問題で評価されるような大まかな知識で十分だろう。

　真ん中の楕円では，この単元の中で，また関連するトピックを扱う他の学習単元との関係で関連づけ，転移する効力を持つような重要な知識，スキル，概念を特定することによって鋭く選択し，優先順位をつける。たとえば，私たちは生徒に，中心傾向の尺度（平均値，中位値，最頻値，範囲，四分位数，標準偏差）を知り，様々な種類の図解の表示にデータを記入するスキルを発達させてほしいと期待するだろう。

　しかしまた，真ん中の楕円については，もう一つの考え方がある。それは，鍵となる複雑な理解のパフォーマンス，すなわち転移する課題を成功裏に達成するために生徒が必要とするような前提となる知識とスキル――つまり，**可能性を広げる**知識とスキル――を明確にするものなのである。たとえば高校の数学の教師は，統計の単元の初めに次のようなパフォーマンス課題を生徒に提示する。

　あなた方の数学の先生は，あなたの四半期ごとの成績を計算するための中心傾向の尺度

第3章 ゴールを明瞭にする

図表3.3 内容上の優先事項を明確にする

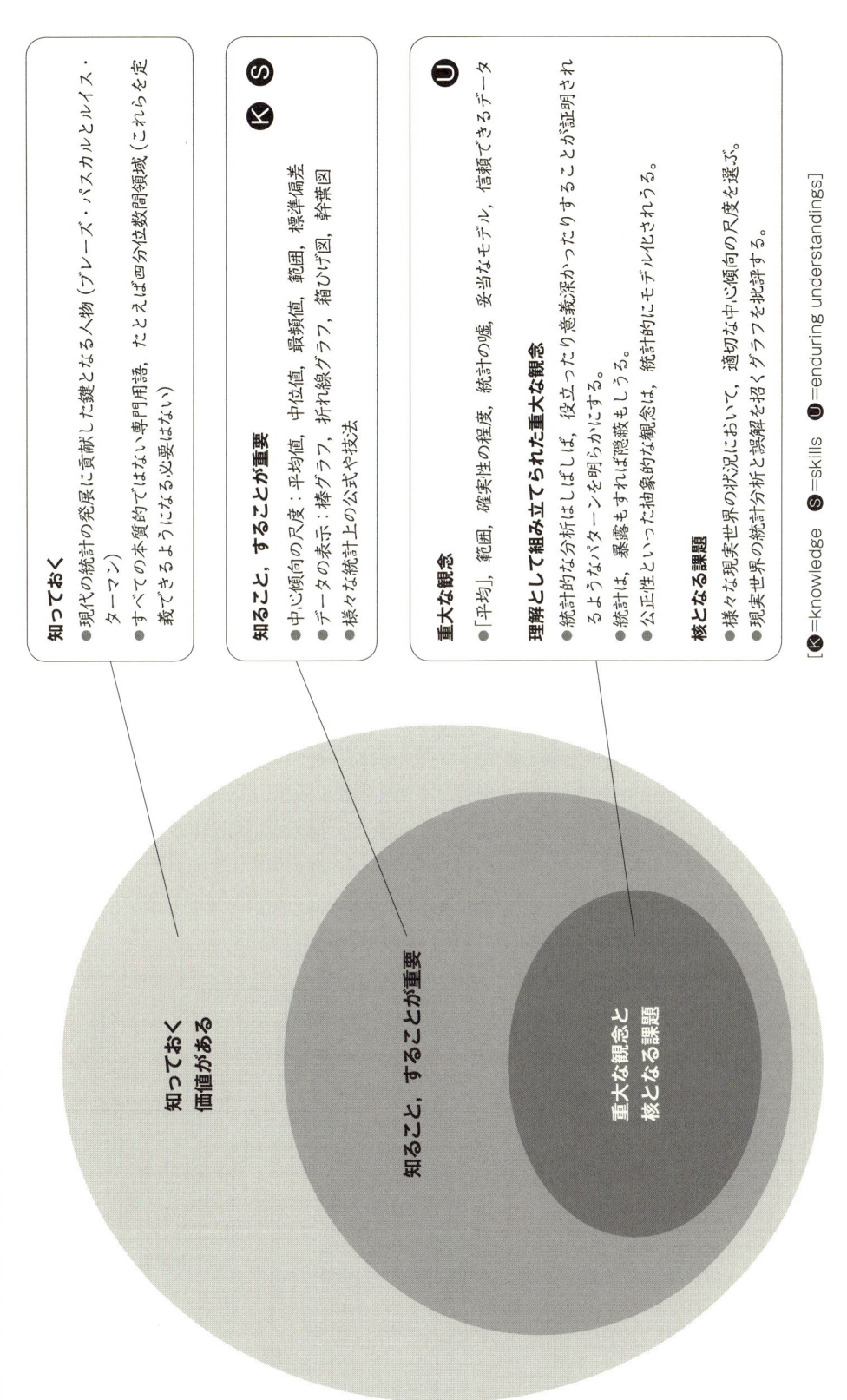

知っておく
- 現代の統計の発展に貢献した鍵となる人物（フレーズ・パスカルとルイス・ターマン）
- すべての本質的ではない専門用語、たとえば四分位数間領域（これらを定義できるようになる必要はない）

知ること、することが重要 Ⓚ Ⓢ
- 中心傾向の尺度：平均値、中位値、最頻値、範囲、標準偏差
- データの表示：棒グラフ、折れ線グラフ、箱ひげ図、幹葉図
- 様々な統計上の公式や技法

重大な観念 Ⓤ
- 「平均」、範囲、確実性の程度、統計の嘘、妥当なモデル、信頼できるデータ

理解として組み立てられた重大な観念
- 統計的な分析はしばしば、役立ったり意義深かったりすることが証明されるようなパターンを明らかにする。
- 統計は、暴露もすれば隠蔽もしうる。
- 公正性といった抽象的な観念は、統計的にモデル化されうる。

核となる課題
- 様々な現実世界の状況において、適切な中心傾向の尺度を選ぶ。
- 現実世界の統計的分析と誤解を招くグラフを批評する。

知っておく
価値がある

知ること、すること が重要

重大な観念と
核となる課題

[Ⓚ =knowledge Ⓢ =skills Ⓤ =enduring understandings]

——平均値，中位値，または最頻値——を選ばせてくれます。小テスト，テスト，宿題の評点を振り返り，あなたの状況にとって，中心傾向のどの尺度が最適かを決めなさい。なぜあなたがその方法を選んだのか，またなぜあなたがその方法が最も「公正」で「示唆に富む」成績のつけ方だと信じるのかを説明する，教師宛ての短い手紙を書きなさい。

このパフォーマンス課題では，生徒が，これらの中心傾向の尺度について単に言葉を定義するのとは質的に違う方法で（平均を出す好ましい方法を決定し，それがなぜかを説明できるように）本当に理解していることが必要である。加えてこの課題は，生徒の利益になるために相違点を理解したいと望むような興味を刺激する可能性が高い。（私たちは，この章の後のほうで，パフォーマンス課題としてゴールを組み立てることについてさらに述べる。）

最も内側の楕円[vi]には，よりきめ細かな決定を必要とする。これは，単元や科目の位置を確定するとともに，この教科の中心にある転移する課題を特定するような重大な観念を選ぶ場である。統計の単元の例を続けると，内側の楕円では，重大な観念（例：サンプリング，誤差の範囲，データのパターンを発見する，予測を立てる，信頼の程度）と，鍵となるパフォーマンスへの挑戦（例：与えられた一組のデータについて「平均」の意味を決定する，「公正」な解決策を創り出す）が強調される。

3つの楕円のグラフィック・オーガナイザーは，教師が単元や科目の内容の優先順位をつけようとする際に用いると，役立つツールであることがすでに証明されている。事実，多くの使用者が，「いつも教えてきたこと」が一番外側の楕円に位置づき，より重要な観念とプロセスに比べれば最小限の注意しか払うに値しないことにいったん気づくと，そのうちのいくつかは省略することができた，と述べている。（ところで，同じツールは，マクロ・レベルでカリキュラムを監査する際にも用いられてきた。換言すれば，私たちの現在のカリキュラムに反映されている優先事項は何なのか？　私たちは重要で転移可能な観念に適切に集中しているのか，それとも私たちのカリキュラムは単にたくさんの情報を網羅しているだけなのか？）

■ 重大な観念を見つけるためのさらなるヒント

重大な観念を明確にするために，カリキュラム設計者には，3つの楕円形のオーガナイザーに加えて次のような方略を検討することを勧めたい。

1. 州のスタンダードを注意深く見る。それらの多くは，とりわけスタンダードのリストの前におかれた記述的なテキストにおいて，重大な観念を述べているか，含意している。たとえば，オハイオ州の次のような経済学と物理科学のスタンダードにおける説明を見

[vi] 本書の第1版（Wiggins and McTighe, 1998）において，最も内側の楕円の中には，永続的理解という語が入っていた。この変更の理由は，「逆向き設計」を教師たちに試してもらう過程で永続的理解の文章化が難しいことが実感され，むしろ「重大な観念」や「課題」について考えてもらったほうが永続的理解や転移の能力の中身を考案しやすいことが明らかになったためである（訳者によるウィギンズ氏へのインタビューより）。

てみよう（私たちは，様々な重大な観念を目立たせるために強調を加えた）。

相互依存の世界における生産者，消費者，貯蓄家，投資家，労働者，市民として見識のある選択をすることができるように，生徒は**経済学的な推論のスキル**と主要な経済的概念，論点，システムについての知識を活用する。
幼稚園から第12学年の教科課程の終了までに：
- A．**資源の不足**によって，**人々**はどのように必要を満たすための**選択をしなくてはならない**かを説明する。
- B．**商品とサービスを区別**し，どのように人々は商品とサービスの買い手であり売り手でもありうるのかを説明する。
- C．人々が商品とサービスを手に入れる方法を説明する。

生徒は，物理的なシステムの構造と，自然界における物理的な相互作用と出来事を描いたり予測したりする概念と原理を理解していることを示す。これには，**物質の構造と性質**，物質と物体の性質，**化学反応**，および**物質の保存**についての理解を示すことが含まれる。加えて，**エネルギーの性質・転換・保存**，運動と運動に影響する力，波の性質，物質とエネルギーの相互作用について理解することも含む。

あるいは，カリフォルニア州の第6学年の社会科スタンダードを検討してみよう（ここでも私たちは重大な観念を目立たせるために強調を加えた）。

(1) 児童は，旧石器時代から農業革命にかけての**初期の人類の物質的・文化的発展**について，**考古学的な研究**を通して何が知られているかを述べる。
- **狩猟・採集社会**について，道具の発展と火の使用にふれながら記述する。
- 世界の主要な地域において人類が居住した共同体の位置を明確にし，**人類がいかに様々な環境に適応したかについて述べる**。
- **植物の栽培植物化と動物の家畜化**をもたらし，衣料と住居の新しい資源を生み出した気候の変化と人類による物理的環境の改良について論じる。

2. 重大な観念を強調するために，スタンダード文書において**繰り返されている鍵となる名詞**に丸をつけ，また核となる課題を明確にするために**繰り返し出てくる動詞**に丸をつける。この単純な技法については，先述した（図表3.2）。
3. 転移可能な概念についてすでに作られているリストを参照する。たとえば，与えられたトピックについて重大な観念を探す際には，次の可能性[vii]を検討してほしい[2]。

---

vii) 88ページに示されている諸概念は，原著ではアルファベット順に示されているが，ここでは五十音順に変更した。

生き残り	人口移動	パースペクティブ
加齢／成熟	正義	パターン
環境	生産	発見
関連	専制政治	発明
技術	相関	反復
気分	相互依存	文化
協同	相互作用	変化／変数
（複数の）共同体	創造性	変化／連続
均衡	多様性	防御／保護
公正性	探究	豊富／不足
システム	秩序	摩擦
自由	忠誠	民主主義
受容／拒絶	調和	名誉
循環	釣り合い	勇気
象徴	適応	友情
証明	特徴	リズム
進化	富	

4. トピックや内容スタンダードについて，次の問いを１つ以上投げかける。
    なぜ，……を学ぶのか？　だから何なのか？
    何が……の学習を「普遍的」にするのか？
    ……についての単元が物語だとすれば，「その物語の教訓」は何か？
    ……のスキルやプロセスに含意される重大な観念は何か？
    ……の基底にあるより大きな概念や論点，問題は何か？
    ……を理解していないとすれば，私たちは何ができないのか？
    ……は，より大きな世界ではどのように活用され応用されるのか？
    ……についての「現実世界の」洞察は何か？
    ……を学習する価値は何か？

5. 関連していて示唆に富む一対から生成されるものとして，重大な観念を生み出す。この役立つアプローチは，次の２つの長所を持っている。(1)なされるべき探究の種類（例：比較し対照する）を指し示し，(2)学習者が観念を理解し，それらが役立つことに気づく上で必要な**再考**の種類を示唆する。次に示すのは，検討すべき組み合わせのリスト[viii]である。

---

viii) 右ページに示されているリストは，原著ではアルファベット順に示されているが，ここでは五十音順に変更した。

意味―構文	作用―反作用	物質―エネルギー
記号―記号内容	資本―労働	不変―変数
吸収する―反射する	重要な―緊急の	文字どおりの―比喩的な
権力―統治	宿命―自由	要因―結果
構造―機能	生得―環境	類似―相違
国民―人民	調和―不調和	連続―変化
語法―言語	光―影	和―差

　「宿命―自由」という組み合わせと，それが多くの教科を横断してどのように用いられるかを検討してみよう。設計のための本質的な問いの組み合わせとして関連するものには，次のようなものがあるだろう。どの程度私たちは自由なのか，あるいは宿命づけられているのか？　生態や文化はどの程度必然的なものなのか？　「自由意志」とは非現実的で素朴な信念なのか，それとも近代の思考と行為の基盤なのか？　独立戦争，ホロコーストや近年の宗教戦争は，どのような意味で起こることが「運命づけられて」いたのか――あるいは，そのような主張はどの程度，敗北主義的なのか？　原子爆弾を用いる戦争と地球温暖化は，どのような意味で科学の発達の必然的な結果なのか？　数学に自由はあるのか，それともすべての結果は（おそらく現在のところ私たちが知らないにせよ）「運命づけられて」いるのか？

◻ 教師の「新しい服」

　もし重大な観念が本来的に有効で意義深いものであるように**見える**ものであったなら，教育はずっと簡単であっただろう！　残念ながら，教師やその領域の熟達者にとって重大なことは，しばしば子どもにとっては抽象的で活気がなく，混乱させるようなものであったり無関係であったりするのである。その研究領域の熟達者にとってきわめて重大な概念は，初心者にとってはおそらく無意味だったり，わかりにくかったり，面白くなかったりするだろう。ここで示したリストでさえ，それらの意義を把握するのに必要な理解をしていない者にとってはかなり生気がなく興味を惹かれないものであるように見える。実際，理解のための指導がめざしているのはおよそのところ，その領域における重大な観念を学習者の心において重大なものにするという挑戦である。

　これは難しいことである――初心者の教育者が通常理解するよりもずっと難しいことなのである。すべての段階において，専門家の盲点が教師につきまとう。**教師**にとって，重大な観念の有効性と授業の重要性はあまりにも――明白なものなのだ！　「おいで，これから君たちにこの興味深い概念を紹介してあげよう……」。**生徒**の視点から見れば，この状況は『裸の王様』が着た「新しい服」と大差ないのである。あの物語を思い出してほしい。不正直な仕立屋は，最も見事な黄金の紡ぎ糸で衣服を作る――そして，あまりに見事なので，かなり洗練された人でなければそれを見ることはできない，と主張する。皆さんもご存じのとおり，物語で王様は裸で歩き，大人が自分たちでは見ることも語ることもできなかったこと――「だ

けど王様は何も着ていないよ！」ということ —— を，素朴な子どもだけが言えたというところで終わる。学校における「見事な」諸観念は，しばしば王様の「新しい服」のようなものである。教師や教科書の執筆者や熟達した研究者がその創造物に感嘆や賞賛の声をあげていても，学習者には単に見えないのである。

私たちが簡単に忘れてしまうのは，現代の教科領域の中核にある観念は通常，抽象的で明白ではなく，しばしば完全に直観に反し，したがって不可解に思われたり誤解されたりしやすいものだということである。次のことを検討してみよう。地球は，観察者である人間には動いているようには見えない。私たち人間が霊長類の子孫であるという明らかな形跡はない。民主主義の基礎を築いた人々が奴隷を持っていたとは，奇怪に思われる。『ハムレット』のテキストは，青年期の苦悩や憂鬱とは全く関係ないように見える。導関数と積分は，微積分法の初心者の学生には全く概念的な意味をなさない（ちょうど最初に微積分が提案されたとき，多くの熟達した数学者にとって意味をなさなかったのと同様にである！）。

偉大な先人たちがちょうどそうであったように，私たちは重大な観念を把握し，その価値を見いだすのに苦労する。教師や教科書が重大な観念を事実として扱う場合，状況はさらに悪化する。ところがいったん教師として重大な観念を明瞭に見いだすと，私たちは学習者にとってそれらが明白なものだと考えてしまいがちなのである。したがって，理解のために設計し指導する上では，皮肉にも，重大な観念とその価値が全然明白ではなくなるように，もう一度子どものように見ることに挑戦しなくてはならないのである。この挑戦の一例は，先に述べた単位化するという算術の観念である。「これら10個のものを1つの単位 —— 1つのグループ —— として捉えるには，数についてのもともとの観念をほとんど否定することが必要となる。これは，子どもたちにとっては思考における巨大な転換であり，事実，数学においても何世紀もかかった巨大な転換だったのである」(Fosnot & Dolk, 2001b, p. 11)。

重大な観念は，抽象概念である。設計する上での挑戦は，それらの抽象概念を生き返らせ，きわめて重要だということが見えるようにすることなのである。したがって，私たちが重大な観念を中心に設計しなくてはならないと言ったことは，最初に思っていたよりもずっと困難なことである。生徒が**誤解**しそうなことについて注意深く留意することは，設計プロセスにおいてより中心に位置づくようになる。なぜなら，重大な観念は単に言って聞かせたり読んだりするだけでは把握されえないものであり，最初に出合ったときには誤解されがちなものだからである。

学問上の重大な観念は，理解にとって本質的であるにもかかわらず簡単に誤解されるものであるため，私たちの指導の設計は，生徒が常に重大な観念を新たにし，観念の中核へと注意深く進むように求める場合に，最もうまく働く。重大な観念は，学習され，簡単に活用されるように，知的に綴じこんでおける定義のようなものではない。それらはむしろ（ブルーナーの言うところの）「組織する働きをする推測 (organizing conjectures)」[ix] のようなものであり，私たちがより多くを学ぶにつれて洗練され修正されるであろうものなのである。

---

ix) この用語は，次の論文を参照したものである（訳者によるウィギンズ氏へのインタビューより）。Bruner, J. (1965). Growth of mind. *American Psychologist,* 20 (17), pp. 1007-1017.

私たちの設計は，学習者が**活動中**に重大な観念についての問いを投げかけ，問いなおすように助けるものでなければならない。これは，陸上競技で動きを学ぶこととたがわない。ある手立て（例：左にフェイントをかける，右へ動く）はおそらくしばらくはうまくいくが，結局は試合でうまくいかなくなったときに考えなおされなくてはならない。かつてはうまくいっていたことが，不適切に見えるようになるのである。良い教育において，観念についても同じことが言える。歴史や文学における「善人と悪人との対比」という観念は，大人の生活や文学におけるグレーゾーン（とアイロニー）に照らして考えなおされなくてはならない。このやり方を示すような，私たちのお気に入りのユーモアのある例の一つは，インディ・ジョーンズの第3作『インディ・ジョーンズ／最後の聖戦』の導入のエピソードで起こる。それでは，いったいだれが善人なのか？　最初の10分間，映画におけるステレオタイプに関する私たちの軽率な想定はすべて，急速な展開の中でひっくり返される。ボーイスカウトは泥棒になり，泥棒は考古学の報奨金を手にする権利を持ち，悪人は白い服を着ていて，州の保安官は悪人の味方で，父親は全く役立たず，そして悪人は幼いインディに感心して帽子を与える善人なのである。

　これが，私たちのゴールと内容スタンダードを**問い**へと変更することがこんなにも決定的に重要な理由である。私たちは，生徒に何が重要な観念なのかを示すだけでなく，生涯学習者として意味と価値とを永遠に探究し続けることが彼らの責務なのだということを示す。**諸観念**を試し，確認し，精緻にするような論争的な問いとパフォーマンスへの挑戦によって，また内容を探究の**手段**として活用することによって，素朴な思考はより洗練された思考へと

■ **こんな誤解に注意！**

　「私が教えていることは，たいていはスキルに焦点を合わせているものだから，何ら重大な観念などない」。これは，ここ数年にわたって私たちが耳にしてきた最もよくある懸念の一つである。私たちはこの言葉を，特に体育，数学，初歩の世界語（world languages）の教師，また低学年や職業科目の教師から聞く。この信念は，重大な観念とそれらが**あらゆる**学習において持っている決定的な重要性について誤解していることにもとづくものだ，と私たちは主張する。スキルの教師は，指導の目的をゴールを達成する方法と混同しているのだろう。

　もちろん読み方や数学，スペイン語やパスカル［コンピュータ言語の一つ］の教師は，スキルのゴール，つまりある言語の流暢さを達成しようとする。その流暢さは，パフォーマンスで活用される多くのスキルで構成されている。しかし流暢さは，スキル以上のものである。それは，スキルがどんな価値を持っているか，あるスキルがなぜうまく働いたり働かなかったりするのか，それをいつ活用すべきなのかについての明瞭な観念にもとづいて，多くのスキルを賢く活用することである。常識と認知についての研究の両方にもとづいて私たちが主張しているのは，どんなスキルであれ，学習者がそのスキルの賢い活用に関連する重大な観念を理解していなければ，有効なレパートリーに加わらないということである。

> **設計のヒント**
>
> スキルに焦点を合わせた学習科目では，重大な観念を次のところで探すとよい。
> - スキルの価値——そのスキルはどんなことをより効果的・効率的に行うのを助けてくれるのか
> - 基底にある概念（例：説得文やディベートのスキルを指導する際の「説得」）
> - 方略の論点——特定のスキルをいつ活用するかについてなど，効果的な方策
> - なぜそのスキルがうまく働くのか——より転移が起こりやすくなるような，スキルの基底にある理論

発達する。

　この「こんな誤解に注意！」［91ページ］というコラムは，重大な観念をスキルの指導に関連づける重要性を指摘している。たとえば，求められている学力として説得文を書くことについて考えてみよう。一見したところ，練習とフィードバックによって学習される一揃いの単純明快なスキルにもとづくパフォーマンスのみに取り組んでいるもののように思われる。しかしさらに省察すれば，ここには鍵となる概念的な要素，特定の書くスキルとは別に理解されるべき何かがあることに気づく。生徒は，**説得**について理解するようになり，自分たちが書いたり話したりすることが真に説得力を持つとすれば，どのように説得が機能するのかを理解するようにならなくてはならない。説得のどの技法がうまくいくものであり，それはなぜなのかを理解する必要があるし，効果的な説得において相手，トピック，媒体が果たす役割の機微を学ばなくてはならない。要するに，説得力をもって書いたり話したりできるようになるために，生徒は，ジャンルの**目的**と，説得の効果を判断するための**規準**と，特定の**相手**を説得するのに効果がありそうな**方略**とを理解する必要がある。そのためには，説得とは何であり，また何ではないのかについて明瞭な観念を持っていなくてはならない。

　このように述べることによって，説得とは何なのかを理解することは，おそらく書く以外の方法によっても発達するであろうこと，また単に特定の形式で書くというスキル（例：5段落の小論文）は説得についての理解を示さないことが明らかになる。たとえば，より上手に説得できるように，説得とは何かをよりよく理解するためには，有名なスピーチを読み，テレビのコマーシャルを批評し，言語と政治に関するオーウェル[x]の随筆といった文献を読んで話し合うことを求められるかもしれない。このように，説得文を書くというスキルのゴールの中には，理解しなければならない様々な重大な観念が含まれているのである。

　ここに，様々なスキルの領域における重大な観念の例がいくつかある。
- 料理する際に，食品の切れ端をスープ種として用いることによって，ごみを減らし，味を良くする。
- 泳ぐときには，確実に速度を上げ能率を高めるために，水をまっすぐに後方へ押す。

---

[x] ジョージ・オーウェル（Orwell, G.）は，英国の作家，ジャーナリスト。小説『1984年（*Nineteen Eighty-Four*）』の作者として有名。「政治と英語（Politics and the English Language）」という随筆で，当時の英語の書き言葉を批判した。

- 読んで意味を把握するためには，単に解読するのではなく「行間を読む」練習をする。
- 生活において，様々なライフスキル[xi]（例：予算を組む）を発達させ自立できるようにする。
- チーム・スポーツ（例：サッカー，バスケットボール，アメリカン・フットボール）において守備を広げ，攻撃の機会を生み出すためにスペースをつくる。
- 科学と数学において，観察と測定における誤差の概念を理解する。

■ 転移の課題という観点からゴールを組み立てる

　優先事項は，重大な観念にもとづいて設定されるだけではない。図表3.3で示したとおり，学業を，その領域における真正の挑戦から導き出されたような転移の課題を中心に焦点を合わせることによっても確定されうるのである。私たちが言うところの**核となる課題**とは，どんな領域であれ，最も重要なパフォーマンスの要求を意味している。たとえば，科学における核となる課題は，ゼロから条件制御された実験を計画し，欠陥を探して直すことである。ドラマであれば核となる課題は，ステージで完全かつ洗練された共感を持って役を演じることである。真正の**挑戦**は現実的な状況に関わるものであり，そこでは課題の文脈が可能な限り現実世界の機会や困難に忠実なものとなっている。歴史における核となる課題は，すべての関連する資料を用いて擁護できる語りを組み立てることである。そのような課題において常に見られる困難は，おそらくは資料が不完全で矛盾することである。数学において鍵となる課題は，複雑な現象を量的にモデル化することである。典型的な難題は，現実世界のデータが常に混乱しており，たくさんの誤差と通常の分布から外れた値を含んでいるという点である。

　こういった種類の課題やそれらの課題を生じるような困難を含む状況は，私たちが生徒に長期的にはできるようになってほしいと求めている重大な観念の転移を反映している。それらは単に興味深い評価方法ではない。真正の挑戦を含んでいるような核となる課題は，私たちの教育目的を具体化する。学校教育のゴールは，単に範囲の限られたプロンプトに口頭か動作で応答することではなく，世界において円滑かつ効果的にパフォーマンスすることなのである。理解の反映である転移は，核となる課題において真正の難題に巧みに取り組むことに関わっており，そこでは内容が手段となる。そして最も重要なことに，転移に成功するということは，生徒が教師による懇切丁寧な指導，手引きやヒントをほとんど，あるいは全く受けることなく上手にパフォーマンスできるということを意味している。下記には，そのようなゴールを具体化している課題と挑戦のさらなる例を示している。

- テキストを読む際の挑戦は，読者として人が想定やバイアスを持ち，限定されたツールや経験しかないという障害があるにもかかわらず，テキストが意味しているであろうこ

---

xi）ライフスキル（life skill）とは，日常生活で生じる様々な要求や困難に対して，適応的かつ建設的に行動するために必要な能力である。

とについて深い理解を獲得することである。(別の表現をすれば，難題は，読者としての「応答」を，テキストについての「理解」と混同することを避けることである。)

- 歴史における挑戦は，入手可能な資料を用いて，信用できて示唆に富み，かつ支持できるような「物語」を語ることである。したがって様々なパフォーマンスは，学習者が日誌や新聞記事，博物館の展示，他者への講義といったシナリオにおいて学力を提示する課題を含むだろう。
- 音楽における挑戦は，複雑な指示の組み合わせを単なる音符の集合以上の滑らかで感動的な全体へと転換することである。特定の楽曲のパフォーマンス(と他の人のパフォーマンスについての批評)は，この挑戦についての把握を反映するだろう。
- 科学における挑戦は，たくさんの可能性の中から最も顕著な条件を分離することである。すべての鍵となるパフォーマンス課題は，特定の実験を行うこと，および欠陥を取り除き首尾よく実験を計画すること，あるいは他の誰かが提案した構想について雑誌で反論することを中心とする。様々なパフォーマンスは学力を反映している——たとえば，グループで知的にテキストについて話す，情報を与えるレポートを書く，あるいは洞察に富んだ書評を書くといったものである。
- 別の言語を学習する上での挑戦は，単にそれぞれの単語を逐語訳することではなく，こなれた感じに上手に意味を翻訳することである。異なる筆記・口頭の課題の多くはこの挑戦に取り組むものであり，用いられる話し言葉と慣用句が増えるにしたがって難度が増す。
- 数学における挑戦は，何がパターンで何がノイズ[雑音]なのかがわからなくなるぐらいの変則と例外があるような複雑な現象を，純粋に量的な用語でモデル化することである。(そして，ノイズについて言えば，演説における主要な挑戦は，この設定において，この聴衆に対し，文字どおりの意味でも比喩的な意味でも避けがたい「ノイズ」にもかかわらず情報を与え喜ばせることである。)

これらの転移の例をより確固たるものにするために，次のルーブリックを検討してほしい。これは，真正の挑戦に真に応用しようと意図しているどんな評価方法の設計であれ，自己評価し，相互批評するのに用いられうるものである。

転移の要求／手がかりの程度
4 課題は馴染みのないものであり，奇妙であったり訳のわからないもののようにさえ見える。また，それにどうアプローチしたり，それをどう解決したりすればいいのかに関する手がかりなしで示される。成功するかどうかは，内容と状況の両方についての理解にもとづいて，知識を創造的に引き出したり，適応させたりできるかどうかにかかっている——「遠い転移」[xii]である。課題が求め提供していること，また求めておらず提供していないこ

---

xii)「遠い転移 (far transfer)」「近い転移 (near transfer)」という用語は，パーキンズの論文によるものである(訳者によるウィギンズ氏へのインタビューより)。次の論文を参照。Perkins, D. N. & Salomon, G., Teaching for Transfer, *Educational Leadership*, 1988, vol. 46, no. 1, pp. 22-32.

とについて，注意深く考え抜くことが必要である。当初は明白ではなかったような追加の問題を，確認していく必要がある。結果として課題は，（先行する学習が効果的に利用されれば，すべての人が実行できる可能性が高かったとしても）何人かには実行不可能であるように見えるかもしれない。したがって，すべての生徒は成功できないであろうし，何人かは諦めてしまうだろう――彼らがそれまでは内容についての制御を獲得しているかのように見えるとしてもである。

3 課題は馴染みのないもののように見えるが，必要なアプローチや内容を示唆するような（あるいは選択肢を相当に狭めるような）手がかりやヒントとともに提示される。成功するかどうかは，このいくらか曖昧な，または異なるシナリオに，最近学習したことの何を応用するかがわかるかどうかにかかっている――「近い転移」である。学習者にとっての主要な難題は，これがどのような種類の問題であるかを与えられた情報から考えつくことである。課題が求めていることを了解すれば，学習者はそれを解決するために知っている手続きに従うことができる。過去のテストでスキルと知識を獲得しているように思われた学習者の中には，この課題を成功裏に完成させることができない者もいるかもしれない。

2 課題は，すでに学習された観念，トピック，または課題を明示的に参照しつつ提示されるが，応用される特定のルールや公式の参照は行われない。最小限の転移が求められる。生徒は成功するために，馴染みのある問題の叙述にもとづいて，どのルールを応用するかを認識・再生して，それを活用しさえすればいい。転移は，指導で用いられた例に見られたようなものとは少し違う変数，カテゴリー，または状況的な詳細を扱うこと，ならびに最近学んだごく少数の明白な候補の中からどのルールを応用するか見分けることに限られる。

1 課題は，生徒が指示に従い，再生と論理を用いさえすれば完成できるように提示される。転移は一切求められておらず，たった今終えた学習や例に関連する技法や内容をあてはめさえすればよい。

教科の中核にある挑戦的な課題は，関連する知識とスキルを体系化する群として考えると，明らかに私たちの目的に優先順位をつけるのを助けてくれうるものである。したがってそれらは，フェニックスの言う「代表的観念」のパフォーマンス版であろう。それでは，それぞれの領域における**代表的な挑戦**とは何なのか？（UbDテンプレートの第2段階：核となる内容を活用して鍵となる挑戦を達成する能力を表現するような鍵となる課題は何か？）教科「する」とはどういう意味なのか，すなわち「挑戦的」で現実的な状況において核となる内容を賢く効果的に活用するとはどういう意味なのか？（この点については第7章でさらに追究する）。これらの問いに対する良い答えがなければ，最善を尽くそうとしているにもかかわらず，私たちは，ゴールとしてたくさんの知識とスキルを単にリストにしたあげくに重大な観念と核となるパフォーマンスの能力を見逃してしまうという危険を冒すこととなる。

このように，核となる課題は特定のテストと全く同じというわけではない。それは，変化する状況において，たくさんの関連するパフォーマンスの要求を総括するものである。それ

■ こんな誤解に注意！

　読者の中には，私たちが，私たちの理論と「課題分析」に関する長年の文献との間の関連づけを不十分にしかしていない，と考える人がいることだろう。しかし，ここでの第1段階の要素に関する記述が示唆しているとおり，ゴールを組み立てることは非常に難しいことなのである。逆説的には，それが指導の設計において最も挑戦的な側面だと言えるかもしれない。したがって，課題分析という**観念**は，「逆向き設計」と概念的には一致するものの，私たちは，特定のゴールからただ「始めて」，そこから迅速に進む，というわけにはいかないのである。私たちは，課題分析について，次のように信じている。課題分析は，教育のゴールについて，過度に行動主義的でバラバラに分解しがちな見方によって絶えず制限されてきた。また，その手続きは文脈とゴールによって異なるものであり，したがって，そのような分析の結果は混乱を招くものであった。このことは，課題分析について最近の文献でも言及されているとおりである (Jonassen, Tessmer, & Hannum, 1999)。

　ここで示唆しているとおり（また，パフォーマンスについての後の章で明らかにするとおり），非常に複雑な観念と「厄介な」パフォーマンスから逆向きに設計しなくてはならない。対照的に，ほとんどの課題分析では，ゴールを測定可能な行動と明瞭な下位スキルとして位置づける限り，どんな課題も妥当だと想定されてしまう。指導の設計が目的としての理解を正当に扱うのに絶えず失敗してしまう理由は，課題分析が最も妥当なゴールよりも最も扱いやすいゴールに依拠してきたからだ，と私たちは信じている。

は，鍵となる州のスタンダードと地域のゴールを具体化し，それにより私たちの第1段階の思考に正しく適合するのである。それは，恣意的なプロジェクトやテストに焦点を合わせることがないように，第2段階で提案されたパフォーマンスの評価が満たすべき諸条件を特定する。カリキュラムは，真正のパフォーマンスへの手段である。すべての領域と大人の生活において，何が最も重要な課題であり挑戦なのか？　それが，第1段階における問いである。生徒がゴールに向けて進歩しているかどうかを測定するために，どんな特定の評価課題や挑戦を私たちは生徒に与えるのか？　それが，第2段階における特定の「証拠」に関わる問いである。

　複雑な核となる課題を明瞭にすることによって，私たちのゴールが知的に活気のある首尾一貫したものとなる可能性はずっと高くなる。ゴールが事実とスキルのリストとしてのみ捉えられている場合，設計と指導は文脈から切り離されたバラバラの生気のない断片で終わってしまう。換言すれば，転移はゴールから完全に抜け落ちてしまう。このような見落としを避けるために，私たちは常に知識とスキルのゴールについて，単に「どの知識とスキルが（もしかすると）重要なのか？」と問うのではなく，「この内容によって，どのような種類の重要な力量を発揮する用意ができるのか？」と問う必要がある。したがって包括的なパフォーマンス・ゴールは，ちょうどドラマ，陸上競技，大工仕事といったパフォーマンスにもとづくあらゆる領域において起こるように，何を重視し，何を省略するかを判断するための規準と

して役立つ。さらに，それぞれのアカデミックな教科課程の領域を，何らかのやり方で思考し行動する上での，つまり，教科「する」上での「学問／規律 (discipline)」[xiii] として考えることによって，私たちは進行中の結果（「学習」）により適切に注意を払うようになるのである。これは，コーチが行っていることと同様である。

ボブ・ジェームズに見る「逆向き設計」の実際

　この単元で，徹底的で慎重な看破を必要とするものはあるだろうか？　ふむ，もちろんある。個々人の特質によって栄養的なニーズが異なるという観念は，把握しにくいものだ。すべての人に適切な食事などというものはないのだ。たとえば，僕がもっと慎重に焦点を合わせるべき典型的な誤解はあるだろうか？　さて考えてみると，多くの生徒が体に良い食べ物は味が悪いという信念（誤概念）を抱いていることに，**今までだって気づかされてきた**。この単元での僕のゴールの一つは，彼らが健康的な食べ物を反射的に嫌がってしまうことがないように，この誤った通念を消し去ることだな。

　栄養についての核となる課題という枠を越えて考えてみることは，**とても有益なことだった**。それは，事実的なあれやこれやにとどまらず，専門家として，また素人として，人々が実際にこの情報を使って何をするのかを検討するよう助けてくれた。いくつかの核となる課題が心に浮かぶな —— 僕たちは，健康的な食事やバランスのとれた食事を計画するために，また，食べ物の宣伝をもっと批判的に見ることができるようになるために，そしてライフスタイルを調整するために，栄養の知識を活用する。このように考え抜くだけで，僕はゴールを明瞭にすることができたし，評価方法についてのアイデアを得ることができた。

　生徒が栄養について抱くような典型的な誤解はあるだろうか？　プロジェクト2061[xiv]の『ベンチマーク』がどう述べているかを見てみよう。「小学校低学年の子どもたちは，……栄養ではなく運動でエネルギーと体力が得られると信じているかもしれない。……指導の後，中学校の生徒たちは，しばしば知識を科学的な用語で説明することができない。」　ふ〜む，最初の間違いについては聞いたことがあるな。この誤概念を点検するために，単元の最初で小テストを計画してみよう。

　誤概念についてもっと考えてみると，生徒の多くが体にいい食べ物は味が悪く，また逆も真実だと信じていることを思い出す。この単元のゴールの一つはこの通念を取り除き，彼らが健康的な食べ物を反射的に避けてしまわないようにすることだ。今年の生徒たちも，こういう誤解をしているかどうかを見るために，インフォーマルに何度か点検してみる必要がありそうだな。

---

xiii) 英語のdisciplineには「学問」「訓練」「規律」といった意味があるが，ここでは，「学問」と「規律」という2つの意味がかけられている（ウィギンズ氏から訳者への電子メールより）。

xiv) 米国科学振興協会（AAAS）によって，米国全体の科学リテラシー向上を支援する目的で構想されたプロジェクト。ハレー彗星が接近した1985年に発足したため，再び接近する2061年にちなんだ名称がつけられた。

■ まとめ

　ゴールをより知的に明瞭なものとし，一貫性があって妥当なものにする必要性について一般的に話してきたところで，私たちは理解について先述したことに立ち戻る必要がある。なぜなら「理解」と呼んでいるゴールを精査すると，このゴールは単一ではなく複数であることが明らかになるからである。

---

1) 私たちは長らくこのテキストを強く勧めている。これは，カリキュラムを組み立てる問題について，かつて提示された中で最も明瞭で有益な分析を示しているものである。なぜなら，とりわけ著者の一人が進歩主義教育の鍵となる人物であり，『理解をもたらすカリキュラム設計』に示されたほとんどすべてのアイデアを実践的に履行しようとした経験がある人物だからである。この本は様々な場所で見つけることができるものであり，たとえばインターネット上のオンライン図書館（www.questia.com）で見つけることができる。

2) この他の資料として，エリクソン（Erickson, 1998），トムリンソン他（Tomlinson et al., 2001），鍵概念に関する数巻からなる文献である『西洋思想大事典』(*Dictionary of the History of Ideas*)［フィリップ・P・ウィーナー編（荒川幾男他日本語版編集），平凡社，1990年］，およびアドラー（Adler, 1999）を参照のこと。

第4章

理解の6側面

> 重なり合ってはいても互いに還元できない様々な理解の仕方があり，
> それに対応して理解のための指導にも様々なやり方がある。
> ——ジョン・パスモア『指導の哲学』(Passmore, 1982, p. 210)

> ランス：なんて阿呆なんだ，おまえは。船の錨だって理解できるんだぜ。
> スピード：船の錨が？
> ランス：そうよ，鎖につながれてぶらさがっている鉄のかたまりだって理解できるんだよ。
> スピード：どう理解するんだ？
> ランス：どうって，あれはさかさにぶらさがってるだろ，
> イカリがさかさになりゃあリカイじゃないか。
> ——ウィリアム・シェイクスピア『ヴェローナの二紳士』[i]
> (Shakespeare, c. 1593 [邦訳：1983年, p. 63])

これまでの分析において私たちは，「理解」を「知識」と呼ばれる何かとは区別される一つの概念として扱ってきた。だが，理解に関連するゴールを組み立てようとする際に私たちが使っている言語をより厳密に検討すると，いくつかの問題が起こってくる。**理解**という言葉には様々な意味がある。また私たちの用法を見ると，理解は単一の学力ではなく複数の学力であることが示唆されている。そしてそれは，様々な種類の証拠によって明らかにされるものである。

この言葉の名詞形の同義語として，**洞察**と**知恵**（wisdom）について語っておこう——両者は明らかに知識とは異なる（が，どうも関連しているらしい）ものである。しかし私たちの言語はまた，本当の理解が，単なる「アカデミックな」理解を超える何かであることも示唆している。「インテリぶる人」や「たこつぼ」といった語句は，単に知的に素晴らしいことが理解としては偽物でありうること，またあまりにもたくさん学習することは時に理解を**妨げ**うることを示唆している。

私たちが用いる動詞も同様に教訓的である。教えること，活用すること，証明すること，関連づけること，説明すること，擁護すること，行間を読むことなどができる場合にのみ，「理解している」と私たちは言う。パフォーマンス評価は贅沢品ではなく必需品なのだという主

---

i) ウィリアム・シェイクスピア著（小田島雄志訳）『ヴェローナの二紳士』白水社，1983年（Shakespeare, W., *The Two Gentlemen of Verona*, c. 1593）。

張は，明らかにこれらの用法と結びついている。生徒がわかったらしいことは，小テストや短答式テストによって示唆される。しかし，それらを本当に理解しているのだと私たちを確信させるためには，生徒は**知識を用いて効果的にパフォーマンス**しなければならない。加えて，特定のことに関する理解は多様でもありうる。私たちは，物事をある興味深い観点から見ることについて話す。このときには，複雑な観念は，避けがたいことに，また正当なことに，多様な視点を生み出すということを暗示している。

しかし，この用語にはまた他の意味もある。知的な意味だけでなく，人間関係上の意味もあるのだ——英語では含意されているだけであるが，他の言語では明示的である（たとえば「理解する」という意味のフランス語の動詞には**connaître**と**savoir**がある[ii]）。私たちは観念を理解しようとするだけでなく，他の人々や状況を理解しようと努める。私たちは，社会的な関係の文脈において，「理解するようになる」，または「理解に達する」といったことを言う。意味深いことに，時に私たちは複雑な物事を理解する大きな努力をした後で，「考えが変わる」と言うこともあれば，また「気持ちが変わる」とも言うこともある。

『オックスフォード英語辞典』において，**理解する**という動詞は，ある観念の「意味や重要性を感知すること」を意味していると述べられている。その観念の最も基礎的な意味は，法律上のシステムの中に見いだされるものである。子どもの場合であれ，能力に障害のある大人の場合であれ，人の行為の重要性を理解する能力の有無によって裁判を受ける能力があるかどうかを判断するのである。より洗練された意味における意義や重要性について考える場合，理解は知恵のような観念，すなわち素朴な見方や無分別な見方，または無経験な見方を超越する能力を指している。私たちはしばしばこの能力を「パースペクティブ(perspective)」と呼ぶ。「パースペクティブ」とは，慎重に考え振り返れば最善だと明らかになるようなことを行うために，情念，傾向，その時点での主流の意見にとらわれないでいる能力である。

しかしながら時に私たちは，「本当に理解する」ために，距離とは**逆のもの**が必要である。「ああ，あなたがどんな経験をしているか，よく理解できるよ……」というときのように，私たちはラポール［親密な信頼関係にあること］を得ようと努力しなくてはならない。人が人を理解するのに失敗する典型的な例は，「他者の立場に立ってみる」ことを全くしようとせず，異なる視点が**存在している**ことを考慮したり想像したりできない場合である。（ピアジェは，何年も前に，自己中心的な人は1つの視点しか持っていない——自分自身の視点だけだ——と，皮肉を利かせた発言をしている。）男女間の関係においては，どちらかがもう一方に対して「あなたは全然，理解してくれない……」というのが決まり文句となっている。デボラ・タネン(Tannen, D.)は，会話におけるジェンダーの違いについて，ベストセラーとなった著書『わかりあえる理由わかりあえない理由』(Tannen, 1990 [邦訳：2003年])を執筆している。その本で示唆されているとおり，確かに人々は，明示的に述べはしないものの，異なるスタイルと目的で会話するものであり，相互理解にはそのようなスタイルと目的を把握することが必要なのである。同様に異文化間の摩擦においても，共感的な理解が欠如していることが

---

ii)「savoirが多く抽象的知識の獲得を示すのに対し，[connaîtreは]むしろ体験的知識について用いる」（鈴木信太郎他『新スタンダード仏和辞典』第2版，大修館書店，1988年，p. 379）。

明白である。このことは，数年前の『ニューヨーク・タイムズ』に掲載された，中東における武力衝突の勃発についての記事からの次の引用でも明らかである。

> しかしながら，両陣営は，古代の憎悪があまりにも急速かつ猛烈に再燃したことに不意を打たれた。また，この衝突によって，2つの民族が何らかの形での理解に至ることなしには，このように近い地域に住むことができないという感覚が復活することを予想する声もあった。
> 「私たちは，疲労から〔平和の観念〕へと到達するだろう。戦争への道は私たちをどこにも連れていきはしない，という大変痛い理解からこの観念へと至るだろう。」
> 　　　　　　　　　　　　　　　　　　　　　　　　　　　　　（MacFarquhar, 1996, p. A1）

　賢明なパースペクティブを伴う相互の敬意から生まれた合意と，問題についての「知的な」洞察との間に関連はあるのだろうか？　確かに中東政策の失敗は，人々に知識が欠如していたからというよりも，共感が欠如していたからだろうと思われる。おそらく学校での学習についても，同じことが言える。小説，科学的な理論，または歴史上の時代を本当に理解するためには，著者はあなたが理解していない何かを理解しているかもしれず，それを理解することで得をするかもしれないという可能性について，十分な敬意と共感を持っていなくてはならない。同じことは，クラスでの話し合いにもあてはまる。多くの生徒は，軽蔑している生徒が良いことを言っていても「聞こえない」ときがある。

　要するに理解には，時には距離をとることが必要なのであり，また別の時には他の人々や観念に対する心からの連帯が必要なのである。時に私たちは理解を高度に理論的なものと考えるが，他の時には現実世界での効果的な応用の中で明らかになるものだと考える。時に私たちはそれを公平無私の批判的な分析として考え，また別の時には共感に富んだ応答だと考える。時には直接経験に依拠するものと考えるし，また他の時には客観的な省察を通して得られたものだと考える。

　これらのことから，何よりも慎重さが必要だということが示唆されている。理解は，多元的で複雑なものである。様々なタイプの理解や理解の方法があり，概念的には他の知的な達成目標と部分的に重複している。

　問題が複雑であることから，理解の異なる様相を（それらの様相が部分的に重なり合っており，理想的には統合されているものだとしても）明確にすることが道理にかなっている。私たちは，成熟した理解は多面的に構成されるという見解を発達させた。理解という概念を6側面で捉える見方である。すなわち，真に理解しているとき，私たちは次のようなことができる。

- **説明する**（explain）ことができる──現象，事実，データについて，一般化や原理を媒介として，正当化された体系的な説明を提供する。洞察に富んだ関連づけを行い，啓発するような実例や例証を提供する。
- **解釈する**（interpret）ことができる──意味のある物語を語る。適切な言い換えをする。

観念や出来事についての深奥を明らかにするような，歴史的次元または個人的次元を提示する。イメージ，逸話，アナロジー，モデルを用いて，理解の対象を個人的なものにしたり，近づきやすいものにしたりする。

- **応用する (apply) ことができる**——多様な，またリアルな文脈において，私たちが知っていることを効果的に活用し，適応させる——教科「する」ことができる。
- **パースペクティブ (perspective) を持つ**——批判的な目や耳を用いて，複数の視点から見たり聞いたりする。全体像を見る。
- **共感する (empathize) ことができる**——他の人が奇妙だ，異質だ，またはありそうもないと思うようなものに価値を見いだす。先行する直接経験にもとづいて，敏感に知覚する。
- **自己認識 (self-knowledge) を持つ**——メタ認知的な自覚を示す。私たち自身の理解を形づくりも妨げもするような個人的なスタイル，偏見，投影，知性の習慣を知覚する。自分は何を理解していないのかに気づく。学習と経験の意味について省察する。

　これらの側面は，転移する能力が発現したものである。私たちは，1つの複雑なパフォーマンスを判断するのに様々な規準を用いるのと同様に，理解を判断するためにこれらの異なってはいても関連している側面を用いる。たとえば，「良い小論文を書くこと」は，説得力があり構成がしっかりした明瞭な散文を書くことだ，と私たちは言う。これら3つの規準はすべて満たされる必要があるが，しかしそれぞれは他の2つとは異なる規準であり，いくらか独立している。明瞭な作文であっても説得力には欠けるかもしれない。うまく構成されたものでも，不明瞭で，あまり説得力がないかもしれない。

　同様に，ある生徒がある理論について洗練された説明をすることができても，応用できないかもしれない。物事を批判的な距離から見ていても，共感には欠けているかもしれない。理解の6側面は，私たちが第3章で検討したのとは異なる理解の内包を反映している。評価の観点からいえばこの6側面は，理解の様々な指標——窓——を提供する。したがってそれらは，理解を顕在化させる評価方法の選択や設計を導くことができる。より幅広い教育的観点からいえば，6側面はゴールを示唆している。転移のための指導において，成熟した完全な理解とは，理想的には6種類の理解すべてを完全に発達させたものである。

　そこで，私たちは次のようにして6側面をより詳細に検討していこう。

- まずそれぞれの側面の端的な定義を示す。次に，理解しようとしている人に典型的に見られる特徴を示す適切な1つか2つの引用と，いくつかの問いを示す。
- それぞれの側面について，2つの例をあげる。一つは日常的な人々の生活からのものであり，もう一つは教室からの例である。それとともに，理解の欠如がどのように見えるのかについての例も示す。
- その側面についての分析を行い，本書で後述する指導と評価における含意について手短に検討する。

■ 側面1：説明

説明：出来事，行為，そして観念について，見識のある正当化された記述を提供するような，洗練された適切な理論と例証。

> 私を楽しませてくれるのは，決してデザートの味だけではありません。
> こんなにもわずかな材料だけから引き出される様々な舌ざわりにも，
> 私は魅了されます。料理本を読んでいると，限りない種類の
> ケーキとバタークリームに出合います。……しかし，どこにもそれらが他と比べて
> どうなのかは書かれてはいません。……これらのレシピはすべて，一見
> 際限なく共通点がないように見えます。でも私は，それらを考案する際に
> ある種の基本的な製法があることがわかってきました。
> ── ローズ・レビィ・ベレンバウム『ケーキのバイブル』(Berenbaum, 1988, pp. 15-16)

> 我々は，あるものが動くのを見たり，思いがけず音を聞いたり，異様な匂いをかいだりすると，
> 「あれは何だろうか？」と尋ねる。……我々は事の仔細，つまりリスが走っている，
> 2人の人物が話し合っている，あるいは火薬が爆発したのだと発見したとき，
> 「理解した」というのである。
> ── ジョン・デューイ『思考の方法』(Dewey, 1933, p. 132 [邦訳：1950年，p. 136])

なぜそうなのか？ そのような出来事は何によって説明できるのか？ そのような行為の理由を説明するのは何か？ 私たちは，どうやってそれを証明できるのか？ このことは何と関係しているのか？ 例証となるような事例は何か？ これはどのように働いているのか？ 何が暗示されているのか？

- ○ある料理人が，少量のマスタードを加えるとなぜ油と酢が混ざるのかを説明する。マスタードは，乳化剤として働くのである。
- ○物理学を学んでいる第9学年の生徒は，様々な傾斜のエアトラック[iii]を通過する車の加速の仕方について，どうしてそのようになるのかをうまく立証しつつ説明をする。
- ×第10学年の生徒は，重力による物体の加速についての公式を知っているが，公式の中のすべての記号が何を意味しているのか，特定の加速度を計算するためにどのようにその公式を活用すればよいかについては知らない。

側面1は，確かな理論から生まれ，明らかになってくる種類の理解に関するものである。すなわち，困惑させたり，切り離されていたり，不明瞭だったりするような現象，データ，感情や観念が意味をなすように説明することである。この側面は，どのように物事が働くのか，何を暗示しているのか，どこで関連しているのか，そしてなぜ起こったのかについて，

---

iii) エアトラックとは，空気が噴き出す細かい穴がたくさんあいたレールのことである。それを滑走台として用いて，加速度の測定実験をする。

明瞭に綿密に教訓的に説明するような実演と完成作品によって明らかになる理解である。

「なぜ」「どのように」に関する知識

このように，理解は事実に関する単なる知識ではなく，明確な証拠と論理で──洞察に富んだ関連づけと例証とで──「なぜ」「どのように」について推論するものなのである。ここに，いくつかの例がある。

- 私たちは，ピタゴラスの定理を述べることができる。しかし，それはどのように証明されるのか，それはどのような公理にもとづいているのか，この定理から何が導き出されるのか，そしてこの定理はなぜそんなに重要なのだろうか？
- 私たちは，様々な物体が明らかに同じ加速度で地面に落ちるということを知っているかもしれない。しかし，なぜそうなのだろうか？ なぜ質量は加速度の違いを生み出さないのだろうか？ この意味で理解するということは，事実と観念──見たところではしばしば奇妙で直観に反する，または矛盾している事実と観念──を，うまく働く理論へと結びつけることである。
- 私たちは，ギターの弦の締め方と正しい音程での歌い方を知っているかもしれないが，作用している和声の原理と物理は理解していない。

デューイが説明したように，この意味で何かを理解することは，「他の物事との**関係**においてそれを見ることである。つまり，どのようにそれが作用したり機能したりしているのか，どんな結果を導くのか，その原因は何かということに気づくことである」(Dewey, 1933, p. 137 [邦訳：1950 年，p. 142])。私たちは，与えられた情報を乗り越えて推論し，関連づけ，連想する──そして有効な理論を形づくる。有効な洞察に満ちたモデルや例証は，このような理解の結果である。私たちは見たところ共通点のない事実を，首尾一貫した総合的な記述，物事を解明してくれるような記述に自分たち自身でまとめることができる。私たちは，今まで探し求められてこなかった，あるいは吟味されてこなかった結果を予測することができる。そして無視されてきた，一見重要ではないかのように見えてしまう経験を解明することができる。

有効な理論とは，何を意味するのか？ まず，成功を収めた大人の理論，近代物理学の例を考えてみよう。ガリレオ，ケプラー，そして後にはニュートンやアインシュタインが，すべての物理的な物体の運動，落ちてくるリンゴから彗星までの動きを説明することができる理論を発展させた。その理論は，潮の干満，惑星と彗星の位置，そしてビリヤードのナイン・ボールを角の穴に入れる方法までを予測するものである。

その理論は明白なものではなかったし，単に事実を目録にした結果としてできたものでもなかった。創始者たちは，特殊な事例である地上での運動をもとに，摩擦のない世界を想像しなければならなかった。もちろん，地球上のどこでも重力と呼ばれる力があり，その力は遠くで働いているが識別できないようなものであり，(古代ギリシアの見方や常識とは反対に)物体の重さが地上に落下する速度には影響していない形で働いている，という観念に対しては，批判する側が隆盛を誇った時もあった。しかし，ついには彼らの理論が対立してい

る理論に勝利した。なぜならそれは，直観に反する要素を含んでいるにもかかわらず，現象を説明し整理し予測する上で競合するどの理論よりもうまく機能するからである。

同様に，蒸気，水，氷が一見違って見えてもなぜ化学的には同じ物質なのかを説明することができる中学校の生徒は，できない生徒よりもよくH_2Oを理解している。また靴の価格とその変動を，市場の力の作用として説明できる大学生は，できない者よりも靴の値段についてよく理解している。主張を支持するのに役立つ枠組み，論理，有効な証拠を示すような良質の記述を行おうとする学習者が，自分の抽象的な知識を転移させることができれば，彼らは物事——たとえばある経験，教師による授業，概念，あるいは自分自身のパフォーマンス——を理解しているということになる。

理解とは，より**体系的**な説明をすること，つまり一般的で有効な原理のもとで応答がなされることに関わるものである。

> 分配法則を理解することは，〔一つの〕重大な観念である。5×9は，5×5と5×4を加えれば，または5のかけ算をどんな組み合わせでもよいから，かける数の和が9になるようにすれば解けると悟ることは，関連する部分—全体の関係の構造について理解しているということである。(Fosnot & Dolk, 2001a, p.36)

側面1によれば，生徒が教えられたことを理解していると結論を出す前に，知っていることを説明し，それを裏づけるような良質の理由を与えるように求めるような課題と評価方法を，生徒たちに与えることが必要とされている。

自分の意見を裏づける

したがって，単に教科書や教師の公式の理論を復唱できるというだけでは，理解の証拠とはならない。私たちは，**なぜ**私たちの答えが正しいのか，なぜその事実が存在しているのか，なぜその公式がうまく働くのかを説明する必要がある。私たちは，自分の意見を裏づける必要がある。評価する際には，生徒がうまく説明できるかどうかを探すこととなる。そのために，生徒には，**裏づける，正当化する，一般化する，予想する，立証する，証明する，実証する**といった動詞を用いて理解を明らかにするよう求めるのである。

教科内容や生徒の年齢や教養にかかわらず，側面1の意味で生徒が理解している場合，その生徒は「自分の作品を見せる」能力を持っている。また評価方法については，生徒が自分で正しい原理のもとに情報を組み入れ，明らかな反論と反証に対して弁明できるかどうかを見るために，彼らに新しい事実や現象，問題に直面させなければならないと示唆されている。そのような説明は，ブルームの分類学で「分析」と「総合」と呼ばれた種類の能力に関わっている。

この意味での最も深い理解を持った生徒は，より限られた理解しか持っていない者よりも——データや確固とした関連づけを——しっかりと制御している。彼らは，現在の学業における，より微妙な例，含意，仮定を把握する。教師は必ず，そのような理解を，（単に表面

的な，切り離された，口先だけの，大雑把な，または大げさな理論化とは反対の）洞察に富んだ，綿密な，微妙な陰影を含んだ，あるいは思慮深く限定づけられたものだと評する。そのような理解を欠いた説明や理論は，通常，間違っているというよりも不完全だったり素朴だったりする。天気は風次第だ，すべての三角形は同じだ，あるいは砂糖を減らせば体重が減るということは，間違ってはいない。むしろこれらは，（限定づけられ，データに裏づけられた概念ではなく）素朴な見方，または単純化された見解を伝えているのである。

設計の観点から見ると，側面1からは，生徒に理論と説明を求めるような問い，論点，問題を中心に単元を組み立てることが求められる。これは，問題基盤型学習や，ハンズ・オンとマインド・オンの効果的な科学科課程に見られるようなものである。評価に対する含意は，単刀直入なものである。すなわち，単に再生するのではなく自分で説明すること，特定の事実をより大きな観念に結びつけて，その関連づけを正当化すること，単に答えを言うのではなく作品を見せること，および自分の結論を裏づけることを，生徒に求めるような評価方法（例：パフォーマンス課題，プロジェクト，プロンプト，そしてテスト）を用いるべきである。

■ 側面2：解釈

解釈：意味を与えるような解釈，語り，そして言い換え。

〔伊丹十三の映画は〕日本人が，それまで存在しているとは知らなかった真実
── 日常生活においてまさしくそこにあるにもかかわらず ── を明らかにした。
「彼は，人々が理解していると思っているが本当には理解していない物事の内側の物語を
描き出すことができる」と，映画評論家の石子順は語った。
──ケビン・サリバン『ワシントン・ポスト』(Sullivan, December 22, 1997, p. C1)

語りとその解釈とは互いに意味を交換し合うのであって，
意味は避けようがなく多様である。
──ジェローム・ブルーナー『教育という文化』(Bruner, 1996, p. 90 [邦訳：2004年，p. 123])

これはどういう意味なのか？ なぜそれが問題なのだろうか？ それの何が？ それは人間の経験の何を描き出したり，照らし出したりするのだろうか？ それはどのように私に関係しているのか？ 意味をなすのは何だろうか？

○おじいさんが，まさかのときに備えることの大切さを例証しようと，世界恐慌の話をする。

○ある大学の1年生が，『ガリバー旅行記』は単なるおとぎ話ではなく，イギリスの知的な生活に対する風刺文学としてどのように読めるのかを示す。

×ある中学校の生徒は，スペイン語のある1文の単語をすべて翻訳できるのに，その意

味を把握できない。

　解釈の対象は，単なるもっともらしい記述ではなく意味である。解釈は，その洞察ゆえに，抽象的な理論ではなく有効な物語の中で行き来する。この種の理解は，誰かが現在の経験や過去の経験に興味深く意義深い光を当てるときに起こる。だがしかし，興味深い解釈は常に論争的なものであり，ブルーナーが指摘したように「避けようがなく多様」なものである。このことは，レオン・カス（Kass, L.）による著書『知恵の始まり──創世記を読む』に対する2つの書評からの次の引用でも明らかにされている。

　　カス氏の濃密な著書は，非凡なものである。それは，冷静にテキストを検討するものであり，読者にも同等の努力を求め，2000年にわたる注釈書に風穴をあけている。すべてが納得させるものとなっているわけではなく，ところどころにはいっそうの歴史的背景が求められるところもあるが，その分析と仮説によって創世記の理解を変えられない読者はいないだろう。（Rothstein, 2003, p. B7）

　　そう，21世紀の初めに，カスは家父長制を擁護する書物を苦労して書いたのである。創世記を，契約で結ばれた現代の人々にとっての道徳的教訓へと変える過程において……それ自体，家父長制的な本に，家父長制的なバイアスを持ち込み，カスはそこにすでに自分が信じているものを見いだした。……奇怪な教訓主義がこの本にちりばめられ，創世記の家父長制を実際よりももっと有害に見えるものとしている。……カスによると，創世記という書物は，この評論家にとって知恵の始まりではない。反対に，それは愚かさの始まりである──聖書研究に家父長制的な変更を加えようという熱意に突き動かされている。（Trible, 2003, sec. 7, p. 28）

理解するために物語を語ることは，単に知性を豊かにするだけのものではない。キルケゴールの言葉を用いるならば，私たちは物語なしでは恐怖と戦慄に陥ることを余儀なくされてしまうのである（キルケゴールの言葉，ここではブルーナー〔Bruner, 1996, p. 90〔邦訳：2004年，pp. 122-123〕〕の引用による）。

　良い語り部が尊ばれるのも，もっともなことである。良質の物語は，啓発するものであり魅力的である。それは，私たちが記憶し関連づけるのを助けてくれる。明瞭で人を動かす語りは，それまで抽象的で関係ないように見えるかもしれないことの中に，私たちが意味を見いだすのを助けてくれる。

　　寓話の特徴を見ると，なぜそれらが効果的な指導の手段となるのかが明らかになる。その具体性，特異性，語りの構成によって，私たちの注意は惹きつけられる。その深遠さ──それらが単なる物語そのもの以上のものを表しているように思われること──によって，私たちの知力が働く。私たちは，この物語が「私たちに語ろうとしていること」を見つけ出したくなる。だから，それについて熟考し始める。その不明瞭さ──簡単な

解読を拒絶していること —— によって，私たちは省察のための素材を与えられるのである。(Finkel, 2000, p. 13)[1]

歴史・文学・芸術のいずれにおいてであれ，物語は，私たちの人生と，私たちを取り巻く人生の意味を，私たちが捉えるのを助ける。もちろん，最も深く最も超越的な意味は，すべての宗教を支える物語，寓話，神話の中に見いだされる。物語は気晴らしではない。最良の物語は私たちの人生をより理解しやすいもの，焦点の合ったものとするのである。

意味 —— 理解を変容させる

しかし「物語」は，言語科の概念以上のものである。私たちが**あらゆる**出来事，データや経験のものだとする意味とパターンは，特定の事実についての私たちの理解と知覚を変容させる。この理解を獲得している生徒は，出来事の意義を示したり，データの重要性を明らかにしたり，強い認識と深い反響を呼ぶような解釈を与えたりすることができる。ワシントン大行進における，マーティン・ルーサー・キング・ジュニアによる記憶に残るスピーチ（「私には夢がある」）の言葉と形象が，公民権運動の背後にある多くの複雑な観念と感情をいかに結晶させたかを検討してみよう。あるいは，新聞における最良の社説が，いかに複雑な政治的時流や観念の意味を解き明かしてくれるかを考えてみよう。

もちろん意味は，見る人によって異なる。1963年11月22日（J・F・ケネディ大統領の暗殺された日）が1960年代に成人していた人々にとって何を意味しているのか，または2001年9月11日が今日の私たちすべてにとって何を意味しているのかを考えてみよう。あるいは，深刻な児童虐待に関する同じ新聞記事に対して，母親，警察官，または里親のもとにいる青年がそれぞれ，いかに異なった受け止め方をするかを熟考してみよう。ソーシャル・ワーカーと心理学者は，おそらく側面1の意味において，児童虐待に関して容認された理論を知っている。しかし出来事の意味，ひいてはそれについての理解は，理論とはほとんど関係ないかもしれない。理論は科学的な説明でしかなく，たとえば虐待された人の出来事と世界についての見方には関係していないかもしれない。

意味 —— 他の人の話の意味や経験的なデータの意味 —— を捉えるためには，最も広い意味での言い換えと解釈が必要である。ドイツ語Ⅰのクラスを取って苦労している学生，『リア王』を読んでいる第12学年の生徒，ひとまとまりのデータが暗示している曲線について思案している第6学年の生徒，死海写本について詳細に調べている大学院生，銀行の記録と電話の通話の意味をつかもうとしている警察の刑事，どれをとっても挑戦していることは同じである。つまり，全体の意味が謎である「テキスト」の意味や，何ら自明の物語を語っていない事実を理解することである。歴史や考古学といった分野では，私たちは歴史的な記録から与えられた手がかりによって，出来事と遺物の意味を再構成しなくてはならない。経済学における意味は，最も顕著な消費者と商業の指標を解釈することによって，幅広い経済の傾向を決定する能力から得られる。数学においては，限られたデータから結論を導き出すために，解釈が必要である。このような種類の理解を用いて，教師は学習者に，意味を捉えたり，意

義を示したり，解読したり，物語を意味のあるものにしたりすることを求めるのである。

挑戦 ── 何らかの「テキスト」を生き生きとしたものにする

　教室において，この側面 ── 解釈 ── は，書物，芸術作品，過去と現在の経験の意義について話し合っている場面で最もよく現れる。指導における挑戦は，研究や話し合いを通じて，どんな「テキスト」であれ私たちの関心事に言及している可能性があるということを示すことによって，そのテキストを生き生きとしたものにすることである。たとえば，私たちは誰しも両親との関係に苦闘しているが，もし『リア王』の難解な言語の意味を読み取りさえすれば，シェイクスピアは素晴らしい洞察を与えてくれる。

　理解は，（側面1にあるように）論理的に擁護できる理論に関するのみではなく，結果の意義にも関するものである。著名なフランスの数学者アンリ・ポアンカレ（Poincaré, H.）が思い出させてくれるとおり，これは数学にも適用できるものである。

　　理解するとは何であろうか？　この言葉は，世界中で同じ意味を持っているのだろうか？　ある定理の証明を理解することとは，それを構成している推論式の一つ一つを逐次検討し，その正確さ，ゲームの規則への適合性を確かめることなのだろうか？　……そうだ，と答える者もいる。彼らは，そのようにすることによって「自分は理解した」と言うだろう。大多数の人にとっては，そうではない。ほぼすべての人は，もっと厳密である。彼らは，なぜ推論式が……正しいのかだけでなく，なぜそれらが別の順序でなく，この順序で結びついているのかを知りたいと望む。達成すべき目的が，常に意識的な知力によってではなく，気まぐれによって生み出されたように思われる限り，彼らは「自分が理解した」とは信じない。（Poincaré, 1913/1982, p. 431［邦訳：1953年，pp. 125-126］）

　先述したとおり，解釈する際に生徒は，合理的ではあるが**多様な**解釈を見いだすために，テキストと自分の経験とを行き来する。科学的な説明の領域とは異なり，解釈の領域において同じ「テキスト」（本，出来事，経験）に異なる理解が提案されることは，容認できることであり，しかもよくあることでもある。実際，現代文学批評は，作者の見解でさえ特権的なものではなく，テキストは作者の意図にかかわらず意図されていない意味や意義を持ちうる，という考えによって活気づけられてきた。テキストや話し手の言葉は，常に異なる妥当な読み方を持っている。すべての解釈は，それが生まれてきた個人的，社会的，文化的，歴史的な文脈に縛られている。

　他方では，単に何でもよいということではない。テキスト，芸術作品，人や出来事の理解には，他よりも洞察に富んだものや擁護できるものがある。ある読み方や歴史，心理学的な事例は，その一貫性，綿密さ，考証が優れているために他のものよりも強固なものである。たとえば，教育における専門的知見の頂点は，自分の論文 ── およびその擁護のための弁論 ── である。

したがって，説明と解釈は関連してはいても異なるものである。理論は一般的であり，解釈は文脈的で特定のものである。解釈という行為は，理論を構築し試す行為よりも，本来的な曖昧さに満ちたものである。私たちは，正しい理論的な説明に合意できないかもしれないが，最終的にはたった1つの理論が生き残るだろうと予想している。しかし，意味は常に，思慮深い解釈者の数だけ存在するだろう。たとえば，子どもの虐待の事例を理解しようとしている陪審員は，理論的な科学にもとづく合意された一般的な所見ではなく，意義と意図を熟視する。理論家は虐待と呼ばれる現象について客観的で一般的な知識を組み立てるが，小説家やジャーナリストは「なぜ？」に関する洞察を同じぐらい，あるいはより多く与えてくれるかもしれない。私たちは，関連する事実と理論的な原理を知っているかもしれないが，それでもまだ常に，次のように尋ねることができるし，尋ねなくてはならないのである。それはいったいどういう意味なのか？　このことの重要性——私にとって，また私たちにとっての重要性——とは何なのか？　この**特定な**事例を，私たちはどのように理解すべきなのか？

理論がうまく機能するためには，真実でなければならない。しかし物語に必要なのは，迫真性を持ち，光明を投じるものであることだけである。同じ物理学的現象に対して3つの競合する理論が存在していることは知的に許容できないものであるが，人間の同じ出来事について異なっていても洞察に富んでいてもっともな解釈が多く存在することは，許容できるだけでなく，意味を豊かにするものである。

理論もまた様々な意味を提供する——時には，その構築者らの冷静な概念からはかけ離れたものになる。サロウェイ（Sulloway, 1996）は，ダーウィンの仕事の革命的側面は，進化の事実にあるのではない，進化の理論にさえないと強調している（なぜなら他にもそのような理論は提案されてきたからである）。そうではなく，進化を予測できない（つまり「目的のない」）適応から起こるものとして構想したことにある，と力説している——この考えは，今日に至るまで多くの人々の世界観と宗教的な感性を脅かすものである。

私たちが自分自身や世界について物語を語るようになるということは，本当の意味での構成主義の意味に注意を向けさせる。生徒が自分自身の意味をつくらなくてはならない，と私たちが言うのは，生徒自身に論点を検討させることなしに，あらかじめ用意された「解釈」や「意義」の記述を与えることは無益だ，と言っているのである。誰しも，他の誰かのためにダーウィニズムの意味を決めることはできない——科学には「進化論」と呼ばれる合意された理論的構成概念があるとしてもである。**特定の**解釈を教訓的に教えることは，すべての解釈が持つ真に論争的な性質について，生徒に誤解させることになるだろう。

解釈を発展させる

特定のテキスト，データ，経験は，内在的に曖昧な性質を持っている。したがって，生徒にも——教師や教科書の執筆者だけでなく——解釈を発展させるような教育，また生徒の考えについて，その価値を継続的に試し修正することを余儀なくさせるのに必要なフィードバックが確実に与えられるような教育が求められている。生徒には，**本質的に両義に取れる**

ような物事を解釈することを求めるような活動と評価方法が与えられなくてはならない——これは，典型的な「正答」のテストとは非常に異なるものである。学校教育は，誰か他の人にとっての意義を学ぶことではありえない。他の人にとっての意義を学ぶのは，意味づくりのモデルを示す場合，および可能性についてよりよく理解するためにその解釈を検証するという前置きとしての場合のみである。

　大人としての自立的な知的パフォーマンスをめざして教育するために，生徒は学問的な理解がどのように組み立てられているのかを内側から見る必要がある。例としては，共通点のないインタビューからオーラル・ヒストリー［口述歴史］をまとめる，混乱したデータから数学的な結論を導き出す，あるいは注意深い読みにもとづいて芸術的な解釈を生み出して相互批評を行う，といったことへと生徒たちを誘うことがあげられる。要するに，後に知識の中の意味を見いださせようとするのならば，生徒は知識が創出され洗練されてきた歴史を，直接体験として知らなければならないのである。

■ 側面 3：応用

応用：新しい状況と多様で現実的な文脈において，効果的に知識を用いる能力。

> 〔理解によって〕私が単純に意味しているのは，どの方法がその人の現下の能力に
> 見合うものであるのか，そしてどのように新しいスキルや知識が
> 必要なのかを判断しながら，概念や原理やスキルを新しい問題や状況に持ち込んで
> 耐えられるぐらい十分に把握していることである。
> ——ハワード・ガードナー『学校化されていない知性』(Gardner, 1991, p. 18)

> 活用せよ，さもなければ失う。
> ——作者不明

　私たちはこの知識，スキルやプロセスを，どこでどのように活用できるのだろうか？　この特定の状況の必要を満たすために，私の思考と行為はどのように修正されるべきだろうか？
　○ある若い夫婦は，貯蓄と投資のための効果的な個人資産運用計画を立てるために，経済学の知識（例：複利パワーやハイ・コストのクレジットカード）を活用する。
　○第7学年の生徒は，自分たちが経営しているキャンディーと生活必需品の店の来年の費用と必要な物を正確に見積もるために，統計学の知識を使う。
　×物理学の教授が，壊れたランプの原因を捉えて修理することができない。

　理解することは，知識を活用できるということである。これは，米国の教育において古くからある考えである——まさしく，長い伝統を持つ米国のプラグマティズムと，象牙の塔の

アカデミックな思考に対する文化的な軽蔑に存在する古くからある考えである。私たちは老若男女に「口先だけでなく実行を」と言う。ブルームらは，応用を理解の中心にあるものとして捉え，多くの教室において見られる際限のないあてはめや穴埋めといったような，見せかけのパフォーマンスとは全く違ったものとして見た。

> 教師は頻繁に，「もし生徒が何ごとかを本当に把握したのなら，彼はそれを応用できる……」と言う。応用は，2つの点において，知識や単純な把握とは異なっている。つまり，生徒は特定の知識を出すよう促されないし，問題も古くさいものではない。(Bloom, 1956, p. 120)

知識を文脈に適合させる

　理解することには，観念，知識，行為を文脈に適合させることが含まれる。換言すれば，理解はこの言葉の古い意味におけるタクト (tact [機転]) に関わっている。このことは，ウィリアム・ジェームズ (James, W., 1899/1958) が指導に必要なタクト，すなわち「具体的な状況についての知識」(これは理論的な理解──側面 1 ──つまり児童心理学のアカデミックな知識と対照的なものである) に言及したことによって有名になった。

　このことが指導と評価に対して持っている含意は単純明快であり，私たちがこの 20 年間参加してきたパフォーマンスにもとづく改革の核心に位置しているものである。私たちは，自分が何かを理解していることを，それを活用し，適応させ，ニーズに応じて変更することによって表現する。多様な制約，社会的文脈，目的，相手にうまく対処しなくてはならないとき，私たちは自分の理解をパフォーマンスのノウハウとして見せる。このノウハウとは，プレッシャーのもとで優雅に，タクトを用いて成功裏に課題を達成する能力である。

　したがって，理解を応用することは文脈に依拠したスキルであり，評価においては新しい問題や多様な状況を用いることが必要である。ブルームらは，非常によく似たことを述べている。

> 問題や課題が新しいものでなければならないことは明白である。……生徒が自分の考え……や経験……をそれに関連づけることになっているのであれば，その問題や課題の意味を明確にする上でかなりの自由度が与えられていなくてはならない可能性が高いだろう。(Bloom, 1981, p. 267)

事実，ブルームらは，本書全体を通して私たちが指摘してきたのと同じことを強調している──それは，理解を応用することにもとづくパフォーマンスのための教育が最優先事項である，という指摘である。

> 総合することは，成熟した働き手に頻繁に期待されるものである。自分で総合する機会を早く与えれば与えるほど，生徒はより早く，学校という世界には彼ら自身と将来彼ら

が生きるより広い社会での生活に貢献する何かがあると感じることができるだろう。
（Bloom, 1981, p. 266）

現実世界の問題

　私たちが生徒のために開発する問題は，学者や芸術家，技術者やその他の専門家がそのような問題に取り組む際の状況に，できる限り近いものであるべきである。たとえば，制限時間や作業条件は，典型的な制御された試験の状況とは，できる限り離れたものであるべきである。ブルーム，マドゥス（Madaus, G.），ヘイスティングス（Hastings, J. T.）は次のような見解をとっている。

　　最終的な完成作品が適切かどうかは，次の点で判断されるだろう。
　　　a．それが読者や観察者，聴衆に与える影響
　　　b．課題が成し遂げられた際の適切性，および／または
　　　c．それが開発された過程の適切性に関する証拠。
（Bloom, Madaus, and Hastings, 1981, p. 268）

また，ガードナーは次のように論じている。

　　理解のテストは，学習された情報を繰り返すことでも，習得された手腕を披露することでもない。むしろ，新しく提起された問いや問題に対し，概念と原理を適切に応用することに関わっている。……授業における短答式のテストと口頭による応答は，生徒の理解についての手がかりを与えてはくれるが，一般的には，より深いところを見る必要がある。……これらの目的のために，新しくて馴染みのない問題を与え，それに続いてオープンエンドの臨床的なインタビューを行ったり注意深く観察したりすることは，獲得された……理解の程度を立証するのに最良の方法となる。（Gardner, 1991, pp. 117, 145）

　スイスの児童心理学者ジャン・ピアジェは，生徒が応用する際にどんな革新（innovation）をしているかによって生徒の理解は現われるという，より過激な主張をした。彼は，いわゆる応用問題，とりわけ数学の応用問題の多くは真に新奇なものではなく，したがって理解を表示するものではないと述べた。

　　ある概念や理論を本当に把握することは，生徒がこの理論を再発明（reinvention）することを意味する。いったん子どもがある概念を繰り返して言い，それらを学習の状況において応用できるようになると，その子どもはしばしば理解しているのだという印象を与える。しかしながら，これは再発明の条件を満たすものではない。真の理解は，新たに自発的に行われる応用によって現われる。（Piaget, 1973/1977, p. 731）

したがって，指導と評価に対する側面 3 の含意は，パフォーマンスにもとづく学習を強調することを要求している。すなわち，より伝統的なテストによって補われつつも，より真正な課題に焦点を合わせて，それに到達させるような学業である（ウィギンズ〔Wiggins, 1998〕とマクタイ〔McTighe, 1996-1997〕を参照のこと）。

　理解が花開くためには，生徒が明瞭なパフォーマンス・ゴールを持ち，学業に取り組む際には常にそのゴールを考慮に入れていなくてはならない。法学におけるケース・メソッド［事例研究法］と医学における問題基盤型学習法は，この点についての良い例である。このような種類の努力に取り組むことによって，生徒は，単に一生懸命に勉強して，指示に従い，完成作品を提出したからといって，プロジェクトを「やりきった」ことにはならないということを学ぶ。指導においては，また核となる挑戦やパフォーマンス課題の設計においては，生徒に対し，自分のパフォーマンスと創作をスタンダードに照らして恒常的に自己評価することを求めなくてはならないのである。

■ 側面 4：パースペクティブ

パースペクティブ：批判的で洞察に富んだ見方。

> **教育による利益は，表面下を貫く違いを区別する能力を得ることである。……**
> **人は，音声と意味との間，強調されることと特徴的なこととの間，**
> **顕著なことと重要なこととの間に，違いが存在していることを知る。**
> **──デューイ。ここでは，A・H・ジョンソン『ジョン・デューイの機知と知恵』**
> （Johnson, 1949, p. 104）より

> **出現しつつある理解の重要な兆候は，ある問題をいくつかの異なるやり方で**
> **表現する能力と，多様な展望のきく地点からその解決へと近づく能力である。**
> **単一の硬直した表現は，十分ではない可能性が高い。**
> **──ハワード・ガードナー『学校化されていない知性』**（Gardner, 1991, p. 13）

誰の視点から見ているのか？　どのように有利な見地からなのか？　明白にされ，かつ考慮される必要があるような，想定や暗示は何か？　何が正当化されたり保証されたりしているのか？　適切な証拠はあるのか？　それは道理にかなっているのか？　その観念の長所・短所は何か？　それはもっともらしいか？　その限界は何か？　だから何なのか？

- ある 10 歳の女の子は，テレビの宣伝において，商品を売り込むために人気者が使われていることによって生じる誤信を認識する。
- ある生徒は，ガザ地区への新しい移住に賛成したり反対したりするイスラエルとパレスチナの主張を説明する。

×利発だが柔軟性のない生徒が,現象を数学的にモデル化するのには別のやり方がある,
　　と考えることを拒絶する。彼女はたった一つのやり方──彼女のやり方──しかない
　　と,とにかく「知っている」。

　この意味において理解するということは,物事を冷静かつ無私の観点から見るということ
である。この種の理解は,いずれかの生徒が持っている特定の観点に関するものではない。
そうではなく,複雑な問いに対する答えはどれでも,通常,ある観点を含んでいるというこ
とについての成熟した認識に関するものである。したがって,ある答えはしばしば,可能性
のある多くのもっともらしい説明のうちの一つなのである。パースペクティブを持っている
生徒は,探究や理論において当然だと思われていること,想定されていること,見過ごされ
ていること,またはないがしろにされていることに注意を怠らない。

　パースペクティブには,暗黙の想定や含意を明示的にすることが含まれる。それはしばし
ば,「それがどうしたのか?」と尋ねる能力と,ある答えを──教師や教科書の答えでさえ
──一つの見解として見る能力を通して明らかにされる。この種のパースペクティブは,洞
察の効果的な形態である。なぜなら,パースペクティブを変えたり,なじみのある観念に新
しい光を当てたりすることによって,人は新しい理論,物語,応用を創造することができる
からである。

パースペクティブの利点

　批判的思考という意味でのパースペクティブを持つ生徒は,疑わしい,検討されていない
想定,結論,含意をあらわにする。不注意で慎重でない人は,習慣的であったり紋切り型で
あったりする信念,感情,理論,要求を持っているという特徴がある。しかし,生徒がパー
スペクティブを持っていたり獲得できたりしている場合,それらから批判的な距離をとるこ
とができる。

　パースペクティブには,「他の視点から見るとどう見えるのか?」「たとえば私の批判者は
どのように物事を見るだろうか?」といった問いをする訓練が必要である。自伝の中でダー
ウィンは,この批判的な構えが,議論の的となる彼の理論を擁護するのに成功する鍵であっ
たと述べた。

> 私は……次の黄金律を遵守してきた。それは,公表された事実であれ,新しい観察や考
> えであれ,何でも私の一般的な結論に反するものに気がついたときには,それをもれな
> く,即座に覚書にしておくということである。というのは,このような事実や考えは,
> 都合の良い事実や考えよりもずっと記憶から逃げてしまいやすいということを,私は経
> 験で知っていたからである。この習慣のおかげで,私がすでに気づいてそれに答えよう
> としたものでない異論が私の見解に投げかけられるということは,ほとんど起こらな
> かった。(Darwin, 1958, p. 123 [邦訳:2000 年, p. 112])

　したがって理解の一側面としてのパースペクティブは成熟した学力であり,観念が異なる

有利な見地からだとどのように見えるかについての，苦労して獲得された理解である。習得への道をまさに出発したばかりの初心者の学習者たちは，物事について綿密な説明ができない場合でさえ，深奥をうかがわせるような意見を持っているかもしれない。(「裸の王様」について遠慮なく話した子どものことを考えてみよう。) しかし，ガードナーが先の引用句で指摘したとおり，初心者は当然，多元的なパースペクティブを持ったり熟考したりする能力に欠けている。

　より巧妙なパースペクティブは，教師と教科書が断言することの背後にある視点を把握することにある。本当のこと，正当化されること，重要なことについて，米国史や物理学の教科書の執筆者はどのような視点に立っているのか？　他の執筆者も同様の見解を共有しているのか？　異なる専門家，教師，執筆者は，異なる優先事項を確立しているのか？　そうだとすれば，それはどのように正当化され，どのような長所・短所を持っているのか？　このような一連の問いかけがあまりに深遠なもののように思えることは，私たちが生徒に必要なパースペクティブを与えることからいかに離れているかを示している。

　ブルーナーは，次のように書き留めている。「あることを1つの仕方で理解するということは，他の仕方でそれを理解することを排除するものではない。いかなる特定の理解の仕方であれ，追求された際に用いられた特定のパースペクティブから見て『正しい』または『間違っている』にすぎないのである」(Bruner, 1996, pp. 13-14 [邦訳：2004 年，p. 17])。独立戦争期についての教科書の一節から，次の抜粋を検討してみよう。

> それでは，何が米国独立の原因だったのか？　かつては，この革命は英国政府の専制によって引き起こされたと論じられてきた。この単純な説明は，もはや受け入れられない。歴史家たちはいまや，英国植民地は世界で最も自由であり，人民は他の帝国では得られなかった権利と自由を持っていたと認識している。……英国政府は，米国の状況を理解することに失敗したという罪を犯した。……
> 印紙税法の後でさえ，入植者の大多数は忠誠心を持っていた。彼らは帝国とその自由を誇りに思っていた。……印紙税法に続く数年間，ごく少数の急進的な人々が独立のために動き始めた。彼らは混乱を扇動するあらゆる機会をねらっていた。(U.S. Department of Health, Education, and Welfare, 1976, p. 38)

　ほら，きわめて奇妙に聞こえることだろう。これは，**カナダ**の高校の歴史教科書から引用したものだからである。ここで私たちは素早く，もし米国の生徒が (単なる正確な再生とは対照的な) 本当の理解を獲得していたら，このような「同じ」歴史についての別の見解によってもたらされるような歴史的論点と史料編集上の論点に円滑に対処することができる，ということを把握できる。(換言すれば，パースペクティブは，様々なもっともらしい説明と解釈を比較考量することに関わっている。)

　人々は皆，新聞報道において物事の見方が伝達されるという問題を認識している。それならば，なぜ複数の教科書の記述 (より典型的には単一の教科書の記述) に取り組んでいる際に，

そのことを扱わないのだろうか？　執筆者の見解によって内容，強調点，スタイルは選択されるものだと皆が知っているのならば，私たちは生徒がこれらの言語科のスキルを教科書の理解に活用するのを助けるべきではないだろうか？　どのような問いや想定が，テキストの著者を導いているのか？　そのことに関し，ユークリッド，ニュートン，トーマス・ジェファーソン，ラヴォアジェ，アダム・スミス，ダーウィン，その他，創始者となった思索家たちは何を成し遂げようとしていたのか？　どのような想定にもとづいて？　どのような盲点を持ちながら？　教科書はそれらの考えを単純化しようとして，または多くの読者を満足させようとして，どの程度ゆがめているのか？

　こうして，パースペクティブに関する本質的な見地によれば，科目の学習課題（coursework）のすべてが確実に，「それがどうしたのか？」「何が想定されているのか？」「結果として何が起こるのか？」を問いかけ，それに答えるものとなるようにしなくてはならない。これらは，理解のための教育における横道の問いでもなければ，「特別増しの成績」の問いでもなく，本質的なものなのである。生徒が知的生活において，内在的な価値と外在的な価値との両方を見ることができるようになるために，私たちは，指導と評価の方略において教養教育[iv]の方法と究極目的，すなわち本質的な問いと観念をよりよく制御できるようになることを，もっと強調する必要がある。実際，『オックスフォード英語辞典』は，**理解する**という動詞の定義の一つは，何かの「重要性を知ること」だとしている。この規準に照らし合わせた場合，最も優秀な学校や大学であっても，理解をもたらすのにどれほど成功しているだろうか？　学業の価値——学問を学ぶのに必要となる「規律（ディシプリン）」の価値——を理解して学校を去る生徒は，ほとんどいない。

　側面 4 にもとづくと，指導に関しては，重大な観念についての代替の理論や多様な観点に直面する明確な機会を生徒に与えるべきである，という考えが促進されることとなる——これは，生徒が他の生徒の自分とは異なる見解を耳にすることとしてなされるだけではない。熟達者が同じ観念について様々な見解を提供していることを明らかにするような，科目の学習課題と題材を設計する結果としてなされるのである。

　以前，ジョセフ・シュワブ（Schwab, J., 1978）は，パースペクティブの転換にもとづいて，大学レベルでの理解のための教育を構想した。彼は，彼が名づけたところの「折衷（eclectic [取捨選択と総合]）」の技巧を開発した。つまり，学生に同じ重要な観念（例：自由意志と決定論，個性の発達）を，あえてとても異なる理論的見地（パースペクティブ）から見るようにさせるような科目の学習課題を，思慮深く設計したのである。私たちはシュワブの考えにもとづいて（そして，彼以前に登場したデューイと，彼の後に登場したブルーナーの仕事にもとづいて），もし単なる網羅を避け，理解をもたらそうとするのならば，「内容」に関するあらゆる議論には，異なる視点から内容の意味と価値を考察することが必要なのだと提案しているのである。

---

iv）ここでいう「教養教育（liberal education）」は，特定の思想ではなく一般的な内容を指す（訳者によるウィギンズ氏へのインタビューより）。

◻ 側面5：共感

共感：他の人の感情や世界観の内部に入る能力。

理解することは許すことである。
——フランスのことわざ

重要な思想家の著作を読む場合には，まず，明らかに不合理なことだと思われるような
箇所を探し出して，思慮深い人がなぜこんなことを書くのかを自問したまえ。
その答えが見つかり，不合理に思われた箇所が意味をなすようになると，
そのとき，それまで理解していると思っていたもっと重要な箇所の意味が
変化してしまっている，ということに気づくだろう。
——科学的なテキストを読むことに関するトーマス・クーン（Kuhn, T.）の文章。
ここでは，R・バーンスタイン『科学・解釈学・実践』
(Berstein, 1983, pp. 131-132 [邦訳：1990年, pp. 285-286]) より

これらは，あなたにどう思われるのか？　私に見えていなくて彼らに見えているのは，何だろうか？　もし理解しようとするなら，私はどのような経験をする必要があるのか？　書き手や芸術家，演者が感じていること，考えていること，見ていること，また私に感じさせ見させようとしていることは，何だったのか？

- ◯ある若者が，寝たきりの祖母の制限された生活スタイルに共感する。
- ◯英国の全国試験より。「『ロミオとジュリエット』の第4幕。あなたはジュリエットだと想像しなさい。なぜあなたがこの絶望的な行動をしなければならないのかを説明し，あなたの考えと気持ちを書きなさい。」
- ✕生まれついての名運動選手がコーチになると，若い選手をしょっちゅう叱りつける。なぜなら，彼にとって簡単にできた試合を若い選手が苦労しながら学ぼうとしていることに心を通わせられないからである。

共感，すなわち他の人の身になってみる能力，他者の応答と反応を理解するために自分の応答と反応から逃れる能力は，**理解**という用語の最も一般的な日常会話での使い方の中心にある。他の人や民族，他の文化を理解しようとするとき，私たちは共感しようと努力している。それは，私たちがほとんど制御できないような単なる情緒的な反応や同情ではなく，他者が感じているものを感じ，他者が見ているものを見ようとする，訓練された試みである。次に示す，ベイビーフェイスという歌手のインタビューからの引用は，この点の例証となっている。

「これまでに女性たちがあなたのところにやって来て，『どうしてそれがわかったの？どのようにしてそう感じたの？』と言ったことはありますか？」と私は尋ねた。すると，

彼は初めて向きを変え，平静に私を見た。「ああ，それが普通の反応さ」と，彼は急にそれほど恥ずかしそうでもない声で言った。「僕が女性のことを他の誰かよりもよく理解している，というわけじゃない。でも僕は，確かに感情ってものを理解できる。……その女の子が何を経験しているかを想像して，ひっくり返して自分自身をその立場においてみさえすればいいんだ。……僕らは皆，同じ人間なんだよ。」(Smith, 1997, p. 22)

共感は，パースペクティブを持って見ること，つまり批判的な距離から見ること，より客観的に見るために自分自身から切り離すこととは異なっている。共感を持って見るとき，私たちは，その人の世界観の内側から見るのだ。彼らの立場に立つ。関与することによって得られる洞察を，完全に手に入れる。共感は温かいものであり，パースペクティブは冷静で分析的に距離を置くことである。

ドイツの学者，テオドール・リップス (Lipps, T.) は，20世紀の変わり目に，芸術作品や芸術的パフォーマンスを理解するために観客がしなければならないことを述べようとして，**共感**という言葉を作り出した。共感とは，他の人の観念や行動の中に，たとえそれらの観念や行動が謎めいたものであったり反感を覚えさせるようなものであったりしても，もっともらしいこと，分別のあること，もしくは意味深いことを見つけようとする慎重な行為である。それまでは奇妙に，または異質に見えていたことを共感によって理解するにつれ，私たちは状況を再考するのみならず気持ちを変化させることもありうる。

洞察の仕方としての共感

共感は，洞察の一つの形態である。なぜならそれは，奇妙で異質で見たところ風変わりな意見や人々を乗り越え，それらの中に意味を見いだす能力を含むからである。トーマス・クーンの所見が示すとおり，私たちが自らの想定ゆえにあまりにも早急に拒絶してしまう観念の意味を捉えようとするならば，知的な共感が必須である。すべての学者には共感が必要である。人類学者のスティーブン・ジェイ・グールド (Gould, S. J.) が述べているように，前任者たちの理論を「もしあざ笑ったりするなら」，私たちは「彼らの世界を理解することに」失敗するだろう (Gould, 1980, p. 149 [邦訳：1987年，p. 215])。同様に，生徒が見慣れない，反感を覚える，あるいは単に近づきがたい観念・経験・テキストとそれらの価値，およびそれらがより馴染みのあるものに対して持っている関連性を理解しようとするならば，それらを偏見なくどのように受け入れればいいのかを学ばなくてはならない。私たちがいったん習慣的な反応を克服すれば，普通でない観念や「愚かな」観念がいかに豊かに思われうるのかを彼らは知る必要があるし，他の人の理解を理解することが習慣によってどのように妨げられうるのかを知る必要がある。

共感の必要性を示す単純な例の1つは，私たちの政治制度の中に見いだすことができる。米国上院議員は100年以上の間，一般投票による選挙ではなく任命によって選ばれてきたことを知る生徒はほとんどいない。当時，このような慣行がどうして良い考えに思われたのかを知る生徒は，さらに少ない。私たちの先祖が見当違いだったのだとか，偽善者であったの

だ，と想像することはたやすい。しかしながら私たちは，そのような見解が（現在では受け入れられないにせよ）あまり奇怪なものではないように思われるようにするために，憲法の執筆者のロールプレイをするよう求める学習課題と評価方法を考案することができる。そこでの挑戦は，市民の一団に，任命により公職を与えることが最も市民のためになるということを論証することとなるだろう。追記として，生徒に，現在の一般選挙による制度に対する賛否について小論文や日誌を書かせ，大統領選挙人団の価値がもしあるとしたら，何かについて考えさせることができるだろう。

気持ちの変化

　先に言語について論じたところで述べたとおり，人間関係の意味における理解によって，単に知的に考えが変わるだけでなく，気持ちもかなり変わるものである。共感には，私たちと異なる人間への尊敬が必要である。私たちは彼らに敬意を払うことによって偏見をなくし，彼らの見解が自分のものと異なっているときは注意深く考慮するようになる。

　そうだとすれば，作品の中で反発を覚える部分を乗り越えることができるかどうかを見るために，奇妙だったり異質だったりするテキストと経験と観念に，意識的に生徒を直面させるという学業が想像しやすくなる。実際，ブラッドリー歴史教育委員会 (Bradley Commission on the Teaching of History) は，歴史学の第一目的は，生徒が異なる場所や時代に生きる人々に歴史的な共感を発達させることができるように，自民族中心主義や現在中心の見解から逃れるのを助けることだと主張した (Gagnon, 1989)。事実，これは，文化的な論点を強調する外国語の授業で，一般的に行われている活動でもある。

学習におけるより多くの経験

　この種の理解には，人によっては面倒だと思うような経験的な先行条件が伴っている。誰かが貧困，虐待，人種差別，または脚光を浴びる競技スポーツといった経験に言及して，「その場にいなければ決して理解などできないよ」と言うならば，そこには共感的な理解には経験から得られる洞察が必要だということが含意されている。抽象的な観念を確実によりよく理解させるためには，現在ほとんどの教科書主導の科目で認められているよりもずっと多くの直接的な経験やシミュレーションの経験が，生徒には与えられなくてはならない。知的なアウトワード・バウンド[v]を考えてみよう。意思決定，観念，理論，問題が持つ効果——そしてその情動——に，生徒を直接的に対峙させるような学習が，もっと行われねばならない。誤概念についての論文は，多くの重要な観念がとても誤解されやすいこと，そして学習はとても脆いものだと明らかにしている。これがなぜなのかについては，学校において，そのような経験が不足しているからだという説明がつくかもしれない。評価する際にも，生徒が回答や説明の中で自己中心主義，自民族中心主義，現在至上主義を克服できたかどうかについて，さらなる注意を払わねばならない。

---

[v] 1941 年，英国で発祥したアウトドア活動の組織。海や山での冒険活動を通して人間性を育むことがめざされている。

■ 側面6：自己認識

自己認識：自分の無知を知り，自分の思考と行動のパターンがどのように理解を形づくるだけでなく偏見を持たせるのかについて知るという知恵。

> すべての理解は，究極的には自己理解である。……理解している人というのは，
> 自分自身を理解しているのだ。……理解は，何かが我々に語りかけてくるときに始まる。
> これには，……我々自身の先入観の根本的な停止が必要となる。
> ── ハンス=ゲオルグ・ガダマー『真実と方法』（Gadamer, 1994, p. 266）

> 理解されえないものが存在し，それらが何なのかを理解することが，
> 人間の理解における責務である。
> ── セーレン・キルケゴール『日誌』（Kierkegaard, 1854）[vi]

私の見解は，私が何者であるのかによって，どのように形づくられるのか？ 私の理解の限界は何か？ 私の盲点は何か？ 偏見や習慣やスタイルのために，私は何を誤解しがちなのだろうか？

- ○自分の娘の内気さに苛立ちを感じていた母親が，その苛立ちは自分自身の子ども時代の問題に根ざしていることを悟る。
- ○中学校の生徒が，自分の学習スタイルに留意して，自分の学習の助けとなるグラフィック・オーガナイザーを慎重に用いる。
- ×「あなたが金槌しか持っていないとき，あらゆる問題は釘のように見えてしまう。」

深い理解は究極的には，私たちの言うところの**知恵**に関係している。世界を理解するためには，最初に自分たち自身を理解しなければならない。自己認識によって私たちは，自分が何を理解していないかについても理解する。ギリシャの哲学者がしばしば言ったとおり，「汝自身を知れ」とは本当に理解する人の格言である。ある意味，ソクラテスは理解の守護聖人である。彼は自分の無知を知っていたのに対し，ほとんどの人々は自分たちが無知だと悟っていなかった。

日常生活において，正確に自己評価や自己統制をする能力は，理解を反映している。**メタ認知**とは，どのように私たちが考えるのか，それはなぜかについての自己認識を指すものである。また，私たちが好む学習方法と私たちの理解（またはその欠如）との関係をも指している。したがって未熟な知性は，単に無知であったり熟練していなかったりするだけでなく，無反省なものである。素朴な生徒は，どんなに利発で博学であっても，自己認識に欠けているがゆえに，観念が「そこにある」のか，あるいは投影なのかについて知ることができない。また，観念が客観的に真実であるように見えていても，実のところ生徒の信念に適合してい

---

vi) Kierkegaard, S., *Journals*, 1854.

るにすぎない場合について知ることができない。あるいは，認識のためのテンプレートや枠組みによって，自分の理解の仕方や内容がどのように形づくられるのかについても自覚できないのである。

知的な合理化

　知的な盲点を持っているために，私たちは知的な合理化をしがちである。知的な合理化とは，単にもっともらしい観念ではなく客観的な真実だと思われる信念とカテゴリーに，経験を絶え間なく同化させる能力である。私たちはあまりにも簡単に，検討されていない自分好みのモデル，理論，アナロジー，観点を立証し続けてしまっている。

　たとえば二者択一で考えることは，そのような自然な習慣の一般的な例である。この習慣は，教育改革に蔓延しているものであり，デューイが未熟な思考の呪いと捉えたものである。生徒は，二分法のカテゴリーを偏狭な投影として見ることなく，しばしば二分法にのっとって思考してしまう。彼女はステキだ。あいつはまぬけだ。彼らは体育会系で，ガリ勉タイプではない。あの先生は私が好きで，あなたが嫌い。数学は女に向いていない。アメリカン・フットボールは野蛮だ。これが真実だ。あれは間違っている。

　サリンジャーは，『ライ麦畑でつかまえて』(Salinger, J. D., 1951 [邦訳：1984年])において，この傾向をあざやかに用いている。主人公であるホールデンは，他の思春期の少年や大人たちを「インチキ」だと見がちであり，その偏見によって見えるものより見えないもののほうが多くなってしまっている。しかし，「インチキ」かどうかで人々を識別するやり方は，ラント夫妻やブルースのピアノ演奏家や彼の教師を，とても興味深く有能な大人として尊敬したときに崩壊した，と彼自身が認める。実際その場面では，ホールデンの疎外感から私たちは多くのことを学ぶ。私たちが単純なカテゴリーを乗り越えて，人々や観念の中におそらくは予期していなかった微妙な相違や特異性や意外性を見いだすようになれば，明白に成熟したと捉えることができる。

　私たち教育者もまた，しばしば軽率にも，巧妙なカテゴリーや印象的なメタファー［隠喩］に頼って満足してしまい，実際よりもずっと後になってからやっとそれらの限界と主観性に気づいたりする。脳は本当にコンピュータのようなものなのか？　子どもたちは本当に，等しい変数や「孤立しているもの」として扱われるべき自然物体や自然現象のようなものであり，それゆえ科学実験の手順にならって標準テストを作成すればいいのか？　教育を，「教育サービスの供給」（これは経済的なメタファーであり，より古くからある工場モデルの現代的な変形である）として語ったり，「行動目標」（動物訓練に根ざしたスキナー理論における言語）を必然的に伴うものとして語ったりすることは，メタファーを使おうとしているものではあるが，必ずしも有用なものではない。

　　ここでの根本的な事実は，こうである。すなわち，私たちが規則を策定し，……それからその規則に従おうとすると，物事の成り行きは私たちが想定したようにはならない。したがって私たちは，いわば自分で作った規則に絡め取られてしまう。このように自分

の規則にとらわれてしまっていることこそ，私たちが理解したいことである（警句 125番）。(Wittgenstein, 1953, p. 50 [邦訳：1976 年, pp. 104-105])

300 年以上も前に，フランシス・ベーコンは，私たち自身の思考の習慣と私たちが身をおいている文化的な文脈によって持ち込まれる誤解について，綿密に説明していた。

> 人間の理解には本来，世界の中で実際よりも多くの秩序と規則正しさが存在していると想定する傾向があり，……〔そして〕いったんある意見を採用したら，他のすべてのことはそれを支持しそれに同意するように引き寄せられてしまう。……否定的な言説よりも肯定的な表現により大きく動かされ興奮させられるという誤りは，人間の知性に特有なものであり，絶え間なく起こっているものである。……要するに，無数の，しかも時にはその影響が感知されないようなやり方で，情動は理解を色づけ汚染するのである。(Bacon, 1620/1960, Book 1, Nos. 45-49, pp. 50-52 [邦訳：1978 年, pp. 86-90])

だがしかし，先入観を常に間違っているもの，害があるものと見なすこともまた偏見である。たとえばガダマー（Gadamer, 1994）とハイデッガー（Heidegger, M., 1968［邦訳：2006 年］）は，人間の先入観を人間の理解から切り離せないものと見なしている。ヴァージニア・ウルフ（Woolf, V.）が述べているとおり，先入観を自覚的に表出させることは，洞察の鍵であろう。

> この言明〔「女性が小説を書こうとするなら，お金と自分自身の部屋を持たねばならない」〕の背後にある色々な観念や偏見を洗いざらいお見せすれば，きっとあなた方はそれらが女性にも幾分関わりがあり，また小説にも幾分関わりがあることがおわかりになるでしょう。とにかく，論議を呼ぶ題目を取り上げる場合――ちなみに，性に関する問題は，何であれ，そうなのですが――真実を語ることは望みえないことなのです。せいぜいできることは，どんな意見にせよ，自分がそう考えるに至った次第を明らかにするくらいでしょう。講演者の限界や偏見や特質を観察するうちに自分の結論を引き出してくるという機会を，聴衆の方々に提供するのが関の山です。こういう場合，作り話のほうが事実よりは真実を含んでいそうです。(Woolf, 1929, p. 4 [邦訳：1988 年, p. 5])

自己認識が求めるもの

自己認識は，理解の鍵となる側面である。なぜならそれは，私たちがより理解力のある人間となるために――自我を乗り越え，よりよく見ることができるようになるために――，自分たちの世界の見方について自覚的に問いかけることを求めるものだからである。それは，私たちの思考にある避けられない盲点や見落としを探し出して見つける規律(ディシプリン)を身につけることを求める。また，完全で決定的であるかのように単に見えているにすぎない効果的な習慣，素朴な自信，強い信念と世界観のもとに潜む，不確かさと矛盾に，直面する勇気を持つことを求める。教科内容の「学問(ディシプリン)」について語るとき，その根源の意味に注意してほしい。合理

的に理解するために，私たちは自分の強い信念に疑問を投げかけ，時には取り消さなくてはならない。したがって合理的な理解には，勇気と粘り強さを求めるような「規律(ディシプリン)」が必要なのである。

　実際には，自己認識に対してより大きな注意を払うことは，最も広い意味における自己の省察を指導し評価する仕事を，もっとうまくしなければならないということを意味している。学校教育のいくつかの分野においては，それがかなり上手に行われている。学習障害のある生徒たちが，多くのプログラムと方略に助けられて，自分の学習スタイルについてのより良いメタ認知と自覚を発達させている。書き方と表現芸術の最も良質な授業では，恒常的な自己省察が強調されている。しかし，知的なパフォーマンスに関する継続的な自己評価と，「認識論」という見出しのもとに入る哲学的能力に関するより良い理解については，もっと多くの注意を払うことが必要である──「認識論」とは，知識と理解を知り，理解するとはどのような意味なのか，また知識は信念や意見とどのように異なるのかということに取り組む，哲学の一分野である。

■ 理解の6側面が指導と学習に対して持っている，鍵となる含意

　「逆向き設計」の3つの段階について考える際には，どの段階においても6側面を行きわたらせておくべきである。6側面は，求められている理解，必要な評価課題，生徒の理解を最も促進する可能性の高い学習活動を明瞭にする助けとなる。6側面は，理解は事実ではないこと，また，学習者が必要な意味づくりをするためには，ある種の学習の行為とパフォーマンス評価が必要であることを思い出させてくれる。

　換言すれば6側面は，私たちが専門家の盲点を避けるように助けてくれる──専門家の盲点とは，「理解しているのは私だ。だから私の理解をあなたに話してあげて，指導と学習をもっと効率よくしよう」という思考の餌食になっている場合に作用しているものである。ああ，そんなに簡単ならどんなにいいだろう！　残念なことに，理解を情報に（ひいては評価方法を再生や「あてはめ」のテストに）矮小化しているとき，私たちは，学習についての誤解を不滅のものにしているのである。すなわち生徒も，理解をあたかも単なる事実であるかのように考え，自分の役目は後で思い出せるようそれらを暗記することだと信じるようになってしまう。別の言い方をすれば，もし理解が私たちの指導のゴールならば，学習についてのこのような誤解を積極的に根絶やしにしなくてはならない。そして，生徒に，しばしば知識を取り込む以上のこと──つまり，疑問の余地がある，明白ではない何かから意味を作り出すこと──が期待されているのだということをわからせなくてはならない。

　良い設計によって，学習者は教師が教えることから意味を捉える必要性が明らかにあるという考えが確立されるだろう。換言すれば，もし理解を目的とするならば，設計は，一定の事実とスキルの意味を，場当たり的な解決策ではなく「問題」としなければならない。この

ことは，ある観念，事実，主張や経験が物事を照らし出すと同時に問いを提起するように設計されている場合に実現する。

「理解する必要性」をより明瞭にするために，次のような単純な例を検討してみよう。単語はすべて知っているのに，道理にかなった意味を簡単には引き出せないようなテキストを読まなくてはならない場合がある（たとえば哲学や詩を読むときによく起こる問題である）。実験の指導を受けるが，実験から予期していなかった結果が出て，途方に暮れる結果に終わってしまうこともある。数学で，それまで学習した公式からは捉えられないように見えるデータの集まりを与えられることもある。同じ出来事の原因と結果について，意見が異なる2つの歴史のテキストと出合う。サッカーのコーチが，守備の選手でさえ，攻撃のときには積極的に動かなくてはならないと言う。

このように，生徒の役目は，単に「網羅」されたことを取り込むことではない。理解のために設計されたカリキュラムならどれでも，生徒が，自分の役目は事実の表面下に横たわるものを積極的に「看破」し，それらの意味を思案することなのだということを，悟る助けとならなければならない。これはもちろん，**構成主義**の表すところである。意味は教えられえない。それは，巧みな設計と教師の効果的なコーチングによって，学習者が形づくらねばならないものなのである。したがって，生徒の理解を発達させるために設計されたカリキュラムがすることの一つは，生徒に，自分の役目は単に事実とスキルを学ぶことではなく，それらの意味を問いかけることでもあると「教える」ことである。重大な観念は，知識をもっと関連づけ，意味深いもの，役立つものとする。**看破**という用語は，そのような重大な観念への探究を導くという設計哲学を集約している。

理論上は，結果，重大な観念，そして理解の6側面に確実に設計の仕事の焦点を合わせることが，完全に賢明なことのように聞こえる。けれども，このことが具体的な設計の仕事に対して何を示唆しているのかは，まだ多くの読者にとって明らかではないことだろう。理解が6側面で構成されるとすれば，実際にはどのように見えるのか？　どうすれば，理解している生徒と理解していない生徒とをより正確に区別できるのだろうか？　理解のための「逆向き設計」を熟考するにあたっては，第1段階で指導のために重大な観念を形づくり，そして後には第2段階で，理解をよりうまく引き起こすための評価方法（また理解を無理解や誤解から区別するための評価方法）を組み立てなければならない。今や，これらのことについてもっと詳細に検討していいだろう。

まず，UbDテンプレートの要素である，本質的な問いを検討しよう。これは2つの段階を貫くものであり，重大な観念を用いて学業を組み立てる方法を，最も簡単に解説してくれるものである。

---

1) 認知と学習における語りの重要性については，シャンク (Schank, 1990) とイーガン (Egan, 1986) を比較してほしい。

第5章

本質的な問い
——理解への門戸

　　ある特定の教科内容または特定の概念を与えて，……瑣末な問いをするのは容易である。
　　　とてもありえないような難しい問いを尋ねることもまた，容易である。
　　　　　秘訣は，答えることができて，どこかに手応えのあるような
　　　　　　　媒介となる問いを見つけることにある。
　　——ジェローム・ブルーナー『教育の過程』（Bruner, 1960, p. 40［邦訳：1963 年，p. 51］）

　　　問うことは，未解決にすること，未解決な状態におくことを意味する。
　　　　問いを持つ人だけが〔本当の理解を〕得ることができる。
　　　　——ハンス＝ゲオルグ・ガダマー『真理と方法』（Gadamer, 1994, p. 365）

　複雑な学習単元や学習科目ならどれでも，当然ながら同時にたくさんの教育的な達成目標——知識，スキル，態度，知性の習慣や理解——と関わっている。しかしこれまで述べてきたとおり，私たちのゴールが，生徒が学習していることの意味をよく把握して，それらを活用することを助けることなのだとすれば，設計（とその結果として行われる指導）は，すべての個別的な事実とスキルを関連づけ，それらに意味を与えるような重大な観念にはっきりと焦点を合わせなくてはならない。

　どのようにすれば，私たちはより慎重に重大な観念に焦点を合わせ続けることができるのだろうか？　私たちはどのように大量の内容知識を取り上げ，それを魅力的で思考を刺激する効果的な学業へと形づくることができるのだろうか？　どうすれば私たちは，「活動にもとづく設計」と「網羅にもとづく設計」という双子の過ちを避けることができるのだろうか？　UbDにおいてこのような焦点はある部分，いわゆる本質的な問いの観点からゴールを組み立てることによって達成される。（後の章で論じる他のアプローチは，求められている理解や鍵となるパフォーマンス課題を特定するものである。）

　私たちはどのような種類の問いに言及しているのだろうか？　単にどんな問いでもうまくいくわけではない。次に示した問いの例を検討し，それらがしばしば日々の授業や教科書で投げかけられるものとどのように異なっているかに注目してほしい。

- 真の友とは何か？
- 私たちは，どのぐらい正確であるべきか？
- 芸術はどの程度，文化を反映したり，文化を形づくったりするのか？
- 物語には，はじめ，なか，終わりがなくてはならないのか？

- すべてのものは量化することができるのか？
- 仮定法は必要か？
- どの程度，DNA は運命なのか？
- 代数はどのような意味でリアルであり，またどのような意味でリアルではないのか？
- 米国史はどの程度，進歩の歴史なのか？
- 科学的な事実，科学的な理論と強固な主張との間にある違いは何か？
- 英雄は完全でなければならないのか？
- 私たちは何を恐れるべきだろうか？
- 誰が，何を所有する権利を持つのか？
- 書かれたものを読む価値のあるものにする条件は何か？

これらは，端的な1文できっぱりと答えることができない問いである——そしてそれが要点なのである。こうした問いの目的は，思考を刺激して探究を引き起こし，単なる型通りの答えではなく，より多くの問い——生徒の思慮深い問いを含む——を呼び起こすことにある。それらは幅広く，転移の可能性に満ちている。そのような問いを調査することによって，私たちはトピックの真の豊かさを**看破**することができる。さもなければ，そのような豊かさは，テキストや決まりきった教師の語りの中で表面的に述べられることによって，覆い隠されてしまっていただろう。私たちは単元の諸事実によって答えられるような問いを乗り越え，そのトピックの境界を破壊するような問いへと向かう必要がある。転移可能な深い理解は，そのような問いを中心に学業を組み立てることに依拠している。

　序章で述べたリンゴのエピソードに戻って，思考を刺激するような問いにカリキュラムをしっかりと結びつけることの利点を見てみよう。そのような問いは，探究への実りある（おっと失礼！ⁱ⁾）道筋を示唆するものである。提案されている一連の「楽しい」活動に知的な焦点が欠けているという弱点が見られる場合，次のような刺激的な問いで単元を組み立てることで，どのようにより良いパースペクティブが獲得され，深化させる勢いが得られるかに気づいてほしい。植え，育て，収穫する季節は，どのように米国での生活に影響を与えたのだろうか？　収穫の際の子どもたちの役割は時を経てどのように変わったのだろうか？　あなたにとってリンゴは，他の食べ物と比べてどのように良いのだろうか？　今日のリンゴ農家は，経済的に生き残れるのだろうか？

　これらの問いは暗に，個々の単元における単なる雑多な活動や知識の断片以上のものを要求している。それらは単元の中心に位置づけられ，厳密に探究し，結果として転移を生じさせるために問われる。それらは，看破することが，もし他の「あれやこれや」を学習した後で時間が残ったら行われるような余分な装飾や選択肢などではなく，優先事項であることを示唆している。したがってそのような問いは，適切に用いられると，ゴールとしての理解についてあらゆる正しい信号を送るのである。

ⁱ⁾ リンゴと「実りある (fruitful)」をかけて，洒落ていることについての言葉である。

第5章 本質的な問い

■ 問い ── 重大な観念への道しるべ

　最良の問いは，重大な観念を指し示し強調するものである。それらは，内容の中に存在してはいても，おそらくはまだ見られていないような鍵となる概念，テーマ，理論，問題について，学習者が調査するときに通る門戸として役立つ。生徒が理解を深めるのは，刺激的な問いによって内容について能動的に「尋問する」プロセスによってである。たとえば，「異なる場所や時間の物語は，私にどう関係があるのか？」という問いは，偉大な文学は人間のありさまについての普遍的なテーマを調査するものであり，私たち自身の経験について洞察を得ることを助けてくれるものなのだ，という重大な観念へと生徒を導くことができる。同様に，「人々はどの程度，正確に未来を予測することができるのか？」という問いは，統計における重大な観念（例：サンプリングの変数，予測的妥当性，信頼の程度，相関関係と因果関係との対比）を検討するための跳躍台として役立つ。

　ブルーナーが述べているとおり，良い問いは，「ジレンマを引き起こし，自明の『真実』や正統と認められた『真実』を覆し，私たちの注意に不調和をきたさせるようなものである」（Bruner, 1996, p. 127［邦訳：2004年，p. 172］）。良い問いは興味深い代替の見解を顕在化させ，単に私たちの答えが「正しい」か「間違っている」かではなく，答えに到達する際，またその答えの正しさを擁護する際に用いる推論に焦点を合わせる必要性を示唆する。良い問いは，私たちが以前の授業や自分自身の生活経験から教室に持ち込むものに，意義深い関連づけを起こさせる。それらは繰り返し起こって，かつ，ためになる可能性を持っており，現にそうなっている。それらは理解したと考えていたことについて私たちに再考させるものであり，一つの設定から他の設定へと観念を転移させるものでもある。

　問いは，思考と探究を刺激するだけでなく，内容のゴールを効果的に組み立てるためにも用いることができる。たとえば，内容スタンダードにおいて生徒が政府の三権分立について学ぶことが求められているとすれば，「どのようにすれば政府が権力を濫用することを防ぐことができるのだろうか？」といった問いは，**なぜ**私たちが抑制と均衡を必要とするのか，憲法の立案者たちが何を獲得しようとしていたのか，権力の均衡を図る統治のアプローチには他にどのようなものがあるのかについて，生徒が思考するよう刺激する手助けとなる。

　ご自分で試してみてほしい。内容を網羅すべきものとして考える代わりに，教科の鍵となる論点を理解する際の中心にある問いを取り扱う手段として，知識とスキルを考えよう。このような概念の移動によって，指導とカリキュラムの委員会は，重要な内容の観念を明確にすると同時に，まさに理解する際に必要となるような種類の構成主義的思考に生徒を取り組ませるための，実践的な方略を獲得する。

　要するに最良の問いは，特定のトピックについての単元内容の理解を促進するのに役立つだけでなく，関連づけを引き起こし，一つの設定から他の設定へと観念が転移するのを促進するものでもある。私たちは，そのような問いを「本質的」と呼ぶ。

■ 問いを本質的なものとする条件は何か？

　どのような意味で，ある問いは「本質的」だと見なされるのだろうか？　最良の問いは，物事の中心——本質——へと私たちを突き動かす。**民主主義とは何か？　このことはどのように機能するのか？　著者は何を意味しているのか？　私たちはそれを証明できるのか？　私たちは何をすべきか？　その価値は何か？**　そのような問いを率直に追跡することによって，より深い理解がもたらされるだけでなく，より多くの問いも導き出される。

　しかし本質的な問いは，それほど全般的なものである必要はない。それらは，特定のトピックや問題，研究領域の中心に位置づけることができる。したがって，それぞれのアカデミックな領域は，その本質的な問いによって**定義され**うると言ってよいだろう。次の例を考えてみよう。

- 測定において誤差が避けられないとき，どの範囲の誤差が許容できるのか？
- 政府は，どのような方法で市場制度を統制すべきなのか？
- 私たちはどのようにして，著者が真剣なのかどうかを知ることができるのか？
- ビッグバン理論の長所と限界は何か？
- 陸上競技における「勝者」とは誰か？
- 文学における人気と偉大さの間にある関係は何か？
- 「音楽的」とは，どの程度文化に結びついた審美的判断なのか？
- 数学的論証を説得力あるものとする条件は何か？
- ある国の政府の形態と市民の繁栄の間の関連性は何か？
- 料理する際に，レシピから離れるのが賢いのはいつか？
- 健康に関する専門職において，「ケア」と「第一に，害にならないこと」とは，どのような意味か？
- 私たちの祖先に耳を傾けるのは，どのぐらい重要なのか？

　そのような最良の問いは，単にその領域の象徴であるだけでなく，実に**生き生きした**ものである。人々はそれらについて学校の外でも問いかけ論じるのである！　学問に結びつく最も決定的な問いは，すべての者の——初心者であれ熟達者であれ同様に——思考と可能性を広げるものなのである。それらは，熟達者の知見の中心には探究と偏見のなさがあること，私たちは常に学習者でなければならないことを示している。より実践的な意味で言うと，ある教科における問いは，生徒が本当にそれに熱中しているときに，また生徒にとって正真正銘の，レリバンス[ii]のあるものであるときに，そして生徒が学習していることについてより体系的で深い理解を獲得するのを助けてくれるものであるときに，生き生きしたものとなる。

　「どの範囲の誤差が許容できるのか？」といった問いは，さらにもう一つの意味で本質的である。それらは，学問を横断した転移可能性を持っている——単に測定と統計の単元や科目を結びつけるだけでなく，工学，陶芸，音楽といった多様な教科をも結びつける。この意

---

ii) レリバンス (relevance) とは，学習者の身に迫るような関連性，適切性を意味している。

味での本質的な問いは，私たちが最初にその問いに出合った特定のトピックを超える転移を促し，ほのめかし，**要求し**さえする。したがってそれらは，概念的な関連づけやカリキュラムの一貫性を促進するために，何年にもわたって繰り返し問われるべきである。

4つの含意

　第4章で述べた6側面は，理解を特徴づけるための異なる方法を提示していた。それとまさしく同様に，問いを特徴づけるのに用いる**本質的**という用語には，4つの異なる意味，しかし部分的に重複する意味がある。第1の意味は，**私たちの人生を通して何度も起こる重要な問い**というものである。そのような問いは幅広い領域を扱うものであり，本来，時間を超越したものである。それらは永久に議論の余地を残している。正義とは何か？　芸術とは好みの問題なのか，原理なのか？　私たち自身の生態と化学作用には，どれぐらい手を加えていいのだろうか？　科学は宗教と両立するのか？　テキストの意味を判断する際に，著者の見解は特権的なものなのか？　私たちはこれらの問いについて何らかの理解に到達したり，何らかの理解を把握するよう助けられたりするかもしれないが，しかしまもなくそれらの答えは必ず暫定的なものだと学ぶことになる。換言すれば，私たちは人生を歩むにつれて，そのような問いについて経験したり振り返ったりする。それに応じて考えを変える可能性が高い。そのような考えの変化は，予想されるというだけでなく有益なものでもある。たとえ私たちが時に内容の習得に焦点を合わせてそれらの問いを見失うとしても，良い教育はそのような生涯の問いにもとづくものである。重大な観念の問いは，教育は単に「答え」を学習することだけではなく，学び方を学ぶことに関わっていると示している。

　本質的という用語の第2の含意は，**学問における核となる観念と探究**を指している。この意味での本質的な問いは，ある教科における重大な観念の中核および専門的な知識のフロンティア［最前線］を指すものである。それらはその領域において歴史的に重要であり，今なお全く弱まることなく保たれているものである。「健康的な食事とは何か？」という問いは，(栄養についてたくさんのことが知られ，理解されているという事実にもかかわらず) 今日でも栄養学者や内科医，ダイエットの促進者，一般的な人々の間に活発な論争を生み出す。「どんな歴史であれ，その書き手の社会的・個人的な歴史から逃れることができるのだろうか？」という問いは，過去50年にわたって学者の間で広く熱く論争されてきたものである。この問いによって，初心者も専門家も同様に，どんな歴史的な語りにもバイアスが見られるのかもしれないということについて熟考するよう駆り立てられる。

　本質的という用語の第3の重要な含意は，核となる内容を学習するのに何が必要かに言及するものである。この意味からは，**ある問いが生徒に重要だが複雑な観念，知識，ノウハウを効果的に探究し意味を捉えるのを助ける**とすれば，その問いを本質的だと考えることができる——つまり，専門家は解決したと信じているかもしれないが，学習者はまだ把握していなかったり価値あるものとして見ていなかったりする発見への橋渡しをする問いである。光はどのように波と似たような振る舞いをするのか？　最良の書き手はどのように読み手の注意を惹きつけ，維持するのか？　どのようなモデルが，景気変動を最もよく描き出すのか？

そのような問いについて能動的に調査することは，内容知識とスキルにより一貫性をもたらすだけでなく，学習者が重要な理解に到達するのを助ける。たとえば先述したとおり，サッカーをする選手は，「どうすれば私たちは攻撃のためにより大きく開いたスペースをつくりだせるだろうか？」（例：得点の機会を増やすために守備側を分散させ，開いたスペースを活用する）を繰り返し問うことの重要性を理解するようにならなければならない。これにより，「どうすれば私たちはより多くの試合で勝つことができるだろうか？」という，より明白な問いを扱うことになるのである。

　本質的という用語の第4の意味では，**特定の，かつ多様な学習者を最もよく参加させるであろう問い**を指す。大人の問いのいくつかは（専門家にも教師にも判断されているとおり）物事の完全な枠組みにおいて重要かもしれないが，特定の生徒にとっては明らかなレリバンスや意味，関心，重要性が何もないかもしれない。この意味から，**あなたの生徒たちの注意を惹きつけ維持するものであれば，問いは本質的である**と言える。

　したがって，問いを「本質的」と呼ぶかどうかは曖昧なものである。一方で問いは，生徒が最初に聞いたときにはその効力を把握できなかったとしても，本質的でありうる。先に言及したとおり，重大な観念は抽象的であり，明白ではない——場合によっては直観に反するものである。もう一方で，その問いがすぐさま学習者に語りかけるものであり，興味深い，または役立つ探究や洞察を示すものでなければ，その問いに狭く焦点を合わせることは逆効果かもしれない。だがしかし，生徒の間に活発な話し合いを引き起こすようなパンチのある問いが，それでいて単元の重大な観念とゴールを指し示さない場合もあることにも注意が必要である。設計と指導における挑戦は，（最初の2つの「客観的な」意味における）本質的な問いを，接近できて，思考を刺激する，やりがいのあるものにすること，そして優先事項にすることである——後になってというよりはなるべく早くにである。この挑戦は，様々なやり方で達成されうる。すなわち，刺激的な経験を通して「自然に」本質的な問いを生じさせることができる。あるいは，具体的な導入の問い（entry question）を与え，それについて話し合うことで重大な観念と論点の中核を指し示す場合もあるだろう。したがって実際のところ，これは第3段階の問題である——第1段階において求められている結果を，指導のために「子どもにとって親しみやすい」用語へと言い換えるという挑戦である。（第9章では，こうするためのヒントを提供する。）

　本質的という用語のこれら様々な含意は，問いの類型のよりきめ細かな区別に関わっており，この点については本章の後のほうで検討する。今のところは，様々な種類の本質的な問いに共通する特徴——「本質的な」側面——を考察しておこう。私たちは，ある問いが本質的なのは，「どの程度，この問いは，［次のことを］しようとしているのか？」によると提案する。

1. 重大な観念と核となる内容について，正真正銘のレリバンスのある探究を引き起こす。
2. 深い思考，活発な話し合い，持続する探究，新しい理解，そしてまたより多くの問いを生じさせる。
3. 代替案を熟考すること，証拠を比較考量すること，自分の考えを裏づけること，およ

び答えを正当化することを生徒に求める。
4. 重大な観念，想定，先行する授業について，活発で継続的な再考を促す。
5. 先行する学習と個人的な経験との，意義深い関連づけを引き起こす。
6. 自然と繰り返し起こり，他の状況や教科へ転移する機会を生み出す。

意図の重要性

　これらの規準を用いるには，大きな配慮が必要である。これらは問いそのものに内在的な特徴を示すものではなく，文脈におけるその効力に言及するものであることに注意してほしい。どんな問いであれ，**本来的**に，本質的（あるいは瑣末，複雑，重要）であるということはないのである。すべては目的，相手，影響力次第である。あなたは教師–設計者として，生徒にその問いで何をさせようと意図しているのか？　ゴールは活発な探究なのか，それとも単一の正しい答えの再生なのか？　6つの規準は，問いが本質的だと見なされるために，どんな目的がなければならないのかを明らかにしようとするものである。すなわち，ゴールは確固とした啓発的な探究でなければならず，それによってより深い理解と新しい問いへと導かれるのである。

　いわゆる本質的な問いを投げかけるのは，その単元における理解に関連するゴールと，ゴールによって含意されている探究を表示するためである。これは，6つの規準に先立って強調された主軸の記述「どの程度，この問いは，……しようとしているのか？」が示唆しているとおりである。その問いが本質的かどうかは，**なぜ**私たちがその問いを投げかけるのか，**どのように**生徒に取り組んでほしいと意図しているのか，その結果**どのような**学習活動と評価方法を期待しているのかによるのである。私たちは「解決しきれない（open）」論点をめぐる論争を含むような自由な調査を構想しているのか，それとも単に生徒を規定された答えへと導くことを計画しているのか？　私たちの問いによって，生徒がテキストに関する彼ら自身の問いを提起するようになることを望んでいるのか，それとも私たちは伝統的な解釈を期待しているのか？　私たちが意図しているのは，生徒が一般的な誤概念に立ち向かい，誤信を「解きほぐす」よう努力することなのか？　私たちの問いは，この単元が終わった後でも弱まることなく保たれ繰り返すはずのものなのか，それとも単元の終わりまでに解決されることが期待されているのか？

　こうして，もし文脈を無視して問いの言い回しを見ているだけでは，その問いが本質的かどうかを言えないのである。たとえば，「物語とは何か？」という問いについて考えてみよう。これは，馴染みのある特定の答えを求めているものであるように見える。しかし，設計全体を見なければ——とりわけ評価方法を見なければ——この問いが本質的かどうかは言えないのである。もし生徒が「筋，登場人物，設定，テーマ」だと唱和することを意図してこの問いを尋ねるのであれば，明らかに（追究されているところの）問いでは6つの規準からいって本質的ではない。しかしながら，もしこの問いが最初によく知られた物語から要素を抽出するために投げかけられ，しかしそれからポストモダンの小説の研究を通してその伝統的な定義が覆されるのであれば，この問いは本質的**である**。それはあたかも問いの強調点が変わ

るかのようである。「すると物語とは何であるのか？」と。

より一般的に言えば，「xとは何か？」といった問いは，複雑で厳密に調べる探究を求めるものであるかもしれないし，また単純な定義を取り出すものかもしれない。「なぜyが起こったのか？」といった問いは，高度な調査を求めるものかもしれないし，テキストが述べたことを単に再生することを求めるものかもしれない。問いを投げかけることに引き続いて上手に設計された慎重な探究が行われないのであれば，本質的に聞こえる問いであっても単に言葉の上のものになってしまう。逆に，単独ではむしろ平凡に聞こえる問いが，だんだんと刺激的なものになってくるかもしれない。それは，答えがだんだんと逆説的になってきて，設計によってより深く掘り下げることが必須だと明らかになってくる場合だろう。

形式以上のもの

したがって私たちは，ある問いが本質的かどうかを，それがどういう言葉で表されているかのみにもとづいて言うことはできないのである。だがしかし多くの教育者は，学習された事実を再生することよりもむしろ，探究や話し合い，論争を引き起こすことを意図しているのだと示すような方法で問いを表すべきだと教えられてきた。そこで新任教師は一般的に，もしゴールが批判的な思考や探究にあるのであれば，はい／いいえで答えられる問いや，誰が／何を／いつで構成される問いを避けるように忠告されている。私たちは，教師がその意図を学習者に明瞭に示す必要がある点に配慮することには価値があると認めるが，言い回しについての確かで迅速なルールが論点ではないと考える。むしろ問題になっているのは，設計全体である。すなわち，自分たちの役目が探究であることが，生徒に明らかになっているだろうか？

たとえばある教師は，「光は粒子か波か？」という問いを修正するよう勧められるかもしれない。なぜなら，この言葉は事実的で最終的な答えが求められていることを示唆しているからである。この忠告はいくらか意味をなすものではあるが，この問いに続いて意図的に曖昧な結果が出るよう設計された実験が行われる場合，現実は異なるものとなる。そうすると，光が波のような性質と粒子のような性質との両方を示すという矛盾した実験結果によって，問いのより深い意図がまもなく明らかになるからである。

事実，はい／いいえの問い，あれか／これかの問い，そして誰が／何を／いつという問いの多くは，それらがどのように投げかけられ，どのような性質の追跡調査が行われるかによっては，生徒の強い好奇心，思考，振り返りを刺激する可能性を持つものである。次の例を検討して，それらが活発な話し合い，持続的な思考と洞察を引き起こすかもしれないことを想像してほしい。

- 宇宙は拡大しているのか？
- ユークリッド幾何学は，私たちが生きている空間に，最良の写像を与えるのか？
- 誰が先導すべきか？
- 『ライ麦畑でつかまえて』は，喜劇か悲劇か？
- 自由を一時停止する民主主義は，明確に矛盾しているのか？

- 「第三」世界とは何か？ 「第四」はあるのか？
- 勝利が確実になるのはいつか？
- 句読法は必要か？
- 数は実在するのか？

　私たちは，要点を逆転させることもできる。すなわち，もし問いが調査や議論を引き起こすもののように思われたとしても，話し合いや引き続く学業がそれらを抑制するものであれば，私たちはほとんど何も達成しないのである。教師は時に，非常に明細でおもしろみのない指導に向けた段取りとして，好奇心をあおる問いを投げかける。あたかも一瞬興味を惹く会話をしただけで，適切な教訓を習得するのに十分なはずみをつけたことになるかのようにである。私たちは皆，「三角形の内角の和は何度か？」「耐え難き諸法[iii]とは何だったか？」といった問いが，特定の事実的な答えへと導くものであることを理解している。しかし，「権利章典がなかったら，米国での生活はどのようになっていただろうか？」「この水はきれいなのか？」といった問いは解決しきれないもののように思われ，実際活発な会話をもたらすかもしれない。それなのに，単に権利章典に関する講義や，科学の陳腐なハンズ・オンの演示実験の前座として位置づけられるかもしれない。それらの講義や実験は，あたかもその前に話し合いが全くなかったかのように行われるのである。同様に，幅広く多様な応答を期待しているように聞こえる教師の問い——「どの程度……なのか？」「どのように……なのか？」——が，結局，教科書から見つけるべきたった1つの「正しい」答えを持つものとなってしまうかもしれない。もし問いが生徒の様々な思慮深い応答を顕在化させても，結局，授業の方向性や学業の設計に何ら影響しないのであれば，それらは見たところオープンエンドの形であったとしても，単に言葉の上の問いなのである。

　したがって究極的には，問いだけを見ることが重要なのではない。第1段階において述べられた教師の意図を見ることでさえ，究極的に重要ではないのである。私たちは設計全体を見て，次のことを考えなくてはならない。設計者は，どれぐらい真剣にこの問いを追究させようとしているのか？　これは，UbD設計スタンダードの第4点目で検討されている**首尾一貫性**に関して多くある局面のうちの一つである。その問いが**最終的**に本質的なものと**なる**かどうかを決めるためには，常により大きな文脈——私たちが構想している学習課題，評価方法，引き続く問い——を考える必要がある。

■ スキル領域における本質的な問い

　教師の中には，「本質的な問いは，歴史や英語，哲学といった特定の教科ではうまく機能するが，数学，化学，読み方，体育，世界語といった，スキルに焦点がある領域ではうまく機能しない」と主張する人がいる。「スキル領域には何ら本質的な問いなどありえないのだ」

---

iii) ボストン茶会事件のような植民地の人々の反抗を処罰するために，1774年に英国議会を通過した5つの法案のこと。

と，割り切って述べた者さえいた。かつてワークショップで，ある教師が私たちに，「自分の科目にはそもそもの性質からいって重大な観念も本質的な問いもありません」と言ったことがある。私たちは，「どんな科目なのですか？」と尋ねた。彼女は，全く皮肉めいた様子もなく，「ライフスキルです」と答えた。その教師は自分の目的を見失ってしまったのだ，と私たちは思う。彼女の仕事は，単純なスキルの一揃いを教えることだけではない。彼女の仕事は，**自立性**を高めるために特定のスキルを教えることなのである――**自立性**は重大な観念であり，そこから非常に重要な問いがたくさん湧き出てくる。たとえば，「私が自立するために最も発達させる必要があるのは，どのようなスキルなのか？」「私の自立性を最大限にするために，（他者が私のためにしてくれるのではなく）自分で何をすることを学ばなくてはならないのか？」といった問いである。

事実，重大な観念は――したがって重要な問いは――すべてのスキルの習得の基底にあり，そのような問いを検討することが円滑で柔軟なパフォーマンスの鍵となるのである。私たちは，スキルの効果的な学習に関連する重大な観念を4つのカテゴリーで捉え，それらを中心にすれば，効果的に本質的な問いを組み立てられることを発見した。4つのカテゴリーとは，(1) 鍵となる概念，(2) 目的と価値，(3) 方略と方策，(4) 活用の文脈である。体育からの例を1つ考えてみよう。野球，ゴルフ，テニスといった長い打棒を振るスキルに関わるスポーツならどんなものであれ，**鍵となる概念**は，力，回転効果，コントロールである。したがって，これらの観念を調査するために，「回転効果はどのように力に影響するのか？」といった問いをつくるかもしれない。学習者が自分の振りの効果的な**方略**（例：視線をボールに保って，フォロースルー[iv]する）を発達させるのを助けるために，「どうすればコントロールを失うことなく最大の力で打つことができるのか？」という問いを投げかけることもありうる。第3の問いは，**文脈**に関わる。すなわち，「どんなときにそっと振るべきなのか？」である。

同様のカテゴリーは，読み方といったアカデミックなスキル領域にも役立つ。読み方であれば，「あなたはどのようにして，自分が読んでいるものを把握したとわかるのか？」（鍵となる概念），「なぜ，読者は常に自分の理解度をモニターすべきなのか？」（目的と価値），「良い読み手は，テキストを理解できないときに何をするのか？」（方略），そして「いつ私たちは『修正』の方略を活用すべきなのか？」（活用の文脈）となる。

問いの本質性を判断する際には，学業と証拠という設計全体に反映されている意図がすべてであることを述べてきた。同様にスキル領域における問いも，継続的な判断が求められるような，正真正銘のパフォーマンスへの挑戦の文脈で問われる場合においてのみ，本質的なものである。スキルは手段であって究極目的ではない。目的は，円滑で柔軟で効果的なパフォーマンスである。これには，文脈においてレパートリーの中から賢い選択をする力が必要である。すなわち，複雑なパフォーマンスへの挑戦に直面したときに，**どんな**スキルを，**いつ**，**どのように**，**なぜ**活用すべきかについての理解が必要である。たとえば，「何がパター

---

iv) 打球後に，ストロークを十分に伸ばしきる動作のこと。

ンであり，どのようにしてわかるのか？」という問いは，すべての数学的思考と問題解決の中心にある。しかし，もし評価方法が，文脈から切り離された単純な刺激を与える練習問題で，データも単純化されており，ヒントにもとづいて単一の応答を求めるだけのものだったとしたら，正真正銘のパフォーマンスの中心にある重要な論点は無視されてしまう。したがって，スキル領域に何ら本質的な問いがないように**見える**のは，一般的に用いられている評価方法のほとんどが，不幸にも何の転移も判断も求めていないものだからなのである。

■ トピックごとの本質的な問いと，包括的な本質的な問いとの対比

　物事をより複雑にしているのは，本質的な問いはそれぞれスコープ[v]が異なるという事実である。たとえば生徒がその単元において特定の理解に至るのを助けるために，教師は通常「私たちは，ベトナム戦争からどんな教訓を学ぶべきだろうか？」「最良のミステリー作家はどのように読者を惹きつけ，関心を維持するのか？」と問いかける。それらは特にそのトピック（例：ベトナム戦争，ミステリー）に言及するものであり，単元の終わりまでには解決されることが——教師の念頭では暫定的な解決でしかないかもしれないが——予定されている。

　しかしながら，より一般的な本質的な問いは，何らかの特定のトピックやスキルを乗り越えさせるものである。それらは，より一般的な，転移可能な理解を指し示すのである。それらは，トピックの内容ではなく，単元と科目を横断する重大な観念に言及する。たとえば「外国の地域的な摩擦に米国軍が関わったことから，私たちはどのような教訓を学び，また学んでいないのか？」は，ベトナム戦争に結びつく，より一般的な本質的な問いである。「最良の書き手や話し手は，どのように相手の関心を維持するのか？」は，ミステリーの執筆に関する問いに結びつく，より幅広い問いである。

　私たちは，より特定の本質的な問いを「トピックごとの」と呼び，より一般的な問いを「包括的な」と言う。最良の単元はそのように**関連し合う**問いの**組み合わせ**にもとづいて組み立てられると，私たちは信じている。図表5.1は，様々な教科領域におけるこれら2種類の本質的な問いの組み合わせを示したものである。

　図表5.1の右側の問いを追究した場合には，単元内での特定のトピックについての理解へと導かれる。しかしながら，左側の問いは異なっている。それらは，単元における特定の内容に何らふれていない。トピックの内容を超えて，右側の問いでほのめかされているような単元全体や諸単元を横断する，より幅広い転移可能な理解を指し示すものである。最後に3つの関連する問いが示されていることは，何らかのスコープを扱っている包括的な問いに完全かつ効果的に取り組むためには，多くのトピックを探究することが必要だろうということ

---

[v] スコープ（scope）とは，「範囲」のこと。カリキュラムにおけるスコープとは，「学習領域」を指す。

図表5.1 包括的な本質的な問いと，トピックごとの本質的な問い

包括的	トピックごと
●どのように，芸術は文化を反映するだけでなく，形づくるのか？	●儀式用の仮面は，インカの文化について何を明らかにするのか？
●これは誰の視点からのものであり，それによってどのような違いが生み出されているのか？	●ネイティブ・アメリカンは，西部への「移住」をどう見たのか？
●私たちの様々な身体システムは，どのように相互作用をしているのか？	●食品は，どのようにエネルギーに変わるのか？
●どの程度，私たちは政府の権力を抑制し均衡をとる必要があるのか？	●権力の分散（例：三権分立，二院制）は，米国政府において，どの程度行き詰まりの原因となっているのか？
●科学において，本来的な誤差を，避けうる誤差から区別するのに役立つ方法はあるのか？	●この実験において，測定誤差の原因となる可能性があるのは何か？ ●前回の実験と比べ，この実験においては，より大きな範囲の誤差があるのか？
●力のある国家の勃興と没落に共通する要因は何か？	●ローマ帝国はなぜ崩壊したのか？ ●大英帝国はなぜ終わったのか？ ●米国が世界的に傑出するようになったことを説明するのは何か？
●著者は，雰囲気を確立するために，どのように様々な物語の要素を用いているのか？	●ジョン・アップダイク（Updike, J.）は，雰囲気を確立するために，どのように設定を用いているか？ ●アーネスト・ヘミングウェイ（Hemingway, E.）は，雰囲気を確立するために，どのように言語を用いているか？ ●トニ・モリソン（Morrison, T.）は，雰囲気を確立するために，イメージや象徴をどのように用いているか？

を表している，という点にも注意してほしい。

　したがって包括的な問いは，真に重大な観念を中心に科目と教科課程（例：幼稚園から第12学年の保健カリキュラム）を組み立てるのに役立つ。それらを概念的な支柱として用いることにより，多学年にわたるカリキュラムがより一貫性と関連性のあるものとなり強化される。（大きな転移可能性を伴った，幅広い，繰り返す本質的な問いを中心に科目と教科課程を設計することについては，第12章でより綿密に追究する。）

　トピックごとの本質的な問いは，しばしば「正しい」答えを求めるものであるように見えるため，あまり本質的でないように思われるかもしれない。しかしここでも私たちは，言語によってのみ物事を判断しないよう用心しなくてはならない。もし私たちの意図が真の探究にあるのなら，第2段階・第3段階の問いによって生徒に実際に何をするように（またはしないように）求めるのかにその意図が反映されるだろう。学習活動を通して，単純な答えは何も用意されていないことが明らかになるだろうか？　評価方法は，単なる正答や誤答では

なく，説明と正当化を求めるものだろうか？　諺に言うとおり，「論より証拠」である。トピックごとの「良い」問いはすべて，本質的なのか？　同様の理由でノーである。結局は素早く1つの事実や完全に解決された結論になってしまう問いならば，どの問いも本質的ではない。なぜなら，継続的な探究や論争が全く意図されても保証されてもいないからである。私たちは時にそのような問いを「先導する問い (leading questions)」と呼ぶ。なぜならその意図は，思考と探究を促進することよりも，私たちが生徒に注意してほしい重要な点を強調することにあるからである。

　ある問いを「先導する問い」と呼ぶことは，非難することではない！　ソクラテスが対話において何度も示したように，先導する問いは評価と指導に位置づくものである。（換言すれば，先導する問いは第2段階・第3段階に位置づく。）私たちは，異なる教育的ゴールを果たすために，異なるタイプの問いを投げかける。要は，先導する問いは，理解のための設計の基礎とはなりえないということである。なぜなら先導する問いは，事実に注意を集中させ，単なる再生を求めるものにすぎず，重要な観念を思慮深く活用することは求めないからである ── しかし，残念ながら，現在生徒が最も頻繁に直面するのは，この種の問いなのである。

■ 本質的な問いについての，さらに詳細な検討

　さて，先に論じてきた2つの要素である意図とスコープの交差によって，異なるタイプの本質的な問いを分類するのに役立つ枠組みが形づくられる。図表5.2は本質的な問いの4タイプを示しており，単元や科目で複数の本質的な問いを混合させるための設計用ツールとして機能する。

　この表における問いの4類型を検討することによって，いくつかの重要な洞察を得ることができる。

1. 特定の観念とプロセスに焦点を合わせる**トピックごとの問い**だけで単元を組み立てるとすれば，それらの問いがどんなに刺激的であったり核となる内容に関連していたりしたとしても，転移は保証されない。トピックごとの問いは求められている単元の優先事項に焦点を合わせるのに**必要**ではあっても，生徒が単元を超えて関連づけるために必要となる，より幅広い理解を生み出すのには**十分**ではない。このように，トピックごとであるという性質からいって，そのような問いだけでは，私たちが求めている種類の幅広い関連づけと再考をもたらす可能性が低いのである。
2. **包括的で解決しきれない問い (open questions)** だけで単元を組み立てれば，内容スタンダードと核となる内容に関連する特定の理解に全くふれることもなく，目的のない話し合いに押し流されてしまいかねない。おそらく，これらの問いが解答不可能な性質を持っていることによって，苛立ちを覚える生徒（とその保護者）もいることだろう ── 話し合いが内容の習得に結びついていなければ，いっそうそうなってしまう。もっとも

図表 5.2　本質的な問いの表

意図	スコープ	
	包括的	トピックごと
解決しきれない問い：生徒に，繰り返し問われる未解決の重要な論点について，より深く創造的に考えるよう挑む。 教師は，生徒にその領域における熟達者のように考えさせるための手段として，これらの議論の余地がある問いを投げかける。完成した答えは何ら期待されていない。	これらは，学問において——おそらくは永遠に——解決しきれず消えないで残るような，幅広く深い問いである。それらは単元，科目，そして（時には）教科の境界を横断する。 ●米国の歴史は，どの程度，進歩の歴史だったのか？「進歩」とは何か？ ●どの程度，DNAは宿命なのか？ ●誰が本当の友達なのか？	これらの問いは，探究を促し，単元内の重要な観念の理解を深める。単元が終わるまでに答えられることは，期待されていない。 ●1950年代と1960年代，議会はどのように少数派の権利をもっともうまく守りえただろうか？ ●すべての確信犯にDNA標本の提出を求めるべきだろうか？ ●かえるくんはがまくんに嘘をつくべきだったのだろうか？
手引きとなる問い：生徒の探究を，重大な観念に関するより深い理解へと導く。 教師は，これらの問いを，求められている理解を看破するための方法として投げかける。生徒は，その問いと取り組む中で，意味を構成する。	これらは，単元，科目，教科を横断する一般的な問いである。しかし求められている理解を1つ以上生み出す。 ●米国は，建国以来，公民権においてどの程度の進歩を成し遂げてきたのか？ ●最近の遺伝学の発達は，遺伝／環境の論争にどのように影響するのか？ ●「順境のときだけ」の友の印は何か？	これらは，重要な観念についての1つ，またはいくつかの解決された理解に向けて収斂する，単元特有の問いである。 ●公民権運動における決定的な瞬間はいつだったのか？ ●DNAテストの信頼性はどのように確保されているのか？ ●この物語において，かえるくんはどう友達のように振る舞っているのか？

　解決しきれない包括的な問いだけを常に与えれば，典型的には第一の規準（核となる内容に結びついている）を満たさないし，したがって結果に焦点を合わせる設計であるとして正当化するのが難しい。

3. **手引きとなる問い**（guiding questions）だけで単元を組み立てると，おそらく生徒は知的な自由を持たず，理解のためのカリキュラムにおいて必要な問いを尋ねるよう促されることもない。看破が必要不可欠だという概念が見失われてしまうのである。
4. 最良のトピックごとの問いが本質的かどうかは，それらが関連する包括的な問いとともに明示的に進展するかどうかによる。このことは，学習の過程が段階とリズムを持っており，そこでは答えによって他の問いが導き出され，新しい探究によって以前の答えを再訪しなければならないことが示唆されると，学習者に示すものである。より重大な

■ **こんな誤解に注意！**

　読者の中には，6つの規準（とりわけ，重大な観念に繰り返し焦点を合わせる問いに言及している規準）からいって，トピックごとの問いが**果たして本質的でありうるのだろうか**，といぶかる人もいるかもしれない。換言すれば，彼らは，本質的な問いを包括的で解決しきれないものとして定義するのを好むのだろう。これは道理に合った姿勢ではあるが，私たちは，先に述べたような**本質性**の第3の幅広い意味を念頭において，最良のトピックごとの問いを「本質的」と呼ぶことを選んだ。すなわち，いくつかのトピックごとの問いは，生徒が核となる内容を理解するのに本質的であり，重大な観念を指し示したり含意したりするものなのである。

　あるいは，トピックごとの手引きとなる問いのすべては，しばしば特定の答えを指し示すものであるため，先導する問いだと言って反論する読者もいるかもしれない。しかし，先導する問いとトピックごとの本質的な問いは，同じもののように聞こえるかもしれないが，それらの目的はかなり異なるものである。先導する問いは事実的知識と定義的な答えを指すのに対し，焦点の合った本質的な問いは，いつかは生じる理解——確かに暫定的であっても最終的であることを意味しない，事実から導き出される推論——へと導く正真正銘の探究を促そうとするものである。先導する問いは，単に言われたことや読んだことを覚えたり，本のどこに見つければいいかを知っているだけで答えられるものである。トピックごとの本質的な問いは，分析，解釈，主張の構成——言い換えれば，本物の思考——を必要とする。

　観念や問いに結びついておらず，最終的な答えや疑いようのない答えをもたらすトピックごとの問いは，第3段階における指導の一部としてより適切に位置づけられる。

■ 本質的な問い —— 複数であることを強調する

　この議論が示唆しているとおり，1つの問いですべてを成し遂げることはできない。**本質性**の様々な意味からいって，また私たちが設計者として持つ様々なゴールからいって，本質的な問いについて考えるために最も役立つ方法は，相互に関連する問いの**組み合わせ**という観点から考えるものである。最良の単元は，その**多様性**と**バランス**からいって最も効果的な複数の本質的な問いを中心に組み立てられる。少し例を検討してみよう。

　トピックごとの本質的な問い：ヘレン・ケラーの『わたしの生涯』と，アンネ・フランクの『アンネの日記』から，私たちは何を学ぶのだろうか？　あなたは彼女たちの人生をどのように比較し，対比するか？　それぞれの書き手が「見ていること」「見ていないこと」は何か？

包括的な本質的な問い：どのような「フィクション」が，ノンフィクションに入り込むのか？　自伝の著者が見えないことは何か？　書き手が見ることができて，他の人が見ることができないのは何か？

トピックごとの本質的な問い：位の値の価値は何か？
包括的な本質的な問い：数学的な言語の長所・短所は何か？　数学的な表現の限界は何か？　すべてのものは量化できるのか？

トピックごとの本質的な問い：磁力とは何か？　電気とは何か？　重力とは何か？
包括的な本質的な問い：力が直接的に見えないとしたら，私たちはどのようにして力がそこにあると知るのか？　ある理論が，単に純理論的なものではなく「科学的」なものとなる条件は何か？　物理学における力は，人々の行いにおける無形の「力」とどのように類似しているのか？　心理学は，物理学と歴史学のどちらにより似ているのか？

　このような組み合わせは単に，トピックごとの探究，包括的な探究，手引きとなる探究，解決しきれない探究の間のバランスを保つだけではない。問いの**組み合わせ**は，狭い探究と広い探究との間，また試験的な理解とより深い理解，さらに必要な探究との間の，活発で繰り返される動きを示す。理解のための指導の技巧には，トピックごとの探究と包括的な探究のきめ細かな混合だけでなく，解決しきれない探究と手引きとなる探究の繊細な混合が必要なのである。正しいバランスを確保することによって，私たちは，熟達者の最も強力な洞察とともに，知的な自由と創造性が尊重されていることを示すのである。

■ 本質的な問いを生み出すためのヒント

　単元を組み立てる際に，どうすれば最も良い問いの組み合わせを考え出すことができるだろうか？　役立つトピックごとの問いを確認するために，私たちは，クイズ番組「ジェパディ！」[vi]の形式を用いて始めるかもしれない。教科書に見いだされる内容——学ばれるべき「答え」——からいって，教科書が要点をつかんだ答えを提示しているような，重大な観念（とそれによって示唆される関連する研究）についての重要な問いは何か？　先に述べた問いの種類に関するあらゆる区別に，はまり込まないでほしい——ただ，その単元の位置が定まるような，良い問いのリストをブレーンストーミングすればよいのである。

　「三権分立」の例に戻ろう。この用語が「答え」だとすれば，生徒がその基底にある観念とその価値を理解するのを助けるような良い問いとは，どのようなものだろうか？　「なぜ，権力の均衡が必要なのか？　代替案は何か？」はどうだろうか？　あるいは，次のような難

---

vi)「ジェパディ！（Jeopardy!）」とは，米国で人気のクイズ番組。3人の解答者の早押しによる対戦形式（3人のうち1人は前回のチャンピオン）。6つのジャンルから各5問，合計30題出題される。

題を組み立てることもできるだろう。「この提案に至るまでに，創設者たちが**自分自身に問いかけた**問いとは，どのようなものだっただろうか？」 この単元により特有な問いは，「なぜ連邦派の人々は権力の均衡を提唱したのか，そしてもう一方の立場からの主張は何だったのか？」かもしれない。

私たちが，いったんトピックごとの問いを1つ以上明確にしたら，特定の内容を超えて論争的で豊かに転移するような方法へと誘うような，より幅広い問いについて考える必要がある。次のことを考えてみよう。「『ザ・フェデラリスト』[vii]でいうところの『すべての人間は天使ではない』という事実からいって，どのような政府の構造が最も適しているのだろうか？ 人間の本質についてのこの前提を拒絶するとすれば，政府についての帰結は何だろうか？」より幅広く，より論争的にしてみよう。「権力を分担するのが賢明なのは，どのような場合か？ 分担することによって，権力を得るのはどのような場合か（そして失うかもしれないのはどのような場合か）？」 これらのより包括的な問いは，どれも思考を刺激し，転移する価値を持ち，先行する知識に結びつき，核となる内容を必要とする──換言すれば，私たちの規準を満たすものである。

もう一つの実践的なアプローチは，全国の内容スタンダードか州の内容スタンダードから，本質的な問いを導き出すものである。スタンダードを見直し，繰り返し出てくる鍵となる名詞（すなわち重要な概念）を明確にし，それらを問いの基礎として用いる。次の例では，宣言的な記述からどのように疑問文が創り出されているかに気づいてほしい。

生命科学：すべての生徒は，細胞についての理解を，細胞の生まれ方，育ち方，再生産の仕方を含む多細胞の有機体の機能に応用する。（ミシガン州科学スタンダードより）
トピックごとの本質的な問い：細胞によって生物が構成されていることをどのように証明できるだろうか？ 私たちが皆，細胞からできているのならば，なぜ私たちは同じような姿をしていないのか？
包括的な本質的な問い：科学者はどのように物事を証明するのか？

ダンス：意味を創造し，交流する方法として，ダンスを理解する。（全米芸術教育スタンダードより）
トピックごとの本質的な問い：私たちは，ダンスを通してどのような観念を表現できるのか？ 動きによって，どのように感情を伝えることができるのか？
包括的な本質的な問い：芸術家は，自分が考えたり感じたりしていることをどのような方法で表現するのか？ メッセージは媒体によってどのように影響されるのか？ 芸術家ができて，芸術家でない人ができないこととは，どのようなことか？

体育（第6学年）：運動スキルの学習と発達に，動きの概念と原理を応用する。（全米スポー

[vii] 『ザ・フェデラリスト（*Federalist Papers*）』とは，米国憲法の批准を推進するために，1787年から1788年にかけてハミルトン（Hamilton, A.），マディソン（Madison, J.），ジェイ（Jay, J.）が書いた一連の論文である。

ツ・体育連盟〔National Association for Sport and Physical Education〕より）
トピックごとの本質的な問い：私たちはどうすればコントロールを失うことなく，より強い力で打つことができるのか？　距離とスピードのためのフォロースルーはどれぐらい重要なのか？
包括的な本質的な問い：どのような種類の練習が「完璧をつくる」のか？　どのようなフィードバックがパフォーマンスを最も高めたり向上させたりするのか？

　関連するプロセスは，第1段階で確認された永続的理解から本質的な問いを導き出すというものである。たとえば，「生物は苛酷な環境や変わりつつある環境で生き残るために，適応する」という理解は，当然，「生物は生き残るために，どのように適応するのか？」という問いを伴っていることを示唆している。

　理解の6側面は，第2段階における理解の指標としての機能に加えて，論争的な問いを生み出すのにも役立つ枠組みである。図表5.3は，それぞれの側面についての問いを引き出す言葉のリストである。

　明らかにカリキュラム設計者は，学習計画において，わかりやすいことから曖昧なことへと賢く進展する道筋を，精密に計画することが必要である。しかし第1段階における挑戦は，「逆向き設計」に関連している。現時点でそのような問いに対処できるように思われようと思われまいと，生徒に**最終的には**うまく扱えるようになってほしいのはどのような問いなのか？　つまるところ，これが，本質的な問いが第1段階に位置している理由である。そのような問いを投げかけ思慮深く検討する能力は，単なる指導上の計略ではなく，求められている結果なのである。

設計のヒント

　UbDワークショップに参加する教師たちはたびたび，1つの単元につき，いくつの本質的な問いを設定すべきかと尋ねる。私たちは海兵隊の新人募集スローガン[viii]をもじったものを勧める。すなわち，「私たちは少数精鋭の問いを求めている」。それらが真に本質的であれば，優先事項を設定することができ（かつ設定すべきであり），あらゆる鍵となる観念を看破することを助けることができる（かつ助けるべきである）。あなたが話し合い，研究，問題解決といった方法で活発に調査しようと意図していない問いについては，述べないようにすること。

---

viii)「海兵隊は少数精鋭を求めている（The Marines are looking for a few good men）」というスローガン。

図表 5.3　理解の6側面にもとづいて問いを引き出す言葉

説明

誰が_____？　何を_____？　いつ_____？　どのように_____？　なぜ_____？
_____において鍵となる概念／観念は何か？
_____の例は何か？
_____の特徴／部分は，どのようなものか？
　これはなぜそうなのか？
どのように私たちは，_____を証明／確認／正当化できるのか？
どのように_____は_____に結びついているのか？
もし_____だとすれば，何が起こるのか？
_____について，よくある誤概念は何か？

解釈

_____の意味は何か？
_____は，_____について何を明らかにするのか？
どのように_____は_____に似ているのか（アナロジー／メタファー）？
_____は，どのように私／私たちに関係しているのか？
だから何なのか？　なぜそれが重要なのか？

応用

いつ，どのように，私たちはこれ（知識／プロセス）_____を活用することができるのか？
どのように_____はより広い世界において応用されているのか？
_____（障害，制約，難題）を克服するために，私たちは_____を
　どのように活用することができるのか？

パースペクティブ

_____についての異なる視点はどのようなものか？
このことは，_____の視点から見ると，どのように見えるのか？
_____は，どのように_____と似ている／異なっているのか？
_____に対する，ありうる反応としては他にどのようなものがあるか？
_____の長所と短所は何か？
_____の限界は何か？
_____の証拠は何か？
証拠は信頼できるものか？　十分か？

共感

_____の立場になってみると，どのようだろうか？
_____について，_____はどのように感じるだろうか？
どのように私たちは_____についての理解に達するだろうか？
_____は何を私たちに感じさせ／見させようとしていたのか？

自己認識

私はどのように_____を知っているのか？
_____についての私の知識の限界は何か？
_____についての私の「盲点」は何か？
私はどのように_____を最もうまく見せることができるだろうか？
_____についての私の見解は，_____（経験，想定，習慣，偏見，スタイル）によって，
　どのように形づくられているのだろうか？
_____における私の長所と短所は何か？

■ 本質的な問いを用いるためのヒント

次に示す実践的な提案は，あなたが本質的な問いを，教室や学校，学区で応用するのを助けてくれるだろう。

- その問いを中心に教科課程，科目，学習単元，授業を編成する。「内容」を問いに対する答えにする。
- 問いに明示的に結びついているような評価課題を（前もって）選ぶか，または設計する。課題とパフォーマンス・スタンダードは，問いに対して承認できるような追究と答えが，実際にはどのようなものなのかを明瞭に示すべきである。
- 1つの単元につき，無理のない数の問い（2～5個）を用いる。少なければ少ないほど，多くを意味するものである。生徒が学業の焦点をいくつかの鍵となる問いに明瞭に合わせるよう，内容に優先順位をつける。
- 問いを利用しやすくするため，必要に応じて問いを「子どもの言葉」でつくる。その年齢集団にとってできるだけ魅力的で論争的になるように，問いを編集する。
- すべての子どもが確実に問いを理解し，その問いの価値がわかるようにする。これを確認するために，必要なら調査やインフォーマルな点検を行う。
- それぞれの問いについて，明確で具体的な調査活動と探究を引き出し，設計する。
- 1つの問いから次の問いへと自然につながるように，複数の問いを配列する。
- 教室に本質的な問いを掲示する。また，学習しノートを書く際にそれらが重要だということを明瞭にするため，それらの本質的な問いを中心にノートをまとめるよう生徒に勧める。
- 生徒が問いを個性化する［自分のものにする］のを，助ける。例や個人的な語，直観を共有させる。問いを生き生きとしたものにするのを助けるため，彼らに切り抜きと人工物[ix]（アーティファクト）を持ってくるよう勧める。
- 生徒の年齢，経験，その他指導上の責務を念頭におきつつ，問いを「解きほぐす」ために――下位の問いを検討し，含意を探るために――十分な時間を割り当てる。複数の問いの間の関連性を示すよう，問いと概念マップを用いる。
- 教科を超えた一貫性を持つような計画と指導となる可能性が高くなるように，他の教職員と問いを共有する。学校全体で包括的な問いを推進するため，職員室や教科ごとで会合・計画する場所に問いを掲示するよう，教師に求める。教職員の通信で，問いを打ち込み，配付する。教職員会議や保護者・教師・生徒の会（PTSA［PTAにstudentsが加わった組織］）の会合で，問いを提示し，話し合う。

---

ix)「人工物（artifact）」とは，ある文化において人間が使用するために生み出す道具・武器・工芸品など。考古学においては人工遺物を意味する。米国の教育場面では，「論文，何か組み立てたもの，草稿と最終版など」のように「単純なテスト問題だけでなく，かなりの作業が求められていることを指し示す」場面に用いられる（ウィギンズ氏から訳者への電子メールより）。

■ 解決しきれない問いを中心に学業を組み立てる重要性

〔深い内容へと入り，過度に網羅することを避けるという問題に対して〕
私たちが行った研究から出てくる，1つの答えを提案したい。
それは，組織する働きをする推測［問い］を用いることである。
……それらの問いは，次の2つの機能〔を果たす〕。
そのうち1つは，明白なものである。つまり，個別・特殊の中へ
一般的・全体的に見るパースペクティブを逆に持ち込むという働きである。
もう一つは，自明の働きではなく，思いもよらぬ働きと考えられうるものである。
それらの問いはしばしば，〔生徒たちが〕どこへ到達しつつあるのか，
どれぐらい十分に理解しつつあるのかを判定するための
規準としての働きをするように思えたのである。
――ジェローム・ブルーナー『認識の心理学』
(Bruner, 1957, p. 449 [邦訳：1978年（下），pp. 218-219])

　教育の要点は，ほとんど議論の余地のない調査結果を単に学習することではない。生徒は，深奥を見抜く問いと論証がどのように知識と理解を生み出すのかを，見いだす必要がある。もし転移が理解のための指導の鍵だとすれば，問いが生徒のより深遠な理解の原因であるだけでなく，すべての内容を生じさせる**手段**でもあることを明らかにするように，設計しなくてはならない。

　換言すれば，学校教育は，探究，批判，検証を通して理解がどのように生み出され試され固まってきたのかの内側に，生徒が入り込めるようにしなくてはならない。生徒を傍観する観察者ではなく遂行者（パフォーマー）となりうる存在として扱うようなカリキュラムが，生徒には必要である。彼らは，自分自身の探究と話し合いが，どのように熟達者の探究や話し合いと「本質的に」類似するものであるのかを経験しなくてはならない。また合意された鍵となる理解でさえ，継続的な探究によって長期的にはどのように変わりうるのかについて，経験することが必要である。このようにして生徒は，知識を，教師と教科書から学ぶべきものとして単に「あそこ」にある，切り離された「真実」としてではなく，探究の**結果**としてより深く理解するようになる。

　学習者自身の問いは，しばしば彼ら自身にとって重要ではないように思われている。「こんなこと，ばかげて聞こえるって知っているんだけど……」は，しばしば**素晴らしい問いの前置き**である。なぜ自己卑下するのか？　これは，単なる発達上のものでもなければ内気さの表れというわけでもない。単刀直入に網羅していく経験が際限なく与えられ，学校とは「正しい答え」についての場所なのだという感覚を持ってしまったために，問いを持つのは愚かな者か無知な者だけで，熟達者は問いなど持たないのだというふうに，いとも簡単に思わせてしまっているのである。

　内容を網羅しなくてはならないのだと主張する教師たちが，真に知的な問いには単に口先

だけの同意を示すだけで，絶え間なく先延ばしにし続けるとすれば，ひどい代価を支払っていることになる。先導する問いが限りなく続くことで，ほとんどの生徒の問いは次のようないくつかの馴染みのあるものへと縮減されてしまうだろう。すなわち，「これはテストに出るのか？」「これが，あなたの求めていることなのか？」「このレポートはどれぐらいの長さでないといけないのか？」である。

　生徒にとって**特定の**答えを学習することだけがゴールである場合，進展していく学業において**自然に**起こってくるような偉大できわめて重要な問いは，指導の中で「覆い隠されてしまう」――その結果，参加が弱まり，理解も乏しくなってしまう。現在信じられていることだけを際限なく網羅していくことによって，やがて思慮深い探究は押さえつけられてしまうであろう。これは，哲学者ハンス＝ゲオルグ・ガダマーが示唆しているとおりである。

　　意見が固定的なものであるのに対し，問いは，対象とその可能性を流動的にする。問うことの「技巧」に長けた人は，優勢な意見によって問いが抑圧されることを防ぐことができる人である。……問いを抑圧するのは，意見である。(Gadamer, 1994, pp. 364-365)

　2003年，『ニューヨーク・タイムズ』は25周年記念として，「科学タイムズ」の欄において，現在の科学における最も重要な25の問いを取り上げた。いくつかの例を検討しよう。

　　身体はどれぐらい入れ換え可能なのか？
　　私たちは何を食べるべきか？
　　男は必要なのか？　女は必要なのか？
　　ロボットは意識を持ちうるのか？
　　次の氷河期はいつ始まるのか？　（sec. D, p. 1）

これらの問いが，典型的な科学の教科書に行き渡っているような活気のない問いと比べて，いかに質的に異なっているかに気づいてほしい。上記の問いはすべて「生き生きとしたもの」でありながら，同時に幼稚園から第16学年までの科学教育においてある程度検討されうるものである――そして，学校が実際にレリバンスのある，エンパワメントする場であろうとするなら検討されるべきものであろう。本質的な問いによって組み立てられたカリキュラムを学習者に常に提供することは，知識の性質についてだけでなく，知的な自由の重要性と有効性について，永久の感銘を残すことでもある。

　したがって，看破は単なる良い方略や教育哲学ではない。カリキュラムを組み立てる際に問いを用いることは，私たちの単なる審美的要求やイデオロギー的要求ではない。内容における鍵となる観念について，真に問いかけ探究し続けることで調べるのでなければ，法廷でのすべての主張と証拠を検討しないで信用するようなものだと言えるかもしれない。そのような指導では，優先順位がつけられていない観念と事実のごた混ぜしか残らず，ひいてはあまりにもたくさんのランダムな意見があるように感じられて終わってしまう。生徒が，鍵と

なる理解を，(信じるべき権威のある教科書や教師の主張——暗記すべき「事実」——としてではなく)関連づけと推論の**結果**として見ることができるように，内容についての思慮深い審問がなくてはならない。

このような表現は奇妙に聞こえるかもしれないが，このことは，初心者であろうと熟達者であろうと，私たちすべてがいかに理解するようになるかについての重要な真実を指し示している。私たちは，初めてその理解に達した学者が感じたような，「なるほど！」という感嘆を与えうる学業を生徒に提供しなくてはならない。結局のところ，それが先駆者たちが未知なことを理解するようになったやり方——学習者のように問いを投げかけ，観念を検査すること——なのである[1]。これが，ピアジェが賢明にも，「理解することは発明することだ」と述べた理由である。

> いったん子どもがある概念を繰り返したり，学習の状況においてそれらをいくらか応用することができたりするようになると，その子どもはしばしば理解しているかのような印象を与える。しかしながら，……真の理解は，新しく自発的に応用することによって現われるものである。……ある概念や理論を本当に理解することは，その〔生徒〕によってこの理論が再発明されることを含意している。(Piaget, in Gruber & Voneche, 1977, p. 731)

対照的に，内容スタンダードの文書や地域のカリキュラムの多くは，内容ゴールを直接的な指導によって「学ばれる」べき事実のような文章としてまとめるという間違いを犯している。そうして，最も悪い意味における「網羅」を推進するという危険を冒している[2]。網羅することによって，学習とスタンダードを満たすことに関する2つの非常に重要な理解を，生徒からだけでなく教師からも隠してしまう。2つの理解とはすなわち，(1) 理解は問いと探究から導き出されること，そして，(2) 知的なスタンダードを満たすことには，単に熟達者の意見を受け入れることだけでなく，それらを調査すること，それらに疑問を投げかけることさえもが，必要だということである。

では，その教科について大人が理解に向かう途中で直面した競合する概念，理論，視点とは何だったのか？　様々な教科書の執筆者が合意に至る**前**に持っていたのは，どのような問いと**論争**だったのか？　生徒に，苦労して獲得された構成物としての**理解**と，ただ把握すればいいように用意されている**知識**との間にある違いをつかませようとするのであれば——もし理解を，再生のために網羅され学習されるべき事実としてではなく，証拠と論証にもとづく判断や推論としてみることを学ばせようとするのであれば——，このような観念の歴史のある部分は本質的である。

要するに，ブルーナーからの引用が示唆しているとおり，最良の本質的な問いは——もし私たちが設計をそれらにもとづいて行うことに献身するならば——，より深い洞察とパースペクティブを与える能力以上の，驚くべき恩恵を持っているのである。それらは，私たちの学習の進展を判断する**規準**としても役立ちうるのである。それらによって，私たちは単なる

答えではなく，探究に焦点を合わせ続けることができる。

　したがって本質的な問いは，「あれやこれや」を教える際の単なる計略でも第3段階の方策でもない。本質的な問いは，ゴールを組み立てる。それらを問いかけ追究することは，教師と学習者の責務である──だからこそ，（より「先生らしい」問いが第3段階に位置づくのに対し）本質的な問いは第1段階に位置づくのである。こうして，確実に，学習が単なる魅力的な活動や無差別の網羅に留まらないものとなるよう，問いを追究することは，教師と学習者としての私たちが，活動や学習課題の教育的な有効性を**検査**することを可能にするのである。私たちは，この授業と単元で，よりよく問いに答えられるようになっているのだろうか？（そうでないとすれば，生徒と教師には調整が必要である。ちょうど効果的なコーチと運動選手がパフォーマンスの結果に応じて調整するのと同様に，効果的な設計者は，途中で自分の計画を修正することに躊躇してはならないのである。）

　学業の焦点として，どのような特定の見地を教師（やクラス）が選ぶかにかかわらず──結局，良い問いをすべてうまく調査することはできないのだから──，明瞭にしておくべきなのは次のことである。すなわち，トピックごとの本質的な問いと包括的な本質的な問いを混合することによって，設計はより焦点の合ったものとなり，生徒の役割はより適切なことに知的で活発なものとなる。そのような焦点なくしては，生徒は，大量の，関連づけられていないもろもろの活動と，発達していない諸観念とともに取り残されてしまう──そこには，**パースペクティブも明瞭な知的アジェンダ**［協議事項］**も全く存在していない**。設計の本質として，問いを追究する必要性が全くなく，探究において内容を活用することも全くなければ，生徒は無意識のうちに受け身にされてしまう。「聞いて読んで，教えられたことを再生したりあてはめたりしなさい」というのが，明瞭なメッセージとなるだろう。どんなに教師が興味深くとも，あるいは個々の授業がどんなに活発であろうと，本質的な問いを中心に設計されたカリキュラムに取り組むのでなければ，目的のない網羅と活動という双子の過ちが待ち伏せしているのである。

ボブ・ジェームズに見る「逆向き設計」の実際

　ボブ・ジェームズは，本質的な問いをさらに熟慮したことをふまえて，もともとの計画を再考している。

　すべての学業を通して本質的な問いをかかげ，より深い探究への手引きとして役立てる一方で，理解を研ぎすませるためのとても正確な探針や関連する問いとしても用いるというアイデアは，気に入った。教え始めてからというもの，僕は，考えを鋭くするための問いを投げかけることによって，生徒の思考を伸ばすよう努力してきた。たとえば，「……の例をもう一つ挙げてくれるかな？」「このことはあのことにどのように関連しているかな？」「もし……だとすればどんなことが起こるだろうか？」「……に賛成するかい？　なぜ？」と。こういった日々の問いを投げかけることはかなり得意だったつもりだが，栄養の単元について

は，ここで描かれたような種類の，より幅広い問いについて，もっと考えないといけないと気づかされたな。

さて，僕の単元の問い——「健康的な食事とは何か？」——は，明らかに包括的な問いに結びついている——「健康的な生活とは何か？」，または「健康良好とは何か？」だ。どちらにせよ，保健教育の教科課程全体における探究と議論の焦点を合わせることができるだろう。そして，まさにそれぞれの科目でこの問いを投げかけ続け，繰り返す評価方法によって長期的に追究していくことができる。

単元の問いを用いてカリキュラムを組み立てるというアイデアには，本当に考えさせられるな。とりわけ，「教科書が答えを示しているとすれば，問いは何か？」という考えには興味をそそられる。自分自身の教育を振り返ってみても，内容が明らかに重要で思考を刺激するような問いを中心に組み立てられていた科目を体験したことなんて，全く思い出せない。僕の先生や教授の中には，授業中に思考を刺激するような問いを投げかけた人もいたけれど，これらの単元の（本質的な）問いはそれらとは違っている。もしきちんとやり遂げれば，それらがいかにすべての学業と知識の習得の焦点を合わせてくれるのかということがわかる。これらの包括的な問いが，教科やトピックにおける重大な観念を指し示す上で有効だと認識し始めてみると，今は何だか少しだまされてきたように感じるな。

僕が正しい方向に向かっているのかどうかを確かめるために，お昼休みに職員室で同僚の先生たち何人かに僕の考えを持ち出してみたら，彼らはすっかりはまってしまった！ 僕の問いについてとても興味深い話し合いをしたし，そこから他の問いも出てきた。「もし自分たちだけで放っておかれたら，子どもたちは栄養的に必要なものを食べるだろうか？」「味覚は成長するにしたがって変化するのか——より健康的な方向へ？ そうだとすれば，なぜなのか？」「それなら，動物界における他の動物はどうなのか？ 若い動物は，自然に自分たちにとっていいものを食べているのか？」「子どもたちや大人の食事のパターンに影響を及ぼす上で，ジャンクフードの宣伝はどのような役割を果たしているのか？」。20分間の昼休みが終わるときには，僕らは本当に「沸き立っていた」のだが，あいにく僕は休み時間の仕事をするために立ち去らなくてはならなかった。このことについては，しばらく煮詰めてみようと思う。

次章の内容

問いによって単元が重大な観念を中心に組み立てられ，同時に問いがそれらを超えて包括的な観念を指し示すとすれば，どのような解決を私たちはめざすことができるのだろうか？ 学業を組み立てる問いと照らし合わせると，どのような理解を私たちは追求しているのか？ 私たちが「理解」を獲得するというときの意味は何で，それは「知識」と「スキル」を獲得するのとはどのように違うのか？ 次にこれらの問いに向かうことにしよう。

1) このことは，指導において一律に発見法を用いることを求めるものではない。むしろ私たちは，重大な観念を理解するためには，ここで述べたような種類の能動的な探究，話し合い，応用が必要だと注意しているにすぎない。指導のシーケンスの議論におけるこの問題については，第9章でより総合的に検討するので参照してほしい。
2) エリクソンは，様々な全国スタンダードの文書の限界を述べ，求められている問いと理解をより明瞭にする必要性について綿密に論じている。その議論については，エリクソン（Erickson, 1998）の第1章を参照。

第6章

理解を形づくる

　　　……冒頭の仮説 ── つまり，どの教科も，なにほどかそのままの形で，
　　どの子どもにも教えることができるということ ── が正しいとすれば，
　　カリキュラムは，社会の成員がいつも関心を持つ価値があると考えるような，
　　　　重要な論点，原理，価値を中心に編成されなければならないはずである。
　　──ジェローム・ブルーナー『教育の過程』(Bruner, 1960, p. 40 [邦訳：1963年, p. 67])

　　　　内容は，学問の代表的観念を例証するように選ばれなければならない。[中略]
　　　　　代表的観念は，学問の主要な特色を理解させる概念である。
　　　それらは，副次的または従属的な観念ではなく，学問の本質を解き明かすものである。
　　　　それらは教科の要素であり，教科の全体的，あるいは重要な局面を表す。
　　　　　　……代表的観念は教科の摘要なのである。
　　　　　　　──フィリップ・フェニックス『意味の領域』
　　　　　　(Phenix, 1964, pp. 322-323 [邦訳：1980年, p. 343])

　第2章では，「理解する」という言葉によって私たちが述べたいことを集約した。そこでは，「理解」が重大な観念の把握に関わっていること，そのような把握がなされているかどうかは思慮深く効果的な転移が起こるかどうかに反映されるものであることを強調した。そのような転移は，典型的には，第4章で論じられたような理解の6側面の1つ以上に関わるパフォーマンスを通して明らかになる。以下では，求められている理解の本質について，より精緻に見てみよう。単元の終了時までに，私たちは具体的には何を生徒に理解させることをめざしているのだろうか？　正確には，明白ではないが重要な何を，生徒に実感させようとしているのだろうか？　これらの求められている理解を，第1段階において私たちはどのように組み立てるべきであろうか？

　私たちは自分たちが唱道してきたことを実践することにしよう。すなわち，即座に答えを提供するよりも，これらの問いを中心に構成主義的な作業を行うように，読者に求めようと思う。私たちのアプローチでは，「概念の獲得 (concept attainment)」として知られる，理解のための指導技法を採用している。あなたの仕事は，図表6.1に示された，理解の例と理解ではない例の組み合わせを比較することによって，理解とは何かを見つけ出そうとすることである。換言すれば，次の問いに答えることである。すなわち，左側の列の例は，どのように類似しているのか？　右側の列にある，理解ではない例と区別する条件は何か？

図表 6.1 理解の例と，理解ではない例

理解の例	理解ではない例
●効果的な物語は，次に何が起こるかについてのテンション——問い，謎，ジレンマ，不確定性による緊張——を設定することによって，読者を惹きつける。	●読者と目的。
●液体の水が消えたとき，水蒸気に変わっており，空気が冷やされると液体として再び現れうる。	●水は，地表の4分の3を覆っている。
●相関関係は因果関係を保証しない。	●物事は常に変化している。
●意味を読み取る際に，解読は必要条件ではあるが，十分条件ではない。	●音読して，絵を見ること。

理解の際立った特徴

　図表6.1に示された理解の例と理解ではない例とを見比べたとき，理解については何を一般化することができるだろうか？　第一に気づくことは，すべての例が完全な文としてつくられており，一般的な重要性があるような特定の命題を示していることである——すなわち，それらはすべて，理解されるべき何かを特定しているのである。第二に，これらの例は，重大な観念——抽象的で転移可能な観念——に焦点を合わせている。それらは，複雑な分野についてどう学んでいくべきか指し示してくれる，有益な格言のようである。理解に見られる第三の特徴は，その獲得に関連している。学習者が，この叙述を聞いたり読んだりしただけでその意味を即座に，かつ完全に理解することはありそうもない。彼らは探究し，それについて考え，それに取り組む必要があるだろう。換言すれば，理解は抽象的で，直ちには明白ではないため，看破される必要があるだろう。

　さて，重要な区別をさらに強調し，私たちが理解について理解しつつあることをはっきりさせるために，理解ではない例を検討してみよう。第1の例（「読者と目的」）は，語句であって文ではない。それは，重大な観念に**言及**してはいるものの，それについて何ら明確な言明を行っていない。語句で述べられているために，設計者が読者と目的についてどのような特定の理解を求めているのか，私たちにはまだわからない。第2の例（「水は，地表の4分の3を覆っている」）は確かに文ではあるが，抽象的な，または転移可能な観念を提案してはいない。むしろ，単刀直入な事実を述べているだけである。この言明を理解するために，探究は何ら必要とされない。第3の例（「物事は常に変化している」）は，自明の理である。これでは，変化のプロセスの本質について，正確には何を学習者に理解するようになってほしいのか，特定できていない。このように全体的な表明では，これまで述べてきたような新しい洞察や意味を何ら提供していない。第4の例（「音読して，絵を見ること」）は一組のスキルに言及しているが，しかしそれらについての役立つ，転移可能な原理や方略を提供してはい

ない。換言すれば，理解すべき明確で概念的なものは何も提供していないのである。

　理解の例と理解ではない例との間にあるこれらの区別を念頭において，様々な教科とレベルから得られるさらなる例を検討してみよう。これらの例は，先述した特徴を満たしつつ，理解ではない例に見られた問題を避けていることに気づいてほしい。

- 市場で売買するどんな会社であれ —— 背景の特徴と消費の好みが異なることを考慮に入れると —— すべての消費者を同じ製品で満足させることに成功することはできない。そこで，どの消費者を満足させることができるのかを選ばなくてはならない。（ある大学のビジネスの科目より）
- 生物は，個としても種としても生き残るために設計されているのだが，しかし個として，または群集として生き残るためには，しばしば他の生物の死が必要となる。（第2学年の単元「生物の基本的なニーズ」より）
- 他の人の視点から書くことは，私たちが世界や私たち自身，または他の人々をよりよく理解する助けとなる。（第9学年の単元「フィールドからの洞察」，平和部隊〔Peace Corps〕によって開発されたカリキュラム教材より）
- 正しい数学的な答えは，時に，混乱した「現実世界の」問題に対する最良の解決策ではない。（高校の数学科より）
- 見えない多様性があるため，すべての教室は不均質なものとなる。（学部における教育方法の科目より）
- 写真はある視点を反映するものであり，何かを明らかにするだけでなく誤解を招くものともなりうる。（第4学年の教科横断的な単元「写真によって明かされる歴史」より）

これらの例が示唆しているように，理解とは，事実と経験にもとづいた，求められている教訓を取りまとめるものである。それは，私たちが生徒に**ゆくゆくは**把握してもらいたい転移可能な観念を手短に述べている。それは，内容を作り上げる様々な事実から結論を導き出すものである。

■ 理解の定義

　理解の際立った特徴をいくつか強調することによって，要約しておこう。

　1. 理解は，熟達者の経験から導き出された重要な推論であり，明確かつ有益な一般化として述べられる。
　2. 理解は，特定のトピックを超えて永続的な価値を持つ，転移可能な重大な観念に言及する。

　永続的理解は，より大きな概念，原理，またはプロセスに焦点を合わせるために，個々の事実やスキルを活用する。それらは転移から引き出され，転移を可能にするものである。つまり教科の中の，あるいは教科を超えた新しい状況に応用できるものである。たとえば，私たちはマグナカルタの制定を特定の歴史的な出来事として学習するが，それは，より大きな

観念，法の支配に関わる重要性を持っているからである。すなわち，適正手続のように，明文法によって政府の権限の限界と個人の権利が明確になるという観念である。この重大な観念の源泉は，近代民主主義社会の第一歩となった13世紀イングランドに遡る。生徒は，この理解を新しい状況において，たとえば発展途上の世界において現れつつある民主主義について研究する際に，用いることができる。

 3．理解は，抽象的で直観に反する，誤解されやすい観念に関わっている。
 4．理解は，「看破」によって最もうまく獲得される（つまり，理解は学習者が帰納的に発達させ共同で構成したものでなくてはならない），また教科「する」こと（つまり，観念を現実的な設定で現実世界の問題に活用すること）によって最もうまく獲得される。

 カリキュラム設計の目的は，生徒が推論を導き出すのを助けることである。生徒が理解するためには，実践者が新しい理解を生み出すときに行うことを，真似なくてはならない。すなわち，熟考し，提案し，検査し，問いかけ，批判し，立証することが必要である。理解は，信念によって受け入れられるものではなく，精査され，実証されるものである。

 「看破」すべき対象の候補として最良のものは，最も誤解されやすい概念と原理である。それらは通常，明白ではなく，直観に反するだろう。たとえば物理学において，生徒はしばしば重力，質量，力，動きに関する観念に苦労する。ビー玉とボウリングのボールを同時に落とすとどちらが先に地面に着くかを予想するよう求めると，多くの生徒は，間違ってボウリング玉を選ぶという一般的な誤概念を示す。生徒は，どのような重要な概念とプロセスをなかなか把握できなかったり，よく誤解したりするのだろうか？　彼らが通常，苦労するのは何か？　どのような重大な観念について，誤概念を抱きやすいのだろうか？　これらは，選び出して看破させるべき ―― 理解をめざす指導のための ―― 実り豊かなトピックである。

 5．理解は，スキルの領域における重要な方略の原理を集約するものである。

 多くのスキルがうまく習得されるのは，パフォーマンスにおいて賢明に用いられるような，円滑で柔軟なレパートリーの一部になったときのみである。そのためには，単なる反復練習だけでなく洞察 ―― いつ，どのスキルを用いるべきかを判断する能力 ―― が必要である。つまり，応用されるべき，関連する方策的・方略的原理を理解するようにならなくてはならない。たとえば，物語を理解しつつ読むには，その物語が何について書かれているものなのかを，著者が常に述べているとは限らない ―― その意味は，行に書かれていることにではなく，行間にある ―― という観念を積極的に応用することが必要である。この理解によって，たとえば要約し，テキストに疑問を投げかけ，予測し，意味を捉えるために文脈の手がかりを用いるといった，把握するための特定の方略を活用する文脈が設定される。

 ここで私たちは，リン・エリクソンが理解について行った見事な研究に注目しておかなくてはならない。私たちはリンとの話し合いや文通を通して，また本書の第1版が出版された後の彼女の作品を注意深く読むことによって，理解についての私たちの理解をより鋭敏にする必要性を自覚させられた！　いささか恥ずかしいことなのだが，本書の第1版では，理解とは何かについての扱いが，とりわけその例において一貫していなかったことに，私たちは気づいたのである。私たちが理解とは何かについてのより一貫した綿密な説明を発展させる

ことができたのは，（第3章でふれた）一般化に関するリンの研究を通してである。

> 一般化は，正式にはある関連性の中で述べられた複数の概念として定義される。普遍的な一般化は，概念と同じ特徴を持っている。
> - 幅広く，抽象的である
> - 普遍的に応用される
> - 一般的に不朽である ── 時代を超えて持続する
> - 様々な例によって表現される（Erickson, 2001, p. 35）

そしてリンもまた，彼女の本の改訂版で，私たちの考えを反映させた。

> 一般化は，永続的理解であり，「重大な観念」であり，学習における「だから何なのか？」という問いへの答えである。（Erickson, 2001, p. 33）

■ トピックごとの理解と包括的な理解

　第5章では，**包括的**な問いと**トピックごと**の問いとの違いを交えながら，本質的な問いのスコープの違いについて論じた。同様の区別は，求められている理解についてもあてはまる。理解の中には，総合的なものもあれば，より固有なものもある。そこで，ここでもまた私たちは，**包括的**な理解と**トピックごと**の理解を区別する。図表6.2に示した例の組み合わせを検討してほしい。

　これらの組み合わせが示しているとおり，理解は，抽象化もしくは一般化の度合いによって，入れ子状に存在しうるものである。左側の列に示された理解は，右側の列に示されている対応する理解よりも一般的なものである。それらは，トピックや学習単元の詳細を超え，より転移可能な知識を指し示している。したがって，これらの達成目標は，重大な観念への関連づけを提供するため，**包括的な理解**として記述されうるものである。学業がより大きな目的に何ら関係ないように思われるときに，生徒は共通して「だから何なのか？」という問いを発する。包括的な理解を明確に叙述することは，この問いを扱う上で役立つ。右側の列に示された例は，トピックに固有な洞察である。私たちはそれらを，**トピックごとの理解**と呼ぶ。トピックごとの理解とは，私たちがあるトピックに関して深めていきたい特定の理解を明確にするものである。

　私たちは，学習ゴールをつくる際に，トピックごとの理解と包括的な理解の両方を明確にするよう勧めたい[1]。（教科課程の設計を論じる第12章で明らかにするとおり，個々の教師が単元設計の際に学習上の優先事項を明瞭に設定できるように，教科部会や教科課程領域のチームが，包括的な理解と本質的な問いを中心にカリキュラムを組み立てることを，私たちは推奨する。）

図表 6.2　包括的な理解とトピックごとの理解の例

包括的な理解	トピックごとの理解
●大統領は，法の適用外ではない。 ●民主主義には，単なる自由な報道だけでなく，勇敢な報道が必要である。	●ウォーターゲート事件は，重大な憲法上の危機であり，（ニクソン陣営のスタッフの一員が言ったような）「三流の住居侵入」でも，単なる政党間の選挙上のごまかしでもなかった。
●現代小説は，より真正で魅力的な語りを生み出すために，たくさんの伝統的な小説の要素や規範を覆すものである。	●ホールデン・コールフィールドは，「素晴らしい冒険」をする普通の少年ではなく，疎外された，ヒーローの資質に欠けた主人公である。
●重力は，物質的なものではなく，実験を通して発見されたとおり，すべての落下する物体が一定の加速度を持つことを述べる用語である。	●降下する角度や距離ではなく，垂直の高さが，落下する宇宙船がいずれ「着水」するときの速度を決定する。
●公準は，どんな公理のシステムよりも**論理的に先行している**が，鍵となる定理を正当化する事実の**後**でのみ創り出される。それらは，真実でも自明でもないが，しかし恣意的なものでもない。	●平行線公準[i]は，その厄介さや定理っぽさにもかかわらず，ユークリッド幾何学において非常に重要な基礎である。
●自由市場経済において，価格は需要対供給の関数である。	●ベースボール・カードの価値は，その状態や，手に入る類似したカードの数だけでなく，誰がそれを欲しがるかによる。 ●eBay[ii]における売却形態は，ある人にとってのガラクタが，他の人にとっての宝物であることを明らかにしている。
●スポーツにおいて得点する機会が増えるのは，攻撃のスペースをつくって，守備を広げ，選手を「オープン［自由に動ける状態］」にすることによる。	●スペースをつくり，それを利用することは，サッカーで勝つ秘訣である。 ●サッカーの守備では，攻撃側の選手がフィールドの真ん中でオープンにならないようにする必要がある。

i) 平行線公準とは，「1直線が2直線に交わり，同じ側の内角の和を2直角より小さくするならば，この2直線は限りなく延長されると2直角より小さい角のある側において交わる」というものである。I・L・ハイベルク編（中村幸四郎他訳）『ユークリッド原論――縮刷版』共立出版，1996年，p.2。
ii) eBayは，米国を中心とする世界最大のオークションサイトである（http://www.ebay.com/）。

トピックごとの本質的な問いと包括的な本質的な問いに関してそうであったのと同様に，トピックごとの理解と包括的な理解を区別する確固たる手っ取り早いルールは存在していない。科目の内容のスコープ，教科内容の優先事項，生徒の年齢，その単元に割り当てられた時間，その他の要因によって，めざしている理解の幅と深さは影響されるだろう。違いを絶対的な大きさやスコープを持ったものとして考えるよりも，包括的な理解を，やがては求められるべき転移可能な洞察を表現するものとして考えるのが最善である。換言すれば，特定の単元に関してあなたが求めている理解からいえば，それらの洞察は，生徒が他の学業に関連づける力を発揮するのに役立つように，どの程度一般化されうるのか？　逆に言えば，どのような繰り返す観念──このトピックごとの理解によって，この単元に埋め込まれた観念──によって，あなたの科目の学習課題を組み立てるべきだろうか？

■ 理解と事実的知識との対比

理解すると，事実を活用した主張がなされるようになる。それは，証拠と論理にもとづく，誰かの結論である。事実は，理解のための価値ある事柄であり，データである。理解は，データや解釈にもとづく理論を提供する。したがって，先述したように，デューイ（Dewey, 1933 [邦訳：1950年]）は，事実には感知（apprehension）が必要であるのに対し，理解には把握（comprehension）が必要であると論じたのである。事実を「つかむ」には，単に，言葉の意味をつかんだり，データを見たりすることができればいい。理解を「つかむ」には，さらに多くのことが必要である。すべての言葉の意味やデータの意味が明瞭になった後でさえ，その意義はわからないかもしれない。私たちは，諸事実についての問いを投げかけ，それらを他の事実と関連づけ，様々な状況に応用しようとしなければならない。理解は，事実の表明として単に受け入れられるのではなく，徹底的に検討され，適切で役立つ結論として実証されなくてはならない。

わかりにくい漫画や難しいクロスワード・パズルならどれでも，この点の例証となる。冗談や手がかりを「つかむ」のに，事実的知識は必要だが，それだけでは不十分である。人は，文字どおりの意味を超えて関連づけ，異なる可能性を検討し，理論を試し，推論しなくてはならない。どのような領域であれ，抽象的な観念を理解するようになるためには，同じプロセスが必要である。

このように理解は，事実から導き出される推論である。この概念的な区別については先に明らかにしたかもしれないが，実際にはこの区別は見失われやすい──とりわけ生徒には，である。次の2つの記述を検討してみよう。(1) 三角形には，3つの辺と3つの角がある（事実）。(2) 3辺が等しい三角形には，3つの等しい角がある（理解）。両者は，文としてみれば，ほとんど同じに見えるし聞こえる。しかし，(2) の文は，構文法からいえば (1) の文（事実）と似ているものの，教師と学習者に何を求めているかという点からいえばかなり異なっている。(2) の文（理解）は，証明を通して妥当になるような**推論**を示しているのに対し，(1) の

文は，定義からして，調べてみればそのとおりである。

したがって理解は，単刀直入な既知事項ではなく，既知事項**を活用して推論された結論**である。これが，「看破」が必要となる理由である。学習者にとっては単に受け入れることができるもののように見えるかもしれないが，実際のところ，真の理解がもたらされるためには，分析（部分に分けること）と総合（学習者自身の言葉や表現に再び組み立てること）を必要とするのである。私たちの指導が，内容を探究の対象とすることなく単に網羅するだけのものである場合，まさに私たちが非難しているはずの誤解と健忘症をもたらしてしまっているかもしれないのである。

■ スキルについての理解

すでに述べたとおり，教師の中には，UbDはスキルの指導には適用されないと考える者もある。彼らは，スキルを学習することは単に練習し洗練させることにすぎないと信じている。つまり，そこには何ら理解すべきことはない，と信じているのだ。私たちは，この主張に強く反論する。普通はスキルの領域だと見なされる教科における，理解についての次の例を検討してほしい。

- 最大限の動きで収縮する筋肉は，より大きな力を生み出す。（体育科におけるゴルフに関する単元より）
- より多くの言葉を知れば，私の考えをよりよく伝え，他の人の考えをよりよく理解することができる。（第2学年の言語科における詩に関する単元より）
- ボディ・ランゲージによって，表明を問いに，肯定を否定に変えることができる――また，ある表明の効力に影響を与える。（世界語のカリキュラム指針より）
- 料理する際に多くの人が捨ててしまう［食品の］断片や切れ端は，節約しつつ風味を増すスープ種を作るのに用いることができる。（高校の料理科におけるスープ種についての単元より）

これらの例は，理解と本質的な問いのための指導について先に述べた要点を補強している。スキルの発達に焦点を合わせた単元と科目は，求められている理解に**明示的に**関わっていなくてはならないのである。換言すれば，学習者は，スキルの**基底にある概念**，なぜそのスキルが重要で，何を達成する助けとなるのか，どのような**方略と技法**によってその効果が最大になるのか，そして**いつ**それらを活用すべきなのかを理解するようになるべきである。研究と実践によって確認されているとおり，理解にもとづくスキルの指導は，暗記学習や，反復練習－演習方式のみに頼る指導よりも，さらに円滑で効果的かつ自律的な熟達を促進する。（理解にもとづくスキルの指導の必要性に関する研究成果のまとめについては，第13章を参照のこと。）

第6章　理解を形づくる

> ■ **こんな誤解に注意！**
> 　内容スタンダードや授業の構想においてよく用いられる語句は，「生徒は……する仕方を理解する」というものである。このような言い回しは，UbDにおける混乱のもととなる可能性がある。
> 　しばしば，この語句は，実際に求められている学力が，実は理解ではなく個別的なスキル（例：筆記体で書く，パワーポイントのスライドを作る）である場合に，漠然と「……の仕方を学ぶ」という言い方と同義として用いられる。そのように個別的な知識とスキルの目標は，テンプレートではKとSの領域に位置づけられるものである。
> 　しかしながら，「……する仕方を理解する」ということが，基底にある概念と原理に対する思慮深い注意をも必要とするような一連のスキルを指しているのであれば，私たちは，（スキルだけでなく）まさに理解を扱っているのである。そのような場合には，先述したヒントが適用されるだろう。

◾ 内容スタンダードと理解

　明確にされている内容スタンダードに向けて指導するよう期待されているために，多くの教育者が，自分たちのスタンダードがどのようにUbDに結びついているのかについて知りたがる。すべての州と地方のスタンダードが「重大な観念」の理解として組み立てられることが理想であり，実際いくつかの州のスタンダードはそのようになった。たとえば，次に示す州のスタンダードの2つの例では，明らかに重大な観念が反映されていることを見てほしい。
- あらゆる生物は，生き残るために基本的なニーズを抱えている（例：水，空気，栄養分，光）。植物と動物は，成長，生存，再生産に関して様々な機能のための異なる構造を持っている。行動は，内在的な契機（例：空腹）と外在的な契機（例：環境の変化）によって影響される。
- 米国，カナダ，ラテン・アメリカにおける人々の集団の移動は，文化の伝播をもたらした。なぜなら，人々があちこちに動く際には，考えと生活の仕方とともに移動するからである。

しかしながら概して，スタンダードの示され方は州によって，またしばしば同じ州の中でも教科によって，大きく異なっている。バラバラの目標のリストの形で示されているスタンダードもあれば，大ざっぱに述べられているスタンダードもある。いわゆる理解と呼ばれているものの中には，相対的には単刀直入な事実やスキルだと明らかになるものもある。これは，次のヴァージニア州の学習スタンダードに示されているとおりである。
- 地球は太陽の周りを公転しているいくつかの惑星の1つであり，月は地球の周りを公転

している。
- 生徒は，世界地図の中で中国とエジプトの位置を見つけることにより，地図のスキルを発達させる。

そして，いくつかのスタンダードは，誰にとっても役に立たないほど，あまりにも漠然としすぎている。これは，次に示した例にあるとおりであり，これらの例もまたヴァージニア州のものである。
- 重要な歴史上の人物と集団が，カナダ，ラテン・アメリカ，米国の発展に重大な貢献をした。
- 消費者の需要に影響する要因がある。

これらの問題は，教育者が指定されたスタンダードに即してカリキュラム，評価方法，指導を組み立てようとしたときに表面化する。これらの懸念に対応するために，いくつかの州では，スタンダードを用いる教育者を助けるために補助的なリソースとなる指針を開発した。そして，いくつかの州では実際に，内容スタンダードを，UbD流の理解と本質的な問いの観点から再構成したのである[2]。ヴァージニア州（歴史／社会科学）とミシガン州（科学）の例を見てみよう。
- 生徒は，生産者が消費者のための商品とサービスを生み出すために，どのように天然資源（水，土，木，石炭），人的資源（働く人々），資本的資源（機械，道具，建物）を用いるかを説明する。
  理解：商品とサービスの生産者は，天然資源，人的資源，資本的資源によって影響される。
  本質的な問い：生産者は，商品とサービスを生み出すために，どのように天然資源，人的資源，資本的資源を用いるのか？（ヴァージニア州カリキュラムの枠組み——教師用教材ガイド）
- すべての生徒は，細胞についての理解を，どのように細胞が成長し，発達し，再生産されるのかも含む，多細胞の有機体の機能に応用する。
  本質的な問い：私たちは，細胞が生物を作り上げていることを，どのように証明できるのか？　私たちが皆，細胞から作られているのだとすれば，なぜ私たちは皆同じように見えないのか？（ミシガン州科学ベンチマークの説明〔MICLIMB Science〕）

全国，州，あるいは地域で，どのように内容スタンダードが述べられていようと，ほとんどの教育者はそれらの内容スタンダードに焦点を合わせる義務を負っている。次の節では，永続的理解を明確にするために，どのようにスタンダードを用いればよいかについて，実践的な提案を行う。

■ 理解を明確にし，組み立てるためのヒント

最初に示した一組の理解の例［図表6.1］では，理解が一般化や命題を示す完全な文として

第6章　理解を形づくる

つくられていることに気づいた。内容トピックからいって，生徒は，どのような推論にもとづく認識を理解して**身につける**べきなのだろうか？

　これは，十分簡単なことのように聞こえるが，実行するのは驚くほど難しい。理解を組み立てる際に共通して見られる問題点は，知らず知らずのうちにトピックを言いなおすことである。「私は生徒に南北戦争を理解してもらいたい」，あるいは「私は生徒に友情を本当に理解してほしい」というのは，確かにそれらのトピックについての文ではあるが，求められている理解についての命題ではない。換言すれば，これらの叙述は，学習者が南北戦争や友情について，どのような理解を身につけるべきかを特定していないのである。

　このような忠告は，十分明瞭に見えるだろう。だがしかし，教師の中には，たとえば「私は生徒に南北戦争の原因を理解してもらいたい」といったように，単に内容の焦点を絞るような答え方をする者もある。これも，同じ問題を抱えている。これでは単に，より詳細に内容のゴールを述べたにすぎず，原因に関して生徒に何を学習してほしいのかについては表現していない。あなたは生徒にそれらの原因について何を理解してほしいのだろうか，そしてなぜそれらが重要なのか？

　「ああ，やっとわかった。私は生徒に，南北戦争にはいくつかの重要な，相互に関連した原因——奴隷制の道徳性，連邦政府の役割に関する根本的に異なった見解，地域経済の相違点，諸文化の衝突——があったことを理解してもらいたいんだ」。そのとおり！　さあ，**これならば**，熟達者の洞察を明確に要約する理解の例となっている。

　この例が示しているとおり，この挑戦に対する実践的な取り組み方は，命題ないし格言として理解を述べることである。理解は事実ではなく推論であるため，あなた（や教科書の執筆者）がたくさんの事実**および**推論から導き出した全体的な結論を要約する一般化はどのようなものかを，考えなくてはならない。

　とりわけ役に立つと証明された単純なプロンプトは，「生徒は，～は……だと理解すべきである」という文を完成するよう，設計者に求めることである。そのような表現を用いることによって完全な文による答えが確保され，トピック（例：南北戦争）や概念（例：友情）だけを述べてしまう危険性を回避できる。（これが，私たちがこのプロンプトを設計テンプレートのＵの欄に書き込んだ理由である。）

　求められている理解を完全な文の命題として組み立てることは，必要ではあるが十分ではない。もちろん，すべての命題が**永続的**理解に関わっているとは限らないからである。「生徒は，アイスクリームが米国の生活において驚くほど大きな役割を担っていることを理解すべきである」という命題は，3週間の単元に値しない。また，生徒に「歴史では奇妙な出来事が起こる」ことを理解してほしいと提案することは，適切ではない。この叙述は確かにいくらか興味深い可能性を示唆しているものの，単元や科目の設計を組み立てるには絶望的に曖昧で役に立たないものである。一方，「私たちの過去において，大きな変化は意図的にというよりも偶然によって歴史的に起こったことを，生徒は理解すべきである」という記述は，歴史の研究に貢献することが可能な，思考を刺激する命題である。

　そこで，価値ある理解となるためには，命題は**永続的**でなくてはならない。この用語につ

図表 6.3　本質的な問いと理解を明確にする

プロンプトを記入した設計用ツール

可能性のある本質的な問いと求められている理解を明確にするために，次の問いの1つ以上を用いてトピックや重大な観念を抽出しよう。

トピックと重大な観念

どのような本質的な問いが，この観念やトピックによって投げかけられるのか？
この観念やトピックについて，**特に**何を生徒に理解するようになってほしいのか？

なぜ，＿＿＿＿＿＿＿＿＿＿を学ぶのか？　だから何なのか？

何が＿＿＿＿＿＿＿＿＿＿の学習を普遍的にするのか？

＿＿＿＿＿＿＿＿＿＿についての単元が物語だとすれば，その物語の教訓は何か？

＿＿＿＿＿＿＿＿＿＿のスキルやプロセスに含意される重大な観念は何か？

＿＿＿＿＿＿＿＿＿＿の基底にある，より大きな概念や論点，問題は何か？

＿＿＿＿＿＿＿＿＿＿を理解していなければ，何ができないのか？

＿＿＿＿＿＿＿＿＿＿は，より大きな世界では，どのように活用され応用されるのか？

＿＿＿＿＿＿＿＿＿＿についての現実世界の洞察は何か？

＿＿＿＿＿＿＿＿＿＿を学習する価値は何か？

本質的な問い：　　　　　　　　　　　　　　　　　　　　　　　　Q

理解：　　　　　　　　　　　　　　　　　　　　　　　　　　　　U

[Q＝essential questions　U＝enduring understandings]

いて，私たちは2つの異なる含意を提案している。
- その理解は，あまりに重要で役立つものだと証明されたため，時を超え，また諸文化を横断して，永続してきたものである。
- その理解は，生徒に内容の意味を汲みとることを助け，**また**鍵となる観念の転移を可能にするため，生徒の知性において永続すべきである。したがってそれは，単元が終わってしまっても，またはテストが完了しても，記憶から消えてしまわないようなやり方で，学習される必要がある。

提案されている理解の価値を判定し，成熟した一般化として組み立てるための実践的な方略は，図表6.3に示されているような問いの「フィルター」を通すことである。

理解と，発達に関する論点

　ここまで私たちは，**理解**の単刀直入な概念を示してきた。しかしながら読者の中にはきっと，物事はそれほど割り切れるものではないことに気づいた方もいるだろう！　実際，私たちは，明らかなパラドックスに直面する。1年生やその領域の初心者にとって，いわゆる事実の多くは全然明白ではない。若い学習者の経験のなさを配慮する場合であれ，人間の思考の歴史を考慮する場合であれ，私たちは，事実と理解との区別を不明確にする発達上の現実に直面しなくてはならない。当初は困難な推論であったものが，時を経て受け入れられ，「明白な」事実となりうる。したがって本質的な問いの場合と同様に，**本来**事実である記述や**本来**理解である記述などは，存在していない。事実か理解かは，学習者が誰なのか，その先行経験がどのようなものだったかによるのである。

　私たちが事実だと思う多くの物事は，現実には苦労して獲得された理解だという現実がある。この現実によって，設計者としての私たちの仕事はより困難なものとなる。たとえば，地球という惑星の形と運動について考えてみよう。これらの「事実」は，「理解」され受け入れられるまでには，かつて激しく論争された。（ちなみに，これらの物事は両方とも，立証するにはかなり深奥な経験を必要とした――例：星の観察におけるパラドックス，異なる緯度で同時に太陽が昇ること。）**私たちが事実として知っているという物事の多くは，決して個人的に立証されたものではない**。私たちは，完全には理解していなくても，それらを「既知事項」として受け入れるのである。さらに悪いことに，私たちが教えなくてはならない重大な観念の多くは，後に再生すべき事実であるかのように教えられてきたようである。

　ここに，時に理解と事実の区別がいかに厄介なものなのか，また，なぜ先行経験が重要なのかを示す実践的なテストがある。あなたは，次のことをどのように分類するだろうか――これらは事実だろうか理解だろうか？
- 色は雰囲気を創り出す。
- 非ユークリッド幾何学においては，相似の図形はなく，合同の図形しかない。
- コミュニケーションには，人々の間での意味の交渉が関わっている。

- 同じ文字の組み合わせが，異なる音，単語，意味を生み出しうる。
- 翻訳はコミュニケーションではない。

これらの叙述のいくつかは自明の理のように見えるのに対し，他のいくつかは奥義であったり新奇であったりするように見えるかもしれない。あなたが言語の教師だったら，あなたの答えは数学教師のものとは異なるかもしれない。幼い子どもたちを相手に働いているのなら，あなたの答えは大人を教えている人々の答えとは異なっているかもしれない。したがって私たちがすべきことは，学習者が誰であるのか，また私たちが事実ないし理解と呼んでいるものが学習者にとって本当にそうであるのかどうかを注意深く考慮することである。（これが，誤概念についての予備検査と途中での点検がなぜそれほど重要であるかの理由である。このことについては後の章で論じる。）

第5章で注目したように，どんな問いであれ，本来，本質的である，あるいは本来，本質的ではない，ということはない——本質的かどうかは意図次第なのである。同様に，どんな文でも，文脈から離れて観察しただけでは事実であるとか理解であるとかいった宣言はできない。学習者が感知すれば獲得できるのか，それとも学習者が良い設計とコーチングによって能動的に把握することによってのみ認識されるのかについては，設計者の見解次第である。その言明を把握するのにより多くの推論と「看破」を必要とすればするほど，また克服されるべき誤概念が一般的であればあるほど，それは理解である可能性が高い。聞いたり読んだりしただけで，あるいは出合っただけで学習者がそれを理解できると私たちが思える度合いが高いほど，それを事実と見なすべきであるという可能性が高く，（もしそれが重要ならば）UbDテンプレートの知識の欄に位置づけるべきである。

いったん適切な理解を見いだしてしまえば，学習者の理解を育成するというゴールは，教師が，理解を事実として教えるという根強い衝動に強固に抗しきれるかどうかにかかっている。実際，（教師か教科書が）事実を単に述べるやり方は，悪い意味での「網羅」に見られる主要な誤りである。すなわち，よく設計された学習活動によって解決されるべき問題として理解を扱う代わりに，複雑な推論を単に取り込まれるべき言葉として扱っているのである。

ここに，小学校の教師がしばしば他の学校階梯の教師よりも有利であるという事実がある。小学校の教師は，通常，大人が「知っている」ことの多くが，子どもにとって全く明白でも実体的でもないことをよく自覚している。最良の小学校の教師は，指導するには単にそれを「教える」ことだけでなく，大人の知識について「看破」することが常に必要であると理解している。生徒の年齢が上であればあるほど，熟達者が自明だと知っていることは，いったん示されるだけで生徒にもわかると，私たちは思い込みがちである。残念ながら，生徒の誤概念についての研究文献は，そのような思い込みがいかに素朴なものであるかを明らかにしている。

私たちは本書全体を通して，この問題を「専門家の盲点」と呼ぶ——これは，鍵となる授業では，事実の伝達ではなく，理解を巧みに扱わなくてはならないことを把握できていない，ということである。専門家の盲点が働いているとき，私たちは，このような理解についての理解を見失ってしまう。私たちにとって明白なことが，初心者にとって明白であることはめっ

たにない —— かつては私たちにとっても明白ではなかったのであるが，私たちは以前の見方や苦闘を忘れてしまっているのである。（ピアジェとダックワースといった研究者は，子どもたちに見られるこの現象を詳細に記録した。子どもは，かつて主張したことを忘れるだけでなく，実際にはかつてそれを主張したことを否定する —— 自分の声が録音されているテープを聞かされたときでさえである！）[3] 高校や大学レベルの教師は，私たちが事実と呼ぶ物事の多くがかつては直観に反する観念であったこと，それらは探究され，検査され，真の理解になるためにもう一度組み立てなおされなくてはならなかったことを，簡単に忘れてしまう。

　理解の6側面の言葉が表現しているとおり，専門家はそうしようと試みたときでさえ，しばしば初心者に共感することが難しいと気づく。だからこそ，とりわけその領域の専門家が教師としては初心者である場合，指導することが難しい。肯定的に表現すれば，私たちが教育者として成功するためには，学習者の概念的な苦闘に絶え間なく共感しようとしなくてはならないのである。

　専門家の盲点が作用している例として馴染みがあるのは，専門家が用いるすべての専門用語を初心者は学ぶ必要がある，と想定することである —— その用語に意味を与えるような経験が全くないままにである。

> 大部分がまた聞きの知識は……単なる言葉上のものになりがちである。情報を言葉で表現することに反対しているのではない。コミュニケーションは必然的に言葉を通して行われる。しかし，伝えられることを学習者の現存する経験へと組織することができなければ，それは**単なる**言葉になってしまう。すなわち……意味を欠いたものになってしまうのである。そうすると，それは機械的な反応を引き出すという働きをする……。〔中略〕生徒は，記号の意味を知る手がかりがないままに記号を学習する。彼は，自分に馴染みのある対象や操作との関連性を見つける能力を欠いたまま，専門的な情報の体系を獲得する —— しばしば，単に特殊な語彙を獲得したにすぎないのである。……〔単に〕定義，規則，公式などを「知っていること」は，ある機械の諸部分が何をするのかを知らないままに，それらの名前を知っていることに似ている。(Dewey, 1916, pp. 187-188, 220, 223 〔邦訳：1975年（上），p. 296；1975年（下），pp. 44, 49〕)

専門家の見地からすれば，専門用語と省略表現の言い回しは簡単で効率的なコミュニケーションを可能にするものである。初心者にとってそれらは，しばしば当惑させる，理解の障壁である。理解のための指導における挑戦は，教師の設計の結果としてもたらされた経験と観念を明瞭にするのに最も助けとなるときに，語彙を導入することである。

　本書から得られる単純な例が，この主張の助けとなるだろう。もし私たちがこの章を理解について単に定義することから始め，設計の他の側面へと進んだとすれば，あなたは**理解とは何か**を理解しただろうか？　私たちは，単純な観念を用い，予想可能な懸念を提起し，規準を示す前に理解の例と理解でない例を検討することによって，定義へと導いてきた。なぜ

規準が必要なのか，なぜそれらが意味をなすのかを説明することなく最初に規準を示すことは，多くの読者にとって混乱をもたらすものであっただろう。あなたは定義としては**理解**を理解したかもしれないが，理解を形づくり評価するのにその定義を用いることはできなかっただろう。（あなたがまだ良い理解を形づくる用意ができていないかもしれないという事実は，理解がなぜパフォーマンスを通して学習され振り返られなくてはならないかを示すもう一つの例である。）

■ ピタゴラスの定理に戻る

　私たちは，第2章でピタゴラスの定理の学習によく見られる転移の失敗を論じた。そこで，この重大な観念についてより深く再検討してみよう。「$A^2 + B^2 = C^2$ は，どんな直角三角形についても正しい」ということが理解だと言うことは，何を意味しているのだろうか？　なぜそれを事実とは呼ばないのだろうか？　それを理解と呼ぶことは，私たちが「意図的設計によって」すべきこと（とすべきで**ない**こと）に対して，何を含意するのだろうか？

　幾何学を学ぶまでその含意が明白ではないものの，この定理は幅広い応用可能性を持っている（例：図示された関数において距離と傾斜を計算する，あるいは正確な縮尺で何かを描く）。だがしかし，その馴染み深さにもかかわらず，この定理は単刀直入な事実でもなければ観察したところ明白な真実でもない。実際，直角三角形の図を単に見ただけでは，全く正しいようには思われない。それは，証明を**必要とする**主張なのである。この公式は，「もしあなたがその直角三角形のそれぞれの辺に正方形を描けば，短いほうの2辺に描いた正方形の面積を足すと，一番長い辺に描いた正方形の面積になる —— 直角三角形の形に**かかわらず**，常にである」と言おうとしている。それは明白ではないし，その実践的な活用法もまた明白ではない！（もし定理が明白だとすれば，それに証明は不要であろう —— それは，公理であろう。）

　そういうわけで，この主張を網羅すべき事実として扱い，後に再生されるように片づけてしまうことは，この文が馴染みのあるものに聞こえたとしても，ほとんど意味をなさないことが確かである。明白ではない重大な観念の理解を事実として扱うことは，第2章で描いたショーマンから引用したような健忘症，幻想症，無力症になってしまう危険性がずっと高くなる。誰しも，その重要性を全く理解することなく定理を事実として述べる可能性がある。ある文の記号が何を意味しているかだけを知っていること —— その文をどう言葉で言い換えるかのみを知っていること —— は，それを理解することと等しいわけでは**ない**。

　それでは，私たちが生徒に獲得してほしい理解**とは**，何なのか？　そして，そこに至るためには，どのような誤解を克服しなくてはならないのか？　ここに，相互に関連づけられている観念の多くと含意されている諸事実についての，非常に明示的な説明がある。これらは，その理解や含意を把握することが必要ではあるが，教科書や授業においてはめったに述べられないものである。

- その定理は，**どんな大きさ，または形**の直角三角形においてもあてはまる。
- この主張は実際，**ありうるすべての事例**にあてはまる。
- ありうるすべての事例においてそれを証明することができるため，あらゆる三角法が可能となり，同様に，見たところ比較不可能な形と面積を比較することも可能になる。
- ある定理が正しいと主張するためには，決して図解のイメージに頼ってはならない。実際のところ，ある主張は論理的な論証によってのみ正しくなるのにもかかわらず，図を見ることによって主張があたかも正しく見えてしまうと，イメージが誤解を招いてしまうこととなる。
- 換言すれば証明は，帰納的ではなく演繹的である。その結論に，疑いや不確かさは一切ない。それは，私たちの公理，論理，そして先行する定理の結果としてもたらされるものである。

これらの主張はどれも，明白ではない。私たちは，証明しようと試み，その結論が結論として擁護可能であり，観念として重要であると**私たち自身**を納得させることによってのみ，$A^2 + B^2 = C^2$ を理解できるようになる。これこそ，ピアジェが**理解すること**とは**発明する**ことだと言った意味である。ある意味において，学習者は，証明を証明として「発見する」のである。

ゴールとしての理解

　第1段階では，単元や科目の結果として求められている理解を1つ以上特定することが，設計者に求められている。第1段階は，設計者のためのものであって学習者のためのものではないことに，再び注意することが重要である。書かれた理解は，そのままの形では生徒にとって理解できるものではないかもしれない。本質的な問いの場合と同様に，私たちは，求められている結果（第1段階）についての思考を，それらの結果をもたらす学習計画（第3段階）と混同すべきではない。生徒に，私たちが書いたとおりの言葉で理解を暗誦させることが，要点ではないのである。要点は，私たち自身（と仕事仲間）にとってのゴールを明瞭に組み立てることである。理解については，「設計者」が「契約者」に対して書くものだと考えてほしい。それは，学習計画を構築するための青写真であって，完成した設計のための資料ではない。青写真を実現すること ── すなわち求められている理解を発達させること ── が，この設計の目的である。学習者が結果的にどのように理解しているのかは，第2段階において，彼ら自身の言葉の中で，または言葉を用いずに，あるいは様々なパフォーマンスによって最もよく明らかになる。そして彼らの理解は，第3段階における指導，経験的な活動，話し合いと振り返りによりもたらされるのである。

　ある単元設計のために第1段階において提案された次の理解を検討してみよう。
- 合力は，それぞれの物体の部分が生み出す力が適切な順序と正しいタイミングで単一の方向に働いている場合，それらの力の合計に等しい。

- すべての力が適切なタイミングで同じ方向に連続的に働いているとき，最大の加速と最大の力が得られる。
- 内力や筋肉の収縮は，力を生み出し，妨害し，止めうるものである。
- 内力の産出は，関わっている筋肉の数，関わっている筋肉の大きさ，伸ばすことによる反動，筋肉が収縮する距離，そして動きの速度に左右される。たくさんの力を必要とする動きには，体全体が関わっていることが必要である。
- 最大限の動きで収縮する筋肉は，より大きな力を生み出す。
- フォロースルーは体の部分の減速を許し，解放や衝撃の際により大きな運動量をもたらして，最大の力を生み出す可能性を高める。

大学の物理学や生体工学のように聞こえることだろう。しかしこれらは，先に引用したゴルフに関する体育の単元で求められている理解なのである！　初心者のゴルファーは，これらの観念を言葉で言いなおすことを期待されているのではない。ゴルフ・コース，ゴルフ練習場やパッティング・グリーンにおいて自分の動きと自己評価に反映させるような転移可能な理解として，その真実を把握することが期待されているのである。

そこで私たちは読者に，理解というゴールは授業が終わるまでに学習者が「返答」しなくてはならない叙述を表すとか，幼い学習者やその教科の初心者に理解させることは単純でなければならない，といった一般的な誤概念を避けるように警告する。それどころか，活用されている強力な観念の理解は，私たちにとって価値のある達成目標であり続けるのである。

このことは，述べられた理解についてあなた方は決して口に出すべきではないとか，それを子どもが親しみやすい言葉に変えるべきではないといったことを意味するのだろうか？　いや，そう言っているわけではない。実際，第3段階で，あなた方は熟達者と初心者の理解のズレを橋渡しするための計画を立てることになるだろう。私たちは，言葉の上での知識が要点ではないことについて忠告しているだけである。理解の証拠は，元来，生徒にその理解を言葉で述べることを求めるものではない。

■ 予想可能な誤解についての自覚

学習者はタブラ・ラサ［白紙状態］ではない。彼らは学習状況に，先行する知識，経験，そしておそらくはいくらかの誤概念を持ってやってくる。そのような誤解は混乱や不注意ではなく，通常，先行経験とその経験にもとづくもっともらしい推論から生まれたものである。その結果，理解を発達させるという挑戦は，学習者がより心を開き，慎重になるよう助けることとなる。なぜか？　なぜなら，存在している誤概念は理解の邪魔をするものであり，それらは認識され根こそぎにされなくてはならないものだからである。新しく改善された思考法を確立するためには，古い「事実」や思考と行動の習慣は問いなおされ，時には捨て去られなくてはならない。

したがって，理解するようになることは，新しいゴルフの振りや，話す際の発音を発達さ

せることにより似ている。私たちは，より有能で成功している生徒の多くが，古い理解が快適であるために新しい理解に抵抗することに気づき，驚くかもしれない。最も予想可能ではあるが役に立たない考え方を，攻撃的に探し出し根こそぎにするように学業が設計されていなければ，生徒の先入観は指導の影響を受けないままだろう。

実践的な要点として，私たちは設計者に，これから扱うトピックやスキルについて予想される誤概念や可能性のある誤解を，心の中で再検討するのを勧める。次の問いを検討してほしい。このトピックについて，どのような誤った情報を学習者は抱いているだろうか？ このトピックを教えているとき，最善の努力をしたとしても，いつも持ち上がるように思われる典型的な「危険地帯」はどこなのか？

皮肉にも，潜在的な誤概念を明確にすることは，私たちが求めている理解をよりよく理解し，避けられない妨害を識別するのを助けてくれる。たとえば，水泳についての予測可能な（時には保護者によって植えつけられた）誤解は，手を「カップ状にし」，水を「つかむ」べきだというものである。このことは直観的には意味をなすかもしれないが，運動についての物理学の基本的な原理に反する。すなわち，水と接する面積を大きくすることによって，より大きな力を生み出すことができる，という原理である。したがって私たちは，初心者の泳者に，水の中で腕を引くときには手の形をカップ状ではなく平らに保つべきだと理解させたいのである。

■ 理解は単一ではないかもしれないことを理解する

私たちが解決しきれない本質的な問いと再考の必要性とを求めているときに，**永続的**理解をも求めることは一貫性がないのではないかと思う読者もいるかもしれない。「しかし求められている理解が，正式な単一の合意された理解などない**ということ**だとすれば，どうなるのだろう？」 そうならば，**それこそが**，あなたが生徒に身につけてほしい理解である。さらに先へと進めば，最終的な理解は欠如していることがより明確になるかもしれない。たとえば，「歴史家は，南北戦争の主要な原因について，合意していない。奴隷制の邪悪さに焦点を合わせる者もいれば，州の権利に関わる論点に焦点を合わせる者もいる」といったようにである。グラント (Grant, G., 1979) は教える際に，読みの解釈と偉大な文学についての議論に関連した理解として次の警句を用いることを好んだ。

そのテキストが何についてのことであるかについて，正しい答えは存在しない。しかしそのことは，すべての答えが同等であることを意味してはいない。正しい答えはないかもしれないが，いくつかの答えは他のものよりも良い。それが何を意味しているのか，どのようにそれが可能なのかを見いだすことが，君たちの主要な挑戦の一つである。

実際，理解のためのカリキュラムがそのゴールを達成するためには，次のような鍵となる思

考の転換が起こらなくてはならない。すなわち，学習とは果てしない理解の追求であって，「権威」から渡された「最終的な事実」を探すことではないと，学習者が実感できるようにしなくてはならないのである。

◻ 理解の誤りやすさと複数性

　「ええっと，**私が**理解するところでは……」というときに，何を意味しているのかを考えてみよう。私たちが思うに，この言い回しの美点は，洞察と誤りやすさとが的確に暗示されていることである。あらゆる理解は常に，誰かのものである。そして人々は，専門家でさえ，誤りに陥りやすく，また不完全な知識を扱っているものなのである。それは，**あなたの**，**彼女の**，または**彼**の理解である。現代の民主的な世界において，**唯一の**理解では決してありえない。理解は論争的でありうる——実際，21 世紀において，理解はあらゆる領域において常にそうであった。事実，総合大学 (university) は，その定義からいって複数のディスコースの「世界 (universe)」である。そこは，私たちが合意するだけでなく意見を異にすることに合意した場所であり，新しい議論と証拠にもとづいて，私たちが意見を変えるだけでなく自由に決意することもできる場所である。理解は本来限られた証拠にもとづく推論であるため，私たちはそれぞれ，おそらくあらゆる重要な論点について異なる結論に達することだろう。

　この考えが，ある種の人々をわずらわせうるのは理解できることである。彼らは，古いテレビドラマ「ドラグネット」でフライデー刑事が言ったように主張するかもしれない——「事実だけ話してください，奥さん」と。実際，進化や『ハリー・ポッター』といったトピックをめぐる限りない政治的な戦いは，懐旧だと見なすことができる——知られていることについての，この「相対的な」「政治的に正しい」優柔不断さをすっかり取り除き，絶対的な真実[iii]が存在していた神話の時代に戻ろうとする試みなのである。それに対して私たちは，現代世界において**決して**絶対的な真実などないのだと返答する。すべての専門家の主張は，熟考された結論に到達した現実の人々によって獲得された人間の理解であり続ける。どんな理論も事実ではない。ニュートンのものであれ，前の世代の栄養士のものであれ，現在の最高裁判所のものであれ，それは一つの理解なのである。「確固」としているはずの自然科学についてさえ，私たちの生涯の中で新しい理解と古い理解がひっくり返った例を考えてみよう。ブラック・ホール，ひも理論，フラクタル，ファジー論理，原子より小さい何十もの新しい粒子，暗黒物質，病気の遺伝学的基礎。あるいはもっと平凡な理解を考えてみよう。潰瘍の原因は，ストレスなのか？　いいや，バクテリアである。USDA 食品ピラミッドはどうか？　どの版か？　そして，地中海式の食事はどうか？

[iii] ここでいう「絶対的な真実」とは，キリスト教原理主義において信じられているように，聖書に書かれていることを，字義どおり，唯一絶対の事実だとするような考え方を指している。進化論も『ハリー・ポッター』も，米国においてはキリスト教原理主義者の批判の対象となっている。

価値のある知識とスキルを特定するために，内容スタンダードを設定することによって教育を合理化するのは，崇高な努力である。しかしそのことは，時代を超えた公式な不変の「理解」一式が神話のように存在していることと混同されてはならない。そのような見解は反知性的であり，専門的職業についている自由な考えの持ち主らで満たされている民主的な世界においては，衰退する運命にある。私たちは，フィードバックには無関心さを，変化には抵抗を示すような，恐ろしいファシズム的な意味で，理解に永続的であってほしいのではない。

　私たちの誰しもができる最良のことは──1人の教師であれ，学校や学区の委員会であれ，あるいは州のスタンダードの作成グループであれ──私たちが学生として研究してきたことすべてがどのように進展してきたかを思い出すことである。挑戦すべきは，適切で入手できるリソースと私たちのゴールを検討することにもとづいて，**合理的な**理解へと至ることである。専門家が言うことを念頭におきつつ物事を注意深く考え，私たち自身の理解に達し，検討を受けられるようその理解を提出する──たとえば，論文とその**擁護**のようにである。そして，その見解を維持しつつも，もし新しい，説得力のある主張と証拠が手に入ったとしたら，あるいは手に入った場合には，いつでも考えを変えられるよう，そのことを再検討することを，常に率直に受け入れなければならない。

　そう，最良の理解は永続的である。そして，熟達者が理解していること，理解したこと，および私たちが教師として理解するに至ったことを，生徒と共有することが私たちの仕事である。しかし，生徒を知的に尊重しつつ扱うこともまた，私たちの仕事である。私たちは彼らが理解に達し，立証し，そしてそう，批判する練習を与えなくてはならない。それが，現代の学問的な理解の機能の仕方なのである──私たちは，主張を強化するため，あるいは覆すために検査する。こうして私たちは，専門的知見が存在してはいても，専門家もまた議論し意見を変える世界，自由な思考が生得権であるような場所と時間に，学習者が生きるのを助けるのである。

ボブ・ジェームズに見る「逆向き設計」の実際

　ここで論じたアイデアと照らして，架空の教師，ボブ・ジェームズは，当初の「理解」へのアプローチの仕方を再考する。（これを，第1章の最後に書かれたもともとの思考と比較してほしい。）

　僕はいつも，**知っている**という言葉と**理解する**という言葉を互換可能なように用いてきたように思う。しかし考えてみると，子どもたちがテストにおいて知識を再生する問題に正しく答えられていても，その題材を本当には理解していないということがしばしばあった。僕はまた，たくさんの知識を持っていても，知っていることを活用することができるとは限らないことにも気づいている。去年受け持った，よくできる生徒2人が，栄養単元の小テストとテストでは完璧にできたのに，家族のメニューの計画と買い物をより栄養価の高いものにするために分析することはできなかったことを思い出す。（お昼ご飯で彼らが主にジャンク

フードを食べていることにも気づいた。）だから，**知っていること**，**仕方を知っていること**と，**理解すること**の間には，違いがあるのだと思う。

　もっと重要なことに，この単元のために僕がもともと考えていた理解のゴールは，適切ではなかったと気づき始めた。僕は，単に関係する領域——良い栄養——を明確にしただけだったし，州のスタンダードは僕が求めていることを十分に説明していると考えていたんだ。しかし栄養についての内容スタンダードは，生徒が獲得すると想定される特定の理解を明記していない。単に，良い栄養の要素を理解すべきだと述べているだけだ。だから，僕はもっと明確でなければならないんだな。この単元では栄養について，どのような考えを理解するようになり，身につけるべきなのか？　諸々の論点を検討し，UbDの練習問題を経験してきたことから，単元のゴールを特定の命題として組み立てる方法について，今ではずっと明瞭になっている。そこで僕は，3つの主要な理解に焦点を合わせよう。(1) バランスのとれた食事は，身体的・精神的な健康の一因となる。(2) USDA食品ピラミッドは，栄養についての**相対的な**指針である。(3) 食事の必要条件は，年齢，活動レベル，体重，全体的な健康状態によって，一人ひとり異なる。

　おお，これは難しいな。だが，すでに僕は，生徒が特にどんな理解を身につける必要があるのかについて，より鮮明にしておくことの利点に気づいている。このことによって，それらの理解を生み出すための評価方法と授業の設計に磨きをかけることが，より容易になることだろう。

■ まとめ

　次の4つの経験則は，設計者が提案すべき理解を形づくり，選択し，修正する際に助けとなるだろう。

1. 求められている理解とは，優先事項である。単元は，理解について述べられている，少数の転移可能な重大な観念に焦点を合わせるべきである——さもないと，本当のところは**何ら優先事項がなくなって**しまう。
2. 求められている理解は，「生徒は，〜は……だと，理解するだろう」[4]という命題の形で最もよく述べられる。
3. 求められている理解は，一般的な，または抽象的な観念に付随するものではあるが，明瞭な，曖昧さのない言葉で——**特定の，洞察に富んだ一般化として**——述べられなくてはならない。
4. 理解には2種類のもの，トピックごとのものと包括的なものがある。トピックごとの理解は特定の単元のものであり，包括的な理解はより幅広く，（その名が暗示するとおり[iv]）他の単元や科目へ橋渡しする可能性を持つものである。

[iv]「包括的」の原語overarchingには，「頭上でアーチ状になっている」という意味もある。

1) リン・エリクソンは，彼女が「概念的な」一般化と呼んでいるところのものを強調しており，私たちがトピックごとの理解と呼んでいるところのものを，より事実のようなものにしていることに注意してほしい。私たちは，トピックごとの理解と包括的な理解の違いを，事実とは対立するものとしておきたい。なぜなら，両方の種類の理解はどちらも諸事実からの推論を必要とするからである。
2) そのような補助的な資料については，次を参照してほしい。
科学（ミシガン州：http://www.miclimb.net）
歴史／社会科（ニューヨーク州：http://www.emsc.nysed.gov/ciai/socst/ssrg.html；
ヴァージニア州：http://vastudies.pwnet.org/sol/c_framework.htm；
テキサス州：http://www.tea.state.tx.us/）
3) ピアジェ（Piaget, 1973, 1973/1977）を参照のこと。
4) これは，達成目標を，生徒に「……する仕方を理解する」ことを求めるものとして考える場合でさえ，あてはまる。私たちは，鍵となるプロセスやパフォーマンスに焦点を合わせるかもしれないが，それでも生徒には，パフォーマンスを向上させるために，特定の洞察を把握することを期待する。エリクソン（Erickson, 1998, p. 83）を参照のこと。エリクソン（Erickson, 2001）の，第2章「概念にもとづくカリキュラム」と比較してほしい。

第7章

評価者のように考える

> 我々は，柔軟なパフォーマンスを通して理解を認識する。……
> 人々が知っていることをもとに考え，柔軟に行動できるときに，理解は姿を表す。
> 対照的に，学習者が機械的な暗記や型にはまった思考と行動を
> 乗り越えられない場合，これは理解の欠如を示している。……
> 理解することは，柔軟にパフォーマンスできることを意味している。
> ——デイビッド・パーキンズ「理解とは何か？」
> マーサ・ストーン・ウィスク編『理解のための指導』（Wiske, Ed., 1998, p. 42）

> 教育において最も重要な方法は，……常に，生徒が実際のパフォーマンスを行うよう
> 駆り立てられるように構成することである。
> ——アルバート・アインシュタイン『観念と意見』（Einstein, 1954/1982, p. 60）

第1段階において求められている結果を組み立てる方法を明らかにしてきたので，次に「逆向き設計」の第2段階に移ろう。ここでは，作成しつつある設計について評価者としての問いを投げかける（また，投げかけなおす）ことが，どのような評価上の含意を持っているのかについて検討する。

- 求められている結果（第1段階）を生徒が達成したことを示すことができるのは，どのような証拠によってだろうか？
- どのような評価課題やその他の証拠によって，カリキュラムにおける単元の位置づけを確定し，ひいては指導を方向づけることになるだろうか？
- 生徒の理解の程度を判断するために，何を探すべきだろうか？

図表7.1は，「逆向き設計」の3つの段階を一覧表にして，適用すべき検討事項と設計スタンダードを示したものである。第2段階では，様々な評価方法の中からどのような証拠を選んで集めるのかを計画する際に検討すべき要素が要約されている。

「逆向き設計」のプロセスの中で，この段階ほど伝統的な実践からかけ離れているところはない。達成目標から指導へと移るかわりに，私たちは，「学習の成功を示す証拠と見なされるのは何か？」と尋ねる。活動を計画する前に私たちが問うべきなのは，まず，「求められている結果に対応して，どのような評価が第1段階から論理的に導きだされるのか？」でなくてはならない。そして，とりわけ，「追求されている理解の証拠と見なされるのは何か？」と問う必要がある。

図表 7.1　UbD設計マトリックス——第2段階に焦点を合わせて

鍵となる設計の問い	本書における章	設計上の検討事項	フィルター（設計の規準）	最終的な設計の成果
第1段階 ● 価値のある適切な結果とは何か？ ● 鍵となる、求められている学習は何か？ ● 生徒はどんな理解をし、何を知り、できるようになって学習を終えるべきか？ ● どんな重大な観念によって、これらの目標すべてが組み立てられうるのか？	● 第3章：ゴールを明瞭にする ● 第4章：理解の6側面 ● 第5章：本質的な問い——理解への門 ● 第6章：理解を形づくる	● 全国スタンダード ● 州のスタンダード ● 地域のスタンダード ● 地方のトピックを学ぶ機会 ● 教師の専門的知識・技能や関心	● 重大な観念と、核となる挑戦に焦点を合わせる	● 明瞭なゴールとスタンダードに関連して、永続的な理解と本質的な問いを中心に組み立てられた単元
第2段階 ● 求められている結果に対応する証拠は何か？ ● 特に、求められている理解に対応する適切な証拠は何か？	● 第7章：評価者のように考える ● 第8章：規準と妥当性	● 理解の6側面 ● 一連の評価方法のタイプ	● 妥当性がある ● 信頼性がある ● 十分である	● 求められている結果の、信用できる有用な証拠に根ざした単元
第3段階 ● どんな学習活動と指導によって、理解、知識、スキル、生徒の関心、卓越性が促進されるのか？	● 第9章：学習のための計画 ● 第10章：理解のための指導	● 学習と指導の方略の、研究にもとづくレパートリー ● 適切で可能性を広げる知識とスキル	WHERETOの要素を用いており、魅力的かつ効果的である： ● どこへ（Where）向かっているのか？ ● 生徒を惹きつける（Hook） ● 探究し（Explore）、用意させる ● 再考し（Rethink）、修正する ● 発表し（Exhibit）、評価する ● 生徒のニーズ、関心、スタイルに合わせて調整する（Tailor） ● 参加と効果を最大限にするよう組織する（Organize）	● 求められている理解、知識、スキルを喚起し、発達させ、興味を促進し、素晴らしいパフォーマンスが行われる可能性を高めるような、一貫性のある学習活動と指導

第7章 評価者のように考える

　本章と次章のスローガンは，教師のようにではなく評価者のように考える，である。図表7.2に示された「逆向き設計」の論理を思い出してみよう。左側の列と右側の列を関連づけるテキストが，評価者のように考えるとはどういう意味なのかを示している。

　「逆向き設計」の論理が思い出させてくれるように，評価については，第一義的に評点を生み出すための手段として考えるよりも，追求されている成果が暗示している評価の証拠と見なす責務を私たちは負っている。設定されているゴールが達成されたことは，どのようなパフォーマンスの証拠によって示されるだろうか？　学習者が本質的な問いについて深く考察したかどうかは，どのような証拠によって示されるだろうか？　わかってほしい理解を学習者が「わかった」ことを示すのは，何によってだろうか？　教師が評価を計画するときには裁判官のアナロジーを考えるように，と私たちは促す。陪審員が被告人について考えるように，生徒について考えよう。つまり，状況証拠以上の証拠が優位になることによって有罪が証明されるまでは，無罪[i]なのである（理解，スキルなどが欠如しているのである）。スタンダードにもとづく説明責任の世界において，そのようなアプローチはきわめて重大である。

　次に示すのは，必要な証拠を注意深く検討することに失敗しているという問題を例証している実話である。

- 幼稚園の教師は，通園100日目に100個の品を貼り付けたポスターを，それぞれの幼児に持ってこさせた。しかし，その評価方法を正当化するよう求められると，教師は，州のスタンダードが数と位の値という「観念」に言及していることを述べた。しかし学習者がしなくてはならなかったのは，100個の品をポスターに貼り付けることにすぎない。幼児が行や列，パターンを活用したり説明したりするよう求められることはなかった。したがって私たちは本当のところ，学習者が100まで数えることができたという証拠しか持っていないのである。これは，スタンダードが期待していたような10進法や位の値に結びついた概念として「100」を理解したことと同じではない。実際のところ，ポスターは家で用意されたため，幼児が保護者の手伝いなしに自分で数えたことを示す適切な証拠もないのである。
- 第7学年の総合科学の教師は，次の実験の成果物を生徒は食べなくてはならないのだと発表することによって，生徒の活力と想像力を惹きつける。しかし，利用可能な時間からいって，魅力的なことが常に最も効果的だったり適切だったりするとは限らない。この事例でピーナッツの砂糖菓子を作ることは，実験に割り当てられた1週間で得るべき重大な観念と永続的理解をほとんどもたらさない。
- 一次資料を用いて歴史学「する」ことが重要なゴールとして強調されたシラバスに対し，大学の歴史学の教授が100問の多肢選択問題と短答問題からしか構成されていない最終試験を用意する。

　これらの評価方法はすべて，個々の授業というレンズを通して見れば何らかの利点を持っているものかもしれない。しかしそれぞれは，カリキュラムのゴールに一致するよう，もっ

---

i)「無罪」の原語innocentには，「無知」という意味もある。

図表 7.2 「逆向き設計」の論理

第 1 段階	第 2 段階
求められている結果を満たす	**生徒が……する能力を持っているという証拠が必要である。**
次のようなスタンダードを満たす **G** スタンダード 6 ：生徒は、栄養と食事に関する本質的な概念を理解する。 6a 生徒は、自分と他者にとって適切な食事を計画するために、栄養に関する理解を活用する。 6c 生徒はそれぞれ、自分自身の食事のパターンを理解し、そのパターンをどう改善しうるかについて理解する。 次のことを理解する **U** ● バランスのとれた食事は、身体的・精神的な健康の一因となる。 ● USDA 食品ピラミッドは、栄養に関する相対的な指針を示すものである。 ● 食事の必要条件は、年齢、活動レベル、体重、全体的な健康状態によって、一人ひとり異なる。 ● 健康的な生活を送るためには、快適な食習慣を壊すことになったとしても、個々人が十分な栄養についての手に入る情報にもとづいて行動することが必要である。 次のような問いを思慮深く検討する **Q** ● 健康的な食事とは何か？ ● あなたは健康的に食べているか？どのようにして、それがわかるのか？ ● あらゆる情報が入手できているにもかかわらず、なぜ米国では、不十分な食事によってもたらされた健康上の問題がこんなにもたくさんあるのか？ ● 他の人にとって健康的な食事が、他の人にとって不健康でありうるのはどうしてか？ 次のことを知り、できるようになる **K S** ● 鍵となる用語――たんぱく質、脂質、カロリー、炭水化物、コレステロール――を活用する。 ● それぞれの食品群の食品の種類と栄養価を特定する。 ● USDA 食品ピラミッドの指針に精通する。 ● 栄養上のニーズに影響する条件について話し合う。 ● 栄養不足によってもたらされる、特定の健康上の問題を明確にする。	**T** ● 異なる種類の設定における様々なタイプの人々のために、食事を計画する。 ● USDA 指針は絶対的なものではなく「手引き」であるーそして、他の手引き（さらには文脈上の条件）もあるーと理解していることを明らかにする。 ● 自分自身と他の人の食習慣について注意深く書き留め分析する。また、なぜ人々がそのような食べ方をするのかについて、裏づけのある推論を行う。 このことは、次のような特定の課題やテストの必要性を示唆している ● 様々なグループのために食事を計画する。 ● 他の人が行った過度にいい加減な食事の計画に反論する、または過度に厳格な食事の計画に反論する。 ● 人々が実際に食べているものとその理由について、質の良い調査を行う。 **OE** 小テスト：食品群と USDA 食品ピラミッドについて プロンプト：栄養不足の結果として起こりうる健康上の問題を記述し、どうすればそれらが避けられるかについて説明する。自分自身と他の人の食習慣について振り返る。

[G＝goals　U＝enduring understandings　Q＝essential questions　K＝knowledge　S＝skills　T＝performance tasks　OE＝other evidence]

とよく調整される必要がある。より厳密な「逆向き設計」をすれば——すなわち一般的にはゴールから（そしてより明確には理解されるべき鍵となる観念から）、それらが暗示するような関連する評価方法へと進むことをすれば——、そのような関連づけが確保されたことだろう。これらの間違いは一般的に見られるものであり、単発的なものではない。事実、過去10年にわたって私たちが観察したところ、ほとんどの教育者は妥当性に関して適切に理解していなかったし、多くは評価に関してより一般的な誤解を抱いていた。このことは、彼らのコメントにも設計の仕事にも反映されていた。

理解に焦点を合わせるという点についてさらに述べると、多くの教師のテストには、知識とスキルの効果的な活用の仕方に関する重大な観念にもとづいた**転移可能性**の証拠よりも、知識とスキルの正確さに焦点を合わせる傾向がある。理解の6側面と転移可能性の必要性に関して先に述べたことは、設計者に対し、パフォーマンス評価の方法を通して理解の証拠を得ることの重要性に対する注意を適切に喚起するものだった。しかし、求められている結果の全体は豊かで複雑であることから、私たちが集める証拠は多様なものでなければならない。

■ 3つの基本的な問い

評価者のように考えることは、煮詰めると3つの基本的な問いになる。第1の問いは、「理解というゴールを含め、様々なゴールが達成されたという証明を見いだすためには、**どのような種類の証拠が必要なのだろうか？**」というものである。特定のテストや課題を設計する前に、含意されているパフォーマンスの一般的なタイプについて熟考することが重要である。たとえば、内容にかかわらず、理解はしばしば鍵となる観念を比較し対照したり、要約したりする行為を通して明らかになる。私たちは、評価への一般的なアプローチを描いた後に、評価の詳細を開発する。

第2の問いは、何らかの特定の課題が開発されたとして、「求められている結果がどの程度達成されたかを判断するためには、**生徒の応答、完成作品や実演にどのような特定の特徴があることを検討すべきだろうか？**」というものである。ここでは、規準、ルーブリック、模範例が役に立つ。

第3の問いは、評価の妥当性と信頼性に関する検査に関わるものである。「**提案されている証拠によって、生徒の知識やスキル、理解を推論することは可能だろうか？**」換言すれば、「証拠（第2段階）は私たちのゴール（第1段階）と一貫しており、結果は十分に明白なものだろうか？」評価方法がいったん具体化されてから設計を点検する教師はほとんどいないが、そのような自己検査はより良い結果と公正性の鍵となるものである。

本章では、評価者のように考えることの3つの問いのうち、第1の問いについて検討する。すなわち一般的な用語で言えば、全般的には様々な学習ゴール、より特定すれば理解というゴールを評価するのに必要な証拠の種類を検討することである。次章では、残り2つの問い、つまり規準に関する問いと、妥当性と信頼性に関する問いを扱う。

■ 不自然なプロセス

　授業を設計するのに先立って評価者のように考えることは，多くの教師にとって自然に行うようなことではなく，また簡単なことでもない。私たちは，いったん達成目標を設定すると，活動の設計者や教師のように考えることのほうに，もっとずっと慣れているのである。すなわち，私たちは容易に，そして無意識のうちに第3段階——授業，活動と学習課題の設計——へと飛躍してしまい，指導が向かうべき実演と完成作品がどんなものであるのかについて先に自問することはないのである。

　「逆向き設計」は，この自然な衝動と快適な習慣を克服することを求めるものである。そうでないと私たちの設計はあまり一貫性がないもの，求められている結果に焦点が合わせられてもいないものとなってしまう可能性が高い——そして結果は，運と生徒の能力次第ということになってしまうだろう。事実，UbDテンプレートの主要な価値，そしてより一般的に言えば「逆向き設計」のプロセスが持っている価値は，このように評価方法の堅実さを見過ごしてしまう短絡的な思考の習慣に対処するためのツールとプロセスを提供することにある。図表7.3は，これら2つのアプローチ——評価者のように考えることと活動設計者のように考えること——がどのように違うのかを要約したものである。

　左側の列の問いは，求められている結果から導き出されたものであり，これから行われる活動と指導方略を，最も適切な評価方法へと向かうものにする可能性の高いものである。右側の列の問いは，指導と活動の設計という観点から見れば賢明なものであるが，用いられる評価方法が適切なものとなる可能性はずっと低くなってしまう。実際，私たちが活動設計者としてのみ考えた場合，序章で描いたリンゴの単元のようなものに終わってしまうのも当然である。重要な理解を発達させ，結果として何らかのスタンダードに達する生徒もいる**かもしれない**が，それは意図的設計によってというよりも，幸運と偶然によってというものだろう。（妥当性に関するさらなる検討は，第8章を参照のこと。）

　公的な説明責任のために，評価方法がスタンダードに一致していることが求められている現在ほど，地域での評価[ii]の質に対する注意が重要なときはないだろう。私たちが「逆向き設計」を頻繁に，また注意深く用いない限り，指導を活気づけ，学習を促進するのに必要なものとしてめざされているフィードバックが，地域での評価において提供される可能性は低くなってしまうだろう。設計スタンダードと照らし合わせて自己評価・相互批評を行うことに，より大きな注意を払うことによって，学校を基礎にした評価方法は大いに改善されうるのである。

---

ii) ここで言う「地域での評価 (local assessment)」とは，学校において教師が行う評価や，学区が行う評価のことを指している。これは，州や全国といった外部機関による試験と対比した用語である（ウィギンズ氏から訳者への電子メールより）。

図表 7.3　評価について考える 2 つのアプローチ

評価者のように考えているとき，私たちは次のように問う。	活動設計者として（のみ）考えているとき，私たちは次のように問う。
●理解の証拠としては，どのようなものが十分であり，理解を明らかにしてくれるものだろうか？	●このトピックについて，楽しくて興味深い活動は何だろうか？
●ゴールからいって，どのようなパフォーマンス課題がこの単元の位置を定め，指導の仕事の焦点を合わせるべきだろうか？	●このトピックについて生徒がしたいのは，どのようなプロジェクトだろうか？
●第 1 段階で求められている結果からいって，様々な種類の証拠として，どのようなものが必要だろうか？	●教えた内容にもとづいて，どのようなテストを与えるべきだろうか？
●どのような規準と照らし合わせると，私たちは適切に作品を検討し，質のレベルを評価できるだろうか？	●私は，どのようにして生徒に評点をつけるだろうか（そして保護者に対し，どう正当化するだろうか）？
●評価方法は，本当に理解した人と，理解したように見えたにすぎなかった人とを明らかにし，区別しただろうか？　学習者の間違いの背後にある理由が，はっきり見えているだろうか？	●活動はどの程度うまくいっただろうか？ ●生徒のテストの出来はどうだっただろうか？

■ スナップ写真からスクラップ帳へ

　効果的な評価は，単一のスナップ写真というよりも，記念の品や写真のスクラップ帳のようなものである。効果的な教師 - 評価者は，指導の最後に 1 種類の単一のテストを用いるよりも，途中で様々な方法と形式を用いてたくさんの証拠を集める。したがって，理解の証拠を集める計画をするときには，図表 7.4 に示したような一連の評価方法を検討してほしい。

　この一連の評価方法には，理解についての点検（たとえば口頭での質問，観察，対話），伝統的な小テスト，テスト，オープンエンドのプロンプト，そしてパフォーマンス課題とプロジェクトが含まれている。それらは，スコープ（単純なものから複雑なものまで）や時間の枠組み（短期のものから長期のものまで），設定（文脈から切り離されたものから真正の文脈におけるものまで），そして構造（高度に方向づけられたものから構造化されていないものまで）という点で異なる。理解は，絶えず前進する探究と再考の結果として発達する。したがって理解の評価は，実際にしばしば行われているような「行事」——指導の終わりに行われる，一瞬で終わる単一のテスト——としてではなく，長期にわたる証拠の収集物として考えられるべきである。

　理解に焦点を合わせることを考えると，単元や科目は自ずとパフォーマンス課題やプロジェクトに支えられるようになるだろう。なぜならこれらは，生徒が文脈において知識を活用できるという証拠を提供するからである。理解についての私たちの理論が強く主張してい

図表7.4　一連の評価方法

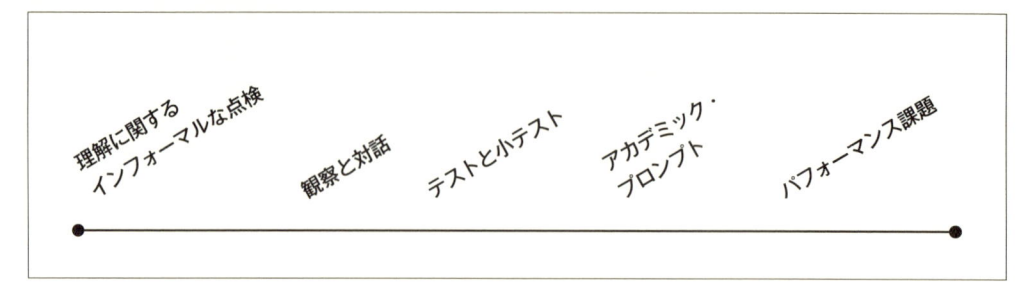

理解に関する　　観察と対話　　テストと小テスト　　アカデミック・　　パフォーマンス課題
インフォーマルな点検　　　　　　　　　　　　　　　　　プロンプト

るのは，文脈の中で応用させることが**永続的**理解を喚起し評価する適切な方法だということである。より伝統的な評価方法（小テスト，テスト，アカデミック・プロンプト，問題セット）は，山場のパフォーマンスに貢献するような本質的な知識とスキルを評価することによって，全体像を仕上げる。図表7.5は，様々な種類の証拠についてまとめたものである。

■ 真正のパフォーマンス ── 飾りではなく，必要不可欠なもの

　理解は，パフォーマンスにおいて明らかになる。理解は，様々な文脈において課題に挑戦する際に，核となる観念，知識，スキルを転移することが可能かどうかによって明らかになる。したがって理解のための評価は，真正のパフォーマンスにもとづく課題に立脚していなくてはならない。

　真正の課題とは，どういう意味であろうか？　評価課題や問題，プロジェクトは，次のような場合に真正である。

- **現実的な文脈化がなされている場合**。課題のシナリオは，現実世界の状況において人が知識と能力を試される仕方を模写したりシミュレーションしたりするようなものとして設定される。
- **判断と革新が求められる場合**。生徒は，比較的構造化されていないような挑戦に取り組んだり問題を解決したりするために，知識とスキルを賢明かつ効果的に活用しなくてはならない。個別的な知識の断片を検査するような特定のプロンプトや手がかりよりも，現実的な挑戦によって，学習者は問題の本質を見つけ出さなくてはならなくなる。どんな種類の知識とスキルが，ここで求められているのか？　私はどのようにしてこれに取り組むべきだろうか？　ゴールがかなり明瞭な場合でさえ，生徒は問題を解決したり論点を扱ったりするための計画と手続きを作り出さなくてはならない。
- **生徒に教科「する」ことを求める場合**。教えられたことやすでに知っていることを暗誦したり言い換えたり，あるいは実地で再現したりする代わりに，生徒は，科学，歴史，その他あらゆる教科の学問における探究と作業を行わなくてはならない。生徒の努力は，その領域の人々によってなされる仕事に似た種類のものだったり，シミュレーションするようなものだったりする。

図表 7.5　証拠の種類

パフォーマンス課題　　　　　　　　　　　　　　　　　　　　　　　　　　　Ⓣ

　大人が直面しているような論点と問題を反映する，複雑な挑戦である。期間という点では，短期の課題から長期の多くの段階からなるプロジェクトまで幅広いものがあり，1つ以上の実体的な完成作品と実演を生み出すものである。パフォーマンス課題は，アカデミック・プロンプトと次の点で異なる。

- 現実の設定，またはシミュレーションの設定に関わるものであり，大人が類似した状況下で出合うであろう制約，背景の「ノイズ」，動機，機会を伴っている（つまり，真正である）。
- 通常，（現実のものであれシミュレーションであれ）特定の相手を対象にすることを生徒に求める。
- その相手に関連する特定の目的にもとづいている。
- 生徒が課題を個性化する機会を，より多く与える。
- 内容は秘密ではない（not secure）。課題，評価（エバリュエーション）の規準とパフォーマンス・スタンダードはあらかじめ知らされており，生徒の学業を導く。

アカデミック・プロンプト　　　　　　　　　　　　　　　　　　　　　　　　ⓄⒺ

　単に知識を再生するだけでなく，批判的に考え，特定のアカデミックな応答，完成作品や実演を用意することを生徒に要求するような，オープンエンドの問いや問題である。そのような問いや問題では，

- 学校や試験という条件下で，特定のプロンプトに対し構造化された応答が求められる。
- 「解決しきれない」ものであり，解決するために期待されている単一の最良の答えや方略は存在しない。
- しばしば「あまり構造化されておらず」，方略を発展させることが求められる。
- 分析，総合，評価（エバリュエーション）を伴う。
- 通常，得られた答えや用いられた方法についての説明や擁護が求められる。
- 規準とパフォーマンス・スタンダードにもとづいて判断する採点が求められる。
- 内容は秘密である場合もそうでない場合もある。
- 通常，学校の生徒にのみ問われるような問いを含む。

小テストとテストの項目　　　　　　　　　　　　　　　　　　　　　　　　　ⓄⒺ

　単純で，内容に焦点を合わせた項目から構成されるような，馴染み深い評価の形式であり，

- 事実的な情報，概念，個別的なスキルを評価する。
- 選択回答（selected-response）式（例：多肢選択，正誤，組み合わせ）や短答形式を用いる。
- 収束性のものであり，通常，単一の最良の答えがある。
- 解答集や機械を用いて簡単に採点できるであろう。
- 通常，内容は秘密である（つまり，テスト項目はあらかじめ知らされない）。

理解に関するインフォーマルな点検　　　　　　　　　　　　　　　　　　　　ⓄⒺ

　指導過程の一部として用いられる，継続的な評価方法。例としては，教師による発問，観察，生徒の作品の検討，考え事を口に出して言う方法がある。これらの評価方法は，教師と生徒に対しフィードバックを与える。通常，採点されたり成績をつけられたりはしない。

[Ⓣ＝performance tasks　ⓄⒺ＝other evidence]

- **大人が仕事の場や市民生活，個人的な生活において真に「試される」ような，鍵となる困難な状況を模写する場合**。本当の挑戦は，「混乱」や意味のあるゴールを伴った特定の状況に関わっている。すなわち，重要な制限，「ノイズ」，目的と相手が作用している。対照的に，ほとんどすべての学校でのテストには，（筆記のプロンプトが目的意識や相手意識を示唆しようとしているときでさえ）文脈がない。現実世界では——学校とは違って——ゴールや成功の規準が秘密であることなど，あったとしてもほとんどない。さらに，パフォーマンスを行う人が「試験官」や上司に質問することは都合のよいことであるし，通常，仕事仲間から継続的なフィードバックも得られる。生徒は，複雑で混乱しがちな職場やその他の現実生活の文脈における課題と似たような課題に取り組むのはどのようなものなのかを，経験する必要がある。

- **複雑で多くの段階からなる課題をうまく処理するために，知識とスキルのレパートリーを効率的かつ効果的に用いる生徒の能力を評価する場合**。伝統的なテスト項目のほとんどは，バラバラな知識の断片やパフォーマンスの要素に関わっており，陸上競技のサイドライン練習に似ている。試合では知識，スキル，フィードバックを統合して活用することが求められるが，サイドライン練習はそれとは異なっている。反復練習とテストが適切な場合もあるが，パフォーマンスは常に反復練習の合計以上のものである。

- **実演と完成作品を洗練させるためにリハーサルし，練習し，リソースを調べ，フィードバックを得るという適切な機会が与えられている場合**。問題を秘密にし，生徒にリソースとなる資料を使わせないような「内容が秘密の (secure)」テストには，一定の役割がある。しかしながら，私たちが生徒の学習の焦点を合わせ，彼らのパフォーマンスを向上させようとするのであれば，そのような種類のテストだけでなく，もっと透明性の高い評価方法を併用しなくてはならない。職人の徒弟制度モデルが証明しているように，最大限の学習が実現されるのは，質が高いと認められる完成作品の制作が**パフォーマンス→フィードバック→修正→パフォーマンス**というサイクルによって導かれ，公的なパフォーマンス・スタンダードと照らし合わせて判断される場合である。文脈においてパフォーマンスを行うために情報，スキル，関連するリソースを活用することによって生徒に理解を実証してほしいならば，「秘密のテスト」の余地はないのである。

テストにおいて真正性を高めるよう求めることは，スタンダードの世界において本当のところは新しくもなければ不適切でもない。ブルームらは40年前，**応用**について描写した際，また総合について記述した際に，そのような評価方法の重要性を暗示していた。すなわち，応用とは，「ある種の逸脱した思考［であり，そこでは］問題に対する正しい解決があらかじめ設定される可能性が低い」と述べていた (Bloom, Madaus, & Hastings, 1981, p. 265)。

真正の作業に立脚した評価のアプローチは，生徒に（そして教師に）2つの重要なことを理解するよう求める。第一に，学校を超えたより広い世界で，大人は**本当のところ**どのように学校で教えられた知識やスキルを活用しているのか，あるいは活用していないのかを学ぶことである。第二に，個々の授業はどのように有意義なのかである。つまり，それらの授業は，より重要な課題に対して，より質の高いパフォーマンスや習得へとどのように導くもの

なのか。バスケットボールの選手は際限なくフリースローを行うという骨折り仕事に耐え，フルート奏者は音階練習の単調さに耐える——両者は真正の達成を夢見ているのである。それらとちょうど同じように，生徒もまた，反復練習と小テストという価値ある努力によって，より良いパフォーマンスという報酬が得られるのだということを経験する必要がある。

◼ 単なる練習だけでなく問題を中心に設計する

　設計者はしばしば，バスケットボールとフルートの例に暗示されたより一般的な問いを熟慮することが，自分の評価方法を磨くのに役立つと気づく。このテストは，単に文脈から切り離され単純化された「反復練習」に等しいのか？　それとも，この評価方法は生徒に，リアルな論点やニーズ，制限や機会を持つような問題のある文脈において，知識とスキルを賢く用いて本物の「パフォーマンスをすること」を求めるのか？　真の理解の証拠を得るためには，単なる再生とあてはめを求める簡単なヒントに従って，どのように応答するかを見るだけでなく，正真正銘のパフォーマンスの最中に行われる学習者の判断を引き出さなければならない。

　別の言葉で言うと，「真正の評価（authentic assessment）」において，私たちは学習者に対し**「真正の問題」**を確実に示すようにしなくてはならない。これは，約100年前にデューイが行った適切な区別を実現するためである。

> 学習を引き起こす〔そして明らかにする〕ために提案される状況や経験について問うことのできる最も意義深い問いは，それがどんな性質の問題に関わっているのかである……しかし，本物の問題と……偽物の問題とを……区別することが絶対に必要である。次の問いは，そのような区別を行う際に役立つだろう。……その問いは，何らかの状況や個人的な経験の中で，自然に念頭に浮かぶものなのか？　あるいは，よそよそしいものなのか……？　学校の外で観察を喚起し，実験に取り組ませるような種類の試みであるのか？　〔それとも〕それに対応しないと，求められている点を取れないとか，進級できないとか，教師に認めてもらえないという理由だけから，生徒にとって問題となるようなものなのか？（Dewey, 1916, p. 155 ［邦訳：1975年（上），p. 246］）

　デューイによる区別の変形は，あらゆるパフォーマンスの領域で見いだすことができるものである。この区別によって，私たちは練習（exercises）とパフォーマンスに関わる問題（problems）とを見分ける。練習には，文脈から切り離された「手立て」を単刀直入に実施することが含まれる。問題とはパフォーマンスにおいて要求されるものであり，パフォーマンスを行う人が文脈において直面する多くの選択肢と難題について考えることを求めるものである。バスケットボールのレイアップ・ドリルは，練習である。そこでは選手たちが2列になり，一方がパスをし，もう一方がシュートを打って，ゴールのバスケットのところでフリー

ショットを交換する。しかしながら試合の中でそのスキルを活用する（ゴールに向けてシュートを打ったり得点を入れたりする）際には，シュートを打つ人が相手チームのディフェンスに直面することも必要となる。

　似たような状況は，科学においても起こる。典型的な科学実験は，練習であって問題ではない。正しいアプローチ，正しい答えがあり，したがって私たちの理解に関わる内在的な困難や難題はない。対照的に，訳のわからない現象の意味を捉えるために，効果的で実行可能で費用に気を配った実験を設計し，欠陥を取り除かなければならないのであれば，本当の問題解決が反映されている。あらゆる教科「する」ことには問題解決が関わっており，したがって私たちの理解についての評価方法は，単に個別的な事実とスキルを分離させて活用することを必要とする練習だけでなく，リアルな問題にもとづいたものでなければならない。

　おそらく数学と歴史は，この区別について考えることが最も必要な教科課程の領域だろう。幼稚園から第12学年におけるほとんどすべての数学と歴史のテストは，練習の組み合わせであって，ここで述べてきたような意味での問題ではない。つまり生徒は，ヒントに正しい手立てで反応しさえすればいいのである。そのトピックが分数のたし算であろうと公民権の時代についての理解であろうと関係なく，学習者は常に正しい答えのある明白な練習によって検査される。分数や歴史に関連する真正の問題ならば，バスケットボールの試合を行うようなものでなくてはならない ── 妨害されていないゴールに単にシュートを打ったり，明らかなやり方や事実を単にあてはめたりするだけでは，十分ではないのである。真正の問題解決は，いつ，どのアプローチとどの事実を活用するのかを決めることを必要とする。この問題が最もうまく解決されるのは，分数を活用することによってなのか，それとも小数を活用することによってなのか？　この公民権の時代を最もよく理解できるのは，宗教的な運動としてなのか，あるいは世俗的な運動としてなのか？

■ こんな誤解に注意！

　第2段階における私たちのゴールは，興味深いプロジェクトや課題ではなく，適切な証拠である。私たちの目的は，評価方法を常に興味深く思考を刺激するようなものにすることにある（なぜなら，それによって最良の，最も綿密な学業がもたらされるからである）が，それは第2段階における主要な点ではない。多くのプロジェクトは楽しく教育的であるが，第1段階において求められている理解についての十分な証拠は提供しないかもしれない ── とりわけ，その学業が協力を含んでいたり，アプローチ，内容，示し方について選択する自由があったりする場合である。多くの練習は，複雑なパフォーマンス課題よりも魅力の少ないものであるが，時に，それらは特定の理解やスキルについてのより決定的な証拠を生み出す。私たちは，プロジェクトが確実に必要な証拠から逆向きに設計されるようにするのであって，学習者の興味を主に念頭において設計されるべきではないことに心しなくてはならない。興味深いパフォーマンス課題やプロジェクトを妥当な証拠と混乱しないよう，用心してほしい。この点は，第8章でより詳細に取り上げる。

図表 7.6　問題と練習の対比

	問題	練習
課題の組み立て	問題の記述は明瞭であるが，問題の最良の組み立て方や解決の仕方についてのヒントやプロンプトは，あったとしてもほとんど提供されていない。	課題は，その挑戦の性質や達成するための進み方に関して，単純であるか，あるいは明確なヒントやプロンプトにより単純化されている。
アプローチ	様々なアプローチが可能である。これがどのような種類の問題であって，どんな種類の問題ではないのかを解き明かすことが，その挑戦の鍵となる局面である。すなわち，**方略**が必要なのである。試行錯誤を伴った論理的な方法の何らかの組み合わせが必要となる可能性が高い。	（述べられてはいないかもしれないが）1つの最良のアプローチがあり，それは，どのように練習が組み立てられているかによって示唆されている。「正しい」**方策**を認識して用いるという学習者の能力が，その練習の鍵となるゴールである。
設定	現実的な「ノイズ」を含んでおり複雑で，通常，相手，目的，作品を判断する規準などに関連する異なる変数 —— 時に**競合する変数** —— を含んでいる。	唯一の「変数」が確実に，めざしているスキルや知識となるように単純化されている。（陸上競技におけるサイドライン練習や，音楽における運指法の練習に似ている。）
解決策	ゴールは，様々な必要条件，およびおそらくは競合するような諸変数と費用／便益の検討事項に留意して，適切な**解決策**へと到達することである。1つの正しい答えがあるかもしれないが，それは堅実な推論と支持された主張やアプローチから導き出されたものである。	ゴールは，正しい答えである。練習は，**意図的設計**により，確実にたった1つの正しい答えしかないように組み立てられている。訳のわからない挑戦であったとしても，先行知識をほとんど，または全く修正することなく再生し，あてはめることによって見つかるような，明確な正しい答えがある。
成功の証拠	焦点となるのは，答えから，アプローチと解決の正当化へと変わる。	答えの正確さと，「正しい」アプローチの選択。

　数学と歴史の評価方法を（私たちがしばしばしてしまうように）練習のみによって組み立てることは，これらの領域における真正のパフォーマンスの本質を見落とすことになる。すでに述べたとおり，リアルなパフォーマンスは常に転移に関わっている——すなわち，特定の難題に照らして知識とスキルを柔軟に活用することである。それには，ある状況が何を求めているのかの謎を解き，意味を捉えることが必要である。これは，正しい応答を探させるような高度に構造化された練習に単に応答するのとは大きく異なっている。転移可能性とは，顕在化した理解である。パフォーマンスする人は，パフォーマンスに含まれる本当の問題を解決するために，教師が与える単純化するようなプロンプトやヒントなしに，自分でどの知識とスキルが必要なのかを解き明かさなくてはならない。

　図表7.6は，問題と練習の違いを明瞭にするのを助けるものである。練習は，有能なパフォーマンスを発達させるのに必要ではあっても十分ではないことに注意してほしい。また練習は，パフォーマンスを行う能力の指標として常に信頼性がおけるわけでもない。

■ GRASPSを用いてパフォーマンス課題を組み立てる

　真正のパフォーマンス課題は，その固有の特徴によって他の種類の評価方法から区別される。典型的なパフォーマンス課題は生徒に問題，つまり挑戦と可能性を含んだリアルな文脈の中に設定された現実世界のゴールを提示する。生徒は，（時には本物で，時にはシミュレーションの）特定の相手のために，具体的な完成作品や実演を作り出す。そしてその評価(エバリュエーション)の規準とパフォーマンス・スタンダードは，課題にふさわしいものである——さらにそれらは，あらかじめ生徒に知らされている。

　これらの要素は真正の評価方法を特徴づけるものであるため，これらを課題の設計の際に用いることができる。私たちは，パフォーマンス課題をつくる際の助けとなるよう，頭字語(とうじご)GRASPSを用いた設計用ツールを作り出した。それぞれの文字は，課題の要素に対応している——ゴール（Goal），役割（Role），相手（Audience），状況（Situation），パフォーマンス（Performance），スタンダード（Standards）である。図表7.7は，それぞれの要素を対応するプロンプトとともに示したものである。これらのプロンプトは，設計者がパフォーマンス課題を組み立てるのを助けてくれるだろう。教師はしばしば，すでにある評価方法や魅力的な学習活動を，GRASPSを用いて変換する。

　ここに，GRASPSを用いて組み立てられた科学のパフォーマンス課題の例がある。これは，複数条件のある実験計画の理解を評価するための課題である。

- ゴール（Goal）と役割（Role）：あなたは，消費者調査グループの科学者です。4つの異なるブランドの洗剤のうちどれが，綿織物についた3つの異なる種類の汚れを最も効果的に落とすのかを決める実験を計画する課題に取り組むことになりました。
- 相手（Audience）：あなたが対象とする相手は，雑誌『消費者調査』の検査部門です。
- 状況（Situation）：あなたの挑戦は，2つの部分で構成されています。(1) 鍵となる条件を分けるようにして，実験計画を開発する。そして (2) それぞれの汚れに対してどの洗剤が最も効果的なのかを決める実験を検査部門の職員が実施することができるように，明瞭に手続きを伝える。
- 完成作品（Product）：あなたは，（与えられた書式に従って）実験の手続きを筆記の形で作り出さなくてはなりません。そこでは，手順の概略を順番に述べなさい。筆記による叙述には，概要や図解の形式を添付しても構いません。
- スタンダード（Standards）：あなたの実験計画は，良い計画の規準に正確かつ完全に則っていなくてはなりません。鍵となる条件を適切に分離しなさい。また，手続きを筆記の形で明瞭かつ正確に述べる必要があります（検査員を助けるための概略や図解を付けてもよい）。そして検査部門の職員が，それぞれの種類の汚れについてどの洗剤が最も効果的なのかを判断できるものでなくてはなりません。

　すべてのパフォーマンス評価をGRASPSによって組み立てる必要はない。しかしながら，主要な単元や科目における理解を評価するために，少なくとも1つの核となるパフォーマンス課題がこのような仕方で開発されるべきだ，と私たちは提案する。この仕方で組み立てら

図表 7.7　GRASPSの課題設計プロンプト

ゴール (Goal)
- あなたの課題は，＿＿＿＿＿＿＿＿＿＿＿＿＿＿＿＿＿＿＿＿＿＿＿＿＿＿＿＿＿＿＿＿＿＿です。
- ゴールは，＿＿＿＿＿＿＿＿＿＿＿＿＿＿＿＿＿＿＿＿＿＿＿＿＿＿＿＿＿＿＿することです。
- 問題や難題は，＿＿＿＿＿＿＿＿＿＿＿＿＿＿＿＿＿＿＿＿＿＿＿＿＿＿＿＿＿＿＿＿＿です。
- 克服すべき障害は，＿＿＿＿＿＿＿＿＿＿＿＿＿＿＿＿＿＿＿＿＿＿＿＿＿＿＿＿＿＿＿です。

役割 (Role)
- あなたは，＿＿＿＿＿＿＿＿＿＿＿＿＿＿＿＿＿＿＿＿＿＿＿＿＿＿＿＿＿＿＿＿＿＿＿＿です。
- あなたは，＿＿＿＿＿＿＿＿＿＿＿＿＿＿＿＿＿＿＿＿＿＿＿するように頼まれました。
- あなたの仕事は，＿＿＿＿＿＿＿＿＿＿＿＿＿＿＿＿＿＿＿＿＿＿＿＿＿＿＿＿＿＿＿＿です。

相手 (Audience)
- あなたの依頼人は，＿＿＿＿＿＿＿＿＿＿＿＿＿＿＿＿＿＿＿＿＿＿＿＿＿＿＿＿＿＿＿です。
- 対象となる相手は，＿＿＿＿＿＿＿＿＿＿＿＿＿＿＿＿＿＿＿＿＿＿＿＿＿＿＿＿＿＿＿です。
- あなたは，＿＿＿＿＿＿＿＿＿＿＿＿＿＿＿＿＿＿＿＿＿＿を納得させる必要があります。

状況 (Situation)
- あなたがいる文脈は，＿＿＿＿＿＿＿＿＿＿＿＿＿＿＿＿＿＿＿＿＿＿＿＿＿＿＿＿＿＿です。
- この挑戦は，＿＿＿＿＿＿＿＿＿＿＿＿＿＿＿＿＿と取り組むことに関わっています。

完成作品，実演と意図 (Product, Performance, and Purpose)
- あなたは，＿＿＿＿＿＿＿＿＿＿＿＿＿＿＿＿＿＿＿＿＿＿＿＿＿＿＿＿＿＿するために，
  ＿＿＿＿＿＿＿＿＿＿＿＿＿＿＿＿＿＿＿＿＿＿＿＿＿＿＿＿＿＿＿＿＿＿を創作します。
- あなたは，＿＿＿＿＿＿＿＿＿＿＿＿＿＿＿＿＿＿＿＿＿＿＿＿＿＿＿＿＿となるように，
  ＿＿＿＿＿＿＿＿＿＿＿＿＿＿＿＿＿＿＿＿＿＿＿＿＿＿を開発しなくてはなりません。

成功を評価するスタンダードと規準 (Standards and Criteria for Success)
- あなたの実演は，＿＿＿＿＿＿＿＿＿＿＿＿＿＿＿＿＿＿＿＿＿＿＿＿＿＿である必要があります。
- あなたの作業は，＿＿＿＿＿＿＿＿＿＿＿＿＿＿＿＿＿＿＿＿＿＿＿＿＿によって判断されます。
- あなたの完成作品は，次のスタンダードを満たしていなくてはなりません。＿＿＿＿＿＿＿＿＿＿＿＿＿＿＿＿＿＿＿＿＿＿＿＿＿＿＿＿＿＿

れた課題は生徒に，明瞭なパフォーマンスの達成目標を与えるだけでなく，脱文脈化されたテスト項目やアカデミック・プロンプトには見られなかったような現実世界における意義を感じさせるものとなる，と多くの教師が認めている。

■ パフォーマンス課題のエピソード

次のエピソードは，生徒の理解を評価するために用いられる可能性のあるパフォーマンス課題を簡潔に記述したものである。これらがどのようにGRASPSの要素を反映しているかに注意してほしい。

- 山々から海岸へ（歴史・地理，第6〜8学年）。9人の外国人生徒のグループが，国際交流プログラムの一環として1ヵ月間あなた方の学校を訪問します。（心配は要りません，

彼らは英語を話します！）校長先生があなた方のクラスに，4日間のヴァージニア旅行の計画と予算を立てるように頼みました。旅行計画は，ヴァージニア州が私たちの国の歴史と発展にどのような影響を与えたのかについて，訪問者が理解するのを助けるようなものでなければなりません。訪問者が，ヴァージニア州が私たちの国の発展にどのように影響したのかを最もよく把握できるような場所を見ることができるよう，旅程を計画しなさい。あなたの課題は，それぞれの場所がなぜ選ばれたのかについての説明を含んだ旅程を筆記された形で用意することです。4日間の旅行の道筋をたどる地図と，旅行の予算も含めて用意しなさい。

- 庭の設計（数学，第6〜8学年）。あなたは，ある会社のために花の庭を計画するよう求められました。その会社のロゴは，円形と長方形，三角形が並んだものです。最終的に求められている完成作品は，ロゴを一定の割合で拡大した図にラベルがついたものと，庭造り計画を実行するためにどのような種類と色の植物がいくつ必要かを示したリストです。

- 文学の殿堂（英語，第10〜12学年）。芸術・文学協議会は，米国の傑出した作家と芸術家の作品を称えるため，殿堂を設立すると発表しました。あなたのクラスは米国の文学に関する科目を終えつつあるため，殿堂入りを認められるべき作家を指名するよう求められました。あなたが殿堂入りにふさわしいと信じる作家を指名する書類を完成させなさい。小論文には，米国文学にその作家がどのように貢献したのかについての分析と，その作家の殿堂入りを推薦する理論的根拠が書かれていなくてはなりません。

- 友達の通信販売（言語科，幼稚園〜第2学年）。通信販売のカタログで，友達を電話で注文する機会があると想像してください。友達に備わっていてほしい人柄について考えてください。友達を電話で注文する前に，友達に備わっていてほしい3つの特徴を求める練習をして，それぞれの特徴について例を述べてください。あなたが求めているものを販売員が正確に知ることができるように，忘れずに十分に明瞭かつ大きな声で話してください。あなたの注文はテープに録音され，明瞭さと，どれぐらいの考えを要望に込めているかという観点から，ルーブリックに照らして評価されることになります。

- 引越しワゴン車「ゴー」（数学と書き方，第6〜9学年）。あなたは，引越し会社で働いています。その会社は，あるオフィスビルの中身を新しい場所に動かすための入札に参加しようと計画しています。あなたには，動かさなくてはならない家具と器具の最小の体積を決める責任があります。模範的な完成作品は，(a) 物品の積み重ねやすさ，(b) 非立方体の品々がどのように組み合わさるかの性質，(c) 家具を守るための詰め物，(d) 小さな物品を詰めるのに必要な箱の数とサイズを考慮に入れるものです。動かすべき物品の体積と明らかになったことについての理論的根拠を詳述した筆記レポートと，必要な容積を最小限にするために物品をどのように置くのかを示した図を用意しなさい。

- 家を乾式壁で造る（数学，第8〜10学年）。建設業者が家の修理の見積もりを立てる際，その費用が適正なものかどうかを，どうすれば私たちは知ることができるでしょうか？この課題で，あなたは乾式壁の業者が正確な情報を与えているのか，それとも無知な顧

客に法外な代金を請求しようとしているのかを決めることになります。部屋の寸法と，材料と労働力に対する費用の額は知らされます。
- シャイアン族のインディアン —— 何が実際に起こったのか（歴史，大学の3・4年生）。あなたは，南北戦争中に起こった可能性はあるが詳細な記述が残されていない大虐殺について調査します。歴史の教科書に記載するため，上院の筆記録と様々な矛盾する直接体験の報告を読んで，あなた自身の語りを生み出しなさい。あなたの作品は仲間によって検討され，教科書編集者の役割をする教授によって審査されます。
- 健康プラン（保健体育，中等レベル）。あなたはフィットネスクラブのトレーナーの役を演じて，新しい顧客のために酸素運動，無酸素運動，柔軟体操から構成される健康プログラムを開発します。健康プランには，顧客のライフスタイル，年齢，活動レベルと本人の健康上のゴールを考慮に入れる必要があります。あなたには，様々な顧客についての詳細な説明がされます。

■ 評価方法の青写真として，理解の6側面を用いる

　理解のための評価を行う上での基本的な要件は，学習者の「答え」や解決策とともに，思考プロセスを知る必要があるということである。彼らが行ったことについて，**なぜ行ったのかを説明**させ，アプローチや応答について**裏づけ**させ，また結果について**振り返らせること**によって，私たちは彼らの理解の程度についてより深い洞察を得ることができるだろう。理由や裏づけなしの答えは，学習者の理解を「判定する」のには通常，不十分である。これが，博士号のために論文とその擁護のための口頭試問の両方が求められる理由である。理解の評価が促進されるのは，生徒が作品を示し，思考を明らかにできるように，口頭による評価方法，概念ウェブ，ポートフォリオ，あらゆる種類の自由記述問題をもっと用いる場合である。選択回答式 —— 多肢選択問題，組み合わせ問題，正誤問題 —— は一般的に，理解の有無について不十分な（そして時には誤解を招く）証拠しか提供しない。

　理解の6側面は，理解を妥当に測定するために必要なパフォーマンスの種類を表示する。概括的に言うと，それらは，事実的知識を事実についての理解からうまく区別するのに必要となるような種類のパフォーマンスの証拠を，精密に計画するものである。図表7.8に示したとおり，これらの側面の価値は，先に示した「逆向き設計」の図解に加えるとより明瞭になる。

　6側面は一般的に，理解がどのように見えるかについて私たちに気づかせてくれることによって，図表7.8の中央の列に役立つ足場を提供する。私たちは，第2段階の設計プロセスを導くために，それぞれの側面の中心にある様々な能力を用いることができる。たとえば側面1は，自分自身の言葉である立場を説明したり，実証したり，正当化したりする能力に関わっている。図表7.9に例示されているとおり，「**本当に理解している生徒であれば……**」という幹から始めて，それぞれの側面からのキーワードを加えることにより，必要な種類の

図表 7.8 理解の6側面と「逆向き設計」の論理

第1段階		第2段階
求められている結果が、 学習者が……することだとすれば	生徒が……する能力を持っているという 証拠が必要である。	したがって、評価方法では、 ……のようなことを求める必要がある。

次のことを理解する

- バランスのとれた食事は、身体的・精神的な健康の一因となる。
- USDA食品ピラミッドは、栄養に関する相対的な指針を示すものである。
- 食事の必要条件は、年齢、活動レベル、体重、全体的な健康状態によって、一人ひとり異なる。
- 健康的な生活を送るためには、快適な習慣を壊すことになったとしても、個々人が十分な栄養について入手可能な情報にもとづいて行動することが必要である。

そして、次のような問いを思慮深く検討する

- 健康的な食事とは何か？
- あなたは健康的に食べているか？どのようにして、それがわかるのか？
- あるひとにとって健康的な食事が、他の人にとって不健康でありうるとしたらどうしてか？
- あらゆる情報が入手できるにもかかわらず、なぜ米国では、不十分な食事によってもたらされた健康上の問題がこんなにもたくさんあるのか？

次のことを説明する

- バランスのとれた食事
- 栄養不足の帰結
- 私たちはなぜ、情報が入手できるにもかかわらず不十分な食事をするのか。

次のことを解釈する

- 食品ラベル
- ファストフードの食事パターンに対する影響に関するデータ

次のことをすることによって応用する

- 健康的なメニューを計画する。
- 様々な計画と食事を評価する。

次の人の観点から見る

- 食事上の信念と習慣のある、他の文化や宗教の人

次の人に共感する

- 病気のために、食事上の重要な制限を受けつつ生活している人

次のことについて振り返る

- 本人の食習慣
- 体に良い食べ物は常に味が悪いのかどうか。

- 年下の生徒が、バランスのとれた食事とはどういう意味か、また不十分な食事の結果として起こる健康上の問題を理解するのを助けるパンフレットを作る。
- ファストフードの人気と、テンポの速い今日の世界で健康的な食事をすることとの困難について話し合う。
- 健康的ではあるが、おいしい軽食も入れた、クラス・パーティのためのメニューを計画する。
- 様々な食事（例：南極大陸、アジア、中東）が健康と長生きに及ぼす影響について、研究を行い発表する。
- 病気（たとえば糖尿病）のために食事制限を受けながら生活すると、あなたの生活がどのように影響を受けるか（そしてどのように感じるか）について記述する。
- 振り返る：あなたはどの程度、健康的に食べているか？ どうすれば、もっと健康的に食事できるようになるか？

評価課題を提案することができる。

　この新たなリストは，理解の評価に関する青写真のための便利な出発点となる。教えているトピックや生徒の年齢に関係なく，このリストの動詞は，生徒が理解している程度を決定するのに必要な評価方法の種類を示唆している。そして図表7.8の一番右の列では，私たちが次のように問うことによって，より詳細を得ることができる。第1段階で特定した「求められている結果」と，私たちが教える生徒にとって，どのような種類の課題が適しているだろうか？　どのような側面（や諸側面）が，特定の実演やプロセス，完成作品の必要条件を伴った固有の課題を，最も適切に設計するよう導いてくれるだろうか？

　ここに，理解の6側面を中心にパフォーマンス課題を設計し始めるためのアイデアがいくつかある。

側面1：説明

　説明とは，自分の言葉で「重大な観念」を述べ，関連づけを行い，作品を示し，推論を明らかにし，データから理論を帰納することを生徒に求めるものである。

- 数学──ひき算。私たちのクラスに来た新しい児童に，「ひき算」とはいったい何なのかを手で操作する用具［タイルや棒など］を使って教える授業計画を設計しなさい。
- 社会科──地理と経済。2つの異なる地域について，環境と天然資源，経済との間の関連を示すグラフィック・オーガナイザーを作りなさい。
- 科学──電気。電気回路システムの修理ガイドを開発しなさい。
- 外国語──言語の構造。過去時制の様々な形の違いと，いつそれらを使うべきでいつ使うべきでないかを説明するガイドブックを作りなさい。

側面2：解釈

　解釈とは，生徒に，物語や芸術作品，データ，状況，主張の意味を捉えることを求めるものである。解釈にはまた，観念や感情を言い換えたり，ある表現手段の作品を別の表現手段へと変えたりすることも含まれる。

- 歴史──米国史。南北戦争後に書かれた米国に関する歌を5～10曲選びなさい。それらを用いて，次の問いを探究しなさい。私たちは，私たちがそうあろうと計画していたような国民国家となっているだろうか？　私たちは，どのように自分たち自身を国民として見てきただろうか？　どのような態度が変化し，どのような態度が変化していないだろうか？
- 文学──『ライ麦畑でつかまえて』と『ふたりはともだち』[iii]。次の問いに答えなさい。ホールデンの何が問題なのか？　ホールデン・コールフィールドのことがわかる助けとなるよう，主人公の言葉と行為，他の登場人物の反応を調べなさい。次の問いを検討しなさい。真の友達とはどんな人物か？　主な登場人物，がまくんとかえるくんの言葉と行動

[iii] アーノルド・ローベル著（三木卓訳）『ふたりはともだち』文化出版局, 1972年 (Lobel, A., *Frog and Toad Are Friends*, 1970)。

図表 7.9　理解のための評価方法を組み立てるために 6 側面を用いる

本当に理解している生徒であれば……

側面 1．説明することができる　――**洗練された説明の能力と洞察を実地で示す**。生徒は次のことができる。

a. ある出来事，事実，テキストや観念を説明したり解明したりするために，複雑で洞察に富み，信頼できる論拠 ―― 優れた証拠と主張にもとづく理論と原理 ―― を提供する。意義のある関連づけを示す。役に立つ鮮やかなメンタル・モデルを用いて，体系的な記述を提供する。
  - 見事で巧妙な区別をする。自分の意見を適切に限定する。
  - 中心にあるもの ―― 重大な観念，枢要な瞬間，決定的な証拠，鍵となる問いなど ―― を見て，主張する。
  - うまく予想する。
b. 一般的な誤解と表面的な見方や単純な見方を回避したり克服したりする ―― このことは，たとえば，過度に単純な，陳腐な，または不正確な理論や説明を避けることによって示される。
c. ある教科を個性化［自分のもの］として，思慮深く一貫性を持って把握していることを明らかにする ―― このことは，たとえば，知っていることを省察しつつ，体系的に統合することによって示される。したがって，この統合はある程度，特定の観念や感情を，**直接的**または**シミュレーション**で意義深く適切に経験していることにもとづいて行われる。
d. 健全な主張と証拠で，自分の見解を具体化ないし正当化する。

側面 2．解釈することができる　――**有効で意義のある解釈，言い換え，語りを提供する**。生徒は次のことができる。

a. テキスト，データ，状況を効果的かつ鋭敏に解釈する ―― このことは，たとえば，あらゆる「テキスト」（本，状況，人の行動など）に関して多くの可能性のある目的や意味について行間を読み，もっとも説明を行う能力によって示される。
b. 複雑な状況と人々について，意義のある鮮明な記述を提供する ―― このことは，たとえば，観念をより近づきやすいレリバンスのあるものにするのを助けるような歴史的な背景，または伝記の背景を提供する能力によって示される。

側面 3．応用することができる　――**文脈の中で知識を活用する。ノウハウを知っている**。生徒は次のことができる。

a. 多様な真正の現実的で混乱した文脈において，効果的に知識を用いる。
b. 知っていることを新しい効果的なやり方で拡張したり応用したりする（ピアジェが『理解することは発明することである』[1]で論じたとおり，革新するという意味で発明する）。
c. パフォーマンスをする際に，効果的に自己調整する。

側面 4．パースペクティブを持って見る　――生徒は次のことができる。

a. ある立場を批評し，正当化する。つまり，それを 1 つの見解として見る。訓練された懐疑主義と理論の点検を具体化するようなスキルと態度を活用する。
b. 事実と理論を文脈に位置づける。その知識や理論が答えや解決策であるような問いや問題を知っている。
c. ある観念や理論がもとづいている想定を推論する。
d. ある観念の有効性だけでなく限界を知っている。
e. 偏っていたり，党派的だったり，イデオロギー的だったりする主張や言葉を見抜く。
f. ある観念の重要性や価値をわかって，説明する。
g. 批判的な立場をとる。批判と信念の**両方**を賢明に用いる（方法論的に「他の人が疑うときに信じ，他の人が信じるときに疑う」[2]と私たちはよりよく理解できる可能性が高い，というピーター・エルボーの格言によって要約されている能力である）。

側面 5．共感していることを実地で示す　――生徒は次のことができる。

a. 他の人の状況，情動，視点に自分自身を投影し，感じ，認識する。
b. あるコメントやテキスト，人，一組の考えが見たところ奇妙だったり不明瞭だったりする場合でさえ，それを理解する努力をするだけの価値があるような洞察が，そこに含まれているかもしれない，という想定のもとで対処する。
c. 不完全な見解，または欠陥のある見解が，おそらくいくらかは不正確だったり時代遅れだったりしたとしても，もっともなもの，あるいは洞察に富んでいるものでさえある場合があることがわかる。
d. ある観念や理論が，どのようにして，あまりにも簡単に他者に誤解されうるかがわかり，説明する。

e. 敏感に見聞きして，他者がしばしば知覚しないことを知覚する。

側面6．自己認識を明らかにする ── 生徒は次のことができる。
a. 自分自身の偏見とスタイルを認識し，どのようにそれらが理解に影響するのかを悟る。自己中心主義，自民族中心主義，現在中心主義，ノスタルジア，あれか／これかの思考法に気づいて，乗り越える。
b. メタ認知を効果的に行う。知的スタイル，長所と短所を認識する。
c. 自分自身の確信に疑問を投げかける。ソクラテスのように，単なる強い信念や習慣を保証された知識とは区別し，知的に卒直で，無知であることを認める。
d. 正確に自己評価し，効果的に自己統制する。
e. 防衛的になることなしに，フィードバックと批判を受け入れる。
f. 自分の学習と経験の意味について，定期的に振り返る。

1) Jean Piaget (1973). *To Understand is to Invent: The Future of Education.* New York: Grossman's Publishing Co.
2) Peter Elbow (1973). *Writing Without Teachers.* New York: Oxford University Press.

を調べなさい。この問いに答えるのに役立つパターンを探しなさい。
- 視覚的芸術とパフォーマンス芸術 ── あらゆる表現手段。コラージュ，ダンス，音楽作品，その他の表現手段によって，強い感情（例：恐怖と希望）を表現しなさい。表現手段は，メッセージにどのように影響するか？
- 科学と数学 ── データのパターン。何らかの複雑な現象（例：気象変数）について長期的にデータを収集しなさい。パターンを見つけるために，データを分析して展示しなさい。

側面3：応用

　理解している生徒は，知識とスキルを新しい状況で活用することができる。現実またはシミュレーションの相手，目的，設定，制限，背景のノイズを伴う真正な文脈での応用を重視してほしい。
- 数学 ── 面積と周りの長さ。新しく飼い始めた子犬のために，中庭のある区画を囲って作る遊び場の面積が，最大になるように設計しなさい。垣根の材料の量が指定されているので，それを考慮すること。
- 社会科 ── 地図のスキル。新しい生徒が歩き回る道を見つける助けとなるように，一定の縮尺で学校の地図を作りなさい。
- 保健 ── 栄養。決められた予算内で，5人家族の1週間分の，健康的な食事と間食のメニューを計画しなさい。
- 科学 ── 環境学習。浄水のコンプライアンス［法令遵守］を監督し，地域のEPA［Environmental Protection Agency：環境保護庁］事務所に調査結果を報告するため，地域の小川の水について化学分析を実施しなさい。

側面4：パースペクティブ

　パースペクティブとは，生徒が物事を異なる視点から見て，事例の別の側面を明確に表現し，全体像を捉え，基底にある想定を認識し，批判的な立場をとることができる場合に示さ

れるものである。

- 歴史——比較し対比する。英国，フランス，中国における，米国の独立戦争期についての教科書の記述を検討しなさい。それぞれの歴史的な見方を確認し，シミュレーションの学校理事会の会合で，それらを教材として用いることについて擁護または反対しなさい。
- 算数——異なる表現。小数，分数，パーセント，および様々なグラフや記号の表現で示された，同じ量の様々な見方について，賛成論と反対論を比較しなさい。
- 英語または言語科——文学の分析，および書き方。あなたを一流出版社の編集者だと想定しなさい。提出された短篇小説について，盗作の可能性がないか検査しなさい。（教師は，生徒に，今年学習した作家の一人によって書かれた物語を検査していることは言わないでおく。）それから作者に宛てて，この原稿のありそうな出典について，機知に富むが確固たる手紙を書きなさい。
- 幾何。学校の建物に実際にある廊下，地球の表面，そしてユークリッド空間という3つの異なる空間における2点の間の最短距離を比較しなさい。
- 音楽。最新のスターとともに曲のアレンジを決めるプロデューサーのつもりで，同じ歌の3通りに録音された編曲を聞いて，それぞれの編曲について批評しなさい。

側面5：共感

知的な想像力は，理解にとって必須である。それは，芸術や文学においてのみならず，より一般的には，私たちと異なる考え方や行動をする人々の真価を認める能力を通して現れるものである。このゴールは，生徒に他者のやり方を受容させることにあるのではなく，世界に存在する思考と感情の多様性をよりよく理解するのを助けること，すなわち誰か他の人の立場に立つ能力を発達させることにある。そのようにして，生徒はステレオタイプにあてはめて見ることを避け，昨日は奇妙な観念だったものがどうして今日ではありふれたものになりうるのかを学ぶことができる。

- 歴史。「知性の会合」[iv]の形式で，他の生徒たちと様々な登場人物のロールプレイを行い，ある論点（例：マニフェスト・デスティニー説をめぐる移民とネイティブ・アメリカン，原子爆弾を落とすと決めたトルーマン，ソ連の崩壊の理由）について話し合い，もしくはディベートをしなさい。
- 英語または言語科——書き方。あなたは欧州連合の新しく選ばれた桂冠詩人であり，中東での事件についてのソネットを書くよう委託されたと想像してください。それは，「エルサレム・タイムズ」だけでなく，「カイロ・デイリー・ニュース」でも公表されます。あなたのゴールは，この戦闘の双方で苦しんでいる人々に共感を促すことです。
- 科学。地球が静止しているに違いないという理由に関するプトレマイオスの説明や，進化に関するラマルクの説明といった，前近代の科学的叙述，または正しくないとされた

---

iv)「知性の会合（*Meeting of Minds*）」とは，米国で1977～1981年に放映されたテレビ番組。歴史において重要な役割を果たした人々がゲストとして登場し，哲学，宗教，科学など様々な話題について議論するという内容。

科学的叙述を読み，（当時入手できる情報からいって）もっともな理論，または「論理的な」理論は何かを明らかにするために話し合いなさい。
- 文学――シェイクスピア。あなたを『ロミオとジュリエット』のジュリエットだと想像して，あなたの恐ろしい最後の行為について考察しなさい。あなたが考えていることや感じていることを描写する，最後の日記を書きなさい。（注：このプロンプトは，英国の全国試験で用いられた。）

側面6：自己認識

　生徒に，現在の作品だけでなく過去の作品についても自己評価するように求めることが重要である。課題，規準，習得すべきスタンダードに関する生徒の見方がどれぐらい洗練されており正確なものなのかについて，最も完全な洞察を私たちが得ることができるのは，自己評価を通してのみである。

　単純な方略は，どんな科目であろうと，最初と最後に**同じ問い**に対して筆記の学習課題を与えるとともに，生徒が自分の理解の進展についてどう感じているかを叙述する自己評価の後書きを書くように求めることである。生徒の作品例をポートフォリオに集めた教師は，関連するアプローチとして，生徒にポートフォリオを見なおさせ，次のような振り返りの問いに答えるよう求める。あなたの作品は，あなたがどのように進歩したことを示しているか？　どの課題や学習課題があなたにとって最も挑戦的で，それはなぜか？　あなたはどの作品について最も誇りに思うか，またそれはなぜか？　あなたの作品は，学習者としてのあなたの長所と短所をどのように明らかにしているか？

　どんな教科やレベルにおいても役立つような自己評価とメタ認知のアプローチは，他にもいくつかある。ここに紹介しておこう。

- **さあ，やってきました！**　学年の最後に，次の学年の先生に宛てて，学習者としてのあなた自身について描写する手紙を書きなさい。あなたのアカデミックな長所，ニーズ，興味，学習スタイルについて述べなさい。終えつつある学年におけるあなたのパフォーマンスについての自己評価にもとづいて，明確な学習ゴールを設定しなさい。（理想的には，これらの手紙は組織的に集められ，夏の間［年度がわり］に受け入れ側の教師に送られるとよい。）
- **私は何を学んだか？**　科目において書いた何らかのレポートに，長所，短所，アプローチや応答に見られる相違について冷静に自己評価する後書きを加えなさい。次の問いを投げかけなさい。現在私がしていることを知った上で，次のときにはどのように違った行動をとるだろうか？
- **私はどれぐらいうまくやったと思うか？**　中学校と高校の生徒，大学の学生であれば，作品を評価（エバリュエーション）するために用いられる規準（ルーブリック）に照らして自己評価を書いたり語ったりすることができる。自己評価の正確さは，成績のごく一部である。（注：**この実践は，ウィスコンシン州ミルウォーキーにあるアルバーノ大学では，すべての主要な学習課題で用いられている。**）

同等のものの中で第1にくるもの

　一般的には，第1の側面である**説明**を，他の5つの側面に関わるどんな課題でもその一部に含める必要がある。私たちは，生徒がそれを行ったことだけでなく，**なぜ**生徒がそのようにパフォーマンスしたのか，彼らがその意味をどのように考えているのか，彼らのアプローチは何によって正当化されるのかを知る必要がある。換言すれば，理解のためのパフォーマンスにもとづく評価においては，課題とパフォーマンスが振り返りや明示的な自己評価と自己調整を求めるものでなければならない。その際，論証や理論的根拠ができるだけ明白になっている必要があるのである。

評価のために本質的な問いを用いる

　本質的な問いを中心に単元を組み立てることがうまくできたら，評価方法のアイデアの適切さを考え抜き，点検するために役立つ方法がもう一つある。パフォーマンスは，生徒に，本質的な問いを扱うことを，直接的または間接的に求めるべきである。

　栄養に関する単元を，再度振り返ってみよう（図表7.10）。本質的な問いがどのように，正しい種類の課題を組み立てる上で役立つ枠組みを提供しているのかに注意してほしい。

　あなたは，本質的な問いを単に大学の試験答案冊子の試験問題のようなものと想定して作業を始めるかもしれない――それらの問いを最終的な小論文のプロンプトと考えて，設計の仕事を始めるのである。それから，そのプロンプトを取り上げて，同じ問いがより真正な方式で扱われるようなGRASPSの状況を考案することができるかどうか見てほしい。

　GRASPSの筋書きが不自然に思われる場合や，伝統的な筆記のプロンプトが最も適切な評価方法になると信じられる場合は，本質的な問いを，学習の焦点を合わせるために用い，また最終試験の一部として用いてほしい。このように本質的な問いを用いることによって，教師と生徒の両者に焦点が与えられ，評価のプロセスが必要以上に謎めいていて恣意的なものになる危険性はずっと低くなるだろう。

図表7.10　パフォーマンス課題へと導く本質的な問い

本質的な問い	パフォーマンス課題の提案
●なぜ人々にとって，適切に食べることがそんなに難しいときがあるのか？	●生徒がどこで大半の食事を食べているかを調べるために，生徒は調査データを集めて分析する。
●あなたにとって本当に良い食品の味は悪く，その逆も真であるに違いないのか？	●生徒は，味と健康面の利点とを対照するために，様々な食品の栄養価を調査する。
●なぜ専門家は，メニューの指針についてしばしば意見を異にするのか？　意見の相違の中で，どのような同意が存在しているのか？	●生徒は，優れた栄養への様々なアプローチ――USDA，アトキンス式，地中海式――を比較して評価し，ポスターの展示と口頭の報告で最後を飾る。

◼ 証拠を仕上げる

　評価者のように考えるときに私たちが発する問いは，次のようなものである。（求められている結果からいって）私たちが必要とする証拠は，どのようなものだろうか？　私たちには，その問いに答える際に好んで持ち出す哲学的な考えなど，何もない。私たちは，最良の種類の評価方法を用いるべきであり，適切な場合には短い答えを求めるプロンプトと選択回答式の小テストを用いるべきである。教師として私たちは，あまりにもしばしば１つか２つだけの種類の評価方法に頼ってしまいがちである。さらにこの間違いは，多肢選択や短答の項目によって非常に簡単に評価され採点されるようなカリキュラムの側面に集中することで，悪化する。一方で，もっぱら真正の評価方法のみに頼るようにすることが改革だというのも，よくある誤解である。これは，単に事実ではない。求められている結果の大多数，とりわけ個別的な知識とスキルについては，客観的な小テスト，テスト，チェックリストを用いた観察でしばしば十分である。様々な評価方法の種類とカリキュラムの優先事項との関係は，図表7.11を考慮することによって，視覚的に描写することができるだろう。

　私たちはまた頻繁に，テストと，理解の証拠を集めるのに特に適しているその他の形態の評価との間の違いを考慮に入れることにも失敗している。事実，私たちは理解をめざす際に普通，フォーマルで総括的なテストを証拠として集めることが必要だと想定する誤りを犯す。当然の結果として，評価されるものはすべて採点されなくてはならないと想定する。

　それどころか，「理解のための点検」と「フィードバック」という語句が暗示しているとおり，生徒の理解と誤解を明らかにするためには，継続的な形成的評価がきわめて重要である。理解の継続的な評価のための単純な仕掛けは，「１分間エッセイ」である。それぞれの授業の最後に，生徒は次の２つの問いに答えるよう求められる。(1) 今日の授業であなたが学んだ重大な要点は何か？　そして (2) 今日の授業を終えるにあたって，答えられていない主要な問いは何か？　生徒の回答に素早く目をとおすことによって，教師は，生徒の理解の程度（あるいはその欠如）について即座のフィードバックを得ることができる。実際，ハーバード大学の教授たちは，この方法を，自らの指導における最も効果的な革新の一つと呼んだ (Light, 2001)。

　私たち自身が指導した際には，生徒に日々の授業に問いを書いて持ってくるように求めた。授業は，学習者がそれぞれの問いを2，3人のグループで話し合うことから始まり，最も重要な問いをクラス全体で検討するのである。それから，問いと予想される答えのウェブ図を用いて，パターンを探す。授業の最後の数分がくると，私たちは１人か２人の生徒に会話を要約させ，全員にノートをとるよう求める。パーキンズ (Perkins, 1992) は他にも多くの方略を提案しており，私たちはこの他にもこのような理解の点検について第９章で提案する。

　第２段階において様々な評価の証拠が必要であることは，設計テンプレートの中で，一つの欄が鍵となるパフォーマンス課題に，もう一つの欄がその他のあらゆる証拠に割り当てられていることによって示されている。様々な種類の評価のバランスをとることは良質な測定のあり方であり，賢明な指導の実践でもある。

図表 7.11　カリキュラム上の優先事項と評価の方法

　効果的な評価においては，評価の種類や形式と，求められている結果を獲得するのに必要な証拠とが，適合している。生徒が基礎的な事実とスキルを学習することがゴールであるならば，一般的に筆記テストや小テストが適切で十分な測定方法となるだろう。しかしながら，ゴールが深い理解であるならば，ゴールが達成されたかどうかを決定するために，私たちはより複雑なパフォーマンスに依拠する。下の図は，評価方法の種類と，それらが異なるカリキュラム上の達成目標に対応して提供する証拠との，一般的な関係を明らかにするものである。

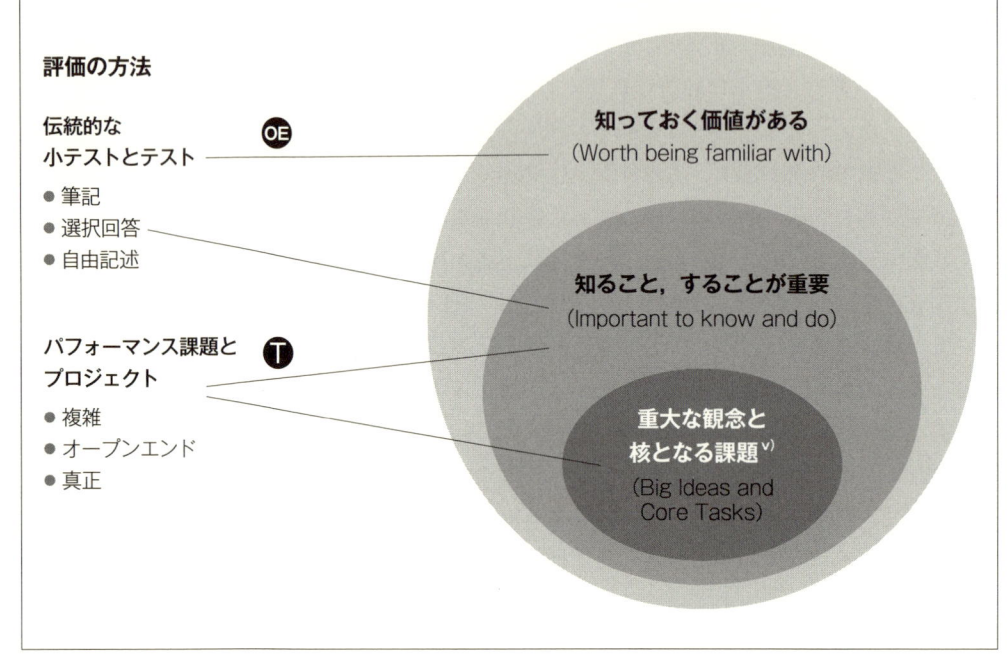

評価の方法

伝統的な
小テストとテスト　**OE**
- 筆記
- 選択回答
- 自由記述

パフォーマンス課題と
プロジェクト　**T**
- 複雑
- オープンエンド
- 真正

知っておく価値がある
(Worth being familiar with)

知ること，することが重要
(Important to know and do)

重大な観念と
核となる課題 v)
(Big Ideas and
Core Tasks)

[**OE**＝other evidence　**T**＝performance tasks]

　このように，私たちが評価を最初に検討するにあたっては，第1段階において求められている結果から逆向きに作業することによって評価方法を設計するように考えてきた。理解に焦点を合わせる場合の証拠は，単なる練習ではなくリアルな問題に関わる真正のパフォーマンス課題にもとづいているべきである（そして，必要に応じて「その他の証拠」によって補われるべきである）と強調してきた。理解の6側面は，私たちが正しい種類の課題を見つけるのを助けてくれるし，GRASPSはそれぞれの課題が確実に真正性を持つようにさらに洗練させるのに役立つ。そして私たちは読者に，常に様々な証拠が必要だということを念押ししたのである。

---

v) 本書の第1版では三重円の一番内側の円には「永続的理解（Enduring Understanding）」の語が入れられていた。この変更の理由は，第2版を出版するまでの過程で，転移を行うようなパフォーマンスの重要性をさらに感じるようになったため，また教師たちが「永続的理解」を言語化することが難しい場合が多く，重大な観念のほうがより考えやすいとわかったためである（訳者によるウィギンズ氏へのインタビューより）。

第7章　評価者のように考える

■ **こんな誤解に注意！**
　私たちが理解の証拠について述べている場合，学習単元や科目において様々なフォーマル，インフォーマルな評価方法によって集められた証拠に言及している。指導の最後に行うテストや山場のパフォーマンス課題のみを示唆しているのではない。それどころか，私たちが追求している証拠の集まりは，観察と対話，伝統的な小テストとテスト，パフォーマンス課題とプロジェクトだけでなく，長期的に集められた生徒の自己評価も含むだろう。

ボブ・ジェームズに見る「逆向き設計」の実際

　さて，僕は自分が求めている理解の証拠として，実際に何が役立つのかを考えなくちゃいけない。これは，ちょっとした一仕事になるなぁ。このような3〜4週間の単元では通常，1つか2つの小テストを行い，採点対象となるプロジェクトを実施して，単元末テスト（一般的には多肢選択問題か組み合わせ問題）で締めくくる。この評価のやり方なら，採点（と採点の正当化）はかなり簡単になる。けれども今や，これらの評価方法では，この単元における最も重要な理解に関して適切な証拠を提供してくれるとは限らない，とわかった。最も重要なこと，つまり生徒が栄養に関する事実以上に身につけるべき理解と態度を評価する代わりに，テストしやすいものをテストしがちだったんだ。事実，僕が常に悩まされてきたことの一つは，子どもたちが自分の学習よりも評点に焦点を合わせがちだ，ということだ。おそらく，僕が評価方法を用いてきたやり方──学習を記録するためというよりも採点するという目的のために用いてきたこと──が彼らの態度の一因だったのだろう。
　さて僕は，自分が求めている永続的理解の証拠として実際に何が役立つのかについて考える必要がある。いくつかパフォーマンス評価の方法の例を検討し，また同僚とアイデアを話し合ってみて，次のようなパフォーマンス課題にしようと僕は決めた。

　私たちは今学年末に，野外教育センターへ3日間の旅行に行きます。私たちは栄養について学習してきたので，センターのキャンプ監督者から，栄養バランスのとれた3日間分のメニューを提案するよう求められました。USDA食品ピラミッドの指針と食品ラベルに書かれた栄養情報を用いて，主要な食事3食と間食3回（午前，午後，キャンプファイヤー）を含む3日間の計画を立てることになります。ゴールは，おいしくて，かつ栄養バランスのとれたメニュー表です。

　この課題はまた，単元のプロジェクトの一つ──仮想の家族の1週間の飲食物を分析し，栄養を改善する方法を提案するもの──とも，うまく結びつく。この課題とプロジェクトを念頭におけば，前もって必要な知識（食品群と食品ピラミッドの推奨についての知識）を点

203

検するために小テストを，そして栄養的に不十分な食事がどのように健康問題の原因となるかについての理解に関してはテストを用いることができるだろう。今まで設計してきた単元の中で，一番完全な評価方法の組み合わせができたぞ。それにこの課題なら，理解の証拠を提供してくれるだけでなく，生徒たちもやる気を出してくれると思う。

◪ 次章の内容

　次に，評価者のように考えることの中心にある第2の問いと第3の問いについて考える必要がある。私たちが評価する際には何を探すべきなのか？　私たちはどうすれば，第1段階に照らして，提案した評価方法が妥当で信頼できる推論をもたらすという自信が持てるのだろうか？　次章では，これら2つの問いに向かおう。

第8章

規準と妥当性

　　　評価とフィードバックは，人々が学習するのを助ける上で非常に重要である。
　　　　評価が，学習や理解の原理と調和するものになるには，
　　　　　　次の3つの条件を満たさなければならない。
- 評価は優れた指導を映すものでなければならない。
- 評価は指導の一部として継続的に，しかし邪魔にならないように行われなければならない。
- 評価は，生徒たちが到達しつつある理解レベルについての情報を，（教師や生徒，保護者に）提供するものでなければならない。

　　　　　　　　――米国学術研究推進会議編著『授業を変える』
　　　　（Bransford, Brown, and Cocking, 2000, p. 244 [邦訳：2002年, p. 256]）

　　　　中心にある問題は，……最も広範に用いられている学力の評価方法が，
　　　学習とコンピテンスについてのきわめて限定的な信念にもとづいていることである。
　　　　――評価の基礎に関する委員会『生徒が知っていることを知る――教育評価の科学と設計』
　　　　　　　（Committee on the Foundation of Assessment, 2001, p. 2）

　第7章では，求めている結果が得られているかどうかを判断するのに適切な証拠を得るために，どのような種類の評価方法が必要であるかに焦点を合わせた。私たちは，常に多様な証拠が必要であること，評価計画は真正のパフォーマンス課題にもとづいていなくてはならないことに言及した。また，理解を評価するためにはパフォーマンス評価が必要であることを見いだした。すなわち私たちは，学習者が文脈の中でどれぐらい上手にパフォーマンスへの挑戦に対処しているのか，その際に彼らの思考プロセスはどのようになっているのかを見る必要があるのである。

■ 規準の必要性

　理解を評価するのに必要となる種類のオープンエンドのプロンプトやパフォーマンス課題には，単一の正しい答えや解決プロセスがないので，生徒の作品の評価（エバリュエーション）は規準（criteria）によって導かれた判断にもとづくことになる。明瞭で適切な規準によって，理解の程度を決定するために何を見るべきかが特定される。またそれらは，判断にもとづくプロセスを一貫

性があって公正なものにする際に役立つ (Wiggins, 1998, pp. 91-99)。それでは，どのようにして私たちは適切な規準を作り出し，それらを学習者にとって明瞭なものにするのだろうか？

適切な規準は，作品の，単に見えやすかったり採点しやすかったりする部分だけではなく，（ゴールからいって）作品の最も意義深く重要な側面にスポット・ライトを当てる。たとえば物語を読んでいるとき，私たちは没頭したいものだし，想像力を刺激されたり興味をかきたてられたりしたいと思う。最良の物語は，プロットと登場人物を効果的に組み合わせることによって私たちの興味を惹きつけ，また興味を持続させる。したがって，物語を判断する際に鍵となる規準は，**没頭** (engagement) である。もう一つは，効果的な文芸の意匠を凝らし言語を選択する，作者の**技巧** (craftsmanship) かもしれない。3つめは登場人物の深さと信用性——つまり**登場人物の成熟** (development) ——に関連しているだろう。物語の規準は，恣意的なものではない。あらゆる本は没頭させるものであり，うまく技巧が凝らされ，完全に成熟した信用のおける登場人物にもとづいているべきである。

これらの3つの規準は関連しているが，独立しているものでもある。戯画的な人物が登場する物語でも，私たちを没頭させるものかもしれない。没頭させる物語であっても，プロットに欠陥が多く，誤植だらけかもしれない。したがって適切な規準を明確にするときには，質の判断に影響するような**パフォーマンスの独立変数**の組み合わせを明瞭にしなくてはならない。そうすればそれらの規準は，どんなパフォーマンスであれ，成功するためには満たさなくてはならない条件を特定するものとなるだろう。それらの規準は，運用上は課題の必要条件を定義する。

多くの教師は，パフォーマンスとその目的の中心にある規準ではなく，単に見えやすい規準に依拠するという間違いを犯してしまう。したがって，（よく裏づけられた研究よりも）単にたくさんの脚注がある研究論文が高い点数を獲得したり，（綿密さよりも）スピーチが機知に富んでいるからということで理解があると推論されたり，（正確な情報が提供されているのではなく）色彩が豊かで創造的だからという理由で展示物が効果的だと判断されたりすることが，一般的に見られる。評価方法をゴールと理解から引き出さなければならないのとまったく同様に，私たちはゴールから規準を導き出す必要があるのである。

■ 規準からルーブリックへ

ルーブリックは，規準にもとづく採点指針であり，一定の測定尺度（4点満点か6点満点か，または適切なら何点満点でも）と，それぞれの評点に対応する特徴の記述から構成される。ルーブリックは質や習熟，理解の程度をひとまとまりの連続したものに沿って描写する。（もし評価方法に対する応答についてイエスかノーか，または正しいか間違っているかを決定することしか必要ないのであれば，ルーブリックの代わりにチェックリストを用いる。）ルーブリックは，次の問いに答えるものである。

- パフォーマンスはどのような規準で審査され，識別されるべきか？

図表 8.1　書き方に関する NWREL のルーブリックより，最高レベルの記述語

アイデアの展開：レポートは明瞭で焦点がはっきりしている。読者の注意を惹きつけ続ける。関連する逸話や詳細によって，中心的なテーマが豊かになっている。

構成：中心的なアイデアやテーマが強調され目立つような構成になっている。順序や構造，情報の示し方（presentation）は，読者を納得させ，テキストを通して読者を感動させるものである。

語り口：著者は，個性的で納得させるような，そして惹きつけるようなやり方で，直接的に読者に語りかけている。著者は，相手と書くことの目的を意識し，それらを尊重しつつ文章を巧みにつくっている。

単語の選択：意図されたメッセージを正確で興味深く自然なやり方で伝達するような単語が用いられている。それらの単語は，強力で惹きつけられるものである。

文章の流暢さ：書かれたものには，滑らかな流れとリズム，韻律がある。文章は，うまく組み立てられており，表現力豊かに朗読したくなるような，強力で多様な構造を持っている。

慣例表記：著者は，書き方の標準的な慣例表記をよく把握していることを示し，……より読みやすくするために効果的に慣例表記を用いている。間違いはとても少なく，作品に小さな修正を加えるだけで出版できるほどである。

示し方：テキストの形式と示し方は，読者がメッセージを理解し関連づけやすくするものである。目に心地よいものである。

【出典】©NWREL, Portland, OR (2000). 許可を得て掲載。
注：5点満点の尺度で示されたそれぞれのレベルには，たくさんの役立つ指標がある。加えて，もっと幼い児童のために，より学習者にとってわかりやすいバージョンも開発された。そのルーブリックやその他のルーブリック，およびルーブリックの設計と実施に関わる論点の総合的な検討については，アーターとマクタイ（Arter & McTighe, 2001）を参照。

- パフォーマンスが成功していると判断するために，私たちはどこを見て何を探すべきか？
- 質や習熟，理解の様々なレベルはどのように描写され，互いにどう区別されるべきか？

　生徒の完成作品と実演を審査するために，一般的には2種類のルーブリック——**全体的**（holistic）ルーブリックと**観点別**（analytic）ルーブリック——が広く用いられている。全体的ルーブリックは，生徒の作品の全般的な印象を規定する。これは，完成作品や実演について**単一の点数か評定を与える**ものである。

　観点別ルーブリックは，完成作品や実演を種類の異なる特性や次元に分け，それぞれを別々に審査するものである。観点別ルーブリックでは，明確にされた特性を独立して評定するため，別々の点数がそれぞれに対して与えられる。たとえば，書き方についての評判の良い観点別ルーブリックでは，（1）アイデア，（2）構成，（3）語り口（voice），（4）単語の選択，（5）文章の流暢さ（fluency），（6）慣例表記（conventions），という6つの特性について検討されている。生徒の書いたものは，それぞれの特性のパフォーマンス・レベルによって評定される。たとえば一つの作文が，**アイデアの展開**（特性1）については3点，**慣例表記の活用**（特性6）については4点をつけられるかもしれない。北西地区教育実験所（the Northwest Regional Educational Laboratory: NWREL）は観点別ルーブリックを開発しており，広く実施されてい

る。そのルーブリックは6つの規準（と，選択肢として7つめの規準）を含み，「6 + 1」と呼ばれている。図表8.1には，採点される特性をそれぞれの規準に対応する最高点の記述語とともに示している。

　全体的ルーブリックは全般的な印象が必要なときには適切な採点用ツールであるが，私たちは理解の評価者に観点別ルーブリックを用いることを提案する。なぜか？　評価を単一の（全体的な）点数に煮詰めてしまうと，効率性という名のもとで，生徒へのフィードバックの質が簡単に妥協されてしまうからである。たとえば不十分だと見なされる説得文が2つあるが，それらの弱点はかなり異なっているかもしれない。一つの論文は技巧的には欠点があるが，素晴らしい主張で満ちている。もう一つの論文は，明瞭に書かれており文法的に正しいが，表面的な推論と裏づけられていない結論を含んでいる。だがしかし，もし私たちが全体的なルーブリックを用いて単一の点数をつけることを余儀なくされるなら，はからずも学習者，保護者，その他の人々にこれらのパフォーマンスは同様のものだと誤解させてしまう。パフォーマンスには常に，とりわけ理解が達成目標となっている場合には，独立した複数の規準が機能しているため，適切に多様な規準と実行可能性との間のつり合いを取るように試みるべきである。

■ 理解を評価するルーブリック

　このようなルーブリックと規準についての一般的な議論を理解に適用するために，理解はひとまとまりの連続したものに即して捉えられる，程度の問題だということを思い出してほしい。それは，単純に正しいか間違っているかの問題ではなく，**より素朴なのかより洗練されているのか**，あるいは**より表面的なのかより掘り下げているのか**という，**程度**の問題なのである。したがって理解のためのルーブリックは，次のような鍵となる評価の問いに，具体的な答えを提供するものでなくてはならない。理解はどのようなものなのか？　洗練された理解と素朴な理解を実際に区別するのは何か？　最も素朴だったり単純だったりする説明から，最も複雑で洗練されている説明までのひとつながりは，どのように見えるのか？

　「理解」を記述するルーブリックの2つの例を見てみよう。近年の米国史のアドバンスト・プレースメント試験で用いられた一般的なバージョンのルーブリック[i]は，単なる出来事の記述ではなく，裏づけられた理論がどの程度あるかに留意するよう，読者に求めている。

- 〔鍵となる〕構成要素を洗練されたやり方で扱う，明瞭でよく展開された理論……
- 〔鍵となる論点〕を扱う明瞭で展開された理論……
- すべての構成要素に表面的に応答している一般的な理論……
- ほとんど，またはまったく分析がない……（Educational Testing Service/College Board,

---

i)「一般的なルーブリック（generic rubric）」とは，多種類のパフォーマンスを評価するのに用いることのできるルーブリックのこと。複数の課題やジャンルで適用できる。

1992, p. 25)。

このルーブリックは審査員に対し，第一に生徒の理解の程度（「洗練された分析」対「単なる語り直し」）を評価するように明示的に注意している。また第二に，事実的な間違いの数や書き方の質を，その時代についての生徒の理解と混同しないように忠告している。

次に，カナダのある州の言語科試験のルーブリックを示そう。これは，洞察と，何らかの特定の解釈の優秀さとを区別することについて，審査員に注意を促すものである。

5　熟達した：選んだ読み物について，洞察に満ちた理解を効果的に確立している。直接的に述べられているにせよ暗示されているにせよ，生徒の意見は知覚が鋭いもので，明確な詳細によって適切に裏づけられている。裏づけは正確で，思慮深く選ばれたものである。
4　有能な：よく考慮された理解……。意見は，……思慮に富んでいる。裏づけはうまく定義されており，適切である。
3　適切な：もっともな理解が確立され，立証されている。生徒の意見は型にはまったものであるが，もっともな裏づけがある。裏づけは一般的だが，機能的である。
2　限定的な：いくらかの理解が明示されているが，その理解は常に擁護可能なもの，または立証されるものとは限らない。意見は表面的で，裏づけが乏しかったり曖昧であったりするだろう。
1　不十分な：本当らしくない憶測……。生徒の意見は，もしあるとしても不適切か，理解できないものである。裏づけは不適切であるか，欠如している。
　答えの評価（エバリュエーション）は，その生徒が実際に何かを読み，考えたことの証拠の量の観点から行われるべきである。彼／彼女が大人が考えるような考え方で考えたかどうか，ないし大人の「正しい」答えに一致して考えたかどうかが問題ではない。

いずれの場合もルーブリックは，採点される特性である，理解の程度を記述することに焦点を合わせている。手順，技巧，構成といったその他の特性については，別個に判断されるべきである。

記述語が一ますに1つのルーブリックという形式になっていようと，2つの別個のルーブリックという形式になっていようと，評価者は少なくとも2つの異なる特性について考慮すべきだ，と私たちは勧めたい。すなわち，「理解」に関するルーブリックを1つと，理解が表されているところの「パフォーマンス」（適切な場合には，完成作品とプロセスを含む）の質についてのルーブリックを1つ用いることを提案したい。

■ 規準とルーブリックから逆向きに設計する

全体の中の部分部分についてより明瞭に理解できるように，
生徒自身が模範的なプロジェクトの特徴を特定することは役立ちます。
このことは生徒に，生徒が書いた作品例や専門家の書いた作品例をたくさん見せ，
生徒が説得力のある（または説得力の弱い）作文の条件は何かを正確に明確にするよう導き，
必要な作文のスキルを特定し，それらのスキルを教えることを意味しています。
そうすれば生徒は，それぞれの単元についての「地図」を獲得し，
〔このことによって〕より熱心にそのプロセスに取り組むようになると思われます。
UbDによって単元の意味が明確になり，授業計画がより目的のはっきりしたものとなり，
生徒がより熱心になったので，教えることはもっとずっと楽しいものになりました！
——第6学年の言語科の教師

「逆向き設計」は，規準とルーブリックに関して私たちを助けてくれるもう一つのアプローチ——直観に反するアプローチではあるが——を提案している。特定の課題が設計される前でさえ，第1段階におけるあらゆる明示的なゴールによって，第2段階で必要とされる規準が暗示されていることがわかる。たとえば，ペンシルバニア州の第6学年の生徒が，書き方に関する次のような州のスタンダードを満たしていることを示すためには，作文に何を含まなくてはならないかを考えてみよう。

〔生徒は〕明瞭に述べられた立場や意見，および必要ならば資料を引用しつつ，裏づけに関する詳細な記述を含んだ説得文を書く。
生徒が説得文を書くのであれ，政策要綱や投書を書くのであれ，次のような規準（スタンダードから直接的に導き出されたもの）が彼らの作文を審査するときに用いられるべきである。

- 立場や意見が明瞭に述べられていること
- 裏づけに関する詳細な記述が提供されていること
- （必要に応じて）適切な資料が引用されていること

■ 理解の6側面と規準

これまで，理解は6つの側面によって明らかになると主張してきた。このことは，6側面が，理解の程度を評価するための規準を明確にし，ルーブリックを組み立てるのに役立つということでもある。図表8.2は，理解の6側面にもとづく，部分的な規準のリストの一部を示している。

それでは，これらの規準からいって，私たちはどのように理解の6側面をよりよく制御で

図表 8.2　6側面に関わる規準

側面1 説明	側面2 解釈	側面3 応用	側面4 パースペクティブ	側面5 共感	側面6 自己認識
●正確な	●有意義な	●効果的な	●信用できる	●敏感な	●自覚的な
●一貫した	●洞察に満ちた	●効率的な	●啓発的な	●偏見のない	●メタ認知的な
●正当化された	●重要な	●流暢な	●洞察に満ちた	●受容力のある	●自己調整する
●体系的な	●例証となる	●順応性のある	●もっともな	●知覚の鋭い	●内省的な
●予言的な	●啓蒙的な	●優美な	●並はずれた	●機転のきく	●賢明な

きているかどうかを評価するのだろうか？　図表8.3に示したルーブリックは，便利な区別と健全な判断を行うための一般的な枠組みである。このルーブリックは，それぞれの側面を適切に捉えた，ひとまとまりの連続したもの――素朴な理解（一番下）から洗練された理解（一番上）まで――を反映している。

このルーブリックが明らかにしているとおり，理解は，ひとまとまりの連続したものとして考えられるだろう――誤概念から洞察まで，あるいは自意識の強い不器用さからスキルが自動化する習熟まで，連続したものである。さらにこのルーブリックは，個々人は同じ観念と経験について多様な，しかし妥当な理解を持ちうるという現実を反映している。換言すれば，ある人のプロフィールと他の人のプロフィールが，両方とも一般的には「洗練されている」と評されたとしても，その実はとても異なっているかもしれない（これはちょうど，観点別の特性が関わる様々なパターンから構成される書き方のパフォーマンスに，全体的な点数を与える場合と同様である）。

規準は，したがってルーブリックは，積み重なっている！　この複雑さを扱う実践的な方略は，多数のルーブリックを組み立てる際に照らし合わせる局面を，理解や知識，スキルに関する主要な違いのうち最小限のものにすることである。ここに，数学における5つの規準の例を示している（5つのルーブリックそれぞれの最高点だけに編集した）。これは，最も複雑な数学のパフォーマンスの鍵となる次元を評価するのに使うことができるものである。

■ 成績づけについての含意

規準にもとづくルーブリックを恒常的に用い，理解を何度も点検することは，とりわけ中等教育レベルと大学レベルにおいて，成績づけに影響を与える。上級レベルの教師の多くは，2つの長年にわたる逆効果の習慣を持っている。彼らはしばしば規準とそれぞれの規準への適切な重みづけを明瞭にすることなく，それぞれの作品を採点する。そして通常，科目全体を通して得られたそれらの点数を平均して最終的な成績をつける。特にこの後者の実践は，長期的な理解のゴールとルーブリックに照らして評価する際には，ほとんど意味をなさない。複雑な観念を学習者がどの程度把握しているか，その最初のレベルと最後のレベルを平均しても，理解を正確に表示するものとはならないだろう。ガスキー（Guskey, T., 2002），ウィギンズ（Wiggins, 1998），マルザーノ（Marzano, 2000）も参照のこと。

図表 8.3　理解の6側面に関するルーブリック

説明されている	意味のある [解釈]	効果的な [応用]	パースペクティブがある	共感的である	省察的な [自己認識]
洗練されておりより総合的である：著しく緻密な、あざやかな、または創意に富んだ記述（モデル、理論、説明）。実証に裏づけられ、正当化されている。深くて幅広い。与えられた情報をはるかに超えている。	**洞察に富む**：重要性、意味、意義についての有効な、かつ啓発的な解釈や分析。豊かで洞察に富んだ解釈や物語を語っている。啓発的な歴史や文脈を提供する。	**見事である**：多様で困難な文脈において知識とスキルを活用し、理解するのに円滑で、効率的で、有能で、ある――見事な転移の力。	**洞察に満ちており、首尾一貫している**：思慮深く熱慮された見地。効果的に批評し、他のもっともらしい見方をも包含する。関連する論点について長期的で冷静な批判的見解をとる。	**成熟している**：よく訓練されている。他の人が見て感じていることを、見て感じようとすることができる。そうすることで、奇妙なもの、あるいは異質なもの、または異なるものを人並み以上に受け入れ、またそれらを進んで求めるようとする。他の人には奇妙に見えるテキスト、経験、出来事の意味を捉えることができる。	**賢明である**：自分の理解と他の人の理解の境界線を深く認識している。自分の偏見や投影を認識することができる。高潔である――理解にもとづいて行動することができ、また進んでそうする。
体系的である：型にはまらず啓発的な記述であり、明白なことや明示的に教えられたことを超えている。巧妙な関連づけを行う。議論と論拠によって、うまく裏づけられている。目新しい思考が表されている。	**啓発的である**：重要性、意義についての思慮深い解釈や分析。洞察に富んだ物語を語っている。役立つ歴史や文脈を提供する。	**熟練している**：適切に要求の厳しい文脈において、能率に知識とスキルを活用し、理解を適合させる。	**綿密である**：完全に展開され、調整された批判的見解。他の見方について公正に考慮することによって、自分の見解をより信頼できるものにする。適当な批判区別、限定を行う。	**敏感である**：他の人が見て感じていることを、見て感じようとする。馴染みのないものやや異なるものを受け入れる。他の人が見ない価値や仕事の意味を捉えることができる。	**熟慮に富んでいる**：自分の無知や他の人の無知を認識している。自分の偏見を自覚している。
詳細である：詳細で自分のものになった観点をいくら反映した記述。生徒は作品を自身のものにしており、与えられたものを超えている。裏づけられた理論があるが、証拠と議論は不十分だったり不適切だったりする。	**鋭い**：重要性や意味、意義についての道理にあった解釈や分析。明瞭で、だために自分自身の物語を語っている。啓発的な歴史や文脈を提供する。	**有能である**：知識とスキルを活用する際に、適応的に革新的になる能力が、限定的ではあるが伸びている。	**よく考えられている**：自身の文脈における主要な観点を、適度に批判的かつ総合的に見ている。他の観点にもっともらしさが共有することを明らかにする。	**自覚的である**：自分が異なったように見て感じていることを知り、感じとっている。他の人にいくらか共感することができる。	**思慮深い**：自分が理解していることと理解していないことをおおよそ自覚している。偏見や投影がどのように無意識のうちに生じるかを認識している。

212

第8章　規準と妥当性

発現している：不完全な記述であるが、適切かつ洞察のある観念を伴って学んだものの一部を拡張し深めている。いくらか行間を読んだ記述は、限定された裏づけ、講論、データ、あるいは大雑把な一般化を含んでいる。理論はあるが、限定的な検査や証拠しか伴っていない。	解釈されている：重要性や意義、意味について、もっともらしい解釈や分析、物語をなしている。意味のある、手ごたえのある歴史や文脈を提供する。	見習いである：決まったやり方の限られたレパートリーに依存し、いくつかの馴染みのある文脈、または単純な文脈においてのみパフォーマンスできる。フィードバックや状況に対し、判断と応答を限定的にしか活用することができない。	自覚的である：異なる観点について知っており、自分の見解を何とか全体像の中に位置づけることができる。しかし、それぞれの見方の価値を考慮したり、それぞれの見方、とりわけ自分自身の見方を批評したりすることは不十分である。暗黙の想定に対し、無批判である。	偏っている：他の人の立場に立って考えるための能力や自制心をいくらか持っている。しかし主要には自分の反応と態度に限定され、異なる感情や態度に困惑したり避けたりする。	省察的でない：自らが持つ特定の無知を、概して自覚していない。早計な判断がどのように、あたかも理解が影響するかを、あまり認識していない。
素朴である：表面的な記述、分析的、創造的というよりも叙述的である。機械的な言い換え方。ほとんど、または全く解釈していない。より広い重要性や意義を全く感知していない。教えられたことや読んだことの大雑把な言い直し、または一般化。理論というよりかの大雑把な記述。白か黒さしないで一般化。理論、吟味されていないよりも、限定的な直観や借り物の観念。	文字どおりである：単純な、または表面的な読み方。機械的な言い換え方。ほとんど、または全く解釈していない、または機械的で操作的で意義を全く感知していない。より広い重要性や意義を全く感知していない。教えられたことや読んだことの言い直し。	初心者である：コーチングを受けないとパフォーマンスできない。または、しっかりお膳立てされた単一の［あてはめ式の（操作的で機械的な）］スキル、手続きやアプローチに依拠している。	無批判である：異なる観点に気がついておらず、他の見方を見落としたり無視したりする傾向がある。物事についての他の見方を想像することが難しい。感情的な批判をする傾向がある。	自己中心的である：他の人について理解知的に認識している以上には、ほとんど、または全く共感しない。物事を、自分の考えと感情を通して見る。異なる感情、態度、見解、見方を無視したり、恐れたり困惑したりする。	無知である：自分の理解の限界、および意見や理解しようとする試みにおいて投影する偏見が持つ働きを、全く認識していない。

[出典] ウィギンズとマクタイ (Wiggins & McTighe, 1998) より修正・改作・改編したもの。許可を得て再掲した。©1998 Association for Supervision and Curriculum Development

- **数学的な洞察**：関連する教科内容について，洗練された理解を示している。概念，証拠，論証，行われている限定，投げかけられている問い，用いられている方法は，熟達した洞察に満ちており，この経験レベルに通常見いだされるようなこのトピックの把握を優に超えている。問題の本質をつかみ，それを解決するために最も有効なツールを応用している。作品は，生徒が巧妙な区別を行い，特定の問題をより意義深く，複雑で総合的な数学的原理や公式，モデルに関連づけていることを示している。
- **推論**：問題を解決するための秩序だった，論理的かつ綿密な手続きを示している。アプローチと答えは，明らかに詳細で，終始筋がとおっている（使われている知識は洗練されているか正確である）。生徒は，綿密な論証を用いて，すべての主張を正当化している。すなわち，反証，疑わしいデータ，暗黙の前提が完全に解明されている。
- **解法の有効性**：問題に対し，効果的で，しばしば創意に富む解法が用いられている。問題に関わるすべての本質的な詳細，および相手，目的，その他の文脈的な事柄が，優美で効果的なやり方で完全に扱われている。解法は，可能性のある多くの点で，創造的であるだろう。すなわち，異端のアプローチ，矛盾する変数の非常に賢い処理の仕方，明白ではない数学の取り込み，あるいは想像力に富んだ証拠がある。
- **作品の正確さ**：作品は終始正確である。すべての計算は正しく，適切な程度の精度と測定誤差の範囲で提供されており，適切にラベルがつけられている。
- **示し方の質**：生徒のパフォーマンスは説得力があり，非常によく提示されている。研究と解かれるべき問題の本質は，提示する相手と目的を念頭におきつつ，きわめて魅力的で効率的なやり方でまとめられている。最終的な作品には熟練の技が明白である。補助的な資料（例：視覚効果，モデル，OHP，ビデオ）と，（適切なところでは）チームのメンバーの支援が効果的に用いられている。聞き手は熱心に聞いている。また，発表者が自分の話していることや聞き手の興味を理解している，と聞き手は確信している様子を示している。

もし，ルーブリックでこんなに多くの観点を用いるという考えに圧倒されると感じられるのであれば，小さなところから始めよう。2つの基本的な規準——理解の質とパフォーマン

■ **こんな誤解に注意！**

最も適切な規準と指標は，どこから得られるのだろうか？ ルーブリックは，どのようにして一般的な記述語から具体的な記述語へと変化するのだろうか？ これらの答えは，さらに，もう一つの「逆向き設計」の要素に関わっている。適切で詳細で役立つものになるためには，記述語が多くの具体的な作品例を検討することから生み出されなければならない。記述語は，各レベルに分類された作品の数々に見られる際立った特徴を反映するものである。したがってルーブリックは，生徒の作品を評価(エバリュエーション)するために用いられない限り，かつ異なるレベルの作品の分析が記述語を鮮明にするために用いられない限りは，決して完成しないのである。

スの質——に戻るのである。適切ならば第3の規準としてプロセスを加え，後のルーブリックの観点は時間と興味が許す範囲で加える。後に多数の観点が明確になったら，それぞれの課題に適切な範囲で，その一部だけを用いる。（マクロな設計の論点に関する章において，そのような一揃いのルーブリックは教科課程レベルで確立されるべきだと論じる。）

■ 生徒の作品にもとづいてルーブリックを設計し洗練させる

　生徒の理解と習熟を評価（エバリュエーション）する重要な規準は，最初は第1段階で求められている結果から導き出される。しかし，「こんな誤解に注意！」で明らかにしているとおり，ルーブリックを組み立て改訂するプロセスは，生徒のパフォーマンスの分析にも依拠するものである。次に示すのは，アーターとマクタイ（Arter & McTighe, 2001, pp. 37-44）が生徒のパフォーマンスを分析するために提案している，6段階のプロセスである。

> **段階1：求められている理解や習熟を例証している生徒のパフォーマンスの実例を集める。**できるだけ多数の多様な実例を選ぶ。
>
> **段階2：生徒の作品を別々の「積み重ね」に分け，その理由を書き留める。**たとえば，生徒の作品例を3つの積み重ね（優れている，平均的，不十分）に分けておく。生徒の作品を分類しながら，それぞれの積み重ねに作品を置いた理由を書き留める。ある作品が「洗練された」という積み重ねに位置づけられているとすれば，その顕著な特徴を記述する。その作品が洗練された理解を示していると，あなたに知らせたのは何だったのか？　あなたがある作品をある積み重ねに位置づける際に，自分に何と言っているのか？　この作品を返す際に，生徒に何と言うだろうか？　あなたが明確にする質や特性が，重要な規準となる指標を明らかにする。特性のリストに何も新しいことを加えなくてもよくなるまで，作品を分類し続けよう。
>
> **段階3：理由をパフォーマンスの観点や重要な次元にまとめる。**この実践でここまで用いてきた分類のプロセスは，「全体的」である。このプロセスの参加者は，質の高い，平均的な，そして質の低いパフォーマンスについてのコメントのリストを得て終わる。どんな単一の生徒の完成作品も，たった1つの全体的な点数を得るだけである。通常，コメントをリストにする際に，誰かが「このレポートをこの分類に入れるか別の分類に入れるか困ったな。なぜなら，ある観点では優れているけれど，別の観点では劣っているからね」といった趣旨のことを言うだろう。このことは，観点別の特性による採点システム，すなわちそれぞれの生徒の完成作品や実演を，1つ以上の次元で評価（エバリュエーション）することの必要性を提起するものである。
>
> **段階4：それぞれの観点の定義を書く。**これらの定義は，「価値中立」であるべきである——それは，それぞれの観点が何についてであるのかを記述するものであって，良いパフォーマンスはどのように見えるのかを記述するものではない。（その観点に対応す

る良いパフォーマンスの記述は，ルーブリックの「最も高い」評定に与えられる。）

段階5：それぞれの観点のそれぞれの評点を例示する生徒のパフォーマンス事例を選ぶ。それぞれの観点について，優れている，平均的，不十分という区分のパフォーマンスを示す生徒の作品例を見つける。これらは，ルーブリックの各レベルについて具体的な例を提供するため，時に「アンカー（anchor［錨，固定する物］）」と呼ばれる。アンカーは，「良い」とはどういうことなのかを生徒が理解するのを助けるためにも用いられうる。（注：複数の例を挙げることが重要である。もし良いパフォーマンスがどのようなものかについての例を1つしか生徒に示さなければ，それを真似るか写すかするようになってしまうだろう。）

段階6：継続的に洗練させる。規準とルーブリックは用いるうちに進化するものである。試してみる中で，あなたは常に，ルーブリックのいくつかの部分はうまく機能し，いくつかはうまく機能しないことに気づくだろう。より正確に伝達するものとなるように記述を加えて修正し，あなたの意図を説明するようなより良いアンカーを選ぶ。

■ 妥当性についての挑戦

　評価者のように考えることにおける第3の問いは，私たちが最も適切な証拠，すなわち第1段階において求められている結果を示す証拠を注意深く思い出すことを求めるものである。私たちは，第2段階において**単に興味深くリアルな課題を生み出そうとしているのではなく**，第1段階で組み立てられた，求められている結果に対し，最も適切な証拠を獲得しようとしているのである。これは，妥当性についての挑戦である。

　妥当性は，私たちが，伝統的なテストに関連する証拠も含め，特定の証拠から適切に読み取れる，もしくは読み取れない意味に言及するものである。私たちは，ある生徒が運動場で親切な行動をとっているのを見る。その生徒の「親切である」という傾向について，何を推論すべきだろうか？　それが，妥当性に関する挑戦である。すなわち，より一般的な能力について最も多くを物語る証拠を獲得するために，私たちはどんな出来事やデータを見るべきなのか？

　現在，従来型のあらゆる教室において見られる難題を検討してみよう。カーソン中学校の第6学年の教師であるメトリコス先生は，分数に関するテストの問題を20問作った。ホセは，11問を正しく答えた。メトリコス先生は，**分数の領域全体**についてのホセの出来具合はとても心もとないと推論する。妥当な結論だろうか？　必ずしもそうではない。第一に，私たちは，テスト項目を見て，分数に関する問題の全種類を代表するものとなっているかどうかを確定する必要がある。ホセが移住してきて間もないことからいって，彼の英語力が不十分であって，数学は得意なのかもしれない。テストは，彼の数学の能力だけを見ることができるように，英語の要因を除外しているだろうか？　テストには文章題が多く含まれていて，本当のところは英語力のテストとなっているのではないか？　問題の相対的な難しさについ

てはどうか？ それぞれの問題は，他の問題と同じように点数が計算された。しかし，もしいくつかが他のより難しいとしたら，どうだろうか？

テストを採点する際，メトリコス先生は答えの正しさだけに焦点を合わせて，それぞれの生徒が各問題に取り組み始め，解決するために用いたプロセスを無視した。正確さは理解を示すものだろうか？ 必ずしもそうではない。最高点のテスト用紙は，公式がなぜ機能するかについて全く理解することなく，単に公式を再生したことを反映するものかもしれない。さらに，用紙が返却された後，ホセが駆け寄ってきて，自分は分数を理解しており，自分の間違いが「単なる」不注意だった理由を説明したとすれば，私たちは何を推論すべきだろうか？ そのことは，彼の点数や，彼の理解についての私たちの理解に影響を及ぼすだろうか？ おそらく，メトリコス先生はその晩，結果に目を通して，ホセが文章題で英語に苦労しているだけでなく，分母の異なる分数に苦労していること，しかし共通した分母が必要だというルールとそれはなぜかを説明するのには全く困難をきたしていないことに気づく。したがって，間違った答えにもとづいて，ホセが分数を「理解していない」ということは，妥当ではない結論だったのである。

理解に焦点を合わせることは，あらゆる評価において妥当性の問題を難しくする。ジェニーは20問中19問に正しく答えたが，間違った1問がなぜ共通する分母が必要なのかを説明することを求めるものだったと想定してみよう。サラは歴史の試験で，テストの多肢選択問題の部分ではすべての歴史的事実を正しく答えたが，同じ時代についての鍵となる出来事を分析することを求める，資料にもとづく問いでは完全に間違ったとしたら，どうだろうか？ イアンが水の循環についての素晴らしいポスターを作ったが，小テストで間違ったとしたら？ これらは，私たち皆が直面する難題である。私たちは，要求しているパフォーマンスが，追求されている特定の理解に対し，確実に適切なものとなるように気をつけなければならない。ある生徒が，理解を伴うことなしに，テストでは上手にパフォーマンスすることがありうるのだろうか？ 理解している生徒が，それにもかかわらず，鍵となる事実を忘れたり，ごたまぜにしたりすることがありうるのだろうか？ そのとおり，そのとおりである——それは常に起こっている。私たちは，どんな生徒の作品を評価するときも疑わしい推論を避けたいが，とりわけ理解を評価する際にはそうなのである。

先に言及したとおり，理解は程度の問題である。分数の例が示唆しているように，私たちは通常，**正確さ**に注意を払いすぎて（これはある部分では，正確さの採点であれば評価はずっと簡単であり，見たところ「客観的」であるからだ——機械でも採点できる），理解の**程度**（そこでは誰かが妥当な判断をする必要がある）にはあまりに少ししか注意を払っていない。それゆえ，理解は，典型的なテストと採点で簡単に見過ごされてしまうのである。

この論点は，パフォーマンス評価の設計についての一般的な混乱があることから，さらに難しくなる。多くの教師–設計者は，興味深く魅力的な学習活動と，パフォーマンスによる適切な証拠とを混同している。パフォーマンスが複雑で課題が興味深いからといって，生徒のプロジェクトの作品から私たちが得る証拠が，求められている結果に対して適切なものだということにはならない。

この難題については，ヴァージニア州の第5学年の教師の話で概説することができる。彼女は，生徒にジオラマを組み立てさせることによって，南北戦争に関するスタンダードの習得を評価しようと提案した。彼女は，2つのゴールを持ったワークショップで，南北戦争についての単元を開発しているところだった。2つのゴールとは，州のスタンダードに取り組む創造的なやり方を見つけることと，UbDのアイデアを尊重することである。彼女は，魅力的なパフォーマンス課題を用いることによって，南北戦争の原因と結果に関する生徒の理解を評価しようとしていた。

　彼女は，［私たちに］実証済みのプロジェクト（「子どもたちが大好き」なもの）を用いることができるか尋ねた。なぜなら，それはパフォーマンスを伴うものであり，評価可能な完成作品を生み出すものだからだった。私たちは，理論的に言えば，そのプロジェクトが正しい種類の証拠を生み出す限りは，そうしてはならないという理由はないと言った。私たちが何を意味しているかが彼女にはわからなかったので，私たちはプロジェクトについて彼女に説明させた。「ええっと，子どもたちは，シミュレーションの南北戦争博物館のために，南北戦争における大きな戦いのジオラマを作らなくてはなりません」と彼女は言った。「地図と，説明の飾り板と，関連する人工遺物が必要です」。そこで私たちは，州のスタンダードの明細を尋ねた。

南北戦争と再建：1860年代から1877年

　USI.9　生徒は，次のことによって，南北戦争の諸原因と主な出来事，結果に関する知識を実証するだろう。［USI.9は，スタンダードで示されている目標の番号である］

　　a. 国家を分割した文化的・経済的・憲法上の論点を記述する。
　　b. 州の権利と奴隷制の論点によって，局地的な緊張関係がどのように高まったかを説明する。
　　c. 地図上で，合衆国から脱退した南部諸州と合衆国に残った北部諸州を明らかにする。
　　d. 南北戦争へと続く出来事，また戦争中の出来事における，アブラハム・リンカーン，ジェファーソン・デイビス，ユリシーズ・S・グラント，ロバート・E・リー，「石壁」と呼ばれたトーマス・ジャクソン，フレデリック・ダグラスの役割を記述する。
　　e. 地図を用いて，主な戦闘を含め戦争中の決定的な展開を説明する。
　　f. 合衆国と南部連合の兵士（黒人兵士を含む），女性，奴隷の視点から見て，戦争の結果を記述する。

　私たちは，彼女が提案した評価課題の設計を［妥当性に関する］2つの問いに照らして自己評価するように求めた。次のことが起こる可能性はどのくらいあるだろうか？

- 生徒は，このパフォーマンス課題をうまく行うが，あなたが求めている理解を本当には実証していない。

第8章　規準と妥当性

> ■ **洞察に関する本質的な問いは残っている**
>
> 　妥当性に関するこの議論は，哲学者と心理学者の間で長く続いている論争——すなわち，理解という行為は，第一義的には，パフォーマンスとは切り離された心的イメージ（mental picture）に関わるものなのかという論争——を直接的に扱うものでも解決するものでもない。この議論を認知的な研究の本質的な問いとして組み立てると，その論争は，次のように問うものである。「パフォーマンスの能力には必然的にメンタル・モデルが**先行**するものなのか？　あるいは，理解は，素晴らしいジャズの即興のようなものなのか？——つまり，それは**本来**パフォーマンスの能力と感性であり，先行する意図的な思考は何ら重要な役割，または決定的な役割を担わないのか？」　ここでは私たちはどちらの立場にも立たないが，この論点に興味のある読者は，次の本を読むとよいかもしれない。ギルバート・ライルの『心の概念』（Ryle, G., 1949［邦訳：1987年］），『理解のための指導』（Wiske, 1998）のパーキンズの章と，『洞察の本質』（Sternberg & Davidson, 1995）である。

- 生徒は，この課題をうまく行うことができないが，それでも諸観念を意義深く理解していて，他のやり方でその理解を示す。

どちらかの問いの答えが「はい」ならば，その評価方法は，おそらく妥当な証拠を提供してはいないだろう。

　「ああ，もちろんですとも！」と，彼女はすぐに言った。「どうして私はこんなに愚かだったのかしら？　本当のところスタンダードのほんの一部にふれているだけで，原因と結果の論点についてはすっかり無視してしまっています。どうして見落としたのかしら？」

　彼女の間違いは，よく見られるものである——興味深いプロジェクトや真正の**活動**を，妥当な評価方法と混同しているのだ。この事例で，彼女は，プロジェクトとスタンダードの間の1つの小さな関連（軍事上の主要な転換点）を取り上げ，その証拠から正当化されていない結論を導き出そうとしていた。良かった点は？　妥当性に関する2つの問いと照らして自己評価するように求められたとき，彼女は即座に問題を見抜いた。悪い点は？　ほとんどの人は，提案した評価方法を，どんな設計スタンダードにも照らし合わせて自己評価しておらず，しばしば妥当ではない推論で終わるのである。第2段階の目的は，魅力的な学業ではなく，述べられたゴールと照らして学力を審査するための十分な証拠を決めることなのである。

　この逸話はまた，ゴールから一般的な規準を導き出すことの重要性を思い出させる。内容スタンダードが南北戦争の**原因と結果**に焦点を合わせるものであったことを考えると，もし彼女がジオラマという特定の課題を設計するのに**先立って**スタンダードに関連した適切な規準を検討していたら，妥当性の問題を避けることができたかもしれない。原因に関する推論を評価するという点から見ると，どんな生徒のパフォーマンスでも，(1) 複数の原因を明確にする，(2) 複数の結果を明確にする，(3) 歴史的に正確である，(4) 明瞭な説明を含む，という必要があるだろう。また，このように考えることによって，他の，より適切な課題の可能性が示唆される。たとえば，戦争の複数の原因と複数の結果を示す原因ー結果ポスター

といったものである。

　この分析は，地域で評価方法を設計することのパラドックスをうまく説明している。私たち自身の直観に任せておいたのでは，妥当性の論点を捉えることはとても難しい。しかしながら，正しいスタンダードと照らして訓練された自己評価を少し行えば（いくらかの素早い相互批評は言うに及ばず），私たちが直面する問題の大半は解決できるのである。

■ 救いの「逆向き設計」

　水平版のテンプレート（第7章の図表7.2）を思い出して，それがどのように第1段階と第2段階の間の論理的なつながりを見いだすように求めているかを見てほしい。図表8.4を見ると，「逆向き設計」において理解の6側面を用いることで，どのようによりよく「評価者のように考え」られるようになるかに気づくことだろう。

　妥当性の論点についてより注意深くなるために，設計者には，図表8.5における自己点検を，現行の（または過去の）評価方法に常に適用するよう勧めたい。これは，この系統の問いかけを拡張したものであり，過去のものであれ未来のものであれ，どんな評価設計のアイデアについても妥当性を向上させるために用いることができるものである。

　もちろんあなたは，確かにそうだとは答えにくいだろう。妥当性については何らルールやレシピはない。時に私たちは，いかに誤りに陥りやすいかに留意して，まさに思慮に富んだ判断を行うようにしなくてはならないのである。しかし，設計における自己評価の力を過小評価してはいけない。それは，あなたの問題の多くを解決し，評価者としてより自信と度胸があるようにしてくれる——こうしてあなたは，単に見て採点しやすいものだけでなく，本当に重要なものを評価するようになる。

　妥当性は，ルーブリックの設計にも影響を及ぼす。妥当性という論点は，課題だけでなくルーブリックにおいても生じるのである。私たちは，単に簡単に数えたり採点できたりするものだけでなく，理解（やその他のどんな達成目標であれ）を判断するために，確実に正し

■ **こんな誤解に注意！**

　妥当性は推論に関わるものであり，テスト自体に関わるものではない。妥当性は，証拠の意味——すなわち，私たちは生徒に何をするよう求めるのか，その結果生まれる作品をどのように評価するのか——に関わるものである。換言すれば，妥当性は，結果についての私たちの理解に関わるものであり，テストそれ自体に関するものではないのである。私たちは，話す際にもう少し注意深くなる必要がある。皆は不用意に「妥当だ」「妥当でない」という言葉を「テスト」を形容する修飾句として使うが，厳密に言えばこれは不正確である。妥当性は，私たちが特定のテスト結果から導き出そうとする**推論**に関するものである。そして，それらの推論の力をより鋭くすることが，より良い評価者になるための鍵である。

図表8.4 評価者のように考えるために「逆向き設計」を用いる

第1段階		第2段階
求められている結果が，学習者が下記のようにすることだとすれば， ⇒	生徒が……する能力を持っているという証拠が必要である。 ⇒	したがって，評価方法では，下記のようなことを求める必要がある。
次のことを理解する。 Ⓤ ●統計的な分析と図表による表示によって，しばしばデータのパターンが明らかになる。 ●パターンを認識することによって，予測が可能になる。 ●データのパターンからの推論は，もっともらしいが妥当でない場合がある（同様に，もっともらしくはないが，妥当な場合もある）。 ●相関関係は因果関係を保証しない。 そして，次のような問いを思慮深く検討する。 Ⓠ ●どのような傾向か？ ●次に何が起こるのか？ ●データと統計は，どのように物事を明らかにしもすれば「嘘もつく」のか？	応用する： どのように応用することによって，生徒が学習したことを理解したと推論することができるだろうか？ もしうまくなされていれば，どのような種類の実演と完成作品によって，理解と単なる再生とを妥当に区別することができるか？ 説明する： 私たちが本物の理解を推論できるようにするために，生徒は自分の作品について何を説明したり正当化したり裏づけたり答えたりしなくてはならないのか？　彼らが言ったことや行ったことを本当に理解しているのかどうかを確かめるために，私たちは彼らの観念や応用をどのように検査することができるか？	Ⓣ　　　　　　　　　ⓄⒺ ●男子・女子マラソンの過去のパフォーマンスを用いて，2020年の男子・女子マラソンのタイムを予測しなさい。 ●貯蓄プログラム（例：大学，退職に向けて）の様々なシナリオを図表にしなさい。金融上のアドバイスを与えなさい。複利の信じがたさを説明しなさい。 ●傾向を見極めるため，過去15年間のエイズ患者数を分析しなさい。（注：データは，最初は横ばいのようだが，後に急激な伸びが見られるようになる。） ●マラソンの分析はなぜもっともらしいが不正確なのかについて，記事，または投書を書きなさい。 ●投資家志望者を対象として，なぜ小さな額で早くから貯蓄することは，後で大きな額で貯蓄するより良いのかを説明するパンフレットを作りなさい。 ●エイズ患者数が急激に増える特質を説明するために，解説文をつけた図解の展示物を作りなさい。

[Ⓤ=enduring understandings　Ⓠ=essential questions　Ⓣ=performance tasks　ⓄⒺ=other evidence]

図表 8.5　評価のアイデアの自己検査

第1段階	求められている結果：

第2段階	提案されている評価方法：

	きわめてよくある	いくらかある	ほとんどありそうにない
生徒が次のことにより評価で成功する可能性はどれぐらいか？			
1. 賢い推測を行っているが，限定的な理解にもとづくものである。	☐	☐	☐
2. 正確な再生ではあるが，限定的にしか理解していないか，または全く理解しておらず，学習したことをオウム返しにするか，あてはめをしている。	☐	☐	☐
3. 非常に一生懸命に，また熱心に誠意ある努力を行っているが，限定的にしか理解していない。	☐	☐	☐
4. 素敵な完成作品と実演を生み出しているが，限定的にしか理解していない。	☐	☐	☐
5. 生来の能力を適用して，明瞭で知的なものになっているが，問われている内容を限定的にしか理解していない。	☐	☐	☐
生徒が次のことにより評価で成功できない可能性はどれぐらいか？			
6. 重大な観念を深く理解しているにもかかわらず，パフォーマンス・ゴールを達成することに失敗する。（たとえば，課題がゴールに関連していない。）	☐	☐	☐
7. 重大な観念を深く理解しているにもかかわらず，用いられている採点と成績づけの規準を満たすことができない。（たとえば，規準のいくつかが恣意的で，求められている結果やそのような課題での真の卓越性とほとんど関係がないような物事に，過度のまたは不適切な重点をおいている。）	☐	☐	☐

ゴール：あなたの答えをすべて「ほとんどありそうにない」にすること

い規準を採用するようにしなくてはならない。理解のために評価する際には，私たちはとりわけパフォーマンスにおける単なる正確さやスキル（すなわち，書き方，パワーポイント，図解の示し方）を理解の程度と混同しないように用心しなくてはならない。評価における一般的な問題は，多くの採点者が，間違ったりコミュニケーションをとるのが下手だったりする生徒よりも，あらゆる事実を知っていたりあざやかにコミュニケーションをとったりする生徒のほうがよく理解していると思い込むことである。しかし，もし間違いのあるレポートの調査結果が真に洞察に満ちており，事実にもとづいてよく書かれたレポートが表面的なものだとしたら，どうだろうか？　証拠から結論づけられることと結論づけられないことについて明瞭にすること——それは常に妥当性の論点であり，私たちが何を採点するかだけでなく，どのように採点するかにも適用されるものである。

　実際には，先に投げかけた2つの問いを変形したものが，私たちが規準とルーブリックの妥当性を自己評価するのも助けてくれる。あなたが提案している規準と，それらをもとに立案されているルーブリックについて，次のことを検討してほしい。

- 提案された規準が満たされているにもかかわらず，パフォーマンスをする人が深い理解を示していないことがありうるか？
- 提案された規準が満たされていないのに，それでもなおパフォーマンスをする人が理解を示していることがありうるか？

どちらかの問いに対する答えが「はい」であるのなら，提案されている規準とルーブリックでは妥当な推論を提供する用意がまだできていないのである。

■ 信頼性 —— パターンについての自信

　評価の証拠の適切さに関する議論は，きわめて重要ではあるが，十分ではない。私たちには，妥当な推論だけでなく，信頼する価値のある推論が必要である。私たちは，結果がパターンを反映していると自信を持っている必要がある。おそらく，20問中9問を間違ったホセは，次の日に別のテストを与えられると，［できないのは］50問中の9問にすぎなかったかもしれない。提案されたテストは適切なものかもしれないが，それにもとづく単一の結果は信頼できなかったり変則的だったりする。これが信頼性の問題であり，私たちが第7章で，単一のスナップショットではなく証拠のスクラップ帳を持つべきだと論じたゆえんである。

　信頼性の問題について見るために，あなたのお気に入りの強いスポーツ・チームについて検討してみよう。試合でのパフォーマンスは，確かに成績の適切な尺度である。試合の結果は，定義上，スポーツの成績について妥当な推論を生み出す。しかし，どんな試合結果も1つだけでは代表的なものとは言えないだろう。そのチームが歴史的に弱いチームに打ち負かされた夜のことを考えてみよう。その得点記録は，いったん私たちがたくさんの結果を手に入れれば，通常とは異なる——信頼できない——ものである。なぜなら，お気に入りのチームはシーズン全体ではとてもよくやっていたからだ。信頼できる評価方法とは，信用できる

パターン，明瞭な傾向を明らかにするものである。

　様々な評価者が互いに一致しているかどうかは，異なる問題であることに留意してほしい。こちらは通常，「評価者間信頼性」と呼ばれる問題である。その場合，私たちは，多数の評価者の審査が一貫性のあるパターンを形づくってほしいと思う。しかし，それらの多数の評価者は，それでも単一の出来事を採点するだけかもしれない。その場合，評価者については信頼性があるかもしれない。つまり彼らは皆，同じ点数を与えうる。だが，その日のパフォーマンスは，その生徒のパフォーマンスのパターンの「信頼性のある」もの，つまり典型的なものではないかもしれない。

　評価という挑戦を考案する際に，（「有罪と証明されるまでは無罪」ということに加えて）用いたい第2の警句は，IQテストの創案者であり，現代の測定技法の創始者であるビネー(Binet, A.) の有名な一言である。「テストが**多彩でたくさん**である限り，どんなテストを用いるかは重要ではない」。これが，「理解をもたらすカリキュラム設計」において，私たちが設計者に異なるタイプの証拠を混合させたものを長期にわたって用いるように求める理由である。

■ 一般的な指針

　理解に関して地域での評価方法をバランスよく構成するときに検討すべきものとして，次の問いと指針を提供しよう。これらによって，第7章と第8章における関心事を要約することができる。

1. 必要な証拠は本来，知識とスキルを評価する客観テストから得られるものよりも，より直接的ではなく，より複雑なものである。私たちは，正しい答えの単なる割合以上のものを見なくてはならない。なぜか？　時に，正しい答えを得ることは，機械的な記憶の再生やテストを受ける上で役立つスキル，または幸運な推測の結果として起こるからである。理解のための評価をする際には，答えの背後にある理由と，学習者が結果からどのような意味を引き出すかを探し出す必要がある。
2. 理解の評価は，実演や完成作品における「応用」の証拠を必要とする。しかし，このことは結果についての判断を複雑にする。複雑なパフォーマンスの部分は心もとないが，内容には明瞭な洞察が認められた場合，どうするのか？　あるいは，結果は見事だが，プロジェクトを完成するのに求められる洞察がほとんど感じられないとしたらどうか？　パフォーマンスの異なる部分についての正確な審査を可能にするためには，どのようにパフォーマンスを設計するのだろうか？
3. 理解は6側面を含むが，いくつかの側面は他のものよりも優位性があるだろうか？　どのパフォーマンスが，どのような状況において，最も重要なのだろうか？　たとえば，方略の「応用」と「説明」は優れているが，状況の「解釈」が不十分な場合，何を推論できるだろうか？　あるいは，特定の「応用」については効果的でないが，言葉での分析

と自己評価によって学習者が内容とプロセスについて確固たる理解をしていることが明らかな場合はどうか？
4. 同じ内容について，異なる形式の評価方法を並行させて用いるように試みてほしい。換言すれば，同じ内容について，複雑な課題の「厄介さ」を単純な小テストで中和してほしい。あるいは，答えの正しさが理解の欠如を隠さないことを確実にするため，同じ内容について自由記述問題を用いてほしい。いつでも可能なときには，多様な形式の評価方法を並行して用いることで，求められている結果の証拠の質が向上する。
5. 鍵となる誤解を予想し，それらの誤解が克服されたかどうかを見つけ出すために——どのような他の評価課題を用いていようと——短時間でできる事前テストと事後テストを開発してほしい。たとえば，次のような短時間の評価課題は，生徒が科学の探究の一部として条件を区別するプロセスを理解しているかどうかを明らかにする。

 「ローランドは，2つのしみ抜き剤のどちらが良いかを判断したいと思っている。最初に，彼は，フルーツのしみとチョコレートのしみがついているTシャツに，しみ抜き剤Aを試した。次に，草のしみと鉄さびのしみがついているジーンズに，しみ抜き剤Bを試した。それから彼は，それらの結果を比較した。どちらのしみ抜き剤が良いかを知るのを難しくするような問題点が，ローランドの計画にはあるだろうか？説明しなさい。」

6. 単一の応用や完成作品は，より大きなゴールに結びついている場合もあれば，結びついていない場合もある。したがって生徒には常に，「作品を見せて」，答えの理由を述べ，答えの中でより大きな原理や観念との関連性を示すように求めてほしい。
7. はっきりした説明は，本物の理解を伴わない言葉の能力と言葉の知識によるものかもしれない。したがって，生徒にその説明を新しい，または異なる問題や状況，論点に「転移させる」ように求めてほしい。
8. 証拠の幅を広げるため，様々な側面を利用してほしい。ハンズ・オンの応用（側面3）を求めるときは，最終的な完成作品を過大評価することがないように，解釈（側面2）と自己評価（側面6）も求めよう。可能なときはいつでも，パースペクティブと共感の両方を求めてほしい。

■ 締めくくりの但し書き

　この章では，理解に関する，よりフォーマルで**総括的な**評価に焦点を合わせてきたが，教師による日常的な点検は，生徒が理解しているかどうかをモニターする手段である。理解が繰り返し練り直されていくという性質をもっていること，混乱や誤解が起こりやすいこと，相互に作用する証拠が必要であることからいって，実際，教師が自分の指導と必要な調整を活気づけるための継続的な評価方法の用い方を知っていることが，必要不可欠である。第2段階は総括的評価に関してであるため，理解とフィードバックのためのインフォーマルな点

検についてさらに検討することは，第3段階まで延期している。

　私たちは，皆が普通，最もよく行いたがることを，たくさんの章にわたって延期してきた。すなわち，学習計画の設計である。今や第3段階が手招きしている。そこでは私たちは，求められている結果と評価のための証拠だけでなく，誰が私たちの学習者であり，何が彼らにとって最善の利益なのかを考慮して，学習計画が何を達成しなくてはならないかについて，より十分に究明する。

第9章

学習のための計画

通常，理解のかなり進んだ段階に至るまでは，最も基本的な観念を
明示的な内容として示すのは適当ではない。……**代表的観念のあるべき場所は
教師の口頭ではなく……心のうちなのである。**それは，教師が心に抱いている観念を
例証するような学習経験を選ぶのを方向づけるためのものである。
したがって最初の段階では，代表的観念は，教師（またはカリキュラム作成者）の
手引きのためのものであって，直接的に生徒のためのものではない。後になって，
生徒にとって明白なものになるかもしれない。そして，教師にとってそうであったように，
生徒にとっても，自分の理解を進展させ集約するのに役立つことが証明されるだろう。
──フィリップ・フェニックス『意味の領域』
(Phenix, 1964, pp. 327-328 [邦訳：1980年, pp. 348-349] 強調は引用者による。)

聞いたことは，忘れる。
見たことは，覚える。
やったことは，理解する。
──中国の格言［老子の言葉］

ここまで，**求められている結果**とは何を意味しているのかについて，重大な観念に焦点を合わせつつ明らかにしてきた。また，それらの結果に適した評価方法について，「理解」を強調しつつ論じてきた。今や，第3段階について検討し，教室における日々の生活の中心にある**学習活動**を適切に計画する用意ができている。理解のための学習計画とは，どのようなものなのか？　どのようにして，全員が理解を獲得できる**可能性**を高めるのか？

設計における挑戦は，もう一つの意味で新しい局面に達することである。私たちは，設計者としての**私たち**が達成したいことについてのみ考えることから，学習者──私たちの設計の最終的な利用者──が誰であり，第1段階において求められている結果を達成するために，また第2段階で提案された課題で上手にパフォーマンスするために，**彼ら**［学習者］が個人もしくは集団で何を必要としているのかを考えることへと移行している。ソフトウェアの設計者と同様に，すべてのコードと機能がうまく働くよう保証する以上のことをしなくてはならない。私たちは，誰が利用者であるのかに留意して，彼らが皆，最大限に参加し，生産的となるように設計しなくてはならない。換言すると，私たちの設計は，単に知的に擁護されるものとなるだけでなく，利用者にとって真に使いやすいものでなければならない。

第3段階の扱いは徹底的なものではなく，示唆を与えることを意図したものである。私たちは，「逆向き設計」の論理と理解の性質から得られる，設計上の検討事項を強調しようとしている。このアプローチを選んだのは，部分的には，学習計画が実践している教育者にとって馴染みのあるものだからであり，また理解のための指導と学習を支援する有益なリソースがたくさん存在しているからである。さらに，単元計画においては，この単元設計から導き出される日々の授業案ほどの細かさは必要ではない。

　再び，先に用いたマトリックスを検討することによって，この段階の概観を提示しておく。ここでは，第3段階を強調している（図表9.1）。

　設計者である教師がここで他の何よりも行わなくてはならないことは，心地よい馴染みのある技法に戻ってしまうという誘惑に逆らうことである。「逆向き設計」の本質は，次の問いを問う用心深さにある。求められている結果とめざしているパフォーマンスからいって，どのような種類の指導アプローチ，リソース，経験が，これらのゴールを達成するのに必要なのか？　換言すれば，第3段階における本質的な問いは，次のようなものである。求められている結果からいって，学習者には何が必要なのか？　パフォーマンス・ゴールからいって，教室の内外でどのように時間を使うのが最良なのか？　図表9.2は，私たちが本書全体でたどってきている栄養の単元において，これらの問いがどのように答えられるのかを示している。

　どちらの図表でも，**指導**（teaching）という言葉は強調されていないことに注意してほしい。代わりに私たちが強調しているのは，第1段階と第2段階で明確にされたゴールと証拠にもとづいて適切な「学習活動」を計画することに焦点を合わせるべきであり，「指導」（直接的な教授〔direct instruction〕）はたくさんある学習活動の一つにすぎないのだということである。これは，単に責任逃れの，意味上の変化ではない。むしろ，優れた教育者になるために必要な，根本的な転換を反映している。最初から述べているとおり，挑戦すべきは，「指導」について考えるのを減らし，求められる「学習」について考えることなのである。私たちの指導の長所，好みのスタイル，または快適な習慣にかかわらず，「逆向き設計」の論理によれば，「指導」を含む*いかなる*学習活動案も，第1段階・第2段階の詳細に照らして検査される必要がある。（様々な種類の指導とその最適な用い方については，第10章でより詳細に論じる。）

　第3段階において設計者は，学習を向上させる鍵として継続的に評価を用いることについて，おそらく新しくて馴染みのないやり方で検討するよう，特に勧められる。学習者が鍵となる観念を誤解し，パフォーマンスで間違いを犯す危険性は高い（それは必ずしも不十分な指導や学習を表しているわけではない）。したがって，再考し修正し洗練するために必要なフィードバックが，学習者だけでなく教師も確実に得られるような設計でなくてはならない。フィールドで，ステージ上で，あるいはスタジオ内での場合と同様に，フィードバックを盛り込みそれを活用する機会を確保することは，よい学習計画に不可欠な側面なのである。（あるワークショップの参加者が，評価（エバリュエーション）シートにこの「なるほど！」をこう記載した。「これからは，教室ではもっとコーチらしく，フィールドではもっと教師らしく振る舞うつもりだ。」）

第9章 学習のための計画

図表9.1 UbD設計マトリックス――第3段階に焦点を合わせて

鍵となる設計の問い	本書における章	設計上の検討事項	フィルター（設計の規準）	最終的な設計の成果
第1段階 ●価値のある適切な結果とは何か？ ●鍵となる、求められている学習は何か？ ●生徒はどんな理解をし、何を知り、できるようになって学習を終えるべきか？ ●どんな重大な観念によって、これらの目標すべてが組み立てられうるのか？	●第3章：ゴールを明瞭にする ●第4章：理解の6側面 ●第5章：本質的な問い――理解への門戸 ●第6章：理解を形づくる	●全国スタンダード ●州のスタンダード ●地域のスタンダード ●地方のトピックを学ぶ機会 ●教師の専門的知識・技能や関心	●重大な観念と、核となる挑戦に焦点を合わせる	●明瞭なゴールとスタンダードに関連して、永続的な理解と本質的な問いを中心に組み立てられた単元
第2段階 ●求められている結果に対応する証拠は何か？ ●特に、求められている理解に対応する適切な証拠は何か？	●第7章：評価者のように考える ●第8章：規準と妥当性	●理解の6側面 ●一連の評価方法のタイプ	●妥当性がある ●信頼性がある ●十分である	●求められている結果の、信用できる有用な証拠に根ざした単元
第3段階 ●どんな学習活動と指導によって、理解、知識、スキル、生徒の関心、卓越性が促進されるのか？	●第9章：学習のための計画 ●第10章：理解のための指導	●学習と指導の方略の、研究にもとづくレパートリー ●適切で可能性を広げる知識とスキル	WHERETOの要素を用いており、魅力的かつ効果的である： ●どこへ（Where）向かっているのか？ ●生徒を惹きつける（Hook） ●探究し（Explore)、用意させる ●再考し（Rethink)、修正する ●発表し（Exhibit)、評価する ●生徒のニーズ、関心、スタイルに合わせて調整する（Tailor） ●参加と効果を最大限にするよう組織する（Organize）	●求められている理解、知識、スキルを喚起・発達させ、興味を促進し、素晴らしいパフォーマンスが行われる可能性を高めるような、一貫性のある学習活動と指導

229

図表 9.2 第 3 段階を含む「逆向き設計」の論理

第 1 段階	第 2 段階	第 3 段階
求められている結果が、学習者が……することだとすれば、	生徒が……する能力を持っているという証拠が必要である。	したがって学習活動は、……のものでなければならない。
次のようなスタンダードを満たす **G** スタンダード6――生徒は、栄養と食事に関する本質的な概念を理解する。 6a 生徒は、自分と他者にとって適切な食事を計画するために、栄養に関する理解を活用する。 6c 生徒はそれぞれ、自分自身の食事のパターンを理解し、そのパターンをどう改善しうるかについて理解する。 次のことを理解する **U** ● バランスのとれた食事は、身体的・精神的な健康の一因となる。 ● USDA食品ピラミッドは、栄養に関する相対的な指針を示すものである。 ● 食事の必要条件は、年齢、活動レベル、体重、全体的な健康状態によって、一人ひとり異なる。 ● 健康的な生活を送るためには、快適な習慣を操作することになったとしても、個々人が十分な栄養について可能になる情報にもとづいて行動することが必要である。 次のような問いを深く検討する **Q** ● 健康的な食事とは何か？ ● あなたは健康的に食べているか？ どのようにしてそれがわかるのか？ ● ある人にとって健康的な食事が、他の人にとって不健康でありうるのはどうしてか？ ● あらゆる情報が入手できるにもかかわらず、なぜ米国では不十分な食事によってもたらされた健康上の問題がこんなにもたくさんあるのか？	● 異なる種類の設定における様々なタイプの人々のために、食事を計画する。 ● USDA指針は絶対的なものではなく「手引き」であることそして、他の手引き（さらには支脈上の条件）もあることを理解していることを明らかにする。 ● 自分自身と他の人の習慣について注意深く書き留め分析する。また、なぜそのような食べ方をするのかについて、裏づけのある推論を行う。 このことは、次のような特定の課題やテストの必要性を示唆している **T** ● 様々なグループのために食事を計画する。 ● 他の人の作った過度に厳格な、または過度にいいかげんな食事の計画に反論する。 ● 人々が実際に食べているときの理由について、質の良い調査を行う。 **OE** ・テスト：食品群とUSDA食品ピラミッドについて ・プロンプト：栄養不足の結果として起こりうる健康上の問題を記述し、どうすればそれらから避けられるかについて説明する。自分自身と他の人の食習慣について振り返る。	● 栄養が自分や他の人々の生活にどのように影響しているかを参考するよう、微妙で興味深い方法で生徒の興味を惹きつける。 ● 学習者は、食品ピラミッドが何を言っているかだけでなく、なぜそうか、様々な利害を配慮した結果、どのようにそうなるのか、どのように他の可能性があるのかを理解するのかを助ける。 ● メニューと栄養計画が実際にどのように作られるのかについて、生徒に知らせる。 ● どのように調査をつくり、実施し、分析するのかを、生徒に教え、練習させ、フィードバックを与える。 ● 生徒に研究、分析、話し合いを通して、食習慣が健康と体調の問題にどのように関連しているかを知るような活動を提供する。 ● 生徒にすべてのスキルを身につけさせ、メニューを開発するのに必要な機会と、他の人のメニューを――独力で――批評する機会を提供する。 ● どのように習慣が機能するのか、また習慣によってどのように私たちが、自分の食習慣が実際より良いものであるように考えてしまっているかについて、学習者が記録するのを助ける。 **L**

[**G**＝goals　**U**＝enduring understandings　**Q**＝essential questions　**T**＝performance tasks　**OE**＝other evidence　**L**＝learning plan]

■ 最良の設計 ── 魅力的かつ効果的

　しかし，ゴールに照らして考えてみると，学習のための良い計画とは正確にはどのような意味であろうか？　どのような計画であれ，「良い」計画となるにはどうあらねばならないのだろうか？　私たちの最も単純な答えは，計画は魅力的かつ効果的でなければならない，というものである。

　魅力的とは，（多様な）学習者が思考を真に刺激され，魅せられ，活気づけられるような設計を意味している。そのような設計はすべての学習者を教科により深く惹きつけ，学習者は，自分たちが巻き込まれた要求，謎や挑戦の性質ゆえに参加**せずにはいられない**。ゴールは，彼らに様々なレベルの影響を与えることである。それは，無味乾燥なアカデミックな内容ではなく，興味深くてレリバンスのある学業，知的に駆り立てられる意義深いものでなくてはならない。学習者が単に学業を楽しむだけではいけない。それは，価値ある知的な努力──その中心には重大な観念と重要なパフォーマンスへの挑戦がある──に，**一人ひとり**を参加させるものでなければならない。

　効果的とは，学習設計が，学習者が価値ある学業に取り組む際に，より有能で生産的になるのを助けるようなものであることを意味している。そのような学習設計において，学習者は，最終的に高いスタンダードのパフォーマンスを行い，通常の期待を超えることとなる。彼らは，明確にされたゴールに到達するにつれて，より多くのスキルと理解，より大きな知力と自己省察を発達させる。換言すれば，そのような設計は，実質的で付加価値をつけた学習をもたらすものである。学習者は皆，知的に実質的な何かを獲得し，そのことを自覚している。

　魅力と効果の徴候は，どのようなものだろうか？　私たちは，どのようにして，それらの特徴を「伴う設計」ができるのか？　これらの問いの答えをできるだけ理解可能で親切なものにするため，私たちは，一緒に仕事をしている教師のために，構成主義的なワークショップ用練習問題を2つ開発した。これらの練習問題は，教師として，**また学習者として**，彼らが経験したことを引き出すようなものである。これらの課題は2つとも，『理解をもたらすカリキュラム設計──専門的力量向上ワークブック』（McTighe & Wiggins, 2004, pp. 250, 281）に掲載されている。第1の練習問題では，2つのグループ（AとB）をつくる。それから私たちは，グループAの参加者に次の問いを尋ねる。学校の内外で，生徒はどのようなときに最も**熱心に参加しているのか**？　何によって彼らはそんなに熱心に参加するようになり，参加し続けるのか，また，これらの模範的な事例からの転移可能な要素は何か？　グループBのメンバーには，関連する問いを与える。生徒の学習は，どのようなときに最も**効果的**か？　学習者は，どのような状況において最も生産的なのか？　どのような状況下で，最も質の良い作品が生み出されるのか？　最も効果的な学習をもたらすのは何であり，それらの模範的な事例から転移可能な要素は何か？　それから，それぞれのグループの参加者は自分たちの例を共有し，共通する要素を明確にする。

　一般的にグループAは，生徒が最も熱心に参加するのは，次のような学業が行われる場

合だと答える。
- ハンズ・オンである。
- 謎や問題に関わる。
- 多様性をもたらす。
- 挑戦の内容を適合・修正したり，何らかの方法で個性化する機会が提供されている。
- 自己と他者との間で，協力と競争のバランスがとれている。
- 現実世界における挑戦や有意義な挑戦にもとづいて組み立てられている。
- 事例研究や模擬裁判，その他の挑戦のシミュレーションといった，刺激的で相互作用のあるアプローチを用いている。
- 結果に対して，リアルな相手が関わっていたり，その他の形態での「真正な」説明責任が関わっていたりする。

グループBは，一般的に，生徒の学習が効果的なのは次のようなときだと見いだす。
- 学業が明瞭で価値のあるゴールに焦点を合わせている。
- 生徒が学業の目的と根本的理由を理解している。
- モデルや模範例が提供されている。
- 明瞭な公的規準があることで，生徒は自分たちの進歩を正確にモニターすることができる。
- 不安はあまりなく動機は最大限にあるため，懸命に努力し，リスクを冒し，不当なペナルティを課されることなく失敗から学ぶことができる。
- 生徒の経験を教室を超えた世界に関連づけるような活動によって，観念が具体的でリアルなものとなる。
- フィードバックにもとづいて自己評価・自己調整する機会がたくさんある。

　最後に2つのグループは1つになり，それぞれの答えを比較してベン図の真ん中の部分を埋めて，重複部分を見いだす。換言すれば，どのようなときに学業は高度に魅力的かつ効果的なものとなるのかを見いだすのである。両方の条件を満たす内容は，啓発的である。知的な参加の中心にある特徴の多く（例：意義深い現実世界の問題に本当に応用すること，教科「する」ハンズ・オンの機会，途中で役立つフィードバックを得ること）は効果を促進するし，逆もまた同じである。

　第2のワークショップ用練習問題は，第1の練習問題を変形したものである。私たちは参加者に，学習者としての自分の経験から，自分自身とクラスメートにとって，魅力的かつ効果的であった単元の例を思い出すように求める。小グループで自分たちに特有な物語を共有した後，それらを一般化するように求める。設計の観点からいって，すべての学習経験に共通しているように思われるのは何かを問うのである。次に，その小グループの考えをグループ全体で共有するよう促し，それぞれのグループの代表者の言葉をそのまま用いて，パワーポイントのドキュメント・ファイルに回答を記録していく。最後に，そのグループの回答の客観的な適切さと私たちの職業における「共通」認識（"common" sense）を強調するために，過去のワークショップで得られた回答を見せるのである。

▪ 最良の設計の特徴

　第2の練習問題への回答が明らかにしてくれるのは，学習のための良い設計に何が貢献するかについて，私たちの職業には一貫性のある明瞭な意識があるということである。ここに，最も一般的に言及される特徴のリストがある。

- 真の明示的な挑戦にもとづく明瞭なパフォーマンス・ゴールである。
- 全体を通してハンズ・オンのアプローチ。先行する「指導」が，通常見られるよりもずっと少ない。
- 興味深く重要な観念，問い，論点，問題に焦点を合わせている。
- 現実世界での応用が明白であり，ひいては学習者たちにとっての意味が明白である。
- 有力なフィードバックのシステムがあり，試行錯誤から学ぶ機会を伴っている。
- 主要な課題を行うのに複数の方法があり，スタイル，興味，ニーズに応じてプロセスとゴールを修正する余地があるといった，個性化のアプローチが採られている。
- 明瞭なモデルやモデリング[i]がある。
- 集中的な振り返りのために時間が確保されている。
- 方法とグルーピングと課題に多様性がある。
- リスクを冒してもよい安全な環境である。
- 教師がファシリテーターやコーチに類似した役割を担っている。
- 通常の授業よりも没頭できるような経験が多い。
- 全体的展望が提供されていて終始明瞭であるとともに，部分と全体とを行き来するような流れが明白である。

これらの回答は，あらゆる領域の教育に携わる教育者，すなわち幼稚園の教師から大学の教授，初任の教師やベテランの管理者，美術や数学の指導者，都市部公立学校の職員や郊外の私立学校の職員から出されたものである。個人での，また共同でのカリキュラム設計を改善する際に生かすべき「常識（common sense）」が存在しているのである。（ついでながら，これらの回答は，地域における設計の規準を確立し，自己評価や相互批評に用いる上で有効な第一歩になる。これらの「スタンダード」は参加者によって生み出されたものである。そのため，伝統的には私的であった設計の仕事を，より適切なことに，公的でスタンダードにもとづくもの，精査の対象となるものにする基盤として，より信用できて受容できるものである。）

　したがって，「理解をもたらすカリキュラム設計」が成功するかどうかは，学習活動とその組織についての私たちの提案が，どの程度この常識を反映しているかによる。それは，ちょうど私たちが行うように述べてきたこと——設計に関わる一連の経験則と設計スタンダードに常識を具体化させること——である。したがって，UbDの著者として私たちが成功するかどうかは，どの程度UbDテンプレートと諸方略が，「［教育者である］私たちがすでに知っ

---

i) モデリング（modeling）とは，何らかのモデル（見本）を観察することにより，行動を変化させることを意味している。

ていること」を高度に明示的で実践的な方法で反映しているのかによるのである。

　良い設計に関するこれらの一般的な特徴は，どうすれば設計の中に，より意図的に織り込まれるのであろうか？　UbDは具体的にはどのようにして，私たちの常識を土台とするのであろうか？　ここに，私たちの略記WHERETOが登場する。

■ 指導計画におけるWHERETOの要素

　私たちがすでにある程度知っていることをより尊重するために，WHERETOは，鍵となる検討事項を強調する。

W──その単元がどこへ（WHERE）向かっており，**なぜなのか**（WHY）を，生徒が確実に理解するようにする。

H──最初に生徒を**惹きつけ**（HOOK），終始注意を**惹きつけておく**（HOLD）。

E──パフォーマンス・ゴールを達成するために必要な経験，ツール，知識とノウハウを，生徒たちに用意［**身につけ**］させる（EQUIP）。

R──重大な観念を**再考し**（RETHINK），進歩を**振り返り**（REFLECT），作品を**修正する**（REVISE）機会を，生徒にたくさん提供する。

E──生徒が進歩を**評　価し**（EVALUATE），自己評価する機会を組み込む。

T──一人ひとりの才能，興味，スタイル，ニーズを反映するように，**調整されて**（TAILORED）いる。

O──表面的に網羅するのではなく，深い理解を最大限にもたらすように**組織されて**（ORGANIZED）いる。

　この章では，以降，効果的で魅力的な計画を作成し実施するために，WHERETOが持つ具体的な意味合いを探究する。それぞれの要素を順に探ってみよう。

■ W：どこへ（Where），そしてなぜ（Why）

　私たちはどこへ向かっているのか？　私たちはどこから来たのか？　なぜ私たちはそこへ向かっているのか？　生徒がパフォーマンスですべきことは，明確には何か？　生徒の理解について作品を審査する規準は何か？

　最良の設計についての練習問題において，参加者が何年にもわたって一番に指摘する特徴は，学習者にとっての「明瞭なゴール」である。これには，単に私たち自身の指導の達成目標を述べたり明瞭にしたりする以上のことが必要である。設計者は，ゴールが**生徒**にとって明瞭になるようにしなくてはならない。このことは，重大な観念，本質的な問い，求められているパフォーマンス，求められている学力を構成する評　価規準を完全に明らかにすることを意味している。指導者には，求められている学習の根本的理由を示すこと──最も重要

なこと（と重要でないこと），および**なぜ**それを学習する価値があるのかを明確にすること——が必要とされている。

　ゴールを明瞭にして合理化することに加えて，Wは，理解の程度を明らかにするものとして期待されているパフォーマンス（と，作品例やルーブリックといった付随する採点資料）を生徒が明瞭に把握して留意するように助けなければならないことを，教師に思い出させるものである。自分たちが最終的にはどのようなパフォーマンスをしなければならないのかという観点から，授業や単元がどこへ向かっているのかを生徒が知っていることは，あまりにも稀である。「指導」がどのようなものとなっていくのかについては生徒は必ずしも多くを知らなくてかまわないが，いずれしなくてはならない「学習」が何なのかを理解することは必要不可欠である。トピック，読むべき章，それぞれの活動のための指示，そして最後にテストがあることを知っているだけでは，注意を集中し，努力を方向づけ，確実にゴールを理解して達成するのに十分ではない。そこで，学習単元や学習科目のできるだけ最初のほうで生徒は，鍵となる問いと最後までに達成しなくてはならないパフォーマンスの明細（例：課題，テスト，学習課題，評価規準(エバリュエーション)，および関連するパフォーマンス・スタンダード）を知るべきである。

　この必要条件は，一見するよりも厳密なものである。それは，期待される学業，その目的，最終的に学習でしなくてはならないことがすべて，学習者にとって明白でなければならないことを意味している。教師によって設計された活動や資料にもとづいて単元が展開するときに，生徒は次のような問いに明確に答えることができなければならない。

> ■ **こんな誤解に注意！**
>
> 　ここで私たちは，理解の6側面と同様に，WHERETOは，設計の組み立て方についてのレシピや順序(シーケンス)というよりもむしろ，設計の要素を点検するための分析的なツールとして役立つのだと強調しておく。（この点については，第11章・第12章でより詳細に論じる。）ブルームの『教育目標の分類学』（Bloom, 1956）は，指導の流れを指示するもの**ではなく**，認知的な困難についての評価の項目と課題を判断する方法を示すものである。同様にWHERETOは，授業と単元を組み立てる公式というよりもむしろ，それらを**点検する**方法を表すものである。
>
> 　物語を語るというアナロジーを用いると，物語にはプロット，登場人物と設定が必要である。それらは物語の要素であり，これはちょうどWHERETOが設計の要素を要約しているのと同様である。しかしどのようにしてそれらの要素を，最も魅力的で効果的な全体へと作り上げるべきなのか？　多様な始め方，展開の仕方，まとめ方が可能である。ちょうど語り手が対話の断片や登場人物の描写で物語を始め，プロットへ向かっていく（あるいはその逆をする）ように，設計の仕事もまた多くの異なる道筋や順序がある。したがって，教師は，最終課題を下書きするなど仮に形にしたものを示して，単元を導入するのもよいだろう。

- 私は，単元の終わりまでに何を理解しなくてはならないか，またその理解はどのように見えるものなのか？
- 最終的に私がしなくてはならないことは何か？　それらのことを達成し，理解と習熟を実地で示すために，どんな知識，スキル，課題，問いを習得しなければならないか？
- 私の学習とパフォーマンスを支えるために，どのようなリソースが利用できるのか？
- 私の差し迫った課題は何か？　私がしなくてはならないことを包括的に達成するのに，それはどのような助けとなるのか？
- 今日の学業は，私がこれまでに行ったことにどのように関連しているのか？　この学業について，最も重要なのは何か？
- 私はどのように時間を配分すべきか？　この学習課題と今後の学習課題のどの局面に最も注意が必要か？　どのように私は計画すべきか？　次に何をすべきか？　物事の全体計画の中で，何が優先事項か？
- 私の最終的な作品はどのように審査されるのか？　私の現行のパフォーマンスの長所・短所はどこにあるのか？　向上するために私は何をすることができるのか？

目的のはっきりした学業

　上記のWに関わる問いが示唆しているとおり，適切に注意の焦点を合わせ，方向づけが与えられるようにするために，学業は生徒の視点から見て目的のはっきりしたものでなければならない。鍵となる観念がどんなに抽象的であろうと，それらのゴールを生徒ができるだけ早く把握できるような，知的で実践的な課題と規準に変換する設計をしなくてはならない。

　次に，ある英語教師が小説『ライ麦畑でつかまえて』についての単元において，そのような情報をどのように提示するかを示そう。学業がどこへ向かっているのか，読むことにどう取り組むべきか，生徒の山場の課題はどのように審査されるのかを明瞭にするために，この教師がパフォーマンスへの挑戦と本質的な問いで単元を始めていることに注目してほしい。教師は，次のようにクラスの生徒たちに語る。

　　『ライ麦畑でつかまえて』を詳細に読むことの締めくくりには，ホールデンが物語を語っている病院の医師同士での症例検討委員会の一員を演じることになります。ホールデン自身の言葉の筆記録に加えて，選ばれた関連資料を利用しつつ，病院宛ての診断報告と，ホールデンの問題は（もしあるとすれば）何なのかを彼の両親に説明し指示を与える手紙を書くことになります。〔この課題についてのルーブリックも，第1日目に配付される。〕

　　この山場のパフォーマンス課題に加えて，あなた方には，読解に関する3つの小テストと，他の登場人物の観点から見たホールデンを描く筆記の練習問題が与えられます。読み方に関する宿題のそれぞれにしたがって，「読書日誌」に次の2つの問いに対する答えを，次の授業までに書いておいてください。**小説のこの部分において，あなたがホールデンについて学んだ最も重要なことは何か？　小説のこの時点において，ホールデンについて答えられていない最も重要な問いは何か？**　日々の授業での話し合いの始まりと締めくくり

には，これらの問いに対するあなた方の応答を確認します。

　単元の終わりには，あなた方が日々日誌に書き込んで記録していることにもとづき，この小説についてどのような理解が導き出されてきたのかについて振り返るように求めます。最後の何日かで取り組む最終的な問いは，「**本を読み進めるにしたがって，あなたのホールデンについての見方はどのように変わったか？**」，そして「**時に主張されるように，新しい資料に出合ったときに『誤解は避けられない』**のなら，この単元の何らかの時点であなたが誤解していたことは何か？」。最後に，「あなたがこの小説を次の学年の生徒たちに教えるとすれば，この小説に関して単にいくつかの事実を知っているのではなく，この小説を確実に理解してもらえるようにするために，どんなことをしますか？」というものです。

　文学作品に対するこのアプローチが，本のコピーを配り，読み方の学習課題のシラバスを見直し，採点の必要条件を検討するという，典型的な始め方の方略といかに異なっているかを検討してほしい。この事例において生徒は，パフォーマンスへの挑戦（つまり，「ホールデンの問題は何か？」を解明すること）と一緒に，読むための目的と文脈が与えられている。生徒は1日目から，自分たちに何が期待されており，自分たちの作品がどのように審査されるのかを知っている。生徒の理解を判断するために，異なる種類の評価方法が用いられ，証拠の「写真アルバム」を提供していることにも留意してほしい。そして，日誌へ定期的に記入していくことで，把握しているかどうかの証拠が教師に提供されるだけでなく，生徒は効果的な読み手の方略（例：テキストを要約し，問いを投げかける）を応用するようになるのである。

　実際問題として，生徒に1日目から単元と科目の本質的な問いに対する注意を喚起することは，生徒に優先事項を示す簡単な方法である。こうして本質的な問いを知ることによって——そして，それらの問いが鍵となる評価方法を組み立てることを知ることによって——生徒はよりはっきりとした明瞭さと焦点と自信を持って，学習し，研究し，ノートをとり，問いを投げかけることができるのである。

「どこへいくのか？」，そして「どこから来たのか？」

　Wのもう一つの側面は，設計者に次のような問いを投げかけ，その答えに留意して設計することを思い出させるものである。学習者はどこから来たのか？　生徒はどのような予備知識，興味，学習スタイル，才能を持ってきているのか？　どのような誤概念が存在しているだろうか？　これらの問いは，学習計画の早期に診断的評価を行うことの重要性を強調している。

　効率的・効果的に広く用いられている診断的技法の一つは，K-W-Lとして知られているものである。新しい単元や科目の最初に，教師は生徒に，その単元について彼らがすでに**知っている（Know）**（または知っていると思っている）ことを明確にするよう求める。彼らの応答は，K-W-Lの表にリスト化される。そのようなリストによって，教師は学習者集団の持つ

予備知識を手っ取り早くつかむことができる。それと同時に，存在しており対処する必要があるかもしれないような潜在的な誤概念が明らかになる。次に教師は，生徒に，そのトピックについて学びたい（Want to）ことを明らかにし，またそれについて抱いている疑問を提起するように求める。これらの応答もまた表に記録される。それらは興味の範囲を指し示すものとして役立ち，ひいては教える好機へとつながりうる。（時にはなんと生徒が，本質的な問いを「子どもの言葉」で投げかける。たとえば小学校の社会科で，地方とその特色に関する論点を探究する，読書と活動を中心とした単元があった。ある児童から出された問いの一つ「南部人は本当に北部人と違うのか？」はクラスの児童の関心をつかみ，地方に関する討論や調査だけでなく，ステレオタイプと正確な一般化との対比に関して魅力的な討論と調査が行われることとなった。）それから，単元が進展するにしたがって，獲得された事実と重大な観念は表のLの欄に記録され，鍵となる**学習**（Learning）の記録を提供する。

あらゆるパフォーマンスの領域と特別支援教育で広く用いられている，よりフォーマルなアプローチは，明示的な事前・事後評価の方略の一部として，成績をつけない事前テストで単元を始めるものである。このことは，とりわけそれらの問いが鍵となる誤解を対象としている場合，理解の成長についての計り知れないほど貴重な証拠となる。実際，物理学の教師や教授の多くは，まさしく物理学の鍵となる観念についてのより深い理解をどの程度うまく発達させているかを測るために，第2章で紹介した「力学概念調査」を今では日常的に用いている。同様に，学習者の態度や学習スタイルに関する調査は，後に指導において用いられる貴重な情報を与えてくれるだろう。

どのような特定の技法が用いられるにせよ，診断的評価の方法から得られる情報は，教師が学習計画を第1の「顧客」のニーズと知識基盤に対応するものにする際の手引きとなる。これは，「思いやりのある」教師が用いるような，単なる細やかさや方策ではない。私たちの見解では，教師が診断のスキルを向上させ，順応性のある計画を改善することなしに素晴らしい結果を達成することは決してできないのである。

実践的な示唆として重要なのは，教師は役立つフィードバックを集めて，それを用いる機会を持つことで，シラバスを調整する余地を残しておかなければならないということであ

■ こんな誤解に注意！

「ああ，これらの情報すべてを踏まえて，私にいったい何ができるというのだろうか？ 私の計画はすっかり駄目になってしまいそうだ！」 私たちはワークショップに参加した数人の大学教授から，実際にこのような嘆きを耳にした。彼らは，計画は常にフィードバックに影響されないものであるべきであり，そうでなければ本当のところ計画とは言えない，と間違って思い込んでいる。それどころか，住宅建設，彫刻，子育て，戦闘，金融保証，アメリカン・フットボールの指導など，何であれ複雑なパフォーマンス・ゴールを達成するには，ゴールとフィードバック，予想される問題に照らして，**計画的に調整**することが必要なのである。

る。そのように柔軟性を組み込むことが，効果的な指導を設計する上での鍵となる側面なのである。

◼ **H：関心をつかみ（Hook），維持する（Hold）**

　すべての生徒に重大な観念とパフォーマンスへの挑戦に熱心に参加させるための，強力で思考を刺激するような「フック（hook：鉤）」は何か？　重大な観念を即座に興味深いもの，具体的で，明らかに重要なものとするために，私はどのような経験，問題，奇異なこと，論点，状況に生徒を投げ込むことができるだろうか？　この題材にどのようにアプローチすることによって，検討中のトピックと学業に対する興味と好奇心を生み出すことができるだろうか？　とりわけ遂行が難しくなったときに，どのような種類の機会によって，学習者の興味が維持されるだろうか？　典型的な学校教育において，リスクを覚悟でやろうとしたり，想像したり，問いかける勇気を持ったりすることを最小限にしてしまうような，最もやる気をなくさせる特徴は何なのか，また，どうすればそうならないようにできるのか？

　洗練された理解に導くような知的な学業には，最もアカデミックな設定において高度な自己訓練と自己決定を行い，満足感は先延ばしにすることが必要である。しかし多くの生徒は，一生懸命に勉強したいとはあまり思わずに（そして必ずしも一生懸命勉強することになるとは予想せずに）学校に来る。そして彼らは通常，自分たちの仕事が単に教師や教科書が提供する情報を取り込む（そして返答する）ことではなく，理解を構成することなのだということを理解していない。歴史的に見ると学校は，あたかもこの問題への解決策が，称賛，賞，褒美，特典という「アメ」や，低い点，罰，人前で恥をかくことという「ムチ」といった外部からの方法のみであるかのように振る舞ってきた。

　私たちは，異なる見解をとる。設計のゴールは，生徒の好みに迎合することでもなければ，悪い結果を恐れさせることでもない。設計において挑戦すべきことは，内発的動機づけをもっと効果的に利用することである。ずっと以前にブルーナーが言っているとおり，「教科に興味を持たせる最良の方法は，その教科を知るに値するものにすることである。これは，得られた知識を，いま学習した状況を超えたさらに先の思考でも活用できるようにすることを意味している」（Bruner, 1960, p. 31［邦訳：1963年，p. 40］）。ワークショップ用の2つの練習問題に関する論考で述べたように，いくつかの特徴を持った設計は，他のものより思考を刺激し知的に魅力的だ，ということが常識として知られている。このHは，私たちが教師としてゴールを達成するために，参加（と不参加）についての私たちの知識にもとづいて行動することを求めている。

　無遠慮に言ってみよう。学校での学業は，退屈であったりバラバラであったりする必要はないのである。実際，学習者がより高度な知的スタンダードに到達できるようにするために，彼らの思考，好奇心，意欲を引き出すよう，私たちの能力を向上させなくてはならないだろう。学校での学業はしばしば不必要に退屈である。とりわけそれが，心を麻痺させるような

スキルのワークシートや，過剰に受け身で聞き続けることから構成される場合にはそうである――それらはすべて，興味深い問題や現実的で価値のあるパフォーマンスへの挑戦から切り離されている。

　刺激的な問いと挑戦的な問題を中心に学業を組織することは，生徒が持続的に参加するように刺激する上で効果的な方法として，すでに言及されている。しかし教育者が本質的な問いを作り始めると，常にある論点が持ち上がってくる。彼らは，「本質的な問いは，『子どもの言葉』で作成されるべきなのか？　それとも，大人が議論し，調査し，論争するような言葉で作成されるべきなのか？」と尋ねる。私たちのやや厚かましい答えは，「そのとおり。私たちは，両方すべきなのだ。これは第5章で，**本質的な**という用語の4つの異なる意味について言及したときに示唆したとおりだ」である。

　UbDテンプレートの要点――特に第1段階――は，大人である設計者を導くことにあるという点に留意してほしい。したがって，その領域でどのような問いが本当に重要なのか，また学習者が重大な観念を理解するのにどのような探究が役立つのかについて明瞭にすること――最初の2つの意味での**本質的なもの**――が，きわめて重大である。それから後に，生徒のための資料や活動を形づくるときには，残りの2つの意味によりよく対応するために，設計者が必要に応じて問いを編集し，修正し，適応させるべきである。残りの2つの意味とは，学習者と大人の思考とを架橋する上で役立つものとしての問い，そしてあなたの生徒すべてに関心を持たせやすくするような問いである。

　経験上，本質的な問いを単に単元の最初にポンと投げかけるだけでは，直ちに興味を生み出したり役立つ理解に結びついたり**しないかもしれない**，という点に注意が必要である。生徒は，そのような問いを扱うことの必要性や価値を見いだせるほど十分には，関わっている論点を知らない（あるいは気にしていない）かもしれない。本章冒頭のフェニックスからの引用が指摘しているとおり，その領域の教師や熟達者には本質的でも，学習者にとってはそうでないかもしれないのである。

　実際のところ，初めの問い（や問題）として最良のものは，時に，非常に特殊な難問や刺激，ロールプレイや事例研究といった課題により結びついている。本質的な問いは，生徒が各論点について十分な経験をつんだ後で，ひとりでに現れてくる可能性もありうる。このことがどのように起こるかについて，ここに3つの例がある。

- 中学校の言語科の教師は，生徒の読み方，話し合い方，書き方を導くために，次のような本質的な問いを開発した。「少年期の信念と行動は，仲間集団によってどのように影響を受けるのか？」　この問いは，彼女のシラバスの一部に位置づく短い物語と小説に対して適切なものであった。そしてこの問いは，確かにその年齢集団に対してレリバンスを有するものである。しかしながら，この問いはあまりにも「説教くさい」と見なされてしまうために，全く生徒たちの心に響かないことがわかった。生徒たちからの提案を用いて，彼女はこの問いを次のように修正した。「どうして集団の中に入ると愚かな行動をしてしまう人々がいるのだろうか？」　これは，すぐに生徒の関心を惹きつけ長期にわたってそれを維持したことから，優れた問いであることが証明された。

- ニューヨークのある高校の教師は，グローバル学習の科目におけるロシア史の単元において，次の問いを用いた。「ゴルバチョフは彼の国の英雄だったのか，それとも祖国の裏切り者だったのか？」この問いは，学習活動と山場となる討論の焦点を合わせた。その討論は，生徒たちが「知性の会合」の形式で，様々なロシアのリーダー（ゴルバチョフ，エリツィン，レーニン，スターリン，マルクス，トロツキー，エカチェリーナ大帝）の役割を演じるものであった。この問いをいくつかの授業で使ってみた後に，その教師はもっとパンチのあるものに変えうることに気づき，その問いを「誰がしくじったのか？」に変えた。ロールプレイの討論に続いて，もともとの問いにも答えるために生徒には筆記の選択課題（模擬新聞記事，社説，または小論文）が与えられた。
- 第4学年の教師は，児童に，生物の様々な形態が持つ性質と価値を認識するようになってほしいと思ったため，昆虫についての科学の単元を「虫にはどんな良いところがあるのか？」という問いで始めた。このトピックと問いに取り組んでいくにつれ，州のスタンダードにおけるより重大な観念が，「形態と機能」そして「生き残り」に関わっていることが，彼女にはより明瞭になってきた。そこで，彼女は問いとその後の単元設計を修正した。「昆虫の構造と行動パターンは，生き残る上でどのように役立っているのか？」「もし強者だけが生き残るのだとすれば，昆虫は（他の種と比べて）どれぐらい強いのか？」彼女は，もともとの問いを単元を始める際に関心を惹きつけるフックとして使い続けた。

「正式な」本質的な問いは，即座に導入されることもあれば遅れて導入されることもあり，また直接的に導入されることもあれば誘導的に導入されることもある。本質的な問いは，単元の開始時に投げかけられることもあれば，焦点のはっきりとした問題解決，指導，その他の学習活動に続く後の時点で自然に起こってくるよう巧みに計画されることもある。

他の種類のフックとしては，生徒を謎に巻き込んだり，現実世界の問題を解くように挑んだり，異なる観点から関連する論点を探究するロールプレイに参加させたりといったものがある。実際セオドア・サイザー（Sizer, T.）が，草分けとなる著書『ホレスの妥協』（Sizer, 1984）において「習得の発表（exhibition of mastery）」による卒業証書というアイデアを紹介した章が「インセンティブ〔目標への意欲を高める刺激〕」と題されていたことは，注目すべきことである。

斬新な理論，パラドックス，不調和を示すことは，驚異の念を刺激し，探究を活気づける。これが，ハーバード評価セミナーという表題のもとで，ハーバード大学の学部教育について多年度にわたる検討を行ったリチャード・ライト（Light, R., 2001）が発見したことの要点であった。すなわち，最も魅力的で効果的な科目は，論争や対立する議論を中心に組織されていたのである。「教育は，痒いところを掻いてやるものではなく，痒みを作り出すものでなければならない」という警句を言った教育者フランク・ライマン（Lyman, F., 1992）は，トピックの中の初発の関心を引き起こす「奇妙な事実」を用いることを好んだ。彼は，たとえば次のような例外的なことを持ち出して授業や単元を始めることを提案した。「〔ハチが飛んでいるところの写真を示しつつ〕空気力学の法則によると，マルハナバチは飛ぶことができない

のだと知っていましたか？　どうしてこんなことが可能なのでしょう？［どうしてこのハチは飛べるのでしょう？］ii)」

　謎は常に思考のための良い誘因であり，特にその答えが本質的な問いを投げかけるものである場合はそうである。ここに，19世紀半ばの西部への拡大に関する単元を，問題基盤型学習の授業ではどのように導入するかを示す一例がある。

　　あなたは，次のような，とても古い号のニューヨーク新聞の第一面記事の黄ばんだコピーが図書館の本に挟まっているのを見つけました。第1段落目だけが残っていて，日付や巻の番号はありません。そこにはこう書かれています。
　　時計の針を戻す
　　　現地時間の昨日朝9時ちょうどに，タイムズ電報会社の総監督者であり，西部ユニオン電報会社の報時サービスの管理人であるジェームズ・ハンブレット氏が，西部ユニオン電報会社のビルの48号室にある，彼が標準としていた時計の振り子を止めた。ピカピカ光る棒と，その重たく円筒形の振り子の玉は，3分58.38秒間，静止していた。時計の精密な機械は，長い月日の中で初めて休止した。時計の横の棚の上にあった電気器具のカチカチと鳴る音は止み，それとともに街中の多くの宝石店や時計店にあるよく似た道具の調和するカチカチという音も止んだ。上に述べた時間が確認されうる限り正確に過ぎた後，重たい振り子は再び動き始め，前後に，それぞれの端から端まで，永遠に変わることのない動きの中で揺れていた。振り子が動き始めるのと同時に，街中の小さな道具のカチカチという音が戻った。ハンブレット氏はニューヨークの市と州の時間を変えたのだ。

この記事が何についてのものなのか，あなたにはわかるだろうか？（この答えについては，この章で後ほど示すことにする。）生徒は即座にこの謎に引き込まれる。いったん彼らがこの謎を解くと，米国人の西方への移動に関わる，この他の主要な原因と結果を「看破」するために，学んだことを活用することになる。

　謎の要素は，生徒の探究する力を呼び覚まして発達させ，生徒に自分たちの仕事は学んだことを探究することだと理解させる上での中核をなす。このアプローチは，内容満載の典型的な科目の学習課題の始め方と展開の仕方（とりわけ学業が教科書に駆り立てられる場合のもの）とは，はっきりと対照的なものとなっている。あるいは私たちは，最も人気のあるビデオゲームに注目することができるだろう。**シムズ**というゲームは，世界で最も人気のあるコンピュータ・シミュレーション・ゲームの一つだが，暴力，爆発，その他望ましくないゲームに見られるような，よくある要素は何ら含まれていない――どのように人々のことを気にかけ，彼らの問題を解決するかという，ドラマと難問があるばかりである。

　あるいは，私たちに考えさせ不思議に思い続けさせるための一手段として，有能な映画制

---

ii）原文は，How can this be(e)?　beeは「ハチ」。2つの意味をかけた表現である。

作者がどのように私たちの心に答えの出ていない問いを投げかけるかについて考えてほしい。たとえばワークショップで，私たちはしばしばケン・バーンズのビデオシリーズ『南北戦争』の最初の10分間を見せ，問いを投げかけドラマに引き入れるというこの技法が，ドキュメンタリーの皮切りとしていかに素晴らしく機能するかを見せる。最初のシーンでは，戦争によってもたらされた荒廃が身に迫る。しかしこの劇的なオープニングの中に描かれた人々に関しては，気を揉ませるような限られた事実しか与えられない。そして，「我々はどうしてこのように圧倒的な数の同胞を殺すことができたのか？」というナレーションが流れ，私たちは驚嘆とともに取り残される。ナレーターであるジョン・チャンセラーは，そのような意味ありげな未完成な言葉で表現している。写真の中に写っているこれらの人々は誰なのか（例：「逃亡奴隷」と「イリノイの荒くれ者」——フレデリック・ダグラスとアブラハム・リンカーン）？

最良の講義もまた，問いを投げかけ，興味深い洞察と逸話を提供することによって，私たちの興味を惹き続けるものである。実際，技術の進歩により，「ちょうどぴったりのタイミング」で，学生が抱きつつある関心やニーズに講義を合わせることも可能となった。学生は，何らかの背景知識が必要なときに「ウェブ探索（Web Quest）」，つまり講義用のウェブサイトを訪ねることができる。こうして授業では，探究に対する教師の支援やパフォーマンスのコーチングに，時間をよりよく用いることができる。このことは，学生を「惹きつける」ためのより手の込んだ方法であるが，重要なものである。講義ではしばしば，応用する課題や本質的な問いによって学生の心に情報を求める「痒み」が起こる前に，あまりにもたくさんの情報を当惑させるようなやり方で先行して与えてしまうという間違いが犯されている。

私たちの1人は何年も前に，とても労力を要するロシア史の科目を見学した。その全体の構造は，伝記の続き物から成っていた。学生はそれぞれ，順に次の章の研究を行い，研究を発表し，それから［ロールプレイの］記者会見に参加する。そこでは，他にも4, 5人のロールプレーヤーがクラスの残りのメンバー（記者団）からの質問に当意即妙に答えている。伝記は，教科が興味深くなるように，また個性に合った魅力的で刺激的な組み合わせになるように選ばれている。「知性の会合」の形式（古いスティーブ・アレンのテレビショーにもとづいている）が，山場となる記者会見のモデルである。そこでは研究者が，新聞記者を演じている他の学生からの問いにも答えつつロールプレイをしなくてはならない。

そのような刺激に加えて，その教師は恐ろしく効果的な策略で，時に科目をドラマティックに転換した。彼は，関わっている人物に関するいくつかの間違った，外聞の悪い資料を含んだ予備の著書を用意していたので，学生は懐疑的でなくてはならず，そして自分たちの参考文献を照合しなくてはならなかった。意義深いことに，この教師は決して講義をしなかったけれども，以前に行った講義は何十ものプリントとビデオテープの形で置いてあり，学生は図書室で調べることができた（しかし学生は，ペアでそれらを借り出して，それらについてもう1人と話し合わなくてはならなかった）。

もう一つの例は，物理学のものである。ある教授は，太陽電池のおもちゃの車競争を中心に，モジュール全体を組み立てた。そこでは，学生のチームが異なる観点（エネルギーを集

めること，そのエネルギーを車の動力に転換すること，タイヤのスリップを減らすこと，車の運転など）から問題に取り組むことが求められた。講義は，1つ以上のチームが求めたときにだけ提供された。

　要するに，ワークショップ参加者の多くが最良の設計についての練習問題で表現したとおり，最も魅力的な学習設計には，楽しさ，謎，そして刺激的な挑戦が含まれるのである。フックは，外在的ではなく内発的なものである。研究ではこの点がかなり明瞭になっており，教師は，学校教育は本来的に楽しくないものなのだと言うのをきっぱりやめるべきである。学業が明らかな価値を持っており，内発的に興味を惹くもので，転移するものである場合に，動機づけは強まる。『学校と呼ばれる場所』に書かれたグッドラッド（Goodlad, J.）の研究は，いまだに時宜を得たものである。

　　生徒は，何を学習していると認識しているのだろうか？　私たちは，学校の教科で学んだ最も重要なことを書き留めるよう〔彼らに〕求めた。……最も一般的には，生徒は事実やトピックをリストにした……顕著に欠けていたのは，何らかの知的な力を現実に獲得したことを示す応答だった。……
　　芸術，体育，職業教育や，ジャーナリズムのように主流から外れたいくつかの科目では，いくらか異なる点が強調されていた。題目とトピックを確認することから離れ，何らかの種類の能力やコンピテンスを獲得することへの転換が顕著に見られた。
　　中学校，高校で履修している生徒の3分の1以上から「とても面白い」と評価されていた教科は，芸術，職業教育，体育と外国語だけであった。……学校において最もよく見られるような種類の授業実践が，わずかな割合の生徒たちからしか好まれていないことを知るのは，特に嘆かわしいことだった。(Goodlad, 1984, pp. 233-236)

　「学生の参加に関する全国調査」（National Survey of Student Engagement: NSSE）による大学での取り組みに関する総合的な研究は，730以上の機関の回答を得たものであり，魅力的な学業の重要性を明らかにした。

　　科目の題材を応用し，情報の価値と論証について判断を下し，題材を総合してより複雑な解釈と関連性を作り上げることを強調する科目は，教育的・個人的な利益に強く関係している。……教員との人間関係の質についての学生の認識は，教育的・個人的な利益と強い相関があった——教員メンバーが即座にフィードバックを与える頻度とも強い相関があった。(NSSE, 2003)[1)]

同様に，先にふれたハーバード大学でのライトの研究は，他の多くの教科課程領域と比較して，外国語は絶賛されていることを指摘した。

　　指導者は，それぞれの学生が貢献し，常に発言するように迫っていた——内気な学生に

対してさえである。学生は，授業外でも小グループで活動するよう勧められていた。授業は，筆記の学習課題を常に求めるものであり……小テストによって学生には恒常的なフィードバックが与えられていたため，途中で繰り返し軌道修正することができた。……これらの発見からの重大なメッセージは，授業が個人の参加と仲間との相互作用を最大にするように組み立てられているときに学生は熱心になるということだ，と信じている。(Light, 2001, p. 80)

フォーマルな調査結果は，私たちのワークショップへの参加者の大多数が言ったことをただ補強しているのみである。すなわち，最も効果的で魅力的な設計は，挑戦的で意義深い学習の応用に関わっているのであった。

楽しさを超えて，本質へ

もちろん挑戦すべきは，単に楽しい学業を提供することではなく，本質的なものへと向かわせることである。記事からの引用「時計の針を戻す」は単に魅力的であるだけではなく，米国史の重要な観念と論点を設定するのに効果的でもある。実際，鍵となる問いは，引用文が解読され明確になり討論される中で，通常は生徒から投げかけられる。(あなたは，問題の史料が実際のところ何を描いているのだろうかと不思議に思っていただろうか？　これは，米国が日の出と日の入りに従う地方時から，米国を4つの時間帯に分ける標準時に変わった日の記事である。鉄道がこの変化をもたらした。なぜなら，標準化された全国の時刻表が必要だったからである。)

私たちのワークショップで，この記事を読み，歴史を学ぶ生徒のロールプレイをした多くの教育者は，顕著に活気づき，もっともらしいが間違った理論を何十も提案し，興奮して議論する。その結果，彼らは，じっくりと考え抜かれた設計によって，重要な問いと研究可能な論点がどのように**自然**と起こってくるようにできるのか，またどのように誤概念が引き出され扱われうるのかを直接的に経験する。

次に示す諸条件は，どのようにして知的な興味を刺激するかについての，私たちの見解をまとめたものである。

- **単に学校の知識だけでなく，生徒の機知を必要とするような問い，問題，挑戦，状況，または物語に，即座に没頭させること**。この考え方は，問題基盤型学習とケース・メソッドの中心にある。たとえば微積分の教師は，2階の教室から見える町の貯水塔は，ペンキのサインが示しているように本当に「100ガロンの真水」を貯めているのかを測定するという挑戦に，クラスの生徒を取り組ませる。
- **考えを刺激すること**。例外，奇妙な事実，直観に反する出来事や考え，謎は，本能に訴えかけ，見慣れないものを身近なものに，身近なものを見慣れないものへと変える。たとえば数学の教師が，幾何学の鍵となる観念を紹介するため，生徒に『多次元・平面国——ペチャンコ世界の住人たち』[Abbott, 1884/1963] を読ませる。
- **経験的な衝撃**。この種の活動は，知的なアウトワード・バウンドの経験としても特徴づ

けられる。そこでは生徒が個人として，そしてグループとして課題を達成するために，様々な感情，障害，問題に直面しなくてはならない。数学と経済学における株式市場の競争，植物や動物を元気に保つ必要性，あるいは世界語の没入法[iii]の状況という挑戦は，私たちが意味するところのものの一般的な例のほんのわずかにすぎない。

- **個人的なつながり**。生徒はしばしば，トピックに個人的なつながりをつけたり，興味のある物事を探究したりする機会を与えられたときに，より熱中して参加するようになる。たとえば植民地への移住を学習する前置きとして，小学生の児童は，**私たちがどこから来たのか**，また**なぜ人々は移動するのか**を見つけ出すために，自分の保護者や親戚にインタビューする。彼らが発見した理由は，彼らが移民や新しい土地への移住に関わる普遍的なテーマをよりよく理解することを助ける。

- **ある論点についての異なる観点や多元的な見方**。思慮深く観点を移動させることによって，生徒は自分たちの心地よい領域から押し出され，好奇心を抱き，思考を促される。たとえば中学校の歴史の単元では，有名な出来事についての驚くほど異なる見方を提供するために，他国の教科書を読むかもしれない。

■ E：探究（Explore）・経験（Experience）し，可能にし（Enable），用意させる（Equip）

生徒はどのようにして重大な観念と本質的な問いを探究することに参加するのだろうか？ どのような学習活動，誘導された指導[iv]，コーチングが生徒に最終的なパフォーマンスの用意をさせるのだろうか？ どんな宿題や課外経験が，生徒が重要な観念についての理解を発達させ，深めるのに必要だろうか？

学習計画の中核がここにある。生徒は，重大な観念をリアルなものとして経験する必要があるし，最終的なパフォーマンスに向けて用意しなくてはならない。

経験を通して探究する

一般的な注意点は，教師，とりわけ高校や大学レベルの教師が，しばしば生徒の先行**経験**の不足を適切に考慮することに失敗しているという点である──そして，彼らに必要なのはさらに多くの**知識**だと間違って考えてしまう。理解には，上手に設計された経験とそれらの経験についての振り返り，そして経験とゴールに照らして達成目標を定めた指導とを，相互作用させながら混合することが必要である。他言語の没入法，モンテッソーリのハンズ・オ

---

iii）没入法（immersion）とは，外国語を学ぶ際に，その言語環境で他教科をも学んだり生活したりといったように，その言語に浸った状況で言語習得をめざす教育法である。

iv）ここでいう「誘導された指導（guided instruction）」とは，「認知的に誘導された指導（Cognitively Guided Instruction）」を指す。「認知的に誘導された指導」とは，生徒がすでに身につけている知識やスキルのレベルを生かしつつ指導する方略のこと。詳細については，次の文献を参照。Carpenter, T., et al., *Children's Mathematics: Cognitively Guided Instruction,* Heinemann, 1999.（マクタイ氏から訳者への電子メールより）。

ン数学教材，教育と医療における実習コース，法律とビジネスにおけるケース・メソッドといった多様な方法の本質は，良い設計であれば理解の成長を可能にするのに十分な本物の経験，またはシミュレーションの経験を提供することに関わっているということである。換言すれば，観念が経験を明瞭にするという豊かな経験的基盤がない場合，重大な観念は単にもう一つの役に立たない抽象概念にすぎない。

　スティーブン・レヴィ（Levy, S.）の指導に見られる例は，経験的な活動やシミュレーションがどのように抽象概念を生き返らせうるかを説明している（この場合は，共感の側面である）。

　　1992年9月，レヴィの担任する児童が教室に初めて入ったとき，部屋が空っぽなのを見て驚いた——机も椅子もコンピュータも本棚もなかったのだ。1年間学ぶことになるピルグリムたち［米国への最初の入植者］のように，児童は彼らの新しい環境を必要に応じて形づくっていくこととなる。1年間を通して，彼らは，第4学年のカリキュラムで特定された概念を経験する機会を与えられる。彼らは，自分の机と椅子を作った。活動に融資するために協同組合を作り，出資者を募り，配当金を出した。パンを焼くために小麦を育て，収穫した。敷物を織るために，羊毛を染めて紡いだ。(Regional Laboratory for Educational Improvement of the Northeast & Islands, n.d., p. 1)[2)]

パフォーマンスのために用意させる

　第1段階で求められている理解を明確にすることと，第2段階で理解を示すパフォーマンスを特定することによって，第3段階で必要となる指導と学習経験の性質がわかることとなる。したがって「逆向き設計」は，Eのもう一つの意味を示唆している。学習者がやがて理解した上でパフォーマンスをするように**用意させ**，それを**可能にする**のは，教師の仕事なのである。

　用意させ，可能にするという用語を使うことによって，私たちは，最終的な転移の課題を明瞭にし，スタンダードや出口の成果に関連づけることが，より良い設計においてきわめて重大な役割を果たすことを強調している。私たちは，パフォーマンスに向けて生徒に**用意させる**。私たちは，彼らが理解した上で，徐々に自立的にパフォーマンス**できるようにする**。それは，30のバラバラな項目からなる章末テスト（や州のテスト）に**準備をさせる**のとは，大きく異なっている。設計の活動のこの局面にある教師は，次のような問いを自問しなくてはならない。「どのような種類の知識，スキル，知性の習慣が，最終的なパフォーマンスで成功する前提として必要なのか？　どのような種類の指導的活動が，生徒が鍵となる観念の理解を発達させ深化させるのを助けるのだろうか？」

　自分の指導とコーチングの仕事として何が必要なのかを知るために「逆向き設計」の論理を注意深く見ると，設計者はしばしば，必要な用意をさせるための計画を十分にしていなかったことを発見して，驚くことになる。たとえば大学の教授は決まって，教えたことを学生が新しい問題，課題，研究やパフォーマンスに転移できないと不満を言う。だがしかし，転移

させる能力を獲得するために必要な条件のすべてを注意深く検討するように求めると，一般的に彼らは，どのようにして知識を様々な状況へ転移させるのかについて学習するように学生をコーチングする計画には一切ふれないのである。問題なのは通常，指導の必要性ではなく学習者の不足なのだとされている。

　同様に，初等学校から大学までの教師は，生徒がしばしばかなり文字どおりに読む傾向があり，アイロニー，風刺，皮肉，寓意を含むテキストを読むのに苦労するという懸念を表す。だがしかし，これらの教師が設計を自己評価してみると，しばしば2つの欠点に気づくのである。通常見られるような短めの学習課題と評価方法には，**多義的な**読みが十分に含まれていない。また，どのような種類の読み方にどのような応答が必要なのか――明らかな手がかりがほとんどない場合に――を判定する仕方を，生徒が見つけ出すのを助ける指導は，あったとしてもほんのわずかにすぎないのである。

　多くの場合，教師は，求められている転移の種類を指し示すために，本質的な問いに結びつくような当該の諸観念について，より具体的な経験をとにかく提供する必要がある。高校の地学科における気候の単元について考えてみよう。たとえば凧をあげ，［仮の］コンサルタント会社をつくることによって，生徒は気候の原因と結果を理解するだろう。生徒は，赤道と極地の不均等な加熱，地球の自転，陸地と海洋の配置が，いかに気候を定める風のパターンを生み出しているかを理解するだろう。ここに，様々な魅力的経験にもとづくそのような単元がある。

　1．天気に関する単元は，最終的な課題に言及することから始まる。それは，年間を通して正確な天気予報を必要とする様々なビジネスのコンサルタントとなるという課題である。本質的な問いは，「天気の原因は何か？」「天気はどの程度予測可能か？」である。(**W**)

　2．生徒は，「さあ，凧あげに行こう！」という活動を行う。彼らは，凧をあげるのに校内で最適な場所を見つけ，風と気流についての知識を参照しながら，主張を正当化するという課題を与えられる。(**H**)

　3．生徒は，特定の条件下において大気が動く方向を明確にすることによって循環セル[v]図を 評 価 し，加熱の差という点からこれらの動きを説明する。(**E**)

　4．生徒は記事を読んで，ニュートンの第一法則と向心加速度を例証する一連の実験を行うとともに，それらをコリオリ効果に関連づける。(**W, E, R**)

　5．生徒は等圧線を示す地図を分析し，風向きに標識をつける（また，なぜかを説明する）。(**E**)

　6．生徒は，なぜ太陽光の角度が加熱の差の原因となるのかを研究する。このことは，地球上の異なる地域や，私たちの地域の異なる季節に応用される。(**H, E, R, T**)

　7．生徒は，太陽，地球の表面，地球の大気の間のエネルギー（熱）の流れを示した，エネルギーの総和を示す図を分析する。(**E**)

　8．生徒は高気圧と低気圧の中心を示した図を分析し，これらの中心の周りを回る，また

---

v）循環セル (circulation cell) とは，対流圏内で対流している大気のまとまりのこと。

第9章 学習のための計画

図表9.3 事実を積み重ねる

次のワークシートを，一連の事実やデータを全体として見るために活用しなさい。「事実を積み重ねる」ことによって，どのような推論をしたり，結論を導き出したりすることができるのか？ 重大な観念は，何だろうか？

多くの開拓者，とりわけ子どもたちは，病気で死んだ。

新しい土地に移住する──土地を開拓し，住まいを築く──には，たくさんの厳しい労働が必要だった。

開拓者は，自分の食料を育て，あるいは狩りをしなくてはならなかった。しばしば彼らは，ひもじい思いをした。

＋ 移住者は，彼らが旅したり移住したりした土地の持ち主であるネイティブ・アメリカンの部族からの攻撃に直面した。

重大な観念：
西部への移住に際し，開拓者は多くの困難に直面した。

これらの中心の間を流れる空気の流れを記述する。（E）

9. 生徒は，世界の1箇所で起こったエルニーニョ現象や火山噴火といった出来事が世界の別の場所の気候に影響を与えたと考えられている事例（教師が与えた記事）を検討する。彼らは，それから，このことを可能にするような仕組みを提案する。（W, H, E, T）
10. 生徒は，「気候を比べる」提案をプレゼンテーションも含め完成させる。（H, R, E2, T）
11. 生徒は，この単元の理解にもとづき単元の試験を受ける。（E2）
12. 生徒は，それぞれに提供された同じルーブリックを用いて，パフォーマンスと研究を自己評価する。（E2）
13. 生徒は凧あげの活動に立ち戻り，それについて今一度振り返る。（W, H, R, E2）

図表9.3の例についても考えてみよう。そこには，小学生が理解に到達する手助けとなるような「事実を積み重ねる」という，明示的なオーガナイザーを紹介している。このオーガナイザーを紹介し，モデルを示した後，教師は，開拓者の生活についての「事実を積み重ねる」のを助け，重大な観念に至らせる。そのような手引きのアプローチは，学習者が意味を帰納的に構成するのを助ける。オーガナイザーは，様々な教科領域における多様な状況に応用できる認知的なツールを生徒に提供すると同時に，そのような理解を求めることが鍵となる仕事であることを知らせることになる。

カンザス州立大学のドナルド・デシュラー（Deshler, D.）らは，そのような印象的なグラフィック・オーガナイザーを開発した（Bulgren, Lenz, Deshler, & Schumaker, 2001）。彼らの研究は，当初は特別支援教育の生徒を助けることに焦点を合わせていたが，**すべての生徒が**

グラフィック・オーガナイザーの使い方を学ぶのを助けるような，様々なリソースを生み出した。図表9.4は，彼らのオーガナイザーの一例，「問いを探求するための手引き」に生徒が書き込んだものである。(著者たちは，私たちが「本質的な」問い，「包括的な観念」と呼んでいるところのものを，「決定的な (critical)」問い，「全般的な観念 (Overall Ideas)」と呼んでいる。) **同じオーガナイザーが，学習を開発する際には教師によって用いられ**，すべての設計者が求めるある種の透明性をもたらしている事実には，特に注目すべきである。

私たちは，しばしば教育において足場づくりの必要性を語る。それこそが，最良のオーガナイザーの行うことである。それらは，学習者が内面化すべき種類の心的プロセスのためのツールを提供しているのであり，やがて学習者は**足場がないときにでも使用できる「手立て」**の蓄えを持つことになるのである。

ここに，そのような足場のある指導のための典型的なシーケンスがある。この事例では，グラフィック・オーガナイザーに適用されている（しかし，どのような方略にも適用可能である）。

1. 教師は，本日の授業のために，自分自身が完成させたオーガナイザーを生徒に見せる。
2. 教師は，生徒が検討できるように，部分的な例を提供する。
3. 教師は，自分の思考を明らかにするように声に出して考えるプロセスを用いて，オーガナイザーの使い方のモデルを見せる。
4. 教師は，学業を進める際に手引きしつつ練習させ，フィードバックを与えることによって，生徒にオーガナイザーを活用させる。
5. 生徒は徐々に，オーガナイザーを様々なより洗練された用途に応用しつつ，自立的に学業を行う。

『問いを探究するお決まりの手順』において，デシュラーらは**お決まりの手順 (routines)** という用語をこのプロセスを記述するために用いている。なぜならゴールは，このプロセスを繰り返し活用することによってお決まりの手順にすることにあるからである。ついには学習者がこの「お決まりの手順」を内面化するため，もはやプロンプトとしての物理的なオーガナイザーは必要なくなる。

足場とヒントなしで自律的にパフォーマンスする能力は，転移の本質である。そして私たちはめったに，そのための適切な「用意」を学習者にさせてはいない。何年か前のワークショップで，ある教師が述べたとおり，「子どもたちの問題をご存じでしょう？　彼らは，どうしたらいいのかわからないときに，どうしたらいいのかを知らないのです！」。この言葉は理解のための指導，つまり知識とスキルを新しい状況に知的に転移させるための指導における難題を概括している。このように私たちは，まさにそのような状況 ── 結論が明白ではなく，論点が曖昧で，どの知識とスキルが求められているのかという点で不明瞭な状況 ── に向けて生徒を用意させる（そして評価する）必要があるのである[3]。

図表 9.4　問いを探究するための手引き

決定的な問いは何か？

　　熱帯雨林の破壊は，温室効果にどのように影響しているのか？

鍵となる用語と説明は何か？

熱帯雨林	暑く湿度の高い地域における，密生した常緑林
温室	植物を容易に育てるため，熱を閉じ込めるガラスの家
温室効果	大気中のCO_2が地球の熱を放出する代わりに吸収し維持する事象

裏づけとなる問いと答えは何か？

森林に何が起こっているのか？	農民が作物を育てる土地をより多く持つために，焼かれている。
そのような燃焼は何の**原因**となるのか？	1. 燃焼は大気中により多くのCO_2を放出し，また， 2. かつては森林が取り除いていたCO_2が大気中に残る。
CO_2の増加の**結果**は何か？	1. CO_2の増加は大気中に熱を閉じ込め，温室効果を生み出し，ひいては， 2. 地球が暖かくなる。

主要な観念は何か？

　　熱帯雨林が焼かれると，結果としてCO_2が増加することによって，温室効果がもたらされる。

私たちは主要な観念をどのように活用することができるのか？

　　森林を焼くのではなく伐採した場合，大気にどう影響するのか？

全般的な観念はあるのか？　現実世界での活用は？

　　全般的な観念：世界のある地域で起こることは，私たち皆に影響しうる。
　　活用：世界のある地域で起こり，他者に影響する出来事はいずれも，……

■ R：振り返り（Reflect），再考し（Rethink），修正する（Revise）

　生徒はどのように，重要な観念についての理解を再考するように導かれるのだろうか？生徒の完成作品や実演を，自己評価とフィードバックにもとづく修正によって改善させることは可能だろうか？　生徒はどのようにして，学習とパフォーマンスについて振り返るよう

に勧められるだろうか？

　包括的な問いと繰り返す課題がカリキュラムを支える場合，内容を直線的に進めるのは間違いだということは理の当然である。生徒が複雑な観念や課題に一度しか出合わないとすれば，どのようにそれらを習得するのだろうか？　私たちが以前の理解に立ち返らないとすれば，グレーゾーンや理解に欠かせない観点(パースペクティブ)の転換はいったいどうして明瞭になるだろうか？「理解をもたらすカリキュラム設計」の中心にある前提は，重大な観念は絶えず再考されるべきであり，複雑なパフォーマンスは常に洗練されるべきだというものである。したがって，単元と科目の流れは繰り返すものであるべきなのだ。生徒は現行の授業と照らして再考し修正する**必要性**を完全に承知しているべきであり，また学業はもともとの観念や技法に立ち戻る道筋をたどらなくてはならない。

　たとえば第1学年のクラスは，「友情とは何か？」という本質的な問いを，自分の経験を友達と話し合ったり，友情に関する様々な物語を読んだりして探究する。児童は友情の理論を発展させ，このトピックについての概念マップを生み出す。それから教師は，まさかのときに頼りにならない友達の物語を用いて，第2の本質的な問い「誰が**本当の友達**なのか？　そしてあなたは，どのようにしてそのことを知るだろうか？」を投げかけ，当初の着想を再考するよう促す。児童は，本当の友達は単に楽しいときの遊び仲間ではなく，辛いときにも誠実なのだと理解し，友情の概念を変更する。最後に教師は，2つの諺——「敵の敵は友である」と「困ったときの友こそ真の友」——を示すことによって，さらに児童の思考を喚起し，これらの観念にもとづいて，もう一度さらに友情の理論を再検討するように求める。

　ここにもう一つ，中学校の古代文明に関する単元で，再考を巧みに計画している例がある。この単元で生徒は，過去について推論するために模造の人工遺物と本物の人工遺物を検討する。次第に生徒は考古学者のように考えることを学び，それにつれて徐々により難しい帰納を行うようになる。このことを中心に，この単元は設計されている。一連の鍵となる経験を通して，プロセスについても完成作品についても再考が行われていくことに注意してほしい。

1. 「文明とは何か？」「私たちはどのようにして，自分たちが何を知っているのかを知るのか？」という本質的な問いを用いて，単元を導入する。生徒に文明の簡潔な定義を書かせる。付加的な活動として生徒は，文明を象徴すると信じている物を持ち込むことができる。
2. 授業において，生徒は米国の1セント銅貨を調べる。彼らは観察し，**事実に近いもの**（near-facts）と呼ぶことになる観察可能な事実のリストをつくる。彼らは事実や事実に近いものをできるだけ多く蓄積するために，それらを共有する。1セント銅貨を調べるために拡大鏡や顕微鏡を使ってもよい。生徒たちがそれぞれ事実や事実に近いものを集めた後，それぞれ1つずつを小さなカードに書き写す。事実はピンクのカード，事実に近いものは青いカードに書く。
3. 生徒は，事実や事実に近いものの階層をピラミッド型のタワーの底辺に置く。カードを整理したり，整理しなおしたりすることで，彼らは事実や事実に近いものを結びつけ，知識の主張（knowledge claims）をつくる。知識の主張を黄色のカードに書く。

第9章 学習のための計画

4. 知識の主張を互いに共有した後，それぞれの生徒は1セント銅貨について最終的な解釈をし，それを緑色のカードに書く。この作業については家で行う。生徒の中には，この人工遺物のそれぞれの面について，解釈を1つずつまとめる者もいるだろう。次に彼らは最終的な解釈を違う色のカードに書き，その解釈の長所と短所について日誌に書き込む。
5. 生徒は，自分たちの解釈を共有する。
6. 生徒は協力して，今世紀初頭に発見された人工遺物である「ウルのスタンダード」[vi]について詳細に観察し，事実や事実に近いものを収集する。人工遺物の名前は生徒の解釈に影響を与えるかもしれないので，示されない。同じく色によるコード化が行われる。
7. 生徒はそれぞれ家で，その人工遺物についての知識の主張と最終的な解釈をまとめる。資料を整理しておくため，生徒は人工遺物のそれぞれの側面にもとづいたすべての事実，事実に近いもの，および知識の主張をタワーの別の部分に置く。
8. 生徒は，自分が完成した帰納法のタワーをクラスで発表する。クラスメートは，その解釈の妥当性について質問するよう勧められる。
9. レオナルド・ウーリー卿の『ウルのスタンダード』で公表されている解釈を読む。家で，生徒は彼の解釈と自分のものを比較し，対比する。
10. 生徒は，帰納するプロセスにおいて学んだことをもとに，より洗練された定義をしようという意図をもって，文明についてのもう一つの定義を書く。
11. 生徒は，1セント銅貨とウルのスタンダードとウーリーの解釈に関わって自分たちが経験したことにもとづき，帰納法の長所と短所について日誌に記入する。「私たちはどのようにして，自分たちが何を知っているかを知るのか？」という討論で，この単元は締めくくられる。

第3の例は，意図的に観点（パースペクティブ）を変えることで再考を生み出したことを示すものである。このとき，西方への拡大についての学習の一部として，生徒には西部への移住に関して異なる見方（パースペクティブ）を示したグラフィック・オーガナイザーが与えられ，次の視点を検討するよう求められる。

- 家族のより良い生活を求めている開拓者の親たち
- 友達や馴染みのある環境から引き離されたと感じている開拓者の子どもたち
- サービスのニーズを拡大するため，中西部への居住を追求している鉄道会社の経営者層
- 開拓者によって生活を「乱された」ネイティブ・アメリカン

上級の科学において一般的に再考が行われるのは，私たちが生徒に，異なる理論的アプローチのほうがもっと有益かもしれないと示唆するような新しいデータと分析とを示しつつ，ある理論的アプローチを検討するよう求めるときである——たとえば，波としての光と粒子としての光という観念や，「遺伝」の観念と，それに続いて登場した「環境」の観念を検討することである。

[vi]「ウルのスタンダード (the Standard of Ur)」とはウルから出土したモザイクであり，軍隊の行進や饗宴の場面が描かれている。紀元前2600年から紀元前2400年ごろのものとされている。

これらの例が示すとおり，再考を組み込むことは批判的かつ意図的な設計の要素であり，理解のための学習の中心にある。まさに生徒に単純な思考を乗り越えさせ，より一般的には真の理解の中心にある配慮と慎重さの必要性を把握させようとするならば，私たちは，生徒が重大な観念について以前持っていた理解を絶えず再考するように計画しなくてはならない。

　別の言い方をすれば，深い理解を発達させるための（それと同時に生徒に，再生よりも積極的な何かが求められているのだという合図を送るための）最も効果的な設計は，パースペクティブ，共感，自己理解の側面を強調するのである。観点を絶えず転換させたり，馴染みのない設定，テキスト，人物に必要な共感を持ったりするためには，再考と振り返りが必要なのである──これは，『三匹の子豚』と，A・ウルフ〔「一匹の狼」という意味がかけてある〕による『三匹の子豚の本当の物語』を検討するときに見られるとおりである。

■ E：作品と進歩を評価する（Evaluate）

　生徒はどのようにして，自己評価，自己評価，調整に導かれるのだろうか？　学習者は，残っている問いを明確にし，未来のゴールを設定し，新しい学習に立ち向かうために，どのようにして最終的な自己評価に取り組むのだろうか？　どのようにして生徒は，学習したことと，さらに探究や洗練が必要なこととを判断するよう助けられるのだろうか？

　ここで私たちは，指導の設計においてしばしば見落とされてしまう側面について考える──それは，学業が進展するに従って，生徒が個人でも共同でも，自己をモニターし，自己評価し，また作品を自己調整するのを助ける必要性である。側面6は自己理解であり，おそらく生涯学習において最も重要な理解の側面である。自己理解の中心にあるのは，自分が理解していることと理解していないこと，達成したこととまだ達成していないことを徐々に明瞭にすることにもとづいて，率直に自己評価することである。人生において最も成功している人々は，この能力を持っているだけでなく，最も時宜を得た，できるだけ効果的なやり方でそうすることを学んできている。彼らは必要に応じて自己をモニターし，自己調整するのである。彼らは何かを行っているときに，何がうまくいっていて何がうまくいっていないのか，どうすればもっと良くなりそうかを，先を見越して熟考する。

　研究は，これ以上明瞭にはなりえないほど明瞭である。『授業を変える』の著者らは，学習についての発見をまとめて，3点を提示している。3点目の発見は，「メタ認知」がきわめて重大な役割を持っていること，また，研究によって支持されているとおり，そのような自己モニタリングと自己評価を明示的に教え要求するのが重要であることに関わっている。

> メタ認知のスキルを教えることは，様々な教科領域のカリキュラムに組み入れられるべきである。メタ認知はしばしば自己内対話の形式をとるため，教師がそのプロセスを明示的に強調しない限り，多くの生徒はその重要性に気づかないだろう。（Bransford,

Brown, & Cocking, 2000, p. 18, 21 [邦訳：2002 年，p. 19]）

ここに，そのようなメタ認知の要素を「設計に組み込む」ことに関する，単純な例がいくつかある。
- 探究にもとづく授業（例：ソクラテス式セミナーや問題基盤型学習のエピソード）の真ん中と最後で 5 分間をとっておいて，次の問いを考える。それで何を私たちは結論づけたのか？ 解決されていない，または答えられていないことは何か？
- すべてのフォーマルな完成作品や実演に，自己評価を添付することを求める。生徒の成績の小さな一部を，自己評価の正確さにもとづいてつけるという選択肢もある。
- 講義の最後に 1 分間エッセイを位置づけ，生徒に 2 つか 3 つの重要なポイントと自分たちにとって（ひいては，次回は教師にとって！）まだ残っている問いをまとめさせる。
- フォーマルなレポートやプロジェクトならどれでも，生徒に後書きを書くよう求める。その中で生徒は，問題になっている主題について何を理解し，何を理解していないのかを正直に書かなければならない —— 作品がどんなに権威あるもののように見えたとしてもである。（もちろん，生徒は，告白することによって減点されることはないと知っている必要がある！）
- 生徒が相互批評や自己評価の際により正確に評価できるよう，また学業においてもっと「評価者のように考える」気になるよう，教師がアドバンスト・プレースメントの講師として訓練されるのと同様のやり方で作品を評価（エバリュエーション）する訓練を生徒に行う。
- 生徒の念頭にある最も切実な問いについての調査から，授業を始める。最初は個々人が提出するインデックス・カードを集め，それから小さなグループで確かめる。（このカードは毎晩の宿題ともなりうる。）それから締めくくりの一部で，それらの問いがどれぐらいうまく扱われたのか，どれが残ったのか，どんな新しいものが登場したのかを最後に判断する時間をとっておく。（この方略は，生徒が問いとその解き明かされていく意味を振り返り，常に日誌に書き込んでいくのに役立つ。）
- 求められている成果（例：問題解決の発見的教授法や読んで理解することの方略）に結びついている有益な学習方略と，関連する知性の習慣（例：粘り強さや衝動を克服すること）を明確にする。生徒は，それぞれの方略を描写する視覚的なシンボルやマンガのキャラクターを考え，それらを教室の壁に掲示する。方略が用いられるときには常に事例を指摘し，生徒に，掲示されている方略を自分が活用しているかどうか，その効果はどうかについて振り返るように求める。
- あなたの授業における教訓的な瞬間（例：話し合い，問題解決，実験やディベートの最中）を慎重に選んだビデオテープを時折見せて，生徒が効果的な方略とともにうまくいかない方略もより認識できるようにする（ちょうどコーチが試合の録画を見せるのと同様である）。
- ケース・メソッドもしくは問題基盤型学習に根ざした科目で共通に行われているとおり，単元の第 1 部の最後で残っている鍵となる問いや出現した手がかりにもとづいて，（教

師が指導するというよりもむしろ）生徒が探究を形づくり追究することができるよう，単元の第2部を意図的に「自由」にしておく。
- 年度の最初に，（おそらくは教師が提供した，学習スタイルに関するフォーマルな道具にもとづいて）生徒に，学習者としての自分の長所・短所についての自己プロフィールをつくらせる。彼らはどのようにして最もよく学ぶのか，彼らにとってどのような方略が最もうまくいくのか，彼らが向上したいと思うのは何かについて考えるべきである（換言すれば，ゴールを設定するということである）。それから定期的に日誌をつける機会を組織し，生徒が自分の努力をモニターし，苦労と成功を振り返り，自分のプロフィールに可能な編集を加える。

振り返りとメタ認知を刺激するこのような明示的な方略を用いる教師は，その実践的な利点を証言している。たとえば，1分間エッセイの技法を用いるハーバード大学の教授は，次のような所見を述べた。

　1分間レポートの，語られていない，しかし重要な副次的利点は，授業の最後に用紙に記入を求められると知っていることで，学生の思考の焦点がはっきりするという点である。学生は，常に「ここでの重大な観念は何か？」，そしてまた「私にとって明瞭でないことは何であり，私が理解していない内容を伝える2,3の明晰な文をどのように書くことができるだろうか？」と自問し続ける。彼らは，何を書くかを授業中ずっと考えているのだ。……私の同僚は，〔この課題の繰り返す性質が〕長期的な連続性を築くと付け加える。それはまた，彼が何らかの誤解を取り除くための快適な方法ともなっている。
　(Light, 2001, p.67)

　ウィスコンシン州ミルウォーキーのアルバーノ大学は，カリキュラムを横断して用いられる，自己評価のアプローチを開発した。それは最も洗練され，長年用いられている，一貫したものの一つである。アルバーノ大学では，自己評価は単なる指導の技法ではなく，カリキュラムと評価計画の不可欠な部分である。たとえば，すべてのレポートには，ルーブリックと照らし合わせた自己評価が添付されている必要があり，自己評価の正確さと綿密さも採点される。実際，自己評価は，可能性を広げる鍵となる能力だと見られており，複雑なパフォーマンスに取り組む多くの初期の試みにおいて，最初の採点は，完成作品や実演それ自体ではなく，学生の自己評価および改善計画に与えられるほどである。より一般的に自己評価を催促するために，この大学ではキャンパス全体で，すべての科目で用いられる発達的ルーブリックのシステムを持っている。そのルーブリックの構成要素は，観察，解釈，判断，計画である。
　こうして，WHERETOにおける2番目のEの中心には，生来，省察的［振り返りが得意］な学習者だけでなくすべての学習者に期待される継続的な振り返り（例：物事はどのように進んでいるのか？　何がうまくいっているのか？　何に修正が必要か？　だから何なのか？　今度は何なのか？）の機会を慎重に設計することがある。そのような機会は，「どこへ？

(Where?)」——パフォーマンス・ゴールと照らした確固たるフィードバックのシステムを伴った，パフォーマンス・ゴールの明瞭でわかりやすいシステム——について明瞭にする必要性と密接な関連がある。そうでないと振り返りは，焦点の定まったものや役立つものにならないだろう。

◼ T：学習活動を調整し（Tailor），個性化する

　私たちは，（求められている結果に忠実でありつつ）生徒の様々な発達的ニーズ，学習スタイル，先行知識や関心に対応するために，どのように指導を個に応じたものにするのだろうか？　すべての学習者にとっての**魅力**と**効果**を最大限にするため，学習計画をどのように**調整**すればよいのだろうか？

　本書全体を通して私たちは，学習者が何を必要としているのかについて漠然とした記述で語ってきた。Tという設計の要素は，一人ひとり異なる学習者すべてが本当のところ何者なのかをより詳細に見て，それに応じて計画を適合させる必要があることを私たちに思い出させるものである。最良の設計者は，多様な学習者の集団が**常に**どんなものなのかに配慮するために，学習計画を調整する。内容，プロセス，完成作品という点から見て，どのように学習を個に応じたものにできるのか，実践的な方法をいくつか検討してみよう。

内容

　UbDテンプレートの第1段階において，求められている結果は，一貫したものであるべきである——結局のところ，（「求められているゴール」に表現されるものとしての）内容スタンダードと「理解」は，すべての生徒にとっての学習の達成目標なのである。しかしながら，「本質的な問い（EQs）」はオープンエンドの性質を持っているため，自然と多様な学習者に適合する方法を提供する。生徒は，様々なレベルの先行知識や学力を持っていてもなお，「生物は生き残るため，どのように適応するのか？」や「素晴らしい物語の条件は何か？」といった刺激的な問いに取り組むことができる。より深く応答する生徒もいるだろうが，すべての学習者はEQsと格闘する結果として，理解を深められる可能性を持っている。

　第1段階における「知識」と「スキル」の要素は，生徒のニーズに応じて内容を調整するもう一つの自然な場をもたらしている。（Wの一部である）診断的評価を用いることによって，教師は，先行する知識とスキルに欠落のある生徒たちを明確にすることができる。これらのニーズは，小グループでの指導によって対応可能である。

プロセス

　様々なリソース資料（たとえば異なる読みのレベルに対応するテキスト）を用い，（口頭，視覚，または筆記で情報を提示することによる）様々な学習様式を扱うことによって，教師は，好ましい学習スタイルの違いと学力レベルの違いに対応することができる。学習者に，どの

ように学業をするか（たとえば1人でかグループでか），あるいは学習したことをどのように交流するか（口頭，視覚，または筆記による）についての選択肢を与えることは，第3段階における調整のもう一つの適切な方法である。

完成作品

　教師は，生徒に，学習課題や評価方法における完成作品や実演について，適切な選択肢を与えることができる。たとえば，ある小学校の授業では，開拓者の生活の困難を描写するため，「博物館の展示」の創作に取り組んでいる。児童は，日記の書き込みのサンプル，日々の活動の絵，開拓者の人物のロールプレイなど，様々な完成作品や実演で展示に貢献する。そのようなアプローチによって，すべての児童が，その才能と関心に応じて参加することが可能になる。第2段階の評価の一部として生徒に完成作品の選択が許される場合，様々な結果は共通の規準を用いて評価(エバリュエーション)されるべきである。開拓者の博物館の展示の例では，学習者が絵を描こうと日記を書こうと，あるいは日常生活を劇にしようと，私たちはすべての完成作品を**歴史的な正確さ，困難の効果的な描写，共感の表現，技巧**について評価することとなる。この方法で，私たちは，評価の妥当性や採点の信頼性を犠牲にすることなく，適切な多様性を許容することができる。

　ここに，ある教師が計画した単元の要素をいくつか選んで示した例がある。これは，レベルの高い学業（シェイクスピアの『マクベス』の学習）を，読み能力の限られた特別支援教育の生徒のために調整したものである。

1. 生徒が中世について知っていることを話すブレーンストーミング・セッションを行う。グループ・プロジェクトとして，黒板にリストを作らせる。（騎士道の追求，封建制度，決闘の作法，王，騎士と交戦など。）これから読もうとしている戯曲は，これらすべてのことについてであるだけでなく，名誉と中世についてのものでもあることに導く。（W, H）

2. 本質的な問いを導入する。名誉とは何か？　不名誉とは？　忠誠とは？　不忠とは？　私たちは，誰を信頼すべきかについて，どうやって知るだろうか？　どうすれば私たちは高潔さを失わずにいることができるだろうか？（W, H, T, E2）

3. 名誉と忠誠についてクラスで話し合い，グループでの話し合いにもとづいて黒板にアイデアを書く。その結果，生徒が自分の小論文を書くときに参照できる観念，思考，意見や事例のリストができる。「指導可能な瞬間」——会話にもとづいて，これらの用語の辞書の定義を調べるのが賢明と思われる瞬間——を探す。（W, E）

4. 全員に，壁いっぱいに適切な引用文を貼っていく手伝いをするよう求める。毎日，教室のあちこちに引用文を貼る。多くの引用文——たとえば名誉，忠誠，権力についてのもの——が，適切な場合には話し合いに持ち込まれうる。各生徒が2週間で2つの引用文を付け加える。（H, T）

5. グループでの話し合い（映画やテレビ番組への言及も含む）で得られたアイデアを用いて，現代において名誉と忠誠が衝突するような，青年期に関連する事例研究について

話し合う。その結果，生徒が本質的な問いについての自分の小論文を書く際に用いることができる観念，思考，意見や事例のリストが――黒板に――できる。(H, T, R, T)
6. この戯曲の歴史的な背景と地図を与える。最初の魔女の場面をドラマチックに読む。中断して，話し合う。**パラドックス**や**設定**といった文学用語を紹介する。場面の時系列表の作り方を示す――これは，個人プロジェクトである。それに，一定の間隔で書き加える。(E)
7. 第1幕，場面2。登場人物と出来事の概略を述べる――先行オーガナイザーである。鍵となる場面の録音とビデオを用いる。読む課題と書く課題の手助けを認める。縮約され簡略化されたテキストを利用できるようにする。生徒にノートを与え，ポートフォリオのために内容を構成するのを助ける。(W, E, T)
8. 提出する前に，生徒にすべての学業を自己評価させ，名誉と忠誠という論点について彼らが洞察を深めたような経験という点から，本質的な問いについて振り返らせる。

■ O：最善の効果をもたらすために組織する（Organize）

　どのような学習経験のシーケンスによって，ありがちな誤解が最小限となり，生徒の理解が最もよく発達し，深まるだろうか？　参加と効果を最大限にするために，指導と学習をどのように組織し，配列するだろうか？

　ここまで私たちは，良い設計の分析的な要素についてのみ考えてきた。Oは，それらの要素を最も有効なシーケンスに並べることを求めるものである。私たちが「最も有効」と言っている意味は，生徒にとって実際に最も魅力的で効果的な経験をもたらすようなシーケンスである。

　多くの教師はシーケンスについて，とりわけかなり長い学習単元について思案しているときには，十分に考え抜いていないものである。だがしかし，WHERETOのHとRが示すとおり，内容を足早に進めるという典型的なシーケンスが，参加や理解をもたらす最良の選択であることはめったにないだろう。シーケンスが通常，教科書の構成によって規定されているならば，このことを考慮することがとりわけ重要である。この点については，第10章で立ち戻ってより詳しく扱う。

　最低限でもシーケンスは，教育者が常に「最良の設計」で注目してきたもの――全体―部分―全体，学習―実行―振り返りを常に行き来すること――を反映すべきである。そしてRが暗示するとおり，私たちは単に前進するだけではない。表面的な，単純な，あるいは黒か白かと割り切った思考を乗り越えようとするならば，先行する（暫定的な）事実，観念，技法に立ち戻らなくてはならない。それが，問題基盤型学習，ケース・メソッドやシミュレーションは非常に知的に刺激的で記憶に残るものだ，とこれほど多くの人々が報告している理由である――それらは，いかに学習が組織されるべきかについて，伝統的なやり方と決別している。

「フック」の含意も，十分に明瞭である。生徒を早期に，しばしば**彼らの関心を通して**，そして本来的に知的に刺激的なものによって惹きつけることは，**私たちの利益になることである**。したがって，より良いシーケンスでは，学習者を早くから興味をそそる論点，問題，状況やその他の経験に没頭させ，経験が意味をなすために必要となるまで定義，規則と理論を教えることを延期するのである。

たくさんの典型的な学習がスムーズな流れと見なされた場合に，どれほど不必要につまらなく，反感を覚えさせるものとなりうるのかをよりよく認識するため，中学校と高校でよく用いられている代数・幾何学基礎の教科書からの次の例を検討してみよう。最初の80ページには，定義，規則とそれらに関連するドリルしか載っていない。たとえば36ページには，数直線という観念への導入として，次のように書かれている。

> 数直線上の一対の点は，……原点から等しい距離にあるが，原点から反対側にある。原点はそれ自体と一対である。……
> －4と4といった一対の数はそれぞれ，もう一つの数の反数［符号を変えた数］と呼ばれる。aの反数は，－aと書かれる。……－4（低いマイナス記号）と⁻4（高いマイナス記号）という数字は，同じ数を指している。したがって，－4は，「マイナス4」や「4の反数」を意味する。
> **表記を単純にするため，今後この本全体を通して，負の数を書く際には低いマイナス記号を用いる。注意：－a（「aの反数」と読む）は必ずしも負の数ではない。たとえばもしa＝－2であれば，－a＝－（－2）＝2である。**（Brown et al., 2000, p. 36）

これが冗談であってくれればと思うのだが，残念ながら，冗談ではないのだ。これは，教育学として全く受け入れられないものである。これは，「取り掛かる」ための有益な方法と，過剰に専門的な小事にこだわりつつ完全に文脈から切り離して情報を提示することとを混同している。

そこで私たちは，単純な経験則を提供することができる。理解のための指導においては，「なぜか？」「だから何なのか？」という問いが，早くから頻繁に扱われる必要がある。意味のある記憶に残る学習を生み出すために，流れは，全体－部分－全体，学習－実行－振り返りの間を行ったり来たりしなくてはならないのだ。多くの教師が，学習させるには可能性のあるすべての「基礎的」事実とスキルを真っ先に提示することが必要だと考えているが，これは効果的で長持ちする学習の起こり方では全くない。（私たちはこの問題を，「看破」を通した「理解のための指導」に関する第10章で，さらに検討する。）

シーケンスについての最終的な考察として，私たちの1人が体験した素晴らしい学習経験を紹介しよう。そこでは，少年少女サッカーのコーチとして認定されるための必要条件の一部として，WHERETOの要素すべてが含まれていた。ニュージャージー・メトロスター・プロサッカーチームのメンバーである指導者は，刺激的な活動と問題解決の概念的な枠組みを計画した。彼は，すべての練習を，明瞭に全体から部分への論理にしたがって計画するこ

との重要性を述べ，すべての主要なスキルを発達させる上で，あらゆる良い練習の流れを次のように説明した。つまり，個別的なスキル，試合らしさ，試合の条件，試合である。たとえば，ペアで，最初は一方の足からもう一方の足へとパスをする単純な往復の練習から始める。次に，すべてのペアが同じ小さな空間でボールをやり取りするパスを行うことで，試合らしくする。ここでは，すべての人々とボールについて，目線を上げてタイミング良くパスをすることが必要である。それから，それぞれのグループでボールを取ろうとする人を加えることによって，試合の条件を作り出す。さらに，より要求の厳しい，試合らしい条件を設定する——たとえば，パスの前のツータッチ・ドリブルを最大限にするように求める実践練習である。次に，試合を行う。最後に，先ほどの小さなスペースでのパスの練習に戻るが，このときにはより素早く正確に行うことに焦点を合わせる。

加えてその指導者は，すべての基礎練習で適応度，試合運び，専門的スキル，チームワーク，方略的思考という要素を最大にすべきだ，と主張した。ある練習でこれらの要素を最大限にするだけでなく，それぞれの基礎練習でそうすべきなのである。それからその指導者は，参加者にそれぞれ知っている一般的なサッカーの基礎練習を提案するように求め，他の参加者にグラウンドで実際にやってみさせた。次に，その基礎練習は与えられた要素にもとづいて分析され，グループからの提案の結果，常に大きく改善された。事実，この経験によって参加者は，昔ながらの基礎練習（たとえば，3対2という普通のアプローチ）の中には，ひどく非効果的なものがあると結論づけた。

そして，多様性のある集団についてふれておこう！　その30人の集団は，年齢では23歳から61歳までの幅があり，経験では大学サッカーでレギュラーの経験を持つ者から全くサッカーの経験がない者までいた。すべての人が，生涯において最も刺激的な学習経験の一つとなったこと，また転移のための確固たる枠組み——明示的に示され話し合われたよりもずっと多くの基礎練習と実践の設計——を提供してもらったことに同意した。

■ 設計の各要素を有効な全体にまとめるためのヒント

WHERETOの要素は，学習のための設計を構築し検査するために役立つが，全体——単元とその目的——を見失いやすい。優先されるべき目的は，確実に重大な観念が学業を組み立て，それらの観念にもとづく学習の転移が達成されるようにすることである。それが，理解というものである。したがって私たちは結局のところ，確実に一貫性があり，目的のはっきりした学習が行われるようにしなくてはならない（これは，個別には擁護できても，意味のある永続する知識へと全く積み重なっていかないような，バラバラの「学習」の一揃いとは対照的である）。換言すれば，もし私たちが注意深くなければ，設計によって，たくさんのバラバラな知識とスキルを短期的に学習することには成功していても，理解と転移する課題は回避してしまうこともありうるのである。

もちろん，重大な観念にもとづく転移を必要とするような，確固としたパフォーマンス課

題から行う「逆向き設計」は，そのような間違いを防ぐ鍵となる方途である。しかし第3段階において考える際に，理解に焦点を合わせることからあまりに遠く逸れてしまうことがないようにしてくれる方法が，他にもある。具体的には理解の6側面を用いることができる。それは，第3段階でどのような理解に関する学業が行われなくてはならないかを思い出させてくれるものとなり，ひいては第2段階での理解の活用に関連するパフォーマンスの目的を裏づける。

第3段階で理解の6側面を用いる

　理解の6側面は本来，評価（第2段階）において用いられる理解の指標だと考えられてきたが，学習の設計においても役立つ構成概念であることが判明した。単刀直入なアプローチとしては，6側面をリストにして，可能性のある活動のブレーンストーミングを行うことがある（もちろん，第1段階で求められている結果と，第2段階での必要な評価の証拠に留意する）。ここに，中学校の，南北戦争に関する単元の例がある。

- 説明——南北戦争の主な出来事の鍵となる原因と結果を説明する。その他の内戦の事件と比較する。
- 解釈——『赤い武功章』[vii]の主人公の眼から，この戦争を解釈する。
- 応用——この戦争の遺産について，ディベートをする。（終わったのか？　米国で南北戦争は再び起こりうるのか？　それ以来，「冷たい戦争」が続いているのか？）
- パースペクティブ——この戦争を，北部側，南部側，ヨーロッパの観察者，ネイティブ・アメリカン，豊かな地主，貧しい労働者の観点（パースペクティブ）から話し合う。
- 共感——シャーマン［北軍の将軍］の軍隊に家を壊された南部の家族に共感を表すロールプレイをする。「オールド・ディキシー・ダウン［北軍が南軍を追い払った夜］」に似た歌を見つける。
- 自己認識——振り返る：あなたは，何のための戦いを戦うに値するものと考えるのか？

ある内容領域についていくつかの側面は他の側面よりも自然であるように思われるが，多くの教師が，「型にはまらない考え方をする」ために6側面を用いて，活気づけるような効果的な活動を開発したと報告している。たとえば，最初は物理学における共感の価値を否定していた物理学の教師は，次のような学習課題を考えついた。「電子の生活におけるある1日について，日誌に書き込みなさい。」

　次の一般的な問いは，設計者のアイデアを促進する上で役立つものである。

- 側面1：説明。生徒が明白ではないことを把握し，新しい観念に出合い，それらを検査して検証し，自分自身の理論や説明を構築する（または検査して，他者のものを完全に内面化する）には，理論化と関連づけのために，どのような種類の興味深い事柄に出合わなければならないのか？　一般化したり，健全な推論を導き出したりすることに熟練するために，彼らはどのような人工物（アーティファクト），データ，行動や出来事を説明しようとする必要

---

vii) スティーブン・クレイン（西田実訳）『赤い武功章』岩波書店，1974年（Crane, S., *The Red Badge of Courage*, 1895）。南北戦争を一兵士の視点から描いた小説。

があるだろうか？
- **側面2：解釈**。どのような学業によって，**生徒**は解釈し，意味を導き出し，重要性を探究したり，題材や知識の意義を発見したりするだろうか？　意義深い啓発的な解釈の学業にとって十分な興味深い事柄として，どのようなテキスト，出来事やその他のリソースが「意図的設計によって」提供されるだろうか？
- **側面3：応用**。真正の状況，目的，相手からいって，先行する学習の思慮深い転移が求められている場合に，どのような学業によって，生徒が適切で様々な文脈において理解を試すことを求め，可能にするだろうか？　その学業によって，生徒が学習の新しい啓発的な応用を提案し，発明さえすることを促すことができるだろうか？
- **側面4：パースペクティブ**。生徒が多様な視点を把握し，生み出すだけでなく，それらを批判的に評価（エバリュエーション）するようにするために，どのようにしてリソース，学習課題，経験，話し合いに取り組ませるだろうか？
- **側面5：共感**。授業での，どのような種類の直接的経験またはシミュレーションされた経験によって，生徒は他者の経験に心底から気持ちを通わせることができるだろうか？　当初は愚かで魅力のない，または馴染みのないものだという印象を与えるような他の人々のテキスト，観念や経験に，真価や可能性のある価値を見いだすために，この学業はどのように生徒が空虚な言葉や抽象を乗り越えるのを助けるだろうか？　可能性のある新しい洞察を発達させるべく，生徒をどのような経験に没頭させるべきだろうか？
- **側面6：自己認識**。どのような種類の経験によって，生徒が自分たちの知っていることと知らないこと，理解していることと理解していないことを自己評価し，振り返るのを助けることができるだろうか？　これらの授業は，生徒が学業に持ち込む知性の習慣とバイアスをどのように引き出すだろうか？

ボブ・ジェームズに見る「逆向き設計」の実際

　私たちはこれまでの章の中で，教師ボブ・ジェームズがどのように栄養についての単元の概略を作ってきたかを見てきた。彼は次に，WHERETOによって示された規準と手引きに照らして，設計に付け加える点や修正する点を考える。

　ちょうど完璧にやってのけたと思ったところだったが，WHERETOによって栄養単元について考えが広がってくるようだ。僕の現在のアイデアを示してみよう。

　W——「逆向き設計」のプロセスは，僕がこの単元でどこに行こうとしているのかを明瞭にするのを本当に助けてくれた。さて僕は，どこに向かっているのか，なぜなのかについて，生徒が知るようにどうやって助けられるかを考えなくてはならない。本質的な問いと導入の問いは，方向づけを与えるのを助けてくれるだろう。特に僕は，それらを教室の掲示板に掲示する計画を立てているからな。しかし，おそらく評価課題，プロジェクト，評価規準（エバリュエーション）とルーブリックを単元の最初に紹介することによって，ゴールをいっそう明瞭にすることができる

だろう。

　これらのパフォーマンスの達成目標を念頭におくことで，子どもたちが学習しようとしている事項——食品群，食品ピラミッド，食品ラベルの栄養情報の読み方など——の目的をより明瞭に悟ってくれるといいなぁ。

　H——フック，つまりトピックについての生徒の関心をつかむ何かで始めるという提案は気に入った。社会科の教科書には探検家についての一節があって，これはうまくいきそうだと思う。子どもたちは謎が大好きだし，これはぴったりだ——16・17世紀の大洋を行く船乗りの物語である。彼らは，船で何ヵ月も旅している間に，壊血病と呼ばれる不思議な病気にかかったが，いったん陸に戻ると健康状態は劇的に良くなったのだ。

　この病気がビタミンCの不足に起因すること，また新鮮な果物と野菜を食べることが「薬」だと子どもたちがいったん学んだら，健康における栄養の役割を検討する用意が整うだろう。

　E——僕の新しい授業は，生徒にパフォーマンス課題とプロジェクトの用意をさせるのに大いに効果があると思う。そして，求められている理解と集める必要のある評価の証拠について考え抜いた今では，僕の指導ももっと焦点がはっきりしたものとなるに違いない。

　R——単元設計における再考の部分は，おそらく僕にとって最も努力が必要なところだろう。書くプロセスの一部で修正をさせた以外，話し合っている観念について正式に再考するよう生徒に求めることはめったになかったなぁ。だがしかし，このことがどれほど重要でありうるのかを，僕は実感し始めている。

　他の先生とお昼を食べていて，2つのとても興味深い問いが出てきた。もし何でも食べたいものを食べていいとしたら，子どもたちはバランスのとれた食事をするだろうか？　動物は，栄養的なニーズに合った食べ物を食べているのだろうか？　これらの1つか，あるいは両方ともが，栄養になる食事についての考えを洗練するよう生徒に挑戦させる単元の良い道筋となるだろう。

　これらの問いは，もう一つの本質的な問いを指し示している。母なる自然は，栄養のある食事の方向へ生物を導いているのだろうか？　これらの刺激的な問いは，話し合いと再考を活気づけ，さらに研究するための興味深い問いへと導くだろう。

　E——パフォーマンス課題と山場となるキャンプのメニューのプロジェクトは，彼らが健康的な食事を理解していること——この単元の主要なゴール——を僕に示す機会をいくつか与えてくれるだろう。評価(エバリュエーション)する前に生徒がフィードバックを得られるように，クラスの協同学習グループでキャンプのメニューを相互批評させよう。そして，最終的なメニューの締め切り前に，メニューを修正するための時間を与えよう。

　最後に僕は，それぞれの生徒に2つの自己評価を完成させるように求めよう——一つはキャンプのメニューをルーブリックを用いて評価するもの，もう一つは自分の食習慣が単元で学んだことによって（どう）変化したかを振り返るものである。これらの活動は，単元を効果的に締めくくるだろう。

　T——昨年，僕は，「個に応じた指導 (Differentiated Instruction: DI)」[viii]についての学区の現職教育プログラムに参加し，様々な学習者に届くように指導を調整する方法を学んだ。今

では，DIの方略のいくつかをこの単元に応用するやり方を見いだすことができる。たとえば，1人では教科書の抜粋を読んで理解するのが難しい生徒を6人受け持っているから，彼らについては言語科の「読む仲間」とペアを組ませよう。小テストでは，それらの生徒に口頭で出題しよう。

栄養についてのパフォーマンス課題では，バランスのとれた食事を説明するのに絵を用いることもできるから，熟達した書き手でない生徒でも大丈夫だと思う。英才教育リソース教師は，よくできる子どもたちの課題を拡張するための良いアイデアをくれた。栄養のパンフレットを，幼い子どもを対象としたものではなく診療所に置くためのものとして設計するように求めるというものだ。書けない子どもたちには，キャンプのメニューの課題について説明する手紙を書くよう求める代わりに，なぜ彼らのメニューの計画が健康的で味がいいのかを話させることにしよう。よくできる生徒たちには，糖尿病といった健康問題や，低ナトリウム食といった特定の食事制限のある生徒のために，代替メニューの計画を入れるように求めよう。

これらの調整によって，あまりできない学習者がより成功できるようになると同時に，よくできる生徒にとってもやりがいのあるものになると思う。

O——僕は自分の単元計画のシーケンスにかなり満足している。まずフックで始まり，様々な学習経験やリソースを通して必要な知識を発達させ，知識の真正な応用で終わる。UbDのプロセスとテンプレートは単元全体を重要な問いや意義深いパフォーマンス課題を中心に組み立てるのを助けてくれるため，今ではそれらがよく組織された計画作りに役立つことを実感している。

栄養の単元は確かにWHERETOによって改善されたので，僕は他の単元を計画する際にも用いようと思う。生徒にどんな結果が現れるか見るのが楽しみだ。

◼ 次の問い

以上の当初の考察は，**単元**が何を行う必要があるのか，またそれを「意図的設計によって」より起こりやすくする方法についての経験則を大雑把に説明してきたものである。さて，次に考えるべき問いは，「授業で生徒の理解を助ける**教師**の役割はどのようなものか？」である。

---

viii)「個に応じた指導（Differentiated Instruction）」の提唱者であるキャロル・トムリンソン（Tomlinson, C.）と，本書の著者の一人でもあるマクタイの共著が，2006年に刊行されている（Tomlinson, C. & McTighe, J., *Integrating Differentiated Instruction and Understanding by Design: Connecting Content and Kids,* ASCD, 2006）。

1) 「学生の参加に関する全国調査（NSSE）」の 2003 年次報告より。NSSE による研究は，http://www.iub.edu/~nsse/ で入手できる。クー（Kuh, 2003）も参照のこと。
2) レヴィが自分の指導について記述したものについては，レヴィ（Levy, 1996）も参照のこと。
3) 読者には，学習の転移を発達させる可能性を最も高くする助けとなるような種類の経験のリストとして，「転移のための 10 のツール」を検討することを勧めたい。フォガーティ，パーキンズとバレル（Fogarty, Perkins, & Barell, 1992）を参照のこと。

第10章

理解のための指導

> 教師は……とりわけ，自分の知っていることを話したいという誘惑に
> 駆られがちである。……だがしかし，理論であれ事実であれ，情報の量それ自体は，
> 洞察力と判断力を高めもしなければ，賢明に行動する能力を伸ばしもしない。
> ── チャールズ・グラッグ「なぜなら知恵は教えられえないからである」(Gragg, 1940)

> 成功している指導とは，効果的な学習をもたらす指導である。決定的に重要な問いは，
> どんな方法や手続きが採用されるかということでもなければ，
> それらが古びているか新しいか，長年かけて有効性が実証されているものか実験的なものか，
> 慣習的か進歩的かということでもない。そういった考慮はすべて重要かもしれないが，
> いずれも究極的なものではない。なぜなら，それらは手段に関わるものであって，
> 究極目的に関わるものではないからである。
> 指導が成功したことを判断する究極的な規準は ── 結果である！
> ── ジェームス・L・マーセル『効果のある学習指導法』(Mursell, 1946, p. 1 [邦訳：1953年, p. 3])

「逆向き設計」は，教え方やその他の指導方略の選択を，プロセスの最後の段階まで先延ばしにする。そのようなアプローチは多くの教育者の習慣に反するものであるが，そのように先に延ばすことは，ここまで述べてきたことに照らせば道理にかなっているだろう。求められている結果，含意されている評価課題，鍵となる学習活動を私たちが明確にするまでは，指導方略の議論は時期尚早だからである。指導における正しい手立ては，学習のために何が必要かに照らして講じられる。「逆向き設計」は，私たちを指導上の快適な習慣から追い出し，次のように尋ねることを求める。私たちが追求している理解のパフォーマンスと，そのような結果が求める学習活動からいって，私たちは教師として何をすべきだろうか？

しかしながら，設計についての本において，理解のための指導について長々と語ることは明らかにあまりにも本題から離れているだろう。何十冊もの素晴らしい本やプログラムが効果的な指導について扱っているし，理解のための指導についての本で読者が調べるべきものもいくつかある[1]。それよりも，この章の目的は，理解のための「逆向き設計」についてこれまで述べてきたことと照らし合わせて，教師の役割についてのいくつかの一般的な指針と，最も一般的な指導用のリソースを提供することである。

◼ 網羅と看破の対比

　この領域における指導方法の際限のない論争からいって，この章の初めに載せたマーセルの警句は，何年も前に書かれたものではあるが，新風を吹き込むものである。指導は，その結果によって判断されるべきなのだ。理解のための指導において，私たちはどのような方法を用いるべきだろうか？　理解をもたらすように機能するものならどれでもかまわない。そこには，イデオロギーは何もない。第1段階で計画された目標が達成されるように，第3段階でうまくいくことを行うべきなのである。

　マーセルの言葉はまた，私たちが取り上げ続けている「専門家の盲点」にも関わっている。教育における最も古いジョークの一つが思い出される ── 犬に話し方を教えたと主張する少年のジョークである。彼の友達はやってみせるように求めたが，犬はほえることしかできなかったので，「君は犬に話し方を教えたと言ったじゃないか！」と言った。すると自称トレーナーは，「教えたとも。話し方を教えたけれど，犬がそれを学習したとは言わなかったさ」と言ったのである。

　「教えたとも。けれど，彼らは学習しなかったんだ」。仕事でうまくいかずいらだっているようなときに，私たち皆が悪気なくこのように言うことが多いのには，依然として驚きを感じる。私たちはあまりにも簡単に，学習をもたらすのは指導ではないことを忘れてしまうのだ。「指導が学習をもたらさないなんて，どういう意味ですか？　私たちは役に立たないのですか？　ご冗談でしょう」。いや，私たちは本気で言っている。指導はそれ自体では，決して学習をもたらすものとはならない。学習者が学ぼうとする試みが成功した場合にのみ，学習がもたらされるのである。学力は，学習者がうまく指導の意味を了解した結果である。これは，私たちが，理解は学習者によって達成される「構成主義的な」働きであると言うときに意味していることである ── そうだろう？　私はあなたに理解を与えることはできない。あなたが獲得しなくてはならないのである。

　うまく教えたということは，膨大な技法を用いたことでも，返答すべき言葉をいくつか学習者に与えたということでもない。言葉，活動，ツール，指導下での振り返り，学習者の努力，フィードバックを通して，理解をもたらしたということである。それは複雑な相互作用による達成であり，一方的なスキルの組み合わせではないのだ。換言すれば，私たちは盲点があるために，指導 ── 直接的な教授（話すこと，講義すること，情報を与えること，指示すること）という意味での指導 ── の行為は，学習をもたらすものの一つの側面にすぎないこと（そして，もし本書の議論に説得力があるとすれば，最も重要な一側面ですらないこと）を忘れてしまう。学習のための学業の設計は，どのような形であれ，私たちの知識のはっきりした共有化と同じぐらい重要なもの ── そしておそらくそのどれよりもより重要なもの ── である。私の洞察を単純に浸透させることで，彼らの洞察とすることはできない。学習をもたらす者として，私は，自分の言っていることが単なる言葉ではなくリアルになるようにするために，初心者のより素朴な知性の状態に共感し，うまく設計された学習経験を通して私の観念を看破させるようにしなくてはならない ── そのことには確かに教えることも含

第10章　理解のための指導

まれるが，それに限らない。熟達者（または高度に才能のある思考者）だけが教師の言葉を聞くことができ，自分の学習が成功していることを示す試みにおいて，経験，プロセスの手引きと（グラフィック・オーガナイザーといった）ツール，応答を導き出す課題，フィードバックなしに，自分自身で，頭の中の構成主義的な活動をすべて行うことができる。

したがって，本書全体を通して私たちは，看破の必要性と単なる網羅の害悪を絶えずほのめかしてきたのである。しかし，おそらく読者はまだ次の点を理解していないだろう。看破とは，特定の**タイプ**の指導や教育哲学ではなく，用いられる指導方法に**かかわらず**，どんな観念も利用しやすくリアルなものにする方法なのである。したがって，私たちが看破と網羅という言葉によって意味していることを明らかにし，なぜ**あらゆる**教師が好みの指導方法にかかわらず看破をめざし，網羅を避けなくてはならないのかについて明白にしよう。

定義を考えてほしい。名詞として，**網羅**（カバー）という言葉は，ベッドカバーのように表面を覆う何かを指す。指導に適用すると，それは表面的なものを指している。教材を「網羅」するとき（本書の序章で述べた歴史のエピソードが示すとおり），私たちは図らずも，何ら内容に踏み込むことなく表面的な詳細に焦点を合わせて終えることになってしまう。学習者の観点から見ると，すべては同じ価値を持っているように見える――階層性，記憶すべき優先事項，関連づけられた意味が全くない，覚えるべき事実のかたまりに見えるのである。

「旅してまわる」とは，**網羅**（カバー）のもう一つの定義である（「今日は600マイルをカバーした」というように言う）。たくさんの土地をカバーしたことについて話すとき，旅行者であれ教師であれ，私たちは遠くまで来たかもしれないが，その「旅」から何らかの意味のある，または記憶に残る洞察を引き出したことを意味してはいない。映画のタイトル「火曜日ならベルギーよ」は，厳密な予定表の犠牲となった学習の適切なイメージを彷彿させる。いくら私たちの意図が良いものであろうと，すべてのことが，しばしば概略だけのバラバラの事実や活動，スキルを表面的に息継ぎもなく進むことと同じになってしまったとき，私たちは深い理解を（あるいは耐久性のある再生さえも）達成することができずに終わってしまう。

教育者は，通常，この意味での網羅を，外的なスタンダードによって求められている，教科書によって義務づけられている，あるいは標準テストによって要請されていると言って，正当化する。これらの主張に反する経験的な証拠（これらについては先に手短にふれたし，第13章では再び関連する研究について述べる）はさておくとしても，単に「言及することによって教える」のでは有能なパフォーマンスに達するような効果的な学習を生み出さないというのが常識である。私たちは，幾何学の教師が，たとえば，あまりにもたくさんの定理を「網羅」しなくてはならないから，証明の詳細を探究する時間がないと主張することを許容できるとは考えないだろう。換言すれば，このあわただしい旅行は，またしても，「専門家の盲点」が作用しているものなのである。すなわち，教師が話せば学習者は学ぶ，私たちがもっと話せば学習者はもっと学ぶ，という誤解である。これは，私たちが教えることと，結果として得られる何らかの学習とを混同する，誤った論理である――単に**植えること**と**収穫**とを混同したり，**マーケティング**と**売り上げ**とを混同したりするようなものである。

もし理解されるとすれば，理解は決して「網羅」されうるものではない。それが，本書の

前提であり，これは研究によって支持されていることである。理解は，究極的なゴールを設定し，何らかの挑戦を課すものである。それは，正しい経験，話し合い，振り返りを必要とする。この挑戦について，デューイほどあからさまに述べた者はいない。彼は，どんな本物の観念でも，直接的な指導によって「教えられ」うるものはない，と主張した。

> いかなる思考も，いかなる観念も，観念として，ある人から他の人へと伝達することは決してできない。それが語られるとき，語られた人にとってそれは，もう一つの与えられた事実であって観念ではないのである。……観念は，……それらに従って行動するという作用によって検査される。それらは，さらなる観察，記憶，実験を導き組織するものである。(Dewey, 1916, pp. 159-160［邦訳：1975年（上），pp. 253-254］)

しかしながら，教科書が言っていることの網羅に支配されている世界では，私たちはしばしば図らずもこの重要な警告に反して終わってしまう。そこで，教科書を用いて指導するという挑戦について考えてみよう。どうすれば私たちは，理解というゴールを知らず知らずのうちに損なうことなく，私たちの目的を支えるようにリソースを用いることができるのだろうか？

この問いを扱うために，私たちは，しかし，「網羅（カバー）」という用語のもう一つの意味についても考える必要がある——「覆い隠す」つまり「視界から隠す」という際の，不吉な含意である。覆い隠しは，隠蔽，つまり何らかのことを知らしめる義務を全うすることに失敗することを示唆している。対照的に，何かを**看破**することは，隠れていた何かの中に重要なものを発見することを示唆している——隠蔽するよりもむしろ暴露する。この意味で私たちが何かを看破するとき，私たちは調査を行う記者のようなものであり，さもなければ知られないまま読者の害になっていたことを明らかにするのである。教科書を使って学業を行うことにおける挑戦は，教科書が明らかにすることだけでなく，それらが隠していることをよりよく理解することにある。

■ 教科書と理解のための指導

教科書が「隠している」ことに言及するとき，私たちは，極悪非道な陰謀のことをほのめかしているのではない。教科書によって行われている「隠蔽」の大半は，無意識的なものである。しかし，その害悪は現実のものだ。百科事典のように，教科書は知られていることを意図的に概説し，要約する。生徒の学習レベルの平均に適合するよう，そして言うまでもなく50州の教師のニーズや競合する利益団体に適合するよう，専門知識を単純化する。そうする際に，教科書は簡単に，教科と学問の世界の本当の性質を生徒から（そして教師から）隠してしまう。百科事典同様，そのような要約の背後にある探究，論証，判断を生徒が理解するのを助けてくれるような教科書はほとんどない。理解のための教育の大いなるパラドッ

クスは，過度な調査にもとづく教科書は，より魅力的で思考を刺激するような学習の妨害を提供して終わってしまうことがありうるということである。中等教育に関する1983年カーネギー報告書が，次のように述べているとおりである。

> ほとんどの教科書は生徒に，現実について高度に単純化された見方を与えるばかりで，情報が集められ事実が抽出された方法についての洞察力は，事実上ほとんど与えない。その上，教科書は，原典の持つ豊かさや興奮をほとんど伝えることはない。(Boyer, 1983, p. 143 [邦訳：1984年, p. 166])

20年たっても，ほとんど変わっていない。米国科学振興協会（AAAS）は最近，中学校と高校の数学と科学の教科書を検討して，紛れもない弱点を発見した。

> プロジェクト2061は，中学校の普及している科学の教科書すべてについて，「不満足である」と評価し，生徒を「教育もしなければ動機づけもしない，バラバラの事実で満たされている」と批判した。広く用いられている高校生物の教科書10冊のうちのどれも，厳密な評価（エバリュエーション）において，高い評定に値すると見なされたものはなかった。
> 詳細な研究によると，ほとんどの教科書が，あまりにたくさんの話題を網羅しすぎており，それらのどれについても詳しく展開されていないことが明らかになった。すべての教科書が，鍵となる科学の観念に関係ないような，また生徒が自分たちがしていることをその基底にある観念に関連づける助けとはならないような教室での活動を，たくさん収録している。(Roseman, Kulm, & Shuttleworth, 2001)

さらに，高校生物の教科書についての分析によって，次のような問題が明らかになった。

- 研究によると，実質的にすべての生徒が——最も優秀な生徒でさえ——教科書で網羅されている，たくさんの観念を把握するのが困難であると予想されることが示されている。だがしかし，ほとんどの教科書は，活動や問いにこれらの障害を考慮に入れることに失敗している。
- 多くの生物学の概念について，教科書は，専門的な用語や不必要な詳細——多肢選択のテスト項目に簡単に置き換えられてしまうような種類の教材——に焦点を合わせることによって，最も重要な観念を無視したり不明確にしたりする。
- ほとんどの教科書には豊富に挿絵が入っているが，これらの挿絵は抽象的すぎたり，不必要に複雑だったり，説明が不十分だったりしているために，ほとんど役立たない。
- すべての章においていくつかの活動が含まれているが，学ぶべき科学的概念の観点から結果を解釈することについての助言はほとんど生徒に与えられていない。(Roseman, Kulm, & Shuttleworth, 2001)

私たちは，これらの教科書の批判が適正なものであり，科学と数学だけでなく人文科学にもあてはまると信じている。不幸なことに教科書は，しばしば退屈で，過度に専門用語が掲載されており，表面的なのである。

シラバスとしての教科書──鍵となる誤解

　下手に設計された単元について教科書を責めることは，究極的には，あなたの打率が悪いことについて『テッド・ウィリアムズのバッティングの科学』[i]を責めるようなものだ。単元設計の主要な問題は，教科書そのものにあるわけではない。問題なのは，教授，教師，あるいは管理者が教科書を学習の行程で**ある**と捉え，あらゆる学業の設計がそこから生み出されなくてはならないと想定する場合である。そうではなく教科書は，UbDテンプレートの第1段階において明記された「求められている結果」を支える**リソース**なのである。最良の教科書でさえ，私たちの求めている結果のいくつかしか達成するのに有益ではないだろう。そして，多くのゴールを達成するには，教師‐設計者が，単元を組み立てるために適切な本質的な問い，評価方法，経験を率先して創造的に明確にする必要がある。事実，それらの問い，課題，活動には，教師が恒常的に教科書を補足したり，必要に応じてそれを精選して読んだりすることが必要である。教科書は地図でもなければ地図にもとづく旅程でもなく，目的のはっきりした旅を支えるガイドブックなのである。

　私たちは暗に，教科書はひどく不完全である，または鍵となるリソースであるべきではない，と言っているのだろうか？　もちろんそうではない。私たちは，教科書はツールであり，シラバスでは**ない**と言っているのだ。重大な観念はたくさんのリソースや活動を知的に活用することによって看破され，有意義なものとされる必要がある。したがって，教師の仕事は教科書が提供するものを網羅することにあるのではなく，学習ゴールを達成することを助けるように教科書を用いることにある。図表10.1は，教科書が用いられるときに，網羅と看破の間でどのような違いが生まれるかを明瞭にするのを助けるものである。

　このように，私たちの目的を助ける良い教科書を単に選ぶだけでなく，確実に教科書の長所を活用し短所を補うようにすることが，設計者としての私たちの責任である。教科書は，せいぜい情報を体系化して，鍵となる知識とスキルを強化するための，たくさんの練習を提供するだけである。教科書は通常，重大な観念にもとづく持続的な問いと複雑な評価方法を中心に学業を組み立てたり，異なる観点(パースペクティブ)を提供したりすることに不十分である。

　そこで，私たち自身の単元と科目の設計は，生徒が次のことに気づくように助けなくてはならない。つまり，教科書の記述は，知られていることを概括するという点でしばしば有益だが，それと同じぐらいより深い理解を妨げているかもしれないということである。どのようにしてか？　教科書では通常，無味乾燥な単純化がなされることによって，問い，論点，観念の歴史，そして究極的には私たちが今，知っていることへと導いた探究──学習者が理解へと至るのに必要な過程そのもの！──が隠されてしまうからである。教科書は片づけた

---

[i] テッド・ウイリアムズ，ジョン・アンダーウッド著（池田郁雄訳）『テッド・ウイリアムズのバッティングの科学』ベースボールマガジン社，2000年 (Williams, T., & Underwood, J., *The Science of Hitting*, Simon & Schuster, 1971)。

図表 10.1　教科書の使用における看破と網羅の対比

看　破	網　羅
●教科書は，明確な目的と学習成果によって設計された学習科目に対応するリソースとして役立つ。	●教科書がシラバスである。教科書が提供するものを順に進んでいくことを超えるような明示的な目的は，何ら存在していない。
●求められている結果を達成するには，理解に関するパフォーマンス評価の方法を通して，内容を活用することが山場となるような特定の探究が必要である。	●評価は，教科書の内容からの個別的な知識とスキルのテストだけで構成される。
●教科書は，その教科の本質的な問いと核となるパフォーマンスへの挑戦を看破し，強調し，探究するために用いられる。	●生徒の仕事は，教科書にあることを知ることである。読むことや話し合いや準備を導くような本質的な問いとパフォーマンス・ゴールは全く存在していない。
●教科書の諸節は，シラバスと単元で求められている結果に枠づけられた学習ゴールを支えるようなシーケンスで読まれる。	●教科書は，ページ順に読まれる。
●教科書は，一次資料を含む，たくさんある資料のうちの一つである——なぜなら，ある部分では教科書は，重要な観念を要約しているだけで，重要な論点と論争をないがしろにしているからである。	●一次資料やその他の二次資料は，めったに用いられない。教科書の要約は，分析され探究され検証され批判されるべき記述としてではなく，学習されるべき既知事項として捉えられる。

後の残留物だけを示すことによって，熟達者と初心者の理解がいかに発達するのかをゆがめてしまう。研究結果の単純化された要約だけを勉強することによって，教科「する」方法を学んだり，教科を深く理解したりすることは，とてもできない。新聞で試合のボックススコア[ii]を単に読むだけでは，誰も野球の名選手にはなれないのである。

■ 教師の決定的に重要な役割 —— 正しい経験を設計する

　　　指導（teaching）とは学習を組織することである，というのが最も良い定義だろう。
　　　　　したがって，指導の成功に関わる問題は，真正の結果を得るように
　　　　　　　　学習を組織するということになる。
　　　　　……［これは，］学習の指示（direction）や支援（guidance）といった
　　　　もっと馴染みのある指導の定義よりも，明らかにより望ましいものである。
　　　これにより，教師は支援すべきか指示すべきかという論議をしないでも済むように，
　　　　　私たちを救ってくれる——教師は両方すべきだというのが真実なので，

---

ii）ボックススコア（box score）とは，両チームの出場選手名，ポジションや成績などを略語で示した表のことである。

このような論議はいくぶん無駄なものである。
——ジェームス・L・マーセル『効果のある学習指導法』
(Mursell, 1946, pp. 21, 23 [邦訳：1953 年，pp. 33, 36-37])

　重大な観念が明白ではなく，しばしば直観に反し，さもなければ抽象的であるという性質を持つことからいって，理解は，核となる内容のありうる意味を看破させるような，注意深く設計された経験を通して「獲得」されなくてはならない。一連の決定的な経験を中心に設計された教科書はほとんどないが，しかしうまく設計された経験こそが観念を本物にする唯一の道である。

　これは，教育改革の古い考えである。200 年以上も前，ルソー（Rousseau, J.）は，架空の少年の教育を描いた『エミール』の中でこの考えを擁護している。そこでは，誠実さ，財産，数，天文学について学ぶための適切な状況を巧みに計画するために，町の住民が使われていた。「児童に，ことばによる教訓を一切与えてはならない。彼は，経験からのみそれらを受けるべきなのだ」（Rousseau, 1979, p. 92 [邦訳：1962 年（上），p. 167]）。これは，「専門家の盲点」に対する鍵となる解毒剤である。「私たちは決して，子どもたちの立場に自分をおく方法を知らない。私たちは，彼らの考えの中に入り込むことができない。私たちは，彼らに私たちの考えを貸し与え，そして……多くの真実の連鎖によって，子どもの頭の中に愚かさと誤りを積み上げているにすぎない」（Ibid., p. 170 [同上書，pp. 382-383]）。世界がどのように機能するかについての理解と熱情を共有することは，正しい経験なしでは失敗する運命にある。

> 　熱意に満たされた教師は，自分が感じている熱意を子どもに伝えたいと望む。彼は，自分自身が感動した興奮に子どもを注目させることによって，子どもを感動させることができると信じている。これは愚行以外の何物でもない！……子どもは色々な対象を知覚するが，それらをつなげる関連性を知覚することはできない。……なぜなら，子どもは必要な経験を積んでいないからである。（Ibid., pp. 168-169 [同上書，p. 377]）

　デューイは，彼が言うところの，地球が球であるという**事実**と，生徒がそれについて抱く意義深い**観念**——それはうまく設計された経験を通して生み出されるものである——とを対比することで，単純な例証を提供している。最初，球であるという地球の性質は，遠く離れた抽象概念，つまり知的な意味を何ら伴っていない，実体のない，言葉の上の事実である。それを機能する観念へと変えるには，定義と地球儀以上のものが必要である。生徒が構成主義的な学習活動によって見るように助け，特定の経験——とりわけ関連のある謎めいた事実や矛盾する事実——の意味をつくるという，その観念の価値をコーチングすることが必要である。

> 　したがって観念が真の観念となるのは，問題を解決するための素材を探すツールとなる場合に限られる。……生徒は，ボールか地球儀を見せられて（または思い出させられて），

地球はそれらの物のように丸いのだと言われるかもしれない。そして彼は，地球の形とボールの形が頭の中で結び合うようになるまで，来る日も来る日も，その所説を繰り返させられるかもしれない。しかしそれによって，地球は球であるとの観念を獲得したとはいえない。……「球であること」を観念として把握するためには，生徒は第一に，観察された諸事実に見られるような，混乱させる特徴を認識しなくてはならない。そして，船体が消えた後，マストの先端が海上に見える，月食の際には地球の影の形が見えるなどといった現象を説明する可能性のある方法として，球形という観念が示唆されなくてはならない。より完全な意味を与えるためにデータを解釈する方法として活用されることによってのみ，球であることは本物の観念となる。(Dewey, 1933, pp. 133-134 [邦訳：1950 年，p. 138])

概念は，（私たちの）経験と知識の意味を作り出す場合のみ，あるいは可能性を広げる新しい知力を私たちに提供する場合のみ，抽象的ではない「リアルな」ものとなる。
　このような方法で重大な観念を生き生きとさせる学業は，教師としての私たちが言葉によるアプローチのみを用いる傾向によって，より難しくなる。

〔観念の言葉による〕伝達によって，人は刺激され，自分にとっての問いを自覚したり，よく似た観念について考え出したりするかもしれない。さもなければ，知的興味を抑制し，考えようとし始めていた努力が抑圧されるかもしれない。しかし，彼が**直接的**に得るものは，観念ではありえない。問題の状況と直接に格闘し，自分自身の解決方法を探し求め，見つけ出すことによってのみ，彼は思考するのである。(Dewey, 1916, pp. 153-154[iii] [邦訳：1975 年（上），p. 254])

　したがって私たちは**看破**を，経験を通して概念を生き生きとさせることとして説明することができる。生徒には，鍵となる観念についてのみ経験が必要だけでなく，その観念が必要となる現象についての経験も必要である。その観念が「球であること」であれ「力の均衡」であれ「位の値」であれ，生徒はそれらが本当のところ何であるか――つまり，それらは事実ではなく，問題を解決したり，私たちにより大きい知力を与えたりするメンタル・モデルであること――を見いだすことによってのみ，その観念を理解することができる。
　そのような看破の必要性は不可欠であり，選択肢ではない。なぜなら，すべての重大な観念は直観に反し，かつ抽象的だからだ。外見によってだまされることがあるため，知的な先駆者も素朴な生徒も，どのようにして外見を乗り越えるかを知る必要がある。生徒が重大な観念の意味とそれらの相互関連を看破するよう助けられない限り，重大な観念を媒介する効果的な転移は一切起こらないだろう。
　したがって，網羅は実際には学習をより難しくする。内容を「網羅」するとき，私たちは

---

iii) 原著では『思考の方法』(Dewey, 1933) となっているが，正しくは『民主主義と教育』(Dewey, 1916) からの引用である。

■ **こんな誤解に注意！**

　看破と網羅，深さと幅広さ——それらは同じ組み合わせなのだろうか？　否である。あるトピックについて「深く掘り下げる」ことは，物事の「表面より下へ」と至る必要があることを示唆している。どのような意味で，表面より下へと至ることが理解する上での鍵なのだろうか？　単純なアナロジーがそのことを明らかにする。私たちは車の中に座り，どのように運転すればいいかを知っているかもしれないが，そのことが，どのように車が機能しているのかを（深く）理解していることを意味してはいない。そのためには，私たちは，文字どおりにも比喩的にもボンネットの下を見なくてはならない。有能な整備士になるためには，運転の仕方や燃焼機関の理論を知っているだけでは不十分である。どのように車が機能するかを知り，機能していないときには問題を診断し，修理する方法を知っている必要がある。車の共通点と相違点を理解していなくてはならない。

　幅広さは，狭いトピックについての研究を，関連性や発展性，より多くの含意を検討するために広げるものである。知識の幅広さは，（網羅にもとづく教育とは違って）**良い**ものである。実際，辞書は，知識の幅広さからもたらされる力について，「見地の狭さからの自由」と書き記している。整備士が成功するためには，多くの異なる種類の車や顧客，診断のツールについて幅広い経験が必要である。排他的な過度の深さは，過度の網羅と同じぐらい悪いものである。同じ穴を掘り進めて，単一の観念に焦点を合わせることは，効果的ではない。良い学習科目はどれも，意味の論点だけでなく他の関連するトピックへの橋渡しを示した，興味深く役立つ詳細を提供している必要がある。

すべてのことを再生すべき言葉の上の「あれやこれや」と等しくしてしまう。このことは実際には，学習者にとって，経験の意味を生み出すための多くを物語る経験と概念的な枠組みを提供することよりも難しい。重大な観念がまだリアルになっていないとき，生徒にとって学習がいかに抽象的で難しいものとなりうるかについてのイメージを得るには，たとえばコンピュータを先に見たり用いたりすることなしに「ハードウェア」と「ソフトウェア」について学ばなくてはならないと想像してほしい。

　単純に言えば，理解のための指導は常に，「教えること」**の前に**何らかのものを必要とするのである——すなわち，あらゆる的確な問いを投げかけ，観念，知識とスキルがリアルで価値あるものに思われるようにするために，考え抜かれ，設計され，巧みに促進された経験が必要である。諸観念が**役立つ**ものだと生徒が理解するには，観念を用いて「あれこれ試し」，観念を用いて「働く」機会が必要である。このことは，私たちが直接的な教授をいつ，どのように用いるかにも影響するだろう。啓発的な経験の後で教えることは，経験のないままたくさん教えることよりも，しばしばより効果的である。

■ 看破 ── 教科のプロセスと論争へ入り込む

　私たちが専門家の知識と呼ぶものの多くは，試行錯誤，探究，論争の結果である。だがしかし，上述したように，私たちが（教科書の主張に対する能動的な探究なしに）教科書からだけ教えるときには，生徒は，知識とはどういうわけか引き出されるために単にそこにあるものだと，誤って信じるよう簡単に導かれてしまう。しかしながら，ある教科を本当に理解するには，その知識の主張の背後にある鍵となる問題や論点，問い，論争を看破することが必要である。鍵となる主張を深く掘り下げるためには，問いかける必要性が明らかにあるということを，**学業そのものが徐々に示唆していく**必要がある。換言すれば，時に教科書は便利なように単純化し，私たちはその知識を喜んで受けとるのだが，重大な観念が過度に単純化される場合，私たちは教科書に**問いかけ**なくてはならない。最良の教師-設計者は，生徒が教科書の中の何をないがしろにし，誤解しやすいかを正確に知っている。彼らは，以前の記述や現在の記述に隠されている論点，問題，ギャップ，悩ませる問いや矛盾を生徒が見つけるよう，入念に明示的に求める授業を設計する。

　こうすることを不必要に難しくするのは，教科書執筆者の書き方が，もはや探究の必要はない，生徒の仕事は単に「知られている」ことを感知することにすぎない，と言っているかのようだからである。ここに，有害かつ不必要に思考を閉ざしてしまうような「網羅」の問題の小さな例がある。次の文は，一般に用いられている米国史の教科書における独立戦争の記述の部分で，説明もなく，ついでに書かれているものである。「ワシントンは，冬営地の敵への奇襲攻撃を命じることによって戦争のルールを破り，〔愛国者を〕大いに活用するという大胆不敵さをも持っていた」(Cayton, Perry, & Winkler, 1998, pp. 111-112)。

　戦争のルールについては，これ以上何も述べられていない。しかし，思慮深い生徒なら，「何だって？　戦争の**ルール**？　死に至る総力戦に，どうしてルールなんてあるのか？　それにどういうわけか奇襲が不正なのだとすれば，兵士たちは普通どういうふうに闘い，そしてなぜ闘うのだろう？」と考えているに違いない。そこで私たちは，この単元の，そしてまた他の多くの単元の本質的な問いを得る。戦争においては，すべてが公正なのか？　そのような出来事について判断するとき，私たちは偽善的ではないと，どのように確信できるだろうか？　どんな「ルール」が存在しているのか，そしてどんな権威によって存在しているのか？　これらのルール（と犯罪）は，時を経て変わったのか？　ルールが破られたときには何が起こるのか（または起こるべきなのか）？　「戦争犯罪」は正当な倫理的観念なのか，それとも明確に矛盾しているのか──勝者の敗者に対する単なる報復なのか？

　この例は，看破の実り多い方略を示唆している。教科書を調べ，単元や科目を越えて，他の多くの鍵となる話題にわたって探究するための本質的な問いとして再構成されうるような記述に下線を引いてほしい。実際，一般市民に対するテロと暴力が，ある人々にとっては深く非難される一方，別の人々にとっては受容できる方略である今日，戦争についての問い以上に恐ろしく身近なものはない。

　ここに，同じく広く使われている米国史の教科書からの，より心をかき乱される「隠蔽」

の例がある。

> ジェファーソンは，大陸会議におけるほとんどのメンバーと同様に，自分のようではない人々に権力を明け渡すつもりはまったくなかった。彼は理屈の上では奴隷制度を非難したものの，彼自身は奴隷所有者であったし，アフリカ系米国人が彼と同等に扱われるような社会を想像することはできなかった。……
>
> ジェファーソンは人権に対して熱烈に傾倒していた――にもかかわらず，彼は奴隷を所有していた。ジェファーソンは，奴隷制度が間違っていることをよく知っていた。彼以上に雄弁に，それを道徳上の邪悪として書いた白人の農園主はほとんどいなかった。それでしかし，彼は決して，数人以上の奴隷に自由をもたらす気にはなれなかった。農園主として，彼の生活は彼らの労働に依存していたのである。彼は，民主的平等の原則のためでさえ，自らの偏見を捨てようとはしなかったし，奴隷の労働が彼にもたらす個人的な安楽さを失う危険を冒そうともしなかった。(Cayton, Perry, & Winkler, 1998, p. 149)

この一節の不必要に政治的に正しい論調はさておき――「白人農場主」の中でジェファーソンが突出していたということが，私たちに言える最良のことであろうか？――理解をめざす場合に，より警戒心を抱くべきことは，教科書が最終的なものとして書かれていることである。権威が語った。そこに議論の余地はない。これが，ジェファーソンが信じていたことだ。

私たちはただ，側面1（説明），2（解釈），3（共感）を引き合いに出して次のことを問えばよい。この理論の証拠はどこにあるのか？　この見解を正当化する一次資料は何か？　どのようにして彼らはジェファーソンが感じ，考えたことを知るのか？　私たちの問いにおけるアイロニーは，そのような問いこそが歴史とは何であるかを問うものであるにもかかわらず，この教科書があることによって，生徒はそのような論点をないがしろにし，かくしてこのことを見つけ出すために実際に歴史学「すること」（過去についての批判的な探究を行うこと）はしなくなってしまう可能性が高くなるということである！

このようである必要はない。重要な問いは常に活気づいており，将来もそうであること，持続的な問いを考慮することが良い教育の中心にあることを明瞭にするような教科書を，私たちは探し出すべきである。上記の誤解を招く結末を，同じ主題に関するジョイ・ハキム（Hakim, J.）の『私たちの歴史』で発せられた誘いの言葉と比較してほしい。

> 「平等」とは，いったい何を意味するのだろうか？　私たちは皆同じなのか？　あなたの周りを見てみよう。もちろん，私たちは皆同じではない。私たちの中には他の人より賢い人もいるし，他の人より運動が上手な人もいる……。しかし，そんなことは何も問題ではない，とジェファーソンは言った。私たちは皆，神の目においては平等であり，私たちは皆等しい権利を持っている。……
>
> 彼は，「すべての人々（men）は等しく創造された」と述べた。彼は，女性（women）につ

いては言及していなかった。彼は女性を含んだつもりだったのだろうか？　誰も知らない。おそらくは違うだろう。私たちは確かに，18世紀において「人々 (men)」や「人類 (mankind)」という言葉には，男性も女性も含まれていたことを知っている。……トーマス・ジェファーソンは，「すべての人々」と言ったとき，黒人も含んでいるつもりだったのだろうか？　歴史家たちは時にこのことについて論争している。あなたは自分自身で結論を下さないといけないだろう。(Hakim, 1993, p. 101)

　ハキムは，若い生徒たちのために議論を簡略化したものの，単純に割り切りすぎた主張をしているわけではない。彼女は，論争されうる歴史的な問いについて，芽を出しかけたばかりの歴史家たちが研究し議論できるよう，未解決のままにしている。(しかし，教師は，ここでもまた教科書だけではこの仕事を行うことができないことを示し，必要な研究資料と指示を提供しなくてはならない。) 教師は，確実に，あらゆる重大な観念が似たような扱いを受けるようにする必要がある――つまり，おそらくは教科書を通して接近できるようにする必要がある。足を踏み込むことができず，一見さらに思考する価値はないような知的な行き止まりにしてしまってはならない。教科書は，重要な問いについて探究する出発点，またはその過程で戻るべきプラットホームだと考えよう。事実，そのような看破は，調査にさらなる光を当てるために，自然と別な教科書を含む他の資料を調べることを促すものである。
　同じ隠蔽は，幾何学のように，一見不変で問題にならない教科においても見受けられる。教科書は，ユークリッド幾何学の鍵となる公準をとりまく歴史的な論争についてほとんど述べておらず，非ユークリッド幾何学の発展によって解放されたその革命へとやがて至ったかのようである。たとえば，高く評価されている幾何学の教科書において，公準という観念が，「所与」を用いてどこかから始めるという，見たところ問題ない必要性のあるものとして最初に導入され，たっぷり600ページ述べられた後で，次の叙述が登場することに留意してほしい。

　　第5公準〔ユークリッドの平行線公準〕は他のものより長く複雑であることに気づくだろう。このことは，そのように複雑な記述は正しいと仮定すべきではないと感じている数学者を悩ませた。2000年間，彼らは，ユークリッドの他の仮定から第5公準を証明しようと試みた。……これらの数学者の仕事は，その後の**あらゆる**数学に大きく影響した。公準は初めて，絶対的に正しい記述としてではなく，正しいと仮定されている記述として見られたのである。(Coxford, Usiskin, & Hirschhorn, 1993, p. 662)

　根本的な再考――公準とは正しいと「仮定されている」記述なのか，「絶対的に」正しい記述なのか――への前置きとしてではなく，むしろ余談として提供されている最後の文から，私たちは何を捉えることができるだろうか？　私たちは，その所見――教科書中では説明されないままに終わる所見――の意義を認める生徒はまったくいない（そして教師もほとんどいない）のではないかと思う。「仮定された正しさ」と「絶対的な正しさ」との違いは何か？

この区別の持つ含意は，幾何学者にとって，そして生徒にとって，どのようなものなのか？　思慮深い学習者は，さらに進んで，次のように問いたいと思うだろう。「そうだ，なぜ，これらの公準は仮定されるべきなんだろうか？　なぜこれらはそうで，別のはそうじゃないのだろうか？　それはともかく，公理はどこから来るのだろうか？　恣意的な，または不適切な仮定とは反対に，適切な仮定となるには何が必要なのだろうか？　ユークリッドや他の誰であれ，恣意的ではないとどのように知ることができるのだろうか？　そしてとにかく，それらの愚かな数学者は，長年，何をしていたのだろうか？　彼らが『公準が正しいと証明しようとしていた』とはどういう意味だろうか——それらは**仮定**だと言ったじゃないか！」
　これらの問いは，幾何学における重大な観念と歴史的な革命についてのあらゆる深い理解の基礎であるにもかかわらず，ないがしろにされてしまう。その歴史的な革命において数学は，「絶対的な真実」から，伝統的な三次元の常識的な見方に制限されない公理的なシステムへと移行したのだ。再考の必要性とパースペクティブの変化に照らすと，ここで，公準についての論争が生み出したきわめて重大な探究のいくつかを看破することが容易である。なぜ私たちは，私たちが行っていることを**仮定**するのか？　私たちはいつ仮定を変化させるべきであり，それはなぜか？　別の空間的世界を描いたフィクションの叙述である『多次元・平面国』(Abbott, 1884/1963)は，それらの論点への魅力的で読みやすい導入であり，まさにそのような意図のために1世紀以上も前に書かれたものである。
　その点についてさらに述べると（そして，先の章で述べてきた幾何学における転移の失敗のすべてに留意すると），生徒は，**私たちが証明したい定理**に必要な基盤として仮定を見ない限り，ユークリッド幾何学と呼ばれる**システム**を理解したことには決してならない。それにより私たちは，驚いたことに，他の仮定が知的な価値だけでなく実践的な価値を持つ他の幾何学につながることを発見するのである。
　換言すれば，幾何学の**理解**のための教育において第一義的なゴールは，以前にはあまりにも多くの「所与」として問われることもなく受容されてきた公理について，生徒が（私たちの鍵となる観念の2つに立ち戻って言うなら）「再考」し，「異なる観点(パースペクティブ)から見る」のを助けることだろう。すると後に生徒は，「**今では私は，なぜこれらの公準を仮定したかがわかる**……」，または「うわ！　それらが正しいと仮定しただけのときには，恣意的に思えたけれど，今ではそうではなかったとわかった！」，あるいは「ふ〜ん！　これらの所与は，今よりももっと明らかで，論争的ではないように思えたのになぁ。他にも役に立つ仮定が存在しうるのだろうか？」[2]（そう，存在しうるし，そう，実際に存在する。）
　すべての鍵となる仮定は——数学であれ他の領域であれ——どういうわけか単に見事に直観で知られたわけでなく，システムも単に足元でまるごと見つけられたわけではない。それらは長期にわたる探究からきたものであり，私たちが持っている洞察の論理的な基礎と，作ろうとしている証明を注意深く探し求めたことにもとづくものである。ユークリッドは，あらゆる三角形の内角の和が180度であることを証明するために，自分には平行線公準が**必要**だと知っていた。この直観に反する観念はめったに説明されず，教科書の中で適切に示唆されていることすらない。それなら多くの生徒が基本的な内容——公理と定理の間に違いがあ

るとすれば何か──について混乱していても，何の不思議があろうか？

そういうわけでここに，理解のための指導がどのように見えるのかについてのもう一つの例がある。教科書がそうしていようといまいと，重大な観念を明確にし，学業が展開するにつれ，より洗練度を増す問題を通して，それらの重大な観念を再検討することである。教科書がそのように構成されていなかったとしても，重大な観念（この場合は「公理のシステム」）を「網羅」するのではなく，むしろ表面下に潜んでいる本当の論点を「看破」し，それに立ち戻り続けよう。

私たちは，幾何学の例が少し難解であると実感している。しかし皮肉なことに，そうであるべきではないのだ！　高校で1年間，幾何学を学習した者なら誰でも，良い仮定には限界もあること，すべてを包含する理論の探索は，しばしば時がたてば幻想であったことが明らかになることを理解することができる。（これが，結局のところ，科学的な思考の変化が時を経てどのように起こるのかを記述するために「パラダイム」という用語を初めて造り出したときに，クーン〔Kuhn, 1970〕が意味していたことである。）最初は適切に思えた仮定を再検討するのに失敗することは，人生におけるあらゆる分野に有効に転移する観念である。私たちは，どこかから始めなくてはならないことを了解しつつも，すべての単純な出発点は常により深い論点を隠していること，そして教科の中心にあるニュアンスや，基底にあるジレンマや妥協を何とか真に理解しようとするならば，これらの論点を再検討しなくてはならないと理解することを学んでいるため，「再考する」のである。それは，子どもが友達について学習することのできる教訓，若者が価値について学習することのできる教訓，歴史家が史料編纂について学習しなくてはならない教訓である。実際，私たちは，重大な観念のすべてが明白で，示されたとおりに取り込みさえすれば──把握するのではなく感知しさえすれば──いいかのように思わせることによって，生徒に誤解を促し，生徒にそれらを隠されたままにするように勧めている。換言すれば，もう一つの鍵となる教師の役割は，巧みな経験と話し合いを通して生徒の誤解とパフォーマンスのしつこい誤りを「看破する人」となることである。生徒は，これらの間違いが避けうるもの，または恥ずべきものではなく，理解を獲得する上で鍵となる出来事であることを学ばなくてはならない。

■ 過度の単純化を乗り越える──過去と現在の理解を問う

したがって，看破の中心にあるのは，題材についての問いかけ方を意図的設計によって学習することにある。このことは奇妙に聞こえるかもしれないが，これは，理解するようになることについての重要な真実を指摘するものである。最も重要な観念と主張は，理解されるとすれば，単に言及されるのではなく，検査されなくてはならない。これが，私たちが意味を構成し，極度に単純化された思考を克服する方法なのである。疑われたことのない内容は，法廷で審問されたことのない主張のようなものであり，知識というより意見と信念のごたまぜにつながると言えるかもしれない。重大な観念を誤解するのがどれほど簡単かと照らし合

わせると，特にこのことがあてはまる。

　それゆえ，「網羅」は単に残念であるだけではない。私たちが克服しようと取り組んでいる忘れっぽさ，無力症，誤解を悪化させる。教科書にもとづくシラバスの危険性は，過度に単純化された単一の表現が吟味されないままになることである。重要な観念は，再検討されることがなかったり，異なる視点から見られることがなかったりする。生徒は，網羅のアプローチを通して，後に再生するように──先を見越した問いかけや，教科「する」ことは何らなく──取り入れられるべき，たった1つの公式な見地があることを「学ぶ」。

　　生徒が歴史のレポートに取り組み始めるときに最もよく尋ねる質問の一つは，「これで合っていますか？」，あるいは「これが先生が求めることですか？」というものである。彼らは，たった1つの正しい答えを見つけなければならないと感じており，答えと主張の違いについて考えるように教師から迫られると困惑する。彼らの問題は，歴史を，単一で安定した成果や解決へと向けて一直線に進む事実の連続として描き，その意義について人がきちんと評価（エバリュエーション）できるようなものとするような，教科書の慣習的な書かれ方に深く根ざしている。しかし，いったん生徒がそれらの事実に変更を加えないでおくことの根本的な重要性を学んだら，［次に］彼らは，どのようにそれらの事実が解釈されるべきかについて，歴史家たちがはなはだしく意見を異にしていることに気づく必要がある。
　　(National Center for History in the Schools, 1996, p. 26)

　要するに，すべての指導は単純化されなくてはならないが，適切に単純化された記述と，過度に単純化され探究を終わらせてしまうような網羅との間には，根本的な違いがある。後者のアプローチは，教科書の記述にあまりにしばしば見受けられるものであり，教科の理解において中心にあるような，基底にある不確実性，論争，機微を隠してしまう。そのような記述に過度に依存すると，そのトピックについての関心がなければ，さらなる調査は本当のところ必要ではないということになりかねない。対照的に，理解のための教育は，潜伏しており出現しつつある問いを理解に必須なものとして扱う。すなわち，時間が不足してきたら捨て去るような，または才能のある生徒のための学業として行われるような，単なる楽しいわき道としては扱わないのである。

■ いつ，どのように教えるかについて，目的をよりはっきりさせて考える

　そこで私たちは，教師としての役割の中で何をすべきなのだろうか？　生徒が理解を獲得するのを助けるために内容を看破させる必要性があるという私たちの議論は，どのような指導上の必要条件を含意するのだろうか？　第一に，私たちのゴールからいって，私たちが行うかもしれない可能性のある指導上の手立てすべてに注目してみよう。私たちは，もともと

図表 10.2　指導のタイプ

教師が用いるもの	生徒が行う必要があること
講義形式の，または直接的な教授 ●演示やモデリング ●講義 ●問い（収れんするもの）	**受け取る，取り込む，応答する** ●観察する，試みる，練習する，洗練させる ●聞く，見る，ノートをとる，質問する ●答える，応答を返す
ファシリテーション的な，または構成主義的な方法 ●概念の獲得 ●協同学習 ●話し合い ●実験的な探究 ●図解によるプレゼンテーション ●導かれた探究 ●問題基盤型学習 ●問い（オープンエンドのもの） ●相互の教え合い ●シミュレーション（例：模擬裁判） ●ソクラテス式セミナー ●書くプロセス	**構成する，検討する，意味を拡張する** ●比較する，帰納する，定義する，一般化する ●協働する，他者を支援する，教える ●聞く，質問する，熟考する，説明する ●仮説を立てる，データを集める，分析する ●視覚化する，関連づける，関連をマップにする ●質問する，研究する，結論を出す，裏づける ●問題を提起したり定義したりする，解決する，評価する（エバリュエーション） ●答えて説明する，振り返る，再考する ●明瞭にする，質問する，予想する，教える ●検討する，熟考する，挑戦する，論争する ●熟考する，説明する，挑戦する，正当化する ●ブレーンストーミングを行う，構成する，草稿を書く，修正する
コーチング ●フィードバックとコーチング ●導かれた練習	**スキルを洗練させる，理解を深める** ●聞く，考慮する，練習する，再び試みる，洗練させる ●修正する，振り返る，洗練させる，全体を手直しする

　モーティマー・アドラー（Adler, M.）が『教育改革宣言［パイディア提言］』（Adler, 1984）の中で提案した，指導のタイプの3つの主要なカテゴリーのもとに，それらの手立てをリストにするのが役立つと気づいた。そのカテゴリーとは，講義形式の（または直接的な）教授，構成主義的なファシリテーション，パフォーマンスのコーチングである（図表10.2）[3]。したがって，ある単元の「指導」について話しているときには，私たちは「教師」と呼ばれる人が学習者と一緒にいて果たしうる**可能性のある3つの異なる役割**に言及している。つまり，指導を直接的な教授として**のみ**定義しているのではない。このことは，私たちが矛盾なく，たとえば「私たちの先生は，賢明にも最小限の教授を提供した」「指導者は，時間の大半を評価に費やした」，または「教授は必要なときにのみ講義した」と言えることを意味している。（「教師」と呼ばれる人は，UbDの鍵として，付加的に3つの**接触のない**役割を担うことに留意してほしい。すなわち，設計者，生徒の作品の評価者（エバリュエーター），自分自身の効果についての研究者である。）

　ほとんどの読者の頭にあるであろう問いは，予想できる重要なものである。指導のこれら3つの役割からいって，私たちは，理解のための指導を行う際，何を適切なものとして勧めているのだろうか？　この問いには，一律の答えがあるわけではない。また，求められている結果と評価方法を知ることなしに，それら3つの役割の割合を規定することもできない。

その問いは,「親が果たすべき役割の中で,どの役割を最も果たすべきものなのか？」と尋ねるに等しいものである。答えは,私たちの特定のゴール,加えて私たちのスタイル,子どもたち,状況によりけりである。スタイルに焦点を合わせた指導の見解や,イデオロギーに支配された指導の見解は,何ら意図されていない――第2段階について述べた際に,用いるべき,または用いるべきではない評価方法の種類について何らイデオロギー的な見解をとっていなかったのと同様である。

　ゴールと証拠,文脈がなぜそれほど重要なのかをよりよく理解するために,2つの単純な例を考えてみよう。あなたが運転していて道に迷い,止まって誰かに行き方を尋ねるなら,あなたは直接的な教授を望む。ソクラテスなにがしかに,「そして,なぜあなたは他のどこかではなく,そこへ行こうとしているのですか？　あなたが運転していることは,何を意味しているのでしょう？　なぜあなたは自分が道に迷ったと思うのですか？　おそらく道に迷ったのではなく,何か重要なことを発見したのだと考えてみましたか？」ととめどなく尋ねられたくはない。違う,なにがしかには,どのように大通りに出ればいいのか教えてほしいのだ。あるいは,もしあなたのゴールが料理の仕方を学ぶことならば,あらゆる角度からの料理についての講義を30回受けることになり,台所に立っていくらか料理「する」ことが全くなければ,大いに失望するだろう。何がよい指導かを構想する際には,ゴールと学習者の性質と状況とを考慮に入れなくてはならない。

■ 再び栄養の単元へ

　文脈が重要であることから,特定の事例――栄養の単元――において指導の3つのタイプが有利な点を考えてみよう。

- **講義形式／直接的**。この単元では,確かに直接的な教授が必要である。脂肪・たんぱく質・炭水化物・コレステロールについての知識,食品ピラミッド,および食品摂取,カロリーの摂取,エネルギーの消費の間の関係は,明示的に教え,生徒が資料を読み,続いて理解の点検を行うことを通して,最も効率的・効果的に学習される。
- **構成主義的なファシリテーション**。この単元はまた,本質的な問い（例：「健康的な食事」とはどのような意味だろうか？）を中心とした,誘導された探究とファシリテーションされた話し合いの,たくさんの機会も提供している。加えて,生徒は,パフォーマンス課題と山場のキャンプ・メニューのプロジェクトに取り組む際に,教師の支援をいくらか必要とするだろう。
- **コーチング**。コーチングは,生徒が課題とプロジェクトに取り組む際に,教師がフィードバックと支援を与えるときに行われる。

　他の単元では,別の重みづけが必要となるだろう。3つの役割のうち2つしか含まない単元もあるかもしれない。それぞれの役割の割合は,単元によって,また1人の教師が同じ単元を教える場合にも,変わっていくものだろう。

■ 習慣と快適さにもとづく自己欺瞞に用心する

　指導上のアプローチを選ぶときには，単に教えるのに快適なものではなく，学習にとって必要なものを考えよう。私たちはどのぐらい話し，どのぐらい学習者が「する」ようにさせるべきなのか？　どのぐらい私たちは「網羅」し，どのぐらい学習者に「看破」させるべきなのか？　私たちのいたずらな経験則によると，その割合はあなたが使い慣れている比率のものではない可能性が高い。講義を好む教師は，多く講義しすぎている。講義を拒否する教師は，講義をしなさすぎている。曖昧さを好む教師は，話し合いを不必要に混乱させる。段階的で課題中心の教師は，しばしばゼミナールに介入しすぎて，実りある探究を絶ってしまう。コーチングが好きな教師は，時々，多くの基礎練習を行いすぎて，転移を見落としてしまう。全体的展望を好む教師は，しばしば核となるスキルとコンピテンスを発達させることがうまくできない。結論は？　自己欺瞞に陥らないように用心してほしい！　教育学的な自己理解——側面6——は，学習と指導の個々の計画を熟考する際の**教師**にも応用される。理解のための指導においては，教師の快適な習慣に反するかもしれないようなやり方で，指導の3つのタイプすべてを日常的に用いることが必要である。

　したがって，どのアドバイスも，もし／ならばという条件的な叙述にもとづいている。もし単元のゴールが主要にはスキルの発達にあるならば，コーチングが鍵となる。（しかし，スキルを賢く活用する上で，方略に関する重大な観念についての理解を促進することが鍵となることは覚えておいてほしい。）ゴールが直観に反する観念を理解することならば，あまりにたくさんの時間が「失われる」ことについて落ち着かない気分になったとしても，上手に設計された経験について，ファシリテーションを受けつつ，しっかり探究することが必要

■ こんな誤解に注意！

　理解のための指導についての最もよくある予想される誤解の一つは，直接的な教授や講義と関係がある。多くの教育者は，私たち（や他の人々）が，直接的な教授や講義は悪いものであり，「発見学習」が良いものだと提唱していると信じている。近視眼的に推論すると，もし講義が悪いもので発見が良いものだとすれば，より多くの発見学習を行ったほうがよりよく，講義は少ないほうがよいということになる。私たちは，そのようなことを言っているのでもなければ示唆しているのでもない。「逆向き設計」は，あなたの目的の論理にもとづいて答えを規定する。学習ゴール，評価方法，重大な観念をリアルにするのに必要な経験からいって，どのような指導アプローチが最も道理にかなっているのだろうか？

　すべてのコーチは講義を行う。ソクラテス式セミナーの熱心な愛好家でさえ，明示的な教授やフィードバックを避けたりはしない。講義することへの批判が**適切**な場合，その理由は通常，ゴールからいって，その講義が許すよりも多く，学習者が（「意味をつくる」ために）観念であれこれ試したり検査したり応用したりする試みを行う必要があるからである。

となるだろう。講義は，学習を確固たるものとするために，しばしば経験の後で最も役立つものとなるだろう。要するに，指導方法やその量とタイミングは，求められているパフォーマンスを達成するために必要な学習の種類にもとづいて選ばれる。

　このように，どのタイプの指導を用いるべきかに関する決定は，カリキュラム上の優先事項，生徒のニーズ，使える時間やその他の要因によるものであるが，ここでこれ以上そのような選択の仕方の詳細について私たちが述べられることはあまりない。それでもなお，次の一般的な指針を提供することができるだろう。

- 過剰な講義は，不明瞭なゴールと相関している。その学習によって学習者がどのようなことをできるように設計されているのかについて，あなた自身と生徒に明示しよう。どれぐらい語るかについてのあなたの決定は，学習者のパフォーマンス・ゴールの明瞭さによって大きく影響される。スポーツのコーチング，楽器の弾き方を誰かに指導すること，または描き方を誰かに教えることを考えてみよう。ある時点になれば，学習者に課題を試させ，学習に必要なフィードバックを得させずに話し続けるのは愚かである。もし学習者が明示的に「する」ことから逆向きに設計しなければ，私たちは教えすぎる傾向がある。良いコーチは教えるが，多くの教室の教師よりも少ない量をよりタイミングよく教える。なぜならコーチは，学習者がパフォーマンスすることを可能にするという実利的なゴールに焦点を合わせ続けるからである。逆に，教師は，学習の焦点を合わせる明確な核となる挑戦やパフォーマンス・ゴールがないときに，過剰に講義を行う傾向がある[4]。
- 「ちょうど間に合うこと」を「万一に備えること」と区別しよう。情報の前倒しを減らしてほしい。直接的な教授が必要な場合であれ，すべての必要な情報を直接的な教授を用いて前倒しに教えることを避けてほしい。意義深く活用する機会が与えられる前に鍵となる情報が大量に提示された場合，多くは記憶できない。「ハーフタイム」や「試合後の分析」まで，つまり学習者が学習を応用する機会を持ち，講義を理解し，その良さがわかる可能性が高くなるまで，講義は取っておいてほしい。
- 事前・事後の省察とメタ認知の機会を組み込もう。デューイの言葉をわかりやすく言い換えれば，私たちは，なしたことについて振り返らない限り，なすことによって学ばないのである。序章におけるリンゴのエピソードから導き出される警句を思い出してほしい。学習をもたらすのは，活動そのものではなく，活動の意味について導かれつつ振り返ることである。
- 教科書をシラバスとしてではなくリソースとして用いよう。いつ講義すべきかについての決定は，先に述べたように，教科書が行程であるとするならば不必要に難しくなる。あなたの仕事は教科書を説明することではない。あなたの仕事は，そのリソースを用いて，学習者が重要な観念を理解し，あるパフォーマンスに示された知識とスキルを活用するのを容易にすることである。あなたが教科書を行程とするならば，過剰に講義する可能性が高くなるだろう。
- モデルに教えさせよう。効果的な教師は，生徒に優れた作品の質に関する理解を深める

ための手段として,（たとえば書き方であれ芸術であれ）良いモデルと悪いモデルの両方を検討させることの価値を認識している。同様に,スキルを学んでいる生徒は,熟達したパフォーマンスを,よくある問題点を例示するようなパフォーマンスと比較してみることから恩恵を受ける。このようにモデルや事例を用いる教師は,世界を理解するようになる際の自然な心的プロセスを活用している。良いモデルと悪いモデルを比較することによって,学習者はますます洗練された概念的区別と手続き的区別を発達させる。

■ 指導のタイプを内容のタイプに関連させる

　私たちは,可能性を広げてくれるような,問題のない個別の知識とスキルについては直接的な教授と焦点の定まったコーチングを用いる一方で,微妙で誤解されやすく,個人的な探究・検査・検証を必要とするような観念については構成主義的なファシリテーションを確保しておくべきである。図表10.3に示した表を検討し,指導上のアプローチに対する含意を考えてみよう。この表についての一つの解釈の仕方は,単純明快である。その単元の教育目的が列Aに関わるときには,直接的な教授が効率的かつ効果的である傾向がある。換言すれば,生徒は,列Aの項目については教師や活動,テキストから単刀直入に感知することを通して把握することができる。しかしながら,目的が列Bの項目に関わる場合,生徒が本当に理解するためには,ファシリテーションされた経験,導かれた探究,そして「構成された理解」が何らかの形で必要となるだろう。

　しかし,私たちはこの表を別の観点から ── より小さな部分とより複雑な全体との間を行き来する動きの中の要素として ── 見ることもできる。学習が可能性のあるうちの最も効果的なやり方で起こるために,生徒は退屈したり圧倒されたりすることなく,また学習に意味を与えるような全体像のアイデアと挑戦に直面しつつ,十分な知識とスキルを獲得する必要がある。換言すれば,2つの列について,学習者は最初に長時間にわたって列Aに取り組み,

図表10.3　指導の内容

列A	列B
●事実	●概念と原理
●個別的な知識	●系統的な関連
●定義	●暗示的な意味
●明白な情報	●微妙さ,アイロニー
●文字情報	●象徴的意味
●具体的な情報	●抽象
●自明の情報	●直観に反する情報
●予想できる結果	●変則
●個別的なスキルと技法	●方略（レパートリーと判断を用いる）
●ルールとレシピ	●ルールとレシピの創案
●アルゴリズム	●発見的方法

次に列Bへと進むべきだ，ということにはならないのである。理解を帰納的に引き出すために，生徒には，たくさんの特別な経験，事実と指導が必要なのである。事実とスキルを理解するために，彼らは内容をレリバンスのあるものとするような問題と問い，課題に気づく必要がある。（「最良の設計」の実践において，教育者は常に，設計が部分と全体，事実と全体像との間を繰り返し，明白に行き来することに留意していたことを想起してほしい。）したがって，私たちはここで2つの列を，それぞれの指導のタイプを循環することを必要とするような，ある種の二重螺旋として心に描くことができる。

　これらの列については，第3の見方（パースペクティブ）もある。列Aは，それらが事実となるほどうまく内面化された古い理解を表現している。列Bは，先行する理解のレベルにかかわらず，新しい観念と挑戦がどのように見えるかを示している。より経験を積んだ，進歩した，または熟達した生徒は，かつては不明瞭で直観に反し，複雑だったことが，今では明らかで単刀直入で明瞭になったことを見いだす可能性が高い。苦労して獲得された「理解」は，「事実」となったのである。進歩した生徒は，しばしば，より経験を積んでいない，またはより有能ではない生徒が把握するのに大量の構成主義的な労力とコーチングを必要とするようなことを，直接的な教授を通して感知することができる。

　ここに，本書全体を通して論じてきたような，「専門家の盲点」の根本的な危険性が存在している。教師が初心者だったのは，ずっと昔のことである。その教科における観念，挑戦，関連づけは，「明白」となってしまっている。私たちは用心深くならなければ，誤解のしやすさや混乱，構成主義的学習の必要性についての共感を失ってしまう。すべての新しい観念と課題が持つ客観的な難しさに対する共感を失ったとき，私たちは不適切にも最も内容を網羅しがちになるのである。

■ タイミングがすべて

　　　〔指導における〕成功の秘訣はペースである。……知識を素早く獲得したら，
それを活用しなさい。もし活用することができたなら，それを記憶し続けることができるだろう。
　　　　　　　　　　　　　　――アルフレッド・ノース・ホワイトヘッド
　　　　　　　　　　　　　　　『ホワイトヘッド教育論／教育の目的』
　　　　　　(Whitehead, 1929, p. 36 ［邦訳：1972年，pp. 57-58 ／ 1986年，p. 56］)

　理解のための指導においては――恋愛，株式市場，喜劇と同様に――タイミングがすべてである。どの役割をどれぐらい用いるかを決定することは重要であるが，私たちは，教師-設計者がしばしば見落としてしまうもう一つの重要な問いがあると考えている。すなわち，「いつなのか？」である。理解がゴールである場合，いつ私は直接的な教授を行うべきであり，いつ行うべきではないのか？　いつ私は経験をファシリテーションし，続いて振り返りをすべきなのか？　いつ私は彼らにパフォーマンスを試みさせ，フィードバックを与えるべきな

のか？　私たちは，次のようなおおまかな一般化をすることができるだろう。すなわち，相対的に幅広いレパートリーを持っている教師でさえ，3つの役割をちょうどうまく用いるタイミングを計ることのできる者はほとんどいない。**理解のための指導における主要な誤りは，単一のアプローチに過剰に依拠することではなく，そのアプローチを用いるタイミングの熟考に失敗することである。**

したがって，ここでの問いは，「私は講義すべきか？」ではない。問いは常に，「理解をゴールとしている場合，**いつ講義すべきであり，いつ講義すべきでないか**を私は知っているだろうか？」である。私は，いつ教授し，いつ学習させるべきかを知っているだろうか？　私はいつ先導し，いつフォローすべきかを知っているだろうか？

それぞれの役割の中でさえ，答えるのが難しい問いが存在しうる。講義を例にとると，次のような問いがある。

- 私はいつ答え，いつ問うべきだろうか？
- 私はいつ主張し，いつ等しくもっともらしい代替案を提供すべきだろうか？
- 私はいつ自分の考えを話し，いつ天邪鬼を演じるべきだろうか？
- 私はいつ講義の目的を述べ，いつそれを推論させるべきだろうか？
- いつ私が研究し，いつ彼らが研究すべきだろうか？

同様に，話し合いにおいては，次のような問いがある。

- 私はいつ自分の問いによって話を組み立てるべきであり，いつ生徒に話し合いを起こすよう求めるべきだろうか？
- 私が不適切な答えに挑戦すべきなのはいつであり，そのままにして生徒に挑戦させるべきなのはいつだろうか？
- 私が不当に意見が無視されている参加者の助けに入るべきなのはいつであり，ただ待つべきなのはいつだろうか？
- 私は明らかに間違った事実の記述をいつ正すべきであり，いつそのままにすべきだろうか？
- 私はいつ静かな傍観者のように振る舞うべきであり，いつ共同参画者のように行動すべきだろうか？

私たちは，これらの難しい問いに対する答えを，第1段階と第2段階[iv]が含意することからだけでなく，WHERETOが示唆することからも導き出すべきである。そして，米国の教室において通常見られるよりも**先に**直接的な教授を行うことを少なくする必要がある，ということをHとRとOは示唆している。およそ1世紀前に書かれたホワイトヘッドの不朽の言葉をわかりやすく言い換えれば，「知識を獲得したら，それを素早く活用しなさい」ということである。

現在へと早送りしよう。次に示すのは，第3回国際数学・理科教育動向調査（The Third International Mathematics and Science Study: TIMSS）における鍵となる調査結果である。米

[iv) 原著では"Stages 1 and 3"となっているが，正しくは"Stages 1 and 2"であることを確認した（訳者によるウィギンズ氏へのインタビューより）。

図表 10.4　概念を発達させるトピックと，概念が述べられるだけのトピックが占める，平均的な割合

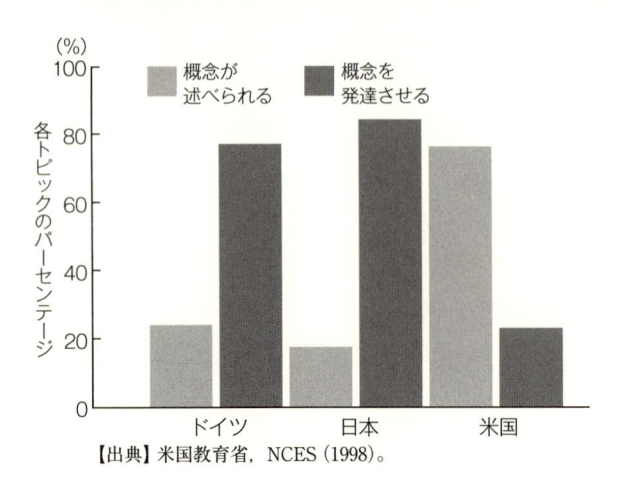

【出典】米国教育省，NCES（1998）。

国の教師は用語・規則・方策を単に**提示する**傾向があるのに対し，より成績の良い国々の教師は問題と話し合いを通して鍵となる観念を**発達させる**傾向がある（図表10.4）。意義深いことには，問題は通常最初に提示され，直接的な教授がそれに続く。皮肉なことに，もし私たちの学習課題と評価方法が上手く設計されており，指導アプローチが賢明でタイミングよく，かつゴールに方向づけられて用いられていれば，より少なく語ることがより多くよりよく学ぶことをもたらしうるのである。『授業を変える』に要約された学習研究と，この主張の証拠を提供している数学と科学の国際調査（TIMSS）については，第13章で詳細に論じる。

　多くの中等学校や大学の教室において，私たちは，あまりにもたくさんの直接的教授が前倒しで与えられているのに気づく。あまりにも少ないという例は，見いだされない。本章の冒頭の引用の出典の題目が，すべてを語っている。「なぜなら知恵は教えられえないからである。」この50年前の記事は，ハーバード・ビジネス・スクールにおけるケース・メソッド，すなわち学生が指導者からソクラテス式のファシリテーションを受けつつ特定のビジネスの事例を研究して意味を引き出すアプローチの根本的理由を展開している。同じ方法は今では，医学部，工学プログラムにおいて，そして中等学校における問題基盤型学習の単元と科目で，幅広く用いられている。

■ より多くの形成的評価の必要性

　したがって，指導と学習の経験を設計する際の私たちの仕事は，内容における重大な観念を看破させることだけではない。偉大な転換をするには，私たちが指導する際，積極的に評価を行い，途中でずっと学習者の**理解と誤解**を看破することが必要である。したがって，「理解をもたらすカリキュラム設計」では，指導の最後に行うパフォーマンス課題，山場のプロジェクトと最終試験に評価を限定するよりもむしろ，フォーマル，インフォーマルな継続的

評価を常に用いることを強調する。

　先の章で述べたとおり，そのような進行中の評価の目的は，本物の理解から見たところの理解を探し出すことにある。正しい答えは理解を示していると信じがちな教師の傾向と，わかっていなくてもわかっていると考えたがる生徒の欲求の両方からいって，教師は絶えず警戒を怠らない必要がある。裁判のアナロジーにもとづく格言を思い出してほしい。有罪が証明されるまで，生徒は理解に関して無罪（innocent）だと想定されるべきなのである。単に8人の生徒が「わかって」いて，もう質問がないからといって，他の者たちが理解したことにはならない。生徒が単純な問いにタイミングよく答えられたからといって，彼らがその知識を自分で活用することができたり，あるいは手がかりが与えられていなくても，いつそれが必要かを知っていたりするということにはならない。

　では，どのようにして私たちは，遅くなりすぎる前に生徒たちが「わかっている」かどうかを判定することができるのだろうか？　何年もの間，教師は，途中で理解を効率的・効果的に点検するために，様々なインフォーマルな技法を用いてきた。私たちは，そのいくつかを図表10.5に提示している。これらは評価の技法であるが，成績づけに用いられるものではないことに注意してほしい。代わりに，それらは生徒の現在の概念（や誤概念）について時宜を得たフィードバックを提供し，理解を改善するために必要な指導の調整を活気づけることを意図している。

　大規模な講義科目なら？　利用できる技法からいって，全く問題ない。新聞『ボストン・グローブ』に報告されている，次の例を検討してみよう。

　　大規模授業をより相互作用的にすることを望んで，大規模なキャンパスにおけるより多くの教授が，学生に，彼らが授業を理解しているかどうかに関する——あるいはその場にいるかどうかについてさえ——即座のフィードバックを教師に与える手持ちサイズでワイヤレスの送信機を買うよう求めている。
　　マサチューセッツ州立大学で，この秋，この36ドルの装置を用いることが激増した。……アマースト構内の17500人の学部学生のうち6000人近くが，この秋，授業で送信機を持つよう求められた。……
　　巨大な講堂にいる学生とつながるため，教授は，講義において多肢選択問題をちりばめる。学生は回答するために，キーパッド上の1番から9番まで番号を振られた青いボタンを押して，送信機をポイント・アンド・クリックする。教授のラップトップ型コンピュータには，正答と誤答の数を示す棒グラフが現れる。教師は，誤答があまりにたくさんある場合は，速度を落としたり同じところに立ち戻ったりすることができる。それぞれの装置は登録され，番号が割り振られているため，教授は，誰が出席しているかを点検することができ，頻繁に誤答している者には授業後に援助の手を差し伸べることができる。……
　　この技法は，科学や経済学から，心理学，統計学，法学，会計学，そしてちょうど昨年の調査に加わった芸術史の授業にまで広がった。

図表10.5　理解を点検するための技法

1. インデックス・カードの要約／問い

定期的にインデックス・カードを配り，次の指示を与えて，生徒に両面に書くように求める。

（第1面）**（単元のトピック）**を学習したことにもとづき，あなたが理解した重大な観念をリストにし，要約の記述形式で述べなさい。

（第2面）**（単元のトピック）**について，あなたがまだ完全には理解していないことを明確にし，記述か問いの形で述べなさい。

2. 手の合図

特定の概念，原理やプロセスを理解したことを示すために，指示された手の合図をするように生徒に求める。

- 私は＿＿＿＿＿＿＿＿＿＿＿＿＿＿を理解し，説明することができる。**(例：親指を立てる)**
- 私はまだ＿＿＿＿＿＿＿＿＿＿＿＿＿＿を理解していない。**(例：親指を下げる)**
- 私は＿＿＿＿＿＿＿＿＿＿＿＿＿＿について完全には確信していない。**(例：手を振る)**

3. 1分間エッセイ

授業や読むことの締めくくりに，鍵となる観念や示された観念についての理解を要約する短い（1分間の）エッセイを書くように求める。集めて，目を通す。

4. 質問箱，または質問ボード

生徒が，理解していない概念，原理やプロセスについて質問を残したり送ったりすることができる場（例：質問箱，掲示板，または電子メール・アドレス）を設置する。（この技法は，理解していないことを公に認めることが気まずい生徒に役立つだろう。）

5. アナロジーのプロンプト

定期的に，生徒に，アナロジーのプロンプトを示す。

（明示された概念，原理やプロセスは）＿＿＿＿＿＿＿＿＿＿＿＿＿＿＿＿＿＿＿のようだ。
なぜなら，＿＿＿＿＿＿＿＿＿＿＿＿＿＿＿＿＿＿＿＿＿＿＿＿＿＿＿＿＿＿だからだ。

6. 視覚的な表現（ウェブや概念マップ）

あるトピックやプロセスの構成要素や要件を示すために，視覚的に表現するもの（例：ウェブ，概念マップ，フローチャート［流れ図］や年表）をつくるように求める。この技法は，生徒が構成要素間の関係を理解しているかどうかを明らかにするのに効果的である。

図表 10.5（つづき）

---

7. 口頭での発問

次の問いとフォローアップの探索法を，定期的に理解を点検するために用いる。

＿＿＿＿＿＿＿＿＿＿＿＿＿＿＿は，＿＿＿＿＿＿＿＿＿＿＿＿＿＿＿とどのように似ているか／異なっているか？

＿＿＿＿＿＿＿＿＿＿＿＿＿＿＿＿＿＿＿＿＿＿＿＿＿＿＿＿＿＿＿＿＿＿＿の特徴／部分は何か？

他にどのような方法で，私たちは＿＿＿＿＿＿＿＿＿＿＿＿＿＿＿＿＿を示す／図解することができるか？

＿＿＿＿＿＿＿＿＿＿＿＿＿＿＿＿＿＿＿＿＿＿＿における重大な観念，鍵となる概念，教訓は何か？

＿＿＿＿＿＿＿＿＿＿＿＿＿＿＿＿は，どのように＿＿＿＿＿＿＿＿＿＿＿＿＿＿＿に関連しているか？

あなたは，どのような観念／詳細を＿＿＿＿＿＿＿＿＿＿＿＿＿＿＿＿＿に加えることができるか？

＿＿＿＿＿＿＿＿＿＿＿＿＿＿＿＿＿＿＿＿＿＿＿＿＿＿＿＿＿＿＿＿＿＿の例を挙げると？

＿＿＿＿＿＿＿＿＿＿＿＿＿＿＿＿＿＿＿＿＿＿＿＿＿＿＿＿＿＿＿＿のどこが間違っているか？

＿＿＿＿＿＿＿＿＿＿＿＿＿＿＿＿＿＿＿＿＿＿＿＿から，どのようなことが推論できそうか？

＿＿＿＿＿＿＿＿＿＿＿＿＿＿＿＿＿＿＿＿＿＿＿＿から，どのような結論が導き出せそうか？

私たちはどのような問いに答えようとしているのか？　どのような問題を解決しようとしているのか？

＿＿＿＿＿＿＿＿＿＿＿＿＿＿＿＿＿＿＿＿＿について，あなたは何を想定しているか？

もし＿＿＿＿＿＿＿＿＿＿＿＿＿＿＿＿＿＿＿＿＿＿＿＿としたら，何が起こるだろうか？

あなたは＿＿＿＿＿＿＿＿＿＿＿＿＿＿＿を判断／評価(エバリュエーション)するために，どのような規準を用いるか？

どのような証拠が，＿＿＿＿＿＿＿＿＿＿＿＿＿＿＿＿＿＿＿＿＿＿＿＿＿＿＿を裏づけるか？

どのようにして私たちは＿＿＿＿＿＿＿＿＿＿＿＿＿＿＿＿＿＿＿を証明／確認するだろうか？

このことは，＿＿＿＿＿＿＿＿＿＿＿＿＿＿＿＿＿＿＿＿の観点(パースペクティブ)からどのように見られるだろうか？

他にどのような選択肢が検討されるべきだろうか？

＿＿＿＿＿＿＿＿＿＿＿をするために，どのようなアプローチ／方略を活用することができただろうか？

---

8. フォローアップの探索法

- なぜですか？
- どのようにしてわかりますか？
- 説明しなさい。
- 賛成しますか？
- ＿＿＿＿の意味は何ですか？
- 例を挙げてくれますか？
- もっと話してください。
- 理由を挙げてください。
- しかし，＿＿＿＿についてはどうですか？
- そのことをテキストの中に見つけることができますか？
- どのようなデータがあなたの立場を裏づけますか？

---

9. 誤概念の点検

指定された概念，原理やプロセスについて，よくある誤概念や予想される誤概念を生徒に示す。彼らに賛同するかしないかを尋ね，応答を説明するように求める。この誤概念の点検は，多肢選択問題や正誤問題の小テストの形ですることもできる。

「これは，教授が『手を挙げなさい』と言うより，うまくいきます。みんな隣に座っている人に反対したいとは思いませんからね」と〔ある学生は〕言った。(Russell, 2003)

そのような技術は利用できないと思われるだろうか？　では，色つきインデックス・カードのセットを用いよう。学生は各カードに名前を書き込み，それぞれの問題で提示・提出するのだ。

これらは単なる人気を呼びそうな手立てではない。それらは指導において，どんな読み物，講義や話し合いとも同じぐらい必要不可欠である。なぜなら，それらは，何らかの必要な調整を行うのに間に合うように，何が理解され何が理解されていないのかを教師だけでなく学習者にも知らせるからである。これらのアプローチは，情報を与えることよりも指導がずっと大きなものであることを示している。それには，学習の行程に対する不断の注意が必要なのである。なぜなら，それこそが理解の生じ方であるからだ──教師が（当初の教授に加え）フィードバックと手引きを与えることと連動して，学習者が学習の試みを繰り返し，ますます成功することを通して，理解は生じるのである。

■ 理解，および知識とスキルの活用

> この議論は，学生が初めに受動的に学び，学んだ後に知識を応用すべきだとする説を退ける。それは，心理学的に間違いなのである。学習の過程には，何らかの意味で，応用という従属的活動が含まれるべきである。事実，応用は知識の一部なのだ。なぜなら，既知の物事の意味そのものが，それらを超えた関係の中に包みこまれているからである。したがって，応用されない知識とは，意味を奪われた知識である。
> ──アルフレッド・ノース・ホワイトヘッド『科学・哲学論集』
> (Whitehead, 1947, pp. 218–219 [邦訳：1987年, p. 264] v))

換言すれば，本書全体を通して述べてきたとおり，理解とは，単なる再生ではなく，賢明なパフォーマンス──重大な観念の転移と活用──に関わるものなのである。常識と理解の6側面が示唆しているとおり，もし理解しているならば，あなたは重要な物事を適切にすることができる。したがって，とりわけ私たちが学習活動の流れとそのために教師に求められることを考えた場合，理解のための指導は教授することよりもコーチングに近いものでなければならない。

応用のための教育は，理解の成功を示すような特定のパフォーマンス・ゴールから「逆向き」

---

v) 原著では，Whitehead, 1929 となっているが，正しくは次の文献である。A・N・ホワイトヘッド（蜂谷昭雄他訳）『ホワイトヘッド著作集　第14巻　科学・哲学論集（上）』松籟社，1987年 (Whitehead, A. N., *Essays in Science and Philosophy,* 1948)。

第10章 理解のための指導

に，そのシーケンスを引き出す。かさねて，「知識を獲得したら，それを素早く活用しなさい」というホワイトヘッドの格言は常に適用される。課題が単純化されたり足場づくりされたりした形態（例：6歳児のためのティーボール［投手のいない野球に似た球技］，または書き手のためのテンプレート）であったとしても，計画する際，私たちは，求められているパフォーマンスを早めにめざす。私たちは，だんだんにパフォーマンスを築き上げる。そして，そうする際に，基本に何度も立ち返る。私たちは，手がかり，プロンプトやツールといった知的補助輪をやがて取り外し，生徒が自分自身で理解を用いてパフォーマンスできるかどうかを見る。このアプローチは，求められているパフォーマンスから逆向きに進む注意深い課題分析と，理解を用いてパフォーマンスすることを学ぶための全体―部分―全体の設計を必要とする。

　残念ながら多くの教育者は，教科書に駆り立てられた世界において学習者と教師として過ごしてきた自分自身の経験に慣れており，このアプローチに抵抗する。彼らは，「生徒たちはパフォーマンスできるようになる前に，すべての基礎を学習する必要がある」，あるいは「経験のない生徒たちは，複雑な課題をする準備ができていない」と主張する。しかし，このことは，「逆向き設計」だけでなく常識にも反するものである。もしたくさんの前倒しの知識が直線的なスコープとシーケンスを用いて，文脈と切り離して教えられる形で訓練が組織されていたら，音楽，ドラマ，陸上競技や専門的職業におけるどんな複雑なパフォーマンスでも，最終的に習得されることがどれほど**起こりにくいか**を考えてほしい。もし，あなたがリトル・リーグのコーチをするとすれば，何日かかけて子どもたちに野球のルールと技術的なスキルをすべて論理的な順序で教えることから始めたりするだろうか？　選手が個別的スキルすべてを論理的な順序で習得し終わるまで，1年か2年，試合をすることを遅らせたりするだろうか？　あなたのゴールが理解を用いた熟練したパフォーマンスであったとしたら，また，あなたの時間が限られていたら，そうではあるまい。部分から全体へ，全体から部分へ――それが，私たちが知識を理解し，活用するようになる仕方である。

　内容からパフォーマンスへと進み，そして再び戻る，個別的スキルから方略へと進み，そしてまた戻る，というこの行き来する動きは，すべてのコーチやパフォーマンスする人に馴染みのあるものである。演技をする際，私たちは，会話場面の台詞の一部をけいこし，それからそれらを第2幕第4場面へとあてはめなおし，必要なら再びけいこする。書く際に，私たちは物語の導入を微調整し，それがうまくいっているかを見るために物語全体を読み，それから仕事仲間に作品に手を入れてもらう。ああ，導入は読者を混乱させてしまうから，私たちはそれにもっと手を入れよう。同様に，バスケットボールでは，シュートとドリブルを個々に練習し，2つを組み合わせた基礎練習を行い，それからすべてのことを文脈の中にまとめて位置づけることができるかどうかを見るために，制御された練習試合を行う。パフォーマンス全体に見られた結果からのフィードバックにもとづいて，誤解，悪い習慣，または忘れていた教訓を克服するために基礎練習の取り組みに戻る。私たちは，特定の要素，パフォーマンスのかたまり，全体としてのパフォーマンスへの取り組みを常に循環する。

　このことは，法学，医学，工学において今では恒常的に用いられているケース・メソッド

においても同様である。教授は，ある領域における規則すべてを最初に網羅するようなことはもはや行わない。真正の事例に取り組むことによって，学生は，意義深い応用の文脈における基礎の重要性がわかるようになる。学業は，挑戦，モデル，練習，フィードバック，練習，パフォーマンス，フィードバックのシーケンスとして構造化され，複雑さが増すにつれそのような循環がさらに続く。

このような繰り返しの論理の裏面もまた真実である。どんなに生徒が熟達していようと，コーチはそれぞれの新しいグループとともに，常に基礎——楽器の構え方，パスとシュートの仕方，喉からではなく横隔膜から歌う方法——に立ち返る。彼らは，「さて，去年シュートの打ち方は学んだから，今年はそれはしないよ」とは言わない。彼らは，この強化を時間の浪費だとか内容が犠牲になっているなどとは考えない。なぜなら，優れたパフォーマンスに向かって取り組む文脈において基礎の復習を組み込むことによって，より良い結果が得られるであろうことを知っているからである。

することによる2種類の学習が，起こり続けなくてはならない。生徒は，単純化された反復練習や練習問題の形態で新しい観念を練習しなくてはならないし，それからより複雑で流動的なパフォーマンスにおいてそれらの個別のスキルや手立てを応用しなくてはならない——部分と全体，足場づくりをするコーチングとパフォーマンスの試行錯誤を行き来する動きである。あなたは，私たちのワークショップへの参加者が，内容にかかわらず，そのような動きが最もうまく設計された学習経験の証明になると見なしたことを思い出すだろう。パフォーマンスをしようとする試みから理解を引き出す方法として，直接的な教授は，学習者が取り組んでいる**最中**に，そして取り組んだ**後**で行われる。

換言すれば，内容**を用いて**物事をする方法を学習する論理は，内容**を伝達する**論理とは異なっているのである——これは，私たちが行う指導の種類，**および**私たちが指導するシーケンスに含意を持っている。（私たちは，この論点について，カリキュラム設計の全体的展望を論じる第12章でより詳細に検討する。）パフォーマンスすることを志望する者は，先行する冗長な講義からは大して利益を得ない。むしろ彼らは，「知る必要のある」基礎に関する明示的な教授を必要としている。それによって，特定の課題や，複雑なパフォーマンスの中にある課題の組み合わせを達成するためのツールとして，知識とスキルを見始めることができるのである。

私たちの言葉を単に額面どおりに信じないでほしい。第3回国際数学・理科教育動向調査（TIMSS）に附随している指導に関する調査を調べると，伝統的な米国の教授アプローチに異議が唱えられていることに気づくだろう。この研究は，日本など最も良い成績を上げている国々の数学教師が，数学的理解を帰納的に発達させるために挑戦的な問題から始めること（全体－部分－全体）を明らかにしている。（第13章には，TIMSSと関連する数学・科学調査の要約が含まれている。）

ここで，歴史学を検討してみよう——この教科は通常，長期にわたって内容を時系列に進むものだと見なされている。教科書にもとづく典型的な歴史科は，単純に，個々のトピックに関する情報を時系列に並べる——苛立った生徒が言った不確かな言葉によると，「次から

次へと忌まわしい出来事が続く」のである。現代の出来事，学習者の興味，包括的な問いや特定の課題から切り離され，かけ離れた遠い過去から歴史科を始めることにより，生徒が現代へと転移するような過去の「物語」と重大な観念を理解するようになれるような仕方で歴史学「する」ことに取り組むことは，ずっと少なくなってしまう。

　内容を犠牲にすることなく，生徒の視点から見てよりレリバンスのある一貫した魅力的な「物語」を提供するような歴史学を教えるために，次のようなもう一つのアプローチを検討してみよう。世界史の科目を再構成して，同じ本質的な問い（この学年の，たとえば4つの問いのうちの1つ）で始め，終わるようにすることを想像してみよう。「歴史的視点から見て，なぜ2001年9月11日の事件は起こったのか？　政策論点に関して行政に助言する歴史家として（あるいは，その代わりに博物館の学芸員か中東から来たジャーナリストとして），私たちのリーダーがなぜそれらが起こったかをよりよく理解し，その下にある論点に取り組むことができるよう，どのようにそれらの出来事を歴史的全体像の中に位置づけるだろうか？」生徒たちがあたかも異なる文化的観点(パースペクティブ)を代表するジャーナリストや歴史家，博物館の学芸員であるかのように，あらゆる読み物，話し合い，講義と調査がこの問いに答えることを中心に焦点が合わせられる。この科目の山場は，筆記や口頭の完成作品や視覚的な完成作品，または対話形式の実演である。時系列に要約を示している教科書は，1つの**リソース**——必要なときにだけ利用されるべきもの——として役立つ。私たちは適切なタイミングで行き来して，生徒がその問いに答え，パフォーマンスに成功できるよう用意するのに必要となる，鍵となる内容とプロセスを看破させる。この動きは，**論理的**であっても**時系列**ではないだろう。要するに，パフォーマンスのゴールと同時に理解には，包括的な問いと明示的な課題に焦点を合わせる繰り返しのカリキュラムが必要である。その際には，そのような問いと課題を習得する学習者のニーズによって規定されるような，様々な指導アプローチが用いられる。

　理解のための指導に関するこれらの省察は，生涯の取り組みが何であるかの表面を引っかいたものにすぎない。しかしながら私たちは，教育実践について研究し省察するための本質的な問いのいくつかを提起し，実りある方向性を提案したものと信じている。

ボブ・ジェームズに見る「逆向き設計」の実際

　こういうことすべてについてしっかり考えれば考えるほど，時には教えすぎていてコーチングを十分にしていなかったことに気づかされる。そしてまた時には，十分に教えていなかったことに気づかされる。とりわけ，グループ活動，プロジェクトやプレゼンテーションに必要なスキルに関わるときには，そうだったな。

　僕はどんなときに教えすぎているだろうか？　別の言葉で言えば，僕はどんなときに教科書にあることを単に言っているだけだろうか？　どんなときに，十分なコーチングをしていないだろうか？　生徒たちがプレゼンテーションの準備をしているときだ。プレゼンテーションをする前に，モデルやルーブリックに照らして十分なフィードバックを与えるという

ことをしていない。同様に，理解の点検も十分にはしていない。ある部分では，もっと多くのことを教えるために授業時間をたくさん使ってしまったり，プロジェクトを単に彼ら任せにしてしまったりしているからだ。僕は，重大な観念の理解について，成績づけをしない小テストと口頭での点検をもっと頻繁に行うことにしよう。そうだなぁ，よくよく考えてみると，ゆっくりとした学習者に遅すぎるタイミングでフィードバックを与えるということがよくあったな——彼らがプレゼンテーションを終えてから与えていたんだ。おそらく，予行練習にもっと時間をかけることができるだろう。事実，彼らが取り組む際に，もっと上手に作品を自己評価する方法を教えることができるだろう。

　この問いについてこのように考えたことが今まで本当のところはなかったというのは，滑稽だなぁ。僕の時間や専門的知識・技能を授業で皆が一緒にいる数分間で最も上手に使うには，どうしたらいいのだろうか？　子どもたちにとっても同じことだ。一人ひとりにとって，最も有効な時間の使い方はどのようなものか？　このように「指導」について考えると，僕はおそらくより評価者として行動し，情報の提供者ではなくなっていくことがわかるし，そして実際のところそれこそが，僕たちが一緒の時間をより上手に使う方法だろうということが見えてくる。それは確かに，僕がバスケットボールの際に体育館でしていることだ。この問い——一緒に過ごす限られた時間の最も有効な使い方はどのようなものか？——を自分に問いかけ続けたら，この本質的な問いに対してもっと賢くなって，僕の指導全体に役立つんじゃないだろうか。

◼ 次章の内容

　設計の3段階を検討し，理解のための指導についていくらか考えたので，次に設計のプロセスについて簡単に検討しよう。設計者は，始めようとする際に，何を熟考すべきなのだろうか？　途中，どのような問題や可能性に直面する可能性が高いだろうか？　次に，これらの問いや関連する問いへと進もう。

---

1) たとえば，次のような本を参照してほしい。ブライズ他 (Blythe & Associates, 1998)，ボトムス＆シャープ (Bottoms & Sharpe, 1996)，ホワイト＆ガンストン (White & Gunstone, 1992)，サファイア＆ガウアー (Saphier & Gower, 1997)，マルザーノ＆ピカリング (Marzano & Pickering, 1997)。
2) 教育史に馴染みのある読者は，学習はこれやその他の例における知識の歴史を「再現する」ように設計されるべきであるという観念の追従に聞こえるだろう。私たちは，再現という観念は健全な教育的理論だとは同意しないが，生徒が真正の探究を経験し，時にはどのように知識が発展したかを再創造したりシミュレーションしたりすべきであるという考えは，私たちが呼ぶところの看破の一部をなしている。再現についてもっと知りたい人は，イーガン (Egan, 1997)，グールド (Gould, 1977)，ウィギンズ (Wiggins, 1987) を参照のこと。
3) これら3つのカテゴリーの理論的根拠と，どのような種類の指導がどの種類の目標に最も適しているのかを決定する方法について，さらなる洞察を得るために，読者にはアドラー (Adler, 1982) と続編の書物を参照してほしい。
4) フィンケル (Finkel, 2000) を参照のこと。

第11章

設計プロセス

建築家は根気強く計画する。建設業者は機転を利かせて即席で造る。
しかしながら即席でやることは，計画することの代わりにはならない。
計画は，予想される結果を達成することを目的として行われる。
即席で行うのは，作業の進歩を維持するのを意図してのことである。
──ジョン・マクリーン「プロジェクトが円滑に進むのを助けるために考慮すべき20の事項」
（McClean, 2003）

米国人は，良い指導とは，授業中における生徒との巧みで自然発生的な相互作用から
もたらされるものだという意見を持っている。……そのような見解は，
徐々に効果的な授業を計画することの重要性を最小限にしてしまい，
良い教師はつくられるものではなく生まれながらのものだという
民衆の信条に信憑性を与えてしまう。
──ジェームズ・スティグラーとジェームズ・ヒーバート
「教室での数学の指導を理解し向上させる」（Stigler & Hiebert, 1997, p. 20）

　これまで，架空の教師ボブ・ジェームズがどのように自分の設計について考え抜いているかについて，記述し続けてきた。それを読んでこられた方なら，新しい観念がもたらされるたびに，単元の要素を再考しなくてはならなかったことに気づかれたことだろう。たとえば彼が最初に理解だとしていたことは，理解として組み立てられていなかった。それらは単なるトピックの要約だった。彼がたどったプロセスは，UbDの根本的なアイデアを例示しているものである──すなわち，若い生徒であれベテランの教師-設計者であれ，深く理解するようになるためには，鍵となる観念を再考することが必要なのである。

　それは，より実践的には，UbDテンプレートにとって不可欠の教訓を強調し，よくある誤解に私たちが陥らないで済むよう助けてくれる。諸要素を整列させたテンプレートは，完成され組織された設計を振り返るように構造化されている。しかしながら，だからといって，囲みが示されている順にテンプレートを埋めていくことが最も良い設計の仕方だということにはならない。確かに「逆向き設計」では，ゴールを注意深く考え，それらのゴールから評価方法を論理的に導き出し，最後に適切な学習活動を推論することが要求される。しかし実際には，どんな設計も非直線的なプロセスである。設計者は──単元設計者であれ作曲家であれ景観設計者であれ──設計の一つの局面から別の局面へと行き来する。最終的な**完成作**

品は3段階の論理に即しているべきであるが，進行中の設計**プロセス**はそれぞれの設計者やそれぞれの設計の挑戦に特有のものであり，予測不可能な方法で展開する。そう，あなた方は最終的には諸要素を調整してテンプレートを埋めなくてはならない。しかしながら，そこへと至る道筋は異なるのである。

　UbDにおいて，どのようにプロセスと完成作品が異なるかを示す例として，料理本におけるプロセスと完成作品の違いについて考えてみよう。料理人はアイデアをあれこれ試し，可能性のある選択肢を実地で検査してみて，やがて馴染み深い段階的な形式でレシピを書き上げる。しかしながらレシピは，純粋に順次に進むやり方では開発されていないことに注意してほしい。材料，温度，タイミングについて様々な組み合わせが試され，多くの試行錯誤が行われる。料理人は，様々なやり方のうちの一つで始めようと思いつくかもしれない――新鮮な季節の材料を用いよう，料理をする特定の相手を考えよう，またはタイ料理を用意したくなったという具合である。それぞれの出発点は，それ自体で固有の論理を示唆している。新しい鳥料理のためのアイデアから始めるなら，どのような材料が手元にあるにせよ，タイ料理を作るアイデアから始めるのとは異なる活動の流れが必要である。

　さらに料理長は通常，ある料理について材料の割合や料理時間を様々に変えて同時に試してみる。そのプロセスの最後のほう，その料理の様々なやり方を実験し試した後で，彼らはレシピの最終的な割合と手順を書き留める。時には料理長のアシスタントが素早く補佐し，料理長が味見して判断し洗練させた様々な材料を注意深く量る。ゼロから料理することは，本当に混乱したプロセスである！

　この「混乱」は，「逆向き設計」を通してレシピへと変換される。もし創案者ではない誰かがその料理を作ろうとするならば，何をどのような順序でなすべきだろうか？　レシピを作り出すプロセスは混乱しているけれども，料理長の仕事の最終的な完成作品は，効率的な一律の段階的なレシピの形式で家庭の料理人に提示される。同様にUbDテンプレートは，自己評価し，最終的な設計の「レシピ」を共有するための形式を提供するが，**どのように**設計の仕事が時系列で展開したか（あるいは，どのように何らかの仕事が行われる「べき」か）についての履歴を提供してはいない。

　どこからでも――第3段階からでさえ――始めることができると私たちが提案することは，驚くべきことのように思われるかもしれない。しかしこれは単に，空白のテンプレートではなく現存している単元から始めることがしばしば自然であるという現実を認めるものである。時には，鍵となるリソース（例：テキストや科学キット）や計画されている評価方法（例：数学で解かれるべき問題，外国語の会話，技術プロジェクト）から始めることが道理にかなっている。あなたが設計プロセスにどこから**取りかかり**どのように進むかは問題ではない，ということが重要である。あなたが**最後**に首尾一貫した完成作品を**作り終えている**ことだけが問題なのである。

　設計は柔軟に行われうるが，いくつかの道筋は他のよりも賢明だということが判明する。設計者は，見たところ価値のあるように見えるテキスト（たとえば，『ロミオとジュリエット』や『シャーロットのおくりもの』[i]）から始めることに自信を感じていたとしても，特定の目

的と求められている結果（第1段階）に関連づけることによって，その選択を自覚的に正当化しなくてはならない。なぜそれを読ませるのか？　どのような重大な観念やスタンダードとの関連によって正当化されうるのか？

　他の言葉で言えば，設計を振り返る必要がないような段階的なプロセスとして考えることよりも，むしろアイデアをあれこれ試す際に「逆向き設計」の論理とスタンダードに照らして検査することのほうが重要である。一度に1つずつ埋めるべき囲みの組み合わせとしてテンプレートを扱うと，結果として貧弱な設計に終わる可能性が高い。なぜならそのようなアプローチでは，首尾一貫した計画を生み出すのに必要な修正と調整が行われないからである。

　本章の最初に示した引用においては，さらなる検討事項が示唆されている。最終的な学習は，注意深く熟考された計画によってのみ成し遂げられうる。知的な即興は，良い青写真の基礎があって起こるものである。したがって教育における最良の設計者は，良い建築家と精通した建築業者のようなものであり，2つの異なる課題に取り組んでいる。すなわち彼らは，(1)取り組む際に，創造的に単元のアイデアをあれこれ試す。それらのアイデアがテンプレートのどこにあてはまるかに関わらない。そして，やがて確たる青写真を生み出す。また，(2)それらのアイデアを，生徒に対して用いる前と用いている最中に検査する。これは，結局のところ，具体的な学習としてゴールが達成されるようにするためである。

◼ 設計への入り口

　設計プロセスについては一般的に6つの入り口と普遍的なアプローチを明確にすることが役立つ，と私たちは発見した。これらは，内容，学習者の性質，利用できる時間，設計者としてのあなたのスタイルなどの諸条件によって選ぶことができるものである。いくつかのアプローチは空白のテンプレートから始めるものであり，また別のアプローチはすでにある「伝統的」な設計を修正するのにUbDを用いることを想定している。どのアプローチをとるにせよ，作りつつある設計案を常に「UbD設計スタンダード」に照らし合わせて点検し，確実に質の高い設計が生み出されるようにすべきである。（図表11.1）

内容スタンダードから始める

- スタンダードの中の鍵となる名詞を探す。（どの名詞が鍵となるのかを見やすくするために，関連するスタンダードをひとまとまりにする。）それらの名詞に含意されている重大な観念について熟考する。
- 内容スタンダードやベンチマークによって求められている，鍵となる知識とスキルを明確にする。関連する観念と理解を推論する。

---

i) E・B・ホワイト作，G・ウィリアムズ絵（さくまゆみこ訳）『シャーロットのおくりもの』あすなろ書房，2001年（White, E. B., *Charlotte's Web*, HarperCollins Publishers, 1952）。農場の納屋に住む子ブタのウィルバーと，クモのシャーロットの間の友情を描いた，児童文学作品である。

図表 11.1　設計プロセスの入り口

重要なトピックや内容
- どのような「重大な観念」が、このトピックの基底にあるのか、またはそれを学ぶことから出現するのか？
- なぜそれはそんなに重要なのか？

確立されたゴールや内容スタンダード
- どのような「重大な観念」がこのゴールに埋め込まれているのか？
- 生徒がこれを**本当に**学習するためには、何を理解する必要があるだろうか？

重要なスキルやプロセス
- このスキルによって、生徒は何ができるようになるのだろうか？
- 生徒はこのスキルを効果的に応用するために、何を理解する必要があるだろうか？

```
第 1 段階 ── 求められている結果

第 2 段階 ── 評価の証拠

第 3 段階 ── 学習計画
```

重要なテスト
- このテストでうまく成し遂げるために、生徒は何を理解する必要があるだろうか？
- 他にどのような学習の証拠が必要だろうか？

鍵となるテキストやリソース
- 正確には**なぜ**私たちは生徒にこのテキストを読ませたり、このリソースを使わせたりしているのか？
- 私たちは結果として生徒にどのような「重大な観念」を学ばせたいのか？

お気に入りの活動や馴染みのある単元
- この活動や単元の結果として、どのような「重大な観念」を生徒は理解するようになるだろうか？
- どのような理解の証拠が必要か？

第11章 設計プロセス

- 次のことを問いかける。スタンダードから導かれる，またはスタンダードを指し示すような本質的な問いは何か？ スタンダードに関連する重要な論争や探究は何か？
- 鍵となる動詞について熟考する。それらを，鍵となるパフォーマンス評価の方法の青写真として考える。
- パフォーマンスを可能にし，重大な観念を理解する能力を発達させる活動のリストをつくる。
- 3つの段階すべての整合性が確保できるよう，単元を洗練させる。

現実世界で求められている応用を検討することから始める

- その内容のより大きな意図と究極的なゴールを明確にする。もしそれを習得したら，その内容によって，あなたは現実世界で何ができるようになるだろうか？ この領域において核となる挑戦と真正のパフォーマンスは何だろうか？
- それらの挑戦やそれらのゴールの達成を具体化するような，現実世界の複雑な特定の課題を明確にする。
- そのような課題の習得を達成するのに学習者が必要とするような，理解，知識とスキルを決定する。
- 実践，フィードバック，有能なパフォーマンスを可能にするような，学習計画の概略をつくる。
- パフォーマンスをする人が内容と課題を習得しようとするときに，常に熟考する必要のある問いを推論する。
- そのような応用を明示したり暗示したりするような，内容スタンダードを明確にする。
- 必要に応じて，設計の要素を調整する。

鍵となるリソースやお気に入りの活動から始める

- 「うまくいっている」活動や是認されたリソース（例：思考を刺激する経験やシミュレーション，または必修の小説）から始める。
- 「なぜか？」という問いを熟考する。なぜこのことが重要なのか？ このリソースは，生徒がどのような重大な観念を理解するように助けるのか？
- 経験やテキストを検討する際に，生徒の注意をそれらの重大な観念に向けさせるような本質的な問いを明瞭にする。
- そのリソースや活動が生み出そうとしているスキル，事実と理解を明確にする。関連する内容スタンダードの位置を突き止める。より大きな意図に暗示されている，鍵となる概念と本質的な問いを推論する。
- それに応じて，評価方法と学習活動を修正する。

重要なスキルから始める

- 次のような問いを熟考する。そのようなスキルによって，どのような複雑で価値のある

パフォーマンスが可能となるのか？　このスキルは，他の関連するスキルとのようにつながっているのか？
- そのようなスキルに直接的または間接的に言及しているような，内容スタンダードや複数のスタンダードを明確にする。
- 関連するスタンダードにおいて，どのような種類の評価方法が暗示されていたり明示されていたりするのかを決定する。
- そのようなスキルを効果的に活用するのに役立つ方略を明確にする。
- そのスキルを下支えしている，重大な観念と本質的な問いを明確にする。
- 学習者がそのようなスキルを文脈の中で活用し，自己評価し自己調整することを可能にするような学習活動を考案する。
- それに応じて，整合性を修正する。

鍵となる評価方法から始める
- （地域や州の）評価を考慮して，その評価がどんなゴールのために存在しているのかを明らかにする。そのようなテストは，どのような種類の転移可能性を求めているのか？
- そのようなゴールを扱うスタンダードを特定する。
- そのようなスタンダードを達成し，テストに合格するために必要となる，関連した重大な観念（理解，本質的な問い）を推論する。
- 求められている評価方法に対応するパフォーマンス評価の課題を開発し，洗練させる。効果的で目的のはっきりしたパフォーマンスが確保できるような学習活動を，巧みにつくり修正する。

既存の単元から始める
- 伝統的な授業と評価方法を考慮して，テンプレートの中に諸要素を位置づけ，3つの段階を通した整合性を探す。ゴールは評価方法に適合しているか？
- 授業があなたのゴールの最も豊かな側面に関連したものとなっているか，自問する。
- スタンダードに関連している重大な観念と長期的なパフォーマンス・ゴールを明瞭にすることに焦点を合わせる。
- 「生徒はどのような理解を身につけるべきか？」と問い続ける。
- 修正された第1段階の要素を正当に扱うよう，評価方法と授業を修正する。
- 必要に応じて，「設計スタンダード」と照らし合わせて設計を修正する。

既存の設計を修正する

「理解をもたらすカリキュラム設計」は，新しい設計を生み出すだけでなく既存の設計を改善する枠組みをも提供する。「逆向き設計」を用いて修正された2つの設計を見てみよう。

第1の例は，小学校段階における社会科の単元の改訂に関わっており，第2は高校の幾何学の単元である。

図表11.2は，西方への拡大と大草原での暮らしに関する単元の鍵となる活動と評価方法を概説したものである。これは，第3学年の教師のチームが当初考案し教えていたものである。何気なく見たところでは，「ふーむ，ハンズ・オンの活動もあるし，3年生には興味深くて楽しい単元のようだ」と思われることだろう。教師は，様々な学習スタイルを組み込むよう多様な学習経験を計画している。彼らは，社会科の内容に意図的に文学を統合している。様々な，それでいてよくある評価方法が用いられている。すべての教師が同じ評価方法を用いるため，採点はどの教室でもより一貫したものとなる。山場の活動である「大草原の一日」は，子どもたちと保護者にとって楽しく興味深いハンズ・オンの活動を提供する。最後に生徒は，単元における経験を振り返る機会を持っている。

しかしながらより注意深く見ると，設計上の問題がいくつか判明する。トピック，活動，評価方法という単元の枠組み自体が明らかにしていることに，注意してほしい。文字どおりの意味でも，また象徴的にも，活動が物事の中心にあるのだ！　学業を導くような内容スタンダードや特定の学習ゴールは，明示的には何ら確定されていない。指導の焦点を定めるような重大な観念や本質的な問いも，何らない。重要な学習の妥当な評価の証拠についてもほとんどない——採点計画があるだけだ。

おそらく最も啓示的なのは，この単元に取り組んだ児童の実際の振り返りである。代表的な事例を少し検討してみよう。

- 「僕は，ブリキ板のパンチング細工が気に入った。なぜなら，自分のデザインでもできたし，他のデザインを使うこともできたからだ。穴を通してお日様が見えるよ。」
- 「私は手紙を書くステーションが好きだった。だって，封蠟で封をすることができたんだもの。」
- 「コンピュータで自分の衣装をデザインできて，楽しかった。」
- 「私は，大草原ゲームが気に入った。私はジャンプが好きだから，お気に入りはサックレース[ii]。」

そう，活動のいくつかは愉快で魅力的であり，児童と保護者は「大草原の一日」が大いに気に入った。しかし，この3週間の開拓者生活巡りによって獲得されるべき永続的理解とは何だろうか？　活動を通して，どのような転移可能なスキルがもたらされたのだろうか？　もし何らかの重要な学習が起こったとすれば，それが何だったのかを示すために，どのような証拠が集められただろうか？

もともとの設計をUbDテンプレートにあてはめると，どうなるかを見てほしい——何ら新しいことを加えなかった場合である（図表11.3）。早くも私たちは，改善が必要な部分をより明瞭に見ることができる。

さて，「逆向き設計」とUbDテンプレートを用いて修正された，同じ3週間の単元を検討

[ii] サックレース（sack racing）とは，両脚を袋に入れて，ジャンプしながら進んで競争するものである。

図表 11.2　社会科の単元のもともとの形

トピック
西漸運動と開拓者の生活 社会科──第3学年
活動
1. 教科書の節「大草原での生活」を読む。章末の問いに答える。 2. 『のっぽのサラ』[iii] を読んで話し合う。物語から，開拓者に関する語彙の単語探しパズルを完成させる。 3. 西部に旅している子どもや，大草原で暮らしている子どもの生活がどのようなものであったのかを反映するような人工物（アーティファクト）を入れた，大草原での暮らしの思い出箱をつくる。 4. 「大草原の一日」の活動。開拓者の服装を着て，学習ステーションの活動を完了する。 　　a. かくはんしてバターを作る。 　　b. 19世紀のゲームをして遊ぶ。 　　c. 手紙を封蝋で封をして，家へ送る。 　　d. 「開拓者に扮装する」コンピュータ・ゲームで遊ぶ。 　　e. トウモロコシの皮の人形を作る。 　　f. キルティング 　　g. ブリキ板のパンチング細工
評価方法
1. 『のっぽのサラ』から，開拓者の語彙についての小テスト 2. 開拓者の生活に関する章末の問いへの答え 3. 思い出箱の中身についてのショー＆テル［物を見せながら話すこと］ 4. 「開拓者の日」の間に，7つの学習ステーションを完了すること 5. 単元についての児童の振り返り

---

iii) パトリシア・マクラクラン作，中村悦子絵（金原瑞人訳）『のっぽのサラ』徳間書店，2003年（MacLachlan, P., *Sarah, Plain and Tall*, 1985）。大草原に住んでいるアンナとケイレブという姉弟の家に，その父親が出したお嫁さん募集の新聞広告に応じてサラという女性がやってきて，暮らし始める様子を描いた小説である。

図表 11.3　UbDテンプレートにおける社会科の単元

第1段階 ── 求められている結果	
設定されているゴール： ⒢ 　　　　　トピック：西漸運動と開拓者の生活	
理解： ⓤ 児童は，〜は……だと理解する。	**本質的な問い：** ⓠ
児童は，次のことを知る。 ⓚ ● 大草原での生活に関する事実的な情報 ● 開拓者に関する用語 ●『のっぽのサラ』という物語	**児童は，次のことができるようになる。** ⓢ
第2段階 ── 評価のための証拠	
パフォーマンス課題： ⓣ	**他の証拠：** ⓞⒺ a. 思い出箱とその中身についてのショー＆テル。何をそれに入れたのか？ なぜか？ b.『のっぽのサラ』からの，開拓者に関する語彙の小テスト c.『のっぽのサラ』や教科書の章からの，事実的な問いに対する答え d. 単元の振り返りを書いたもの
第3段階 ── 学習計画	
学習活動： ⓛ a. 教科書の節「大草原での生活」を読む。章末の問いに答える。 b.『のっぽのサラ』を読む。開拓者に関する語彙の単語探しパズルを完成させる。 c. 新しい生活への旅に持っていくかもしれない人工物を詰めた，開拓者生活のトランクを作る。	d.「大草原の一日」の活動 　1. かくはんしてバターを作る。 　2. 19世紀のゲームをして遊ぶ。 　3. 手紙を封蠟で封をして，家へ送る。 　4.「開拓者に扮装する」コンピュータ・ゲームで遊ぶ。 　5. トウモロコシの皮の人形を作る。 　6. キルティング 　7. ブリキ板のパンチング細工

[⒢=goals　ⓤ=enduring understandings　ⓠ=essential questions　ⓚ=knowledge　ⓢ=skills
　ⓣ=performance tasks　ⓞⒺ=other evidence　ⓛ=learning plan]

図表 11.4　「逆向き設計」後の社会科の単元

第1段階――求められている結果

設定されているゴール：　Ⓖ
2D――［児童は］移住者の幻想と開拓前線地帯の現実とを比較しながら，西部の魅力を説明する。
5A――［児童は］現在と遠い過去の米国における人々の大集団での移動について理解していることを表現する。
［2D・5Aは，スタンダードで示された目標の番号である。］　【出典】「米国史に関する全米スタンダード」

理解：　Ⓤ	本質的な問い：　Ⓠ
児童は，～は……だと理解する。 ●多くの開拓者が，西部への移動の機会と困難について，素朴な考えを持っていた。 ●人々は，様々な理由――新しい経済的機会，より大きな自由，何かからの避難――のために移動した。 ●成功した開拓者は，勇気と工夫と協力によって障害や難題を克服した。	●なぜ人々は移動するのか？　なぜ開拓者たちは，故郷を出て，西部に向かったのか？ ●地理や地形は，移動や定住にどう影響したか？ ●なぜ，開拓者の中には生き残り，栄えた者もいれば，そうならなかった者もいるのか？ ●開拓者とは何か？「開拓者精神」とは何か？
児童は，次のことを知る。　Ⓚ	児童は，次のことができるようになる。　Ⓢ
●西漸運動と大草原での開拓者の生活に関する鍵となる事実 ●開拓者に関する用語 ●基本的な地理（つまり，開拓者の移動ルートと集落の位置）	●文脈において開拓者に関する用語を認識し，定義し，用いる。 ●幌馬車生活と大草原について調べるため，（支援を受けつつ）研究スキルを活用する。 ●気づいたことを口頭と筆記で表現する。

第2段階――評価のための証拠

パフォーマンス課題：　Ⓣ	他の証拠：　ⓄⒺ
●大草原に住む移住者家族の1週間の生活を描く博物館の展示物（人工物，絵，日誌を含む）を作りなさい。（現在の人々は，大草原での生活と西部への移住について，どんな誤解を共通して持っているだろうか？） ●幌馬車隊と大草原での生活を描く手紙（1通ごとに1ヵ月の移動を説明しているもの）を1日1通，「東部」に住む友達へ書きなさい。あなたの希望と夢を書き，それから開拓前線地帯の生活が現実にはどうだったのかを説明しなさい。（児童は，絵を描いたり，口頭で説明したりしてもよい。）	●「本質的な問い」の一つに対する，口頭や筆記による応答 ●開拓者の生活の苦難を示す絵 ●西部への拡張，大草原での生活，基礎的な地理に関する事実のテスト ●文脈の中での開拓者に関する語彙の活用 ●思い出箱の中身についての説明

第3段階――学習計画

学習活動：　Ⓛ
●児童の既有知識を評価し，単元の学習ゴールを確認するために，K-W-Lを用いる。
●「大草原の一日」の活動を修正する（例：「開拓者に扮装する」に代えて「オレゴン街道2」というコンピュータ・ゲームを用い，シミュレーションが行われる間に日誌の記入を求める）。
●確認された内容スタンダードや理解と関連する，その他のフィクションの小説を与える（例：『大草原の小さな家』，『井戸の中のバター』）。
●開拓者家族の西部への移動の時系列地図を作る。
●様々な読みのレベルに合わせて，『オレゴン街道の生活』，『開拓者女性の日誌』，『ダコタ壌』といったノンフィクションの資料を加える。その時代の研究をする上で様々な資料を用いるよう，児童を導く。
●児童がパフォーマンス課題に取り組み始める前に，思い出箱，博物館の展示物，手紙，日誌を評価する採点用ルーブリックを見直す。児童に，これらの完成作品の事例を検討する機会を与える。

[Ⓖ=goals　Ⓤ=enduring understandings　Ⓠ=essential questions　Ⓚ=knowledge　Ⓢ=skills
　Ⓣ=performance tasks　ⓄⒺ=other evidence　Ⓛ=learning plan]

図表 11.5　社会科の単元に対する追加の修正

第 1 段階 ── 求められている結果		
設定されているゴール： ⓖ 2 D ── 児童は，多様な集団の間の文化的相互作用について分析する（多数の見方(パースペクティブ)について熟考する） 【出典】「米国史に関する全米スタンダード」, p. 108。		
理解： ⓤ 児童は，～は……だと理解する。 ● 西部開拓は，大草原で暮らしているネイティブ・アメリカンの部族の生活様式と文化を脅かした。		**本質的な問い：** ⓠ ● 誰の「物語」なのか？ ● 西部開拓における勝者と敗者は誰か？ ● 文化が衝突するときに，何が起こるのか？
児童は，次のことを知る。 ⓚ ● 大草原で暮らしているネイティブ・アメリカンと，彼らと開拓者との間の相互作用についての鍵となる事実的な情報		**児童は，次のことができるようになる。** ⓢ
第 2 段階 ── 評価のための証拠		
パフォーマンス課題： ⓣ ● 自分が［ネイティブ・アメリカンの］部族の長老で，「開拓者」が大草原に入植するのを目のあたりにしたと想像しなさい。開拓者があなたの生活にもたらした影響についての物語を，8 歳の孫娘に語りなさい。（このパフォーマンス課題は口頭でも筆記でもよい。）		**他の証拠：** ⓞⓔ ● 大草原で暮らしているネイティブ・アメリカンの部族についての事実に関する小テスト
第 3 段階 ── 学習計画		
学習活動： ⓛ ● 児童に異なる見方(パースペクティブ)について考慮させるための手段として，大草原に暮らしているネイティブ・アメリカンの長老たちの協議会の模擬会合を開催する。 ● 話し合い：「移住するように脅かされたとき，私たちは何をすべきか ── 闘うか，逃げるか，（居留地への）移住に同意するか？　それぞれの選択肢を採ることによって，私たちの生活にはどのような影響があるのか？」		

［ⓖ=goals　ⓤ=enduring understandings　ⓠ=essential questions　ⓚ=knowledge　ⓢ=skills
ⓣ=performance tasks　ⓞⓔ=other evidence　ⓛ=learning plan］

図表 11.6　「逆向き設計」前の幾何学の単元

第1段階──求められている結果		
設定されているゴール：　　　　　　　　　　　　　　　　　　　　　　　　　　　　Ⓖ		
トピック：表面積と体積（幾何学）		
理解：　　　　　　　　　　　　　Ⓤ 生徒は，～は……だと理解する。		本質的な問い：　　　　　　　　　Ⓠ
生徒は，次のことを知る。　　　　Ⓚ ● 様々な3次元の図形についての，表面積と体積の計算の仕方 ● カバリエリの原理 ● その他の体積と表面積の公式		生徒は，次のことができるようになる。　Ⓢ ● 体積を比較するために，カバリエリの原理［2つの立体をある定まった平面に平行な平面で切ったときの切り口の面積がつねに等しいならば，体積は等しいという原理］を活用する。 ● 形を比較するために，その他の体積と表面積の公式を活用する。
第2段階──評価のための証拠		
パフォーマンス課題：　　　　　　Ⓣ		他の証拠：　　　　　　　　　　　㏌ a. 章の復習全体の奇数番号の問題，516–519ページ b. 自己テストにおける進歩，515ページ c. 宿題：各節の復習における3番目の問題と探究の全部
第3段階──学習計画		
学習活動：　　　　　　　　　　　　　　　　　　　　　　　　　　　　　　　　　　　　　　Ⓛ ● 『UCSMP幾何学』の第10章を読む。［UCSMPとは，シカゴ大学学校数学プロジェクト（The University of Chicago School Mathematics Project）］ ● 探究22番，482ページ：「容器を細長くすることによって，実際に入るよりも多くの量が入るように見せかけることができる。いくつか例を挙げなさい。」 ● 探究25番，509ページ：「円錐や円柱とは違って，球については正確な2次元の展開図を作ることが不可能である。この理由から，世界地図はゆがんでしまう。メルカトル図法は，地球の一つの示し方である。この図法は，どのようにして作られたか？」		

```
Ⓖ=goals  Ⓤ=enduring understandings  Ⓠ=essential questions  Ⓚ=knowledge  Ⓢ=skills
Ⓣ=performance tasks  ㏌=other evidence  Ⓛ=learning plan
```

図表 11.7 「逆向き設計」後の幾何学の単元

第1段階──求められている結果

設定されているゴール： ⓖ
IL MATH 7C3b, 4b：表面積と体積を見つけるために，モデルと公式を活用する。
IL MATH 9A：2次元・3次元のモデルを組み立てる。透視図を描く。
［IL MATH 7C3b などとあるのは，「イリノイ州数学スタンダードの目標番号 7C3b」という意味である。］
【出典】「イリノイ州数学スタンダード」

理解： ⓤ 生徒は，〜は……だと理解する。 ● 数学的なモデルと観念を人間の問題に適応するには，注意深い判断と，影響に対する敏感さが必要である。 ● 3次元を2次元に（または2次元を3次元に）写像すると，ゆがみが生じるかもしれない。 ● 最良の数学的な解答は時に，現実世界の問題に対する最良の解決策ではない。	本質的な問い： ⓠ ● 純粋数学は，混乱した現実世界の状況を，どれぐらい上手にモデル化することができるのか？ ● 最良の数学的な解答が，問題に対する最善の解決策でないのは，どのような場合か？
生徒は，次のことを知る。 ⓚ ● 表面積と体積を計算する公式 ● カバリエリの原理	生徒は，次のことができるようになる。 ⓢ ● 多様な3次元の図形について，表面積と体積を計算する。 ● 体積を比較するためにカバリエリの原理を活用する。

第2段階──評価のための証拠

パフォーマンス課題： ⓣ ● 包装の問題：大量のM&M'sチョコレートの包みを，経済的に店に輸送するのに理想的な容器は何か？（注：「最良の」数学的な解答──球──は，この問題に対する最善の解決策ではない。） ● 国際連合のコンサルタントとして，最も論争的でない2次元の世界地図を提案しなさい。あなたの数学的な推論を説明しなさい。	他の証拠： ⓞⓔ a. 章の復習全体の奇数番号の問題，516-519ページ b. 自己テストにおける進歩，515ページ c. 宿題：各節の復習における3番目の問題と探究の全部

第3段階──学習計画

学習活動： ⓛ ● 多様な容器（例：ツナ缶，シリアルの箱，プリングルズ，キャンディを包装するもの）の表面積と体積の関係について調査する。 ● 数学的な正確さ（すなわち，ゆがみの程度）について決定するために，異なる地図の投影図を調査する。	a. 『UCSMP 幾何学』の第10章を読む b. 探究22番，504ページ c. 探究22番，482ページ d. 探究25番，509ページ

［ⓖ=goals ⓤ=enduring understandings ⓠ=essential questions ⓚ=knowledge ⓢ=skills
ⓣ=performance tasks ⓞⓔ=other evidence ⓛ=learning plan］

してみよう(図表11.4)。「逆向き設計」を用いて単元を再考したときに,どんなことに気づくだろうか? 同じ内容に関する学習をよりしっかりとした設計にするために,テンプレートはどのように役立つだろうか? ここにいくつかの観察結果がある。

- 修正後は,適切な内容スタンダードが単元の活動と評価方法の焦点を定めている。
- 重大な観念が「本質的な問い」として具現され,学業を明瞭に組み立てている。ここでいう「本質的な問い」とは,次のようなものである。**なぜ人々は移動するのか?**(移住),**開拓者とは何か?**(概念的な定義),**なぜ開拓者の中には生き残り繁栄した者と,そうでない者がいたのか?**(生き残り,挑戦)
- 修正後は評価課題がより真正のものとなり,高次の知識とスキルを必要とするものとなっている。
- 評価の証拠(第2段階)は様々で,求められている結果(第1段階)とより整合性のあるものとなっている——これは,効果的な逆向き計画の指標である。
- (フィクションとノンフィクションの)読み物,コンピュータ・シミュレーション,および学習課題は,より意図的にゴールに方向づけられたものとなっている。
- 「大草原の一日」の活動は引き続きあるが,そこでの経験は単元のゴールをよりよく支えるものとなるように磨きをかけられている。

単元をテンプレートで組み立てることには,もう一つ有益な効果があった。それにより設計者たちは,単元がきわめて重大なパースペクティブ(側面4),すなわち立ち退きを強制されたネイティブ・アメリカンの視点を欠いていることにより容易に気づくことができた。したがって,この単元はさらに修正された(図表11.5)。

もう一つの例を見てみよう——これは,高校の幾何学の単元である。図表11.6と図表11.7はそれぞれ修正前と修正後の単元をUbDテンプレートに示したものである。第1の例は,教科書のみにもとづいて教えられ評価される単元を示している。修正後のものは,設計者が意図的に州の内容スタンダードから逆向きに設計したものである。関連する「理解」と「本質的な問い」を明確にし,教科書に載っている評価方法を補うために2つの「パフォーマンス課題」を用い,現実世界についてのより興味深い探究をさせることによって,単元計画の首尾一貫性と真正性(したがって意義深さ)を大きく改善することができた。

UbDテンプレートのカテゴリーによって,設計者は,重大な観念により明瞭に焦点が合わせられているか,また設計の要素間の整合性がより確保されているかを気にかけざるを得なくなる。もう一度,それがどのようなものか,注目してみよう。

- 修正後は,重大な観念が「理解」と2つの「パフォーマンス課題」として体現されており,学業を明瞭に組み立てている。
- 「本質的な問い」によって数学的な推論が促進される。また,これらの「本質的な問い」は,他の数学の単元にも転移可能である。
- 同じ知識とスキルが核となる内容として存続している。しかしそれらは,今では包装と地図作りに関連した,より意義深い論点の中にはめ込まれている。
- 教科書は,シラバスとしてではなく,リソースとして役立っている。教科書の問題は評

価の中に引き続きあるが，複雑な「パフォーマンス課題」と，それらの課題によって具現化されている重大な観念にきちんと従属している。

UbDテンプレートは，私たちが自分の仕事を自己評価するための手引きとして用いれば，かなり役立つものである。それは，私たちの意図を明瞭かつ鋭いものにし，より意義深い優先事項を設定し，それらを学習者に明らかにするように助けてくれる。その結果，「同じ」内容に対して，より強力で一貫したアプローチが生み出されるのである。

■ スタンダードであって，レシピではない

読者やワークショップの参加者の中には，私たちが単元の設計と再設計のときに従うべき段階的なレシピを提示しないため，苛立つ人もいる。残念ながら，私たちはそのようなレシピなど存在していないと固く信じているのだ。私たちは，課題のためのフローチャートを開発しようと試みた。しかし「もし／そうならば」という可能性をすべて考慮したところ，その図は理解不可能なものになってしまった！　単元設計は，料理本のレシピに従うというよりも，グラフィック・デザインや彫刻のようなものだ，と私たちは考えている。それぞれの設計は異なっており，設計者の興味，才能，スタイル，リソースを反映しなくてはいけないのだ。

指導の設計における課題分析に関して最近出された本の著者たちは，この問題を明瞭にしている。

> 指導の設計は，不確かな知識と複数の解釈で満たされている。課題分析も同様である。人間の思考と行動のすべての側面が特定され明確にされるということはありえない。私たちは，どのようにしてこの矛盾を解消することができるだろうか？　解消することなどできない。したがって，それとともに生きるしかない。それが，設計プロセスの性質である。(Jonassen, Tessmer, & Hannum, 1999, p. 5)

レシピに頼りすぎることは，他の問題にもつながる。それは，教師-設計者の思慮深い応答性——共感！——を断ち切ってしまうかもしれない。そこにあるのは，よく考え抜かれた計画は必然的にうまくいくはずであって，もしうまくいかないとすれば，それは生徒の落ち度だという誤った信念である。あるいは私たちは，設計しようとしているものそのものを危うくする危険を冒す。「もし課題分析においてあらゆる曖昧さを排除するように試みたならば，私たちは，一連の複雑な決定を過度に手続き化しなくてはならないだろう——料理本をつくるための……設計プロセスは，主として設計者の推論する能力次第である。」(Jonassen, Tessmer, & Hannum, 1999, p. 5)

この点に関して言えば，本当の料理もまたレシピを超えることに関わっている。

313

初めはこのように便利なものであったレシピが，圧制者となり，最も善意の料理人でさえ自分自身の直観を信用できなくなってしまった。奴隷のようにレシピに献身することにより，脳に浸透してくるような経験知が人々から奪われてしまった。……ほとんどの料理長は，調理法に束縛されない。彼らは自分の味覚を信用するのに十分なほど料理をしてきたのだ。今日では，それが，料理長が料理人に教えることのできる最も価値ある教訓である。(O'Neill, 1996, p. 52)

設計者が習慣づけるべきなのは，むしろ創造的なブレーンストーミングと，アイデアを試してみることとを行き来するリズムであり，生み出されつつある設計を設計スタンダードと照らし合わせて注意深く批判的に検査することである。この章の最初のほうで様々な入り口について述べたことが示唆しているとおり，どこから始めるかはそれほど問題ではない。もっと重要なのは，最終的にスタンダードを満たす設計となっていることである。そのゴールからいって，できつつある設計について設計スタンダードと照らし合わせたフィードバックを（早くから，またしばしば）求めることは，設計プロセスの鍵となる部分である。これは，教師‐設計者にとって役立つ経験である。そのもう一つの理由は，継続的な評価がパフォーマンスの成功になぜきわめて重大なのかを，この経験が具体的に例証しているからである。

◨ 設計において避けられないジレンマ

第3学年の社会科単元と高校の幾何学の単元の修正前後の例は，設計プロセスが必然的に伴うものを示してくれている。しかし，このような比較を打ち出す減量のコマーシャルのように，これらの例は皮肉にも，いつまでも続く心配を浮上させるだけかもしれない。どのようにして私たちは，内容を見失うことなく重大な観念に焦点を合わせるよう設計したり再設計したりできるのだろうか？　そのような単元は，そのトピックについて使うことのできる時間や，私たちに課された他のあらゆる責務からいって，どれぐらい実行可能なのだろうか？　どのようにして私たちは，この青写真が効果的な学習をもたらす良質のものなのか，あるいは非現実的な夢なのかを決めるのだろうか？　建築家のビジョンと，入手できるリソース，「構築（construction［構成］）」を行う生徒のスキル，州のスタンダードである「建築基準法」の現実とを，いかにして調整するのか？

そのような心配は，もっともなものである。事実，家の建築であれ単元設計であれ，設計の間の緊張は内在的であり避けられないのだということを強調しておく価値がある。教師がそのような心配を表現し探究するのを助けることが肝要だ，と私たちは考える。なぜなら，指導計画とカリキュラム設計には**避けられない**ジレンマが関わっているからだ。仕事は単に大変な労力を要するだけでなく，本来，問題を含んだものなのである。常にそうであった！　私たちは，どのようにすれば，求められている理解がすべての生徒にとって獲得可能だと確信できるだろうか？　複雑なパフォーマンス課題や難しい観念に，どれぐらいの時間とエネ

ルギーをかけることができるだろうか？　私たちが教える生徒の様々な学力レベル，興味，学習スタイルにどのようにして適応することができるだろうか？　すべての設計には妥協が必要である。私たちは常に良い点と悪い点を比較考量しなくてはならない。

　したがって，私たちは意識的に**ジレンマ**という言葉を用いる。私たちは，設計のすべての要素を思慮深いやり方で考え抜かなくてはならないだけではない。ゴールを達成しようと思えば，どんな設計にも内在する緊張関係に対処しなくてはならない。設計における挑戦の多くは，競合する——矛盾しさえする——要素に関わっている。たとえば，重大な観念を扱いたいが，扱う時間が限られている。あるいは，妥当な評価の基礎として複雑な応用を用いたいと望むのだが，単一のパフォーマンスでは信頼性に欠ける。あなたはこれらの問題を「解決」はしない。注意深く切り抜けるのである。妥協は避けられないため，設計者が完全に満足するような設計など稀である。

　以下は，理解のための学習を設計する人が皆，直面するような，鍵となるジレンマを列挙したものである。ここでは，選択肢をどのように天秤にかけるかに関して，いくつかの最終的な考えも一緒に示している。

- **重大な観念と転移**対**特定の知識とスキル**。「理解」というゴールを「事実」や「スキル」とどのようにして釣り合わせるのか？　学業をあまりに哲学的，または抽象的なものにしてしまい，生徒が本質的な知識とノウハウを得られないままに終わることがないようにしつつ，どのようにして重大な観念に学業の焦点を合わせるのか？　一方で，別々の情報やバラバラなスキルに焦点を合わせてばかりいると，生徒はほとんど有意義な学習をできず，学習したことを応用する能力が制限されてしまう。そのようなことをどのようにして避けるのか？

- **複雑で現実的で混乱したパフォーマンス**対**効率的で堅実なテスト**。評価においては，いつ文脈的なリアリズムを求めて努力し，いつ明らかに効率的な伝統的（間接的）テストを求めるべきなのか？　真正の応用は明らかに良いものではあるが，簡単に実施し精密に評価することが難しく，時間もかかる。しかしながら知識とスキルの伝統的なテストは，設計して採点するのは容易だが，しばしば学習者が実際に理解したことについて妥当ではない結果を生み出すし，フィードバックとして役立たないこともある。それではどのようにして私たちは，評価を実り多く教育的なものにしつつ，実行可能で効率的なものにもするのだろうか？

- **学業を教師がコントロールすること**対**学習者がコントロールすること**。論点を組み立て学習を導くのは，いつ専門家の仕事となるのだろうか？　対照的に，生徒に**自分たちの**問い，興味，アプローチを追究させることが賢明なのは，いつなのか？　私たちの理解が設計と指導を駆り立てるのは，いつであるべきか？　私たちは生徒が自分自身の理解へと至るのを助けるよう，いつ努力すべきなのか？

- **直接的アプローチ**対**構成主義的アプローチ**。直接的な指導が学習を助けるのはいつであり，妨げるのはいつなのか？　効率性のために明示的な指導が求められるのはいつであり，いつ私たちはより帰納的に教えるべきか？（教師を訓練する際においても同様に，

いつ新任教師は設計者として創造的であるべきなのか，またわかりきったことで無駄な努力をしなくていいように，教師に専門家の設計から始めさせたほうがいいのはいつなのか？）より一般的には，理解に必要となる構成主義的な看破と避けがたく混乱していて個性化された「意味の構成」を学業に含ませなくてはならないのはいつなのか，また直接的な指導がまさしくより効率的であるのはいつなのか？

- **知識の深さ対幅広さ**。教師が直面するあらゆる要求と制約からいって，詳細で綿密な理解を提供したいという欲求と，実現可能なものの現実とを，どのように釣り合わせるのか？ 題材についての幅広い概観を提供し，生徒がたくさんの情報と観念にふれられるようにすることが，私たちに義務づけられているのはいつなのか？ 本当の理解のために，幅広さを限定し，より少ない主題をより深く徹底して調べることによって，私たちがより大きな務めを果たすのはいつなのか？ 同様に，どのような場合に少数の重大な観念を中心として学際的な学業を設計するのが賢い教育法であり，またどのような場合にそのような学業は図らずも少なすぎる時間で多すぎることをしようとする表面的な学習になってしまうのだろうか？

- **快適さと有能だと感じること対本当の挑戦**。私たちは，生徒にとって重要な「背伸び」をさせることと，快適な学習環境を必要とすることとの間のバランスを，どのようにして正しくとることができるのだろうか？ いつ私たちは，学習者がリスクを冒しつつも成功できると感じられるように緊張の少ない文脈を提供すべきなのか，また，いつ強力な新しい学習のために生徒に適切に挑戦させる（かつ彼らを緊張させさえする）のだろうか？ たとえば，本質的な問いが生徒を苛立たせたり困惑させたりするかもしれないと知りつつ，どのようにして本質的な問いを中心に学習を組み立てるべきなのか？ 複雑なパフォーマンス課題が，あまり有能でない生徒や簡単に挫折してしまう生徒を失望させるかもしれないにもかかわらず，いつどのようにそれらを用いるべきなのか？

- **画一的な学業や期待対個性化した学業や期待**。私たちは一般的に，先行知識，学力レベル，学習習慣，興味，学習スタイルの異なる生徒たちのいるクラスを教えている。競合する要求に私たちはどのように対処すべきなのか？ 学習者を途中で見失うことなく，どのようにして大集団のために効率的かつ効果的に設計し指導すべきなのか？ スタンダードを下げたり，何人かの生徒を二流市民としてしまったりすることなく，理解への異なる期待をどのようにして適切に同時に維持するのだろうか？ どのようにして私たちは無茶をすることも焦点を失うこともなく，学業を個性化できるのだろうか？ 理解のための指導において，私たちはどのようにして，個に応じたものにすることがいつ適切で，いつ非生産的なのかを見分けるのだろうか？

- **効果的であること対単に魅力的であること**。私たちが意図的設計によって提供する学業は興味深く魅力的であるべきだが，これらの規準だけでは十分ではない。設計はゴールとスタンダードを効率的かつ効果的に扱わなくてはならない。どのようにして私たちは学習者を惹きつけつつ，かつスタンダードに向けてパフォーマンスするようにさせるのだろうか？ 私たちはどのようにして学業を，単なるハンズ・オンではなくマインド・

オンのものにするのか？　私たちはどのようにして，興味深い学業を提供する者としての役割に失敗することなく，教師と評価者としての責任を見失わないでいることができるのか——またその逆はどうか？　どのようにして私たちは，学業を退屈で非効果的にしてしまうことなしに，（楽しかったとしても）目的のない活動に陥ってしまわないようにするのか？

- **単純化されたもの**対**単純に割り切りすぎたもの**。私たちはどのようにして重大な観念を鈍らせることなく，すべての学習者に獲得可能なものにするのか？　私たちはどのようにして生徒や焦点を見失うことなく，正真正銘の知的な問いと論点の豊かさと複雑さを確かめるのか？　私たちはどのようにして，将来の探究や話し合いを切り捨ててしまうほど単純にすることなく，複雑な主題を単純化するのか？　私たちはどのようにして学業を味気ないものにすることなく，発達を促すような適切さを確保するのか？

- **よく練られた計画**対**適切な柔軟性とオープンエンドであること**。ゴールを達成するためには注意深く考え抜かれた計画が必要である。しかし通常私たちは，多数のフィードバックと授業で起こるであろう指導可能な瞬間に対応して，計画から逸脱することによってのみゴールを達成できる。どのようにして私たちは，あまりに厳密になりすぎて結局効果的でなくなってしまうことがないようにするのだろうか？　一方で，すべての生徒の反応や問いに応えることで，ゴールを見失ってしまうのをどのようにして避けるのだろうか？　どのようにして私たちは，設計のゴールと，思いがけない学習機会の発見とのバランスをとるのだろうか？

- **大事な個々の単元**対**より大きなゴールと他の設計**。それぞれの単元はどのようにして，私たちの義務を組み立てる地方のすべての教科課程ゴールと内容スタンダードを尊重しつつ，洗練された論理的な設計作品として自立し，自然な流れにすることができるのだろうか？　私たちはどのようにして，良い設計の原理を覆すことなく教科書を用い，求められている内容すべてを扱うことができるのだろうか？　私たちはどのようにして理解のための指導をしつつ，テストの点を上げようという圧力に対応するのだろうか？　私たちはどのようにして，直面する異なる要求，おそらくは競合する要求すべてを念頭におきつつ，論理的な学習計画を開発するのだろうか？

■ これらのジレンマに取り組むことについての控えめなアドバイス

　私たちは，特定のジレンマのそれぞれにどのように対応すべきかについて，何の規則も処方箋も提供しない。先に述べたとおり，あなたはジレンマを「解決」はしない。それぞれの設計において，できるだけ競合する諸要素のバランスをとるしかないのだ。しかし私たちは，どのようにこれらのジレンマが機能し，どのようにすればそれらをより上手に切り抜けることができるかについて学習するための，一般的なアドバイスの一つを提供することができる。

アドバイスとは次のようなことである。仕事をしている際，積極的にフィードバックを求めよう。先にも述べたとおり，素晴らしい設計の鍵となるのは，何かを試してみて，どのように機能するかを見てみて，調整することである——すなわち，あなたの求めている結果と照らし合わせてフィードバックを得ることだ（そしてまた，設計スタンダードと照らし合わせてフィードバックを得ることだ）。

　どのような領域であれ，定期的なフィードバックの有用性は，継続的な改善の鍵となることとして認識されている。教育においては，「設計し，試してみて，フィードバックを得て，修正する」というアプローチの恩恵が，大学での指導に関する主要な研究において正式に認識されている。

> 私たちは，大学教員のメンバーと学生に，1つ変えることで現在の指導と学習を最も改善するとしたらそれは何かと尋ねた。大学教員と学生から出された2つのアイデアが，他のすべてを圧倒していた。1つめは，特定のトピックの詳細だけでなく，学生が「全体的展望」「全体の要点」をもっと自覚することの重要性である。2つめは，教授が科目の途中で修正できるように，学生から有用かつ恒常的なフィードバックを得ることの重要性である。(Light, 1990, p. 66)

両方のアイデアがUbDの中心にあることに気づいてほしい。すなわち，重大な観念に焦点を合わせること，それから**全員**（学習者，教師，カリキュラム設計者）がフィードバックに応えて再考することの必要性である。

　フィードバックを得るプロセスを，フォーマルすぎるものや大変な労力を要するものにする必要はない。またそれを，科目の公式な評価(エバリュエーション)と混同してはならない。ゴールは，学習者の観点(パースペクティブ)から見て，設計がどのように機能しているのかに関する頻繁で時宜を得た，役に立つ，そして邪魔にならないフィードバックである。継続的なフィードバックを集めるための次の2つの問いについて，考慮してほしい。

- 今週，あなたにとって何がうまくいきましたか？　なぜかを端的に述べなさい。
- 何がうまくいきませんでしたか？　なぜかを端的に述べなさい。

　私たちの以前の同僚の1人は，毎週金曜日に，すべての授業で生徒にこの一組の問いを尋ね，生徒が応答を書くためのインデックス・カードを渡した（彼はそれらの結果を通年で取っておいた）。問いに注意してほしい。それらは，生徒が気に入ったことや気に入らなかったことではなく，**何がうまくいっているか**に関わっている。それらの応答は概して，教師－設計者にとって非常に役立つものであった。なぜなら，匿名のフィードバックにおいて「個人に関することは何もない」ことが明らかにされていたからだ（このことにより，心配がより少なくなり，より正直に応答を書いた生徒もいるだろう）。

　ジレンマにはっきりと関連づけられた調査問題を用いて，より綿密に調査することもできる。そのような調査は，個人によってのみならず，教師の研究会，学年チーム，教科部会，あるいは学校全体で実施して，結果を教職員会議や電子通信や筆記の通信において共有する

図表 11. 8　週ごとのフィードバックの書式

何がうまくいったのか？　何がうまくいかなかったのか？

1. 今週私たちが授業でしたことのうち，最も興味深かったことは何か？　どうしてそれがそんなに興味深かったのか？

2. 今週私たちが授業でしたことのうち，最も退屈だったことは何か？　どうしてそれがそんなに退屈だったのか？

3. 今週この授業であなたにとって最もうまくいったことは何か？　別の言葉で言えば，どの特定の活動，授業，技法やツールが，あなたの学習を最もよく助けたのか？　なぜか？

4. あなたにとってうまくいかなかったことは何か？　どの活動，学習課題や授業が，最も混乱させるようなものだったり，最も役立たないものだったりしたのか？　なぜか？

5. 下の記述に対し，「はい」か「いいえ」で答えてください。「いいえ」の回答については，説明してください。

	はい	いいえ
学業は，単なるバラバラな小さな事実やスキルではなく，重大な観念に焦点が合わせられていた。私たちは，重要な物事を学習していた。		
私は，学業が思考を刺激するもので，興味深いと思った。		
この単元のゴールが何か，とても明瞭だった。何が重要か，質の高い作品はどのようなものか，私たちのすべきことは何か，単元の目的は何かについて，示されていた。		
ゴールを達成するためにどうすべきかに関して，十分な選択肢や自由が与えられていた。		
評価方法はちょうどよかった。私たちがするよう求められていたのは，学習についての「公正なテスト」であった。		

こともできるだろう。図表 11.8 [319 ページ] は，この種の調査に用いられうる書式の例を提示している。

　フィードバックは，**あらゆる人**のパフォーマンスを向上させる。だがしかし悲しいことに，生徒からであれ同僚からであれ，指導主事，保護者，外部の専門家からであれ，継続的なフィードバックを進んで請い求める教師はほとんどいないことに，私たちは気がついた。私たちは，そのような［フィードバックへの］恐れに共感する。しかしながら，より効果を上げるのには，そのような恐れは逆効果である。好ましいことには，多くの教育者が，UbD 設計スタンダードに照らし合わせて相互批評と自己評価をするよう勧められたことは，自分のキャリアにおいて最も価値のある，元気づけてくれる経験だった，と私たちに語ってくれた。本当に，そうでないということがどうしてありうるだろうか？　一度，本物のジレンマに直面して苦闘していることについて話してみて，仕事仲間から役立つフィードバックとアドバイスをもらってみてほしい。健全で効果的な学習の組織であればどこでも，設計スタンダードに照らしてフィードバックを得つつ，そのように設計について仕事仲間の間で協力することが，定期的に行われる仕事の一部となり，訓練と時間がそれに割り当てられることだろう。図表 11.9 は，継続的なフィードバックのサイクルが，「理解をもたらすカリキュラム設計」の諸側面を立案し実施することに，どのように適合するのかを図解している。

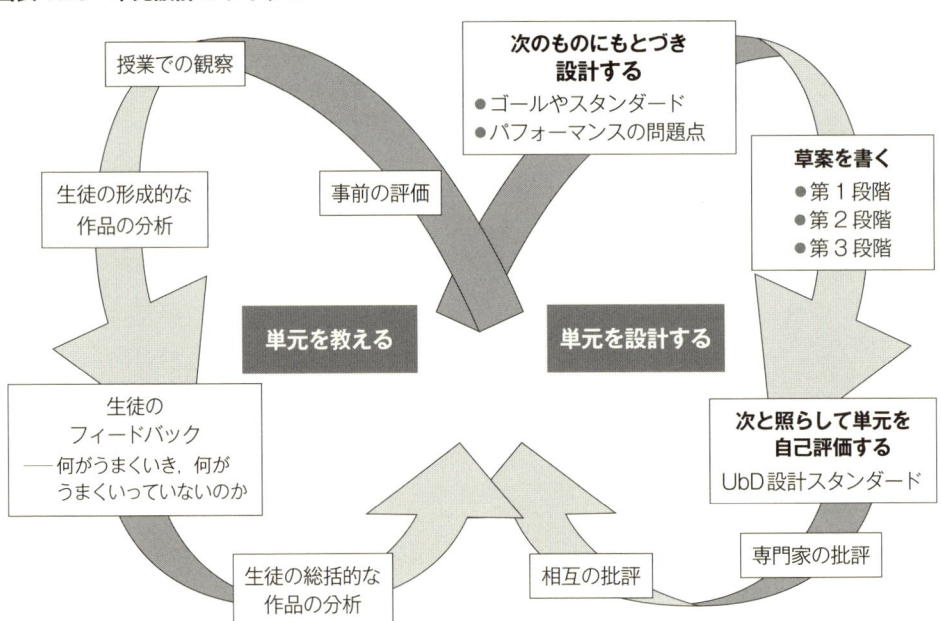

図表 11.9　単元設計のサイクル

■ こんな誤解に注意！

「こんなに計画して設計する仕事をしてしまっては，私の自発性と指導可能な瞬間に対応する能力を減じてしまうだろう」とあなたは言うかもしれない。「そうではない」と私たちは考える。事実，その逆が正しい，と私たちは信じている。明瞭なゴールと核となるパフォーマンスにはっきりと焦点を合わせ続けることによって，意図的な，指導が可能な瞬間に，心をより集中させることができる。

最良の教師でさえ，時には自分の素晴らしい計画にあまりに熱中していて，流れを脅かすようなコメントを聞かなかったり，さっさと片づけたりしてしまう。しかし，そのとき彼らは自分の本当のゴールを見失っているのだ——本当のゴールは，**指導**ではなく**学習を実現**することである。一方，多くの教師が，ぶっつけでやる自分たちの傾向を，「流れに任せる」ほうがより生徒中心であると主張することによって合理化し，綿密に計画を立てる必要性を回避してしまう。だがしかし，そのような場合，生徒が何を持ち出そうと持ち出すまいと，その受動的な犠牲者となってしまう危険を私たちは冒している。それは，意図的設計によってもたらされた理解ではなく，「幸運によってもたらされた理解」である。

■ 調整を行う

　図表11.9が示唆しているとおり，授業や仕事仲間から離れて自分だけで単元を考え出すよりもずっとたくさんのことが設計には関わっている。私たちは，研究と開発の様々な局面でフィードバックを必要とする——何がうまくいっていて，何がうまくいっていないのかについての自己評価，仲間や専門的な批評家，生徒からのフィードバック，私たち自身の観察からのフィードバックである。さらに，私たちが教える特定の生徒たちを要因として考慮しない限り，設計を完成させたことにはならない。彼らのニーズ，能力，関心を診断的に事前に評価することは，仕事が成功するかどうかを最も決定づける部分である。学習者が誰であるか，また最近私たちと彼らがどのような経緯をたどっているかにもとづいて最後の瞬間まで単元を調整しない限り，WHERETOのT（学業を調整すること。つまり，学業を個性化し，おそらくは個に応じたものにすること）を真に全うすることはできない。加えて私たちはゴールをよりよく達成するために，現れた誤解，予期されていなかった困難な箇所，偶然の運のいい機会に照らして，設計を調整する必要がある。図表11.10は，診断的なフィードバックと形成的なフィードバックにもとづく調整プロセスの歩みを提案している。

　要するに，パスツール (Pasteur, L.) の有名な格言がここにあてはまる。すなわち，幸運は心構えのできた知性に味方するのだ。真に適切な指導可能な瞬間は，ゴールとそれらの達成の仕方を注意深く考え抜いた教師–設計者により目につくものとなり，より頻繁に訪れるのである。そして，内在的なジレンマを考慮して常にフィードバックを請い求めることによっ

図表 11. 10　設計とフィードバックの図

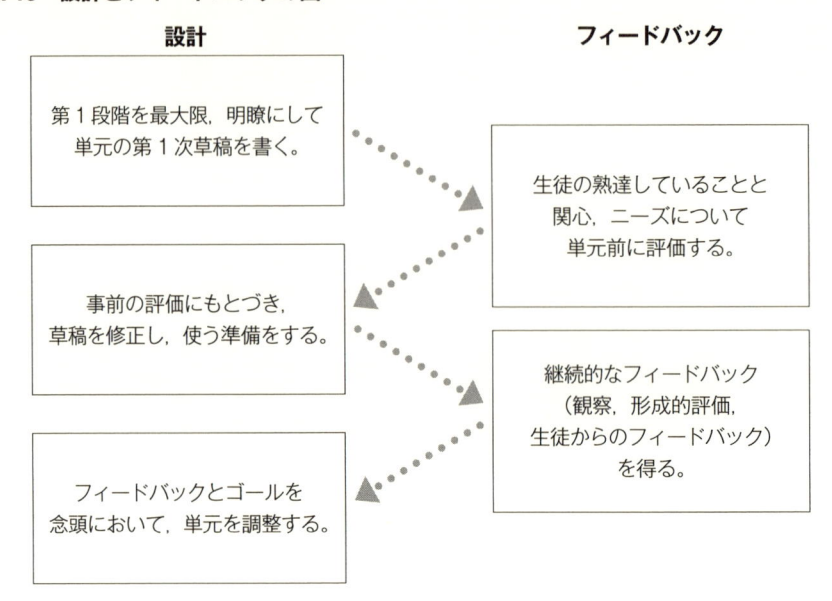

設計

- 第1段階を最大限，明瞭にして単元の第1次草稿を書く。
- 事前の評価にもとづき，草稿を修正し，使う準備をする。
- フィードバックとゴールを念頭において，単元を調整する。

フィードバック

- 生徒の熟達していることと関心，ニーズについて単元前に評価する。
- 継続的なフィードバック（観察，形成的評価，生徒からのフィードバック）を得る。

てのみ，設計と結果を向上させ，その目的を実現することができるのである。

　設計プロセスとそこに内在するジレンマを熟考したので，今や，ここまで検討してきたことをより大きな設計上の問いに応用することができる。単元が単なる建築用ブロック［基礎単位］だとすれば，建物［体系］全体はどのように見えるのだろうか？　単元設計の仕事に必然的に影響するに違いない包括的な観念，課題，スタンダードによって，単元設計はどのように特徴づけられるべきだろうか？　次に私たちはこれらの問いに取りかかろう。

第12章

全体的展望
——カリキュラムの枠組みとしてのUbD

> 教えられているどんな教科についても一つの規準として……次のことを問うかもしれない。
> その教材が十分に開発されていたとしても，
> そのことは大人が知っておくに値するものなのか，
> また子どもの時にそれを知っていることでより良い大人になれるものなのか。
> それら2つの問いに対する答えが否定的かまたは曖昧であるならば，
> その教材はカリキュラムを混乱させていることになるのである。
> ——ジェローム・ブルーナー『教育の過程』（Bruner, 1960, p. 52［邦訳：1963年，p. 66］）

> 与えられた経験によって以前は馴染みのなかった領域へと導かれていかない限り，
> そこには何の問題も生じない。ところが一方，問題は思考を促す刺激となる。……
> こうして獲得された新しい事実と新しい観念は，新しい問題が提示されてくる
> さらなる経験の基礎となる。そのプロセスは，絶え間のない螺旋である。
> ——ジョン・デューイ『経験と教育』（Dewey, 1938, p. 79［邦訳：2004年，pp. 127-128］）

　ここまで私たちは，単元設計のUbDプロセスに集中して論じてきた。これは，様々な理由から賢明なことである。単元は，教師にとって快適な設計の焦点となるものである——なぜなら，授業がバラバラになり，学習が過度に不連続になってしまうほど小さくもなく，また，手のつけようがないと思われるほど大きすぎたり，日々の指導を導けないほど範囲が幅広すぎたりということもない。

　しかしながら，どんな単元もそれ以前の学習の行程や1年間にわたる学年レベルのカリキュラム，さらにはより大きな教科課程の枠組みに適合する必要がある。したがって，あなた方の多くは，おそらく私たちのアプローチが論理的ではない（おそらくは真に逆向きですらない！）ことに気づかれただろう。それでは理解を強調する逆向きの計画を完全に反映するためには，どのように全体的展望，つまり「マクロ」のカリキュラムを考案し実施すべきなのであろうか？

　系統的で複数年にわたるカリキュラム設計について完全に記述することは，本書の範囲を超えている。代わりに本書では，個々の教師の単元から生じる問いに焦点を合わせよう。すなわち，マクロ・レベルにおけるどのような設計の仕事が，単元設計をより効率的で一貫性のある効果的なものにするのだろうか？　私たちが答えとして予想できるのは，「逆向き設計」とUbD単元テンプレートに見つけられるのと同じ鍵となる要素を用いた**科目のシラバ**

スと**教科課程**の枠組みである。もっとはっきりと言えば、教科課程と科目は**本質的な問い**、**永続的理解**、鍵となるパフォーマンス課題とルーブリックという観点から捉えられ、組み立てられるべきだ、と私たちは勧める。これらの包括的な要素は、包括的であるからこそ、すべての単元の青写真、および単元間の関係性の青写真として役立つ。

◾ どれぐらい大きければ大きいのか？

　私たちはこれまでの章の中で、問いと理解の理想的な範囲(スコープ)はどのようなものか、あるいは包括的な要素とトピックごとの要素とをどうすればよりはっきりと区別できるのかを全く特定してこなかった。もっともなことだが、あなた方はこの事実にやや苛立っていることだろう。ここで、「『重大な観念』はどれぐらいの『大きさ』であるべきか？」という問いは科目や教科課程のゴールから切り離しては答えられえないのだ、と言っておきたい。いくつかの観念は**実際**、明らかに他のものと比べて「より大きな」ものである——つまり概念的により一般的で、より大きな転移可能性と影響力を持っている。そのように大きな範囲に関わっている観念は、科目の学習課題と教科課程全体の位置を定めるだろう。ほとんどの複雑な観念については、単一の単元で十分に取り扱うことができるなどということはありえない。

　したがって、核となる観念と評価課題について合意することによって——これが学区のカリキュラム・チームによってなされるのであれ、学校の教科チームや学年チームによってなされるのであれ——単元設計者の道はかなり明るくなる。またその結果、単元が個々に設計された場合にもたらされるような支離滅裂さが、カリキュラムから取り除かれる。図表12.1は、私たちのマクロな設計の展望を図解したものである。

　図表12.2［326ページ］は、ある学区が重大な観念と本質的な問いを中心として組み立てた米国史の年間シラバスの実例を示している。これにより、個々の単元はこの総合的な傘の下に組み立てられることとなる。

◾ 科目と教科課程の基礎としての本質的な問い

> 最も重要な〔影響〕は、おそらく、科目概要とカリキュラム・マップ[i]についての
> 学区のモデルである。……私たちは、鍵となる構成要素としての
> 永続的理解と本質的な問いによって、すべてのカリキュラムを位置づけている。
> ——ドロシー・カタウスカス、ペンシルバニア州ニュー・ホープソールベリー教育長補佐

---

i) カリキュラム・マップとは、教える内容のトピックなどを、日程を明示した計画表に配置したものである（マクタイ氏から訳者への電子メールより）。なお、次のウェブページには、UbDの考えにもとづくカリキュラム・マップの例が掲載されている（http://nufsd-public.rubiconatlas.org/Atlas/Public/View/Default）。

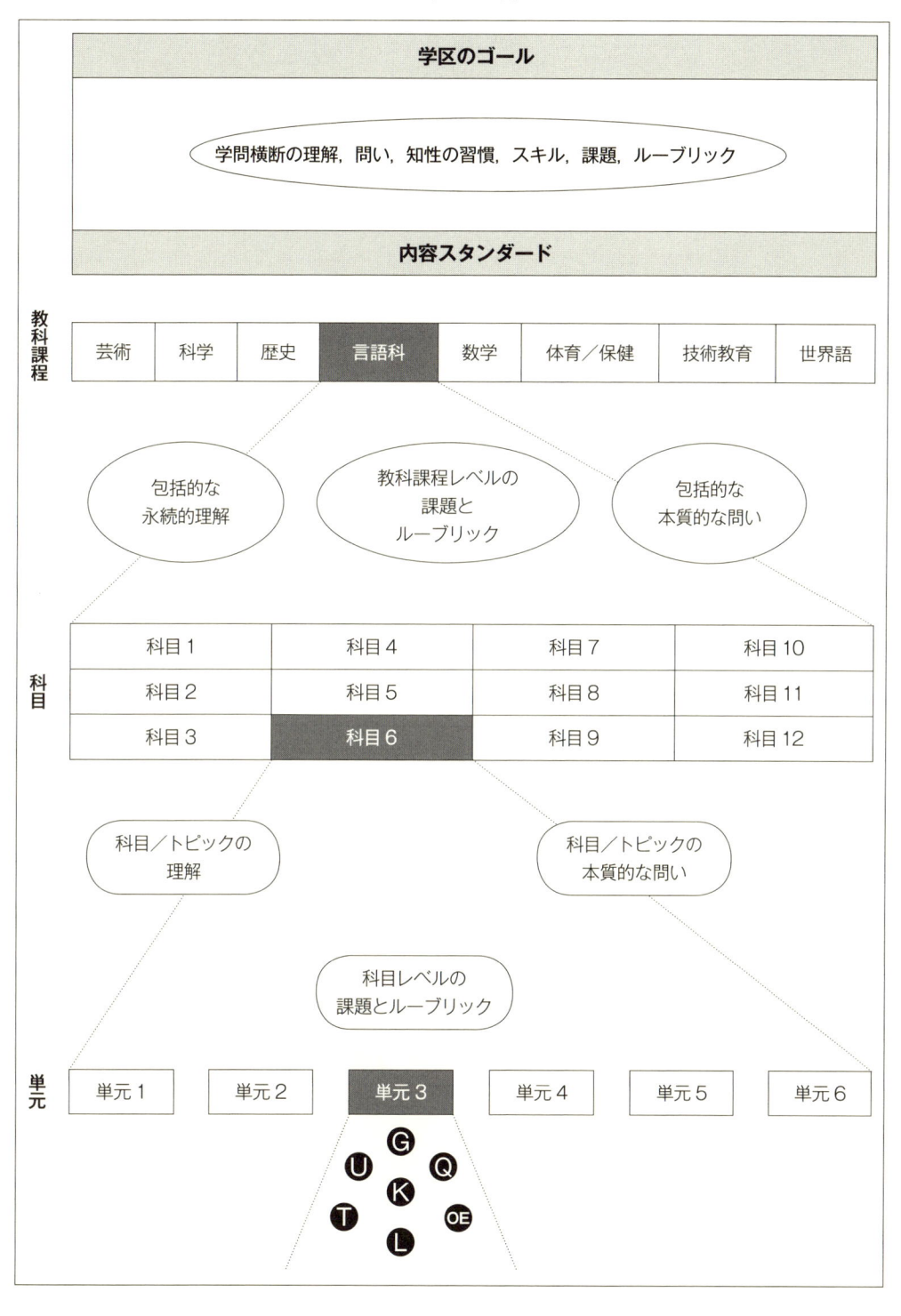

図表 12.1　UbDカリキュラムの枠組み──マクロとミクロ

学区のゴール

学問横断の理解，問い，知性の習慣，スキル，課題，ルーブリック

内容スタンダード

教科課程： 芸術 / 科学 / 歴史 / 言語科 / 数学 / 体育／保健 / 技術教育 / 世界語

- 包括的な永続的理解
- 教科課程レベルの課題とルーブリック
- 包括的な本質的な問い

科目：

科目1	科目4	科目7	科目10
科目2	科目5	科目8	科目11
科目3	科目6	科目9	科目12

- 科目／トピックの理解
- 科目／トピックの本質的な問い

科目レベルの課題とルーブリック

単元：単元1　単元2　単元3　単元4　単元5　単元6

Ⓖ Ⓤ Ⓠ Ⓚ Ⓣ ⓄⒺ Ⓛ

[Ⓖ=goals　Ⓤ=enduring understandings　Ⓠ=essential questions　Ⓚ=knowledge
Ⓣ=performance tasks　ⓄⒺ=other evidence　Ⓛ=learning plan]

図表 12.2　UbDカリキュラム計画の実例——第 1 段階

第 7 学年の米国史

科目の理解	科目の本質的な問い	科目のスキル
生徒は、次のことを理解する。 ● 独立宣言と憲法の前文は、なぜ私たちが政府を必要とするのかに関する理想と、政府の意思決定を導くべき原理を確立した――この枠組みに照らして、私たちは国家の進歩を評価し、改善の方法を提案することができる。 ● 進歩はしばしば何らかの代償によって得られるものであり、その程度によって、歴史が成功しているかを判断される。 ● 特定の個人が――選出されたリーダー以外の人々でさえ――歴史に根本的な影響を与えることがある。 ● 米国は、経済的・地理的利害関係が変化するに従って、孤立主義政策を放棄した。そして、支配的な世界的大国となり、新たな挑戦と責任を担うこととなった。 ● 一般的な福祉を促進させ、政府は市場を自由に機能させる必要性と、公共の利益を保護するために統制する必要性とのバランスをとろうと試みてきた。 ● 地理は、私たちの国家の経済的・政治的・社会的発展に影響を与え続けている。 ● 米国史全体を通して、戦時の恐怖や、安全保障への脅威と見なされるものによって、何らかの市民的自由が否定されることがあった。 ● 米国文化はその時代の出来事を反映しており、米国人の自己認識を形づくる。 ● 憲法の追認は、政府の権力に関する論争を終わらせなかった。むしろ過去に出現し、そして今なお出現し続けている経済的・地域的・社会的・イデオロギー的な緊張は、憲法の意味と、州の権利と連邦の権力の適切なバランスをめぐる論争を助長していく。 ● 市民権と平等権に対する、政府と公共の責務が進展した。	1. 米国は、あるべき姿の国家となっているのだろうか？ ● 進歩の代償は何か？ ● どのように個々人は違いを生み出すのか？ ● どのようにして米国は世界的大国となったのか？ ● どのような論点によって、私たちが外交問題に関わるかどうかが決まるのか？ ● なぜ米国は、伝統的な孤立主義外交政策を放棄したのか？ ● 憲法で述べられている理想への責務は、国境を越えて拡張すべきなのか？ ● 一般的な福祉を推進する政府の責任とは何か？ ● 政府は経済活動にもっと干渉すべきなのか、それとももっと干渉を控えるべきなのか？ ● 地理は歴史にどのように影響しているのか？ ● 歴史的に見て、なぜ安全保障と自由との間には葛藤があるのか？ ● 米国の文化的アイデンティティは、時を経て、どのように変化してきたのか？ ● 州の権利と連邦権力との間の葛藤は、時を経てどのように繰り返されているのか？ ● 「正義を実現する」ことへの政府の責務は、時を経て変わってきたのか？ ● 「正義」の定義は歴史的に見るとどのように、より包括的なものへと変わったのか？	生徒は、歴史的・地理的分析のためのスキルを発達させる。これには次の能力が含まれる。 ● 米国史における出来事と生活についての理解を高めるため、一次資料と二次資料の文書を識別し、吟味し、解釈する。 ● 過去と現在の間に関連づけをする。 ● 植民地時代から現在に至るまでの米国史の重要な出来事を、順番に並べる。 ● 多様な歴史的観点から観念と出来事を解釈する。 ● 口頭と筆記で論点を評価し、論評する。 ● 地図、図解、表、見取り図、グラフを作る。 ● 陸と水の地形、気候の特徴、歴史的な出来事の関係を説明するために、地図を分析して解釈する。 ● 政治的な漫画、政治的な広告、絵、その他の視覚メディアを分析する。 ● 関連する情報と関連していない情報とを区別する。 ● 正確さの点から検討し、事実と意見を区別する。 ● 問題を明確にし、解決案を勧める。 ● 書くこと、話し合い、ディベートにおいて立場を選び、それを擁護する。

[出典] マーク・ワイズ (Wise, M.) と中学校社会科チーム、ニュージャージー州ウエストウィンザー・プレインズボロ。

第12章 全体的展望

　本質的な問いには，包括性と繰り返す性質があるため，教科課程と科目というマクロなカリキュラムを組み立てるのに理想的に適合するものとなっている。その性質により本質的な問いは通常，単元を特定しないような重大な観念に焦点を合わせる。それらはおそらくたくさんの単元を通してのみ，そして場合によっては何年にもわたる研究を通してのみ，適切に取り扱われうるものである。実践的に言ってこのことは，本質的な問いを用いることで個々の単元が適合するような科目と教科課程の基幹が提供されることを意味している。次の例は，カリキュラム全体を組み立てるのに本質的な問いを用いることで，どのように単元設計の仕事がより簡単になり，また生徒にとってより一貫性のあるものになるかを明示している。

　2人の歴史学者（Burns & Morris, 1986）は，米国憲法を理解する方法として次のような本質的な問いを提案しているので，検討してみよう。米国史のあらゆる科目において，これらの問いは，それぞれの単元の詳細を通してどのように扱うことができるか，考えてほしい。

連邦の力は強すぎるのか —— それとも弱すぎるのか？ 憲法によって与えられている連邦政府の権限の制限は，現実的で実施できるものなのか？
連邦主義はうまくいくのか？ 憲法は，連邦の権限と州の権限の間に，効率的で現実的な均衡を保っているのか？
司法部門は力が強すぎるのか？ 裁判所は，憲法の解釈者と公的政策の形成者として，適切にその権力を行使しているのか？
自由と防衛は均衡が取れるのか？ どのようにして共和党政府は，市民の自由を危険にさらすことなく，連邦の防衛を準備することができるのか？
「すべての人間は平等につくられている」とはどのような意味なのか？ どのような種類の平等が憲法により，どのような手段によって守られており，また守られるべきなのか？
女性と少数派の権利は適切に保護されているのか？
大統領は，交戦と外交の政策について，適切な権限を持っているのか —— それともその権限は過大なのか？
憲法上の抑制と均衡は多すぎるのか？ 政府の三権分立は，統治の行き詰まりを生み出しているのか？

　ここに，UbDの考え方を反映して修正された，大学の科目の2つのシラバスからの引用がある。1つめは商法，2つめは米国史に関するものである。

　学生は，授業において4つの問いに焦点を合わせることになる。
1. なぜ政府は特定の活動を統制するのか？ すべきなのか？
2. 政府の政策策定に関わる行為者は誰なのか，また彼らはどのような権力の基礎にもとづき従事しているのか？
3. 政府の規制はどのように施行されるのか？

4. 法と法を解釈する司法の意見は，どの程度，政府の規制の基底にある政策を反映しているのか？

この科目で扱うことはすべて，次の問いのうちの１つ以上を扱うものである。
　　1. 米国史における物語とは何か？
　　2. 歴史家は，どのように自分たちが語る物語を構成し評 価(エバリュエーション)するのか？
　　3. なぜ歴史を学ぶのか？

　どんな科目も教科課程も，同様に組織されるだろう。ここに，芸術科課程を組み立てる際に用いることのできる，包括的な問いがある。
- どのようにして芸術家は社会に影響を与えるのか？　どのように社会は芸術家に影響を与えるのか？
- 何によって芸術は「偉大」になるのか？　美とは何か？　好みとは何か？　両者は関係しているのか？　それらは重要なのか？
- 異なる美の概念は，どのように作品に影響するのか？
- 異なる時代の芸術家は，どのように類似したテーマを提示するのか？　芸術は時代ごとにどのように変化するのか？　芸術家は自分のアイデアを表現するために，どのように，そしてなぜ道具，技法，材料を選ぶのか？
- 芸術家は何によって動機づけられるのか？　どこでどのようにして芸術家はアイデアを得るのか？　芸術的なプロセスは第一義的には直観的なものなのか？　芸術家は育てられてなるものなのか，それとも生まれついてのものなのか？　芸術家は知っているものなのか，それとも知るべきものなのか？　その答えは重要か？
- 私たちはどのようにして芸術作品を「読みとる」のか？　芸術は意義深く説明されうるのか？　批評されうるのか？　芸術は説明され批評される必要があるのか，それともそうしようとすることによって台無しになるのか？
- 芸術家は，観客や社会に対して責任を負っているのか？
- 芸術にはルールがあるのか？　誰がそれらをつくるべきか？
- そもそも私たちは芸術表現を非難したり制限したりすべきなのか？

そして，次に示すのは，数学科課程を形づくるのに使うことのできる包括的な問いである。
- それはどのような種類の問題か？　行き詰ったら何をすべきなのか？　済んだかどうか，どのようにして知るのか？　最もうまく問題を解く人は，何をするのか？　私たちは……をどのように示すだろうか？　他の方法では（別のやり方では）？　私たちはどのようにして部分／全体の関係を最も上手に表すだろうか？　パターンか？　帰結か？
- 数とは何か？　すべてのものは量化されうるのか？　数がなかったら，または数を使うことができなかったら，何ができなかっただろうか？　なぜ負の数があるのか？　無理数は？　虚数は？
- ここでのパターンは何か？　私たちはどれぐらい確信しているか？　どのようにして私

328

たちはパターンを見つけるのか？　何によってパターンは明らかになりうるのか？　どのようにしてそれらは誤解を招きうるのか？
- 数学的なモデル化の長所と限界は何か？　モデルはどのようにして物事を明らかにするのか，またどのようにして物事をゆがめるのか？　数（データ）はどのようにして人を欺いたり，誤解させたりしうるのか？　正しい答えが問題に対する最良の解決策でないのはどのような場合か？
- 測るものによって測り方はどのように影響されるのか？　測り方はどのように結論に影響するのか？　見積もりが計算より良いのはどのようなときで，そうでないのはどのようなときか？　どのような場合に単純化が役立つのか？　有害なのは？　いつ私たちはサンプリングすべきか？　そうすべきでないのはいつか？　どれぐらいの量，または数（のサンプル）で十分なのか？
- あなたはどれぐらい確信しているのか？　ありそうな誤差の範囲はどのようなものか？　それはどれぐらい正確（精密）か？　どれぐらい正確（精密）である必要があるのか？　証拠は何か？　私には証拠があるか？

典型的なカリキュラムの枠組みは，個別的な内容知識とスキルのリストを強調する。これは，機械的にまた過度に講義形式で物事を「網羅」することを，教師にそれとなく勧めるという効果を持っている。そのようなやり方は，魅力，一貫性，効果という点でより劣ることを私たちは知っている。内容ではなく本質的な問いを中心にカリキュラムを組み立てることにより，物事を結びつけ思考を刺激する，そして繰り返す探究が，より適切に学習経験の中心に位置づく。図表12.2に示した歴史の枠組みの開発を導いた社会科指導主事マーク・ワイズが述べているとおり，「UbDは指導と学習の哲学だ。いったん『それがわかる』と，切れ切れの活動を生み出すことや，より広い文脈なしに事実を網羅することへ戻るのは，とても難しい」。

■ 学問横断の問い

ワークショップの参加者の多くが注目するとおり，学問を横断する設計を目的としていないときでさえ，本質的な問いはしばしばカリキュラムの境界を飛び越えるものである。先述のリストから2つの例を取り上げてみよう。パターンは何か？　そのプロセスは第一義的には直観的なものなのか？　これらの問いは，数学の問題解決にも，**そしてまた芸術的な表現にも**関連している。これは，内容ではなく問いを中心にカリキュラムを組み立てることの大きな長所の一つである。良い問いによって，学業がより興味深く実りある関連と意味を生み出す可能性が高くなる。

そこで，さらに普遍性を高めたレベルでの本質的な問いについて考えてみよう。マッカーサー・フェロー賞[ii]受賞者のデボラ・マイヤー（Meier, D.）によって創設されたニューヨークのセントラル・パーク・イースト中等学校[iii]は，そのカリキュラム全体を，生徒が内面化す

べき鍵となる「知性の習慣」として意図されている本質的な問いを中心に組み立てている。

すべての教室，あらゆる教科において，生徒は次の問いを投げかけ答えることを学ぶだろう。
- 私たちは誰の視点から見たり読んだり聞いたりしているのだろうか？ どのような角度や観点(パースペクティブ)からか？
- 私たちは，自分たちが知っている場合をどのようにして知るのか？ 証拠は何か，そしてそれはどのぐらい信頼できるのか？
- 物事，出来事や人々はどのように互いに関連しているのか？ 何が原因で，何が結果か？ それらはどのように互いに適合するのか？
- 何が新しくて，何が古いのか？ 私たちはこの観念に以前，偶然出合っただろうか？
- だから何なのか？ なぜそれが重要なのか？ それはすべて何を意味しているのか？

『ベーシックスクール』の中で，カーネギー教育振興財団の前代表アーネスト・ボイヤー(Boyer, E.)は，学問横断の「核となる共通性(core commonalities)」とそれに伴う本質的な問いの基礎の上に教育を築くことを提案した。ここに，すべての小学校と中学校の学年を通して探究されるべきだとされた問いの例がある。

人は誰もが，様々な集団の一員である。
- 私は生まれたとき，どの集団に加わったのだろうか？
- 今，私はどんな集団に所属しているのだろうか？
- なぜ人は集団に属するのだろうか？
- 私は集団から離れられるのだろうか？ (Boyer, 1995, p. 90 [邦訳：1997年, p. 117])

さらにもう一つの例は，国際バカロレア(IB)初等学年プログラム(Primary Years Program: PYP)からのものである。IB PYPのプログラムにおけるすべての単元は，次の本質的な問いのうちの1つ以上を扱わないといけない。

- それはどのような様子なのか？
- それはどのように機能するのか？
- なぜ，それはそのような様子なのか？
- それはどのように変わっているのか？

---

ii) マッカーサー・フェロー賞とは，マッカーサー財団(The John D. and Catherine T. MacArthur Foundation)によって，きわめて優れた功労を収め，創造的な仕事をなし続けると見なされた米国市民・米国在住者に与えられる賞である。

iii) セントラル・パーク・イースト中等学校(Central Park East Secondary School: CPESS)は，1985年，ニューヨークのハーレムに創設された。最も成功した学校改革の事例として，全米に知られている。詳しくは，次の文献を参照。デボラ・マイヤー(北田佳子訳)『学校を変える力——イースト・ハーレムの小さな挑戦』岩波書店，2011年 (Meier, D., *The Power of Their Ideas: Lessons for America from a Small School in Harlem*, Beacon Press, 1995)。

図表 12.3　UbDを中心に組み立てられた体育のカリキュラム

重大な観念	永続的理解	本質的な問い	スタンダード
リーダーシップ	1人が違いを生み出しうる。	誰が力を持っており，どのようにそれを維持しているのか？	4b, 4c, 4d, 4e, 5c, 5d, 6b
コミュニケーション	言葉には力がある。自分自身について，穏やかに話せ。	いつ君は口を開くべきか？	4b, 4d, 4e, 5c, 6a, 6b
チームワーク	皆が君のように考えたり競技したりするわけではない。	**チーム**において，「私」が存在するのはいつか？私たちがある局面では勝っても試合に負けるのはいつか？	4b, 4c, 4d, 5c, 5d, 6a, 6b
探究	リスクをとることは，予想外の帰結を生み出す。	潜在的な落とし穴は何か？それらに対処できるのか？	1d, 5a, 6c, 6d
方略	どこに向かうかが，どうやって行くかよりも重要である。	どのような計画か？それは君にとっては，どういうことか？	2b, 2c, 2d
ルール	ルールは制限でもあり好機でもある。	ルールによって，君の競技の仕方はどのように変わるのか？	1b, 1c, 2a, 4a
健康	健康は，結果ではなくプロセスである。	健康な人はどう見えるのか？	3a-f
健康管理	君は，予防に努めなくてはならない。	君は自分の体を衰えさせているのか？　君の体が君を衰えさせているのか？	健康：けがと病気の予防 体育：3d, 3e
スポーツマンシップ	君が何をするかではなく，**どのようにするか**である。	何によって，試合は競技するに値するものとなるのか？	4a, 4b, 4d, 4e, 5c, 5d, 6b
競争	すべての試合は，君を強くしうる。	競争は，どのように君を動機づけるのか？いつ，限界を超えるのか？	1a, 4b, 4e, 5b, 5d, 6c
技法	最初は意図的に行う。次に自然にそうするようになる。	いつわかるのか？それまで君は何をするのか？	1a-d, 2a-d

- それは，他の物事とどのようにつながっているのか？
- 視点はどのようなものか？
- 私たちの責任は何か？
- どのように私たちは知るのか？

　重大な観念と本質的な問いを中心に組み立てられた枠組みは，人文科学などの内容に焦点を合わせた教科に限定される必要はない。図表12.3は，UbDの要素を中心に組み立てられた体育教育全体のカリキュラムの例である。

■ パフォーマンス課題によってカリキュラムを組み立てる

　私たちが強調してきたとおり，生徒の学力の確固たる証拠には，1年に1度の州テストによって提供されるような単一のスナップ写真以上のものが必要である。そして理解には，転移する能力の証拠を提供するような複雑な課題が必要である。したがって地域の評価計画は，理解の6側面を中心に組み立てられた，より質の高い応用に焦点を合わせたパフォーマンス課題を含む必要がある。だがしかし大半のカリキュラムの枠組みは，評価方法を無視しているか，不十分にしか扱っていない。カリキュラムに関する明細には，そのゴールを具体化するパフォーマンスの達成目標 ── 評価方法とルーブリック ── についての明瞭さが必要であるにもかかわらずである。

　そこで，マクロのカリキュラムを組み立てるもう一つの方法は，何を媒介とするものだろう ── 評価方法である！　生徒が習得しなくてはならない鍵となるパフォーマンスのタイプやジャンルは何か？　図表12.4は，ニューヨーク州グリースの例を示している。そこでは中等教育の英語科／言語科の教師が，四半期ごとに用いる書き方に関する評価方法について学区全域で合意した。これらは，共通のルーブリックで審査されるものである。それぞれの生徒は，図表に示された各ジャンルについて書き方の課題2つを完成させる。学区全体のプロンプトが各学年，各ジャンルについて1つの課題に用いられる。共通の評価方法について，このように調整された焦点を持つことによって，書き方についての**指導**プログラムにより大きな一貫性が生まれ，ひいては生徒のパフォーマンスも向上した。

　アルバーノ大学は，25年以上もこのようなやり方でカリキュラム全体を設計してきた。一般的なコンピテンスの8つの領域について，学科領域と学問横断のゴールが組み立てられている。教授は，二重の役割を担っている。彼らは，学科において科目を設計し指導することに加えて，コンピテンスの8つの領域についての評価方法を設計する委員会で働いている。これには，2つの強力な利点がある。各教授は，全般的な使命との関連で自分の役割についてより大きな用語で考えるようになる。また，学科に焦点を合わせた典型的な科目設計において，コンピテンスが見過ごされることもなくなる。

　カリキュラムを本質的な問いを中心に組み立てることの利点は，問いによって自然に正しい種類の高次の評価課題が示唆され，ひいては地域のカリキュラムにしっかりとした根拠が与えられることにある。最も適切なパフォーマンス評価の方法を立案する実践的な方略は，何らかの特定の評価に対し一般的な「明細」を提供するような本質的な問いを創造することである。そうすれば，商法と米国史についての2つの大学の例に見られたように，どんな年齢の生徒に対しても率直に一貫して，次のように言うことができる。「この科目の最後まで，私たちは様々な視点からこれらの問いについて検討します。そしてあなたたちは，様々な種類のプロジェクトとパフォーマンスに取り組むことになります ── だから，それらを常に念頭においておくようにしてください。」

　第一義的にスキルに焦点を合わせている科目については，本質的な問いがやや概念的だったり哲学的だったりするように思われるならば，それらのスキルを聡明に活用することを必

図表 12.4　書き方に関する学区全体の評価計画

学年	解説的	説得的	文学の分析	創造的／表現的
6	研究レポート	政策方針書	状況や対立に関する文学の小論文	オリジナルの神話
7	自伝	政策評価	登場人物に関する文学の小論文	個人的な作文
8	研究レポート	問題／解決策の小論文	象徴的意味に関する文学の小論文	フィクションの物語
9	原因／結果の小論文	社説	複数の文学的要素に関する分析	詩
10	研究レポート	社会問題の小論文	批判的なレンズを通した小論文	歴史的な人物
11	定義づけの小論文	論争的な小論文	比較ジャンルの小論文	パロディ／風刺
12	研究レポート	政策方針書	文学批評に対する応答	アイロニー

【出典】ニューヨーク州グリース，グリース中央学区，教育課程・指導局より改作。

要とするような鍵となるパフォーマンスへの挑戦に関連する問いや問題を確認しさえすればいい。数学においては，2つの問い──「そこで，パターンは何か？」，また「このことはどのようにモデル化されるべきか？」──によってカリキュラム全体が組み立てられうる。ただしそれには，私たちが生徒に，それらの問いに適合し，求められているスキルを必要とするような，注意深く設計された問題の組み合わせも提供することとなる。たとえば，図表12.4に示された英語科／言語科のジャンルに相当するものとして，数学の場合は，**混乱したデータの同じ組み合わせにもとづく同じ問題か類似した問題**を，各学年の生徒に示すことになるだろう。あるいは同じ基礎的な問題に対して，洗練さが様々なレベルの数学を横断するような答えが求められる（または支持される）可能性もある。たとえば，「M&M'sチョコレートを大量に出荷するための理想的な包装はどのようなものか？」という問いに示唆されているようにである。このような挑戦もまた，個別的な事実とスキルにもとづく現在の評価項目よりもずっと，生徒たちを見きわめることを可能にしてくれる。

　柔軟な方略を用いる評価課題によって科目を組み立てることは，歴史のように内容が詰まった科目を扱う際に，とりわけ有用なものでありうる。ここに，ニューヨーク州の世界史スタンダードに合うように設計された例がある。

1. 世界的な聖地を訪問するような旅行を設計し，正確な地図を付けなさい。巡礼者のために，地方の規範や習慣，礼儀作法を記述するガイドブックを作りなさい。また，最も経済的な道筋と交通手段を分析しなさい。さらに，主要な場所について，仲間に興味を持たせるような短い歴史書，および注釈のついた著書目録（他の生徒にお勧めの文献）を書きなさい。
2. アフガニスタンやイラク，出現しつつある民主主義国家において用いられるような，

権利の章典を書きなさい。過去の試み（例：米国の権利章典，国際連合の決議文，国際司法裁判所）とそれらの長所・短所に言及し，意見が一致することが必要であることをシミュレーションするため，仲間や大人の多彩な集団から[同意の]サインをもらいなさい。

3. 国務長官のために，ラテン・アメリカについてのレポートを用意しなさい。ラテン・アメリカの国を1つ選び，政策分析と背景レポートを提出しなさい。私たちの現行の政策はどのようであるべきであり，その国についての近年の政策はどれぐらい効果的だったのか？

4. 米国の中東における政策を他国がどのように見ているかについて，インターネットからマスコミ報道を集め，分析しなさい。それらの報道の正確さと影響力についての自分のコメントを添えて，大統領のために，報道の切り抜きのコピーの「概要書」をまとめなさい。米国の中東に関連した最近の政策決定に対する世界の反応を要約するような，様々なニュース放送のクイックタイム[iv]・ビデオを作りなさい。

5. 米国の移民の性質，なぜ世界中の人々がここに移動してきたのかという理由，人々が今では移民を制限したり限定したりしようとしている理由を強調するために，パワーポイントのグラフィックスを添えて口述の歴史を作りなさい。最近の米国移民にインタビューして，なぜ彼らが母国を去り，ここに来たのかの理由を記録しなさい。移民を制限したいと思う人々にインタビューして，彼らの家族がどのように米国に来たのかについて尋ねなさい。今では何が同じで何が違う，と彼らは考えているのだろうか？

6. ヨーロッパの一国における地理と経済の関係，およびその国が新しいヨーロッパ経済共同体の構成員となった影響を説明するような，貿易ショーの展示を計画しなさい。

7. アフリカの国から訪問している主席が，米国とアフリカの関係史について語るスピーチと，米国の国務長官による返答を書いて，ビデオテープに録画しなさい。

8. 国際連合のイラクに対する支援，中東における米国の役割，または地球温暖化といった，地球規模での重要性を持った論争的な問題についての正式なディベートに参加しなさい。

9. それぞれが1つの国を表現するような2, 3人の生徒から成るモデル国際連合を組織し，テロリズムについての防衛委員会決議を通過させなさい。

10. 現在のロシアの状況，前世紀における米国とロシアの関係，将来の心配と可能性についての簡潔な状況説明を，外交委員会に提出しなさい。ロシアは敵か味方か？

11. インドとアウトソーシング[外部委託]についてのレポートを用意しなさい。グローバル経済はどの程度，米国にとってよいものなのか？ インドにとっては？ インドの近隣国にとってはどうか？

---

iv) クイックタイム（QuickTime）とは，動画や音声などを扱うためのフリー・ソフトウェアである。アップル社が開発した。

課題からルーブリックへ

　核となるパフォーマンス課題を開発することは，自然と，それに付随する採点用ルーブリックの選定か設計へとつながる。学区や学校全体で，教師**および**生徒によって常に用いられるような 30 のルーブリックを中心に組み立てられたシステムの効力を想像してほしい。たとえば，次のようなパフォーマンスの規準について，**システム全体**での採点用ルーブリックが存在していると想定してみよう。

効果的な	意図的な	正確な
明瞭な	効率的な	的確な
優雅な	持続的な	裏づけられた
優美な	（自己）批判的な	実証された
巧みに形づくられた	思慮深い	焦点が合わせられた
うまく提示された	注意深い	洞察に満ちた
組織された	敏感な	流暢な
綿密な	秩序だった	熟達した
一貫した	磨き上げた	熟練した

この組み合わせは，特定の課題のために黒丸などの指標をつけて，必要に応じて修正されうるが，生徒が良質の作品の性質について一貫したメッセージを受けとることができるよう，より一般的な枠組みはそのままにされる。下記は，「明瞭さ」という規準に対するルーブリックの例であり，ポスターに関する第 3 学年の課題に対する一般的な期待が，どのように解釈されうるかを示した箇条書きの項目とともに示している。

明瞭さ

6　著しく明瞭に伝達されている。言葉は洗練されており，的確である。文の構造は多彩で複雑である。語法は正確である。技巧とスペリングに間違いは少なく，あったとしてもレポートの流暢さを妨げていない。作品は綿密で論理的に展開しており，意味に曖昧さはない。作品の意図は，形式と内容についての並外れた制御により達成されている。

- わぁ！　本当に明瞭だ。あなたが言おうとしていることが，まさしくよくわかる。構成の仕方，色のつけ方，物事の書き方や使っている単語によって，あなたの「重大な観念」に注意が惹きつけられる。
- ポスターには何ら乱雑さや混乱がない。素晴らしい筆跡，図版，空間の使い方である。
- スペリングや文法上の間違いは全くない。

5　明瞭に伝達されている。言葉は適切で的確である。文の構造は多様である。語法は正確である。技巧とスペリングの間違いは少なく，あったとしてもレポートの流暢さを妨げていない。作品は論理的に展開しており，意図されている意味に曖昧さはない。作品は，よく考え抜かれたメッセージや意味，およびそれを最もよく伝える方法についての制御がよくとれていることを示している。

- 明瞭なポスター。あなたのメッセージは，難なくわかる。あなたの「重大な観念」が何なのかを明らかにするよう，整然と上手に構成されている。
- スペリングや文法上の間違いは全くない。

4 おおよそ明瞭に伝達されている。言葉は適切だが，常に十分に的確だというわけではない。文の構造は多様である。語法，技巧やスペリングに最小限の間違いがあるが，レポートの流暢さは妨げられていない。曖昧な部分や不確かな部分，さもなければ識別しにくい言葉（とりわけより微妙だったり複雑だったりする観念に関わるもの）の例がいくつか見られる。しかしながら，作品は考え抜かれた意味を示唆している。

- かなり明瞭なポスター。あなたのメッセージはわかるが，混乱させられる点がいくつかあるかもしれない。
- 全般的に見て，あなたの意見を支持する良いデザインだが，ところどころ何が最も重要なのかに確信が持てない箇所があるかもしれない。
- スペリングや文法上の小さな間違いが1つか2つあるが，困惑させたり混乱させたりはしない。

3 いくらか明瞭に伝達されている。言葉は不適切であり，必ずしも課題の要求にうまく適合していたり対応していたりするわけではない。文の構造は，おおよそ正確である。語法，技巧やスペリングの間違いによって，レポートの流暢さが少し損なわれているかもしれない。重要なところで曖昧な部分や不確かな部分，さもなければ意味が識別しにくい部分が見られる例がある。鍵となる観念が不十分にしか展開されていなかったり，説明されていなかったりする。効果的に意味を伝達するのに不十分な作品であり，かつ／または意味が不十分にしか考え抜かれていないような作品である。

- いくらか不明瞭なポスター。レイアウト，単語や画像がわかりにくかったり混乱していたりするために，メッセージを見つけ出すのが簡単な水準には至っていない。あなたのメッセージを見つけ出すのが一苦労であり，皆が共通して「何が言いたいのか？」という反応を示すだろう。1つのリストにするには，多すぎる内容が盛り込まれているかもしれない。
- 要点から意識をそらせるような，スペリングや文法上の間違いがいくつかある。

2 不明瞭な伝達である。文の構造，語法，技巧，技法やスペリングに大きな間違いがあり，レポートの流暢さを妨げている。意図されている意味が識別できない箇所がたくさんある。意図されたメッセージを伝えるにはあまりに不的確，不適切，または未成熟な言葉が使われており，かつ／または意味が不十分にしか考え抜かれていないことを示唆するような作品となっている。鍵となる観念は関連づけられてもいなければ，展開してもいない。

- 不明瞭なポスター。仕事が混乱していたり不完全だったりするため，メッセージを見つけ出すのが難しい。
- 筆跡，スペリングや文法の間違いのために，単語を読み取るのが難しい。

1 解読が不可能ではないとしても，伝達は困難である。または，意図された意味や熟考された意味があるという証拠が作品にはない。

- あなたのメッセージが全く読み取れない。ここには十分な内容がない，**または**大きな寄せ集めがあるだけである。かつ／または，混乱させるような単語，画像，スペリングと文法の間違いがあまりにもたくさんある。

すべてのルーブリックと同様に，ルーブリックが自己評価，自己調整，教師の最終的な審査の理解に役立つものとなるためには，生徒は，それぞれの点数に対応する作品例を見ることができる必要がある。

長期的なルーブリックは，長期的な進歩を図にして示すために役立つ。英国は，スタンダードにもとづくナショナル・カリキュラムの一部として，様々な教科にそのような一組のルーブリックを用いている。ここに，5歳から16歳までの生徒の科学の理解が伸長していくレベルを記述しているルーブリックがある。

到達目標1：科学的な探究

レベル1　生徒は，観察した物体，生物，出来事の単純な特徴を適切に記述したり応答したりする。**たとえば，絵や単純な図を用いて自分の作品について話すなど**，簡単なやり方で見つけたことを伝達する。

レベル2　生徒は物事の発見の仕方についての提案に応答し，支援があれば，問いに答えるためのデータの集め方について自分の提案を行う。支援があれば，情報を見つけるために簡単なテキストを用いる。提供された単純な装置を用いて，課題に関連した観察を行う。物体，生物，出来事を観察し比較する。科学的な語彙を用いて観察結果を記述し，適切な場合には単純な表を用いてそれらを記録する。起こったことは自分が予想していたことだったのかを述べる。

レベル3　生徒は提案に応答し，問いに対する答えの見つけ方について自分の考えを提示する。問いに答えるためにデータを集めることがなぜ重要なのかを認識している。情報を見つけるために，簡単なテキストを用いる。関連する観察を行い，一揃いの単純な装置を用いて長さやかさといった量を測定する。いくらか支援を得つつ，適切な場合に公正な検査を実施し，なぜそれが公正なのかを認識し説明する。様々なやり方で観察結果を記録する。観察結果と，記録された測定値における単純なパターンについて説明する。発見したことを科学的なやり方で伝達し，作品における改善点を提案する。

レベル4　生徒は，科学的な観念は証拠にもとづいていることを認識している。自分自身の調査活動において，**たとえば問いに答えるために公正な検査を用いる**など，適切なアプローチについて決定する。適切な場合において，他の要因を一定に保ちつつ1つの要因を変更する方法を記述したり，または課題を実行する中で示したりする。適切な場合に，予想をする。提供された情報源から情報を選ぶ。課題に対して，適した装置を選び，適切な一連の観察と測定を行う。表と棒グラフを用いて，観察結果，比較，測定値を記録する。簡単なグラフを作るために点を図上に記入するようになり，データの中のパターンを指摘し解釈するために，これらのグラフを用いる。自分の結論をこれらのパターンおよび科学的な知識と理解に関連

づけ始め，適切な科学的言語でそれを伝達し始める。自分の作品の改善点を，理由を挙げて提案する。

レベル5 生徒は，たとえばキー・ステージ2ではジェンナーによる**種痘の研究**，キー・ステージ3ではラボワジェによる**燃焼の研究**のように，実験的な証拠と創造的な思考がどのように組み合わさって科学的な説明を提供するかについて記述する。科学的な問いに答えようとするときには，適切なアプローチを特定する。一連の情報源から選択する。調査が公正な検査に関わる場合，熟考されるべき鍵となる要因を特定する。適切な場合に，科学的な知識と理解にもとづいて予想をする。一連の課題のために器具を選び，それを効果的に用いるように計画する。課題に対して適切な精密さで，一連の観察，比較や測定を行う。観察と測定を繰り返し，自分が直面した何らかの違いについて簡単な説明をし始める。観察結果と測定値を系統的に記録し，適切な場合には折れ線グラフとしてデータを提示する。証拠と一致した結論を導き出し，それらを科学的な知識と理解に関連づけることを始める。彼らの作業方法がどのように改善されうるのかについて，実用的な提案を行う。質的・量的データを伝達するために，適切な科学用語と慣例表記を用いる。

レベル6 生徒は，認められたいくつかの科学的観念の証拠を記述し，科学者による証拠の解釈がどのように新しい観念の発展と承認へと結びつくのかを説明する。自分自身の調査活動において，適切なアプローチを決定するために，科学的な知識と理解を活用する。情報源を効果的に選んで用いる。その課題に対して，十分な測定，比較，観察を行う。細かい目盛りのついた器具を用いて，様々な量を正確に測定する。データと特徴を効果的に示せるように，グラフと図表での尺度を選ぶ。示されている主要なパターンに適合しないような測定値と観察結果を特定する。証拠と一致した結論を導き出し，それらを説明するために科学的な知識と理解を活用する。自分の作業方法がどのように改善されうるのかについて，筋の通った提案を行う。科学用語と慣例表記を用いて質的・量的データを伝達するための適切な方法を選んで用いる。

レベル7 生徒は，科学的な理論にもとづいていくらかの予想を記述し，それらの予想を検査するために集められた証拠の例を示す。自分の作品の中で，問いに対する適切なアプローチを決定するために，科学的な知識と理解を活用する。複雑な文脈や，条件が直ちに制御できないような文脈で，鍵となる要因を確認し，適切な手続きを計画する。一連の情報源からの情報を総合し，二次データにおいてありうる限界を明確にする。幅広い実験器具を用いて，系統的な観察と測定を正確に行う。信頼できるデータを得るために，いつ測定，比較，観察を繰り返す必要があるかを特定する。適切な場合には，最適な線を用いてデータをグラフで表す。証拠と一致する結論を導き出し，これらの科学的な知識と理解の活用の仕方について説明する。集めたデータが導き出された結論に十分なものかどうかを考察し始める。記号とフローチャートを含め，幅広い科学用語や専門用語と慣例表記を用いて，何をしたかを伝達する。

レベル8 生徒は，追加された科学的証拠に照らして変更する必要があった科学的な説明とモデルの例を示す。彼らは一連の情報源からのデータを評価（エバリュエーション）し総合する。異なる種類の科

学的な問いを調査するには異なる方略が必要であることを認識しており，自分の作業の中で適切な方略を選ぶために科学的な知識と理解を活用する。彼らは，質的な作業の中で，どの観察結果が関連しているかを決定し，適切な詳細を記録する。比較や測定において必要な精密さのレベルを決定し，変数間の関係を検査することを可能にするようなデータを集める。変則的な観察結果と測定値を特定して説明するようになり，グラフを描く際にそれらを考慮に入れる。証拠から結論を導き出すために，科学的な知識と理解を活用する。結果のグラフと表を批判的に考察する。見解の幅を自覚していることを示しつつ，適切な科学用語と慣例表記を用いて結果と論点を伝達する。

特に優れたパフォーマンス　生徒は，その後の実験で吟味された科学的な説明とモデルの例を示し，科学的な理論を修正する際の証拠の重要性を説明する。彼らは一連の情報源からのデータを評価し総合する。異なる種類の科学的な問いを調査するには異なる方略が必要であることを認識しており，自分の作業の中で適切な方略を選ぶために科学的な知識と理解を活用する。彼らは，関連する観察結果と比較の記録を取り，特に重要な点を明瞭に特定している。測定において必要な精密さのレベルを決定し，これらの必要条件を満足させるデータを集める。変数間の関係を検査するためにデータを用いる。変則的な観察結果と測定値を特定して説明し，グラフを描く際にそれらを考慮に入れる。傾向とパターンを解釈し，証拠から結論を導き出すために，科学的な知識と理解を活用する。結果のグラフと表を批判的に検討し，追加の証拠をどのように集めうるかについて，筋の通った説明を行う。不確かさの程度と他に様々な見解があることを自覚していることを示しつつ，適切な科学用語と慣例表記を用いて結果と論点を伝達する。(School Curriculum and Assessment Authority, 1995) [1]

　理解の6側面に関するUbDのルーブリック（第8章の図表8.3）は，他の発達的ルーブリックを組み立てるための枠組みとしても役立ちうる。類似の発達的ルーブリックは，すでに外国語について存在している。たとえば，全米外国語教育協会 (the American Council on the Teaching of Foreign Languages: ACTFL) は，話し方と書き方についての習熟の指針を開発した (ACTFL, 1999)。様々なルーブリックの体系は，リテラシーの発達もまた図示している。たとえば，早期幼児期研究者サミュエル・マイセルズ (Meisels, S.) によって共同開発された多項目の体系は，学年レベルごとのリテラシーの発達を指し示している。そこでは，幼稚園児は物語の中の次の出来事を予想する，1年生は新しい単語をとばすかもしれない，2年生は馴染みのない単語の意味を捉えるために絵を活用するだろう，と書き留められている。この多項目の体系は，幼稚園から第5学年までの発達に焦点を合わせている (Jablon et al., 1994)。

■ 理解のためのカリキュラムに「スコープとシーケンス」を応用する

> 子どもたちが、遭遇した事柄を再定義し、それをつくりなおし、
> 整理しなおす〔ような学業が提供されることは〕滅多に、ない。
> **反省する思考力 (reflectiveness) の育成は、**
> **カリキュラムを考案する際に直面する大きな問題の一つである。**
> 子どもたちが回顧的反省 (retrospection) の行使の後に生ずる
> 力と喜びを発見するよう、いかにして導くか。
> ——ジェローム・ブルーナー『認識の心理学』（強調は引用者による）
> (Bruner, 1957, p. 449 ［邦訳：1978年, p. 218］)

さて、重大な観念、核となる課題、発達的ルーブリックという包括的な枠組み——それが効果的なカリキュラムを組み立てるのに必要なすべてではないのか？　答えは、否である。このことは、ブルーナーからの引用、WHERETOについての議論、「看破」についての議論、重大な観念と核となるパフォーマンスについての焦点が示唆しているとおりである。**単元において再考することと継続的に（再）応用することが理解には必要だとすれば、カリキュラム全体についてはどういうことになるだろうか？**　スコープとシーケンスの論点は、マクロな枠組みが大きな重要性を持っていることを想定している——それは多くの教育者が実感しているよりもずっと大きい。

スコープとシーケンスにおける理想的な「配列（シーケンス）」についての問いは抽象的に聞こえるかもしれないが、第10章において単元の組織について議論したときに述べたとおり、一つの流れか別の流れかの影響は現実的で直接的なものである。たとえば、「この気化器のどこがおかしいのか？」という問いに答えるために、先輩の整備士が車のエンジン全体を分解して、ガレージの床に部品を並べ、それぞれのエンジンの部分と他の部分との関係について素晴らしい視聴覚教材とともに綿密な講義をしたら、見習いの整備士はそれを奇妙で役に立たないと思うだろう。それでも専門家は、それらの講義は自動車のエンジンについて関連するあらゆる情報を論理的かつ綿密に扱ったものだ、と主張しうるのである。

換言すれば、内容と指導方法が両方とも最も質の高いものでありながら、科目が効果的な学習を生み出すのには完全に失敗することがありうるのである。繰り返すパフォーマンスと重大な観念を念頭において学習を配列することは、カリキュラムの要素の質と同じように重要である——もし学習者の参加、理解、生産性がシーケンスを判断する規準だとすれば、おそらくもっと重要であろう。理解に関連する学習者のパフォーマンス・ゴールではなく、別々の内容の要素によって規定された流れにおいて、それぞれのトピックを見てまわるような科目やカリキュラムのシーケンスでは、学習者の理解という目的は危険にさらされている、と私たちは信じている。

ここに、重大な観念と核となるパフォーマンス課題についての議論を考慮すれば、スコー

プとシーケンスはどのようになる必要があるかをまとめる単純な方法がある。すなわち，教室での学業の流れは，運動場や芸術家のアトリエにおけるものと同じであるべきである。あらゆる事例においてゴールは，理解をしつつ**教科**することができるようになること――それ自体を目的としてではなく，その領域における鍵となる課題を取り扱うための手段として知識とスキルを獲得すること――である。そういうわけで，物理学について語っているのであれフィールドホッケーについて語っているのであれ，ゴールが賢明なパフォーマンスならば，学習のための全般的な論理は同じでなくてはならない。すなわち，(1) 明示的なパフォーマンス・ゴールから逆向きに設計し，学習者やパフォーマンスの結果（すなわち，理解の証拠）からのフィードバックに応じて学業を常に調整する。(2) パフォーマンスの要素（個別的な知識とスキルを学び活用すること）と，学習の優先順位を定め，正当化するような複雑な課題全体との間を常に，また頻繁に行き来する。(3) 指導されることと学習を応用しようとすることとの間を常に行き来する。(4) 先に進み，正式にパフォーマンスする準備ができる前にペナルティ［罰］がなく，結果から学ぶことを可能にするようなシーケンスである。

　私たちは，この論理はあらゆる領域におけるすべてのカリキュラムに適合すると，信じている。それでもあなた方の多くは直感的に，パフォーマンスにもとづく教科課程は本来，核となる内容領域とは異なっていると言って反対するかもしれない。しかし，先にふれたように，ワークショップの参加者たちが「最良の設計」の実践における学業の流れを描くように求められたら，内容にかかわらず，最良の学習にはパフォーマンス全体と個別的な知識とスキルの要素とを行き来する動きがある，それから明瞭なパフォーマンス・ゴールにもとづいて内容を絶えず応用することを伴う，と言ったことを思い出してほしい。教科が**何であれ**，私たちはたくさんの部分－全体－部分という学習のサイクル――試してみて，振り返り，調整すること――を進みきることによって最もよく学ぶ。私たちは，それを活用することができるようになるために過不足なく内容を学び，徐々に複雑な観念とパフォーマンスの局面に取り組むことによって進歩するのである。

　だがしかし，ほとんどのアカデミックな科目は，歴史的に，自動車修理についての先ほどの熟練整備士の行動のように組織されてきた。つまり，基礎から上級の題材へと進み，長い間――時には限りなく――応用は先延ばしにされ，参加も効果も損なわれてしまうのである。どういうわけか一般教養科目でそのようにしても，ガレージ，コンピュータ画面，バンド・ルームや運動場においてそうすることほどには愚かなことに思われないらしい。しかしこのことは，長年の習慣によって私たちがいかに判断力を失っているかを示している。科学，数学，歴史は，現実に実践されているように，再生された事実に単にチェック済みの印をつけていくことよりもかなり多くのことを含んでいる。私たちは，理由があって，**学問**〔ディシプリン〕という単語を用いているのだ。教科領域とは，究極的には**教科**すること――内容を**訓練**〔ディシプリンド〕されたやり方で活用すること――なのである。

　さらに，典型的な科目で昔から確立されている論理にはアイロニーがある。どれほどその**内容**が現代的であろうと，その**流れ**は通常学習に関する前近代的な見解にもとづいているのである。内容の論理によって組織された「知られていること」を進むのは，印刷機が存在す

る前，真実についての根深い公的な知的不一致が存在していた頃よりも前，そして教育が利用者である学習者の利益に供することをめざすようになった頃よりも前に用いられていた中世の伝統である。前近代の見解では，**理解**には，言葉へと論理的に組織された真実を受容し黙想することのみが必要だった――そのため一般教育は，どんな実践的な学習からも意図的に区別されたのである。

そこで私たちは，多くのカリキュラムの構造はひどく不適切であり，内容の組み立て方や伝え方を単に向上させただけでは，学習を理解に焦点を合わせたものにするには不十分であると提起する。事実，シーケンスに対する伝統的なアプローチにおいては，厳密で時宜を得ているからという名目で，より多くの内容を投入し「論理的に」追求すればするほど，学習者にとって重大な観念と核となる課題を把握することがより難しくなる。より「現代的な」パフォーマンスの領域（検討しているのが工学であれ，スペイン語，ビジネス，ジャズ・バンド，あるいは料理であれ）に見られるカリキュラムのシーケンスは，人々がどのように，またなぜ学ぶのかについて知っていることにより忠実であり，学習者の理解を（そして再生さえも）向上させようとするなら，すべての伝統的なアカデミックな領域に適用されるべきだ，と私たちは提案する。

■「内容の論理」と「内容を理解するようになる論理」の対比

内容を用いて**パフォーマンスする**ことを学ぶ論理が，**内容そのものの論理**とどれほど異なっているのかを明らかにしよう。単純な例を用いるために，ソフトウェアに熟達するために必要な学習の流れを検討してみよう。目的は，ソフトウェアをできるだけ早く生産的に用いることができるようになることである。多くの製造業者が，マニュアルを読んだり事実にはまり込みすぎたりしたくない人たちのために「はじめにお読みください」という小さな冊子を提供してさえいるではないか！　さらに，ソフトウェアのメーカーは一般的に，少なくとも２つの異なるマニュアルを提供する。すなわち，よくある日々の状況でソフトウェアを使って作業するためのマニュアルと，必要に応じて調べるための，あらゆる機能と問題解決手順を含んだより分厚いマニュアルである。より複雑なソフトウェアであれば，プログラムの鍵となる機能に馴染み，快適に使用するための実践的な手引書も提供されている。分厚いほうのマニュアルは，伝統的な教科書に最もよく似ていて，プリントの手引きの資料とは異なる構成になっている。分厚い参照用マニュアルでは，すべての機能は一つ一つ説明されている。手引書では，内容を徐々に複雑な応用の仕方で利用できるようになるという論理によって，流れが規定されている。

したがって，子どもですら複雑なソフトウェアの使い方を習得するのに，大学生が歴史や生物学を学ぶのに格闘しているのは，決して偶然ではない，と私たちは考える。自立した生産的な活用がゴールである場合，内容とシーケンスの両方へのアプローチは，情報伝達のあり方という点で劇的に変化する。これが，あらゆるアカデミックな学習においてまさに必要

なことである。利用者の視点から見ればソフトウェアの基底にあるコードとあらゆる機能のリストが「あれやこれや」であるのと同様に，学習の観点から見れば「教科」と呼んでいるものは「あれやこれや」なのである。このように私たちは，より広い世界で訓練について学ばれてきたことを，学究的な世界において見いだすことにはすっかり失敗してきたのである。要点は，最大限の転移可能性――単に物事を**学習すること**ではなく，物事を効果的に**活用すること**――である。パフォーマンスの必要性と優先事項は，内容を学習する際に用いられるタイミングとアプローチを規定する。学習のシーケンスは，訓練において用いられる参照資料の目次ではなく，鍵となるパフォーマンス課題によって組み立てられる。

　重ねて，この考えは全く新しいものではない。ホワイトヘッドは，およそ1世紀前にこのことを鮮やかに述べた。

　　　子どもの教育に導入される主要な観念を，数少ない重要なものだけにしよう。しかも，それらを可能な限り多くの結びつきの中に位置づけさせるようにしよう。そうすれば子どもはそれらを自分自身のものにすることができ，今ここでどう応用すればよいかを理解することだろう。……学者ぶる人たちは，役に立つ教育を嘲笑う。しかし，もし教育が役に立たないものならば，それは何なのか？　持ち腐れにするための才能なのか？……もちろん，教育は役に立つものであるべきなのだ。……理解が役に立つものであるからこそ，教育は役に立つものなのである。(Whitehead, 1929, p. 2 [邦訳：1972年，p. 3／1986年，pp. 2-3])

　ああ，数学，科学，あるいは歴史の教科書を見てほしい。活動，練習問題や図解を含んでいようと，教科書はソフトウェアの参照マニュアルのようだ。提示の仕方は基本的にトピックを順に進むものであり，何らかの意味のある活用や包括的な重要な問いからは切り離されている。活用に関連している特定のゴールに役立つ資料として扱われる代わりに，教科書は役立たずにも封印されたシラバスになる。そして不適切なことに，著者と使用者の目からは，形式であり内容でもあると見なされてしまう。

　この考え方によって，私たちは伝統的なカリキュラムの機能不全の特徴が，より明瞭にわかるようになるだろう。それらは内容に駆り立てられているため，真の優先事項を何ら明らかにしていない，と主張しても過言ではない。すべてのトピックはあらゆる他のトピックと等しいように見えており，パフォーマンスの必要性や学習者の誤解には無頓着な流れとなっている。対照的に本物の優先事項は，鍵となるパフォーマンス・ゴールに関連する繰り返す問いとして実体的になる。換言すれば，サッカーや芝居のコーチが，使うかもしれない何らかのリソース資料とは切り離して，別にパフォーマンスへのゴールを組み立てるのと同様に，優先事項を学ぶことは教科書とは別に設定される必要がある。私たちが単にトピックを網羅している場合，そのアプローチがいかに由緒あるものであれ，理解，コンピテンス，そして正確で時宜を得た再生ですら危険にさらされている。

　典型的なアプローチについては，煉瓦の積み重ねのように学習を捉える見解と呼ぶことが

できるかもしれない。煉瓦職人が単に言われたとおりに1つずつの煉瓦を積み重ねれば，理解の家ができるだろう。これは，学習がうまくいく方法では全くない。私たちは働き手として全体的展望，青写真を持っていなくてはならない。私たちは与えられたものの価値と意味を見るために，あれこれ試し，試験的に使ってみて活用しなくてはならない。学習は，煉瓦を積む作業というよりは，難しいクロスワードパズルを解いたり，頭の中で観念の彫刻をしたりするようなものである。全体ー部分ー全体の活動は非常に重要であり，要素の習得とその重要性についての問いを行き来し，その途中で必然的に再考することも同様に重要である。

　学習のシーケンスについて一つ一つ進むアプローチが図らずも有害であることをよりよく見るために，カリキュラム全体が1冊の本によって支えられた1つの科目に堕することを考えてほしい。すなわち私たちが今していることは，すべての学習を形式も内容も百科事典のように組み立てることと同等なのだ，と考えてほしい。そのように組織された要約は（ソフトウェアのマニュアルの執筆者が知っているとおり），特定の問い，好奇心，あるいはパフォーマンスのニーズを持っているときにのみ役立つものである。私たちが問いを念頭においているとき，百科事典の構成と内容は最も役立ち，私たちが必要なことを十分に見つけることを可能にしてくれる。しかし，私たちがその対象をまだ知らず，探究を導いてくれるような優先度の高い問いや問題が何もないときには，際限のない行程は混乱させるものであり，意味が全くなく，反感を覚えさせるものである。ちょうどあたかも百科事典の項目を1つずつ読んでいって知識をテストされる場合のようにである。

　その結果，幼稚園から大学まで，あまりにも多くの科目において，目的に関する学習者の最も基本的な問い ―― なぜこれなのか？　なぜ今なのか？　だから何なのか？ ―― は，（教師がどんな根本的理由を口頭で述べていようと）**学業そのものによって際限なく延期されるか無視される**。理解や参加さえ犠牲にする対価は何であろうか？　そうだとすれば，屈せずにやりとおす生徒が，満足を先延ばしにしたり大人を信用したりすることに最もたけた者だけであることは，驚くべきことだろうか？　私たちは逆さまをしているということにならないか？　おそらく最も優秀な生徒とされているのは，そんなにもたくさんの学業によって提供される意味が欠けている**にもかかわらず辛抱強く続け，学校での学業そのものの価値を見いだすことができる生徒**だけだろう。

◾ スコープとシーケンスを再考する

　ここには皮肉な歴史がある。**スコープとシーケンス**という語句は，カリキュラムの論理の通り名として，教育者によく知られている。しかし，ほとんどの教育者は，そのもともとの意味を見失ってしまったのだ。これらの語句を普及させたデューイ派の進歩主義者ホリス・キャズウェル（Caswell, H.）は，教育者にとって役立つ枠組みについて，私たちがここまで述べてきたような観念の多くをつかもうとしていた。もともとの意味では，**スコープ**は「社会生活の主な機能」を指しており，**シーケンス**は特定の時点における生徒たちの生活の「関心

の中心」を指していた。したがって，トピックを適切に配列すること——シラバスの「論理」——は，学習者にとって最も自然で興味深く見えるように学業を展開することから導き出されるはずだった[2]。

キャズウェルの師であるデューイは，100年前に誰よりも明瞭にこの論点に気づいていた。彼は著作の中で繰り返し，シーケンスと指導法の両方を導くものとして内容の論理に依拠することが，教育において見られる残念な結果の主要な原因であると主張したが，徒労に終わった。

> 生徒は，記号の意味を知る手がかりなしに，記号を学ぶのである。彼は，専門的な情報の体系を，馴染みのある〔ことへの〕関連を突き止める能力を持たずに獲得する——彼はしばしば単に特殊な語彙を獲得しているにすぎない。
> 教科内容を完成された形態で示すことが学習への王道だと想定したくなる強い衝動がある。有能な探究者がすでにたどり着いたところから始めることによって，初学者の時間とエネルギーが節約され，不必要な誤りを防ぐことができる，と想定することほど自然なことがあろうか？　その成果は，教育史に大書されている。生徒は，その教科が専門家の順序に従ったトピックに組織された教科書を用いて……学習を始める。専門的な概念が，それらの定義とともに，最初から導入される。法則は，非常に早い段階で紹介されるが，法則に到達した方法についてはせいぜいいくつかの指摘がなされるにすぎない。……(Dewey, 1916, p. 220 [邦訳：1975年（下），p. 44])

換言すれば，学習者の視点から見ると，内容の「論理」は，その内容について重要なこと——すなわち，あなたがよりよく見て行うことを助けてくれるようなこと（例：あなたが問題を解決したり，難題に挑戦したりするのを助けてくれること）——を学ぶことに対しては非論理的なのである。ここでもまた，デューイの洞察には価値がある。

> カリキュラムにおけるあらゆる主題は，「解剖学的」方法もしくは「形態学的」方法と呼ばれうるような状態を通過した——あるいは，依然としてそのような状態にとどまっている。すなわち，主題を理解することは，区別を増やしていくことから成り立っており……区別された要素のそれぞれに何らかの名前をつけることだ……と考えられるような段階である。普通の成長において，特定の性質が強調され，ひいては際立たせられるのは，それらが現在の困難を片づけるのに役立つ場合のみである。(Dewey, 1933, p. 127 [邦訳：1950年，p. 131])

■ 惹きつけ，再考することを再検討する

したがって，何らかの学習科目の最初の数週間を見れば，真相が非常によくわかる。「さて，

基礎的な事実と要素から始めて，論理的に進めていきます。数学ならば原理から始め，歴史ならば遠い過去に遡り，科学ならば基本法則から始めます――それ以外のどこから始めうるでしょう？ また，他にどのような科目の展開の仕方がありうるでしょう？」 しかし，これでWHERETOのWやHをまっとうできるだろうか？ シラバスが優先事項を知らせ，即座にそれらに対する学習者の興味を喚起するだろうか？ 教科書は，ここでは全く役に立たない。それらのほとんどすべては内容の論理にもとづいている。定義や規則，アルゴリズムを順に扱うことから始めて，しばしば混乱させたり，結局退屈させたりする。あるいは最も時間がかけ離れた出来事から始める――何らかの問題や問い，パフォーマンスからは完全にかけ離れた始め方である。

　単元についてのWHERETOの要素について述べた際に注記したとおり，どこへか(Where)，また惹きつける (Hook) という問い，論点，経験と問題は，シーケンスを完全に再考するやり方を示唆している。科目や教科課程の一番目の務めは，内容を面白そうで意義深く価値があるように見せる問いと論点を確立することである。何年も前に著述家ルイス・トーマス(Thomas, L.)が上級レベルの科学について行った次の提案を検討してほしい。

> 私は，小学校から大学に至るあらゆるレベルの科学の入門科目を根本的に修正することを提案したい。基礎，いわゆる基本事項はしばらく脇においておいて，生徒の関心をいまだに解明されていない事柄に集中させるのである。……早いうちに，深い謎や深遠なるパラドックスがあることを知らせよう。……そして数学言語を十分に習得すれば，そうした謎やパラドックスにもっと密接に取り組むことができ，頭を悩ますこともできるのだと知らせよう。真っ先に，どんな基礎よりも前に，今なお計り知れない宇宙の謎を教えよう。(Thomas, 1983, pp. 151-152〔邦訳：1986 年，pp. 181-182〕)

　あるいは，数学の教授であり教育者であるモリス・クライン (Kline, M.) の次の忠告を検討しよう。

> 伝統的なアプローチでも現代のアプローチでも，数学を，論理的な展開を累積的に積み上げていくものとして扱っている。……新しいアプローチでは，興味深く啓発的で，文化的に意義深いものが提示される。……数学のあらゆるトピックは，動機づけがなされていなければならない。「どうしてこれを勉強しなければならないの？」〔という生徒の問い〕は，完全に正当化されるべきものである。(Kline, 1973, pp. 178-179〔邦訳：1976 年，pp. 210-211〕)

　クラインの提案によって私たちは，数学教育において一般的に見られる誤解をより明瞭に把握できる。多くの数学教師は何年もの間，「数学は連続的だ。教科書は，物事が論理的に組み立てられていることを単に反映しているにすぎない。数学は論理的な配列(シーケンス)に従うものだから，そのようなやり方で教えられなくてはならない」と述べてきた。これは全く真実では

ない。数学の**諸要素**が教科書において論理的な配列(シーケンス)で構成されているのは，ちょうど辞書がアルファベット順であったり，野球のルールブックが構造化されていたりするのと同じである。先のように主張する数学の教師は，要約の論理と学習の論理とを混同しているのである。もし彼らの主張が正しいのであれば，私たちは英語という言語を辞書とフラッシュ・カードで教えることができたり，ルールを順番に学ばせることで野球を教えられたりするだろう。教科書が「論理的に構成されている」としても，その参照図書に出てくる順序で言葉やルールを学ぶべきだということには**ならない**。同様に，現に数学的な要素や定理が論理的なヒエラルキーの形で最も簡単に体系化されるからといって，それぞれについての教科書の要約が，鍵となる諸観念と**それらの間にある関係**の意味と価値を学ぶのに最良の方法ということにはならない。

◼ 螺旋型カリキュラム

　シーケンスに関するこれらの考え方は，良くても奇抜だと思われ，最悪なら愚かだと考えられるかもしれない。しかし，先のホワイトヘッドの所見が示唆しているとおり，改革者たちは1つずつ網羅していくという論理に長い間挑戦してきた。スコープとシーケンスへのもう一つのアプローチとしてよく知られているのは，螺旋型カリキュラムである。学んだことを学習しなおし再考することについてのメタファーとしての螺旋という観念は，はじめは完全な形でデューイによって明確に述べられ，後にブルーナーによって推進された。だが，これは，ピアジェ，G・スタンレイ・ホール，発生反復説論者，さらには哲学者カント，ルソー，ヘーゲルまで遡る，長い哲学的・教育学的伝統に根ざしているものである。しかし，多くの人がその考えを賞賛しているにもかかわらず，それを具体化するように組み立てられたカリキュラムはほとんど存在していない。学習理論，落胆させられるような学力の結果，常識からいって，おそらく今こそ，より学習に親和性の高い学習の流れへのアプローチをめざすべき時にきている。

　螺旋型アプローチは，重大な観念と重要な課題を繰り返し探究すること，そして絶えず深めて探究していくことを中心としたカリキュラムを開発する。そして，生徒が効果的でかつ発達的に見て賢明なやり方で理解するようになるのを助ける。このような螺旋型アプローチは，第9章で議論した考古学の単元の展開に見られるものである。同じ観念と題材がますます複雑なやり方で再検討され，洗練された判断と完成作品へと至る。同様に，より馴染み深い形式のもののすぐ後に続いて，E・E・カミングスの詩とジェームズ・ジョイスの物語に直面する場合，生徒は形式，技巧とインパクトに関してそれまで習ったことについて，より深い理解を獲得する。

　ブルーナーは，「どの教科でも，知的性格をそのままに保って，発達のどの段階のどの子どもにも効果的に教えることができる」(Bruner, 1960, p. 33 [邦訳：1963年, p. 42])という力強く刺激的な仮説によって，螺旋型カリキュラムの理想を普及させた。彼が言うとおり，そ

れは「大胆な」仮説であるが，再考させ，最終的に理解させるための一貫性のある教育の中心に位置づくものである。

> どの教科であっても，その基礎を，どの年齢の，どんな人にでも何らかの形で教えることができる。この命題は，驚くべきことだと初めは思われるかもしれないが，その意図するところは，カリキュラムを計画する際にしばしば見落とされる，本質的な一点を銘記すべきだということにある。その一点とは，すべての科学と数学の中心にある基礎的観念や，人生や文学を形成する基礎的テーマは，強力であるが同時に単純なものであるということである。これらの基礎的諸観念をわがものにし，それらを効果的に活用するためには，次第により複雑な形でこれらの諸観念を活用できるように学習することによって，これらの諸観念の理解を絶えず深めることが必要である。**年少の子どもが，これらの基礎的諸観念を自分のものにすることができないのは，方程式といった形式化された用語で示されるか，または念を入れて言語化された概念で与えられているときだけである。子どもが基礎的諸観念を初めに直観的に理解せず，自分でこれらを試す機会を持たないなら，そうならざるを得ないのである。**（Bruner, 1960, pp. 12-13〔強調は引用者による〕〔邦訳：1963年, pp. 15-16〕）

デューイ（Dewey, 1938）は最初，問題から問題へと進み，知識に深さと幅が増すようにするために，どのように教科内容を組織すべきかを記述しようとして螺旋のアナロジーを用いた。このようにすれば科目の学習課題は，意図的で系統的なやり方で生徒の思考と興味を発達させることができ，それぞれの学問の完全な成果を指し示すのである。課題は，知られていることと問題になっていることとの間を行き来するものとなる。そうでなければ，「何の問題も生じない。ところが一方，問題は思考を促す刺激となる」（Dewey, 1938, p. 79〔邦訳：2004年, pp. 127-128〕）。教師の課題は，学者にとってそうであるのと同様に，学習が「新しい観念の産出」をもたらすように，関連する挑戦を設計することである。新しい事実と観念は「新しい問題が提示されてくるさらなる経験の基盤となる。**そのプロセスは，絶え間のない螺旋である**」（*Ibid.*, p. 79,〔強調は引用者による〕〔同上書, p. 128〕）。

デューイの弟子であり，現代の生徒評価の最古参者であるラルフ・タイラーは，設計に関する独創的な著書『現代カリキュラム研究の基礎』において，求められている成果と学習者のニーズという観点からカリキュラムの内容を考える必要性を強調した。実際，他の誰よりもタイラーは，「逆向き設計」の基本原理を展開した。彼は，カリキュラムの論理がどのようにして専門家ではなく学習者の秩序の感覚に適合すべきかを示すために，効果的な組織についての3つの規準――連続性，シーケンス，統合――を提案した。

> 重要な組織原理を明確にする場合，その規準，すなわち連続性，シーケンスや統合が，**学習者の［学ぶという］経験には適合するが，学ぶべき諸要素をすでに駆使している者［専門家・熟達者］がこれらの事柄を調べるような方法には適用されない**ということに注意

しなければならない。したがって，連続性は，学習者の経験の中でこれら特定の要素について繰り返し強調することを意味している。シーケンスは，学習者の発達の広さと深さを増すことに関係している。統合は，含まれている諸要素に関連する中で，学習者の行動の統一が増大することを指している。(Tyler, 1949, p. 96〔強調は引用者による〕[邦訳：1978年，p. 125])

私たちが先に議論したこととの関連で，タイラーは，歴史科において，内容を時系列に年代順に進むという典型的な配列（シーケンス）のアプローチは，知的な連続性の検査に合格しないと，明確に警告している。

このように内容の論理にもとづいた断片的な学習が，なぜ過度に行われ続けているのだろうか？　根幹にある要因は，内容を中心に構成されがちな教科書やその他の指導用資料に過剰に依存していることにある。シラバスとして教科書に過剰に依存することが，なぜ続くのだろうか？　ここに一つの答えがある。

> このやり方がこんなにも長く続いたのには，いくつかの理由がある。主要な理由はおそらく，このやり方が論理的で簡単に適用されるであろうということである。それは，カリキュラムの作成者，教師，管理者の課題を単純化し，客観化する。どんなに有能ではない教師であっても，教科書のページを割り当て，含まれている事実を生徒に暗誦させることはできる。彼は，与えられたページ数を網羅することによって，自分の分担を果たしたという証拠を示すことができる。したがって彼は，低学力の責任を生徒に負わせることができ，失敗の言い訳を得ることができる。管理者の視点からいえば，学校の仕事を区分して，すべての子どもがどこで学業に取り組んでいるべきかを決め，円滑に機能するように思われる秩序立った組織を持つことが容易になる。教育理論は，30年にわたって，このやり方が基本的に想定されてきたことに対し，徐々により激しく異議を唱えてきた。それにもかかわらず，このやり方はおそらくいまだに米国の学校における学業のスコープを決める支配的な手段である。(Caswell & Campbell, 1935, p. 142)

表面は変われど中身は変わらず。この所見は，1935年に書かれたものである！　何か変わったとすれば，1930年代よりも現在のほうが状況が悪化しているということだ。たとえば，米国におけるほとんどの幼稚園から大学レベルまでの科学の科目において，教科書がシラバスとなっている。だがしかし，プロジェクト2061の前代表者であるジョージ・ネルソン (Nelson, G.) がAAASとして行った批判のいくつかを再度検討してみよう。雑誌『プリズム』のオンライン版記事における批判である。

> 教科書に反映されている主要な問題の一つは，「教育コミュニティにおいて科学は，たくさんの事実と語彙の単語として理解されていることである」とネルソンは語る。たとえば，『グレンコー生命科学 (Glencoe Life Science)』は，それぞれの章の初めの欄外に「科

学用語」がリスト化されているが，それらの多くは他の領域についてよく教育された科学者でさえおそらく知らないような，また知る必要もないような用語である。腐生植物，パネット・スクエア［両親の遺伝子型を交配した結果の表］，オーキシン［植物ホルモンの1つ］，ランゲルハンス島［脾臓の中にあるインシュリンなどを分泌する細胞群］，片利共生，タイガは，第7学年の生物の生徒が習得するように求められている用語の少しの例である。『マクミラン／マクグロー・ヒル生命科学 (Macmillan/McGraw-Hill Life Science)』は，植物の単元において，篩部細胞，皮層細胞，木部細胞，頂端分裂組織，柵状細胞，形成層を提示している。それぞれの章に含まれている練習問題は，これらの言葉と定義の反芻以上の何ものでもない。……

しかしながら，教科書の非連続性は，もっと深いレベルで起こっており，このことがAAASや他の専門家からの批判の中心にある。〔一般的に用いられている教科書は〕最も雑然とはしていない本であるものの，すべての標準的な教科書と同様，ごったがえした概念と用語を混乱させるような順序で生徒に投げかける。それは，最初の数ページにおいて原子を講義形式で，そしてほとんどの生徒にとってはおそらく理解不可能な言明，つまり「物質は様々な重さの原子から構成され，それらは特定の原理に従って相互作用している」という言明で導入している。(Budiansky, 2001)

　教科書の内容とページ数からは独立して引き出されるような，カリキュラムのより良いシーケンスを求めるこの主張は，新しいレベルへと押し上げられた「逆向き設計」のアイデアそのものである。私たちは，スコープとシーケンス**それ自体**を，学習ゴールに関連づけられたスタンダードにもとづいて再設計しなくてはならないのである。

　もちろん，何世紀も続いた伝統は容易には滅びない。しかし，今では内容よりもむしろパフォーマンスの観点で定義されるようになっている領域では，変化が進行中である。100年前，「書き方」は第一義的には，文法，構文法，構文解析，文の図解，および良い作品を読むことの学習を通して教えられていた。人は書き方の「論理的な」要素を最初に学習することによって書くことを学ぶ，と想定されていた。（実際，20年前でさえ，標準テストにおいて，生徒に書くことを求めずに「書く」能力を検査することがあった。）スポーツでさえ，かつてはこの抽象的で分析的で一つ一つ進むアプローチに依拠していた。ベテランのスキーヤーは，シュテム・クリスチャニア［スキーの回転技術］やその他の一つ一つ進むアプローチを思い出すことだろう。今では初心者のスキーヤーは，短いスキー板で緩やかな坂から始め，即座にパラレルを行うホリスティック〔全体的〕なプロセスへと導入される。そして今日，生徒はすべての技巧をまだ習得していなかったとしても最初から書くことに取り組むようになったため，書き方のプロセスは，上手に書くというゴールにより忠実なものとなっている。

　多くの大学院もまた，革命を経験してきた。今では，ケース・メソッドによって教えられるのは法学やビジネスだけではない。驚くほど短い間に，医学，工学，設計，その他の教育課程において，カリキュラム設計へのアプローチ全体が転移により焦点を合わせたものとするために改造された。

私たちが教科領域を，専門家がパフォーマンスを行うための「あれやこれや」としてよりも，むしろ専門的知識・技能でパフォーマンスを行う「訓練(ディシプリン)」として考えるなら，スキー，ソフトウェアの開発，書き方，医学，工学で学ばれた教訓を，核となるアカデミックな領域へと容易に適用することができるだろう。私たちがしなければならないことは，それぞれの領域における核となるパフォーマンス課題について合意し，それらから逆向きに教科課程とシラバスを設計することだけである。これは，ちょうど少年少女サッカーにおいて幼い子どもたちが，足場づくりされたやり方で本物の試合をし始めるときに行っているのと同様である。子どもたちは，最初に文脈から離れたたくさんの単純な「あれやこれや」を，「あれやこれや」によって規定された配列(シーケンス)で学んだりはしていない。

核となるアカデミックな領域や教科書それ自体において，なぜシーケンスに関する実験がもっと行われないのだろうか？　ここでもまた，古い習慣である。選択制が高等教育において定着するのには，30年以上かかった。創造的に構成された教科書は，しばしば市場を見いだすことができない。おそらく，より面白くない答えは，多くの教師は，他の可能性を考えたこともなければ，別のシーケンスを経験したこともないというものだろう。

■ より良いシラバスへ

長期的カリキュラムのシーケンスに関する，より効果的なアプローチを見いだすためには，たくさんの研究が必要であるという事実を念頭におきつつ，私たちは実践的な解決策を提供している。シーケンスは最初，実行可能なレベルである科目（あるいは小学校であれば，それぞれの学年・教科における1年間の学業）において，より注意深く考え抜かれるべきだと提案したい。大学の教授に求められているように，幼稚園から第12学年の**すべての教師に科目のシラバスが求められるべきだ**，と私たちは提案する。そして，大学において事実となっているのと同様に，**シラバスは公的な文書であり，生徒・保護者・仕事仲間が入手可能であるべきだ**と提案する。

多くの場所における現行の実践とは，次のように異なるものとなるだろう。すなわち，単元のスタンダードと並行して，シラバスに対応する公的なスタンダードも，それを裏づける事例とともに存在することとなる。書式は多様なものとなるだろうが，しかしテンプレートであれ語りであれカレンダーであれ，その文書は少なくとも次の要素を特定する必要があるだろう。

- 教科の中心にある，本質的な問いと核となる問題
- すべての学業を組み立て，すべての学習を示唆するような，核となるパフォーマンスと挑戦
- 用いられるルーブリックと採点システム
- 機関のゴールと州のスタンダードに照らした，評価と採点の方針の要約と正当化
- 端的な週ごとのカレンダーにおける，**主要な「学習ゴール」**の要約（これはトピックの

■ **こんな誤解に注意！**

　個々の学習者が将来実際に行うパフォーマンスのニーズが予想できないということは，ここでは無関係である。生徒のほとんどは，おそらくプロの画家や音楽家，サッカー選手にはならないだろう。だがしかし，私たちはパフォーマンスの習得を中心にシーケンスを組織する。なぜなら，それが人々が最も効果的に学習する仕方だからである。

リストとは異なるものである）

- シラバスが生徒のパフォーマンスと理解にもとづくフィードバックに確実に適合するようにするために組み込まれた柔軟性

学習科目は，重大な観念と（内容を手段として）それらを活用する仕方に関わるパフォーマンス・ゴールから逆向きに組織されなくてはならない。このことを私たちが把握しない限り，教育の結果は失望させるものであり続け，理解は指導において見過ごされることだろう。

　要するに，このようにすればシーケンスは，教科書の物理的な論理ではなく，スキーを学習するためのシラバスの論理のように見え始めるだろう。文法そのものの論理ではなく，書き方を学ぶことの時系列のようなものになり始めるだろう。タイム・テーブルを順序正しく学ぶより，［表計算ソフトにおける］スプレッドシートの組み立て方の改善の方法を学習するようなものとなり始めるだろう。そして，ユークリッドの定理を順に進むよりも，徐々に複雑にタイル敷きの中庭を設計するもののように見え始めるだろう。

　文脈から切り離された内容を「万一に備えて」概説するのではなく，「ちょうど良い時に」教えることがモットーとなるだろう。自分で喜んで学習する有能な少数の生徒の場合は別としても，内容の**意味**を常に先延ばしにするようなカリキュラムは，理解を生み出すこともなければ，再生する力を最大とすることもなく，学習への情熱をも生み出しえない。（「専門家の盲点」もまた，多くの教育者が，自分たちにとってうまくいったことは他のほとんどの人にもうまくいくはずだ，と誤って信じる原因となっている。）

　私たちは，学習の論理ではなく内容の論理を中心に構成を組み立てるという悪い習慣を点検しなくてはならない。この問題を無遠慮に言えば，ほとんどの枠組みと科目は，理解しようとしている学習者のニーズではなく，教科書における内容の構成を単に反映しているだけだ，ということである。どんなカリキュラム改革も，教科書を適切な場所――リソースとしての場所――におくことに依拠している。そしてまた，パフォーマンスにおいて理解を用いて効果的に重大な観念を活用するために，本来繰り返す非線形な学習の最適な流れを中心に，シラバスと教科課程を組み立てることに依拠しているのである[3]。

---

1) 課題のサンプルとそれぞれの評点に対応する生徒作品を伴っているルーブリックのすべて，および，その他の評価に関連する役立つ情報については，http://www.ncaction.org.uk/ を参照。
2) クリバード（Kliebard, H., 1987, pp. 223-224）を参照。しかしながらクリバードは，次のように皮肉たっぷりの述べ方をしている。ここでも興味を中心に据えたカリキュラムへと変えるという考えは，キルパトリック（Kilpatrick, W.）のような「活動カリキュラム」支持者が意図する，より革新的なアプローチによってい

くらか損なわれた，と。提案されたトピックの配列が「実際に子どもたちの興味を表すもの」なのか，それともより恵み深いとはいえ，トピックの並べ方についての大人の恣意的な構想なのかは，クリバードにとって「疑問の余地がある」もののようである。

3) 探究の論理についての背景的な読み物としては，コリングウッド（Collingwood, 1939），ガダマー（Gadamer, 1994），ベイトマン（Bateman, 1990）を参照のこと。

第13章

「なるほど，しかし……」

> その仕事は難しく，継続的な修正を必要とする。それは，それまでの実践を
> 「捨て去ら」なくてはならない教師にとっては，とりわけ難しいことである。
> ── マーク・ワイズ，ニュージャージー州ウエストウィンザー・プレインズボロ，社会科指導主事

> さて，彼らが束縛と愚かさから解放され癒されたら，
> どのようなことになるかを考えてみよう。……
> 解き放されて，突然立ち上がって首を回して光を見るように
> 強要された人について考えてみよう。……おまけに，
> これらすべてが痛みを伴い，目がくらんでいるため，
> 前から知っている影を認めることができないのである。……
> さらに，もし彼が光そのものを見るよう強いられたら，
> 目が痛み，彼は逃げ出すことだろう。……
> 誰かが彼を力づくででこぼこの坂に引きずったとしたら，
> 彼は苦しみ嫌がらないだろうか？　嫌がるだろう。
> ── プラトン『国家』（BC360年ころ）

　本書においては，理解のための計画を中心にすべてが注意深く設計されるような，意義深いカリキュラム，評価，指導の改革をどう行えばよいか，その展望と道筋を説いてきた。この改革の展望は，高度に独創的でもなければ非常に革新的というわけでもないことを，私たちは理解している。それは，過去の何十年にもおける多くの教育者，研究者，改革者の展望と対応しているものである。

　だがしかし，改革のアイデアが提案されるといつでも，善意の教師や管理者から「なるほど，しかし……」という合唱が聞かれるのが常である。提案された改革案は，わずかに賞賛されるだけで酷評され，「これらの素晴らしいアイデアは，州のスタンダードとハイ・ステイクスなテストが存在する今日の世界ではうまくいくわけがない」という反応によってけなされる。改革者の中には，「良い指導法と州のスタンダードとテストは，本来両立しないのだ」と頑として譲らない者もある。多くの教育者は，私たちの主張がどんなに良識的でも，それらを支える研究の基礎がないのではないかと心配する[1]。

　教育者が直面している説明責任の圧力を考えると，これらの嘆きやそれらがもとづいている懸念に私たちは共感する。だがしかし，繰り返されている論争の多くは，学習，評価，標

準テスト，重大な観念を理解するための指導，および地域の指導法と州のスタンダードとの関係に関する誤解にもとづいている。本章では，総合的な改革をしばしば押しとどめたり妨げたりする3つの鍵となる誤解を検討し，私たちの見解を裏づける議論と研究を提示する。「なるほど，しかし……」という懸念の基底にある暗黙の，疑わしい想定を「解きほぐすこと」によって，なぜそれぞれが誤解であるのかを説明し，わかりやすいが堅実な反証を提供したい。

　私たちが取り扱う誤解は次のものである。

「なるほど，しかし……私たちは州テストと全国テストに向けて教えなくてはならない。」

「なるほど，しかし……網羅しなくてはならない内容が多すぎる。」

「なるほど，しかし……必要なカリキュラムと評価の仕事は大変で，私にはどうしてもそれをうまく行う時間がない。」

■ 誤解1：「なるほど，しかし……私たちはテストに向けて教えなくてはならない。」

　州，地方，または全国の内容スタンダードと付随するテスト・プログラムが，世界的に出現してきている。これは，結果に対する説明責任を学校に担わせることによって，その地域のカリキュラムと指導の焦点を生徒の学力向上に合わせようとする意図によるものである。皮肉なことに，このスタンダードにもとづく改革の方略における鍵となる手段——ハイ・ステイクスな外部テストの使用——は図らずも，**うまく教えること**，つまり深い理解のために教えることの必要性を避けたり最小限にしたりすることを教師が合理化するのを許してしまっている。

　多くの教育者が，理解のための指導と評価を，州の指令や標準テストとは相容れないものとして見ている。このしばしば聞かれる主張を裏づける研究はめったに提供されないものの，話し手は明らかに，学校の教員がテストのための指導に——自らの意思に反して——拘束されていることをほのめかしている。彼らは，できることならば，理解のための指導を**行うだろう**。次のような暗黙の想定が鍵となっている。すなわち，テストの点数を維持する，または向上させる唯一の方法は，地域の評価を州の評価に似せてテストされる物事を「網羅」し，テストの形式（典型的には選択回答か短答の問題）を練習することだ，というものである。重大な観念についての生徒の理解を発達させ深めることに焦点を合わせるような，深く魅力的な指導のための時間はない，パフォーマンス評価のための時間もない，と暗に想定されている。

　この意見はあまりにも広く持たれているものなので，多くの読者は，教育の現実世界についての誤解（または先見の明のなさや単純素朴さ）を心に抱いているのは**私たち筆者**のほうだ，と考えているかもしれない。テストのために指導し，より高次の，重大な観念に焦点を合わせた，パフォーマンスにもとづくアプローチを傍らにおかなくてはならないというのは，

事実ではないか？　確かに多くの人がそのように考え，言い，行動する。私たちは内容スタンダードに向けて教えるよう義務づけられているが，それらのスタンダードを満たす最良の方法が，あらゆる地域のテストで州のテストの形式を真似て，表面的で散漫な指導を通して，すべての規定された内容を無計画に網羅することだということにはならない。

　このようによくある苦情と不本意な解決策が，なぜ誤解にもとづいているかをより明瞭に示すために，深さを犠牲にしてテスト項目に焦点を合わせる理由がつまりどういうことかを考えてみよう。話し手は私たちに，テストの点数を**上げる**唯一の方法は，**より下手に教える**ことだと信じるよう求めているのだ。もちろん通常そのような言い方はされないが，主張は要するにそういうことである。「理解のために教えたいのはやまやまです。しかし，単にできないのです。割に合わないのですから。テストされるとおりのやり方で，個別的な知識とスキルを教えるほうがやりやすいのです」というのが，最初の「なるほど，しかし……」という反応が本当に意味するところのものである。

　このように言うと，驚きで片眉か両眉を上げられることだろう。それは**本当に**二者択一なのか？　私たちは，テストの点数を**上げる**ために，効果的で魅力的な指導の形式を避けなくてはならないのか？　より受動的で断片的で表面的な指導のほうが，生徒の興味とパフォーマンスを最大化する可能性が**高い**のか？　この理論は間違っており，どのようにテストが機能するかに関する誤解にもとづくものだ，と私たちは考えている。

医者の健康診断との類似

　この推論の欠陥を看破し始めるために，あるアナロジーを考えよう。私たちは1年に1度，健康診断のために病院に行く。そのような検査を特にしたいと思う人はいないが，私たちの健康について（表面的とはいえ）客観的な測定をすることが，長期的な利益になるという理解のもとで行くのである。事実，それはむしろ監査のようなものだ。なぜなら，看護師と検査技師が短時間でいくつかのテスト（血圧，脈拍，体温，コレステロールの血液検査など）を行うからである。健康診断は，少数のテストのサンプルで，いくつかの役立つ健康状態の指標を生み出す。その妥当性と価値は，その結果が私たちの健康状態を**示唆する**ことから導き出されるものであり，健康診断が健康であることを**定義する**からではない。さらなる精密検査を必要とするような問題の徴候を探すため，様々な指標を検討できるように，相対的に素早くて邪魔にならない身体検査を受けるのである。

　さて，私たちが最終的な数値（例：体重や血圧）のことを非常に心配しており，これらの数値が究極的には個人的な健康保険の費用につながってくると想定してみよう。毎年の身体検査の前にパニックになって私たちがするかもしれないことは，テストのために「練習する」ことだろう——私たちの全エネルギーを身体検査に（これらの指標が示唆していることにではなく）集中させるのである。もし医者が私たちの行為を知ったら，きっと次のように反応するだろう。「待って！　あなた，それは逆さまですよ。健康診断に『合格する』最善のやり方は，日常的に健康的な生活を送ることです——運動して，体重に注意して，脂肪の摂取を控えて，繊維質をもっととって，十分に睡眠をとって，タバコをやめることです。あなたは，

良い結果をもたらす要因ではなく，指標に固執してしまっています。」

　なぜか？　本当に健康であることの要素——日常の食事，良好な体調のための摂生——はどれも，健康診断で直接的には検査されないのである。医者は，あなたの健康を，血圧，体重,肌の張りや色といった要素を通して間接的に検査する。したがって，「通常の血圧」と「通常の体重」は，全般的な健康管理と健康の指標にすぎず，全体的な健康状態と混同してはならない。身体検査は，いくつかの素早やくて，たいていは正確な指標を調べるだけである。したがって，指標と健康そのものとを混同するのは愚かな方針なのだ。たとえば，あなたが日々の摂生における他のことすべてを除外して体重にだけ集中すればするほど，長い目で見れば健康的である可能性は低くなってしまう。

　医者と同様に，州の教育機関は，生徒の知的な健全性について間接的な証拠——州テスト——を1年に1度検分することによって，学校の「検査」を行っている。身体検査と同様に，テストは，州のスタンダードに関連した監査である。健康診断のように，私たちの健全性についての間接的な指標を提供する。血圧と体重を見ることが，本当の健康と健康管理を日々「テスト」することになるのと同じように，テスト項目は，私たちの「日々の摂生」の質を間接的に評価するのである。

　私たちは，間に合わせの指標から，摂生の厳密さについていくらか良い情報を得ることができる。どんな良いテストであっても——学校においてであれ試験会場においてであれ——私たちが日々取り組むべき核となるパフォーマンスに関わっている必要はない。学校にとって重要なのは，指標がスタンダードに対して妥当な推論を生み出すことだけである。私たちが先の章で見たように，それがテストの妥当性の特質である——簡単に獲得できる指標と，関連する一連の，求められている複雑な結果との関連性を確立することである[2]。

　健康になるための方法として健康診断のために練習することは，愚かだと考えられることだろう。しかし，この間違いは，まさに私たちが北米中のあまりにも多くの学校で見ていることなのである。結果を心配する地域の教育者は，喜ばしい結果をもたらす要因にではなく，指標に焦点を合わせてしまっているのだ。

　この説明は，何らかの特定のテスト問題や現行の州の実践に承認を与えるものではないことを理解してほしい。現行では，1回限りの外部テストにひどく依存しており，しばしば不適切にしか精査されていないテストが秘密のうちに行われている。事実，州の機関と政策策定者には，地域の実践と州のテストの関係についての混乱を許してしまっている責任がある，と私たちは強く感じる。それは，地域の評価を州の説明責任の総合的なシステムの一部とはしないままであったり，あるいは，より透明性の高い説明責任を設計する努力（たとえば，フィードバックと公正さの両方のために，いったんテストが実施されると，すべてのテストと結果を公開すること）を行わないままであったりするためである。

　地域の改革にとって重要なのは，先のアナロジーの要点を心に刻むことである。すなわち，**私たちは**，州に対してではなく，健康管理に対して責任を負っているのだ。州の仕事は監査であって——ちょうど身体検査と同様に——私たちが家で取り組むべき日々の摂生を提供することではない。実際，私たち皆が望んだとしても，過剰な費用と外部テストの侵入を制限

したい要請からいって，州が，価値のあることすべてを真正のやり方で評価することは可能ではありえない。医者もよく似た問題を抱えている――すべての患者に何日もかかる総合的な健康プログラムと医療検査室での精密検査のために来院することを求めるならば，（保険業者が勘定をもってくれなさそうだということはもちろんだが）過剰に時間と費用がかかるだろう。そこで，それらの指標が妥当性のない推論をもたらすことを示すデータがなければ，テスト準備ではなく地域での厳密さに焦点を合わせることを課題とすべきである。

　パフォーマンスを進歩させる原因と結果が何かについての誤解は，テスト作成者が呼ぶところのテストの「表面的妥当性」に関する誤解におそらく関連しているだろう。教育者はテストの形式と内容の両方を見て，そのテストは理解のための指導にも地域におけるパフォーマンスにもとづく評価にも褒賞を与えていないと結論づけるかもしれない。そのような見解は，理解できるものではあるが，思い違いである。妥当性は，テストの結果，テストされている目標，地域の実践との間の経験的な関連に関するものである。それが，なぜ真正ではないように見えるテストが，適切に設計されれば妥当な推論を生み出しうるのかの理由である（例：しばしば語彙テストによってアカデミックな成功がうまく予測できる）。また，なぜいくつかのパフォーマンスにもとづくプロジェクトが，不十分な結果しか生み出さないかの理由である（なぜなら，第9章で述べたジオラマの例にあるように，プロジェクトはしばしば州のスタンダードと関係なく終わってしまうからである）。さらに悪いことに，多くの教師は，指導の実践はどういうわけかテストの形式によって規定されると間違って推論してしまい，したがって**行き当たりばったりの表面的な内容の概観**を教える――それにより，生徒の学習が魅力的で効果的なものとなる可能性はずっと低くなってしまうのである。

　論理の誤りを説明するために異なるアナロジーを引き合いに出すと，州のスタンダードは建築基準法のようなものである。地域における指導の設計が，私たちの建築物にあたる。建築上の設計のゴールは，建築基準法と目的別地域区分基準法にやみくもに従うことではない。ゴールは――建築基準法と目的別地域区分基準法を満たしつつ――実用的で愉快で粋な何かを設計することである。

　事実，教育に関する状況は，多くの人が想定するよりもずっと良いものである。ほとんどの州のスタンダードは，深い理解の重要性，および知識・スキル・理解が明らかにされるような鍵となる複雑なパフォーマンスとジャンルの習得の重要性を強調している。「理解をもたらすカリキュラム設計」（そしてその他のプログラムと改革アプローチ）は，州のスタンダードが扱われ満たされる可能性が高くなるような道筋を提供する。それは，重大な観念，確固とした評価，焦点が定まった一貫性のある学習計画に焦点を合わせることによってである。

研究の基礎

　最良の知らせは，この論理的な主張に実証可能な根拠があるということだ。1990年代半ばに，ニューマン（Newmann, F., 1996）他は，小学校，中学校，高校レベルの学校改造の研究を実施した。この野心的な研究は，改造された24の学校が，数学と社会科において真正の指導法と真正のアカデミックなパフォーマンスのアプローチをどれぐらい上手に実施した

か，また真正の指導法とアカデミックなパフォーマンスにおいて高いレベルにある学校が，低いレベルだと測定された学校に比べ，有意に学力向上しているかを測定したものである。真正の指導法とパフォーマンスは，高次の思考，深い知識のアプローチ，教室を超えた世界とのつながりを含むような，一揃いのスタンダードによって測定された。それぞれの学校において，その学年の間に，選定されたクラスが4回観察された。研究者たちは，504の授業を観察し，234の評価課題を分析した。彼らはまた，生徒の作品も分析した。

真正の指導法とパフォーマンスに関して，高いレベルのクラスと低いレベルのクラスについて生徒たちが比較され，その結果は衝撃的なものであった。真正の指導法とパフォーマンスが高いレベルの教室の生徒たちは，高学力の生徒であれ低学力の生徒であれ，しっかりと伸びていたのである。もう一つの重要な発見は，普通であれば低い成績の生徒たちが真正の指導法とパフォーマンスの方略と評価方法を用いた場合，成績の高い生徒と低い生徒との格差が大きく縮小されたことであった。

この研究は，すべての生徒にとって，とりわけ成績の低い生徒たちにとって，真正の指導法と評価方法がアカデミックな学力の向上という成果をあげることの強固な証拠を提供している。この研究は，深い知識と理解，能動的で省察的な指導と学習に焦点を合わせることを促進するような真正のパフォーマンス評価の方法と指導法の活用を強調している。「理解をもたらすカリキュラム設計」のアプローチを支持するものである。

生徒の学力に影響する要因に関する2つの研究が，最近，シカゴ学校研究連合によってシカゴの公立学校において実施された。第1の研究では，スミス，リー，ニューマン（Smith, J., Lee, V., & Newmann, F., 2001）が，小学校における異なる形式の指導と学習との関連に焦点を合わせた。384のシカゴの小学校における，第2〜8学年の10万人以上の児童・生徒のテストの点数と，5000人以上の教師の調査が検討された。その結果は，教師が用いる指導アプローチの性質が，読み方と数学においてどれだけ児童・生徒が学ぶかに影響するのかを，強く実証的に支持するものであった。より厳密には，両方の教科において相互作用を活用した指導方法が学習の促進に結びついている，という明瞭で一貫した証拠が，この研究で得られたのである。

この研究の目的のために，スミス，リー，ニューマンは，相互作用を活用した指導を，次のように特徴づけた。

> 教師の役割は，第一義的にはガイドかコーチである。この形の指導を用いる教師は，児童・生徒が……問いを投げかけ，問題解決のための方略を開発し，互いに交流するような状況を……生み出す。児童・生徒はしばしば自分の答えを説明し，どのようにして自分の結論に達したのかを話し合うことを期待されている。これらの教師は，通常，話し合いやプロジェクト，または説明と詳しい筆記を必要とするようなテストを通して，児童・生徒の知識の習得を評価している。内容の習得のほかにも，答えを発展させるプロセスもまた，児童・生徒の作品の質を評価する際に重要だと見なされる。
> 相互作用を活用する指導を強調する教室において，児童・生徒はお互いや教師と話し合

うことにより，また時には論争することによって，観念と答えについて論議する。児童・生徒は，与えられたトピックについて新しい理解，またはより深い理解を発達させるために，題材を応用したり解釈したりすることに取り組む。そのような学習課題は完成させるのに数日かかるかもしれない。相互作用を活用した教室での児童・生徒は，しばしば，教師が設計した指導的な単元の中で，研究したいと思う問いやトピックを選ぶよう勧められる。異なる児童・生徒は，同じ授業時間の中で，異なる課題に取り組んでいるかもしれない。(Smith, Lee, & Newmann, 2001, p. 12)

児童・生徒の学力を伸ばすタイプの指導は，彼らの理解を発達させ評価するために「理解をもたらすカリキュラム設計」が推奨している方法と類似している。スミス，リー，ニューマンは，結果を次のようにまとめた。

相互作用を活用する指導について肯定的な効果が確認されたことは，児童・生徒の読み方と数学における基礎的なスキルの学力に不利益だという心配をきっと鎮めるだろう。逆に，調査結果は，低学力で経済的に不利な状況にある児童・生徒には講義形式の方法と復習を強調することが最もよく役立つ，という想定に真剣な疑問を投げかけるものである。私たちの結果は，正確に反対のことを示唆している。すなわち，基礎的スキルの習得を向上させるためには，相互作用を活用した指導を拡大し，講義形式の指導と復習を行うことは控えめにすべきである。(*Ibid.*, p. 33)

関連する研究 (Newmann, Bryk, & Nagaoka, 2001) では，教室での学習課題の性質と標準テストの成績との関係が検討された。研究者は，ランダムに選ばれた統制群[i]の学校で3年間にわたって，第3, 6, 8学年の教室での書き方と数学の学習課題を系統的に集め，分析した。加えて，様々な学習課題によって生み出された児童・生徒の作品を評価した。最後に研究者は，教室での学習課題の性質，生徒の作品の質，標準テストの点数との相関関係を検討した。学習課題は，「真正の」知的作業を必要とする程度に応じて評定された。「真正の」知的作業について，研究者は次のように述べている。

真正の知的作業は，単に事実と手続きをお決まりの手順で用いることよりも，むしろ知識とスキルを独創的に応用することに関わっている。それはまた，学校での成功を超える意味や価値を持つような完成作品やプレゼンテーションにおいて，特定の問題と結果の詳細についての訓練された探究を必然的に伴っている。私たちは，真正の知的作業特有のこれらの特徴を，学校を超える価値を持ったディスコースや完成作品やパフォーマンスを生み出すために，訓練された探究を活用して知識を構成することとして要約する。(Newmann, Bryk, & Nagaoka, 2001, pp. 14-15)

---

[i] 実験を行うとき，処理や操作を受ける被験者の実験群に対し，処理や操作を受けない群のこと。

この研究は，次の結論を出している。

> より挑戦的な知的作業を必要とする学習課題を与えられた児童・生徒はまた，読み方と数学の基礎スキルに関するアイオワ州テストにおいて，平均より高い成績を獲得していた。また，イリノイ州ゴール評価プログラムにおいて，読み方，数学，書き方について，より高い成績を示していた。予想とは対照的に，私たちは，シカゴにおける深刻な貧困地域の教室のいくつかで高い質の学習課題を発見し，これらのクラスのすべての生徒がそのような指導を体験することにより利益を得ていたこと〔を見いだした〕。したがって，私たちは，より真正の知的作業を求めるような学習課題は，実際には，児童・生徒の伝統的なテストにおける点数を向上させる〔と〕結論づける。(Ibid., p. 29)[3]

読者は，即座にUbDとの類似点を認めるだろう。生徒の成績を向上させるために見いだされる指導方法は，3段階で計画するモデルによる教育学の基礎的な要素である。真正の知的作業についての研究者たちの構想にあるように，UbDの指導上のアプローチは，生徒に訓練された探究を通して意味を構成するよう求める。理解の評価方法は，生徒に，真正の文脈において学習したことを応用し，自分の作品を説明したり正当化したりすることを求めるものである。

私たちは，「それでは，『テストのための指導』をより計画的に行う努力は点数を**下げる**と言っているのですか？」と尋ねられたことがある。いや，そうではない。テストのための指導には，明らかに**いくらかの**効果がある。とりわけそのような練習に先立って，共通のスタンダードと結果に焦点を合わせることに注意がほとんど払われていなかった場合には，そうである。学校や学区がより注意深く共通のゴールに焦点を合わせる場合，短期的には確かに点数が向上する。ここに驚きはない。**どんな**測定においてであれ，成果により大きな注意を払うことにより，パフォーマンスは向上するだろう。しかし，いったんテストの詳細が解明され，生徒がテストの形式と受験スキルに慣れてしまうと，長期的な進歩はほとんど起こらない。より不穏なことには，テストが変更されたり規準が変えられたりすると，通常は点数が落ちてしまう[4]。

最後に，私たちの主張を支持する常識的な証拠について検討しよう。私たちは，成績の**より低い**学校において，より多くの「理解のための指導と評価」を見るだろうか？　**最も高い**成績の学校において，生徒が州や全国のテストの練習をやみくもに行っているのを多く見るだろうか？　それどころか，米国とカナダにおける何百もの学区と学校（その国における最良の公立学校・私立学校のいくつかを含む）と過去15年間，仕事をする中で，より高い成績の学校においては，より深い指導とより要求の厳しい評価が行われているのを観察してきた。対照的に，より低い成績の学校では，標準テストの点数を上げるために設計された反復練習と練習への指向性が見られた——そこではしばしば，より意義深い学習と長く続くパフォーマンスの獲得が犠牲にされていた。

要するに，私たちはスタンダードに合った指導をすべきであり，監査ではなくスタンダー

ドの文言に反映されているような複雑な評価方法を開発しなくてはならないのである。

■ 誤解2：「なるほど，しかし……私たちには網羅しなくてはならない内容が多すぎる。」

　幼稚園の教師から大学院の教授に至るまで，「情報時代」「知識爆発」という馴染み深い語句によって記述される現実と格闘している。彼らはその難題に毎日直面する——すべてを「網羅」しようなんて望むには，あまりにも情報が多すぎるし，かつあまりにも急速に情報が広がっているのだ。

　理論的には，スタンダード運動は，カリキュラムの優先事項を明確にすることによって，情報の過剰負担の問題を解決するはずであった。内容スタンダードは，生徒が知るべき，またできるようになるべき最も重要なことを特定し，ひいてはカリキュラム，指導と評価について非常に必要とされている焦点と優先順位づけを提供することを意図していた。実際には，全国，州，学区のレベルの内容スタンダード委員会は，しばしば孤立して働き，学問の本質的な要素について意欲的すぎるリストを作り出した。カリキュラムの簡素化にはならず，むしろ，多くの州においては過多のスタンダードが過剰負担の問題の一因となった。

　このような圧迫は，多くの教師が教科書を指導上の義務として扱う傾向によって，不必要にも強められる。そうした教師は基本的な誤解をしており，私たちはそれを訂正することができる。すなわち，教科書をリソースとして用いる必要はあるが，シラバスとして用いる必要はないのである。科目には特定の優先事項があり，それらはパフォーマンス・ゴールと理解として組み立てられる。教科書のすべてが授業で教えられるべきだとか，すべての生徒に学ばれるべきだとか想定するのは，全く道理にかなわない。米国の教科書会社は，50州の教科書採択委員会，全国の教科領域に関する組織，様々な特別利益団体の歓心を買うために，あらゆる分野を網羅しようとする。その結果，必ず，多数の専門的知識すべてを表面的に扱うことになる。

　過剰負担の教科書と内容スタンダードの長いリストを見ると，多くの教師は頻繁に，自分の仕事はたくさんの内容を網羅することだと根本的に誤解してしまう。「網羅する」ことが必要だと見なされるのは，典型的には2つの暗黙の想定にもとづいているが，私たちはそれらはあまり根拠がないと考える。それらの想定とは，(1) もし私がそれを「教え」れば（例：それについて話し，関連する学業をいくらか与えれば），テストのために十分に学習されるだろう，そして (2) それについて私が講義形式で扱わなければ，学習されないだろう，というものである。

　本書全体を通して注意してきたとおり，「専門家の盲点」がここでは強く作用している。「軽くふれることによって教える」のでは，初心者がその教科の鍵となる観念と核となるプロセスを思い出せるようになる可能性は低いし，ましてや理解できるようになる可能性はもっと低い。情報を表面的にバラバラに教えることは，単に，どんなテストであれ最良の結果を生

図表 13.1　教科書とスタンダードの相関関係

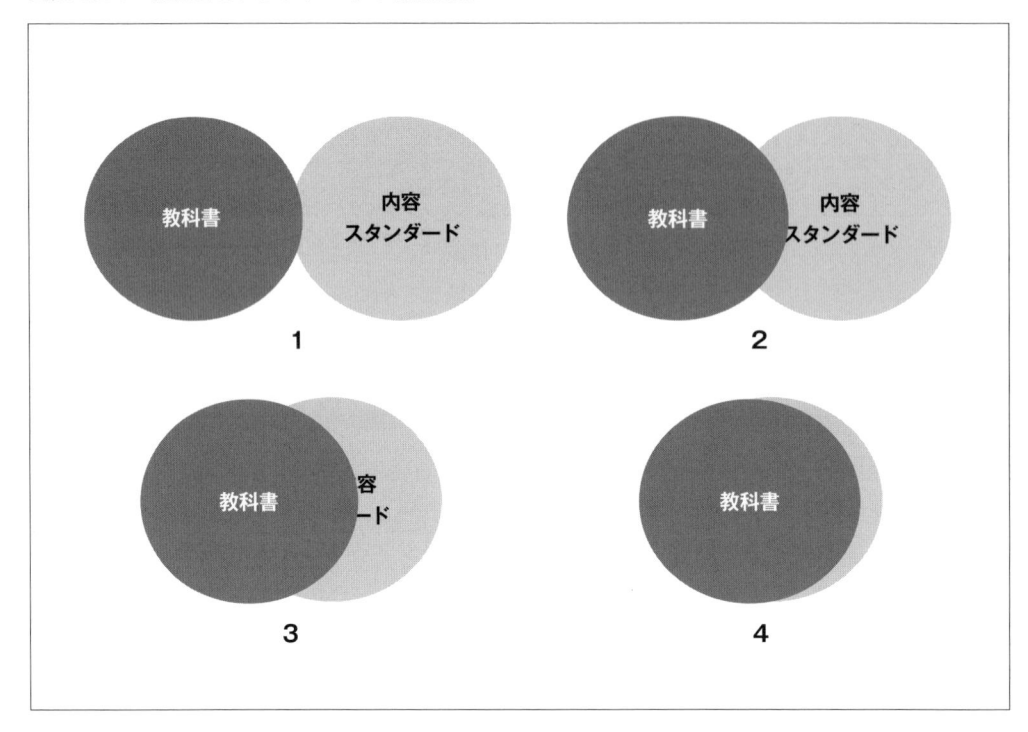

み出しえないのだ。私たちはここでもまた，教えることと学ぶこととを混同している。

　興味深いことに，教師が（生徒の理解の程度や学習結果にかかわらず）教科書とシラバスを更新していくよう**要請**されていると主張するとき，彼らはしばしば指導主事からの外圧となっている報告を引き合いに出す。私たちは未だかつて，行政的な情報源からそのような報告を見つけたことはないし，そのような通達を出したと主張する指導主事に会ったこともない。これらの主張を探究してみると，校長や指導主事がテストの点数に焦点を合わせているのは，単一の方略として教科書とテストの準備に忠実であるようにと**暗**に求めているものなのだ，と教師はしばしば解釈していることが明らかになった。

　州の内容スタンダードに合わせる義務は，州のスタンダードと全国的に販売される教科書や商業的リソースとが適合しているのかに関する重要な問いを投げかける。教師に教科書を州や学区の内容スタンダードに照らして再検討し，相関関係の程度を判断してもらおう。図表 13.1 の図解のうち，スタンダードと教科書の関係について最もよく表しているものを選んでもらおう。

　教科書とシラバスの完全な相関関係が存在しない場合は，教科書は，シラバスとしてではなく，せいぜい多くのリソースのうちの一つとしてしか役立たないだろう。図表 13.1 の 2，3 と番号がふられている図は，教科書の内容のある部分はスタンダードの学習に貢献していない（学ぶ必要がない），また他のリソースが必要であろうことを示唆している。

　さらに憂慮されるのは，いくつかの独立した教科書調査を見いだしたときである。最も綿密な調査は，米国科学振興協会（AAAS）のプロジェクト 2061 のものであり，高校の生物，

中学校の科学，および代数の教科書に関連している。その結果は，憂うべきものである。

> 今日の高校生物の教科書は，重要な生物学の観念を理解できるものにするのに失敗している。……〔全米科学アカデミーの会長は〕「悲しいことに，私たちの教科書は，あらゆる範囲の事実を網羅するように求める商業的な教科書市場によって，ゆがめられ続けているようであり……そのために，生徒が中心的な概念を，真に理解する機会を得るのに十分な深さで扱う機会が犠牲になっている」[5]と述べている。
> 広く使われている中学校の科学の教科書は，どれ一つとして満足のいくものだと評定されなかった。……「私たちの生徒は，彼らを教育もしなければ動機づけもしないバラバラの諸事実で満たされた重い教科書を家にひきずって帰っている」と，プロジェクト2061の代表者であるジョージ・ネルソン博士は語った。……「この研究は，きわめて重要な中学校の学年において，子どもたちを教育するために用いられている教材についての私たちの最悪の懸念を確認するものであった。」[6]

良い教科書が入手可能だったとしても，教師の仕事が教科書を教えることだという主張は，全くの誤解である。設計・指導・評価の仕事は，明示的なゴールを達成するために，内容スタンダード，知的な優先事項，生徒のニーズと興味に照らしてシラバスを作成することである。したがって教科書は，スタンダードを満たす役目を果たすたくさんのリソースのうちの一つとして役立てるべきものである。教科書は参考図書なのだ。その目的は，知識を要約することにある──百科事典と似ていないわけではない。教科書をシラバスとして扱うことは確実に，全体的な設計の目的と一貫性を欠如させる。教科書を学習の行程として扱うことは，百科事典をAからZへと進むことに似ている。論理的で効率的だと言えばそうであるが，意味深くて効果的かと言えばそうではない。

なぜ，この誤解はもっとはっきりとわからないのか？　おそらく学校制度が，教職員を雇い監督し評価(エバリュエーション)するときに，「何が私の仕事**なのか**？」という本質的な問いを適切に扱うことに失敗しているからである。仕事をパフォーマンスにもとづいて記述している制度はほとんどない。中学校と高校のほとんどのカリキュラムは，教科書をシラバスだと想定している。学校の教職員は，通常，空いている時間枠（米国史，第3学年）を満たすような免許を持っているかどうかをふまえて雇われる。したがって，さらなる説明がないと，容易に教科書が仕事だと考えるようになってしまう。しかし，このように明瞭さが欠如していてさえ，教師の仕事は教科書のページをできるだけたくさん進むことだと明記している学区の契約書を私たちは**いまだかつて**見たことが**ない**と言ってもいいだろう。50州のうち49州が州の内容スタンダードを確立しており，それらの州の教師は州の内容スタンダードを教えるよう期待されていることを，私たちは**まさに**知っている[7]。

国際調査から私たちが学ぶこと

1995年に実施された第3回国際数学・理科教育動向調査（TIMSS）は，この見解を裏づけ

ている。研究者たちは，3つの学年レベル（第4，8，12学年）について，42ヵ国の生徒の数学と科学の学力をテストした。TIMSSは，今まで行われた中で最も大規模で総合的かつ厳密な評価である。TIMSSの結果はよく知られている――米国の生徒の成績は，他のほとんどの先進工業国の生徒のものより劣っていた (Martin, Mullis, Gregory, Hoyle, & Shen, 2000)。しかしながら，あまり宣伝されていない，TIMSSに付随している指導に関する研究の結果のほうが，教科書の内容を網羅するという論点に関しての説明に役立つような興味深い洞察を提供している。手短に言うと，薄い教科書を用いて問題基盤型アプローチを行っているような，理解のための深い指導は，典型的には過剰負担な教科書に焦点が合わせられた米国のアプローチよりもずっと優れた結果をもたらしていたのである。

　米国，日本，ドイツの教室での指導を徹底的に分析して，研究者たちは，パフォーマンスを最良にする点で理解のための指導が有益である，という際立った証拠を提示している。たとえば，TIMSSのテストのデータと指導の調査は，日本の教師は数学でより少ないトピックしか教えないにもかかわらず，その生徒はより良い成績をとっていることを明瞭に示している。たくさんの個別的なスキルを手当たり次第に網羅するよりも，日本の教師は，自分たちの主たる目的は，生徒の概念的理解を発達させることだと述べる。彼らは，表面的な網羅に対し，深さを強調する。日本の教師は個別的なトピックや教科書のページ数という点ではより少ない分野しか網羅しないものの，生徒が規則と理論を推理し説明するような，問題基盤型学習を強調し，ひいてはより深い理解へと導いている (Stigler & Hiebert, 1999)。

　日本における数学の教師はより少ない数のトピックしか網羅しないという事実にもかかわらず，彼らの生徒はテストでより良い結果を獲得している。これらの教師は，多くの個別的なスキルを発達させることよりも，むしろ概念的に理解させることが自分たちの目的であると報告しており，彼らの指導実践はこの目的を反映している。これは，米国の教師が自分たちの仕事について持っている見解とは，はっきりと対照をなしている。日本では，生徒が数学的な思考を発達させることが授業のゴールであるのに対し，他の国々では特定の数学的な手続きを獲得することがゴールとされている。研究者たちは，日本，ドイツ，米国における典型的な第8学年の数学の授業の違いを次のように要約している。

　　理解が強調されていることは，日本の第8学年数学の授業に典型的に見られるステップから明白である。
　　　教師は，複雑で，思考を刺激する問題を提示する。
　　　生徒は，その問題と格闘する。
　　　様々な生徒が考えや解法をクラスの生徒たちに発表する。
　　　教師は，クラスの結論をまとめる。
　　　生徒は，類似の問題を練習する。
　　対照的に，米国とドイツのほとんどの数学の授業に共通するステップを見ると，スキルの獲得が強調されていることが明白である。
　　　教師は，ある概念またはスキルを生徒に指導する。

教師は，クラスの生徒たちとともに例題を解く。

生徒は自分たちで練習し，教師は個々の生徒を援助する。

(U.S. Department of Education, 1999)

　日本の教師は，問題基盤型学習を強調する。そこでは，規則と定理は単に述べられ，反復練習で強化されるのではなく，しばしば論理的に導き出される。第8学年の数学の授業の42パーセントが，問題に対して可能性のある代替の解法を生徒が発表することに関わっているのに対し，米国の教室ではたった8パーセントである。日本の生徒は，問題から学ぶべき観念を引き出すことに，授業時間の44パーセントをかける。米国の教室の生徒は，そのスキルに1パーセント未満の時間しかかけていない。対照的に，米国の教室における95パーセントの時間は，学んだ手続きの練習に費やされるが，同様のことは日本の教室ではたった40パーセントのみである。

　関連する調査結果として，米国の教師は数学と科学において，他国の教師が行っているよりもずっとたくさんのトピックを扱っている，と研究者たちは述べた。彼らはまた，他の授業との関連づけをより少ししか行わない——日本の中学校の教師の96パーセントがそのような関連づけを行うのに対し，米国の教師では40パーセントのみである。

> 一貫性を測定する一つの方法として，一貫性を脅かすものを探すことがある。つまり，滑らかに展開する物語を設計し維持するのを困難にするような授業の特徴を探すのである。これには，トピックが頻繁に変わる，または……外部からの割り込みによって中断されるといったことが含まれている。米国の授業で扱われるトピックは日本の授業に比べて有意に多いこと，また米国の授業では，ドイツの授業と日本の授業の両方よりも有意に頻繁にトピックからトピックへの切り替えが起こることを，私たちは発見した。
> (Stigler, & Hiebert, 1999, p. 61［邦訳：2002年，p. 68］)

日本の教師は，米国の教師たちよりもずっと奥深いところへと立ち入っている。

> 「展開」についてはかなり幅広く定義し，たとえいくつかの文か簡単な例を伴うだけでも概念が説明されたり図示されたりしていればよいことにした。米国の授業では，扱われるトピックの5分の1で概念が展開されたのに対し，5分の4で概念は単に述べられただけであることが発見された。……この割合は，……日本では，ほぼ逆である。(*Ibid.*, p. 60［同上書，p. 66］)

　米国での指導を「用語学習と手続き練習」と名づけた理由の一つは，米国での授業が用語の定義に大きな強調点をおき，基底にある原理的説明にはそれほど力を入れていないように思われたからである。すべての授業において提示された定義を数えたところ，米国の授業ではドイツや日本のおよそ2倍であることを発見した。(*Ibid.*, p. 58［同上書，

p. 65〕）

教えることと学ぶことの対比

　定義についての議論が示唆しているとおり，「網羅する必要性」のもとにしばしば隠れている想定は，私たちが学ばせたいことはすべて教えられなくてはならず，鍵となる事実を教えることが学習をもたらすという考えである。これは，全く事実に反している。生徒の研究，話し合い，実際のパフォーマンスを基礎としている学習課題――教科するために事実を活用すること――を一瞬思い浮かべればわかるとおりである。私たちが生徒に学ばせるよう意図していることの大半は上手に設計された学業から得られるものであり，生徒が理解しようと努力するときに（おそらくは，芸術家，運動選手，コンピュータ科学者を観察することによって）得られるものである。E・D・ハーシュの研究を批判する人の多くは，誤解している――彼は，どこにも，それらの核となる事実すべてを直接的に教えることを推奨してはいない。彼が擁護しているのは，高度な知的パフォーマンスに必要となる文化的リテラシーを身につけるならば，生徒はそれらを学ぶということだけである。（『理解をもたらすカリキュラム設計』は，革新的なプロジェクトにもとづく学校だけでなく，政治的なスペクトラムで言えば対極にあるような，ハーシュの研究にもとづくコア・リテラシー学校〔Core Literacy schools〕でも成功裏に用いられている。）ハーシュは，有名な事実のリストが重要事項のすべてだとも，それが講義形式で教えられなくてはならないとも言ってはいない。

　　幅広いカリキュラムは，高度に慣習を重んじる伝統校においても，比較的打ち解けた進歩主義の学校においても，教えることができる。いかなる種類の学校でも，……このような最小限の内容を科目に組み入れる方法を見いだすことができる。……集中的なカリキュラムは，幅広いカリキュラムとは異なるが，同様に不可欠なものである。集中的な学習は，ある教科に関する理解を完全に発達させ，その教科の知識を統合された一貫性のあるものにする。……孤立している諸事実が何らかの首尾一貫性を持った状態で統一体をなしているということを理解するためには，それらの事実がどのようにして首尾一貫したものとなるかについてのメンタル・モデルを常に獲得しなくてはならない。またこれらのスキーマは，詳細な集中的学習と集中的経験からのみ生じるものなのである。（Hirsch, 1988, pp. 128-129〔邦訳：1989年，pp. 206-207, 209〕）

　私たちが理解について議論した際に述べたとおり，重大な観念を再生されるべき情報として教えることは失敗するに違いない。重大な観念――正義，無理数，アイロニー――は本来抽象的であったり，素朴な学習者にとっては直観に反するものでさえあったりする。彼らには看破――集中的研究――が必要である。事実，これまでの章で記述してきたように，過度に講義形式の指導は生徒の誤解の主要な原因である，と私たちは信じている[8]。

　したがって，教えることの役割は，価値のあることについての生徒の学習を最大化することだ――結果にかかわらず，本を「網羅する」ことでもなければ，「教えてテストして最善を

祈る」ことでもない──ということは、きっと、あまり論争の的になることではない。教科書の配置ではなく、内容スタンダードとパフォーマンス・スタンダード（およびそれらが暗示する評価方法）からの「逆向き設計」が、その責務を全うするのに最良の方法だ、と私たちは考える。

　私たち自身のインフォーマルな研究の調査結果は、このことに密接に関連している。教育者が最良の指導の設計の質について振り返るよう求められたときに与えた、最も一般的な答えを思い出してほしい。

- 正真正銘の明示的な挑戦にもとづく、明瞭なパフォーマンス・ゴール
- 終始、ハンズ・オンのアプローチを用いる。前倒しの指導を通常よりもずっと少なくする
- 興味深く重要な観念、問い、論点、問題に焦点を合わせる
- 明白な現実世界への応用、ひいては学習者にとっての意味
- 試行錯誤から学ぶ機会を伴う、強力なフィードバックのシステム
- 主要な課題を行う1つ以上のやり方、またプロセスとゴールをスタイル、興味、ニーズに適合させる余地があるような、個性化するアプローチ
- 明瞭なモデルとモデリング
- 集中的な振り返りのために時間が取られている
- 方法、グループ分け、課題の多様性
- リスクを冒してみることができる、心配のない環境
- 教師の役割がファシリテーターやコーチの役割に似ている
- 通常の教室よりも、没入する経験が多い
- 全体的展望が提供され、終始明瞭であり、部分と全体との間を明白に行き来する流れがある

学習についての正式な研究は、教育者の常識をさらに裏づける。近年実施された研究上の知見に関する、最も徹底的にまとめた著書『授業を変える』の著者たちは、より多くを網羅することは、より多くを学ぶことと等しいものではないことを明らかにしている。3つの調査結果がこの本の基盤を形成している。

1. 生徒は、……先入観を持って教室にやってくる。もし最初の段階で……うまく理解していなければ、彼らは新しい概念と情報を把握するのに失敗するだろう。……
2. 探究の分野においてコンピテンスを発達させるために、生徒は、(a) 事実的知識の深い基礎を持ち、(b) 概念的な枠組みの文脈において事実と観念を理解し、(c) 検索と応用を容易にするようなやり方で知識を体系化しなくてはならない。……
3. 指導へのメタ認知的なアプローチは、生徒が学習ゴールを定義し、それらを達成する際の進歩をモニタリングすることによって、学習を制御することを学ぶのを助けることができる。〔Bransford, Brown, & Cocking, 2000, pp. 14-15, 16, 18 [邦訳：2002年, pp. 14, 16, 17]〕

要するに,「これらの3つの原理が指導に組み込まれているとき,生徒の学力は向上する。このことは,研究から得られた証拠が示している」(*Ibid.*, p. 21 [同上書, p. 20])。

設計と指導への鍵となる示唆は何だろうか? 次に,著者たちによって提案されたことのうち,転移と理解について,最も関連のあるものを強調しておこう。

> 学校教育の主要なゴールは,生徒に新しい問題や状況に直面したときに柔軟に適応できるように準備させることである。適応的で柔軟な学習が行われているかの重要な指標となるのは,学習したことを新しい状況に転移させる生徒の能力である (*Ibid.*, p. 235 [同上書, p. 247])

> バラバラな事実を幅広く知っているだけでは,十分ではない。探究の分野におけるコンピテンスを発達させるためには,生徒は理解を伴った学習をする機会を持たなくてはならない。教科内容を深く理解すれば,事実情報は活用可能な知識へと変容する。……研究文献に……おいて示されている鍵となる発見は,概念的な枠組みにもとづいて情報が構造化されれば「転移」が促進される,ということである。(*Ibid.*, pp. 16-17 [同上書, pp. 16-17])

> 理解を伴う学習は,単に情報を暗記するだけの学習よりも,転移を促進する可能性が高い。……多くの教室での活動は,……原因と帰結に関するより大きなテーマよりも,むしろ事実や詳細に焦点を合わせてしまっている。……
> 生徒が**学習経験から基底にあるテーマと原理を引き出す方法を学べば**,新しい問題を解決するために,いつ,どこで,なぜ,どのようにして自分の知識を活用するのかについて柔軟な理解を発達させることになる。知識をどのように,いつ活用するのかを理解すること……は,熟達化の重要な特徴である。多様な文脈で学習することが,転移のこの側面に影響する可能性が高い。(*Ibid.*, p. 236〔強調は引用者による〕[同上書, pp. 247-248])
> すべてのトピックを表面的に網羅することをやめ,その学問における鍵となる概念が理解されるよう,より少ないトピックを深く扱うように変えなくてはならない。(*Ibid.*, p. 20 [同上書, p. 19])

米国において通常見られるような,テストのために教えなくてはならないという教育的なスローガンと懸念にもかかわらず,網羅——(諸事実と下位スキルに意味を与えるような,観念とパフォーマンスの挑戦に焦点を合わせるのとは対照的に)小さな事実や下位スキルのそれぞれに満遍なく注意を払うやり方——は,要するに,テストの点数を最大化するのには全く向かないのである。

■ 誤解3：「なるほど，しかし……この仕事はあまりに大変で，私にはとてもそんな時間はない。」

　私たちが，第1，第2の「なるほど，しかし……」という発言は誤解にもとづくものであり，ほとんど習慣によって持続しているものだと教育者を納得させることができたとしても，必ず第3の主張が起こる。この仕事を全部するのに必要な時間が今はない，というものだ。私たちは，ある程度は同意する。表面上，この発言は誤解ではない。そう，カリキュラムを州のスタンダードと一致させ，「重大な観念」を明確にし，本質的な問いを創造し，より真正な評価方法を設計し，魅力的なやり方で理解のために教える計画を開発し，結果として得られる生徒の作品を分析し，働きかけについて検証するアクション・リサーチ[ii]を実施することは，とても困難な仕事であり，それには時間をかけなくてはならない。そして，そのとおり，（もしうまくやろうとすれば）個々の教師はこの難しい仕事に必要な時間すべてを持ってはいない。しかし私たちは，単に一生懸命，または多く働くだけでなく，より賢く働く必要がある。

　より賢く働くためには，いくらか無意識のうちの想定として，他の誤解がいくつか潜んでいることを了解する必要がある。すなわち，(1) **個々の教師，個々の学校，または個々の学区**が，この山を単独で登らなくてはならない，(2) 必要な時間は，すでに不足している（と私たちも賛成する）授業時間から**直接的**に引き出されなくてはならない，(3) それぞれのスタンダードとベンチマークは，ゼロから設計された何十もの単元において，バラバラに取り組まれなくてはならない，(4)「大変で時間がかかること」は**悪い**ことだ，という誤解である。

仕事の中に，継続的な共同研究・開発を組み込む

　最良の設計に関する練習問題が示唆しているとおり，教師のより深い理解は，しばしば地域の学習グループとアクション・リサーチを通して最もよく発達させることができる。私たちは，先述のリストが言っていること，そして本書が教師の理解に対し提案していることを応用しなくてはならない。すなわち，学習においては重大な観念を**徹底的**に調査することが重要であり，学校はそのような学習［が行われること］が専門的力量開発と職務内容説明のもっと中心にあるようにしなくてはならない。これらの問題のあまりにも多くの中心には，教師の盲点の一種がある。「私はそれを教えたので，彼らはそれを学んだに違いない。もし私がよりたくさん教えたら，彼らはもっと学ぶだろう。」　違う。私たちが見たところ，網羅の習慣は常に，実際よりも正当化できるもののように思われてしまっている可能性が高い。私たちは，よりよく学習を**理解する**必要がある。私たちは，「パースペクティブ」を発達させ，私たちの仕事に対する教育研究の健全な理論的「説明」と「解釈」をよりよく「応用」することを学ばなくてはならない。

　教師，学年チーム，教科部会，そして教職員全体は，年度ごとに自問しなくてはならない。

---

ii) アクション・リサーチ（action research）とは，実践家が個人またはチームで，現場における問題解決のプロセスを科学的・省察的に探究することによって，その改善を図る研究手法のこと。

私たちの習慣や態度にかかわらず，どのようなカリキュラム設計，指導と評価のアプローチが，実際に生徒に最もよく学習させるのか？　それらの問いに対する答えから，私たちは，「理解をもたらすカリキュラム設計」が理解について言っていることを，専門的力量開発において実践しなくてはならないということを学ぶ。私たちは，継続的な探究と話し合いを通して，重大な観念を，網羅ではなく看破しなくてはならない。

　しかし，時間という現実的な問題と集中的な研究の必要性という両者を念頭において，地域での研究を範囲は小さいが深いものにしよう――1年につき，1つの単元に焦点を合わせる。1つの単元を他者との共同で設計し，試して，生徒の作品を集中的に分析することで1年につき2, 3回調整する――そのようなプロセスはきっと，現職研修の日やチームの会合に割り当てられた現状の時間内で可能である。このやり方で行うことの実行可能性と価値の両方を見るために，あるアナロジーを考えよう。忙しい教育者のどれだけが，1学年の間に**毎晩**グルメ料理を用意するだろうか？　私たちは，その考えにくすくす笑う。私たちの中で熱心に料理する人でさえ，そんな時間やエネルギーを持ってはいない。しかし，1年につき2, 3度か，おそらくもう少しなら，典型的な日々の料理よりは詳細な計画，多くの準備時間，盛りつけへの注意が必要となるような，より念入りな家庭料理（例：家族の休日のディナー）に取り組む。指導・助言者の支援を受けつつ，1年につき1つの「グルメ」単元を開発し集め検討し共有することを，教えるという職業の必要条件にしよう。（そうすると，これから10年間で，どんな学校や学区のカリキュラム「料理本」ができるか想像してみよう！）

　私たち皆が学ぶことができるような設計の模範例の開発にもとづいた，このような累積的アプローチは，『日本の算数・数学教育に学べ』の中心的な勧告であった。日本と米国における教師の指導上の違いに加え，研究者は2つの国における継続的な教師教育について，もう一つの重要な違いを書き留めている。日本において教師教育は，幅広さではなく深さ，網羅ではなく看破，新しい技法の「教授」ではなく職場での学習を追求する。何十年もの間，日本の教師は授業研究として知られるプロセスを用いてきた。そこでは，1年につき1つの研究授業を開発し，教え，洗練させるために，定期的に小チームで作業をするのである。彼らは，アクション・リサーチとそれに伴う授業設計の結果を，教職員会議で同僚と共有するだけでなく，他校の教師も彼らの洞察から学べるように地方の公開研究会で共有する。

　私たちは，教師の専門的力量開発の改革が，すべての教師の標準的な実践とプロ意識を向上させるための，唯一の保証されたやり方であると強調する。

　　授業研究の共同的性質のもう一つの重要な利益は，それが教師に自分のスキルを正確に測りうるものさしを与えるプロセスだということである。……それと同時に，授業研究の共同的性質によって，個々の教師の自己批判と……指導の改善は共同プロセスだという考えとのどちらにも偏らない。……発生した問題は，一般的には，グループが設計した授業に帰するものとされる。……したがって，教師は批判的になれるのである。(Stigler, & Hiebert, 1999, p. 125 ［邦訳：2002 年，pp. 117-118］) [9]

共同での単元と授業の設計,改善,地方での共有というプロセスは,UbDの相互批評プロセスに反映されている。明細な情報,指示,実例は,『理解をもたらすカリキュラム設計——専門的力量向上ワークブック』(McTighe, & Wiggins, 2004) に示している。

時間が不足しているという苦情のおかしな点は,ある程度しか真実ではないことである。すべての学校システムは,少なくとも1年に12時間を専門的力量開発の日に,およそ16時間を教職員会議,学年会議,教科会議に割り当てている。これらの時間について再考し,その半分を何らかの形での授業研究に割り当てれば,何が達成されうるのかを想像してほしい。授業研究を,現職研修の日だけでなく学年会議と教科会議の日程にも組み込んで,職務上の必要事項として要請するのである。長期的には,アクション・リサーチがすべての学年チームと教科部会の義務の一部となり,取り組まれた学力目標,実施された研究と開発,得られた結果,将来に向けて提案される新しい探究に関しての年次報告書が刊行されることだろう。

このアプローチがどのようにうまくいくかについて,次の例を検討しよう。あなたの学校か学区の教師が,3年に1度,地方の夏期カリキュラム設計ワークショップに参加する機会を持つと想像しよう。彼らは,自分たちが教える(もちろん州や学区の内容スタンダードに結びつけられた)最良の単元(例:最も魅力的であり効果的な単元)のカリキュラムを持ってくるように招待されるだろう。彼らは,類似した単元のトピックに結びついた同じ教科・学年の他の教師1人か2人と参加し,内容に関する専門家の指導のもと「グルメ」単元を用意する。彼らの作成途中の作品は,一組のカリキュラム設計スタンダード(たとえば『理解をもたらすカリキュラム設計』のそれ)に照らして検討され,仲間や専門家から得られたフィードバックにもとづいて調整が行われるだろう。そして彼らは,最良の考えをUbDの3段階「逆向き設計」テンプレートのような合意された書式でコンピュータに入力する。これは,「UbD交流ネットワーク」(http://ubdexchange.org)で行われていることである。

次の年度では,改善された単元を実地で試し,結果の証拠として生徒の作品を集める。彼らはその学年の間に(おそらくは予定された現職研修の日に)集まって,生徒の作品を集団で評価し,単元設計に必要な修正を加える。完成された設計は,(設計スタンダードと生徒の作品からの結果にもとづき)その地方で[教科]内容の専門家によって批評してもらう資格を得るだろう。模範的と見なされるそれらの単元は,電子データベースを通して,他の教育者にも入手可能となる。私たちは,過去5年間にわたって,多くの学校の教職員がそのようなシステムを開発するのを助けてきた[10]。

そのようなさらなる共同のやり方において見られる思い違い(ある部分では,教師が互いに孤立して機能不全に陥っているような地域文化によって助長されている思い違い)は,内容スタンダードとベンチマークは,教室で孤立しているそれぞれの教師が達成目標を狭く絞った授業を通して,一度に1つずつバラバラに取り扱われなくてはならない,としばしば思い込まれていることである。そのことは当然,私たちの誰もにとって扱うには仕事が多すぎるという感覚を生み出すが,しかしこの前提には欠陥がある。この混乱は再び,第1の「なるほど,しかし……」の主張,および州テストの表面的妥当性の問題に関連している。標準テストは通常,脱文脈化された(適切に名づけられた)「諸項目」を通して一度に1つのスタ

ンダードを抽出する。したがって、テストやスタンダードのリストはしばしば、それぞれのスタンダード、ベンチマーク、指標があたかも等しい重要性を持つものであるかのように見えたり感じさせたりする。それにより私たちは、スタンダードに向けて一度に一かけらずつ教えるべきだと示唆されている、と誤解してしまう。

　対照的に、私たちは、「理解をもたらすカリキュラム設計」の出発点に戻る。すなわち、スタンダードから導き出された重大な観念と核となる課題を中心として優先事項を設定する3つの円の図解である。そうすれば、単元が豊かで深い学業を含み、複雑なパフォーマンスで山場に至る場合に、適切な階層的序列で何十ものスタンダードが同時に取り扱われる――そして、学習者の観点からもより一貫性あるものとなる。地域レベルでの挑戦は、指標ごとに授業を設計することではなく、究極的にはすべてのスタンダードを扱い、生徒に優先事項を明瞭に表示するような、豊かな単元を設計することである。これは、よりよくスタンダードを解きほぐし、カリキュラムを執筆してマップをつくり、データを集めることによって、解決可能な問題である。

　私たちは、そのようなアクション・リサーチはすべて、4つの明確な利益をもたらすと強く主張する。

1. **言行一致**。スタンダードを**私たち自身**の専門的な仕事に適用することによって、カリキュラムと評価の設計の質は向上する。一生懸命に働いているのだから、または生徒が楽しむような活動を取り入れているのだから、私たちの設計は健全だ、と思い込むのではなく、設計は設計スタンダードと照らして検証されなければならない。スタンダードを満たし、生徒の学習という結果を生み出すカリキュラム設計は模範例として明示され、そうして将来のカリキュラムの仕事のためになる高いスタンダードが確立される。

2. **知的テンプレートの作成**。「逆向き設計」の論理は、求められている結果と評価に必要な証拠を、学習活動を明確にしたりリソースを選択したりする**前に**、明瞭にすることを求めている。教師が「逆向き設計」テンプレートをカリキュラムの単元を設計するために用いるとき、計画づくりのための生産的なメンタル・モデルを発達させることによって、活動志向カリキュラムと網羅志向カリキュラムという双子の問題を避ける助けとなる。そのような設計プロセスは、とりわけ、まだお気に入りの活動を蓄積していない、または教科書への依存にすっかり誘惑されてしまってはいない新任の教師にとって、とりわけ価値のあるものである。

3. **技術を用いたより賢い作業**。大半の教育者が州の内容スタンダードに合わせて指導する義務を負っているのであれば、なぜ州全体で共有することが規範であってはならないのか？　様々な学問に関する州のスタンダードが異なっているというよりは似通っていることから、この共有化を全国レベルに拡大することが可能ではないだろうか？　私たちは、共有できると信じている。このアプローチであれば、それぞれの教師、学校、学区が不必要に同じ努力をすることなく、実証済みの単元を検索できるデータベースを用いて、より賢く作業するための仕組みが提供される。私たちは、毎日グルメ料理を用意できないことに後ろめたさを感じる必要はない。（レシピであれカリキュラム設計であ

れ）模範例に焦点を合わせることは，皆にとって良いことである。そうすれば私たちは，1つか2つの良質な単元を開発することにエネルギーをつぎ込み，作業するにつれて徐々に高いスタンダードとより洗練された設計スキルを発達させることができる。そして料理本と同様に，皆が定評のあるレシピから恩恵を得ることができるように設計を共有するのは，大いに賢いことである。

4. **専門的な会話の促進**。より良質なカリキュラムの完成作品に加え，共有された設計の仕事の**プロセス**は，専門的力量を豊かに向上させる。（地方と州の連合体の一部として）学区を越えた設計チームで作業した教師からの反応は，その経験の価値を確認するものであった。一般的なトピックについての画一的で誰にでもあてはまる教職員研修とは異なり，この設計の作業は，特定の内容トピックに固有な指導と評価の特徴に専念するものであり，教師にとって即座に価値のある実体的な完成作品を結果として生み出す。会話では，専門的職業の中心にあるような物事に焦点が合わせられる。すなわち，生徒に理解してもらいたい重大な観念は何か？　どのようにして私たちは，彼らがこのことを本当に学んだことを知るのか？　これらのスタンダードに達するとは，何を意味しているのか？　どのような指導と学習の経験が最も魅力的で効果的なのか？　生徒の作品は，私たちのカリキュラムと指導の長所とニーズについて何を明らかにしているのか？

専門的力量向上のために利用できる時間は限られているため，そのような方法で結果を志向しないわけにはいかない——これは，外部の講演者が教育動向を網羅することとは対照的である。

時間のかかる大変な仕事は，悪いものではない。それは，本章の最初に示したプラトンの『国家』からの引用が示唆しているとおり，良いものであり必要不可欠なものである。学習，真の学習は，常に難しいものである。それは**常**に古い学習に衝撃を与え，不均衡と抵抗を生み出す。私たちは，多くの教育者が学習に対して逆説的な抵抗を示すことを見てきた——特に1人で仕事をし，習慣にもとづいて自分の空間で起こることすべてを円滑に制御することが最も重要だと考えている教師はそうである。おそらく，なぜ継続的な共同研究を中心に学校を再設計するのかについての一番の理由は，習慣を変えることに対して教師が抱く抵抗感，実験することに対する臆病さ，批判と失敗への恐れを克服する唯一の方法が，それだからだ。個人と集団の実践についての研究を行うために，教師がグループで一緒に作業するとき，より大きな勇気——そして**学ぶ**ことに役立つような仲間からの圧力——が生まれる。

理解の6側面が，ここに関わっている。もし真に学習のもたらし方を理解しようとしているのならば，教師にはもっと共感と自己理解を発達させる作業が必要である。専門家の盲点によって，生徒の誤解の起こりやすさや個々人の違いと学習者のニーズだけでなく，すべての学習に伴う痛みが隠されてしまう。私たちは教え手ではない。私たちは学習をもたらす人であり，学習についての学び手である。したがって，本当のところ学習がどんなに難しいものかを常に私たちが思い出していられるように，どのように学習が起こるかの「内側」に入り込み続けることが教職には求められるのである。教師が絶えず学ぶこととはどのようなも

のかを感じ，年齢や才能にかかわらず本当の学習が常に恐ろしくストレスのたまるものであり，自己疑念を抱かせうるものだということを思い出せるように，学校は教師にアクション・リサーチを行うよう要請すべきである。私たちが自分のことを，学習者のモデルでもある者としてではなく教え手としてのみ考えてしまうような職務と日程表であるならば，大人と子ども，皆にとって教育をより誠実で，元気を出させるもの，自動修正するものとするために必要不可欠な機会を逸することになる。この仕事に必要な時間は，余分なものとしてではなく，本質的なものとして解釈されるべきである。

結論

　私たちは，外部者への説明責任が求められている世界において，理解のために設計し，指導し，評価することを妨げる障害物について広く持たれている3つの見解を検討してきた。そして，それらの根底にある誤解を明らかにしようと試みてきた。「理解をもたらすカリキュラム設計」から得られるアイデアは，教職員と生徒の知的な参加を維持しつつ，外的な尺度でのパフォーマンスを向上させることの中心にあると提案した。それらのアイデアとは，(1) 重大な観念の理解と教科領域の核となる課題の習得のために，指導と評価を行うこと，(2) 職務に埋め込まれた地域での継続的な研究と開発の一部として，地域のカリキュラムと評価を点検し洗練させることに，設計スタンダードを適用することである。

　私たちは，あなた方に私たちの言うとおりに信じることを求めたり期待したりはしていない。経験からいって，習慣と誤解が議論によって克服されることはめったにないことを，私たちは知っている——つまり網羅することによっては克服されないのである！　そうではなく，本章と本書全体での主張は，合理的な根拠にもとづいて受け入れられる（あるいは拒絶される）とすれば，地域で看破され，あなた方自身の状況において，あなた方自身によって話し合われ，試され，論争され，探究される必要がある。このこともまた，『日本の算数・数学教育に学べ』の著者たちが導き出した米国の学校の改革についての鍵となる結論であった。

> 指導は複雑なものであるため，指導の改善は，教師が教え生徒が学ぶ教室で開発されたときに最も成功するものとなるだろう。……一つの教室でうまくいくことが，他の教室ではうまくいくかもしれないし，うまくいかないかもしれない。遠くからやってきた改善のためのアイデアは——たとえば，私たちが日本の授業から学んだことも含め——私たち自身の地域の教室で試され，適合される必要があるだろう。(Stigler, & Hiebert, 1999, p. 134 [邦訳：2002 年，p. 127])

　私たちはあえて，何が理解で何が理解ではないのか，理解のための最良の指導はどのようなものなのか，理解を最もよく評価する方法は何かについて，あなた方が調査するようにと

求める──これらすべては，特定のスタンダード，テスト，生徒を抱えたあなたの世界において調査されるべきなのである。世界における研究のすべては，あなたがそれを**あなたの**クラスで，**あなたの**生徒に対するものとして見ない限りは，ほとんど意味がない。本書を理解することは，本書のアイデアを試す仕事を行うことを意味している。それが，授業研究を推進することである。

これらのしばしば聞かれる悲観的な主張のいくつかを看破することによって，学校の教職員と学区のリーダーが，自身のおかれた状況や求められる厳しい仕事にとらわれずに，学習改善のために**できる**ことに向けて，より積極的な取り組みを促したい。研究の調査結果は，元気づけられるものである。私たちがコントロールできない生徒や学校や社会のあらゆる物事があるのだとしても，私たちのコントロールできること──設計，指導，フィードバックの提供──は大いに学力へ影響しうるのである。

---

1) たとえば，クーン（Kohn, 2000）を参照。
2) 間接的なテスト［巻末の「用語解説」を参照］に過剰に依存することについて私たちが長年にわたって文献で反対してきたことからいって，このように私たちが主張することは多くの読者を驚かせるかもしれないが，ここでの論点はテストの妥当性により狭く焦点を合わせたものである。教育的なテストにおいてもっとパフォーマンス評価を用いる点については非常に多くの主張がなされうるが，しかしここでの論点は，その裏側である。ちょうど「真正な」課題が妥当ではない推論を生み出しうるのと同様に，間接的な──「真正でない」──テストも妥当な推論を生み出しうるのである。
3) 完全な研究報告は，次から入手可能である（http://www.consortium-chicago.org/publications/p0001.html）［現在，このアドレスは確認できない］。
4) さらに最近の研究では，SAT［Scholastic Assessment Test：大学進学能力テスト］対策の会社が点数を向上させているという，いきすぎた主張に疑いが投げかけられている。
5) 次のウェブページより（http://www.project2061.org/about/press/pr000627.htm）［現在，このアドレスは確認できない］。米国科学振興協会（http://www.aaas.org）のプロジェクト 2061 は，米国の数学と科学の教科書の評価を実施した。次のウェブページを参照（http://www.project2061.org/publications/articles/textbook/default.htm）。
6) 次のウェブページより（http://www.project2061.org/about/press/pr990928.htm）［現在，このアドレスは確認できない］。
7) 州レベルで公表されたスタンダードを持っていない唯一の州であるアイオワは，学区に地域のスタンダードと評価方法を開発するよう求めている。これらの地域の努力に加えて，多くの学区はまたアイオワ州基礎スキル・テストを用いている。
8) ガードナー（Gardner, 1991）の第 8 章，ブランズフォード，ブラウンとクッキング（Bransford, Brown, & Cocking, 2000）の 10 ページ以降を参照のこと。
9) この研究に対する付加的な情報は，TIMSS のウェブサイト（http://nces.ed.gov/timss/）で見つかるだろう。授業研究についてさらに多くは，ルイス（Lewis, C., 2002）を参照のこと。
10)「理解をもたらすカリキュラム設計　交流ネットワーク」（http://ubdexchange.org）は，2001 年以来，教育管理・カリキュラム開発協会（ASCD）と共同で活動している。それは，UbD テンプレートの電子版で設計された 1000 以上の単元を収録している。ネットワークは，すべての会員に対し，単元の作成，共有，相互批評のしっかりとしたフォーラムを提供する。授業と評価のアイデアを，同じトピックを教える仲間と共有する機会を教師に提供している。そして，学校と学区の管理者に対し，洗練された検索能力，カリキュラム・マップづくり，地域で開発された設計に対する専門家の批評を含んだ大量のリソースを提供している。

おわりに──さあ始めよう

　　　　教師たちに立ち止まって考え，活動と授業のレパートリーを
　　　　変更したり選択したりしてもらうことは，本来それ自体で
　　　　かなりのパラダイム転換です。教師たちは，自分が教えていることについて
　　　　考えていました。妥当性を確保するために，あらゆる学習課題と評価方法の
　　　　一つ一つを評価(エバリュエーション)していました。教師たちは昔から確立されている
　　　　お気に入りの授業と活動を行っていましたが，それらは求められている結果と
　　　　一致していませんでした。このことは大きい，本当に大きいことでした！
　　　　　　──アンジェラ・ライアン，ペンシルバニア州ハーシー，指導促進者

　　　　　　　　とにかく，やってみよう！
　　　　　　　　　　──ナイキの宣伝用スローガン

　「理解をもたらすカリキュラム設計（UbD）」の原理的説明，研究の基礎，鍵となる観念を解明してきたので，最後に，UbDを効果的に始めるためのアイデアのうち検証されたものをいくつか提供する，実践的な覚書で締めくくろう。

　設計を創造することは，当然の出発点である。ほとんどの教師には，カリキュラムの単元から始めることをお勧めする。教師は通常，UbDの要素を中心に再構築するために馴染みのある単元を選ぶ。あるいは，新しいトピックについての単元を計画する際に「逆向き設計」とUbDテンプレートを用いて，最初から最後まで徐々に新しい単元を設計することが有益だ，としばしば気づく。設計の仕事を支援するために，250ページ以上のワークシート，練習問題，事例，設計上のヒントを掲載した関連文献『理解をもたらすカリキュラム設計──専門的力量向上ワークブック』（McTighe & Wiggins, 2004）が入手できることを，心に留めておいてほしい。

　管理者には，UbDの観念を応用するための2つの選択肢を提案したい。すなわち，(1)確認された内容スタンダードを中心にカリキュラムを共同で設計するために教師と働くこと，または(2)成人の学習者［教師など］向けの専門的力量開発のワークショップや科目を計画するために，「逆向き設計」とUbDテンプレートを用いることである。多くの教育者は，実際のカリキュラム設計にUbDを応用し，仕事仲間からフィードバックを得るまでは，UbDを完全に理解もしていなければ価値を認めてもいなかった，とコメントした。あらゆる重大な観念と同様に，この枠組みのニュアンスと巧妙さについては，応用と省察の後のほうが完全

に理解しやすいのである。

　設計のトピックにかかわらず,『理解をもたらすカリキュラム設計——専門的力量向上ワークブック』に加えて,「理解をもたらすカリキュラム設計」交流ウェブサイト (http://ubdexchange.org) を調べることも勧めたい。このサイトには,次のような機能がある。

- **「逆向き設計」の３つの段階にもとづく電子的な設計テンプレートを特色とする,オンラインでのカリキュラム設計環境**。共通する書式によって,地域のカリキュラム設計の一貫性が保たれ,教職員で共有しやすくなる。様々なテンプレートの領域に結びついて,支援となるような多くのウェブサイトへの最新のリンクが貼られている。たとえば第２段階では,パフォーマンス評価とルーブリックについての様々なサイトへの即座のアクセスが提供されている。
- **共通の書式を用いたカリキュラム設計の,検索可能なデータベース**。相互に関連するデータベースにおいて,単元,パフォーマンス課題,採点用ルーブリックを掲載している。そこには5000以上の設計が収録されており,新しいものが常に加わっている。複合的な検索項目によって,教科課程,教科,科目名,キーワード,学年,学区,学校,設計者の名前,単元名,およびこれらの組み合わせすべてをもとに,使用者が設計を探し当てるのが可能となっている。「私のお気に入り」というブックマークの機能も含まれている。
- **UbD設計スタンダードにもとづく,オンラインでの相互批評プロトコル**［手順］。このプロセスは,設計スタンダートに照らした自分の作品についての自己評価と,ほかの使用者とのフィードバックのやり取りを通した相互作用を推進するものである。設計スタンダードは,カリキュラム設計を継続的に改善するという哲学を促進しつつ,品質管理する手続きを確立している。設計者は,UbDと内容領域の専門家チームによる専門的な検討を求めてもよい。彼らは,詳細なフィードバックをオンラインで提供する。
- **使用者に対するオンラインでの支援,個人指導,相互作用的な自己評価**。技術的な補助と「著者に尋ねる」フォーラムが,オンラインで利用可能である。
- **様々な専門化された管理機能**。これらは,学校や学区の管理者の,会員に対する運営を支援するために含まれている。

■ 共同を通した努力を促進する

　カリキュラム単元を（理想的にはUbD交流ウェブサイトで）創造することに関連して,自己評価と相互批評のためにUbD設計スタンダードを恒常的に用いることを強く勧めたい。このスタンダードは,効果的なUbD設計の品質を表現しており,教師の省察と修正を促進するものである。

　「理解をもたらすカリキュラム設計」の枠組みの価値は,チームや学校,または学区全体で調整しつつ採用し応用した場合,急上昇する。次に示すのは,学年部会や教科部会のチー

ム，学校の教職員，または学区の教職員全体が，UbDを始めるときに採用しうる，実践的な行動である。

- 『理解をもたらすカリキュラム設計』（増補第2版［本書］）の選択された節を読んで話し合う学習グループを形成する。
- ASCDのビデオ『理解とは何か？』と『「逆向き設計」を用いる』を視聴し，話し合う。
- 地域，地方，または全国のUbD入門ワークショップか研究会に，教師と管理者の代表チームを送る。
- あなたの学校か学区で，UbD入門ワークショップを（例：予定された現職研修の日に）主催する。
- 教職員会議とチーム会議で，UbDに関連する本質的な問い（例：これらの内容スタンダードすべてを，どのように魅力的で効果的に教えることができるのか？　どのような内容が理解する価値のあるものか？　教えたことを生徒が本当に理解しているかどうか，私たちはどのように知ることができるのか？　テストの「練習」に固執することなく，学力を上げるにはどうすればいいのか？）を探究する。
- 同じ地方でUbDを用いている学校か学区を訪問するための視察チームを派遣し，あなたの学校か学区にとって可能性のある利点を報告してもらう。
- 学校や学区においてUbD推進の先頭に立つ教師と管理者の幹部を明確にする。
- 幹部のメンバーを地方か全国のUbD協会に3～5日間派遣する。
- 幹部のメンバーにUbDの単元を設計し共有するための時間（とその他の動機づけ）を与える。
- UbD設計スタンダードを用いて地域で設計された単元について，相互批評を実施する。
- 幹部のメンバーのために，UbD交流ネットワークのウェブサイトの会員権を購入し，教えるトピックについてのUbD「青リボン［優れたものを示すマーク］」単元を探して共有させたり，ウェブサイト上の単元についてUbD設計スタンダードを用いて再検討させたり，単元の概要を設計して専門家の検討を求めさせたりする。
- 学年部会や教科部会で内容スタンダードを解きほぐす作業をする（すなわち，理解と本質的な問いを明確にする）。
- 学年部会や教科部会で，3つの楕円のワークシート（第3章の図表3.3）を用いて内容スタンダードと教科書の内容に優先順位をつける作業をする。
- UbDにもとづいて，学校または学区のカリキュラム・マップ（すなわち，理解，本質的な問い，および核となるパフォーマンス課題を含むもの）を作る。
- 教室に本質的な問いを掲示する。教職員会議で例を共有する。
- （理解の6側面にもとづく）核となるパフォーマンス課題と共有する採点用ルーブリックを開発する。
- 学年部会や教科部会で，核となるパフォーマンス課題についての生徒の作品を批評し評価（エバリュエーション）する。ルーブリックのために，学校規模ないし学区規模での「アンカー」を選ぶ。
- 生徒が誤解している領域を明確にするために，外部機関による学力テストと生徒の作品

を分析し，働きかける計画を開発する。
- 学力の問題が見られる領域を中心に，アクション・リサーチと授業研究のチームを設け，実施する。
- 新任教師に対してUbDを導入する入門プログラムを開発し，実施する。
- 様々な学校と学区の新規構想を計画する際に，「逆向き設計」を応用する。
- UbDの実施を支えるために，州，連邦政府，財団の補助金を求める。

■ 言行を一致させる

　どんな道筋も単一では，個人やチームがUbDを理解し，UbDについて習熟することにつながらない。しかしながら教育者には，「理解をもたらすカリキュラム設計」の用い方を計画する際に，「言行を一致」させて「逆向き設計」を用いることを，ぜひ，勧めたい。

付録：6ページ版テンプレートのサンプル

以下の記入済みの6ページ版テンプレートを，あなた自身のUbD単元を設計する手引きとして用いよう。

単元のカバーページ

単元のタイトル： 食があなたをつくる	**学年レベル：** 第5[6]学年
教科／トピックの領域： 健康と栄養	
キーワード： 栄養，健康，健康管理，バランスのとれた食事，食品ピラミッド	
設計者： ボブ・ジェームズ	**期間：** 3週間
学区： モンゴメリー・ノールズ公立学校	**学校：** チェルシー・キャット小[中]学校

単元の簡潔な要約（カリキュラム上の文脈と単元のゴールを含む）：

　保健科の導入のこの単元において，生徒は，栄養に関する人間のニーズや，食品群，様々な食品の栄養上の利点，USDA食品ピラミッドの指針，栄養不足に関連する健康上の問題について学ぶ。彼らは，健康な生活のためには十分な栄養をとることが重要だと年下の子どもたちに伝える，挿絵入りの栄養パンフレットを考案する。また協同グループで，仮想の家族の食事を分析して，栄養価を向上させる方法を助言する。さらに，不十分な食習慣に起因する健康問題について研究する。

　山場のパフォーマンス課題で，生徒は近日行われる3日間の野外教育プログラムのメニュー案を開発して提案する。食事と間食のメニューは，USDA食品ピラミッドの勧告を満たしていなくてはならない。単元の締めくくりで生徒は，自分の食習慣と，どの程度自分が健康的に食べているかについて評価（エバリュエーション）する。

単元設計の状況：　　　　☑ テンプレートのページ──第1・2・3段階──が記入済みである

- ☑ それぞれのパフォーマンス課題の青写真が完成している
- ☐ ルーブリックが完成している
- ☐ 生徒と教師に対する指示がある
- ☐ 教材とリソースがリストになっている
- ☐ 調整の仕方が提案されている
- ☐ 学外教育が提案されている

状況：　☐ 最初の草稿（日付 3/12 ）　　☑ 改訂された草稿（日付 7/14 ）

☑ 同僚による批評　☑ 内容の検討　☑ 現場での施行　☐ 承認　☐ アンカーを添付

第1段階――求められている結果を明確にする

設定されているゴール：

> スタンダード6――生徒は，栄養と食事に関する本質的な概念を理解する。　**Ⓖ**
> 　　6a――生徒は，自分と他者にとって適切な食事を計画するために，栄養に関する理解を活用する。
> 　　6c――生徒はそれぞれ，自分自身の食事のパターンを理解し，そのパターンをどう改善しうるかについて理解する。

どのような本質的な問いが検討されるのか？

> - 健康的な食事とは何か？　**Ⓠ**
> - あなたは健康的に食べているか？　どのようにして，それがわかるのか？
> - ある人にとって健康的な食事が，他の人にとって不健康でありうるのはどうしてか？
> - あらゆる情報が入手できるにもかかわらず，なぜ米国では，栄養不足によってもたらされた健康上の問題がこんなにもたくさんあるのか？

どのような理解が求められているのか？

> 生徒は，〜は……だと理解する。　**Ⓤ**
> - バランスのとれた食事は，身体的・精神的な健康の一因となる。
> - USDA食品ピラミッドは，栄養に関する**相対的な**指針を示すものである。
> - 食事の必要条件は，年齢，活動レベル，体重，全体的な健康状態によって，一人ひとり異なる。
> - 健康的な生活を送るためには，快適な習慣を壊すことになったとしても，個々人が十分な栄養について入手可能な情報にもとづいて行動することが必要である。

この単元の結果，生徒はどのような鍵となる知識とスキルを身につけるのか？

> 生徒は，次のことを知る。　**Ⓚ**
> - 鍵となる用語――たんぱく質，脂質，カロリー，炭水化物，コレステロール。
> - それぞれの食品群の食品の種類と栄養価。
> - USDA食品ピラミッドの指針。
> - 栄養上のニーズに影響する条件。
> - 栄養不足によってもたらされる，一般的な健康上の問題。

> 生徒は，次のことができるようになる。　**Ⓢ**
> - 食品ラベルの栄養に関する情報を読んで解釈する。
> - 栄養価について，食事を分析する。
> - 自分や他の人にとってバランスのとれた食事を計画する。

[Ⓖ=goals　Ⓠ=essential questions　Ⓤ=enduring understandings　Ⓚ=knowledge　Ⓢ=skills]

付　録

第2段階——承認できる証拠を決定する

生徒が理解したことは，どのような証拠によって示されるのか？

> **パフォーマンス課題：** 　　　　　　　　　　　　　　　　　　　Ⓣ
>
> 「食があなたをつくる」——生徒は，健康的な生活を送るためには十分な栄養が重要だということを，年下の子どもたちに教えるイラスト入りのパンフレットを作成する。生徒は，年下の子どもたちに悪い食習慣をやめるためのアイデアを与える。
>
> 「食卓につこう」——生徒は，もうすぐ行われる野外教育キャンプ体験のために，3日間の食事と間食のメニューをつくる。彼らは，キャンプ監督者に宛てて，なぜ自分たちのメニューが選ばれるべきなのかについて説明する手紙を書く（その際，そのメニューがUSDA食品ピラミッドの勧告を満たしつつ，生徒にとって十分においしいものだということを示す）。食事に関する特定の条件（糖尿病患者やベジタリアン），あるいは宗教上の配慮のために，少なくとも1つは変更点を含むこと。

第1段階で求められている結果と照らし合わせて，どのような他の証拠を集める必要があるのか？

> **他の証拠：** 　　　　　　　　　　　　　　　　　　　　　　　ⓄⒺ
> （例：テスト，小テスト，プロンプト，作品例，観察）
>
> 小テスト——食品群とUSDA食品ピラミッド
>
> プロンプト——栄養不足の結果として起こりうる健康上の問題を2つ記述し，どうすればそれらが避けられるかについて説明する。
>
> スキルの点検——食品ラベルの栄養に関する情報を解釈する。

生徒の自己評価と振り返り：

> 1．パンフレット「食があなたをつくる」を自己評価する。　　　　　ⓈⒶ
> 2．キャンプのメニュー「食卓につこう」を自己評価する。
> 3．単元の終わりに（最初と比較して）どの程度，健康的に食べているかについて振り返る。

[Ⓣ=performance tasks　ⓄⒺ=other evidence　ⓈⒶ=self assessment]

第2段階──承認できる証拠を決定する（続き）

評価課題の青写真

どのような理解やゴールがこの課題によって評価されるのか？ **Ⓖ**

> 生徒は，自分と他の人にとって，適切な食事を計画する。

課題の明細にかかわらず，スタンダードや理解によってどのような規準が示唆されているのか？ スタンダードが満たされたことを示すものとして，生徒の作品にはどのような質が明示されている必要があるのか？

- 栄養的に見て健全である
- 味と栄養との比較
- 実現できる

どのような真正のパフォーマンス課題によって，生徒は理解を明示するのか？ **Ⓣ**

課題の概観：

　栄養について学習してきたので，今年度末に私たちが行く3日間の旅行のために，栄養バランスのとれた3日間分のメニューを提案するよう，野外教育センターのキャンプ監督者から頼まれました。USDA食品ピラミッドの指針と食品ラベルに書かれた栄養情報を用いて，主要な食事3食と間食3回（午前，午後，キャンプファイヤー）を含む3日間の計画を立てなさい。あなたのゴールは，おいしくて，栄養バランスのとれたメニューです。メニューに加えて，あなたのメニューがどのようにUSDA栄養指針を満たしているかについて，キャンプ監督者に説明する手紙を用意しなさい。脂質，たんぱく質，炭水化物，ビタミン，ミネラル，カロリーの内訳を示す図表を入れること。

生徒のどのような完成作品や実演が，求められている理解の証拠を提供するのか？

メニューと，栄養価を示す図表　　　　　キャンプ監督者への手紙

どのような規準によって，生徒の完成作品や実演は評価（エバリュエーション）されることになるのか？

- メニューがUSDA指針を満たしている。
- 栄養価の図表が正確で完成している。
- メニューが，相手と状況に対応している。
- 提案されているメニューについて，栄養価と味の魅力が効果的に説明されている。
- 手紙の形式が適切である。
- スペルと書き方が正しい。

[Ⓖ＝goals　Ⓣ＝performance tasks]

第3段階――学習経験を計画する

WHERETO

どのような指導と学習経験のシーケンスによって，生徒は，求められている理解に向けて取り組み，それを発達させて実地で示すことができるようになるのか？ 次の用紙を用いて，鍵となる指導と学習活動を順番にリストにしなさい。それぞれの項目に，WHERETOの要素に対応する適切なイニシャルを記号としてつけなさい。

1. 栄養が自分の生活に与える影響について生徒が熟考するよう惹きつけるため，導入の問い（あなたが食べる物は，にきびの原因となりうるか？）で始める。**H**
2. 本質的な問いを紹介し，単元の山場のパフォーマンス課題（「食卓につこう」と「食事の行動計画」）について話し合う。**W**
3. 注：様々な学習活動とパフォーマンス課題で必要になったら，鍵となる用語を導入する。生徒は，学習活動と課題の助けとなるよう，保健の教科書から関連する部分を読んで話し合う。後の再検討と評価のために，継続的な活動として，生徒は日々食べているものと飲んでいるものを図表に記録する。**E**
4. 食品群についての概念を身につけさせる授業を行う。それから，生徒に食品の写真を食品群に応じて分類する練習をさせる。**E**
5. 食品ピラミッドを紹介し，それぞれの群の食品を明確にする。生徒はグループで，それぞれの群の食品の切り抜いた写真を載せた食品ピラミッドのポスターを作る活動をする。教室か廊下にポスターを掲示する。**E**
6. 食品群と食品ピラミッドに関する小テスト（組み合わせ問題）を与える。**E**
7. USDAの栄養パンフレットを批評し，話し合う。話し合うための問い：「健康的になるためには，全員が同じ食事をすべきなのか？」 **R**
8. 生徒は，協同グループで活動し，仮想の家族の食事（意図的にバランスを崩してあるもの）を分析して，栄養の改善のため提言をする。活動中，教師は生徒を観察しコーチする。**E-2**
9. グループで，自分たちの食事についての分析を共有し，クラスで話し合う。**E, E-2**
（注：教師は，指導上注意が必要な誤解がないかを探すため，食事についての分析を集めて検討する。）
10. それぞれの生徒は，健康的な生活を送るために十分な栄養をとることの重要性と不十分な食事が結びつく問題について，年下の子どもに教える挿絵入りの栄養パンフレットを考案する。この活動は，授業外の時間に完成させる。**E, T**
11. 生徒は，グループのメンバーとパンフレットを交換し，評価規準のリストにもとづいて相互評価をする。生徒に，フィードバックにもとづいた修正を許す。**R, E-2**
12. 「栄養とあなた」というビデオを見て，話し合う。不十分な食事に関連した健康上の問題について話し合う。**E**
13. 生徒は，栄養不足に起因する健康上の問題について，ゲスト・スピーカー（地域の病院の栄養士）の話を聞き，質問する。**E**
14. 生徒は，次の筆記プロンプトに応答する。「栄養不足の結果として起こりうる健康上の問題を2つ述べ，それらを避けるためにどのように食事を変化させるとよいのかを説明しなさい。」（これらは教師が集めて採点する。）**E-2**
15. 教師は，食品ラベルの栄養価に関する情報を読んで解釈する方法のモデルを示す。それから，寄付された［食品］箱，缶，ボトル（空のもの！）を用いて，生徒に練習させる。**E**
16. 生徒は，1人で，3日間のキャンプのメニューを開発する。キャンプ・メニューのプロジェクトを評価し，フィードバックを与える。生徒は，ルーブリックを用いて，自分のプロジェクトを自己評価し，相互評価する。**E-2, T**
17. 単元の締めくくりに，生徒は日々の食事図の完成したものを再検討し，自分の食べ方が健康的かどうかを自己評価する。彼らは変化に気づいたか？ 改善点は？ 彼らは自分の気分や姿の変化に気づくか？ **E-2**
18. 生徒は，健康的な食事のために，自分の「食事の行動計画」を立てる。これらはとっておいて，近く予定されている三者面談で提示される。**E-2, T**
19. 生徒が自分の食事の習慣を自己評価して，単元を締めくくる。それぞれの生徒に，自分の「健康的に食べる」というゴールのための行動計画を立てさせる。**E-2, T**

L

[**L**＝learning plan]

第3段階——学習経験を計画する（続き）

WHERETOの要素を考慮する。 ⓛ

月曜日	火曜日	水曜日	木曜日	金曜日
1 HW 1. 食習慣と「にさひ」についての話し合いで、生徒に気づきを与える。 2. 本質的な問いと鍵となる語彙を伝える。 3. 日々の食事のパターンを記録するため、生徒に食べ物日記をつけさせる。	**2** E 4. 食品群について概念を獲得させる授業を行い、食品をカテゴリー分けする。 5. 生徒に、USDAの栄養パンフレットを読ませ、話し合いをさせる。	**3** ET 6. 食品ピラミッドについての授業を行い、それぞれの群に属する食品を確認する。 7. 保健の教科書から関連のある部分を読んで話し合う。	**4** ET 8. ビデオ「栄養とあなた」を見せ、話し合いをさせる。 9. 年下の子どもたちに十分な栄養が健康的な生活を送るために重要だと伝える挿絵入りの栄養パンフレットを、生徒に考案させる。	**5** ET 10. パンフレットを評価して、フィードバックを与える。生徒に、パンフレットを、規準のリストを用いて自己評価・相互評価をさせる。
6 E 11. 生徒に、協同グループで、仮想の家族の食事を分析させ、栄養を改善するための提案をさせる。	**7** R 12. 食事の分析について、ルーブリックの検討を行って、フィードバックを与え、修正をさせる。	**8** E 13. 生徒に、栄養不足によって起こる健康上の問題に関するゲスト・スピーカー（地域の病院の栄養士）の話を聞かせ、質問させる。	**9** ET 14. 不十分な食事に起因する健康上の問題について、生徒に研究させる。結果を発表する方法については、生徒に選択肢を提供する。	**10** E 15. 栄養価を調べるために、食品ラベルの情報をどのように解釈するかについて、モデルを示す。生徒に、食品ラベルの解釈の練習をさせる。
11 E 16. 生徒が規準を理解できるように、キャンプ・メニューのルーブリックを検討する。1人で3日間のキャンプ・メニューを検討させる。	**12** E 17. 生徒が、自分のメニューに取り組むのを観察し、コーチする。	**13** E 18. キャンプ・メニューのプロジェクトを評価し、フィードバックを与える。生徒に、自分たちのプロジェクトを、ルーブリックを用いて自己評価・相互評価をさせる。	**14** ET 19. 自分の食べ方が変化しているパターンを探らせるために、生徒に食べ物日記を再検討させる。栄養を改善するため、各生徒に、自分のゴールを設定させる。	**15** E 20. 単元の締めくくりに、生徒に、自分の食習慣について自己評価させる。生徒に、健康的な食べ方のゴールに向けて、自分の行動計画を立てさせる。

[ⓛ = learning plan]

用語解説

アカデミック・プロンプト（academic prompt）　真正のパフォーマンス課題と，短答式テストや小テストとの中間にある評価の形式。アカデミック・プロンプトとは，オープンエンドの筆記によるパフォーマンス・テストである。

　アカデミックという言葉が示唆するとおり，これは学校や試験の状況においてのみ行われるテストである。試験官は特定の引用，観念やパフォーマンスの要請に対する応答を促す刺激(プロンプト)を与える。そのようなプロンプトは（それらがパフォーマンスを促す刺激であったとしても）真正ではない。なぜなら，課題，リソースへのアクセス，割り当てられた時間，他者へ話しかける機会について，学校において典型的に見られるような制約が設定されるからである。*真正の評価*，および*小テスト*と対比してほしい。

アンカー（anchors）　ルーブリックにおけるそれぞれのレベルに対し，特定のパフォーマンス・スタンダードを設定するために用いられる作品やパフォーマンスの実例。たとえば，書くことについてのレベル 6 を記述する段落に添付されるのは，レベル 6 のパフォーマンスがどのようなものかを例示する作文のいくつかの実例になるだろう。（最高点に対応するアンカーは，しばしば「模範例」と呼ばれる。）

　アンカーは，採点の信頼性を大いに高める。そのようなアンカーのないルーブリックは，審査する人にとってもパフォーマンスをする人にとっても，あまりに漠然としたものであるため，明瞭なスタンダードを設定することができない。「洗練されていて説得力がある」，または「洞察に満ちた数学的解法」といった語句は，具体的でしっかりとした定義を示す作品例が教師になければ，ほとんど意味がない。

　アンカーはまた，質の高い作品の具体的なモデルを提供することにより，生徒をも支援する。

永続的理解（enduring understandings）　教室を超えて持続する価値を持つような*重大な観念*にもとづく，特定の推論。UbD では，設計者が，それらを完全な文章で書くよう勧められており，そのトピックに関して生徒が特に何を理解すべきかを記述することになる。「生徒は，〜は……だと理解する」という文例は，理解を明確にするための実践的なツールとなる。

　単元や科目の永続的理解を考える際，教師には「これから数年たって，生徒が詳細を忘れ去った後に，何を理解しておいてほしいか，何を活用できる能力があってほしいか？」と問うことを勧める。

　永続的理解は学問の中心にあり，新しい状況に転移可能なものである。たとえば，法の支配について学ぶ際に，生徒は「成文法では，国家権力の制限が明記され，法の適正手続など個人の権利が明確に述べられている」と理解するようになる。この推論は，「権利」と「法の適正手続」といった重大な観念にもとづいて諸事実から導き出されたものであり，マグナカルタの意義を認識したり，

発展途上の世界において出現しつつある民主主義を検討したりするときにも用いられるような，概念的に統合するレンズを提供するものである。

　そのような理解は本来，概して抽象的であり，しばしば明白でないため，1回限りの*網羅*より，むしろ持続する探究を通した*看破*が必要である。生徒は，学業の結果として，その観念を理解するようになったり，把握できるよう助けられたりしなくてはならない。もし教師が理解を事実のように扱えば，生徒がそれをわかるようになる可能性は低い。

応用（application）　理解の6*側面*の一つであり，昔から確立されている理解の指標である。様々な状況で知識とスキルを応用する能力は，学習者の理解の重要な証拠を提供する。

　この観念は，新しいものでもUbD特有のものでもない。ブルームらは，応用を理解の中心にあるものとして見ており，あまりに多くの教室で見られるようなあてはめと穴埋めの活動とはかなり異なるものと見なした。「教師は頻繁に次のように言う。もし生徒が本当に何かを把握しているならば，彼はそれを応用できる。……応用は，知識や単純な把握とは2つの点で異なっている。生徒は特定の知識を出してくるよう促されることはなく，また問題も時代遅れのものではない」（Bloom, 1956, p.120）。*解釈*，*共感*，*自己認識*，*説明*，*パースペクティブ*も参照。

オープンエンドの問い（open-ended question）[本文中では「解決しきれない問い（open question）」]
唯一の正答にはつながらないような課題や問いを言い表すために用いられる用語。しかしながら，このことは，すべての答えが等しい価値を持つという意味ではない。むしろ，承認される答えとして，数多く多様なものが可能であることを含意している。したがって，そのような答えは，「正確である」のとは対照的に，「正当化される」，または「もっともらしい」，あるいは「十分に擁護された」ものである。たとえば，小論文のテスト問題はオープンエンドであるのに対し，多肢選択式テストは（設計上）そうではない。

解釈（interpretation）　理解の6*側面*の一つ。解釈することは，人の経験，データ，テキストにおける，意味，重要性，意義や価値を見つけることである。それは，良い物語を語ったり，有効なメタファーを提供したり，論説を通して観念を鮮明にしたりすることである。

　したがって解釈は，*説明*に伴う理論化や分析よりも，より内在的な主観性やためらいを伴っている。関連する事実と理論的な原理を知っていたとしても，「それは一体何を意味しているのか？　その重要性は何なのか？」を問うことが必要である。（事実，**理解する**という動詞の辞書における定義の一つは，「重要性を知る」である。）児童虐待を理解しようとしている陪審員は，理論的な科学にもとづく精密な一般化ではなく，意義と意図を探し求める。理論家は，虐待という現象についての客観的な知識を構築する。しかし小説家は，特異な人の精神的な生活に対する探究を通して，理論家と同じぐらいかそれ以上の洞察を提供するかもしれない。

　このように語りを構築することは，構成主義が真に意味するところである。教師が，生徒「自身が意味をつく」らなくてはならないと言う場合，それは次のようなことを意味している。すなわち，生徒に取り組ませることなしに，また，より妥当な説明や解釈を見いださせることなしに，重要な解釈または概念をひとまとめにしたものを与えても，ごまかしの理解にしかならない。**特定の解釈**

を純粋に講義形式の指導で教えることは，表面的ですぐに忘れられる知識へとつながりやすく，生徒はすべての解釈が，本来的に議論の余地があるものだということをわかるようにはならないのである。*応用，共感，自己認識，説明，パースペクティブ*も参照。

概念（concept） 一つの語や句によって表現される心的な構成概念やカテゴリー。概念には，実体的な物体（例：いす，ウサギ）と抽象的な観念（例：民主主義，勇敢さ）の両方が含まれる。包括的な理解は，概念から導き出される。

学力目標（achievement target） 求められている結果（desired result），学習成果（learning outcome）の同義語であり，求められている教育的な究極目的（end）に関連する類義語である。*求められている結果*も参照。

カリキュラム（curriculum） 字義どおりには，「走るべきコース」。『理解をもたらすカリキュラム設計』［本書］において，この用語は，内容スタンダードとパフォーマンス・スタンダードにもとづく枠組みを履行するために開発された，明示的で総合的な計画を指している。

監査テスト（audit test） 州や全国の標準テストを表す場合に私たちが用いる用語。業務監査や医者による身体検査のように，重要で複雑なことをより単純な指標を用いて評価する簡潔なテストである。血圧の記録によって全体的な健康状態を素早く垣間見るのと同じように，監査テストの問題は，より重要なゴール（goals）とスタンダードの代わりとなるものである。私たちは，次の点を強調して読者に気づかせることが重要であると考える。すなわち，標準テストと，ゴールやスタンダードにもとづいたより直接的な評価とでは，そのめざすところや外観が大きく異なっており，したがって監査テストのみに注意を払うことはほとんど意味がない。むしろ，監査テストがうまくいくかどうかは，「健全さ」がその地域で気をつけられているかどうかによるだろう。*直接的なテスト*と対比してほしい。

完成作品（product） パフォーマンスの実体的で安定した結果，およびそこへと至るプロセス。完成作品は，その完成作品を生み出す際の成功や失敗の程度を見て，生徒の知を評価するのに妥当なものである。すなわち，(1)教えられ評価されている知がどの程度反映されているか，(2)科目の題材が相対的な重要性を持っているカリキュラム全体から見てどの程度適切なサンプルか，である。

間接的なテスト（indirect test） 通常の文脈から離れてパフォーマンスを測定する検査。したがって，何らかの複雑なパフォーマンス（読むこと，書くこと，問題解決）に関する多肢選択式テストはどれも，定義からいって間接的である。ACT［American College Test: 米国大学入学学力テスト］とSAT［Scholastic Assessment Test: 大学進学能力テスト］は，その結果が新入生の学業平均値と相関するため，大学での成功の可能性に関する間接的な評価の仕方である。

　間接的なテストは，当然，直接的なテストよりも真正性が低い。しかしながら，パフォーマンスの間接的なテストは妥当でありうる。もし間接的なテストの結果が直接的なテストの結果と相関す

るならば，定義上，そのテストは妥当である。

観点別の採点 (analytic-trait scoring)　生徒の完成作品と実演を評価するために，性質の異なるいくつかの規準を用いる採点の種類。実質的には，あるパフォーマンスが何度か評価されることになり，そのつど別の規準のレンズを用いて評価される。たとえば，小論文の観点別採点において，私たちは5つの観点――構成，詳細の用い方，相手意識，説得力，慣例表記――を評価するかもしれない。観点別の採点と対照をなすのは*全体的な採点*であり，そこでの判断はパフォーマンスについての単一の全体的な印象についてのものとなる。*ルーブリック*も参照。

看破 (uncoverage)　理解に関わるすべての事柄について必要とされる指導アプローチ。教科を「看破」することとは，それを「網羅」することの反対を行うこと，すなわち深く掘り下げることである。以下に述べるような3種類の内容には，通常，こうした看破が必要である。1つめの内容は，**原理**，**法則**，**理論**，または**概念**であろう。これらは，分別のある，もっともらしいものと見なされた場合にのみ，生徒にとって意義のあるものとなりうる。すなわち，生徒は，探究と構成を通して，その内容を実証したり，帰納したり，正当化したりできる。2つめの内容は，直観に反していたり，微細な差異を持っていたり，巧妙だったり，さもなければ簡単に誤解されるような観念であろう。たとえば，重力，進化，虚数，アイロニー，テキスト，公式，理論や概念といった観念である。3つめの内容は，何らかのスキルの概念的要素や方略的要素であろう（例：書くことにおける説得力や，サッカーにおける「スペースづくり」）。こうした看破は，スキルの究極目的からいって，効果的で効率的な手段を明確にすることを伴っており，よりしっかりと目的を持つこと，技法を思慮なしに活用するのが減ることへとつながる。*網羅*と対比してほしい。

規準 (criteria)　作品がスタンダードを満たすために達しなくてはならない質。「何が規準なのか？」を問うことは，「生徒の完成作品や実演を評価する際に，彼らが成功しているかどうかを知るためには，何を探すべきか？　どのようにして，私たちは承認できる作品を判定するだろうか？」と問うことと同じである。

　規準は，特定のパフォーマンス課題を設計する**前**に熟考されるべきである（しかしながら，このことは初心者の設計者には奇妙に感じられるかもしれない）。批判的な思考を測定する課題を設計するには，そのような思考の指標が何かを前もって知っておくことが必要であり，そこから生徒がパフォーマンスを通してそれらの特徴を実地で示さなくてはならなくなるように課題を設計することが必要である。

　評価ではまた，それぞれの規準が他の規準と比較してどれぐらいの重みづけを与えられるべきかを決定しなくてはならない。だから，もし教師たちが作文を審査する際に，スペリング，構成，観念の発達がすべて重要だと合意するのなら，それから「それらは等しく重要なのか？　もし違うなら，私たちはそれぞれについて何パーセントを割り当てるべきか？」と問わなくてはならない。

　パフォーマンスを審査する際に用いられる規準は，テストそのものと同様に，妥当か否か，真正か否かになるだろう。たとえば，教師が生徒にいくつかのオリジナルな歴史的研究（真正の課題）を行うよう課題を課したとしても，4つの史料を用いているかと，レポートが正確に5ページの長

さかという点のみにもとづいて，成績をつけるかもしれない。1編の歴史的研究がそれら2つの規準を満たしていなくてもなお素晴らしい作品であるということは容易に起こりうるので，そのような規準は妥当ではないだろう。規準は，熟達したパフォーマンスの質と対応しているべきである。

多くのパフォーマンス評価は，いわゆるインパクトという規準を過小評価している。（これらのタイプの規準についてのより詳細は，ウィギンズ〔Wiggins, 1998〕の第5章・第6章を参照のこと。）

「逆向き設計（backward design）」 カリキュラムや単元を設計するためのアプローチであり，究極目的を念頭において取り掛かり，その究極目的に向けて設計するもの。そのようなアプローチは理にかなっているように思われるが，逆向きだと見なされる。なぜなら多くの教師は，究極目的──めざしている結果（内容スタンダードを満たす，理解を得るなど）──から単元設計を引き出すよりもむしろ，教科書やお気に入りの授業や昔ながらの活動といった手段をもって単元設計を始めるからである。私たちは，その習慣の逆を推奨する。究極目的（求められている結果）から始めて，それからその結果が達成されたことを判定するのに必要な証拠（評価方法）を明確にする。結果と評価方法が明瞭に特定されると，設計者は必要な（可能性を広げる）知識とスキルを決定し，そうしてようやく生徒たちにパフォーマンスの用意をさせるのに必要な指導を決める。

この見解は新しいものではない。ラルフ・タイラーは「逆向き設計」の論理を50年以上も前に明瞭かつ簡潔に記述した。

「教育目標は，教材が選ばれ，内容の概略が述べられ，指導の手続きが開発され，テストと試験が用意される規準となる。……目標（objectives）を記述することの意図は，どのような種類の変化が生徒にもたらされようとしているのかを示し，それによって指導上の活動がこれらの目標を達成しやすいようなやり方で計画され開発されうるようにすることである。」(Tyler, 1949, pp. 1, 45 [邦訳：1978年，pp. 1-2, 58]）

共感（empathy） 理解の6*側面*の一つ。共感，つまり「他者の立場に立つ」能力，他者の感情的反応を把握するため自分の感情的反応から離れる能力は，**理解**という用語の最も一般的な日常会話の用法の中心にある。私たちが，他の個人や人々，文化を「理解しようとする」とき，私たちは共感しようと努力している。したがって，それは単なる情緒的反応ではない。同情ではないのである。それは，誰か別の人の視点から世界（やテキスト）を把握する，**学習された**能力である。それは，他者が見て感じるのと同じように自分も見て感じるという，想像力を用いる規律（ディシプリン）であり，何か別のことが可能かもしれない，さらには望ましいかもしれない，と想像することなのである。

共感は，*パースペクティブ*と同じではない。何かをパースペクティブの中に見ることは，批判的な距離から見ること，より客観的に見るために自己を引き離すことを伴う。共感は，他の人の世界観の中で見ること，主観的または審美的な領域において見いだされる洞察，経験，感情を抱くことを伴う。

この用語は，20世紀への変わり目にドイツ人学者テオドール・リップスが，芸術作品や芸術的パフォーマンスを理解するために観客がしなくてはならないことを言い表すために造り出したものである。したがって共感は，たとえ他者の考えや行動が謎めいていたり当惑させるもののように見えたりしていたとしても，それらの中にもっともらしいことや分別のあること，または意味のあるこ

とを見いだす意図的な行為である。**応用**，**解釈**，**自己認識**，**説明**，**パースペクティブ**も参照。

繰り返す（iterative）　より早期に行われた学業を継続的に再検討すること。したがって，繰り返すアプローチは，直線的なプロセスや段階的なプロセスとは正反対のものである。「繰り返す」の同義語は，**再帰的（recursive）**，**循環的（circular）**，**螺旋状の（spiral-like）**である。カリキュラム設計のプロセスは，いつも繰り返すものである。設計者は，設計の要素のそれぞれについて取り組んでいる際に，彼らが求めているものは何か，それをどのように評価するか，そしてそれをどのように教えるべきかについて，当初の考えを再検討し続ける。彼らは，のちの設計と結果――学習したこと（または，学習しなかったこと）――と照らして，以前の単元と授業を再考する。

結果として得られる知識とスキル（resultant knowledge and skill）　学習単元から結果として得られることが予定されている知識とスキル。めざしている理解に加え，教師は求められている他の成果（たとえば「聞くスキル」）を明確にする。

　結果として得られる知識とスキルは，*前提となる知識とスキル*とは異なっている。結果として得られる知識は，単元のゴールである。前提となる知識は，その単元のゴールを達成するために必要なものである。たとえば，歴史的なロールプレイを山場とする単元において，前提となる知識には描かれる人々の伝記的な事実が含まれるし，前提となるスキルとはロールプレイをする能力である。UbDを用いる設計者は，結果として得られる知識とスキルを第1段階において明確にし，前提となる知識を第3段階，つまり学習計画に織り込む。

結果，求められている（result, desired）　*求められている結果*を参照。

構造化されていない（ill-structured）　答えたり解いたりするためのレシピや明白な公式がないような問い，問題，または課題を言い表すために用いられる用語。構造化されていない課題や問題には，間違いなく成功するような特定の方略やアプローチが提案されたり暗示されたりはしていない。しばしば問題は不明瞭であり，解決策が得られる前にさらに問題を明確にしたり，その意味を明らかにしたりすることが必要である。したがって，そのような問いや問題は，知識以上のものを必要とする。巧みな判断と想像力が必要となるのである。小論文の良い問い，科学の問題や設計への挑戦はすべて，構造化されていない。ゴールが理解されている場合や期待されていることが明瞭である場合でさえ，途中で手続きが考案されなくてはならない。構造化されていない課題は，常に，知識の転移の単純な応用だけではなく，恒常的な自己評価と修正を必要とする。

　人生における非常にリアルな問題は構造化されていないが，ほとんどのテスト項目はそうではない。テストにおける問いは，単一の，曖昧ではない正答や明白な解き方の手続きを持っているという点で，よく構造化されている。そのようなテスト項目は，知識の要素を妥当に評価するには申し分ないが，生徒が知識を賢く活用する能力――すなわちどの知識とスキルをいつ活用するのかについての判断の仕方――を審査するのには適していない。（バスケットボールのアナロジーが，この区別を明瞭にする。バスケットボールにおいて一つ一つの基礎練習を「テスト」することは，パフォーマンスとして試合で上手にプレーできるかどうかを見る「テスト」とは異なっている。すなわち，

基礎練習は予測可能で構造化されているが，試合は予測不可能で筋書きを決められてはいない。）

採点尺度（scoring scale）　パフォーマンスを評価（エバリュエーション）するために用いられる，等間隔に分けられた連続体（数直線）。尺度は，どれぐらい異なる点数が用いられるのかを明確にする。パフォーマンス評価は採点のために，通常，標準テストよりもずっと小さい尺度を用いる。100点かそれ以上の尺度よりもむしろ，ほとんどのパフォーマンス評価は4点か6点の尺度を用いる。

　2つの相互に関連する理由によって，このように少ない数の採点用評点を用いることが説明される。1つめの理由は，（ノルム準拠評価〔norm-referenced assessment［集団に準拠した評価，相対評価］〕の採点と同様に）尺度上のそれぞれの位置は恣意的ではなく，特定の規準や作品の質に対応することになっている，ということである。2つめは実用上の理由である。すなわち，あまりに細分化された尺度を用いると，採点の信頼性が低くなるからである。

採点の手引き（scoring guide）　ルーブリックを参照。

サンプリング（sampling）　あらゆる単元とテストを設計する際には，可能性のある知識，スキル，課題の広大な領域からサンプリングする行為が行われる。ギャラップ調査［米国における世論調査］のように作品や回答のサンプルが適切で正当化されうるものであれば，評価者は，サンプリングによって，限られた調査から妥当な推論を導き出すことができる。

　単元とテストの設計では，2つの異なる種類のサンプリングが用いられる。すなわち，すべての可能性のあるカリキュラムの問い，トピック，課題という，より幅広い領域からのサンプリング，および全員をテストする代わりに，生徒の母集団全体の中の部分集合だけを評価するサンプリングである。大規模なテスト制度においては，これら2種類のサンプリングが組み合わされたマトリックス・サンプリングが作られる。それによって，できるだけたくさんの領域の知識を網羅するために，多くの生徒，またはすべての生徒に異なるテストを用いて検査することができる。

　ある単元における教科内容の領域を，特定の課題を用いてサンプリングしようとする教師は，次のことを問わなくてはならない。（教えたことと学んだことすべてについて生徒をテストすることは決してできないため）どのような実行可能で効率的な課題や問いのサンプルによって，生徒の全体的なパフォーマンスについての妥当な推論を行うことが可能になるだろうか？　教師が，テストに対するより効率的で費用対効果の高いアプローチを構築するために母集団の中の部分集合を用いようとする場合，彼らは世論調査員のような問いを投げかける。すなわち，「制度全体の生徒すべてのパフォーマンスについての妥当な結論をサンプルからの結果を用いて推論するためには，どのような少数の生徒のサンプルの組み合わせにしなくてはならないだろうか？」という問いである。

自己認識（self-knowledge）　理解の6*側面*の一つ。側面の理論の文脈で論じたとおり，自己認識とは，自己評価の正確さや，理解のバイアスについての自覚を指す。理解のバイアスは，好みの探究スタイルや，習慣的な考え方，検討なしに信じていることによるものである。この場合の自己評価の正確さは，学習者が，自分が理解していないことを明瞭かつ明確に理解していることを意味している。（ソクラテスは，この能力を「知恵」と呼んだ。）

自己認識はまた，バイアスを自覚している程度と，対象を理解する際の思考，知覚，信念にこれらのバイアスがどのように影響しているかに関わっている。換言すると，人は，（目で見る像のように）理解を単に受け取るのではない。考え方や分類の仕方が，必然的に理解を形づくるようなやり方で，状況に投影されるのである。**応用，解釈，共感，説明**，パースペクティブも参照。

重大な観念 (big idea)　「理解をもたらすカリキュラム設計」において，カリキュラム，指導，評価の焦点として役立つような，核となる概念，原理，理論およびプロセス。定義からいって，重大な観念は重要で永続的である。重大な観念は，特定の単元の範囲を超えて転移可能である（例：アメリカン・ドリーム，寓意，適応，有効数字）。重大な観念は，理解を構築する材料である。それらは，それらがなければバラバラであったような知識の点をつなぐことを可能にする意味のあるパターンとして考えられうる。

　そのような観念は，個別的な事実やスキルを超えて，より大きな概念，原理やプロセスに焦点を合わせるものである。これらは，教科における，または教科を超えた新しい状況に応用可能である。たとえば，生徒は，特定の歴史的出来事としてマグナカルタの制定を学ぶ。**なぜなら**マグナカルタは，法の支配という，より大きな観念にとって，重要だからである。法の支配とは，成文法によって国家権力の制限や個人の権利（法の適正手続など）を明確にしたものである。この重大な観念は，その根源を13世紀イングランドにまで遡るものであり，また近代民主主義社会の礎石である。

　重大な観念はまた，「輪止め楔」の観念とも描写されうる。輪止め楔は，車輪を車軸に適切に固定するピンである。したがって，輪止め楔の観念は理解にとって本質的なものであり，それなしでは生徒は何もできない。たとえば，法律の文言と精神の間にある違いを把握していなければ，生徒は米国の憲法や法の制度を理解することはできない――たとえ彼らが歴史の事実についてどれほど知識を持ち，明確に表現できたとしてもである。永続的な価値を持つ輪止め楔の観念に焦点を合わせることがなければ，生徒には，簡単に忘れ去られる知識の断片が残るだけだろう。

小テスト (quiz)　個別的な知識とスキルを評価することを唯一の目的とするような，（口頭であれ筆記であれ）何らかの選択回答式テストや短答式テスト。アカデミック・プロンプトや*「真正の評価」*と対比してほしい。

「真正の評価 (authentic assessment)」，真正の課題 (authentic task)　現実世界における重要な挑戦をシミュレーションしたり模写したりするよう設計された，**パフォーマンス課題**と活動から構成される評価方法。「真正の評価」の中心には，現実的なパフォーマンスにもとづく検査がある――現実世界のやり方で，真の目的，相手，状況における諸条件を考えながら，知識を活用することを生徒に求めるものである。

　したがって，課題がパフォーマンスにもとづくものであろうとハンズ・オンのものであろうと，課題そのものだけではなく，評価される文脈によってこそ，その学業は真正なものとなるのである。（例：問題の「混乱」，フィードバックと修正を求める能力，適切なリソースへのアクセス。）「真正の評価」方法は「テスト」以上のことを行うためにある。すなわち，それらは，教科「すること」とはどのようなことなのか，またある領域や専門的職業ではどのような種類のパフォーマンスへの挑

戦が実際に最も重要なものだと見なされるのかを，生徒に（そして教師に）教える。課題は，その領域における実践家が直面する本質的な問いや挑戦の代表的なものだからこそ，選ばれる。

真正のテストは，生徒の価値あるパフォーマンスを直接的に測定する。対照的に，多肢選択式テストは，パフォーマンスの間接的な測定である。（たとえば，運転免許を取るための路上検定と筆記テストを比較してほしい。）測定の世界では，真正のテストが「直接的な」テストと呼ばれる。**アカデミック・プロンプト**や**小テスト**と対比してほしい。

信頼性 (reliability)　測定と検査における採点の正確さ。十分に誤差を小さくできているか？　テストが受けなおされたり，同じパフォーマンスが別の誰かによって採点しなおされたりしたら，採点や成績が一定となる見込みはどれくらいか？　誤差は避けられない。あらゆるテストは，最良の多肢選択式テストも含め，100パーセントの信頼性には欠けている。目的は，許容できるレベルまで誤差を最小化することにある。

パフォーマンス評価において，信頼性の問題は通常2つの形式で起こる。(1)私たちはどの程度，単一のパフォーマンスや少数のパフォーマンスから，生徒が一般的に生み出しそうなパフォーマンスへと一般化しうるのか？　また(2)異なる審査員が同じパフォーマンスを同じように見る可能性はどれくらいか？　2つめの問いは，一般的には「評価者間信頼性」と呼ばれるものに関わっている。

採点の誤差は，必ずしもテスト作成者が用いる方法の欠陥ではなく，次のことと関連する統計的要因である。(1)外的要因がテスト受験者や審査員に，どのように必然的に影響するかということ。あるいは，(2)問いや課題の，ほんの少数のサンプルを単一の設定で用いることの限界。

同じ成果に対応して，確実に多数の課題があるようにすることによって，十分な信頼性を得ることは可能である。生徒がたった1つの課題ではなく，たくさんの課題を行う場合，より高い信頼性が得られる。また，よく訓練され監督された審査員が明瞭なルーブリックと明確なアンカーのレポートや実演を用いて評価（エバリュエーション）する場合，採点の信頼性は大きく向上する。（これらの手続きは，書き方に関する大規模な評価と，アドバンスト・プレースメント・プログラムにおいて，長い間用いられてきた。）

スタンダード (standard)　「スタンダードとは何か？」と問うことは，生徒が習熟している，または有能であると見なされるために，**どのような内容**にもとづき，**どのような種類**の課題について，**どれぐらい上手**に生徒がパフォーマンスしなくてはならないかを問うことである。したがって，3種類のスタンダードがあり，それぞれが異なる問いを扱っている。**内容スタンダード**は，「生徒は何を知り，何ができるようになるべきか？」という問いに答える。**パフォーマンス・スタンダード**は，「どれぐらい上手に生徒は学業をしなくてはならないか？」という問いに答える［つまり，ここでいう「パフォーマンス」とは，テストやパフォーマンス課題といった様々な評価方法における出来栄え，成績を指している］。**設計スタンダード**は，「どのような価値のある学業に，生徒は出合うべきか？」という問いに答える。ほとんどの州の文書は，内容スタンダードしか明確にしていない。いくつかは，パフォーマンス・スタンダード――模範的，または適切だと見なされるような特定の結果や学力のレベル（典型的には，標準テストで測定されるもの）――も明確にしている。「理解をもたらすカリキュラム設計」は，課題の質そのものに関連する**設計スタンダード**をも明確にし，強調している。これらは，

397

教育者が健全な単元を不健全な単元から区別するためのスタンダードと規準である。

これらの様々な種類のスタンダードがあるために，混乱がたくさんある。さらに悪いことに，**スタンダード**という語は，時に，**高い期待**（high expectations）の同義語として用いられる。別の時には，**ベンチマーク**――誰かによって達成されうる最良の実演や完成作品――の同義語として用いられる。そして，大規模なテストにおいて，スタンダードはしばしば暗黙のうちに**最低限のスタンダード**，つまり最低の合格点を意味している。またしばしば，スタンダードが一般的な指針か原理でもあるかのように論じられるのも聞く。最後に，**スタンダード**は決まって，パフォーマンスを審査するための**規準**と混同される。（多くの人々は間違って，ルーブリックだけで評 価（エバリュエーション）に十分だと信じている。しかし，明確に表現されたパフォーマンス・スタンダード――しばしばアンカーや模範例によってリアルにされたもの――もまた必要である。）

スタンダードにもとづく教育について話しているとき，教育者はいくつかの点を考慮すべきである。第一に，一般的に，スタンダードと期待とを混同しないよう気をつけなければならない。パフォーマンス・スタンダードは必ずしも，試みた者やよく訓練を受けた者すべてが到達できるものとして設定されてはいない。そういったものは，期待として考えたほうがよいものである。スタンダードは，達成する人がほとんどいなかったとしても，あるいは誰も達成できなかったとしても，価値あるものであり続ける。それは，図らずも高かったり「手の届く範囲」のものだったりする期待とは，大きく異なっている――期待は，もし生徒がやりとおし，（高い期待を抱いている）教師から良い指導を受けたなら，かなりの数の生徒が達成できるだけでなく，達成**すべき**ものを指している。

第二に，評価におけるパフォーマンス・スタンダードは，典型的には，「模範的な」アンカーのパフォーマンスや，何らかの科目明細や，区切られた点数によって設定される。より広い世界のベンチマークを考えてみよう。1マイル4分［1マイルを4分未満で走ること］，マルコム・ボールドリッジ賞の受賞会社，ヘミングウェイの著作，ピーター・ジェニングスの口頭プレゼンテーション。そのようなスタンダードを満たすパフォーマンスをする生徒は，いたとしてもほとんどいないだろう。しかし，それらはそれでもなお，教科課程と評価を組み立てるための価値のある達成目標（targets）である。学校のテストは，めったに，そのような専門的なベンチマークを用いてパフォーマンス・スタンダードを設定はしない（ただし，そのような模範例は，指導のモデルとして，また**ルーブリックのための**規準**の源として役に立つ）。学校のスタンダードは通常，仕事仲間同士でパフォーマンスのアンカーや模範例――「里程標（milepost）」や「年齢に適切な」スタンダードと呼ばれるであろうもの――を選ぶことを通して設定される。そのような模範となる作品例の選択は，事実上のスタンダードを設定する。

したがって，評価において鍵となる問いは次のようなものとなる。生徒作品のサンプルは，どこから得るべきか？　アンカーの妥当な選択はどのようなものか？　そして，教師は，どのようにして学校のスタンダードを，より広い世界の大人のスタンダードに結びつけるのか？　教師が通常行うのは，テストされた生徒の母集団全体から入手できる最良の作品を選ぶことである。（しかしながらUbDの提案者たちは，より長期的な視野での有用な達成目標として役立たせるため，また継続的なフィードバックを導くために，生徒には，少しだけより進歩している経験をつんだ生徒のアンカーが日常的に提供される必要があると信じている。）

第三に，スタンダードは，パフォーマンスを審査するために用いられる規準とは異なっている。

高跳びや説得文の規準は，生徒の年齢や能力にかかわらず，多かれ少なかれ固定されている。成功するためには，すべての高跳びは，同じ規準を満たしていなくてはならない。つまり，バーが上に乗っていなくてはならない。書き方において，あらゆる説得文は，適切な証拠と効果的な論証を活用していなくてはならない。しかし，バーはどれぐらい高くあるべきか？　主張はどれぐらい洗練されていて，厳密であるべきか？　これらが，スタンダードに関する問いである。（ルーブリックにおける，異なるレベルについての記述語は，典型的には規準とスタンダードの両方を含んでいる。）

しかしながら，ノルム［標準］が年齢に合ったスタンダードの決定に使われたとしても，スタンダードはノルムではない。伝統的には，パフォーマンス・スタンダードは，いわゆる区分点，すなわち切断点によって最低限受容できるパフォーマンスのレベルを固定することにより運用されてきた。通常，教室での成績づけであれ州テストであれ，60点がパフォーマンスの最低限のスタンダードだと見なされている。しかし，擁護できるような切断点を確立するようテスト設計者が求められることはめったにない。最初から，60点は合格で，59点は不合格だと述べるのは，恣意的である。意義深い質的な違いで59点と61点を区別するように設計されたテストは，ほとんどない。したがって，スタンダードを区分点として考えたとき，規準準拠型の採点システムとなるべきものは，あまりにも容易にノルム準拠型の採点システムに転換してしまうのである。

したがって，内容スタンダードを改善することは，必ずしもパフォーマンス・スタンダードを向上させない。内容はインプットを指し，パフォーマンスはアウトプットを指す。内容スタンダードは，生徒が習得すべき特定の知識を述べる。現行の改革の多くは，インプットを改善することが必ずアウトプットを改善させると想定している。しかし，これは明らかに間違いである。要求の厳しい学習科目においてもなお，生徒から質の低い作品を受け取ることはありうる。事実，内容スタンダードだけを上げることによって，短期的には，パフォーマンスが悪化すると予想することは，理にかなったことである。他の要因すべて（指導や，学業に費やされる時間）が一定に保たれているのであれば，指導内容の難度についてのみ，より高いスタンダードを設定すれば，生徒はより失敗しやすくなる可能性が高い。

妥当で役立つパフォーマンス・スタンダードを設定する際に問われるべき鍵となる問いは，常に次のようなものでなければならない。どのようなレベルのパフォーマンスに対し，生徒は「適切に資格を与えられたり認定されたり」するのだろうか？　したがって，スタンダードを運用するための効果的な解決案は，教師と学校のスタンダードを，外の世界における何らかの同等の価値のある達成レベル――より広い世界のベンチマーク――と等しくすることである。それにより，採点は実体的で安定した信頼できるものになる。これは，職業，音楽，陸上競技，その他のパフォーマンスにもとづく形式の学習に共通する特徴である。

成果（outcome）　教育において，「指導によってもたらされることが意図された成果（intended outcomes）」の略記。意図された成果とは，*求められている結果*，すなわち教育者が取り組む特定のゴールである。「理解をもたらすカリキュラム設計」は，そのような意図を記述するために，**学力目標**と**ゴール**という用語を用いる。成果が達成されたかどうかを判定するためには，特定の測定法――評価課題，規準，スタンダード――について合意することが必要である。

ここ数年，「成果にもとづく教育（Outcomes-Based Education）」については論争が行われてきたが，

それにもかかわらず，**成果**という言葉は特定の種類の達成目標や教育的哲学を何ら含意していない中立のものである。それは，カリキュラムや教育課程の優先事項を指している。成果にもとづくアプローチは，インプット（内容と方法）ではなく，求められているアウトプットに焦点を合わせる。そこでの鍵となる問いは，インプットにもとづくもの（私たちは，どのような指導方法と教材を使うのか？）というよりは，むしろ結果志向のもの（生徒は，指導の結果として何を知り，何ができるようになるだろうか？）である。

設計 (design) 何かの形式と構造を計画すること，または芸術作品のパターンやモチーフを立案すること。教育において，教師は両方の意味において設計者(デザイナー)であり，明確にされた結果を達成するために，意図的な一貫性のある効果的で魅力的な授業，単元，学習科目，および付随する評価方法を開発することをめざしている。

何かが意図的設計によって起こるということは，偶然や「即興」によるのとは対照的に，思慮に富んだ計画を通して起こるということである。「理解をもたらすカリキュラム設計」の中心にあるのは，教師が教室に入る**前**に起こることが，教室の中で起こる指導と同じぐらい，あるいはそれ以上に重要かもしれないという考えである。

設計スタンダード (design standards) 単元設計の質を 評 価(エバリュエーション)するために用いられる特定のスタンダード。設計を単なる良い意図や勤勉によるものとして扱うのではなく，教師の仕事は，むしろ，スタンダードや相互批評プロセスによって，生徒の作品がルーブリックやアンカーに照らして評価されるのと同じように評価されることとなる。設計スタンダードは，二重の目的を持っている。すなわち，(1)設計の長所と必要な改善点を明らかにするための自己評価と相互批評を導くこと，および(2)品質管理の仕組み，つまりカリキュラム設計を検証する手段を提供することである。

説明 (explanation) 理解の6*側面*の一つ。理解は，情報を単に知っている以上のことに関わっている。理解を伴っている人は，事実を単に述べるだけではなく，**なぜ**それがそうなのかを説明することができる。そのような理解は，十分に展開され裏づけられた理論，つまりデータ，現象，観念や感情の意味をつくるような説明として出現する。理解は，**どのように**物事が機能するのか，**何を**含意しているのか，**どこで**関連しているのか，**なぜ**起こったのかを，明瞭に綿密に啓発的に説明するような実演と完成作品を通して明らかになる。

したがって，この意味での理解は，**保証された**意見を提示するために単に「正しい」答えを返すことを超えている（どのように生徒がそこに到達したのか，なぜそれが正しいのかを正当化することである）。**正当化する，一般化する，裏づける，実証する，証明する，実体化する**といった動詞によって，何が必要とされているかというところに行き着く。この意味での理解は，内容や生徒の年齢や素養を問わず，「自分の作品を見せる」能力を通して顕在化する。すなわち，**なぜ**その答えが正しいのかを説明する能力，現行の作品をより一般的で有効な原理のもとに組み込む能力，ある見解についての妥当な証拠と主張を示す能力，および，その見解を擁護する能力である。*応用，解釈，共感，自己認識，パースペクティブ*も参照。

全体的な採点 (holistic scoring)　実演や完成作品の質についての全体的な印象を表示したもの。**観点別の採点**では，パフォーマンスの一面を成す一つ一つの規準に別個のルーブリックが用いられるが，全体的な採点はそれとは区別される。しかしながら，いくつかのスタンダードに関わる多面的なパフォーマンス課題に対しては，多元的に全体的な採点をすることも可能である。たとえば，1つの課題に口頭プレゼンテーションと筆記レポートがある場合，それらに別々の全体的な採点が適用され，点数をそれぞれの方式の分析要素（例：口頭によるパフォーマンスの構成と明瞭さ）には分けないこともありうる。

前提となる知識とスキル (prerequisite knowledge and skill)　山場のパフォーマンス課題で成功裏にパフォーマンスしたり，めざされている理解を獲得したりするために必要な知識とスキル。典型的な前提とは，すべてのことを意義深い最終的なパフォーマンスにまとめるのに必要となる，より個別的な知識とノウハウを明確にするものである。たとえば，USDA食品ピラミッドの指針についての知識は，健康的でバランスのとれた1週間の食事を計画するという課題に対する前提と見なされるだろう。**結果として得られる知識とスキル**と対比してほしい。

先導する問い (leading question)　知識について教えたり，明らかにしたり，評価したりするために使われる問い。**本質的な問い**とは異なり，先導する問いには正確で明白な答えがある。ある問いを「先導する」と呼ぶのは，それを非難することではない。先導する問いは，理解させるために教え点検する上で，有益な役割を果たす。しかし，それゆえにその目的は，本質的な問いの目的とはかなり異なっている。

側面 (facet)，理解の側面 (facet of understanding)　人の理解の現れ方。「理解をもたらすカリキュラム設計」は6種類の理解，すなわち**応用，解釈，共感，自己認識，説明，パースペクティブ**を明確にしている。したがって，真の理解は，人が次のようなことをする能力によって明らかになる。

- 説明する：現象，事実，データに関して，綿密で裏づけがあり正当化できる説明を提供する。
- 解釈する：意味のある物語を語る。適切な言い換えをする。観念や出来事に対して，啓発的な歴史的次元または個人的次元を提供する。イメージや逸話，アナロジー，モデルを通して，何かを個人的なもの，または接近しやすいものにする。
- 応用する：多様な文脈において，知識を効果的に活用し，適合させる。
- パースペクティブを持つ：批判的な目と耳をもって諸観点を捉える。全体像を見る。
- 共感する：他者には奇妙で，異質で，ありそうにもないように見えることの内側に入り，価値を見いだす。先行する直接経験にもとづき，敏感に知覚する。
- 自己認識を持つ：理解を形づくりもすれば妨げもするような，個人的なスタイル，偏見，投影，知性の習慣を知覚する。何が理解されていないのか，なぜ理解することがそんなに難しいのかを自覚する。

理解の側面について話す際には，理解（やその欠如）は，様々な，相互に補強し合う形で顕在化するものであるということが暗示されている。換言すれば，ある生徒が説明し，応用し，同じ観念について多数の観点を提供することができればできるほど，生徒がその観念を理解している可能性

は高くなる。

　したがって，側面は，学習スタイルというよりは，パフォーマンス評価における規準のようなものである。それは，教師が学習者の能力や好みに訴える必要性よりも，理解が存在しているかどうかを判断する方法に注意を向けている。ある小論文が効果的であるためには，説得力に富み，論理的でなければならない（ある人がそれらの特徴を持っていたり，それらを価値あるものと考えたりするかどうかにかかわらずである）。それと同様に，6側面もまた，生徒が理解しているという結論を出す際に，教師が何を見る必要があるのかを示唆しているのである。

　これは何か特定の事柄を理解する際，6側面すべてが**常**に関わっているという意味では**ない**。たとえば自己認識と共感は，多くの数学的概念を生徒が理解しているという証拠を探す際には，おそらく問題にはならないだろう。6側面は，割り当てられているものではなく，よりよく理解を発達させ測定するような授業と評価方法を設計するための，規準の枠組みや組み合わせを示している。

妥当性（validity）　評価の結果にもとづいて，生徒の学習について自信を持って導き出すことのできる推論。テストは，それが測定しようと意図していたものを測定しているだろうか？　テストの結果は，教育者が妥当だと考える他のパフォーマンスの結果と相関しているだろうか？　問いや課題のサンプルは，教えられたことすべてについてテストされたとしたら生徒がするであろうことと，正確に相関しているだろうか？　結果には予測的な有用性があるだろうか，つまり問われている教科における将来の成功の可能性に相関しているだろうか？　これらの問いのいくつか，またはすべてに「はい」という答えが出されるのならば，テストは妥当である。

　ほとんどのテストは生徒のパフォーマンスのサンプルを提供するため，サンプルの範囲と性質が，妥当な結論をどれぐらい導き出せるかに影響している。特定の課題についてのパフォーマンスから，生徒はその領域全体を制御できていると，正確にかつ信頼性を持って予測することは可能だろうか？　あるタイプの課題をもとに，他のタイプの課題について推論する（たとえば，あるジャンルで書かれた作品をもとに，他のあらゆるジャンルで書かれる作品について推論する）のは可能だろうか？　否である。したがって，典型的なパフォーマンス評価において用いられる数個の課題は，しばしば，一般化に不十分な根拠しか提供しない。解決策の一つは，類似したタイプやジャンルについて幅広い多様性をもった生徒の作品をその年度を通して集め，それらを総括的評価の一部として用いることである。

　正確に言えば，妥当なのは，テストそのものではなく，教育者がテスト結果から導き出すことができると主張している推論である。したがって妥当性を評価する際には，テストの目的が熟考されなくてはならない。読み方についての多肢選択式テストは，生徒が［書いてある内容を］把握する能力をテストするために，あるいはより大きな母集団と比較して学区の母集団の学年レベルの読み能力をモニターするために用いられるのであれば，十分に妥当だろう。生徒の読む方略のレパートリー，またテキストに対する適切で洞察に満ちた応答を構成する能力の測定方法としては，妥当ではないだろう。

　テストの形式は，誤解を生じさせうるものである。真正でないテストでも，技術的には妥当でありうる。それは教科領域から適切にサンプリングし，将来のパフォーマンスを正確に予測するものであるかもしれないが，それでもなお，真正でない課題，瑣末ですらある課題にもとづいているか

もしれない。SATの大学入学テストと，オーティス・レノン学校能力テスト（Otis-Lennon School Ability Test）といったテストの作成者は，これらのテストはこのようなより限定された意味において妥当なのだと言う。つまり，それらは有益な予測因子として役立つ，効率的な代替物なのだと言う。逆に，真正の課題が妥当ではないこともありうる。

　採点システムは，妥当性に関する他の問いをも投げかけうる。パフォーマンス課題が妥当かを問うことは，実行可能性の範囲内で，採点が，最も採点しやすいものではなく，パフォーマンスの最も重要な側面を対象にしているかを問うものである。最も適切な規準が明確にされており，ルーブリックは最も適切な質の違いにもとづいてつくられているか？　あるいは，採点は単に数えやすく採点しやすいものに焦点を合わせてしまっていないか？　換言すると，妥当性は信頼性の犠牲になっていないか？

単元（unit）　「学習単元」の略。単元は，何日間か何週間にわたるものであり，科目や流れにおける学業の首尾一貫したまとまりを意味する。一例としては，科学（教科課程）における，第3学年科学（教科）のもとでの，生物（科目）の1年間の流れにおかれた，自然の習性と適応に関する単元がある。

　単元とは何かを示す厳密な規準はないが，教育者は，一般的には，1時間の授業から学習科目全体の間にある，ある程度の長さをもった，教科内容のまとまりとして考えている。それは，主要なトピック（例：独立戦争）やプロセス（例：研究プロセス）に焦点を合わせる。そして，数日間から数週間の間，続く。

知的なツール（intelligent tool）　抽象的な観念とプロセスを，実体的な形にするツール。知的なツールは，学習単元の設計といった認知的な課題についてのパフォーマンスを向上させる。たとえば，物語マップ［物語の要素を図解するもの］のような効果的なグラフィック・オーガナイザーは，物語を読んだり書いたりすることを促進するような方法で，生徒が物語の要素を内面化するのを助ける。同様に，単元計画テンプレートと「理解をもたらすカリキュラム設計」のツールのような知的なツールを日常的に用いることは，使用者がUbDの鍵となる観念についての知的テンプレートを発達させるのを助ける。*テンプレート*も参照。

長期的な評価（longitudinal assessment）　スタンダードに向けた進歩（ないし，その欠如）を追跡するために，一定の採点尺度を用いて，何度も同じパフォーマンスを評価すること。「発達的な評価（developmental assessment）」とも呼ばれる。たとえば，「全米教育進度評価（the National Assessment of Educational Progress: NAEP）」では，第4学年，第8学年，第12学年にわたる数学のパフォーマンスの進度を測定するために，一定の尺度が用いられている。同様に，「全米外国語教育協会（the American Council on the Teaching of Foreign Languages: ACTFL）」では，言語を学ぶすべての生徒の長期的な進歩を図示するために，初心者―熟達者という尺度が用いられている。ほとんどの学校のテストは，地域のものであれ州のものであれ，長期的ではない。なぜなら，それらのテストは，1回限りの採点システムによる1回限りの出来事だからである。「理解をもたらすカリキュラム設計」では，長期的な評価を提供するために，たくさんの学年レベルを縦断して用いることが

できるような採点尺度と課題を用いる評価システムを提案している。

直接的なテスト (direct test)　めざされたパフォーマンスの学力を，そのパフォーマンスが行われると期待される文脈において測定する検査 (例：運転免許の試験における縦列駐車)。対照的に，*間接的なテスト*はしばしば，同じパフォーマンスを文脈から切り離して，意図的に単純化された測定の仕方を用いる (例：運転免許の試験における筆記テスト)。直接的なテストは，定義からいって，間接的なテストよりも真正性が高い。*監査テスト*と対比してほしい。

転移可能性 (transferability)　知識を，新しい文脈や当初学んだ文脈とは異なる文脈において，適切かつ効果的に活用する能力。たとえば，(USDA食品ピラミッド指針にもとづく)「バランスのとれた食事」という概念を理解する生徒は，仮定の食事の栄養価を評価（エバリュエーション）することによって，また，食品ピラミッドで推奨されているような栄養のあるメニューをつくることによって，その理解を転移させる。

テンプレート (template)　設計者のための手引きや枠組み。日常的な用法では，この用語は紙や木や金属薄板を材料として作られた型板のことであり，そのへりで特定の形に区切るようになっている。『理解をもたらすカリキュラム設計』においては，学習単元を開発したり洗練させたりする上で「*逆向き設計*」の様々な要素を適用するため，単元計画テンプレートが概念に関する手引きを提供している。テンプレートのそれぞれのページでは鍵となる問いが示されており，使用者が「逆向き設計」の特定の要素を検討するよう促す。また，設計のアイデアを記録するための枠組みを含んだグラフィック・オーガナイザーが示されている。*知的なツール*も参照。

問い (question)　*オープンエンドの問い*，*先導する問い*，*導入の問い*，*本質的な問い*を参照。

導入の問い (entry question)　授業や単元を開始する，単純で，思考を刺激する問い。それはしばしば，接近しやすいやり方で，鍵となる観念や理解を導入する。効果的な導入の問いは，単元と本質的な問いへの導入部として，共通の経験，刺激的な論点，あるいは混乱させる問題についての話し合いを活気づける。

　導入の問いは，最大限単純に組み立てられ，生徒の親しみやすい言葉で述べられるべきであり，刺激する価値を持ち，より大きな単元の本質的な問いを指し示すべきである。設計における挑戦は，導入の問い，問題，活動から自然に単元の本質的な問いが立ち上がることを可能にすることである。

内容が秘密の (secure)　教師や生徒がテスト対策のために問題を入手できないようなテストを言い表す用語。ほとんどの多肢選択式テストの内容は秘密でなくてはならない。さもなければ，その妥当性は損なわれてしまう。なぜなら，多肢選択式テストは，少数の単純な問題に依拠しているからである。しかしながら，多くの妥当なパフォーマンス評価の内容は，秘密ではない。そのような例としては，野球の試合や運転免許を取得するための路上検定がある。評価される生徒はしばしば，曲目，ディベートの論題，口頭試問の問いや期末レポートの主題をあらかじめ知っている。そして

教師は適切なことにパフォーマンスの「テストに向けて教える」。

内容スタンダード（content standards）　スタンダードを参照。

パースペクティブ（perspective）　理解の6*側面*の一つ。他のもっともらしい視点を捉える能力。これにはまた，理解すれば知っていることから距離をとったり，その瞬間の見解と感情にとらわれないようにしたりすることが可能になる，と含意されている。*応用，解釈，共感，自己認識，説明*も参照。

パフォーマンス（performance）　*パフォーマンス課題*を参照。

パフォーマンス課題（performance task）　「パフォーマンス」とも呼ばれる。効果的に行動するために知識を活用する課題，あるいは，ある人の知識と熟達化を明らかにするような複雑な完成作品を実現する課題。音楽の発表会，口頭のプレゼンテーション，芸術の展示，そして自動車整備工のコンテストは，両方の意味においてパフォーマンスである。

　多くの教育者は間違って，本当は「実技テスト」を意味しているときに，「パフォーマンス評価」という語句を用いている（*評価する，評価方法*を参照）。パフォーマンス評価は，パフォーマンスの単一のテスト［検査］以上のものを含み，（標本調査，パフォーマンスする人へのインタビュー，観察，小テストといった）他の方式の評価も用いられるかもしれない。

　パフォーマンスのテストは，真正であろうとなかろうと，多肢選択式テストや短答式テストとは異なっている。パフォーマンスのテストにおいては，構造化されていない，型にはまっていない，または予想不可能な問題や挑戦の文脈で，生徒がすべてを取りまとめなくてはならない。対照的に，ほとんどの伝統的な短答式テストや多肢選択式テストは，パフォーマンスのテストというよりは，スポーツの基礎練習のようである。本物のパフォーマンスをする人（運動選手，ディベーター，ダンサー，科学者や俳優）は，知識だけでなく判断力を刷新し，活用することを学ばなくてはならない。対照的に，多肢選択式テストの項目は単に，バラバラの個別的な知識やスキルの断片を1つずつ再生したり，識別したり，「あてはめ」たりすることを生徒に求めるにすぎない。

　多くのタイプの実演は束の間の行為であるため，公正で，技術的にみて堅実な評価は，通常，完成作品の創作に対して行われる。これによって，パフォーマンスを採点する際に，十分な資料による裏づけと，適切な再検討と監督がなされることが保証される。*パフォーマンスする*も参照。

パフォーマンスする（perform）　完成に向けて取り組み，完成させること。*パフォーマンス課題*も参照。

パフォーマンスのジャンル（genre of performance）　知的な実演や完成作品のタイプやカテゴリー。たとえば，人々は通例，書くことのジャンル（物語，小論文，手紙）や話すことのジャンル（セミナーでの話し合い，フォーマルなスピーチ，指示を出すこと）について語る。このように，1つのジャンルは，知的なパフォーマンスの3つの主な方式，すなわち口頭，筆記，展示（displayed）の部分集

合である。

評価方法（assessment） 特定のゴールと規準に照らして生徒の達成を分析するために用いられる技法。テストは評価方法の種類の一つである。他には，（ピアジェの研究にあるような）臨床的なインタビュー，観察，自己評価，標本調査がある。それぞれの技法には限界があり間違うこともあるため，良い評価を行うには複数の技法のバランスをとることが必要である。

単に「テスト」ではなく「評価」に言及するのは，assessという用語のラテン語の語源に含意されているように，方法と態度に違いがあるからである。つまり，評価することは，生徒と「ともに座っていること」なのである。そこに含意されているのは，評価において教師は，思慮深い観察と公平無私な判断を行い，明瞭で助けになるフィードバックを提供するということである。

評価は，評価（エバリュエーション）と同義だと見なされることもあるが，一般的な使われ方は異なる。教師は，パフォーマンスについて価値をおいたり成績をつけたりしなくても，生徒の長所・短所を評価しうる。*パフォーマンス課題*と*標準化された*も参照。

評価する（assess） 特定のゴールと規準に照らして，生徒の達成を綿密にかつ系統的に分析すること。この単語は，「側に座ること」を意味するラテン語のassidereに由来する。*パフォーマンス課題*も参照。

標準化された（standardized） すべての生徒について，運営上の条件と手順が統一されているテストや評価方法を言い表すために使われる用語。換言すれば，もしすべての生徒が，類似した管理システム，時間，題材，フィードバックの指針と制約に直面するならば，そのテストは標準化されている。

標準テストについては一般的に，次の3つのような誤解がなされている。

- 「多肢選択式テスト」と「標準テスト」は同義語である。たとえば，運転免許の路上検定やオリンピックの予選競技会に見られるように，テストとして画一的に課されるパフォーマンス課題もまた，標準テストである。
- 標準テストは常に客観的に（つまり，機械的に）採点される。アドバンスト・プレースメント試験の小論文とすべての州の作文テストは，審査員によって採点されるが，運営上は標準化されている。
- （SATのような）全国的なノルム準拠テストや規準準拠テストだけが，標準化されうる。高校の教科部会別の試験もまた，標準テストである。

ここで含意されていることで重要なのは，すべてのフォーマルなテストは標準化されているということである。しかしながら，これは評価方法にあてはまるわけではない。評価方法において，運営者は，結果が公正で妥当で信頼できるものとなる条件を満たすために，問い，課題，課題の順序，割り当てられた時間を自由に変えられる。これは，ピアジェが「臨床法」をビネーの「テスト法」とは対立するものとしたときに行った主張であった。*評価方法*も参照。

WHERETO 「どこへ（Where）向かっているのか？」，「生徒を惹きつける（Hook）」，「探究し（Explore），

用意させる（equip）」，「再考し（**R**ethink），修正する（revise）」，「発表し（**E**xhibit），評価する（evaluate）」，「生徒のニーズ，関心，スタイルに合わせて調整する（**T**ailor）」，「参加と効果を最大限にするよう組織する（**O**rganize）」の頭字をとった略記。より詳細に検討すると，WHERETO は次の要素から構成されている。

- 学業はどこへ（**W**here）向かっているのか？ なぜそこへ向かっているのか？ 生徒の最終的なパフォーマンスの責務，アンカーとなるパフォーマンス評価の方法は何か？ 生徒の作品が理解について審査される規準は何か？（これらは，生徒によって問われる問いである。生徒がこれらの問いに対する答えをあらかじめわかるよう助けてほしい。）
- 魅力的で刺激的な導入部を通して，生徒を惹きつける（**H**ook）。つまり，本質的な問い，核となる観念，最終的なパフォーマンス課題に注意を向けさせるような，思考を刺激し焦点を合わさせるような経験，論点，奇妙なこと，問題，挑戦による導入部である。
- 探究し（**E**xplore），用意させる（equip）。重大な観念と本質的な問いを探究することを可能にするような学習経験に，生徒を取り組ませる。それによって生徒は，糸口や直観を追跡し，研究して観念を検査し，物事を試す。必要なスキルと知識に関して，認知的に誘導された指導とコーチングを行い，最終的なパフォーマンスができるよう生徒に用意させる。生徒に観念をリアルにするような経験をさせる。
- 再考し（**R**ethink），修正する（revise）。（理解の 6 側面を通して）論点についての観念をより深く掘り下げる。必要に応じて修正し，予行練習し，洗練させる。探究，結果，話し合いから得られたフィードバックに応じて，生徒の自己評価と自己調整を導く。
- 理解を評価する（**E**valuate）。最終的な実演と完成作品を通して，[生徒が]理解したことについて明らかにする。残っている問いを明確にし，将来のゴールを設定し，新しい単元と授業に向かわせるように，生徒に最終的な自己評価をさせる。
- 興味と学力を確実に最大限にするために，学業を調整する（**T**ailor）（個性化する）。すべての生徒が参加し有能となる可能性を最大限にするために，活用されるアプローチを個に応じたものにし，（ゴールを妥協することなく）十分な選択肢と多様性を提供する。
- 求められている結果を考慮し，参加と効果を最大限にするために，学習を組織し（**O**rganize），配列する。

ブルームの分類学（Bloom's Taxonomy） 知的な目標としてありうる目標の幅を，認知的に易しいものから難しいものへと分類し，明らかにするシステムの広く知られた名称。実質的には，理解の程度を分類したものである。40 年以上前に，テストと測定に取り組むベンジャミン・ブルームらは，評価方法を設計する際に，再生という最も単純な形態と，より洗練された知識の活用とを区別するためにこのスキーマを開発した。彼らの研究は，今ではいたるところで見られる『教育目標の分類学——認知的領域』というテキストにまとめられた。

著者たちがしばしば書きとめているように，この本は，テストにおいてしつこく見られる問題に駆り立てられて執筆された。テスト開発者は，「〜の批判的な把握」や「〜の綿密な知識」という語句をよく用いる。しかしながら，それらの目標の意味について明瞭な合意がないことから，教育者は，どのように教育目標や教師のゴールが測定されるべきかを知っておく必要がある。

『教育目標の分類学』の序章において，ブルームらは，「理解」を一般的に追求されるがうまく定義されていない目標として言及している。

「たとえば，生徒は『真に理解する』べきだと信じる教師もいれば，生徒に『知識を内面化する』ことを求める教師もおり，さらには『核心や本質を把握する』ことを生徒に望む教師もいる。彼らは皆，同じことを意味しているのだろうか？　とりわけ，『真に理解する』生徒がすることで，理解していなければしないようなこととは，何だろうか？　分類学を参照することによって，……教師は，そのように漠然とした用語を定義することができるようになるはずである。」
(Bloom, 1956, p. 1)

彼らは，6つの認知的なレベルを明確にした。すなわち，知識 (Knowledge)，理解 (Comprehension)，応用 (Application)，分析 (Analysis)，総合 (Synthesis)，評　価 (Evaluation) である。そして最後の3つは，「高次」のものとして一般的に言及される。このスキーマにおいて，高次の思考は，彼らが定義するとおり，**応用**を含んでいない点に注意してほしい。応用が見たところ複雑な要求をするものであること，また「真正の評価」の推奨者の多くが，生徒により効果的に知識を応用させることを関心事としていることからすると，このことは奇妙に思われる。しかし，これは，ブルームらが**応用**によって意味したところではなかった。彼らは，文を書くとか数学の文章題を解くとかいう場合のように，生徒が個別的な知識やスキルを試験という状況において使うという，より狭い事例について語っていた。彼らは，複雑で多面的で文脈にあてはめられた問題を解くために，レパートリーから知識やスキルを引き出すという，より洗練された行為には言及していなかったのである。したがって，著者たちの**総合**の記述のほうが，特に『理解をもたらすカリキュラム設計』において，また一般的にパフォーマンス評価の運動において用いられている**応用**の意味によりよく適合する。なぜなら彼らは，そのような目的が「生徒によるユニークな制作」を必要とすることを，強調しているからである。

プロジェクト (project)　通常，長期間にわたって行われる，知的な挑戦の複雑な組み合わせ。典型的なプロジェクトは，生徒の広範囲な探究を伴うものであり，最終的には生徒の完成作品と実演に達する。ある単元は単一のプロジェクトから構成されるかもしれないが，しかし，その途中で他の形式による評価のための証拠（小テスト，テスト，観察）を含むかもしれない。

プロセス (process)　評価の文脈において，評価方法によって特定された最終的な実演や完成作品に到達する際に生徒がたどる途中の歩み。したがってプロセスには，与えられた課題を完成させる際に用いられるすべての方略，決定，下位スキル，大雑把な下書き，予行練習が含まれる。

最終的な実演や完成作品へと至るプロセスを評　価するように求められる場合，評価者は時に，最終結果からそれらのプロセスについて推論されうることとは独立して，生徒の中間の歩みを明示的に審査するよう求められる。たとえば，グループや書き手個人が生み出す最終的な完成作品とは独立して，ある生徒がグループ内で活動する能力や，研究プロジェクトの下書き部分として概略を用意する能力を評定するかもしれない。しかしながらプロセス・スキルを別個に評　価することには注意が必要である。強調点は――どのように生徒がそこにたどり着いたかにかかわらず――最終的な完成作品や実演が設定されたスタンダードを満たしているかどうかに置かれるべきである。

プロンプト（prompt）　アカデミック・プロンプトを参照。

ベンチマーク（benchmark）　評価システムにおいて，発達的に見て適切なスタンダード。時には，「里程標」スタンダードと呼ばれる。たとえば，多くの学区規模のシステムでは，第4, 8, 10, 12学年についてベンチマークが設定されている。多くの州の内容スタンダードにおいて，ベンチマークは，スタンダードのさらに具体的な指標を提供している――それらは，下位スタンダードとして役立つ。陸上競技と産業において，この用語はしばしば最も高いレベルのパフォーマンス――模範例を描写するために用いられる。動詞として用いられる場合，**ベンチマーク**という用語は，特定の目標に向けた，優れたパフォーマンスや学力の明細を模索することを意味する。結果として得られるベンチマーク（名詞）は，パフォーマンスに関する可能なかぎり最も高いスタンダード，つまり，めざすべきゴールを定めるのである。したがって，この意味でのベンチマークは，教師がありうる最良の作品の実例によって自分たちの評価をアンカー（anchor［固定］）したいときに用いられる（これは，平均的な学区からの作品の実例でアンカーするのとは対照的である）。

　ベンチマークによってアンカーされている評価方法は，この単語のどちらの意味にせよ，予想できるような結果の曲線［ベル・カーブ］を生み出すものと期待すべきではない。スタンダードは，適正な期待とは異なる。（**スタンダード**も参照。）ベンチマークのパフォーマンスに匹敵する完成作品や実演はほとんどない――あるいは全くない――という可能性もある。

ポートフォリオ（portfolio）　ある人の代表的な作品の収集物。この言葉の語源が示唆するとおり（そして，芸術分野においては今でもそうであるとおり），作品のサンプルは特定の目標のために作り出され，検査や展示のためにあちこちに運ばれる。

　アカデミックな教科領域において，ポートフォリオはしばしば2つの明確な目的に役立つ。つまり，生徒の作品を資料にしたものを提供すること，そして作成途中の作品や長期的な作品を評 価(エバリュエーション)する根拠として役立つことである。資料にすることは，通常，3つの機能に役立つ。すなわち，科目や教科課程の主要な領域，技法，ジャンル，トピックのすべてについての生徒の制御を明らかにする機能，（ポートフォリオに入れる作品を選ばせることにより）生徒が自分の最良の作品について振り返り，それらを見せて自慢することを可能にする機能，作品がどのように発展し洗練されたかについての証拠を提供する機能である。

本質的な問い（essential question）　教科やカリキュラムの中心にあり（瑣末な問いや，先導する問いとは対照的である），教科の探究と*看破*を促進する問い。したがって，本質的な問いは，（先導する問いのように）単一の明白な答えをもたらしたりはせず，思慮深く知識に富む人々が意見を異にするかもしれないような，様々なもっともらしい応答を生み出すものである。

　本質的な問いの範囲(スコープ)については，包括的であったり，トピックごと（単元特有）であったりしうる。（これは，初期のUbD教材での言葉の使い方からの変化を示していることに留意してほしい。『理解をもたらすカリキュラム設計』の第1版では，本質的な問いは包括的なものだけであった。）

命題（proposition）　概念間の関係を表す言明。「理解をもたらすカリキュラム設計」では，めざさ

れている理解を，トピックや内容スタンダードに言及する単なる語句ではなく，理解されるべき特定の命題として組み立てるべきだと提案する。命題には，原理，一般化，公理，法則が含まれる。

網羅 (coverage)　生徒の理解や参加にかかわらず，内容知識を表面的に教え，テストする指導アプローチ。この用語は一般的に，否定的な意味合いを持っている。すなわち，それは，特定された時間の枠内で，ひとまとまりの教材（しばしば教科書）を足早に進めることがゴールであると含意している。(皮肉にも，**網羅**するという語のひとつの意味は「覆い隠す」である。) 教師はしばしばこの用語を，カリキュラムの枠組みの要請（「もっと深く踏み込みたいのだが，私たちは内容を網羅しなくてはならない」）や，外的なテストの要請（「しかし，生徒たちは……についてテストされるし，その結果は新聞で公表される」）に結びつけて弁解する。**看破**と対比してほしい。

求められている結果 (desired result)　特定の教育ゴールや学力目標。「理解をもたらすカリキュラム設計」においては，第1段階が求められている結果のすべてを総括する。一般的な同義語には，**達成目標，ゴール，目標，意図された成果**がある。教育において求められている結果は，一般的には次の5種類である。(1)事実的な，またはルールにもとづく宣言的知識（例：名詞とは，人，場所，または物の名前である），(2)スキルとプロセス（例：透視図を描く，あるトピックについて研究する），(3)理解，すなわち観念，人々，状況，プロセスについての推論から導き出された洞察（例：可視光線は，電磁波のスペクトルの中のとても小さな周波数帯である），(4)知性の習慣（例：根気強さ，曖昧さに対する寛容さ），そして(5)態度（例：価値のある余暇の営みとして，読書の価値を認めること）である。

　これらは複雑な学習に関わっているが，求められている結果は，測定可能な条件に合わせて整えられなくてはならない。換言すれば，妥当な評価方法とは，学習者が達成目標に達した程度を測定するように設計されるものである。**学力目標**も参照。

理解 (understanding)　様々な適切なパフォーマンスにおいて出現するような観念，人々，状況，プロセスについての洞察。理解することは，知っていることの意味をつくり，なぜそうなのかを知ることができ，様々な状況や文脈でそれを使う能力を持っていることである。

ルーブリック (rubric)　生徒の作品についての審査を信頼のおけるものにし，また生徒の自己評価を可能にするような，規準にもとづく採点の手引き。ルーブリックは，パフォーマンスについて1つ以上の観点から評価するものである。ルーブリックは，「明確にされた結果に対応する理解や習熟は，どのように見えるだろうか？」という問いに答えるものである。**観点別の採点**も参照。

■ 参考文献

Abbott, E. (1884 / 1963). *Flatland: A romance of many dimensions.* New York: Barnes & Noble Books. (Original work published 1884)［E・A・アボット（石崎阿砂子，江頭満寿子訳）『多次元・平面国——ペチャンコ世界の住人たち』東京図書，1992 年］
Adler, M. (1982). *The Paideia proposal: An educational manifesto.* New York: Macmillan.［M・J・アドラー，佐藤三郎著『教育改革宣言』（教育開発研究所，1984 年）に所収］
Adler, M. (1984). *The Paideia program: An educational syllabus.* New York: Macmillan.
Adler, M. (1999). *The great ideas: A lexicon of Western thought.* New York: Scribner Classics.
Adler, M., & Van Doren, C. (1940). *How to read a book.* New York: Simon & Schuster.［M・J・アドラー，C・V・ドーレン（外山滋比古，槙未知子訳）『本を読む本』講談社，1997 年］
Alverno College Faculty. (1979). *Assessment at Alverno College.* Milwaukee, WI: Alverno College.
American Association for the Advancement of Science. (1993). *Benchmarks for science literacy.* New York: Oxford University Press.
American Association for the Advancement of Science. (1995). *Assessment of authentic performance in school mathematics.* Washington, DC: Author.
American Association for the Advancement of Science. (2001). *Atlas of science literacy.* New York: Oxford University Press.
American Council on the Teaching of Foreign Languages. (1999). *ACTFL proficiency guidelines—speaking.* (Report). Alexandria, VA: Author. Available: http://www.actfl.org.
American Council on the Teaching of Foreign Languages. (2001). *ACTFL proficiency guidelines—writing.* (Report). Alexandria, VA: Author. Available: http://www.actfl.org.
Anderson, L. W., & Krathwohl, D. R. (Eds.). (2001). *A taxonomy for learning, teaching, and assessing: A revision of Bloom's taxonomy of educational objectives.* New York: Longman.
Andre, T. (1979). Does answering higher-level questions while reading facilitate productive learning? *Review of Educational Research, 49,* 280–318.
Arendt, H. (1963). *Eichmann in Jerusalem: A report on the banality of evil.* New York: Viking Press.
Arendt, H. (1977). *The life of the mind.* New York: Harcourt, Brace, Jovanovich.［H・アーレント（佐藤和夫訳）『精神の生活 下』（第 2 部・意志）岩波書店，1994 年］
Arter, J., & McTighe, J. (2001). *Scoring rubrics in the classroom: Using performance criteria for assessing and improving student performance.* Thousand Oaks, CA: Corwin Press.
Ashlock, R. B. (1998). *Error patterns in computation* (7th ed.). Upper Saddle River, NJ: Merrill.
Association for Supervision and Curriculum Development. (1997). *Planning integrated units: A concept-based approach* [video]. Alexandria, VA: Producer.
Bacon, F. (1620 / 1960). In F. Anderson (Ed.), *The new organon* (Book 1). New York: Bobbs-Merrill. (Original work published 1620)［F・ベーコン（桂寿一訳）『ノヴム・オルガヌム——新機関』岩波書店，1978 年］
Barell, J. (1995). *Teaching for thoughtfulness.* White Plains, NY: Longman.
Barnes, L., Christensen, C. R., & Hansen, A. (1977). *Teaching and the case method.* Cambridge, MA: Harvard Business School Press.［L・B・バーンズ，C・R・クリステンセン，A・J・ハンセン編著（髙木晴夫訳）『ケース・メソッド教授法——世界のビジネス・スクールで採用されている』ダイヤモンド社，2010 年］
Baron, J. (1993, November). *Assessments as an opportunity to learn: The Connecticut Common Core of Learning alternative assessments of secondary school science and mathematics.* (Report No. SPA-8954692). Hartford: Connecticut Department of Education, Division of Teaching and Learning.

Baron, J., & Sternberg, R. (1987). *Teaching thinking skills: Theory and practice*. New York: W. W. Freeman & Co.

Barrows, H., & Tamblyn, R. (1980). *Problem-based learning: An approach to medical education*. New York: Springer.

Bateman, W. (1990). *Open to question: The art of teaching and learning by inquiry*. San Francisco: Jossey-Bass.

Beane, J. (Ed.). (1995). *Toward a coherent curriculum: The 1995 ASCD yearbook*. Alexandria, VA: Association for Supervision and Curriculum Development.

Berenbaum, R. L. (1988). *The cake bible*. New York: William Morrow Co.

Bernstein, R. (1983). *Beyond objectivism and relativism: Science, hermeneutics, and praxis*. Philadelphia: University of Pennsylvania Press. [R・J・バーンスタイン(丸山高司他訳)『科学・解釈学・実践——客観主義と相対主義を超えて』(Ⅰ・Ⅱ)岩波書店，1990年]

Bloom, B. S. (Ed.). (1956). *Taxonomy of educational objectives: Classification of educational goals. Handbook 1: Cognitive domain*. New York: Longman, Green & Co. [B・S・ブルーム，G・F・マドゥス，J・T・ヘスティングス(梶田叡一他訳)『教育評価法ハンドブック——教科学習の形成的評価と総括的評価』(第一法規，1973年)に一部所収]

Bloom, B., Madaus, G., & Hastings, J. T. (1981). *Evaluation to improve learning*. New York: McGraw-Hill.

Blythe, T., & Associates. (1998). *The teaching for understanding guide*. San Francisco: Jossey-Bass.

Bottoms, G., & Sharpe, D. (1996). *Teaching for understanding through integration of academic and technical education*. Atlanta, GA: Southern Regional Education Board.

Boyer, E. (1983). *High school: A report on secondary education in America by the Carnegie Foundation for the Advancement of Teaching*. New York: Harper & Row. [E・L・ボイヤー(天城勲，中島章夫監訳)『アメリカの教育改革——ハイスクール新生の12の鍵』リクルート出版，1984年]

Boyer, E. L. (1995). *The basic school: A community for learning*. New York: Carnegie Foundation for the Advancement of Teaching. [E・L・ボイヤー(中島章夫監訳)『ベーシックスクール——アメリカの最新小学校改革提案』玉川大学出版部，1997年]

Bransford, J., Brown, A., & Cocking, R. (Eds.). (2000). *How people learn: Brain, mind, experience, and school*. Washington, DC: National Research Council. [米国学術研究推進会議〈J・ブランスフォード，A・ブラウン，R・クッキング編〉(森敏昭・秋田喜代美監訳，21世紀の認知心理学を創る会訳)『授業を変える——認知心理学のさらなる挑戦』北大路書房，2002年]

Brooks, J., & Brooks, M. (1993). *In search of understanding: The case for constructivist classrooms*. Alexandria, VA: Association for Supervision and Curriculum Development.

Brown, R., Dolcani, M., Sorgenfrey, R., & Cole, W. (2000). *Algebra: Structure and method book I*. Evanston, IL: McDougal Littell.

Brown, S., & Walter, M. (1983). *The art of problem posing*. Philadelphia: Franklin Institute Press. [S・I・ブラウン，M・I・ワルター(平林一栄監訳，岩崎秀樹他訳)『いかにして問題をつくるか——問題設定の技術』東洋館出版社，1990年]

Bruner, J. (1957/1973a). *Beyond the information given: Studies in the psychology of knowing*. J. Anglin (Ed.). New York: W. W. Norton. (Original work published 1957) [J・S・ブルーナー(平光昭久，大沢正子訳)『認識の心理学——与えられる情報をのりこえる』(上・中・下)明治図書，1978年]

Bruner, J. (1960). *The process of education*. Cambridge, MA: Harvard University Press. [J・S・ブルーナー(鈴木祥蔵，佐藤三郎訳)『教育の過程』岩波書店，1963年]

Bruner, J. (1965). Growth of mind. *American Psychologist, 20*(17), 1007-1017.

Bruner, J. (1966). *Toward a theory of instruction*. Cambridge, MA: Harvard University Press. [J・S・ブルーナー(田浦武雄，水越敏行訳)『教授理論の建設』黎明書房，1977年(改訳版)，1983年(新装版)]

Bruner, J. (1973b). *The relevance of education*. Cambridge, MA: Harvard University Press. [J・S・ブルーナー(平光昭久訳)『教育の適切性』明治図書，1972年]

Bruner, J. (1990). *Acts of meaning*. Cambridge, MA: Harvard University Press. [J・S・ブルーナー(岡本夏木，仲渡一美，吉村啓子訳)『意味の復権——フォークサイコロジーに向けて』ミネルヴァ書房，1999年]

Bruner, J. (1996). *The culture of education.* Cambridge, MA: Harvard University Press.［J・S・ブルーナー（岡本夏木，池上貴美子，岡村佳子訳）『教育という文化』岩波書店，2004年］
Budiansky, S. (2001, February). The trouble with textbooks. *Prism Online.*
Bulgren, J. A., Lenz, B. K., Deshler, D. D., & Schumaker, J. B. (2001). *The question exploration routine.* Lawrence, KS: Edge Enterprises.
Burns, J. M., & Morris, R. (1986). The Constitution: Thirteen crucial questions. In Morris & Sgroi (Eds.), *This Constitution.* New York: Franklin Watts.
Carroll, J. M. (1989). *The Copernican plan: Restructuring the American high school.* Andover, MA: Regional Laboratory for Educational Improvement of the Northeast Islands.
Caswell, H. L., & Campbell, D. S. (1935). *Curriculum development.* New York: American Book Company.
Cayton, A., Perry, E., & Winkler, A. (1998). *America: Pathways to the present.* Needham, MA: Prentice-Hall.
Chapman, A. (Ed.). (1993). *Making sense: Teaching critical reading across the curriculum.* New York: College Entrance Examination Board.
Coalition for Evidence-Based Policy. (1992, November). *Bringing evidence-driven progress to education: A recommended strategy for the U.S. Department of Education.* Washington, DC: Author.
College of William and Mary, Center for Gifted Education. (1997). *The Chesapeake Bay: A problem-based unit.* Dubuque, IA: Kendall Hunt.
Collingwood, R. G. (1939). *An autobiography.* Oxford, UK: Oxford-Clarendon Press.［R・G・コリングウッド（玉井治訳）『思索への旅』未來社，1981年］
Committee on the Foundations of Assessment. Pellegrino, J. W., Chudowsky, N., & Glaser, R. (Eds.). (2001). *Knowing what students know: The science and design of educational assessment.* Washington, DC: National Academy Press.
Content Enhancement Series. Lawrence, KS: Edge Enterprises.
Costa, A. (Ed.). (1991). *Developing minds: A resource book for teaching thinking.* Vol. 1 (Rev. ed.). Alexandria, VA: Association for Supervision and Curriculum Development.
Covey, S. R. (1989). *The seven habits of highly effective people: Powerful lessons in personal change.* New York: Free Press.［S・R・コヴィー（J・スキナー，川西茂訳）『7つの習慣——成功には原則があった！』キング・ベアー社，1996年］
Coxford, A., Usiskin, Z., & Hirschhorn, D. (1993). *Geometry: The University of Chicago school mathematics project.* Glenview, IL: Scott Foresman.
Darling-Hammond, L., Ancess, J., & Falk, B. (1995). *Authentic assessment in action: Studies of schools and students at work.* New York: National Center for Restructuring Education, Schools and Teaching (NCREST), Teachers College, Columbia University.
Darling-Hammond, L., et al. (1993). *Authentic assessment in practice: A collection of portfolios, performance tasks, exhibitions, and documentation.* New York: National Center for Restructuring Education, Schools and Teaching (NCREST), Teachers College, Columbia University.
Darwin, C. (1958). *The autobiography of Charles Darwin.* New York: W. W. Norton.［C・ダーウィン（八杉龍一，江上生子訳）『ダーウィン自伝』筑摩書房，2000年］
Delisle, R. (1997). *How to use problem-based learning in the classroom.* Alexandria, VA:Association for Supervision and Curriculum Development.
Desberg, P., & Taylor, J. H. (1986). *Essentials of task analysis.* Lanham, MD: University Press of America.
Descartes, R. (1628/1961). Rules for the direction of the mind. In L. LaFleur (Ed. and Trans.), *Philosophical essays.* Indianapolis, IN: Bobbs-Merrill. (Original work published 1628)
Detterman, D. K., & Sternberg, R. J. (Eds.). (1993). *Transfer on trial: Intelligence, cognition, and instruction.* Norwood, NJ: Ablex Publishing Corporation.
Dewey, J. (1916). *Democracy and education: An introduction to the philosophy of education.* New York: Macmillan.［J・デューイ（松野安男訳）『民主主義と教育』（上・下）岩波書店，1975年］
Dewey, J. (1933). *How we think: A restatement of the relation of reflective thinking to the educative*

process. Boston: Henry Holt.［J・デュウイー（植田清次訳）『思考の方法——いかに我々は思考するか』春秋社，1950年］
Dewey, J. (1938). *Experience and education.* New York: Macmillan/Collier.［J・デューイ（市村尚久訳）『経験と教育』講談社，2004年］
Diamond, J. (1997). *Guns, germs, and steel: The fates of human societies.* New York and London: W. W. Norton.［J・ダイアモンド（倉骨彰訳）『銃・病原菌・鉄——一万三〇〇〇年にわたる人類史の謎』（上・下）草思社，2000年］
Dillon, J. T. (1988). *Questioning and teaching: A manual of practice.* New York: Teachers College Press.
Dillon, J. T. (1990). *The practice of questioning.* New York: Routledge.
Drucker, P. F. (1985). *Innovation and entrepreneurship.* New York: Harper & Row.［P・F・ドラッカー（上田惇生訳）『イノベーションと起業家精神——その原理と方法（新訳）』（上・下）ダイヤモンド社，1997年］
Duckworth, E. (1987). *"The having of wonderful ideas" and other essays on teaching and learning.* New York: Teachers College Press.
Educational Testing Service/College Board. (1992). *Advanced placement United States history free-response scoring guide and sample student answers.* Princeton, NJ: Author.
Educators in Connecticut's Pomperaug Regional School District 15. (1996). *A teacher's guide to performance-based learning and assessment.* Alexandria, VA: Association for Supervision and Curriculum Development.
Egan, K. (1986). *Teaching as story-telling: An alternative approach to teaching and curriculum in the elementary school.* Chicago: University of Chicago Press.
Egan, K. (1997). *The educated mind: How cognitive tools shape our understanding.* Chicago: University of Chicago Press.
Einstein, A. (1954, 1982). *Ideas and Opinions.* New York: Three Rivers Press. (Original work published 1954)
Elbow, P. (1973). *Writing without teachers.* New York: Oxford University Press.
Elbow, P. (1986). *Embracing contraries: Explorations in learning and teaching.* New York: Oxford University Press.
Erickson, L. (1998). *Concept-based curriculum and instruction: Teaching beyond the facts.* Thousand Oaks, CA: Corwin Press.
Erickson, L. (2001). *Stirring the head, heart, and soul: Redefining curriculum and instruction* (2nd ed.). Thousand Oaks, CA: Corwin Press.
Fink, L. D. (2003). *Creating significant learning experiences: An integrated approach to designing college courses.* San Francisco: Jossey-Bass.
Finkel, D. L. (2000). *Teaching with your mouth shut.* Portsmouth, NH: Heinemann.
Fogarty, R., Perkins, D., & Barell, J. (1992). *How to teach for transfer.* Palatine, IL: Skylight Publishing.
Fosnot, C. T., & Dolk, M. (2001a). *Young mathematicians at work: Constructing multiplication and division.* Portsmouth, NH: Heinemann.
Fosnot, C. T., & Dolk, M. (2001b). *Young mathematicians at work: Constructing number sense, addition, and subtraction.* Portsmouth, NH: Heinemann.
Freedman, R. L. H. (1994). *Open-ended questioning: A handbook for educators.* Menlo Park, CA: Addison-Wesley.
Frome, P. (2001). *High schools that work: Findings from the 1996 and 1998 assessments.* Triangle Park, NC: Research Triangle Institute.
Gadamer, H. (1994). *Truth and method.* New York: Continuum.［H・G・ガダマー（轡田收訳）『真理と方法——哲学的解釈学の要綱』（1・2）法政大学出版局，1986・2008年］
Gagnon, P. (Ed.). (1989). *Historical literacy: The case for history in American education.* Boston: Houghton-Mifflin.
Gall, M. (1984). Synthesis of research on teacher questioning. *Educational Leadership, 42*(3), 40-46.
Gardner, H. (1991). *The unschooled mind: How children think and how schools should teach.* New

York: Basic Books.

Goodlad, J. (1984). *A place called school*. New York: McGraw-Hill.

Gould, S. J. (1977). *Ontogeny and phylogeny*. Cambridge, MA: Harvard University Press.［S・J・グールド（仁木帝都，渡辺政隆訳）『個体発生と系統発生――進化の観念史と発生学の最前線』工作舎，1987年］

Gould, S. J. (1980). Wide hats and narrow minds. In S. J. Gould (Ed.), *The panda's thumb*. New York: W. W. Norton.［S・J・グールド（櫻町翠軒訳）『パンダの親指――進化論再考』（上・下）早川書房，1996年］

Gragg, C. (1940, October 19). Because wisdom can't be told. *Harvard Alumni Bulletin*.

Grant, G., et al. (1979). *On competence: A critical analysis of competence-based reforms in higher education*. San Francisco: Jossey-Bass.

Greece Central School District. (n.d.). http://www.greece.k12.ny.us/instruction/ela/6-12/writing.［現在，このサイトは確認できないが，項目としては残した］

Greenberg, M. J. (1972). *Euclidean and non-Euclidean geometries: Development and history*. San Francisco: W. H. Freeman Co.

Griffin, P., Smith, P., & Burrill, L. (1995). *The American literacy profile scales: A framework for authentic assessment*. Portsmouth, NH: Heinemann.

Gruber, H., & Voneche, J. (1977). *The essential Piaget: An interpretive reference and guide*. New York: Basic Books.

Guillen, M. (1995). *Five equations that changed the world: The power and poetry of mathematics*. New York: MJF Books.

Guskey, T. (2002). *How's my kid doing? A parent's guide to grades, marks, and report cards*. San Francisco: Jossey-Bass.

Hagerott, S. (1997). Physics for first graders. *Phi Delta Kappan, 78*(9), 717-719.

Hakim, J. (1993). *A history of us: From colonies to country*. New York: Oxford University Press.

Halloun, I., & Hestenes, D. (1985). The initial knowledge state of college physics students, *American Journal of Physics, 53*, 1043-1055.

Halpern, D. F. (1998). Teaching critical thinking across domains: Dispositions, skills, structure training, and metacognitive monitoring. *American Psychologist, 53*(4), 449-455.

Hammerman, E., & Musial, D. (1995). *Classroom 2061: Activity-based assessments in science, integrated with mathematics and language arts*. Palatine, IL: IRI/Skylight.

Haroutunian-Gordon, S. (1991). *Turning the soul: Teaching through conversation in the high school*. Chicago: University of Chicago Press.

Harvard-Smithsonian Center for Astrophysics. (1997). *Minds of our own* (videotape). Available through learner.org, Annenberg CPB.

Hattie, J. (1992). Measuring the effects of schooling. *Australian Journal of Education, 36*(2),99-136.

Heath, E. (1956). *The thirteen books of Euclid's elements* (Vols. 1-3). New York: Dover.

Heath, T. (1963). *Greek mathematics*. New York: Dover.

Hegel, G. W. F. (1977). *Phenomenology of spirit* (A. V. Miller, Trans.). London: Oxford University Press.

Heidegger, M. (1968). *What is called thinking?* (J. Gray, Trans.). New York: Harper.［M・ハイデッガー（辻村公一他編，四日谷敬子，H・ブフナー訳）『思惟とは何の謂いか（Was heißt Denken?）』創文社，2006年］

Hestenes, D., & Halloun, I. (1995). Interpreting the FCI. 1992. *The Physics Teacher, 33*, 502-506.

Hestenes, D., Wells, M., & Swackhamer, G. (1992, March). Force Concept Inventory, *The Physics Teacher, 30*, 141-158.

Hirsch, E. D., Jr. (1988). *Cultural literacy: What every American needs to know*. New York: Vintage Books.［E・D・ハーシュ（中村保男訳）『教養が，国をつくる。――アメリカ建て直し教育論』TBSブリタニカ，1989年］

Hunter, M. (1982). *Mastery teaching*. Thousand Oaks, CA: Corwin Press.

Jablon, J. R., et al. (1994). *Omnibus guidelines, kindergarten through fifth grade* (3rd ed.). Ann Arbor, MI: The Work Sampling System.

Jacobs, H. H. (Ed.). (1989). *Interdisciplinary curriculum: Design and implementation.* Alexandria, VA: Association for Supervision and Curriculum Development.

Jacobs, H. H. (1997). Mapping the big picture: Integrating curriculum and assessment K-12. Alexandria, VA: Association for Supervision and Curriculum Development.

James, W. (1899/1958). *Talks to teachers on psychology and to students on some of life's ideals. New York*: W. W. Norton. (Original work published 1899)

Johnson, A. H. (Ed.). (1949). *The wit and wisdom of John Dewey.* Boston: Beacon Press.

Jonassen, D., Tessmer, M., & Hannum, W. (1999). *Task analysis methods for instructional design.* Mahwah, NJ: Lawrence Erlbaum.

Kant, I. (1787/1929). *The critique of pure reason* (N. Kemp Smith, Trans.). New York: Macmillan. (Original work published 1787)

Kasulis, T. (1986). Questioning. In M. M. Gilette (Ed.), *The art and craft of teaching.* Cambridge, MA: Harvard University Press.

Kliebard, H. (1987). *The struggle for the American curriculum, 1893-1958.* New York: Routledge & Kegan Paul.

Kline, M. (1953). *Mathematics in Western culture.* Oxford: Oxford University Press.［M・クライン（中山茂訳）『数学の文化史』（上・下）社会思想社，1977・1978 年］

Kline, M. (1970, March). Logic vs. pedagogy. *American Mathematical Monthly, 77*(3), 264-282.

Kline, M. (1972). *Mathematical thought from ancient to modern times.* New York: Oxford University Press.

Kline, M. (1973). *Why Johnny can't add: The failure of the new math.* New York: Vintage Press.［M・クライン（柴田録治監訳）『数学教育現代化の失敗——ジョニーはなぜたし算ができないか』黎明書房，1976 年］

Kline, M. (1980). *Mathematics: The loss of certainty.* Oxford, UK: Oxford University Press.［M・クライン（入江晴栄他訳）『不確実性の数学——数学の世界の夢と現実』紀伊国屋書店，1984 年］

Kline, M. (1985). *Mathematics and the search for knowledge.* New York: Oxford University Press.［M・クライン（雨宮一郎訳）『何のための数学か——数学本来の姿を求めて』紀伊國屋書店，1987 年］

Kobrin, D. (1996). *Beyond the textbook: Teaching history using documents and primary sources.* Portsmouth, NH: Heinemann.

Koestler, A. (1964). *The act of creation: A study of the conscious and unconscious in science and art.* New York: Macmillan.［A・ケストラー（大久保直幹他訳）『創造活動の理論（上）　芸術の源泉と科学の発見』ラテイス，1966 年。A・ケストラー（吉村鎮夫訳）『創造活動の理論（下）　習慣と独創力』ラテイス，1969 年］

Kohn, A. (2000). *The case against standardized testing: Raising the scores, ruining our schools.* Portsmouth, NH: Heinemann.

Krause, E. (1975). *Taxicab geometry: An adventure in non-Euclidean geometry.* New York: Dover Publications.

Kuh, G. (2003, March 1). What we're learning about student engagement from NSSE. *Change 35* (2), 24-32.

Kuhn, T. (1970). *The structure of scientific revolutions* (2nd ed.). Chicago: University of Chicago Press.［T・クーン（中山茂訳）『科学革命の構造』みすず書房，1971 年］

Levy, S. (1996). *Starting from scratch: One classroom builds its own curriculum.* Portsmouth, NH: Heinemann.

Lewis, C. (2002). *Lesson study: A handbook of teacher-led instructional change.* Philadelphia: Research for Better Schools.

Lewis, N. (1981). *Hans Christian Andersen's fairy tales.* Middlesex, UK: Puffin Books.

Light, R. (1990). *The Harvard assessment seminar: Explorations with students and faculty about teaching, learning, and student life* (Vol. 1). Cambridge, MA: Harvard University Press.

Light, R. (2001). *Making the most of college: Students speak their minds.* Cambridge, MA and London: Harvard University Press.

Liping, M. A. (1999). *Knowing and teaching elementary mathematics: Teachers' understanding of fundamental mathematics in China and the United States.* Mahway, NJ: Lawrence Erlbaum.

Lodge, D. (1992). *The art of fiction.* New York: Viking. [D・ロッジ(柴田元幸，斎藤兆史訳)『小説の技巧』白水社，1997年]

Lyman, F. (1992). Think-pair-share, thinktrix, and weird facts. In N. Davidson & T. Worsham (Eds.), *Enhancing thinking through cooperative learning.* New York: Teachers College Press.

MacFarquhar, N. (1996, September 27). For Jews, a split over peace effort widens. *New York Times,* p. A1.

Mansilla, V. B., & Gardner, H. (1997). Of kinds of disciplines and kinds of understanding. *Phi Delta Kappan, 78*(5), 381-386.

Martin, M., Mullis, I., Gregory, K., Hoyle, C., & Shen, C. (2000). *Effective schools in science and mathematics: IEA's Third International Mathematics and Science Study.* Boston: International Study Center, Lynch School of Education, Boston College.

Marzano, R. J. (2000). Analyzing two assumptions underlying the scoring of classroom assessments. Aurora, CO: Mid-continent Research for Educational Learning.

Marzano, R. J. (2003). *What works in schools: Translating research into action.* Alexandria, VA: Association for Supervision and Curriculum Development.

Marzano, R., & Kendall, J. (1996). *A comprehensive guide to designing standards-based districts, schools, and classrooms.* Alexandria, VA: Association for Supervision and Curriculum Development.

Marzano, R., & Pickering, D. (1997). Dimensions of learning teacher's manual (2nd ed.). Alexandria, VA: Association for Supervision and Curriculum Development.

Marzano, R., Pickering, D., & McTighe, J. (1993). *Assessing student outcomes: Performance assessment using the dimensions of learning model.* Alexandria, VA: Association for Supervision and Curriculum Development.

Marzano, R., Pickering, D., & Pollock, J. (2001). *Classroom instruction that works: Research-based strategies for increasing student achievement.* Alexandria, VA: Association for Supervision and Curriculum Development.

Massachusetts Department of Education. (1997a). *English language arts curriculum framework.* Boston: Author.

Massachusetts Department of Education. (1997b). *History curriculum framework.* Boston: Author.

McCarthy, B. (1981). *The 4Mat system.* Barrington, IL: Excel.

McClean, J. (2003, Spring/Summer). 20 considerations that help a project run smoothly. *Fine Homebuilding: Annual Issue on Houses,* 24-28.

McCloskey, M., Carramaza, A., & Green, B. (1981). Naive beliefs in "sophisticated" subjects: Misconceptions about trajectories of objects. *Cognition, 9*(1), 117-123.

McGuire, J. M. (1997, March). Taking a storypath into history. *Educational Leadership, 54*(6),70-72.

McKeough, A., Lupart J., & Marini, Q. (Eds.). (1995). *Teaching for transfer: Fostering generalizations in learning.* Mahwah, NJ: Lawrence Erlbaum.

McMillan, J. H. (1997). *Classroom assessment: Principles and practice for effective instruction.* Boston: Allyn & Bacon.

McTighe, J. (1996, December-1997, January). What happens between assessments? *Educational Leadership, 54*(4), 6-12.

McTighe, J., & Lyman, F. (1988). Cueing thinking in the classroom: The promise of theory-embedded tools. *Educational Leadership, 45*(7), 18-24.

McTighe, J., & Wiggins, G. (2004). *Understanding by design professional development workbook.* Alexandria, VA: Association for Supervision and Curriculum Development.

Meichenbaum, D., & Biemiller, A. (1998). *Nurturing independent learners: Helping students take charge of their learning.* Cambridge, MA: Brookline Books.

Milgram, S. (1974). *Obedience to authority.* New York: Harper. [S・ミルグラム(岸田秀訳)『服従の心理——アイヒマン実験』河出書房新社，1995年]

Milne, A. A. (1926). *Winnie the Pooh.* New York: E. P. Dutton. [A・A・ミルン作，E・H・シェパード画(石井桃子訳)『クマのプーさん』岩波書店，1978年]

Mursell, J. L. (1946). *Successful teaching: Its psychological principles.* New York: McGraw-Hill.

［J・L・マーセル（石山脩平訳）『効果のある学習指導法』秀英出版，1953 年］

Nagel, N. G. (1996). *Learning through real-world problem solving: The power of integrative teaching.* Thousand Oaks, CA: Corwin Press.

Nathan, M. J., & Petrosino, A. J. (2003). Expert blind spot among preservice teachers. *American Educational Research Journal, 40*(4), 905-928.

National Assessment of Educational Progress. (1988). *The mathematics report card: Are we measuring up? Trends and achievement based on the 1986 national assessment.* Washington, DC: U.S. Department of Education.

National Center for History in the Schools, University of California. (1994). *History for grades K-4: Expanding children's world in time and space.* Los Angeles: Author.

National Center for History in the Schools, University of California. (1996). *National standards for United States history: Exploring the American experience, Grades 5-12* (Expanded Version). Los Angeles: Author.

National Center for Research in Vocational Education. (2000). *High schools that work and whole school reform: Raising academic achievement of vocational completers through the reform of school practice.* Berkeley, CA: University of California at Berkeley.

National Center on Education and the Economy. (1997). *Performance standards: English language arts, mathematics, science, applied learning.* Pittsburgh, PA: University of Pittsburgh.

National Survey of Student Engagement. (2001). *Improving the college experience: Using effective educational practices.* Bloomington, IN: Indiana University Center for Postsecondary Research.

National Survey of Student Engagement. (2002). *From promise to progress: How colleges and universities are using engagement results to improve collegiate quality.* Bloomington, IN: Indiana University Center for Postsecondary Research.

National Survey of Student Engagement. (2003). *Converting data into action: Expanding the boundaries of institutional improvement.* Bloomington, IN: Indiana University Center for Postsecondary Research.

Newmann, F. N., & Associates. (1996). *Authentic achievement: Restructuring schools for intellectual quality.* San Francisco: Jossey-Bass.

Newmann, F., Bryk, A., & Nagaoka, J. (2001). *Authentic intellectual work and standardized tests: Conflict or coexistence?* Chicago: Consortium on Chicago School Research.

Newmann, F., Marks, H., & Gamoran, A. (1995, Spring). Authentic pedagogy: Standards that boost student performance. Issue Report No. 8. Madison, WI: Center on Organization and Restructuring of Schools.

Newmann, F. N., Secada, W., & Wehlage, G. (1995). *A guide to authentic instruction and assessment: Vision, standards and scoring.* Madison: Wisconsin Center for Education Research.

New York State Department of Education. (1996). *Learning standards for the arts.* Albany, NY: Author.

New York Times (2003, November 11). Science Times. p. D1.

Ngeow, K. Y. (1998). Motivation and transfer in language learning. ERIC Digest ED427318 98.

Nickerson, R. (1985, February). Understanding understanding. *American Journal of Education 93* (2), 201-239.

Nickerson, R., Perkins, D., & Smith, E. (1985). *The teaching of thinking.* Hillsdale, NJ: Lawrence Erlbaum.

O'Neill, M. (1996, September 1). *New York Times Sunday Magazine.* p. 52.

Osborne, R., & Freyberg, P. (1985). *Learning in science: The implications of children's science.* Aukland, NZ: Heinemann.［R・オズボーン，P・フライバーグ編（森本信也，堀哲夫訳）『子ども達はいかに科学理論を構成するか――理科の学習論』東洋館出版社，1988 年］

Parkes, J. (2001). The role of transfer in the variability of performance. *Educational Assessment, 7*(2).

Passmore, J. (1982). *The philosophy of teaching.* Cambridge, MA: Harvard University Press.

Peak, L., et al. (1996). *Pursuing excellence: A study of U.S. eighth grade mathematics and science teaching, learning, curriculum, and achievement in international context* (NCES 97-198).

Washington, DC: U.S. Department of Education, National Center for Education Statistics.
Perkins, D. (1991, October). Educating for insight. *Educational Leadership, 49*(2), 4-8.
Perkins, D. (1992). *Smart schools: From training memories to educating minds.* New York: Free Press.
Perkins, D. N., & Grotzer, T. A. (1997). Teaching intelligence. *American Psychologist, 52*(10), 1125-1133.
Perry, W. (1970). *Forms of intellectual development in the college years: A scheme.* New York: Holt, Rinehart & Winston.
Peters, R. S. (1967). *The concept of education.* London: Routledge & Kegan Paul.
Phenix, P. (1964). *Realms of meaning.* New York: McGraw-Hill.〔P・H・フェニックス(佐野安仁他訳)『意味の領域──一般教育の考察』晃洋書房，1980年〕
Piaget, J. (1965). *The moral judgment of the child.* New York: Humanities Press.
Piaget, J. (1973). *To understand is to invent: The future of education.* New York: Grossman's Publishing Co.
Piaget, J. (1973/1977). Comments on mathematical education. In H. Gruber and J. Voneche (Eds.), *The essential Piaget.* New York: Basic Books. (Original work published 1973)
Poincaré, H. (1913/1982). Science and method. In *The foundations of science* (G. B. Halstead, Trans.). Washington, DC: University Press of America. (Original work published 1913)〔H・ポアンカレ(吉田洋一訳)『科學と方法』岩波書店，1953年〕
Polya, G. (1945). *How to solve it: A new aspect of mathematical method.* Princeton, NJ: Princeton University Press.〔G・ポリア(柿内賢信訳)『いかにして問題をとくか』(第11版)丸善，1986年〕
Popper, K. (1968). *Conjectures and refutations: The growth of scientific knowledge.* New York: Basic Books.〔K・R・ポパー(藤本隆志他訳)『推測と反駁──科学的知識の発展』(新装版)法政大学出版局，2009年〕
Pressley, M., (1984). Synthesis of research on teacher questioning. *Educational Leadership, 42*(3), 40-46.
Pressley, M., et. al. (1992). Encouraging mindful use of prior knowledge: Attempting to construct explanatory answers facilitates learning. *Educational Psychologist, 27*(1), 91-109.
Redfield, D. L., & Rousseau, E. W. (1981). A meta-analysis of experimental research on teacher questioning behavior. *Review of Educational Research, 51,* 237-245.
Regional Laboratory for Educational Improvement of the Northeast & Islands. (undated). *The voyage of pilgrim '92: A conversation about constructivist learning* [newsletter].
Roseman, J. E., Kulm, G., & Shuttleworth, S. (2001). Putting textbooks to the test. *ENC Focus, 8*(3), 56-59. Available: http://www.project2061.org/publications/articles/articles/enc.htm.
Rothstein, E. (2003, August 2) Shelf life: A bioethicist's take on Genesis. *New York Times,* p. B7.
Rousseau, J. (1979). *Emile, or education.* (A. Bloom, Trans.). New York: Basic Books.〔J・J・ルソー(今野一雄訳)『エミール』(上・下)岩波書店，2007年，邦訳初版1962年〕
Ruiz-Primo, M. A., et al. (2001). On the validity of cognitive interpretations of scores from alternative concept-mapping techniques. *Educational Assessment, 7*(2).
Russell, J. (2003, September 13). On campuses, handhelds replacing raised hands. *Boston Globe.*
Ryle, G. (1949). *The concept of mind.* London: Hutchinson House.〔G・ライル(坂本百大，宮下治子，服部裕幸訳)『心の概念』みすず書房，1987年〕
Salinger, J. D. (1951). *The catcher in the rye.* Boston: Little Brown.〔J・D・サリンジャー(野崎孝訳)『ライ麦畑でつかまえて』白水社，1984年〕
Sanders, N. (1966), *Classroom questions: What kinds?* New York: Harper & Row.
Saphier, J., & Gower, R. (1997). *The skillful teacher: Building your teaching skills* (5th ed.). Carlisle, MA: Research for Better Teaching.
Schank, R. (1990). *Tell me a story: Narrative and intelligence.* Evanston, IL: Northwestern University Press.
Schmoker, M. (1996). *Results: The key to continuous school improvement.* Alexandria, VA: Association for Supervision and Curriculum Development.
Schneps, M. (1994). *"A private universe" teacher's guide.* Washington, DC: The Corporation for Public Broadcasting.

Schoenfeld, A. (1988). Problem solving in context(s). In R. Charles & E. Silver (Eds.), *The teaching and assessing of mathematical problem solving*. Reston, VA: National Council on Teachers of Mathematics/Erlbaum.

Schön, D. A. (1989). *Educating the reflective practitioner: Toward a new design for teaching and learning*. San Francisco: Jossey-Bass.

School Curriculum and Assessment Authority. (1995). *Consistency in teacher assessment: Exemplifications of standards (science)*. London: Author.

School Curriculum and Assessment Authority. (1997). *English tests mark scheme for paper two (Key stage 3, Levels 4-7)*. London: Author.

Schwab, J. (1971). The practical: Arts of eclectic. *School Review, 79*, 493-542.

Schwab, J. (1978). The practical: Arts of eclectic. In *Science, curriculum, and liberal education: Selected essays*. Chicago: University of Chicago Press.

Senk, S., & Thompson, D. (2003). *Standards-based school mathematics curricula: What are they? What do students learn?* Mahwah, NJ: Lawrence Erlbaum.

Serra, M. (1989). *Discovering geometry: An inductive approach*. Berkeley, CA: Key Curriculum Press.

Shattuck, R. (1996). *Forbidden knowledge: From Prometheus to pornography*. New York: St. Martin's Press. [R・シャタック（柴田裕之訳）『禁断の知識』凱風社，2001年]

Shulman, J. (1992). *Case methods in teacher education*. New York: Teachers College Press.

Shulman, L. (1999 July/August). Taking learning seriously, *Change, 31*(4), 10-17.

Singh, S. (1997). *Fermat's enigma: The epic quest to solve the world's greatest mathematical problem*. New York: Walker & Co.

Sizer, T. (1984). *Horace's compromise: The dilemma of the American high school*. Boston: Houghton Mifflin.

Skemp, R. R. (1987). *The psychology of learning mathematics: Expanded American edition*. Hillsdale, NJ: Lawrence Erlbaum. [R・R・スケンプ（藤永保，銀林浩訳）『数学学習の心理学』新曜社，1973年]

Smith, J., Lee, V., & Newmann, F. (2001). *Instruction and achievement in Chicago elementary schools*. Chicago: Consortium on Chicago School Research.

Smith, R. J. (1997, January 5). The soul man of suburbia. *New York Times Sunday Magazine*, sec. 6, p. 22.

Southern Regional Education Board. (1992). *Making high schools work*. Atlanta, GA: Author.

Spiro, R., et al. (1988). *Cognitive flexibility theory: Advanced knowledge acquisition in ill-structured domains*. Hillsdale, NJ: Lawrence Erlbaum.

Stavy, R., & Tirosh, D. (2000). *How students (mis-)understand science and mathematics: Intuitive rules*. New York: Teachers College Press.

Steinberg, A. (1998). *Real learning, real work: School-to-work as high school reform*. New York: Routledge.

Steinberg, A., Cushman, K., & Riordan, R. (1999). *Schooling for the real world: The essential guide to rigorous and relevant learning*. San Francisco: Jossey-Bass.

Stepien, W., & Gallagher, S. (1993, April). Problem-based learning: As authentic as it gets. *Educational Leadership, 50*(7), 23-28.

Stepien, W., & Gallagher, S. (1997). *Problem-based learning across the curriculum: An ASCD professional inquiry kit*. Alexandria, VA: Association for Supervision and Curriculum Development.

Stepien, W., & Pyke, S. (1997). Designing problem-based learning units. *Journal for the Education of the Gifted, 20*(4), 380-400.

Stepien, W., Gallagher, S., & Workman, D. (1993). Problem-based learning for traditional and interdisciplinary classrooms. *Journal for the Education of the Gifted, 16*(4), 338-357.

Sternberg, R., & Davidson, J. (Eds.). (1995). *The nature of insight*. Cambridge, MA: MIT Press.

Stiggins, R. J. (1997). *Student-centered classroom assessment*. Upper Saddle River, NJ: Prentice-Hall.

Stigler, J. W., & Hiebert, J. (1997, September). Understanding and improving classroom mathematics instruction: An overview of the TIMSS video study. *Phi Delta Kappan, 79*(1), 14-21.

Stigler, J. W., & Hiebert, J. (1999). *The teaching gap: Best ideas from the world's teachers for improving education in the classroom.* New York: Free Press.［J・W・スティグラー，J・ヒーバート（湊三郎訳）『日本の算数・数学教育に学べ——米国が注目するjugyou kenkyuu』教育出版，2002年］

Stone, C. L. (1983). A meta-analysis of advance organizer studies. *Journal of Experimental Education, 54,* 194-199.

Strong, M. (1996). *The habit of thought: From Socratic seminars to Socratic practice.* Chapel Hill, NC: New View.

Sullivan, K. (1997, December 22). Japanese director commits suicide. *Washington Post,* p. C1.

Sulloway, F. (1996). *Born to rebel: Birth order, family dynamics, and creative lives.* New York: Pantheon Press.

Tagg, J. (2003). *The learning paradigm in college.* Bolton, MA: Anker Publishing Company.

Tannen, D. (1990). *You just don't understand: Women and men in conversation.* New York: Ballantine Books.［D・タネン（田丸美寿々訳）『わかりあえる理由わかりあえない理由——男と女が傷つけあわないための口のきき方8章』講談社，2003年］

Tharp, R. G., & Gallimore, Ronald (1988) *Rousing minds to life: Teaching, learning, and schooling in social context.* Cambridge, UK: Cambridge University Press.

Thier, H. D., with Daviss, B. (2001). *Developing inquiry-based science materials: Guide for educators.* New York and London: Teachers College Press.

Thomas, L. (1983) *Late night thoughts on listening to Mahler's Ninth Symphony.* New York: Viking Press.［L・トマス（沢田整訳）『科学者の夜想』地人書館，1986年］

Tishman, S., & Perkins, D. (1997). The language of thinking. *Phi Delta Kappan, 78*(5), 368.

Tomlinson, C. A., Kaplan, S. N., Renzulli, J. S., Purcell, J., Leppien, J., & Burns, D. (2001). *The parallel curriculum: A design to develop high potential and challenge high-ability learners.* Thousand Oaks, CA: Corwin Press.

Trible, P. (2003, October 19) Of man's first disobedience, and so on. *New York Times,* sec. 7, p. 28.

Tyler, R. W. (1949) *Basic principles of curriculum and instruction.* Chicago: University of Chicago Press.［R・W・タイラー（金子孫市監訳）『現代カリキュラム研究の基礎——教育課程編成のための』日本教育経営協会，1978年］

U.S. Department of Education, National Center for Education Statistics (NCES). (1998). *Third international math and science study* [Online]. Available: http://nces.ed.gov/timss/.

U.S. Department of Education, National Center for Education Statistics (NCES). (1999, February). The TIMSS videotape classroom study: Methods and findings from an exploratory research project on eighth-grade mathematics instruction in Germany, Japan, and the United States, NCES 99-074, by James W. Stigler, Patrick Gonzales, Takako Kawanaka, Steffen Knoll, and Ana Serrano. Washington, DC: U.S. Government Printing Office. Available: http://nces.ed.gov/timss/.

U.S. Department of Health, Education, and Welfare. (1976). *The American Revolution: Selections from secondary school history books of other nations* (HEW Publication No. OE 76-19124). Washington, DC: U.S. Government Printing Office.

Vaishnav, A. (2003, August 3). MCAS's most onerous questions revealed. *Boston Globe.*

Van de Walle, J. A. (1998). *Elementary and middle school mathematics: Teaching developmentally.* New York: Longman.

Vanderstoep, S. W., & Seifert, C. M. (1993). Learning "how" versus learning "when": Improving transfer of problem-solving principles. *Journal of the Learning Sciences, 3*(1), 93-11.

Van Manen, M. (1991). *The tact of teaching: The meaning of pedagogical thoughtfulness.* Albany: State University of New York Press.

Von Hippel, E. (1988). *The sources of innovation.* New York: Oxford University Press.［E・フォン・ヒッペル（榊原清則訳）『イノベーションの源泉——真のイノベーターはだれか』ダイヤモンド社，1991年］

Weil, M. L., & Murphy, J. (1982). Instructional processes. In H. E. Mitzel (Ed.), *Encyclopedia of educational research.* NY: Free Press.

Wenglinsky, H. (1998). *Does it compute? The relationship between educational technology and student achievement in mathematics.* New Jersey: Educational Testing Service.

White, R., & Gunstone, R. (1992). *Probing understanding.* London: Falmer Press.［R・ホワイト，R・ガンストン(中山迅，稲垣成哲監訳)『子どもの学びを探る──知の多様な表現を基底にした教室をめざして』東洋館出版社，1995年］

Whitehead, A. N. (1929). *The aims of education and other essays.* New York: Free Press.［A・N・ホワイトヘッド(久保田信之訳)『ホワイトヘッド教育論』法政大学出版局，1972年。A・N・ホワイトヘッド(森口兼二，橋口正夫訳)『教育の目的』松籟社，1986年］

Wiggins, G. (1987, Winter). Creating a thought-provoking curriculum. *American Educator, 11*(4), 10-17.

Wiggins, G. (1987). *Thoughtfulness as an educational aim* (unpublished dissertation: Harvard University Graduate School of Education).

Wiggins, G. (1989, November). The futility of teaching everything of importance. *Educational Leadership, 47*(3), 44-59.

Wiggins, G. (1993). *Assessing student performance: Exploring the purpose and limits of testing.* San Francisco: Jossey-Bass.

Wiggins, G. (1996, January). Practicing what we preach in designing authentic assessments. *Educational Leadership, 54*(4), 18-25.

Wiggins, G. (1997, September). Work standards: Why we need standards for instructional and assessment design. *NASSP Bulletin, 81*(590), 56-64.

Wiggins, G. (1998). *Educative assessment: Designing assessments to inform and improve performance.* San Francisco: Jossey-Bass.

Wiggins, G., & McTighe, J. (1998). *Understanding by design* (1st ed.). Alexandria, VA: Association for Supervision and Curriculum Development.

Wilson, J. (1963). *Thinking with concepts.* London: Cambridge University Press.

Wiske, M. S. (1998). *Teaching for understanding: Linking research with practice.* San Francisco: Jossey-Bass.

Wittgenstein, L. (1953). *Philosophical investigations.* New York: Macmillan.［L・ウィトゲンシュタイン(藤本隆志訳)『哲学探究』大修館書店，1976年］

Wolf, D. (1987, Winter). The art of questioning. *Academic connections.*

Woolf, V. (1929). *A room of one's own.* New York: Harcourt Brace & World.［V・ウルフ(川本静子訳)『自分だけの部屋』みすず書房，1988年］

Wynn, C. M., & Wiggins, A. W. (1997). *The five biggest ideas in science.* New York: John Wiley & Sons.［C・M・ウィン，A・W・ウィギンズ(山崎昶訳)『科学がわかる5つのアイディア──原子モデル・周期律・ビッグバン・プレートテクトニクス・進化論』海文堂出版，1997年］

■ 索 引

【注】［*，**：訳者注］
・ページ数の後のfは図表を表す。
・ページ数は見出し語に関連する内容のページを示すが，見出し語はページ内に出ていない場合もある*。
・原著であげられているもの以外でも関連が深いと思われるページ数を補い，イタリック体で示した**。

あ行

アインシュタイン（Einstein, A.） 177
アカデミック・プロンプト 185f, 389
アンカー，――の定義 389
言い換え →解釈
『いかにして問題をとくか（How to Solve it）』
　（ポリヤ〔Polya〕） 24
一般化，――の定義 157
1分間エッセイの技法 201
『意味の領域（Realms of Meaning）』（フェニックス〔Phenix〕） 81-82
ヴィトゲンシュタイン（Wittgenstein, L.）
　122-123
ウルフ（Woolf, V.） 123
エリクソン（Erickson, L.） 82, 157
応用　→理解，理解の6側面
　――としての転移 58-59
　――の定義 111, 390, 401
　――を用いた評価方法 196f, 197
　規準にもとづくルーブリックと――
　　210-215, 211f, 212-213f
　指導の設計における―― 262-263
　転移と―― 49, 58-59
　理解の―― 111-114

か行

ガードナー（Gardner, H.） 62, 111, 113, 114
概観，意図的な―― 20
解釈
　――の定義 106, 390-391, 401
　――を用いた評価方法 195-197, 196f
　規準にもとづくルーブリックと――
　　210-215, 211f, 212-213f
　指導の設計における―― 262-263
　説明と――の対比 109-110
　理解における―― 106-111

概念，――の定義 391
『科学的リテラシーのベンチマーク
　（Benchmarks for Science Literacy）』
　（AAAS） 42, 59
学業／作業／作品／仕事（work）
　真正の―― 361-362
　本質的な―― 245-246
　目的のはっきりした―― 236-237
学習　→学習のための指導の設計，
　WHERETOと，その個々の要素
　――できない3つの病理 55
　――の原因としての指導 268-269,
　　294-295, 321, 368-370
　――のシーケンス 294-297, 340-352,
　　387
　コーチされた――［コーチング］ 18, 21,
　　283, 283f, 284, 287-288
　網羅に焦点を合わせた設計と―― 2-4,
　　53-55, 369-370
　問題基盤型―― 366-367
学習のための指導の設計　→カリキュラム設計，理解のための指導
　――における理解の6側面 262-263
　最良の――の特徴 233-234, 369
　WHERETOの要素 234 →個々の要素
　ボブ・ジェームズに見る――の実際
　　263-265
　魅力的で効果的な―― 231-232
核となる課題 74-78, 76f, *85f*, 93-97 →パフォーマンス課題
核となる観念 131 →重大な観念
核となる内容 131
課題　→核となる課題，転移課題，パフォーマンス課題
　オープンエンドの―― 390
　真正の―― 184-190, 189f, 396-397
課題分析 96

423

カタウスカス（Katauskas, D.） 324
ガダマー（Gadamer, H.） 121, 127, 148
『学校と呼ばれる場所（*A Place Called School*）』（グッドラッド〔Goodlad〕） 244
活動に焦点を合わせた設計［活動にもとづく設計］ 1-4, 19-21, 24-25
カリキュラム，――の定義 7, 391
カリキュラム設計（一般的な）
　　――におけるフィードバック 317-322, 319f, 320f, 322f
　　――における双子の過ち 4, 19-21, 24-25
　　――における優先事項 84-86, 85f
　　――の鍵となる問い 20-21
　　応用のための―― 113-114
　　解釈のための―― 110-111
　　活動に焦点を合わせた――［活動にもとづく――］ 1-4, 19-21, 24-25
　　共感のための―― 120
　　共同の―― 371-376
　　結果に焦点を合わせた―― 17-18, 24-25
　　最良の――の特徴 16-17, 233-234, 341
　　自己認識のための―― 123-124
　　説明のための―― 106
　　内容に焦点を合わせた―― 17-18, 342-344
　　パースペクティブのための―― 117
　　品質管理のための設計スタンダード 31-33, 32f
　　網羅に焦点を合わせた―― →網羅に焦点を合わせた設計
カリキュラム設計，マクロのレベル
　　――における学問横断の問い 329-331
　　――におけるシラバス 351-352
　　――におけるスコープとシーケンス 340-351
　　――におけるパフォーマンス課題 331f, 332-334, 333f
　　――における本質的な問い 324-333, 326f
　　――のために設計されたルーブリック 335-339
　　――のための螺旋型カリキュラム 347-351
　　概論 323-324, 325f
カリキュラム設計，ミクロ／単元のレベル
　　――における修正と調整 299-301, 304-314, 306-311f
　　――におけるジレンマと解決策 314-322
　　――のためのレシピ 313-314
　　――への入り口／アプローチ 301-304, 302f
　　共同の―― 371-376
　　単元，――の定義 403
　　テンプレートによる設計の手引き 383-385, *386-388*
　　品質管理のための設計スタンダード 31-33, 32f
　　マクロなカリキュラムにおける―― 323-329, 325f
カリキュラム設計におけるシラバス 351-352
完成作品，――の定義 391
観念　→重大な観念
　　基礎的な―― 80
　　生気のない―― 48-49
　　代表的―― 81-82
看破　→網羅
　　――の種類 55
　　――のための教科書の設計 270-273, 273f
　　――の定義 392
　　ボブ・ジェームズに見る――の実際 97
　　理解のための―― 156, 160, 268-270, 275-281
看破する，――の定義 270
規準 205-206, 219, 392-393, 398
「逆向き設計」　→UbD（「理解をもたらすカリキュラム設計」）
キャズウェル（Caswell, H. L.） 344-345
キャロル（Carroll, L.） 67

索引

教育，――の定義　41
『教育目標の分類学（*Taxonomy of Educational Objectives*）』（ブルーム他〔Bloom, et al.〕）
　　――について　407-408
　　「応用」について　58-59
　　重大な観念について　83
　　転移について　49
　　評価について　186
　　「本当の」知識について　57-58
　　理解について　8-9, 42, 46, 112-113
教科書
　　――スタンダード，――に適合する　363-370, 364f
　　（理解のための）指導における――　273f
　　シラバスとしての――　272-273, 363-365
　　設計プロセスにおける――　39, 350-351
　　網羅に焦点を合わせた――　270-273, 277-282, 363-364
共感　→理解，理解の6側面
　　――の定義　118, 393-394, 401
　　――を用いた評価方法　196-197f, 198-199
　　規準にもとづくルーブリックと――　210-215, 211-213f
　　教師において発達する――　375-376
　　指導の設計における――　262-263
　　専門家／熟達者の――　166-168, 288, 375-376
　　パースペクティブと――の対比　393
　　理解における――　118-120
教師
　　――が果たす役割　282-284, 360-361
　　――の自己欺瞞　285-287
　　――の自己評価　94-95, 223, 254-257
　　――のための専門的力量向上　371-376
　　看破する人としての――　281
　　教育設計者としての――　15-18, 183f, 228
　　コーチとしての――　18, 21
キルケゴール（Kierkegaar, S.）　67, 121

グールド（Gould, S. J.）　119
クーン（Kuhn, T.）　118
クライン（Kline, M.）　346
GRASPS設計用ツール　189-191, 191f
グラッグ（Gragg, C.）　267
グラント（Grant, G.）　171
繰り返す，――の定義　394
K-W-Lの技法　237-238
結果，求められている――　→求められている結果
結果に焦点を合わせた設計　17-18, 24-26
『現代カリキュラム研究の基礎（*Basic Principles of Curriculum and Instruction*）』（タイラー〔Tyler〕）　348-349
コヴィー（Covey, S. R.）　1
構成主義　110, 125, 268
構成主義的なファシリテーション　283-284, 283f, 287
構造化されていない，――の定義　394-395
ゴール　68, 169-170, 219-220
誤解　60-66, 97, 123, 156, 172-173　→理解
ゴルディロックス問題　73

さ行

採点　392, 401　→ルーブリック
サリバン（Sullivan, K.）　106
サロウェイ（Sulloway, F. J.）　55
サンプリング，――の定義　395
シーケンス，――の定義　344-345
シェイクスピア（Shakespeare, W.）　99
ジェームズ（James, W.）　112
『思考の方法（*How We Think*）』（デューイ〔Dewey〕）　44-45
自己欺瞞　285-287
自己認識　→理解，理解の6側面
　　――における自己評価　254-257
　　――の定義　121, 395-396, 401
　　――を発達させる　375-376
　　――を用いた評価方法　197f, 199
　　規準にもとづくルーブリックと――　210-215, 211-213f

425

自己欺瞞と―― 285-287
　　　指導の設計における―― 263
　　　理解のための―― 121-124
自己評価　94-95, 222f, 254-257　→フィードバック
事実と理解　45-47, 159-160, 165-169
指導／教えること (teaching)
　　　――における習慣　122-123, 285-287, 375-376
　　　――のタイプ　282-284, 283f
　　　学習，学習への因果関係　268-269, 294-295, 321, 368-370
指導／教授 (instruction)　→指導 (teaching)
　　　足場づくりされた――　249f, 250
　　　直接的な――　270, 283f, 285, 287-288, 287f, 290f
指導可能な瞬間　321
重大な観念
　　　――の基礎　78-84, 324
　　　――の定義　6-7, 83-84, 396
　　　――を用いて優先事項を定める　84-86, 85f
　　　学習者の観点　89-92
　　　スキルに関連する――　91-93, 136-137
　　　スタンダードにおける――　75-78, 76f, 86-88, 161-162
　　　転移における――　47-49, 52-53
『授業を変える (*How People Learn*)』（ブランスフォード，ブラウンとクッキング〔Bransford, Brown & Cocking〕）　58, 77, 205, 254-255
授業を計画する　→カリキュラム設計
証拠
　　　誤解の――　60-61
　　　求められている結果の――　22-23
小テスト／小テストの項目　185f, 396　→テスト
ショーマン (Shulman, L.)　54, 55, 64
信頼性　223-224, 397
スキル
　　　――のタイプ　394, 401
　　　可能性を広げる――　71, 84

スキルに焦点を合わせた学習
　　　――における転移　52
　　　――における本質的な問い　135-137
　　　――に重大な観念を結びつける　91-93, 136-137
　　　理解と――　156, 160-161
スコープ，――の定義　344
スタンダード
　　　――からの本質的な問い　143-144
　　　――における核となる課題　74-78, 76f
　　　――における重大な観念　75-78, 76f, 86-88, 161-162
　　　――に達する／――を満たす　356-363, 373-375
　　　――の定義　77, 397-398
　　　――の目的　68
　　　――を用いて設計を開発する　301-304, 302f
　　　規準と――の対比　398-399
　　　期待と――の対比　398-399
　　　教科書の――との相関　363-370, 364f
　　　実施する上で一般的に見られる諸問題　72-73, 161-162
　　　設計――　397-398, 400
　　　内容――　397-399
　　　ノルムと――の対比　399
　　　パフォーマンス・――　397-399
　　　本質的な問いとしての――　162
　　　理解と――　161-162
スティグラー (Stigler, J.)　299
することによって学ぶ　294-297, 342-351, 387f
成果，――の定義　399-400
成績，規準にもとづく――　211
『生徒が知っていることを知る (*Knowing What Students Know*)』(CFA)　205
設計，――の定義　400　→カリキュラム設計
設計者，――としての教師　15-18, 183f, 228, 301
設計スタンダード　397, 400　→スタンダード

説明 →理解，理解の6側面
　　――の定義　103, 400
　　――を用いた評価方法　195, 196f
　　解釈と――の対比　109-110
　　規準にもとづくルーブリックと――
　　　210-215, 211f, 212-213f
　　指導の設計における――　262-263
　　理解における――　103-106
先入観　123
専門家の盲点
　　――の描写　166-168
　　――を避ける　124
　　共感と――　166-168, 288, 375-376
　　誤解と――　61-62
　　指導―学習の関係における――　268-269
　　網羅に焦点を合わせた設計と――
　　　53-55
専門的力量向上／開発　371-376　→
　　フィードバック
相互批評　33, 94-95, 317-322　→フィードバック

た行

タイラー（Tyler, R. W.）　24, 348-349, 393
妥当性　181, 216-220, 222f, 402-403
知恵　121
『知恵の始まり（*The Beginning of Wisdom*）』
　（カス〔Kass〕）に対する書評　107
知識
　　事実的――　44-46, 159-160, 165-169
　　前提となる――　84, 394, *401*
　　転移可能な――　48-49, 52-53
　　「本当の」知識と――の対比　58-59
　　理解と――の対比　42-46, 44f, 68-71,
　　　369-370
知的テンプレートの作成　374
知的な合理化　122-123
知的なツール　34, 403
知的能力　58
テスト　→評価
　　――に向けて教えること　356-363

　　――のタイプ　390-392, 396-397, 404-407
　　評価における――　185f
　　標準――　356-363, 406
デューイ（Dewey, J.）
　　カリキュラム設計について　344-345, 348
　　観念の指導について　270
　　言葉による伝達について　275
　　パースペクティブについて　114
　　問題について
　　　――と思考の関係　323
　　　真正の――　187
　　理解について
　　　――と説明　103-104
　　　――と知識　44-45, 167
　　　――の証拠　57
　　球［事実と観念の違いについて説明する例］　274-275
　　転移可能性としての――　46-47
転移／転移可能性
　　――の定義　404
　　――の例　49-51
　　誤解と――　60-62
　　重大な観念における――　48-49, 82-84
　　成功した――　93, 370
　　トピックごとの問いと――　139
　　理解と――　8, 46-53, 57-60
転移の課題　93-96
問い　→本質的な問い
　　――の目的　128-129, 146-150
　　オープンエンドの――［解決しきれない――］　139-140, 140f, 146-150, 390
　　学問横断の――　329-331
　　生涯の――　131
　　先導する――　139, 401
　　手引きとなる――　140, 140f
　　導入の――　404
ドイツにおける指導方法　290f
問いを探究するお決まりの手順　250
トーマス（Thomas, L.）　346

な行

内容が秘密の，——の定義　404-405
内容スタンダード　→スタンダード
内容に焦点を合わせた設計　17-18, 341-344
日本における指導方法　290f, 366-368
『日本の算数・数学教育に学べ（*The Teaching Gap*）』（スティグラー＆ヒーバート〔Stigler & Hiebert〕）　376
ネルソン（Nelson, G.）　349-350
『ノヴム・オルガヌム（*The New Organon*）』（ベーコン〔Bacon〕）　64

は行

パーキンズ（Perkings, D.）　177
パースペクティブ
　　——の定義　114, 401, 405
　　——を用いた評価方法　196f, 197-198
　　規準にもとづくルーブリックと——　210-215, 211f, 212-213f
　　共感と——の対比　393
　　指導の設計における——　262-263
　　理解における——　114-117
パスモア（Passmore, J.）　99
パフォーマンス
　　——のジャンル　405-406
　　——を可能にする／させる　37-38, 246-250, 249f, 251f
　　現実世界での応用における——（＝真正の——）　184-186
　　求められている——を用いて設計を開発する　302f, 303
　　理解と——の対比　45-46, 218-220, 366-368
　　理解を用いて——する　294-297, 340-351, 387
パフォーマンス課題　→核となる課題
　　——のエピソード　192-193
　　——の定義　185f, 396-397, 405
　　——の特徴　184-186, 185f, 190
　　——へ導く本質的な問い　200, 200f

アカデミック・プロンプトと——の対比　185f
カリキュラムの枠組みとしての——　331f, 332-334, 333f
GRASPS 設計用ツール　190, 191f
真正の——（＝パフォーマンス評価）　184-191, 189f
パフォーマンス評価　405　→評価（assessment）
ピアジェ（Piaget, J.）　113, 149
ビアス（Bierce, A.）　41
ヒーバート（Hiebert, J.）　299
ピタゴラスの定理の例　50-51, 168-169
ビネー（Binet, A.）　224
評価／評価方法（assessment）　→ルーブリック，テスト
　　——課題の青写真　386
　　——のための規準　205-206, 392-393
　　——の定義　7-8, 406
　　カリキュラムの枠組みとしての——　331f, 332-334, 333f
　　形成的——　290-294, 292-293f
　　誤解の——　62-64
　　真正の——　184-191, 191f, 396-397
　　診断的——　237-239
　　設計プロセスにおける——　38-39
　　長期的な——　337-339, 403-404
　　テストに向けて教えること　356-363
　　パフォーマンスと——の対比　218-220
　　評価（エバリュエーション）と——の対比　7-8, 406
　　ボブ・ジェームズに見る——の実際　202-203
評価（エバリュエーション）（evaluation）　7-8, 406　→評価（assessment）
評価者のように考える　181-182, 183f, 201-203, 216-217, 221f
評価する，——の定義　406
評価の証拠　→理解の証拠
評価の設計　→ルーブリック
　　——における規準　205-207, 219-220, 392-393

——における信頼性　223-224
——における妥当性　181, 216-223, 222f
——の指針　224-225
誤解に備える——　62-66
評価の方法
　——が提供する証拠　202f
　——の種類　183, 184f, *185f*, 201-202
　応用についての——　113-114, 196f, 197, 211f, 212-213f
　解釈についての——　110-111, 195-197, 196f, 211f, 212-213f
　共感についての——　120, 196-197f, 198-199, 211f, 212-213f
　自己認識についての——　123-124, 197f, 199, 211f, 212-213f
　説明についての——　106, 195, 196f, 211f, 212-213f
　パースペクティブについての——　117, 196f, 197-198, 211f, 212-213f
フィードバック　317-322, 319f, 320f, 322f
　→専門的力量向上／開発，自己評価
WHERETO
　——の要素　234, 263-265, 387-388f, 406-407
　——のW（どこへ，そしてなぜ〔Where and Why〕）　234-239
　——のH（興味を惹きつけ，惹きつけ続ける〔Hook and Hold〕）　239-246, 345-347
　——のE（探究し，経験する〔Explore and Experience〕，可能性を広げ，用意させる〔Enable and Equip〕）　246-250, 249f, 251f
　——のR（振り返り，再考し，修正する〔Reflect, Rethink, Revise〕）　251-254, 317-322, 345-347
　——のE（作品を評価する〔Evaluate the work〕）　254-257
　——のT（学業を調整する〔Tailor the work〕）　257-259, 321-322
　——のO（シーケンスを組織する〔Organizing sequence〕）　259-261

フェニックス（Phenix, P.）　81-82, 153, 227
プラトン（Plato）　355
ブルーナー（Bruner, J.）
　解釈について　106
　カリキュラム設計について　53, 153, 340
　興味を持たせることについて　239
　構造としての概念作用について　81
　重大な観念について　78
　問いを尋ねることについて　127, 129, 147
　パースペクティブについて　116
　螺旋型カリキュラムについて　347-348
　理解について　41, 47
ブルームの分類学　→『教育目標の分類学』（ブルーム他）
ふれることによって教える　→網羅に焦点を合わせた設計
プロジェクト，——の定義　408
プロセス，——の定義　408
プロンプト，アカデミック・——　→アカデミック・プロンプト
ベーコン（Bacon, F.）　64, 123
『ベーシックスクール（*The Basic School*）』（ボイヤー〔Boyer〕）　330
ベレンバウム（Berenbaum, R. L.）　47, 103
ベンチマーク　42, 62-63, 409
ポアンカレ（Poincaré, H.）　109
ボイヤー（Boyer, E.）　271, 330
ポートフォリオ，——の定義　409
『ホレスの妥協（*Horace's Compromise*）』（サイザー〔Sizer〕）　241
ホワイトヘッド（Whitehead, A. N.）　48-49, 288, 294, 343
本質的な問い
　——からのパフォーマンス課題　200f
　——としてのスタンダード　162
　——における本質　131-132
　——の意図　133-134, 140f
　——の規準　132-133
　——の基礎　129-131
　——の設計の要素　68-70, 69f
　——の定義　401, 409

――の目的　128
――の例　127-128, 130, 141-144
――を応用する　146
――をカテゴリー分けする枠組み
　　139-141, 140f
――を設計する　131-132, 134-135, 142-
　　144, 145f, 239-241
――を問うことによる利点　147-150
スキル領域における――　135-137
トピックごとの――　137-142, 138f, 140f
包括的な――　137-142, 138f, 140f
ボブ・ジェームズに見る――の実際
　　150-151
マクロなカリキュラムにおける――
　　324, 326f, 327-333

ま行

マーセル（Mursell, J. L.）　267, 273-274
マクリーン（McClean, J.）　15, 299
命題, ――の定義　409-410
メタ認知　121-122
網羅　19, 149, 410　→看破
網羅（カバー）, ――の定義　269-270
網羅に焦点を合わせた設計
　　――実施の結果　19-21, 53-55, 269-270,
　　　275-276, 366-369
　　――における想定　356-357, 368
　　教科書の――　270-271, 273f, 277-281,
　　　363-364
　　歴史［世界史］の授業のエピソード　2-4,
　　　25
求められている結果　7, 21-23, 399, 410
　　→スタンダード, 理解の証拠
物語の語り　→解釈
問題と練習の対比　187-189, 189f

や行

優先事項を決めること
　　科目内容の――　84-86, 85f
　　長期的な――の重要性　68
　　評価方法の――　202f
UbD（「理解をもたらすカリキュラム設計

〔Understanding by Design〕」）
――と比較した課題分析　96
――の実施　379-382
――の実施に反対する主張
　　結論　376-377
　　実施のための時間の不足　371-376
　　スタンダードを満たすことに相容れない
　　　356-363
　　内容を網羅できないこと　363-370
――の専門用語　6-9, 389-410
――の段階　21-25, 22f, 27f, 34-35, 40f
　　→UbD, 第１～３段階
――の定義　393
概論　12-14, 23
鍵となる側面　38-39
「逆向き設計」の論理　23-24, 180f, 194f,
　　230f
UbD, 第１段階　→求められている結果, 理
　　解の証拠
　　概論　21
　　カリキュラム計画の実例　326f
　　事例　27f, 28f
　　設計の諸要素　68-72, 69f
　　設計の問い　27f, 40f
　　ボブ・ジェームズに見る――の実際
　　　35-36
UbD, 第２段階　→理解の証拠
　　――のゴール　188
　　概論　22
　　事例　27f, 29f
　　設計の問い　27f, 40f
　　ボブ・ジェームズに見る――の実際
　　　36-37
　　UbD設計マトリックスにおける――
　　　178f, 180f
UbD, 第３段階　→学習のための指導の設計,
　　授業を計画する
　　概論　22-23
　　事例　27f, 30f
　　設計の問い　27f, 40f
　　ボブ・ジェームズに見る――の実際
　　　37-38

UbD設計マトリックスにおける――　227-228, 229-230f
UbD設計スタンダード　31-33, 32f　→スタンダード
UbD設計用ツール　34
UbDテンプレート［「逆向き設計」テンプレート］
　　――の目的　67-68, 70-71
　　――を完成させるプロセス　299-301
　　――を用いることの利点　374
　　サンプル　25-31, 27f, 28-30f, 383-385, *386-388f*
　　設計の問いを記入した――　27f
　　テンプレート，――の定義　404
UbDマトリックス　40f, 178f, 180f, 227-228, 229f, 230f

ら行

ライアン（Ryan, A.）　379
ライト（Light, R.）　244-245, 256, 318
『ライ麦畑でつかまえて（*The Catcher in the Rye*）』（サリンジャー〔Salinger〕）　122, 236-237
理解［すること］（understanding）　→誤解，理解の証拠，理解のための指導
　　――に関連するパフォーマンス　46, 218-220, 294-297
　　――を定義する　8-9, 41-44, 49, 52-53, 56-60, 99-102, 155-157, 410
　　経験における役割　246-247
　　再生と――の対比　57-59
　　スキルの獲得と――の対比　366
　　知識と――の対比　42-46, 44f, 369-370
　　転移可能な――　8, 46-51, 57-59
　　網羅に焦点を合わせた設計と――　53-55
理解［の中身］（understandings）
　　――の誤りやすさ　172-173
　　――の設計要素　68-70, 69f
　　――のために設計する　174
　　――の特徴　154-155, 154f
　　――の複数性　171-173, 205-206
　　――を組み立て，表現する　162-165, 164f
　　永続的――　144, 155-156, 162-165, 183-184, 389-390
　　ゴールとしての――　169-170
　　事実と――の対比　*44-46*, 46-47, 159-160, 165-169
　　スキルに焦点を合わせた学習と――　156, 160-161
　　スタンダードと――　161-162
　　知識と――の対比　*44-46*, 68-71, *159-160*
　　トピックごとの――　157-159, 158f
　　包括的な――　157-159, 158f
　　ボブ・ジェームズに見る――の実際　173-174
理解する（動詞）　100-101
理解の証拠　→理解の評価
　　――としてのプロジェクト　188
　　――の種類　185f
　　――の定義　201
　　――を決定する　55-60
　　判断の構成要素　186-187, 205-207
　　評価方法と――　202f
理解のための指導　→学習のための指導の設計
　　――における教科書　270-273, 273f, 277-281
　　――におけるタイミング　288-290, 290f
　　――における網羅と看破の対比　*268-270*, 270-273, *273f*, 275-282
　　――のための指針　286-287
　　――のための相互作用を活用した指導　360-362
　　――の方法　282-284, 283f, 287-298
　　概論　267
　　ボブ・ジェームズに見る――の実際　297-298
『理解のための指導（*Teaching for Understanding*）』（パーキンズ〔Perkins〕）　57

理解の評価　→理解の証拠
　　——とスタンダードとの両立　356-363
　　——におけるパフォーマンス課題
　　　　184-191, 185f
　　——における問題と練習の対比　187-189, 189f
　　——のための技法　201-204, 290-294, 292-293f
　　——のための本質的な問い　200, 200f
理解の6側面　→応用, 解釈, 共感, 自己認識, 説明, パースペクティブ
　　——からの本質的な問い　145f
　　——の定義　401-402
　　——を設計することの目的　124-125
　　——を明確にする　101-102
　　学習の設計のための構成要素としての——　262-263
　　評価における規準にもとづくルーブリック　210-215, 211f, 212-213f
　　評価方法の青写真としての——　193-200, 194f, 196-197f
『理解をもたらすカリキュラム設計（Understanding by Design）』　4-6, 9-13
ルーブリック　→評価の設計
　　——におけるアンカー　389
　　——の設計／修正　215-216, 220-223
　　——の定義　206-207, 410
　　——への「逆向き設計」アプローチ　210
　　——を用いて理解を評価する　207-215
　　観点別——　207-208, 207f
　　自己評価のための——　256
　　全体的——　207-208
　　長期的な——　337-339, 403-404
　　マクロなカリキュラムにおける——　335-339
　　6側面の——　210-215, 211f, 212-213f
ルソー（Rousseau, J.）　274
レヴィ（Levy, S.）　247
練習と問題の対比　187-190, 189f

わ行

ワイズ（Wise, M.）　355

『わかりあえる理由わかりあえない理由（You Just Don't Understand）』（タネン〔Tannen〕）　100
『私たち自身の知性（Minds of Our Own）』（ハーバード・スミソニアン天文物理学センター）　64
『私たちの歴史（A History of Us）』（ハキム〔Hakim〕）　278-279

■ 著者紹介

　グラント・ウィギンズ (Grant Wiggins) 氏は，米国ニュージャージー州ホープウェルにある団体「真正の教育」の代表である。教育学博士号 (Ed.D.) をハーバード大学で，文学士号 (B.A.) をメリーランド州アナポリスのセント・ジョンズ大学で取得した。ウィギンズ氏と「真正の教育」の同僚は，学校，学区，州，国家の教育省に対して，様々な改革の内容について指導・助言を行っている。彼らはまた協議会やワークショップを組織し，学校改革の鍵となる論点についての紙媒体の資料やウェブ上のリソースを開発している。

　ウィギンズ氏はおそらく，ジェイ・マクタイ氏との共著である本書『理解をもたらすカリキュラム設計』と『学校教育の意図的設計 (Schooling by Design)』で最もよく知られている。『理解をもたらすカリキュラム設計』は，1998年，教育出版社協会の教育部門最高著書賞を受賞した著作であり，世界中で用いられている非常に成功したプログラムとカリキュラム設計の資料を提供しているものである。氏は，「理解をもたらすカリキュラム設計」が取り入れられたピアソン出版からの10冊以上の教科書プログラムの共著者でもある。氏の仕事は，ピュー慈善信託，ジェラルディン・R・ダッジ基金，全米科学基金から支援を受けてきた。

　過去25年間にわたって，ウィギンズ氏は，世界において最も影響力のある改革イニシアティブに携わってきた。その中には，セオドア・サイザー氏によるエッセンシャル・スクール連盟，国際バカロレア・プログラム，アドバンスト・プレースメント・プログラム，ニュージャージー州，ニューヨーク州，デラウェア州の改革イニシアティブ，中国・フィリピン・タイの全国的な改革が含まれる。

　ウィギンズ氏は，評価改革の仕事で広く知られている。氏は，『教育的な評価 (Educative Assessment)』，および『生徒のパフォーマンスを評価する (Assessing Student Performance)』の著者であり，どちらもジョシー・バス社から出版されている。バーモント州ポートフォリオ・プロジェクトや，ニュージャージー州とノース・カロライナ州におけるパフォーマンス評価連合といった，米国の多くの州の評価改革イニシアティブの主要な指導・助言者を務めた。論文も多数あり，『教育のリーダーシップ (Educational Leadership)』や『ファイ・デルタ・カッパン (Phi Delta Kappan)』などの雑誌に掲載されている。

　ウィギンズ氏の研究は，14年間，中等学校で教師およびコーチを務めた経験に根ざしている。氏は，英語と選択科目である哲学を教え，学校代表サッカー・チーム，クロス・カントリー，学校副代表野球チーム，陸上競技をコーチした。また，ロックバンド「ハズビンズ」のギタリスト兼歌手でもある。

　※ウィギンズ氏は，2015年5月26日に急逝されました。ここに，氏の生前のご厚情に感謝するとともに，謹んでご冥福を祈ります。(訳者)

ジェイ・マクタイ（Jay McTighe）氏は，教育において，豊かで多彩な経歴を通して豊富な経験を培っている。氏は，メリーランド評価連合の会長を務めた。この連合は，形成的なパフォーマンス評価の方法を一緒に開発し共有するために取り組んでいる学区が，州レベルで共同したものである。この職に先立ち，マクタイ氏は，メリーランド州教育省の学校改善プロジェクトに携わり，指導に関するマルチ・メディアのデータベースである「指導の枠組み（the Instructional Framework）」の開発を指揮した。マクタイ氏は「思考スキル」についての研究で有名であり，生徒の思考の質を改善するための指導方略，カリキュラム・モデル，評価手順を開発する州規模の取り組みのコーディネーターを務めた。州レベルでの仕事に加えて，マクタイ氏は，メリーランド州プリンス・ジョージズ郡の学区レベルで，授業担当の教師，リソース専門家，プログラム・コーディネーターとしての経験も有している。氏はまた，州の居住者を対象とした英才教育のための強化プログラムを指揮した。

マクタイ氏は，熟練した著述家であり，10冊の本を共著で執筆した。その中には，グラント・ウィギンズ氏とのベストセラーである本書『理解をもたらすカリキュラム設計』も含まれている。マクタイ氏は，30以上の記事や本の章を執筆し，『教育のリーダーシップ』や『開発者（The Developer）』といった一流の雑誌で発表している。

マクタイ氏は，専門的力量開発に関して広範な経験を持っており，全国レベル，州レベル，学区レベルの研究会やワークショップで頻繁に講師を務めている。米国の46州，カナダの7州，北米以外では18ヵ国で講演を行った。

マクタイ氏は，ウィリアム・アンド・メリー大学で学士号，メリーランド大学で修士号を取得し，ジョン・ホプキンス大学で大学院の課程を修了した。またワシントンの教育リーダーシップ研究所における教育政策特別奨学金プログラムに選抜されて参加した。さらに全国・州・地域での評価政策と評価実践の改革を奨励している全国評価フォーラム，教育連合，公民権組織のメンバーとして働いた。

なお，マクタイ氏の連絡先は，次のとおりである。

6581 River Run, Columbia, MD 21044-6066. phone：(410) 531-1610. E-mail：jmctigh@aol.com

●訳者紹介
西岡加名恵（にしおか かなえ）

京都大学大学院教育学研究科修士課程修了。イギリス・バーミンガム大学にてPh.D.(Ed.)を取得。鳴門教育大学講師等を経て，現在，京都大学大学院教育学研究科教授。専門は教育方法学（カリキュラム論，教育評価論）。京都大学大学院教育学研究科E.FORUM（https://e-forum.educ.kyoto-u.ac.jp/）において，本書の考え方にもとづいたパフォーマンス課題やルーブリックなどに関する研修を提供している。

主な著書に，『教科と総合に活かすポートフォリオ評価法』（単著，2003年），『教科と総合学習のカリキュラム設計』（単著，2016年）（以上，図書文化），『教科の「深い学び」を実現するパフォーマンス評価』（共編著，2019年），『「逆向き設計」実践ガイドブック』（共編著，2020年），『「『生きる』教育」で変わる未来』（共編著，2025年）（以上，日本標準），『新しい時代の教育課程〔第5版〕』（共著，有斐閣，2023年），『「資質・能力」を育てるパフォーマンス評価』（編著，明治図書，2016年），『高等学校 教科と探究の新しい学習評価』（編著，学事出版，2020年）など。

理解をもたらすカリキュラム設計
――「逆向き設計」の理論と方法

2012年4月30日　初版第1刷発行
2025年7月15日　初版第9刷発行

訳　者　西岡加名恵
発行者　高橋直樹
発行所　株式会社 日本標準
　　　　〒350-1221　埼玉県日高市下大谷沢91-5
　　　　Tel 04-2935-4671　　Fax 050-3737-8750
　　　　URL https://www.nipponhyojun.co.jp/
印刷・製本　株式会社 リーブルテック

ⒸKanae Nishioka 2012
ISBN 978-4-8208-0557-1　C3037　　Printed in Japan

＊乱丁・落丁の場合はお取り替えいたします。
＊定価はカバーに表示してあります。